LIBRAIRIE DE GAUME FRÈRES,
RUE DU POT-DE-FER-S.-SULPICE, N° 5, A PARIS.

L'ESPRIT
DU
B. FRANÇOIS DE SALES,
ÉVESQUE DE GENÈVE,

REPRÉSENTÉ EN PLUSIEURS DE SES ACTIONS
ET PAROLES REMARQUABLES
RECUEILLIES DE QUELQUES SERMONS, EXHORTATIONS, CONFÉRENCES,
CONVERSATIONS, LIVRES ET LETTRES

DE M. JEAN-PIERRE CAMUS,
ÉVESQUE DE BELLEY.

PROSPECTUS.

Dieu est admirable dans l'économie de son Eglise. Pour répondre aux besoins des hommes, à chaque époque de la longue existence du Christianisme, il a suscité et préparé des maîtres d'une haute vertu et d'une éminente doctrine, qui sont venus, comme des rayons de son esprit, éclairer et réchauffer les masses de la société religieuse. Il donna d'abord les patriarches, qui furent les premiers docteurs du genre humain; ensuite les prophètes, qui préludèrent, comme une aurore, au grand jour produit par le Messie. Aux apôtres, que saint Hilaire appelle les fondateurs de notre éternité, succédèrent ces disciples, ces évêques courageux dont le sang donné aux persécuteurs fut la semence de nouveaux chrétiens.

Après avoir vaincu l'idolâtrie et brillé du diadème du martyre, la foi allait s'affaiblissant au sein de la société qu'elle avait pénétrée. Alors parurent saint Bazile à l'Orient, saint Benoît et saint Bruno dans l'Occident, comme des types de l'ascétisme primitif. Quand ce sel eut rendu la fécondité à l'Eglise, vint saint Bernard, qui tempéra quelque peu l'austérité des cloîtres, en quittant parfois son désert pour aller cultiver la dévotion des grands. Saint Dominique et saint François d'Assise rendirent populaires les jeûnes et la discipline, et firent passer la vie monastique dans la vie séculière; saint François de Paule ôta la chair à la chair même pour lui rendre l'esprit; puis saint Ignace ouvrit les sources de la méditation et fraya les voies à la dévotion. De fatigants labeurs étaient réservés à lui et à ses enfants, mais ils cueillirent de glorieux lauriers dans les combats contre les hérétiques et la gentilité.

Pour achever cette économie providentielle dans le salut des âmes, il fallait un remède convenable à la maladie des derniers siècles et du nôtre. L'hérésie venait secouer l'Eglise; à côté du berceau du calvinisme, naquit saint François de Sales, appelé à le combattre.

Nonobstant les efforts de ses adversaires, le protestantisme a injecté son venin dans les plaies qu'il a faites à la société; le philosophisme et la haine contre le catholicisme s'y sont formés comme une gangrène, et ce mal, devenu chronique, a passé à l'état d'incrédulité au cœur de la dernière génération.

Aujourd'hui, il est vrai, la profession publique d'impiété n'est plus de mise, mais le doute obscurcit la foi, le respect humain retient hors de l'Eglise, et la dévotion effraye. O Providence! l'*Esprit* du saint Evêque de Genève nous a été laissé, comme autrefois celui d'Elie à Elizée, pour opérer des prodiges. Par un charme qu'il a dérobé au ciel, il endort nos serpents, il amortit nos passions venimeuses, il nous fait apparaître la piété avec un visage doux et riant. Dieu l'ayant réservé à notre époque comme un chef-d'œuvre proposé à notre imitation, il donne à ce grand saint l'intelligence des plus hauts mystères, une connaissance universelle des sciences humaines et divines, un jugement profond et sagace; rien n'apparaît en lui d'intéressé, de vain, de pompeux, de coloré, tout y est ennemi du fard, de la supercherie et de l'égoïsme. Charitable comme le divin Pasteur, il s'ajuste aux mœurs, à l'âge, au sexe, aux conditions, à l'état de tout le monde; son zèle infatigable et industrieux lui fait trouver des adresses inconnues jusqu'alors pour entrer dans les cœurs, la force pour s'y maintenir, et l'empire pour y faire régner Jésus-Christ; et tout cela, avec une douceur si suave, qu'ecclésiastiques, nobles, roturiers, marchands, artisans, laboureurs, riches, souffreteux, doctes et ignorants, attirés par l'odeur de ses vertus et entraînés par le charme qu'inspire sa personne, courent à lui et se plaisent en sa compagnie comme les enfants au sein de leur mère. Paris, Lyon, Dijon, Grenoble, Turin, Chambéry applaudissent à son éloquence, mais c'est surtout sa piété indulgente, son humilité évangélique, sa jovialité spirituelle et chaste, sa franchise expansive, sa naïveté virginale, sa bénignité candide qui lui gagnent les gens du monde et les hérétiques même, dont les préjugés viennent expirer à ses pieds, ou plutôt sur sa poitrine brûlante de charité. A tous, cet aimable saint rend la pratique de la religion si facile, si attrayante, si douce, si consolante, qu'aujourd'hui même on pourrait l'imiter sans rompre entièrement avec le siècle.

Saint Pierre avait dit que les infidèles, qui ne croient pas à l'Evangile, pourraient être conquis à la foi chrétienne, sans autre prédication que la bonne conversation des femmes. Aussi le saint Evêque de Genève, connaissant l'ascendant de leur sexe dans la société, le cultive-t-il avec soin, prudence, adresse, courage et bonheur. « Il a fait de ce sexe, dit un de ses con- » temporains[1], ce que la prudence des Grecs fit jadis » du pescher qui estoit venimeux en son pays natu- » rel, et qui estant depuis transplanté de leurs mains » en une autre terre, porta des fruits assaisonnés » d'une grande douceur : aussi a-t-il tiré les femmes » du terroir d'Ève, et d'une nature assez remplie » d'imperfections et de dangers, pour les planter en » la maison de Dieu, et les faire fructifier à l'aspect » des rayons de l'aurore de nostre salut. »

L'auteur que nous citons a voulu sans doute faire allusion à l'établissement de la Visitation. On dirait, en effet, que Dieu n'inspira à son serviteur le dessein de le fonder que pour confier à ces saintes maisons le dépôt et la conservation de cet *Esprit* de piété douce et facile, afin que le sexe dévot pût venir le puiser à cette source, qui ne s'est point altérée dans son cours

---

[1] Caussin, Traité de la conduite spirituelle selon l'esprit du bienheureux François de Sales.

de plus de deux siècles. Mais les fidèles qui vivent dans le monde auraient été privés de si puissantes leçons, ne pouvant aller les recevoir dans ces pieux conservatoires de l'*Esprit* du saint fondateur. Dieu, qui avait donné saint François de Sales à son Eglise pour la sanctification de tous ses enfants, dans quelque condition qu'ils fussent, suscita en même temps J. P. Camus, évêque de Belley, comme un instrument de sa providence, pour inscrire, et la transmettre au public, la vie tout entière d'un saint qui fut l'ami de Dieu et des hommes.

Camus s'appelait le fils unique de saint François de Sales, parce qu'il était le seul que l'évêque de Genève eût sacré. Il le prit pour son guide, il l'étudiait pour l'imiter en tout; il porta si loin ses investigations dans tout son être, qu'il avait pratiqué de petits trous à la porte de la chambre qu'occupait son ami pendant le séjour qu'il venait faire toutes les années à Belley, non pour le surprendre dans le laisser-aller de son appartement, mais pour recueillir jusqu'aux moindres actions d'un saint qui n'oublia jamais la présence de Dieu. Dans un de ses ouvrages, Camus dit qu'il avait feuilleté son père spirituel comme un livre; il consignait dans un registre, jour par jour, jusqu'aux moindres de ses paroles et de ses actions. Cet album, intitulé : *Esprit de saint François de Sales*, fut imprimé en six volumes, et eut plusieurs éditions du vivant de l'auteur, qui l'avait adressé aux religieuses de la Visitation.

Cet ouvrage est devenu fort rare[1]. Collot, docteur

---

[1] Aucune bibliothèque de Paris ne le possède complet. Ce fait est affirmé dans un livre tout moderne, *les d'Urfé*, par Aug. Bernard, p. 162, note 2e.

M. Sainte-Beuve, qui, dit-on, recherche curieusement les ouvrages de

de Sorbonne, le réduisit en un volume in-octavo, puis en deux petits in-douze plusieurs fois réimprimés et très-répandus aujourd'hui. Mais, en abrégeant ainsi *l'Esprit* de saint François de Sales, il en a méconnu la portée et la véritable destination, car il n'a guère laissé subsister que ce qui convenait aux religieuses à qui aussi il dédia son travail. Par le fait de cette mutilation, les gens du monde demeurent privés de ce qu'il y a de plus intéressant pour eux dans la vie de l'aimable saint, dont le nom est doux et agréable même à leurs oreilles.

Et puis encore, Collot, à notre avis, a fait perdre à *l'Esprit* de saint François de Sales tout ce qu'il a de gracieux, de débonnaire, de pénétrant, de respectable, en lui créant une physionomie factice qui ne pouvait être la sienne. L'original a disparu, caché mal à propos sous des formes et une tournure modernes. En rajeunissant le langage du saint évêque de Genève et de M. Camus, l'abréviateur a détruit ce charme de naïveté, de bonhomie qui ne sont plus de notre époque, et qu'on a tant de plaisir à retrouver dans les écrits du xvi{sup} siècle. Cette manie de *corriger* les vieux livres a déjà gâté bien des chefs-d'œuvre. Notre prédécesseur n'a pas seulement décoloré l'œuvre de M. de Belley: en la reproduisant à sa guise, il a commis un anachronisme non moins choquant que s'il eût attribué à l'auteur de *l'Esprit de saint François de Sales* et à son héros l'allure, la phraséologie, la manière et la touche de l'école romantique de nos jours. A chaque littérature laissons donc son cachet, à chaque fruit sa saveur.

Camus, n'a pu se procurer le dernier volume de *l'Esprit de saint François de Sales.*

Sans s'exposer au ridicule, on ne peut donc rien changer au style si pittoresque de Camus : il a son coin, comme les monnaies de son époque. Vient-il à personne la pensée de réformer les types des médailles anciennes ?

Frappés de cette vérité et encouragés par plusieurs prélats pieux et savants de France, nous avons conçu le projet de réimprimer en entier et de restituer à l'admiration du public cet *Esprit de saint François de Sales*, donné à son siècle et aux siècles à venir pour faire les délices du monde et des cloîtres.

Nous ne retoucherons point au vieux parler ni même à l'orthographe ; les mots surannés seront expliqués dans un glossaire qui sera mis à la fin du dernier volume, tant il importe, selon nous, de laisser voir au naturel ces deux illustres amis dans leurs expansions, dans leurs manières, dans leurs allures, dans les saillies même de leur joyeuseté. Seulement nous reproduirons le texte original avec plus de luxe que dans l'ancienne édition ; de plus, nous avons pris à tâche d'indiquer, autant que possible, les sources des nombreuses citations d'auteurs sacrés et profanes qu'on rencontre dans le cours du livre : ce seront là les seuls changements que nous pensons introduire. Nous donnerons à cette publication tout le soin typographique convenable pour un ouvrage d'une si grande importance ; car nous remettons en lumière un livre non moins précieux pour le chrétien que curieux pour le bibliographe, puisqu'il résume en lui seul tous les ouvrages du saint évêque de Genève, et redevient un monument littéraire de son époque révélé à la nôtre. Illustrée d'un beau portrait de J.-P. Camus, fait d'après celui qui existe à l'évêché de Belley, notre édition contiendra de plus une notice sur sa vie et ses écrits, par M. Depery, chanoine, vicaire général de Belley. Recommandable déjà par des travaux historiques, cet ecclésiastique, depuis plus de quinze ans, se livre à des recherches sur M. Camus, évêque pieux, écrivain fécond et original, qui n'est guère connu aujourd'hui que par une réputation fausse de rancune contre les moines. M. Depery s'est imposé la tâche de réhabiliter la mémoire de cet illustre prélat, en montrant qu'il fut un des plus grands, des plus savants et des plus pieux évêques de son siècle. Pour se préparer à son œuvre, il a déjà recueilli plus de deux cents volumes sortis de la plume de M. Camus, qui en a composé près de trois cents, ainsi qu'on peut le voir dans le catalogue, fruit de longues recherches, que l'auteur de la Notice biographique a mis à la fin de son travail, comme une pièce qui ne sera pas dédaignée des bibliophiles.

La nouvelle édition de *l'Esprit de saint François de Sales*, ornée du portrait de M. Camus, formera 3 vol. in-8°, contenant les six tomes dont se compose l'ancienne ; ils paraîtront à la fin de juin 1840.

Le prix, pour les personnes qui souscriront avant la mise en vente, est fixé à 13 fr. 50 c. ; passé cette époque, il sera porté à 15 fr.

L'ESPRIT

OU BIEN-HEUREUX

FRANÇOIS DE SALES,

EVESQUE DE GENEVE.

TOME Ier.

DE L'IMPRIMERIE DE BEAU, A SAINT-GERMAIN-EN-LAYE.

L'ESPRIT

DU BIEN-HEUREUX

FRANÇOIS DE SALES,

EVESQUE DE GENÈVE,

REPRESENTÉ EN PLUSIEURS DE SES ACTIONS ET PAROLES REMARQUABLES,

RECUEILLIES DE QUELQUES SERMONS, EXHORTATIONS, CONFERENCES, CONVERSATIONS,
LIVRES ET LETTRES

DE M. JEAN-PIERRE CAMUS,

EVESQUE DE BELLEY,

Nouvelle édition enrichie d'un portrait,

ET D'UNE NOTICE SUR LA VIE ET LES ÉCRITS

DE M. CAMUS,

PAR M. DEPÉRY,

CHANOINE ET VICAIRE-GÉNÉRAL DE BELLEY.

TOME PREMIER.

PARIS,

GAUME FRÈRES, ÉDITEURS-LIBRAIRES,

RUE DU POT-DE-FER, 5.

———

1840

APPROBATIONS.

APPROBATION DE MONSEIGNEUR L'ÉVÊQUE DE BELLEY.

M. Depéry, chanoine de notre cathédrale et l'un de nos vicaires-généraux, encouragé par nos conseils, a fait réimprimer l'*Esprit de saint François de Sales*, dans son intégrité originale, et, à l'aide de documents précieux qu'il travaille depuis long temps à réunir, il a composé une notice détaillée sur la vie de M. Camus, qu'il place à la tête de cette nouvelle édition. Nous voyons avec plaisir que M. Depéry fasse connaître avec plus de détails M. Camus, l'un de nos plus illustres prédécesseurs, si célèbre par ses travaux, sa piété et ses liaisons avec le saint évêque de Genève. Nous approuvons donc cette nouvelle édition d'un ouvrage si propre à faire aimer la dévotion en la présentant sous des couleurs si aimables et si douces, et nous le recommandons à MM. les ecclésiastiques et aux fidèles de notre diocèse.

Belley, le 16 août 1840.

† A. R. évêque de Belley.

APPROBATION DE Mgr. L'ARCHEVÊQUE D'AUCH.

M. l'abbé Depéry, chanoine, vicaire-général de Belley, notre ancien confrère, nous a souvent entretenu du désir qu'il avait de faire réimprimer l'*Esprit de saint François de Sales*, tel que l'avait donné autrefois M. Camus; nous l'avons toujours encouragé dans le projet de rendre au public, dans son intégrité, ce précieux ouvrage qui n'est guère connu aujourd'hui que par l'abrégé que Collot, docteur de Sorbonne, en avait fait, et qui a eu tant d'éditions.

M. l'abbé Depéry, qui, depuis bien des années, fait des recherches sur M. Camus, évêque de Belley, a joint à cette nouvelle édition une notice très-détaillée sur la vie et les écrits de ce prélat si célèbre par sa piété, ses travaux, et surtout par ses liaisons d'intimité avec le saint évêque de Genève.

Cette nouvelle édition de l'*Esprit de saint François de Sales* ne peut donc manquer d'être bien accueillie, et nous la recommandons à MM. les ecclésiastiques et aux fidèles de notre diocèse.

Auch, le 17 août 1840.

† NICOLAS-AUGUSTIN, archevêque d'Auch.

APPROBATION DE Mgr. L'ARCHEVÊQUE DE LYON.

L'Esprit de saint François de Sales, par M. Camus, évêque de Belley, n'est presque plus connu que par l'abrégé qu'en avait fait M. Collot, docteur de Sorbonne, qui l'avait adressé aux religieuses de la Visitation, et qui, par ce motif, en avait écarté tout ce qui convenait plus particulièrement aux séculiers.

M. Depéry, d'après les conseils du vénérable évêque de Belley, a fait réimprimer cet excellent ouvrage, tel qu'il avait paru du vivant de l'auteur. Il a joint au 1er volume une notice sur la vie et les nombreux écrits de M. Camus, cet illustre ami du saint Évêque de Genève. Ainsi, cette nouvelle édition est un monument restitué à notre époque dans son type primitif. Nous sommes persuadé que c'est un service rendu à la religion, et nous recommandons au clergé et aux fidèles de notre diocèse, ce livre qu'on pourrait appeler le manuel de la véritable dévotion.

Lyon, le 20 août 1840.

† L. C. MAURICE, archevêque de Lyon.

APPROBATION DE Mgr. L'ARCHEVÊQUE D'AVIGNON.

JACQUES-MARIE-ANTOINE-CÉLESTIN DU PONT, par la miséricorde divine et la grâce du Saint-Siége apostolique, archevêque d'Avignon,

Monsieur l'abbé Depéry, chanoine de la cathédrale de Belley, et vicaire-général, nous ayant fait connaître que par le conseil de monseigneur son évêque, il a entrepris la réimpression de l'*Esprit de saint François de Sales*, par monseigneur Camus, réimpression qui doit reproduire l'ouvrage dans toute son intégrité primitive, quant à la substance et quant au langage;

Considérant que c'est une heureuse pensée de donner une nouvelle édition d'un livre devenu, dans son entier, extrêmement rare, destiné d'ailleurs à produire tant de fruits; nous joignons volontiers notre approbation à celle de notre illustre et vénérable collègue, et nous applaudissons aux soins apportés par M. l'abbé Depéry à une entreprise si intéressante et si utile.

Donné à Avignon, en notre palais archiépiscopal, sous notre seing, le sceau de nos armes et le contre-seing du secrétaire de notre archevêché, le vingt août mil huit cent quarante.

† J. M. A. CÉLESTIN, archevêque d'Avignon.

Par mandement de Monseigneur,

H. CHAILLOT, secrétaire.

LETTRE DE MONSEIGNEUR L'ÉVÊQUE DE VERSAILLES

à M. l'abbé DEPÉRY, *chanoine vicaire-général de Belley.*

Versailles, le 22 août 1840.

MONSIEUR L'ABBÉ,

J'applaudis de tout mon cœur au projet que vous avez formé de faire réimprimer l'*Esprit de saint François de Sales*, et je suis convaincu qu'une nouvelle publication de cet excellent ouvrage ne peut que contribuer à étendre l'empire de la religion en la faisant aimer des gens du monde.

Agréez, etc.

† L. M. évêque de Versailles.

APPROBATION DE Mgr. L'ÉVÊQUE DE S.-CLAUDE.

Nous, ANTOINE-JACQUES DE CHAMON, évêque de Saint-Claude,

Avons appris avec une grande satisfaction que M. l'abbé Depéry, chanoine et vicaire-général de Belley, se proposait de faire réimprimer le livre intitulé l'*Esprit de saint François de Sales*, composé par monseigneur Camus, évêque de Belley, et nous désirons bien vivement voir cet excellent ouvrage entre les mains des prêtres et des fidèles de notre diocèse, comme étant très-propre à leur faire connaître le saint Évêque de Genève, et à les animer de son esprit.

Donné à Lons-le-Saunier, le 22 août 1840.

† ANTOINE-JACQUES,
évêque de Saint-Claude.

APPROBATIONS.

LETTRE DE MONSEIGNEUR L'ÉVÊQUE D'AMIENS

à M. l'abbé Depéry, *chanoine, vicaire-général de Belley.*

Amiens, le 22 août 2840.

Je ne peux, Monsieur, qu'applaudir à votre dessein de donner une nouvelle édition de l'*Esprit de saint François de Sales* conforme en tout à celle en 6 vol. publiée du vivant de M. Camus. C'est assurément le livre le plus propre à faire bien connaître le caractère du saint Evêque de Genève, et à inspirer, par des exemples touchants, l'amour et la pratique de la vraie et solide piété. Cet ouvrage était devenu si rare que votre édition aura tout l'attrait d'un livre nouveau.

Recevez d'avance, Monsieur, tous mes remercîments pour le plaisir que j'attends de la lecture de cet excellent ouvrage, que nous devrons à vos soins, et daignez agréer l'expression de mes sentiments d'estime et de respectueux attachement en N. S.

† JEAN, évêque d'Amiens.

LETTRE DE Mgr. LE CARDINAL ÉVÊQUE D'ARRAS

à M. l'abbé Depéry, *chanoine, vicaire-général de Belley.*

Arras, 23 août 1840.

Nous apprenons avec un véritable intérêt, monsieur l'Abbé, que, d'après les conseils de monseigneur l'Evêque de Belley, vous vous proposez d'éditer l'*Esprit de saint François de Sales*, tel que l'avait autrefois publié monseigneur Camus.

Nous nous empressons d'applaudir à cette belle entreprise. Pour notre compte nous serons très-heureux de pouvoir lire l'*esprit* de ce saint Evêque dans le style original. Il nous a toujours paru fort extraordinaire qu'on se soit permis de changer la langue de saint François de Sales pour en publier les œuvres. Ce que l'on a osé, à son sujet, on se l'interdirait pour un auteur en langue morte.

En se donnant cette licence, au surplus, on a dépouillé les œuvres du saint pontife de la grâce et du sel qui les distingue ; on leur a enlevé cet esprit et ce charme qui attache le lecteur, et on a jeté de la sécheresse où il y avoit quelque chose de touchant et d'entraînant pour une âme habituée aux suaves impressions de la dévotion. Nous avouerons que pour ce qui nous regarde, nous ne pouvons lire saint François de Sales que dans sa langue originale : c'est vous dire que nous regarderons comme un bienfait auquel tous les bons esprits applaudiront, l'exécution du projet que vous avez conçu. Nous vous prions de nous conserver trois exemplaires de cet ouvrage.

Veuillez agréer l'assurance de notre considération la plus distinguée.

† Ch. C^{al} de LA TOUR D'AUVERGNE-LAURAGUAIS,
évêque d'Arras.

APPROBATION DE Mgr. L'ÉVÊQUE DE CHALONS.

Qui ne connaît l'*Esprit de saint François de Sales*, cet excellent livre où ce grand évêque nous est peint sous de si aimables traits, où lui-même semble mis en action, où l'on croit l'entendre, où tout respire la plus profonde piété, où tout est plein d'instruction, d'esprit, de vérités si touchantes? Mais l'ouvrage tel que nous l'avons, n'étant que l'abrégé de celui qui fut publié par monseigneur Camus, évêque de Belley, c'était un vrai service à rendre aux catholiques, à toute la grande famille chrétienne, que de le reproduire sans y rien changer ni retrancher, tel qu'il a paru autrefois, et d'y offrir à notre admiration et à notre amour saint François de Sales avec toute sa simplicité et toutes ses grâces.

Nous félicitons en particulier l'auteur de cette nouvelle édition de la bonne pensée qu'il a eue de donner au public, sous l'ancienne forme, un livre depuis long-temps si connu, qui ne peut manquer de contribuer puissamment à la gloire de Dieu, à celle de son serviteur et à l'édification de tous les fidèles. Aussi en recommanderons-nous la lecture, et le verrons-nous avec grand plaisir se répandre dans le diocèse, bien disposé nous-même à le lire, à le méditer, pour en faire, Dieu aidant, notre règle.

Châlons, le 25 août 1840.

† M. J. F. V. évêque de Châlons.

APPROBATIONS.

LETTRE DE MONSEIGNEUR L'ÉVÊQUE DE LANGRES

à M. l'abbé Depéry, *chanoine, vicaire-général de Belley.*

Langres, le 1ᵉʳ septembre 1840.

Monsieur l'Abbé,

J'applaudis bien sincèrement au projet que vous avez conçu de nous donner une nouvelle édition complète de l'*Esprit de saint François de Sales* par M. Camus. Tout ce qui peut contribuer à mieux faire connaître au monde le plus aimable des Saints, ne peut qu'être utile à la cause de notre sainte Religion, et il vous convient sous tous les rapports de l'entreprendre.

Recevez, monsieur l'Abbé, l'assurance de mes sentiments les plus dévoués et les plus affectueux.

† P. A. Ev. de Langres.

LETTRE DE MONSEIGNEUR L'ÉVÊQUE DE DIGNE

à M. l'abbé Depéry, *chanoine, vicaire-général de Belley.*

Digne, le 2 septembre 1840.

Monsieur le Vicaire-général,

Parmi les nombreuses réimpressions qui se font chaque jour des meilleurs livres de piété, il n'en est pas qui mérite plus d'encouragement que celle que vous annoncez. L'abrégé que M. Collot avait fait de l'*Esprit de saint François de Sales*, par *M.* Camus, ne le présentait plus que maladroitement tronqué pour le fond tout-à la fois et altéré dans la forme. Je vous félicite d'avoir eu la pensée de le reproduire tel que le pieux ami du saint Evêque l'avait donné au public, avec la juste étendue de ses développements, et avec sa touchante naïveté de style.

Agréez, monsieur le Vicaire-général, l'assurance de mes sentiments distingués.

† M. D. AUGUSTE, Évêque de Digne.

APPROBATION DE Mgr. L'ARCHEVÊQUE DE BORDEAUX.

FERDINAND-FRANÇOIS-AUGUSTE DONNET, par la miséricorde divine et la grâce du saint siége apostolique, archevêque de Bordeaux, primat d'Aquitaine,

Encourageons de tous nos efforts M. l'abbé Depéry, vicaire-général de Belley, dans son entreprise d'une nouvelle édition de l'*Esprit de saint François de Sales*, tel que l'avait donné autrefois M. Camus, sans rien changer ni à la substance ni au langage de cet inimitable livre.

En rajeunissant le style, M. Collot avait, dans son abrégé, détruit cette naïveté qui a tant de charmes dans la bouche du saint Evêque de Genève.

C'est aussi avec une vive satisfaction que nous voyons à la tête du premier volume une notice détaillée sur la vie et les écrits de M. Camus, évêque de Belley, prélat si célèbre par ses travaux, sa piété et son étroite liaison avec le saint Apôtre du Chablais.

Puisse le Seigneur répandre, sur cette nouvelle œuvre de M. l'abbé Depéry, les bénédictions abondantes qu'il a déjà répandues sur les ouvrages que la religion doit à son savoir et à sa piété! Nous saisissons avec bonheur cette circonstance pour recommander la lecture des uns et des autres aux fidèles de notre diocèse.

Donné à Bourg-Argental, sous notre seing, le sceau de nos armes, et le contre-seing de notre secrétaire particulier, le 3 septembre 1840.

† FERDINAND, archevêque de Bordeaux.

Par mandement de Monseigneur,

LANGE, secrétaire part. de sa Grandeur.

APPROBATION DE MONSEIGNEUR L'ÉVÊQUE D'ORLÉANS.

J'apprends avec une vive satisfaction que M. l'abbé Depéry, chanoine et vicaire-général de Belley, s'occupe d'une édition nouvelle de l'*Esprit de saint François de Sales*, en 6 vol., tel que M. Camus, évêque de Belley, l'avait donnée autrefois. Cette édition, qui n'est presque plus connue aujourd'hui, a été remplacée par une autre trop abrégée et dépourvue de tous les charmes du style et du langage du saint Evêque de Genève. On ne peut donc qu'applaudir à une entreprise dont le but est de faire mieux apprécier l'Esprit de saint François de Sales, et qui dès-lors ne saurait manquer de produire des fruits abondants d'édification et de salut.

Je m'unis avec empressement à monseigneur l'Evêque de Belley, si excellent juge en toutes choses, pour seconder et encourager, autant qu'il est en moi, une œuvre heureusement conçue et que M. l'abbé Depéry est si capable de réaliser.

Orléans, le 4 septembre 1840.

† F. N. Évêque d'Orléans.

APPROBATION DE Mgr. L'ÉVÊQUE DE MONTPELLIER.

CHARLES-THOMAS THIBAULT, par la miséricorde divine et la grâce du Saint-Siége apostolique, évêque de Montpellier.

L'*Esprit de saint François de Sales* est un livre précieux, un véritable trésor pour les âmes pieuses. On croit, en le lisant, converser avec le Saint lui-même, et l'on éprouve du bonheur à recueillir ses paroles, où respire un charme inexprimable de piété. C'est donc une excellente pensée, que celle qu'a eue M. Depéry, vicaire-général de Belley, de réimprimer ce livre dans son intégrité primitive, avec les grâces naïves et touchantes de son style ; et nous félicitons l'homme si distingué qui l'a conçue et qui en a surveillé l'exécution avec tant de soin. Nous nous plaisons à lui dire qu'il mérite la particulière reconnaissance des nombreux admirateurs de l'aimable Saint, et nous recommandons vivement son travail au clergé et aux fidèles de notre diocèse.

La notice que monsieur l'abbé Depéry a placée à la tête de cette publication, ajoute à son prix : on ne lira pas sans un grand intérêt la vie de monsieur Camus, évêque de Belley, prélat d'une si grande renommée dans l'Église de France, et qui mérita d'être l'ami le plus intime du saint Evêque de Genève. Cette notice fera mieux connaître cette âme de pontife, dans laquelle s'est épanchée, sans réserve, l'âme si belle de saint François de Sales.

Donné à Montpellier, en notre palais épiscopal, le 16 septembre 1840.

† CHARLES, évêque de Montpellier.

PRÉFACE DES ÉDITEURS

DE CETTE NOUVELLE ÉDITION.

Dieu est admirable dans l'économie de son Église. Pour répondre aux besoins des hommes, à chaque époque de la longue existence du christianisme, il a suscité et préparé des maîtres d'une haute vertu et d'une éminente doctrine, qui sont venus, comme des rayons de son esprit, éclairer et réchauffer les masses de la société religieuse. Il donna d'abord les patriarches, qui furent les premiers docteurs du genre humain; ensuite les prophètes, qui préludèrent, comme une aurore, au grand jour produit par le Messie. Aux apôtres, que saint Hilaire appelle les fondateurs de notre éternité, succédèrent ces disciples, ces évêques courageux dont le sang, donné aux persécuteurs, fut la semence de nouveaux chrétiens.

Après avoir vaincu l'idolâtrie et brillé du diadème du martyre, la foi allait s'affaiblissant au sein de la société qu'elle avait pénétrée. Alors parurent saint Basile dans l'Orient, saint Benoît et saint Bruno dans l'Occident, comme des types de l'ascétisme primitif. Quand ce sel eut rendu la fécondité à l'Église, vint saint Bernard, qui tempéra quelque peu l'austérité des cloîtres, en quittant parfois son désert pour aller cultiver la dévotion des grands. Saint Dominique et saint François d'Assises rendirent populaires les jeûnes et la discipline, et firent passer la vie monastique dans la vie séculière; saint François de Paule ôta la chair à la chair même pour lui rendre l'esprit; puis saint Ignace ouvrit les sources de la méditation et fraya les voies à la dévotion. De fatigants labeurs étaient réservés à lui et à ses enfants, mais ils cueillirent de glorieux lauriers dans les combats contre les hérétiques et la gentilité.

Pour achever cette économie providentielle dans le salut des âmes, il fallait un remède convenable à la maladie des derniers siècles et du nôtre. L'hérésie venait secouer l'Église; à côté du berceau du calvinisme, naquit saint François de Sales, appelé à le combattre.

Nonobstant les efforts de ses adversaires, le protestantisme a injecté son venin dans les plaies qu'il a faites à la société; le philosophisme et la haine contre le catholicisme s'y sont formés comme une gangrène, et ce mal, devenu chronique, a passé à l'état d'incrédulité au cœur de la dernière génération.

Aujourd'hui, il est vrai, la profession publique d'impiété n'est plus de mise, mais le doute obscurcit la foi, le respect humain retient hors de l'Église, et la dévotion effraie. O Providence! *l'Esprit* du saint évêque de Genève nous a été laissé, comme autrefois celui d'Élie à Élisée, pour opérer des prodiges. Par un charme qu'il a dérobé au ciel, il endort nos serpents, il amortit nos passions venimeuses, il nous fait apparaître la piété avec un visage doux et riant. Dieu l'ayant réservé à notre époque comme un chef-d'œuvre proposé à notre imitation, il donne à ce grand saint l'intelligence des plus hauts mystères, une connaissance universelle des sciences humaines et divines, un jugement profond et sagace; rien n'apparaît en lui d'intéressé, de vain, de pompeux, de coloré, tout y est ennemi du fard, de la supercherie et de l'égoïsme. Charitable comme le divin Pasteur, il s'ajuste aux mœurs, à l'âge, au sexe, aux conditions, à l'état de tout le monde; son zèle infatigable et industrieux lui fait trouver des adresses inconnues jusqu'alors pour entrer dans les cœurs, la force pour s'y maintenir et l'empire pour y faire régner Jésus-Christ; et tout cela, avec une douceur si suave, qu'ecclésiastiques, nobles, roturiers, marchands, artisans, laboureurs, riches, souffreteux, doctes et ignorants, attirés par l'odeur de ses vertus et entraînés par le charme qu'inspire sa personne, courent à lui et se plaisent en sa compagnie comme les enfants au sein de leur mère. Paris, Lyon, Grenoble, Turin, Chambéry applaudissent à son éloquence, mais c'est surtout sa piété indulgente, son humilité évangélique, sa jovialité spirituelle et chaste, sa franchise expansive, sa naïveté virginale, sa bénignité candide qui lui gagnent les gens du monde et les hérétiques même, dont les préjugés viennent expirer à ses pieds, ou plutôt sur sa poitrine brûlante de charité. A tous, cet aimable Saint rend la pratique de la religion si facile, si attrayante, si douce, si consolante, qu'aujourd'hui même on pourrait l'imiter sans rompre entièrement avec le siècle.

Saint Pierre avait dit que les infidèles, qui ne croient pas à l'Évangile, pourraient être conquis à la foi chrétienne, sans autre prédication que la bonne conversation des femmes. Aussi le saint évêque de Genève, connaissant l'ascendant de leur sexe dans la société, le cultive-t-il avec soin, prudence, adresse, courage et bonheur. « Il fait de ce sexe, dit un de ses contemporains[1], ce que la prudence des Grecs fit jadis du pescher, qui estoit venimeux en son pays naturel, et qui, estant depuis transplanté de leurs mains en une autre terre, porta des fruits assaisonnés d'une grande douceur : aussi a-t-il tiré les femmes du terroir d'Eve, et d'une nature assez remplie d'imperfections et de dangers, pour les planter en la maison de Dieu, et les faire fructifier à l'aspect des rayons de l'aurore de nostre salut. »

L'auteur que nous citons a voulu sans doute faire allusion à l'établissement de la Visitation. On dirait, en effet, que Dieu n'inspira à son serviteur le dessein de le fonder, que pour confier à ces saintes maisons le dépôt et la conservation de cet *esprit* de piété douce et facile, afin que le sexe dévot pût venir le puiser à cette source, qui ne s'est point altérée dans son cours de plus de deux siècles. Mais les fidèles qui vivent dans le monde auraient été privés de si puissantes leçons, ne pouvant aller les recevoir dans ces pieux conservatoires de *l'Esprit* du saint fondateur. Dieu, qui avait donné saint François de Sales à son Église pour la sanctification de tous ses enfants, dans quelque condition qu'ils fussent, suscita en même temps

---

[1] Caussin, *Traité de la conduite spirituelle selon l'esprit du bienheureux François de Sales.*

J.-P. Camus, évêque de Belley, comme un instrument de sa providence, pour inscrire et la transmettre au public la vie tout entière du Saint qui fut l'ami de Dieu et des hommes.

Personne n'a mieux connu l'évêque de Genève que Camus qui l'avait étudié jusques dans ses moindres actions et jusques dans ses paroles qu'il a consignées en une fou... ses ouvrages.

Un auteur anonyme recueillit ces *études*, et cet album, intitulé *Esprit de saint François de Sales*, fut imprimé en six volumes et eut plusieurs éditions du vivant de l'auteur, qui l'avait adressé aux religieuses de la Visitation.

Cet ouvrage est devenu fort rare[1]. Collot, docteur de Sorbonne, le réduisit en un volume in-octavo, puis en deux petits in-douze plusieurs fois réimprimés et très-répandus aujourd'hui. Mais, en abrégeant ainsi *l'Esprit* de saint François de Sales, il en a méconnu la portée et la véritable destination, car il n'y a guère laissé subsister que ce qui convenait aux religieuses à qui aussi il dédia son travail. Par le fait de cette mutilation, les gens du monde demeurent privés de ce qu'il y a de plus intéressant pour eux dans la vie de l'aimable Saint, dont le nom est doux et agréable même à leurs oreilles.

Et puis encore, Collot, à notre avis, a fait perdre à *l'Esprit* de saint François de Sales tout ce qu'il y a de gracieux, de débonnaire, de pénétrant, de res-

---

[1] Aucune bibliothèque de Paris ne le possède complet. Ce fait est affirmé dans un livre tout moderne, *les d'Urfé*, par Aug. Bernard, p. 162, note 2°.

M. Sainte-Beuve, qui, dit-on, recherche curieusement les ouvrages de Camus, n'a pu se procurer le dernier volume de l'*Esprit de saint François de Sales*.

pectable, en lui créant une physionomie factice qui ne pouvait être la sienne. L'original a disparu, caché mal à propos sous des formes et une tournure modernes. En rajeunissant le langage du saint évêque de Genève et de M. Camus, l'abréviateur a détruit ce charme de naïveté, de bonhomie qui ne sont plus de notre époque, et qu'on a tant de plaisir à retrouver dans les écrits du xvi° siècle. Cette manie de *corriger* les vieux livres a déjà gâté bien des chefs-d'œuvre. Notre devancier n'a pas seulement décoloré l'œuvre de M. de Belley : en la reproduisant à sa guise, il a commis un anachronisme non moins choquant que s'il eût attribué à l'auteur de *l'Esprit de saint François de Sales* et à son héros l'allure, la phraséologie, la manière et la touche de l'école romantique de nos jours. A chaque littérature laissons son cachet, à chaque fruit sa saveur.

Sans s'exposer au ridicule, on ne peut donc rien changer au style si pittoresque de Camus : il a son coin, comme les monnaies de son époque. Vient-il à personne la pensée de réformer les types des médailles anciennes?

Frappés de cette vérité et encouragés par plusieurs prélats pieux et savants de France, nous avons conçu le projet de réimprimer en entier et de restituer à l'admiration du public cet *Esprit de saint François de Sales*, donné à son siècle et aux siècles à venir pour faire les délices du monde et des cloîtres.

Nous n'avons point retouché au vieux parler ni même à l'orthographe; les mots surannés sont expliqués dans un glossaire qui a été mis en tête du premier volume, tant il importe, selon nous, de laisser voir au naturel ces deux illustres amis dans leurs expansions, dans leurs manières, dans leurs allures, dans les saillies même de leur joyeuseté. Seulement nous avons reproduit le texte original avec plus de luxe que dans l'ancienne édition ; de plus nous avons pris à tâche d'indiquer, autant que possible, les sources de nombreuses citations d'auteurs sacrés et profanes qu'on rencontre dans le cours du livre : ce sont les seuls changements que nous avons introduits. Nous avons donné à cette publication tout le soin typographique convenable pour un ouvrage d'une si grande importance ; car nous remettons en lumière un livre non moins précieux pour le chrétien que curieux pour le bibliographe, puisqu'il résume en lui seul tous les ouvrages du saint évêque de Genève et redevient un monument littéraire de son époque révélé à la nôtre. Illustré d'un beau portrait de J.-P. Camus, fait d'après celui qui existe à l'évêché de Belley, notre édition contient de plus une notice sur sa vie et ses écrits, par M. Depéry, chanoine, vicaire-général de Belley.

Dans cette notice, qui n'est qu'un premier essai de ses travaux sur la vie et les écrits de l'évêque de Belley, M. Depéry démontre que Camus fut un prélat des plus grands et des plus pieux de son siècle, et que tous les démêlés qu'il eut avec les moines ne vinrent point de la haine qu'on l'accusait d'avoir contre eux, mais bien de ce qu'il publia tant de livres pour opérer une réforme dans les cloîtres.

Pour se préparer à l'étude qu'il fait de Camus, M. Depéry a déjà recueilli plus de cent cinquante volumes des œuvres de ce prodigieux écrivain qui en a composé plus de deux cents, ainsi qu'on peut le voir dans le catalogue, fruit de longues recherches, que l'auteur de la notice biographique a mis à la fin de son travail, comme une pièce qui ne sera pas dédaignée des bibliophiles.

NOTICE
SUR LA VIE ET LES ÉCRITS
DE
JEAN-PIERRE CAMUS,
ÉVÊQUE DE BELLEY,
PAR M. DEPÉRY, CHANOINE,
VICAIRE-GÉNÉRAL DE BELLEY.

I.

S'il était permis de parler de réhabilitation en commençant la biographie d'un homme aussi distingué comme prélat, aussi éminent par les qualités de l'esprit et du cœur que l'était Camus, notre premier mot eût été une protestation contre l'oubli des grands exemples qu'il a donnés, le mépris que l'on a fait longtemps de ses œuvres et l'indigne réputation que ses ennemis ont cherché à lui faire, à l'aide de fausses interprétations, de mensonges et de pamphlets depuis qu'il ne peut plus élever la voix pour se défendre. Les ombres fâcheuses qui se projettent sur la mémoire de ce grand homme proviennent d'ennemis nombreux et puissants qu'il s'attira en voulant introduire dans les cloîtres une réforme nécessitée par une foule d'abus qui désolaient l'Eglise. Son zèle l'emporta quelquefois trop loin, mais la postérité n'a été injuste que faute d'avoir assez bien connu les intentions et la vie exemplaire de Camus; elle a perdu le souvenir traditionnel de ses vertus, et la publicité, parfois si dangereuse, a conservé, par malheur, le titre de quelques libelles diffamatoires que la colère et la calomnie lancèrent contre ce prince de l'Eglise. Par un travers qui n'est que trop commun et trop naturel à l'humanité, les intelligences les plus saines ont accueilli l'accusation sans trop l'examiner et sans trop penser que, pour prononcer un jugement équitable, il faut s'enquérir de la défense.

Il est douloureux d'avouer que cet homme, si remarquable par ses qualités apostoliques, si prodigieux par ses travaux littéraires, est aujourd'hui à peu près oublié, et que presque rien n'a survécu à sa renommée, si ce n'est une fausse réputation de haine contre les moines. Cette réputation est même devenue populaire, grâce à certains brocards échappés à l'esprit pétillant et caustique de Camus, que les malins lancent encore aujourd'hui aux religieux.

Notre but n'est point d'entreprendre un plaidoyer. La mémoire de Camus est au-dessus des injustices de l'opinion; elle est forte des suffrages de tous les hommes d'élite, ses contemporains. En faisant connaître les principaux détails de sa vie, nous le justifierons assez. Nous ne saurions donner de plus forte garantie de notre vénération pour cet illustre Evêque qu'un tableau impartial de ses actions, tel que nous allons essayer de le tracer rapidement dans le cadre de cette notice, en empruntant textuellement, autant que nous le pourrons, les témoignages des personnes dignes de foi avec lesquelles il vécut dans l'intimité. Cette méthode nous mettra à l'abri du soupçon d'avoir été peut-être porté par esprit de localité, à exagérer les éloges dus à la mémoire d'un évêque dont s'honore à juste titre le diocèse de Belley.

Le grand serviteur de Dieu, l'austère combattant qui a mérité d'être nommé de son vivant, le *Saint Charles français*, naquit à Paris, dit-il dans plusieurs de ses ouvrages, le jour même où saint Charles Borromée montait au ciel; par conséquent le trois novembre 1584. « Cet admirable evesque, en quelque façon, engendra le nostre en mourant. Comme un autre Elie il luy laissa si non son esprit au double, au moins une grande abondance de son esprit [1]. »

La famille des Camus, originaire d'Auxonne en Bourgogne, jouissait des Seigneuries de *Saint-Bonnet* et de *Pont-carré*; elle

---

[1] Oraison funèbre de J.-P. Camus, evesque de Belley, par messire Godeau, evesque de Vence, prononcée en l'hospital des Incurables, à Paris, le 17 may 1653, à l'occasion d'un service anniversaire qui fut célébré un an après la mort de Camus.

Nous emprunterons souvent la louange de l'évêque de Belley à son panégyriste, qui l'avait connu et qui célébra sa mémoire en présence d'un brillant auditoire dont les applaudissements sont la preuve que l'amitié de Godeau pour son héros n'avait point fardé la vérité.

était considérée par son ancienneté dans sa province. Plusieurs de ceux qui en sont issus ont exercé des emplois de robe et d'épée, non-seulement auprès de nos rois, mais encore auprès des ducs de Bourgogne, avant l'adjonction de cette province à la France. Presque tous les parlements du royaume ont eu des conseillers de ce nom, et leurs talents, leurs vertus, les ont fait considérer dans ces compagnies qui jouent un si grand rôle politique dans notre histoire.

Le grand-père de J.-P. Camus, pendant quelques années, fut intendant des finances sous Henri III. Après avoir eu le maniement des fonds publics, à une époque de troubles où les malversations étaient aussi faciles que communes, il se retira sans avoir augmenté son patrimoine. La femme de ce magistrat regardait comme un luxe et ne voulut pas porter une paire de bas de soie qu'une de ses tantes, mariée à la cour, lui avait envoyée pour ses étrennes. Ce même intendant ayant reçu d'Henri III 50,000 écus trouvés chez un juif mort sans enfants, envoya chercher trois négociants ruinés par un incendie et leur donna cette *aubaine*.

Le père de notre Prélat recueillit dans la succession des siens ces traditions d'intégrité, et laissa à ses enfants plus d'honneur que de biens. Fidèle à la cause d'Henri IV, au parti duquel il fut toujours attaché, il accomplit son devoir dans ces temps malheureux où il n'y avait autre chose à prétendre que la gloire de s'en être acquitté. Une partie de sa fortune servit au triomphe de la bonne cause [1].

Ce dévouement pour son prince et sa patrie passa dans le cœur du jeune J.-P. Camus qui, après l'amour de Dieu et de son Église, fit toujours marcher celui de la France et de son roi.

Du coté de sa mère, il n'était pas moins bien apparenté; il se trouvait lié à des chanceliers de France, à des secrétaires d'État, à des personnages distingués dans la magistrature; mais cette noble famille reçut plus d'éclat de M. de Belley qu'elle ne lui en donna. « Le rameau, dit son panégyriste, a porté plus de fleurs et de fruits que son tronc; le ruisseau, en s'éloignant de sa source, s'est enflé de ses propres eaux et a fait plus de bruit qu'elle, encore qu'il n'y eust rien de plus paisible que son cours et qu'il s'efforçast de couler sous terre comme font certains fleuves qui s'y perdent et qui n'en sortent que pour s'aller abysmer tout à fait dans la mer. »

Les livres et les instruments de piété furent les hochets de son

---

[1] Il mourut en 1619.

enfance; sa jeunesse s'écoula dans la solitude, dans les exercices de la macération et les pratiques de la vie ascétique. La sévérité, la pudeur qui éclataient sur son front semblaient présager, dans sa personne, le censeur futur du relâchement de ceux qui ont fait profession de mettre en pratique les conseils évangéliques; chaque jour le voyait avancer dans la carrière des vertus; chaque nouveau grade qui l'attachait à la hiérarchie ecclésiastique lui faisait acquérir un nouveau degré de perfection, et ses forces ne semblaient augmenter que pour lui faciliter la victoire sur la fougue de son tempérament. « A cet aage où il fust visiblement prévenu des bénédictions de Dieu, il eut un violent desir de se faire chartreux et il n'obmit rien pour estre reçu dans ces tombeaux sacrés où sont enfermés ces bien-heureux morts dont on peut dire avec raison : *Laudavi magis mortuos quam viventes*[1]. Mais Dieu qui en voulait faire un docteur d'innocence et de verité dans son Eglise, suscita tant d'empeschements à sa resolution qu'elle ne pût estre executée. Il ne laissa pas néantmoins d'avoir devant ses yeux, par la preparation de son cœur, le merite du sacrifice qu'il luy voulait faire de son corps et de son âme, par la profession de la vie monastique. Il vint jusqu'au sommet de la montagne, il porta le bois, il dressa l'autel, il alluma le feu, il s'etendit dessus, il presenta la teste pour recevoir le coup; et les anges du Seigneur, c'est-à-dire les saincts prestres qu'il consulta, luy defendirent de passer outre. Apres l'action d'Abraham, à laquelle vous voyez bien que je fais allusion en parlant de la sienne, Dieu luy dit qu'il le ferait pere de plusieurs nations, qu'il multiplierait sa posterité comme les sablons de la mer et les estoiles du ciel, et que tous les peuples seroient benis en sa semence. Ainsi, apres que J.-P. Camus eut fait, dans le fond de son cœur, l'holocauste vivant de son fils unique à Dieu, je veux dire de sa volonté, Dieu le fit pere de plusieurs enfans en le faisant evesque dans son Eglise et donnant à sa parole la benediction d'une fecondité extraordinaire. Le sacrifice pourtant ne demeura pas imparfait. Le belier qu'Abraham substitua à la place d'Isaac, estait attaché par les cornes dans un buisson d'epines, d'où il ne fust tiré que pour estre immolé à Dieu : de mesme nostre jeune Prelat ne fut empesché d'executer le dessein qu'il avait fait de se sacrifier dans l'estat monastique, que pour estre sacrifié de bonne heure dans l'estat episcopal, dont on peut dire avec plus de raison que de la

---

[1] Eccle. IV, 2.

virginité, quand on en exerce les fonctions comme il faut; qu'il est un martyre aussi long que la vie de l'evesque[1]. »

Mais s'il ne se soumit pas à la règle des chartreux en faisant profession dans cet ordre austère et vénérable, il en adopta les rigueurs, et, jusqu'à la fin de ses jours, il réduisit son corps en une dure servitude. Son goût prématuré pour la vie cénobitique n'est pas ce qui étonnera le moins ses détracteurs s'il en reste encore, car c'est déjà une grande preuve qu'il n'était pas l'ennemi radical du monachisme.

Ses études furent brillantes, mais surtout il obtint de merveilleux succès dans la science de la théologie et du droit canonique qu'il étudia pendant quatre ans. Dans l'épître dédicatoire de ses premières *Homélies quadragésimales*, il semble faire croire qu'il reçut l'ordre de la prêtrise des mains de Mgr de Sourdis, archevêque de Bordeaux.

II.

Son savoir et ses vertus jetaient déjà un grand éclat, son éloquence étonnait déjà les chaires de la capitale; sa réputation enfin franchit les grilles du Louvre quoique gardées par l'envie et la flatterie qui en écartent le vrai mérite, et vint frapper aux oreilles d'Henri IV. Ce monarque, mû par l'espérance des grands services que rendrait à l'Eglise un prélat si plein d'avenir, plus encore que par l'affection qu'il portait à sa famille, pensa à lui donner un évêché quoiqu'il n'eût point encore l'âge requis par les saints canons de l'Eglise pour être promu à la dignité épiscopale, puisqu'il n'avait pas encore vingt-cinq ans accomplis. « Le jeune Camus estoit loin de songer à ceste dignité que sainct Ignace dit estre audessus de toute puissance et de tout honneur sur la terre, et qui rend un homme mortel l'imitateur ou plustost l'image de Dieu et de Jesus-Christ. Il estoit trop bien instruit dans les maximes fondamentales de l'Evangile pour usurper un ministere où Jesus-Christ mesme ne s'est pas introduit, mais où il a esté estably par son pere qui, apres luy avoir dit en l'eternité : *Tu es mon fils, je t'ay engendré aujourd'huy*, luy dit dans le temps : *Tu es prestre selon l'ordre de Melchisedech*. Ces paroles, disoit souvent Camus, sont effroyables pour ceux qui desirent les premieres chaires de l'Eglise, mais ce sont des foudres pour ceux qui les

---

[1] Oraison funèbre de J.-P. Camus par Godeau.

briguent, qui les escaladent (ce sont ses termes,) plustost qu'ils n'y montent, et qui les regardent, non pas comme des echauguettes d'où il faut veiller sur les autres, mais comme des throsnes où ils veulent que les autres se viennent jetter à leurs pieds [1].

Il existait alors au milieu de montagnes sauvages que traverse le Rhône, presque à l'état de torrent, un diocèse pauvre, sans évêque depuis quatre ans, composé de 84 paroisses, dont 32 en Savoie, 18 en Dauphiné et 34 en Bugey, petite province qui venait d'être acquise à la France par le traité conclu le 17 janvier 1601, entre Henri IV, roi de France, et le prince Charles-Emmanuel, duc de Savoie [2]. Ce diocèse était celui de Belley, dans l'état le plus déplorable : ignorance dans le clergé séculier, indiscipline dans le clergé régulier, scandales dans toutes les classes des fidèles, négligences coupables dans l'administration des sacrements, abus grossiers dans toutes les parties du saint ministère. J.-P. Camus accepta cet évêché précisément à cause des raisons qui l'eussent fait refuser à un prêtre moins courageux et moins dévoué.

Mais une bien douce récompense lui était réservée dans ce choix désintéressé. Son séjour dans le Bugey lui donna pour voisin François de Sales, évêque et prince de Genève, résidant à Annecy, petite ville de Savoie qui devint la demeure des évêques de Genève, après que la révolution opérée par Calvin eut arboré le drapeau de l'indépendance civile et religieuse sur les rives du Léman.

Alors, le diocèse de Genève s'étendait jusqu'aux portes de Belley, et ce voisinage contribua beaucoup à la liaison intime qui commença entre les deux évêques dès l'année 1608, époque de la nomination de Camus au siège episcopal des Anthelme et des Arthaud.

La dispense d'âge dont l'évêque nommé de Belley avait besoin, ayant été accordée par le pape Paul V, il fut sacré dans sa cathédrale le 30 août 1609, par saint François de Sales, assisté de Jean Lefebvre, archevêque de Tarse et de Robert Berthelot, évêque de Damas.

« Il me vint depuis, dit Camus, quelques scrupules sur cette consécration, faicte avant le temps, que je manifestay à ce Bien-

---

[1] Oraison funèbre de J.-P. Camus.

[2] Camus dans son ouvrage intitulé *l'Anti-basilic*, dit que son diocèse renfermait 4 bourgs et 200 villages. Il comptait probablement tous les hameaux qui formaient la circonscription des 84 paroisses.

heureux conducteur de mon âme qui me consola et me fortifia de plusieurs raisons : de la nécessité du diocèse, des témoignages qu'avaient rendus de moy tant de gens de marque et de piété, du jugement du grand Henry et enfin de l'ordre de sa Saincteté ; apres quoi il ne falloit plus que je regardasse en arriere, mais que je m'étendise, selon le conseil de l'Apostre, à ce qui estoit devant moi [1].

» Je luy dis un jour : « Mon père, quelque vertueux et exemplaire que l'on vous estime, vous n'avez pas laissé de faire cette faute de m'avoir sacré trop tost. » Il me répondit : « Il est vray, certes, que j'ay commis ceste faute, et j'ay peur que Dieu ne me la pardonne point, car jusqu'à ceste heure, je n'ay pu m'en repentir. Voyez vous, j'ay bien esté appellé au sacre d'autres evesques, mais seulement comme assistant; je n'ay jamais sacré que vous; vous estes mon unique, vous estes mon apprentissage et mon chef-d'œuvre tout ensemble. »

En lui conférant l'auguste caractère de l'épiscopat, François de Sales sembla avoir transmis au nouvel évêque les trésors de son ame évangélique.

D'ordinaire, il s'établit entre l'évêque consécrateur et l'évêque consacré une espèce de paternité et de filiation spirituelles. L'évêque de Belley s'enorgueillit toujours de cette filiation et l'évêque de Genève se réjouit toute sa vie de cette paternité. Camus fut le fils unique de saint François de Sales ; celui-là aimait à prendre ce titre et celui-ci aimait à le lui donner. Notre évêque appelait celui de Genève du nom de Jacob, et celui de Genève, dans son affection, l'appelait son Joseph. L'aimable saint se complaisait à répéter à son ami ces paroles affectueuses : « L'amour que j'ay pour vous m'oblige à vous tenir pour un autre moy-mesme et à ne mettre non plus de différence entre vous et moy, qu'entre moy-mesme et moy [2]. » Aussi se forma-t-il une communauté d'intelligence et de vie entre ces deux grands prélats; « Camus, dit Godeau, estoit tousjours aux pieds de sainct François de Sales, qu'il nommoit son Gamaliel, pour apprendre de luy la loi de Dieu, bien qu'il fust rempli luy-mesme de sa connoissance. »

Ce fait, qui a exercé une si grande influence sur le naturel et la conduite de l'évêque de Belley, est excessivement important à

---

[1] Philipp. III, 13.
[2] *Éloge de piété de Claude Bernard*, page 23.

connaître pour comprendre Camus et l'apprécier à sa juste valeur. Dévoué secrètement aux pratiques sévères de saint Charles Borromée, il suça l'esprit de saint François de Sales comme un lait bienfaisant qui s'appropriait à sa nature ardente mais pleine d'affinité pour le bien. Le mélange des qualités personnelles à l'évêque de Belley et de celles qu'il imita de son modèle, constitue un ensemble remarquable qui frappe par son double aspect et qui a fait de Camus un homme si diversement apprécié, d'une attitude si dissemblable et nous dirions presque, si pittoresque.

L'étude de cette influence du saint évêque de Genève sur Camus n'est pas moins utile qu'intéressante. Avide du vrai et du bien, plein d'ardeur, d'impétuosité, d'imagination, il emprunta à son père spirituel assez de douceur et de mansuétude pour édulcorer l'âpreté de son caractère; il apprit du Bienheureux l'art de gagner les cœurs; il parvint à copier par fois assez bien son modèle, mais son talent mobile fut un apport spécial dans l'entreprise commune aux deux évêques, qui avait pour but de ramener les gens du monde dans le giron de l'Eglise, en leur présentant le breuvage salutaire de la foi avec tous les ménagemens d'une charité bien entendue.

La qualité prédominante dans Camus et qui lui était indispensable pour l'œuvre gigantesque qu'il osa entreprendre, était une mémoire extraordinaire et à toute épreuve. Il n'était pas aveuglé par l'amour-propre que pouvait lui donner cette faculté précieuse dont tant de gens sont si vains; mieux que tout autre, il connaissait ses défauts; on lui faisait avouer, quand on voulait, qu'il manquait de jugement.

Un jour son ami, François de Sales, se plaignait de son peu de mémoire. — « Vous n'avez pas à vous plaindre de vostre partage, répondit M. de Belley, puisque vous avez la tres-bonne part, qui est le jugement. Plust à Dieu que je pusse vous donner de ma mémoire qui m'afflige souvent de sa facilité, car elle me remplit de tant d'idées que j'en suis suffoqué en preschant et mesme en escrivant, et que j'eusse un peu de vostre jugement; car de celuy-cy, je vous asseure que je suis fort court. — A ces mots il se mit à rire, et en m'embrassant tendrement : En verité, me dit-il, je connois maintenant que vous y allez tout à la bonne foy. Je n'ay jamais trouvé qu'un homme avec vous qui m'ait dit qu'il n'avoit guere de jugement, car c'est une piece de laquelle ceux qui en manquent d'avantage, pensent en estre mieux fournis, et je n'en trouve point de plus courts que ceux qui pensent y abonder;

mais ayez bonne confiance, l'aage vous en apportera assez ; c'est un des fruits de l'experience et de la vieillesse. »

En débutant dans son diocèse, l'ardeur de la jeunesse et du tempérament fit faire à Camus beaucoup d'écarts de zèle qui lui attirèrent quelques désagréments. Il eut recours aux conseils de son Gamaliel, et se trouva si bien de les avoir suivis que dès-lors il ne fit presque plus rien sans l'avoir consulté. On lit dans l'*Esprit de saint François de Sales*, qu'il avait un domestique dont l'unique emploi était de porter ses lettres à Annecy et d'en rapporter les réponses qui étaient pour lui des oracles. Lui-même y allait souvent pour visiter l'évêque de Genève, comme saint Paul visita saint Pierre[1], non pour considérer son visage, mais pour l'étudier de plus près, l'observer et le copier plus régulièrement. Chaque année, il faisait une retraite de plusieurs jours, sous la conduite de son père selon l'esprit. Son saint ami le traitait fort honorablement, lui cédait sa chambre, le faisait prêcher et remplir diverses fonctions de l'épiscopat, comme pour l'exercer, sous sa main, à ce sublime ministère.

Saint François de Sales qui, du premier coup d'œil, avait su deviner les talents et les mérites de l'évêque de Belley, vit que ce jeune arbre avait une exubérance de sève qui s'échappait en jets trop nombreux pour pouvoir se mettre en plein rapport ; il le greffa, l'émonda, le dirigea, et tout en conservant néanmoins beaucoup de sa première nature âpre et excessive, cette plante vigoureuse produisit des fruits doux et abondants.

A cette école, Camus reçut d'utiles leçons que son imagination ardente lui faisait parfois transgresser ; tel un coursier indomptable qui s'élance sur la barrière qu'on lui oppose pour contenir les saillies de son impétuosité. Mais toujours la voix caressante et la main exercée de son sage guide savaient calmer sa pétulance, régler son allure trop brusque et le remettre dans la voie qu'il devait suivre et qu'il suivait en effet. Une telle soumission, à notre avis, est une des preuves les plus certaines de l'éminente piété de l'évêque de Belley, car elle suppose une humilité et une force de volonté que l'on n'admire que dans les Saints du premier ordre.

L'évêque de Genève ne se contentait pas de recevoir son fils unique à Annecy ; il venait le visiter souvent et passait plusieurs jours à Belley. Ces visites étaient toutes de charité et employées à l'œuvre de Dieu. C'est là, qu'à cœur ouvert, les deux prélats se

---

[1] Galat. I, 18.

poussaient mutuellement à la piété, s'encourageaient à porter le poids de l'épiscopat et se consolaient des peines qu'ils rencontraient dans leur saint ministère.

Pour ne rien perdre du profit qu'il pouvait tirer du séjour de son hôte dans son palais, Camus raconte ingénument qu'il avait pratiqué de petits trous à la porte de la chambre qu'il occupait, non pour le surprendre dans le laisser-aller de la solitude, mais pour découvrir ses manières et son maintien jusque dans le secret de la vie la plus cachée.

Un trait de ce genre, compris avec la pureté du cœur, est inestimable. Comme il peint le maître et l'élève! quelle innocente simplicité de mœurs! Comme ce fait plein de candeur vient à l'appui de ce joli mot de Camus : « J'ay estudié le Bien-heureux et je l'ay feuilleté comme un livre. » Et voilà l'homme que d'indignes pamphlétaires ont accusé de déisme et d'obscénités, lui si brûlant de foi et si charmant de naïveté! lui qui porta si loin le désir de ressembler au plus aimable des saints, qu'il alla jusqu'à vouloir le copier en ses façons.

« Je l'avois en une si grande estime, et non sans raison, dit-il [1], que toutes ses façons de faire me ravissoient. Il me vint donc un jour en fantaisie de l'imiter en preschant. Ne vous imaginez pas que je m'efforçasse de le suivre en la hauteur de ses pensees, en la profondité de sa doctrine, en la force de son jugement et de sa conduite, en la douceur de ses paroles, en l'ordre et la liaison si juste de ses discours, et en ceste douceur incomparable qui arrachoit les rochers de leur place. Tout cela estoit esloigné de ma portée et de mes prises. Je fys comme ces mousches qui ne se pouvant prendre au poly de la glace d'un miroir, s'arrestent sur l'enchasseure. Je m'amusay, et comme vous allez entendre, je m'abusay en voulant me conformer à son action exterieure, à ses gestes, à sa prononciation; tout cela en luy estoit lent et posé, pour ne pas dire pesant, à cause de sa constitution corporelle qui le necessitoit à cette façon de faire; la mienne estant tout autre, je fys une métamorphose si estrange que je n'estois plus cognoissable à mon cher peuple de Belley, car c'est là que je voulus faire ce beau chef-d'œuvre. Il croyoit qu'on luy eust enlevé son evesque, et que l'on m'eust changé en nourrice. Je leur pesois à la main, il sembloit que je tirasse mes paroles de mes talons, et au lieu de ceste extreme vivacité et promptitude qui les estonnoit

---

[1] *Esprit du Bien-heureux François de Sales.*

auparavant et qu'ils avaient de la peine à suivre comme si j'eusse esté un brandon de feu, un esclair, vray enfant du tonnerre, je leur paroissois tout de glace. O que mon or leur sembla bruny et sa bonne couleur changée[1]. Ils faisoient comme celuy dont parle nostre poëte, qui, curieux de l'antiquité, cherchait la vieille Rome dans la nouvelle :

> O estranger, qui cherche Rome en Rome ;
> Et rien de Rome en Rome n'apperçois !

Ce n'estoit plus moy, ce n'estoit plus que la cendre de ceste parole enflammée et vehemente qu'ils cherissoient tant. L'or estoit rempli de crasse et le vin meslé de trop d'eau. Ils prioient Dieu qu'il me rendist la joie de son salutaire et qu'il me confirmast de son esprit principal[2]. Somme, je n'estois plus moy-mesme, j'avois gasté mon propre original pour faire une fort mauvaise copie de celuy que je voulois contrefaire ; je suivois les traces de cet ancien qui defit en soy un fort bon sénateur pour faire un moine fort imparfait. Nostre bien-heureux Pere fut adverty de tout ce mystere, lequel voulant appliquer à ce mal le cautere potentiel d'une bonne correction ne savoit dans quel coton parfumé cacher la pointe de sa lancette. Un jour, aprés qu'il eust bien tournoyé autour de la perdrix pour la coucher en joue : A propos de sermons, mais, ce me dit-il comme par surprise, il y a bien des nouvelles ! On m'a dit qu'il vous a pris une humeur de contrefaire l'evesque de Geneve en preschant. — Je repoussay cet assaut en luy disant : Eh bien ! est-ce un si mauvais exemplaire ? à vostre advis, ne presche-t-il pas mieux que moy ?

— Ah ! certes repliqua-t-il, voilà une attaque de réputation. O non ! à la verité, il ne presche pas si mal ; mais le pis c'est que l'on m'a dit que vous l'imitiez si mal, que l'on n'y cognoist rien, sinon un essay si imparfait qu'en gastant l'evesque de Belley, vous ne representez nullement celuy de Geneve ; de sorte qu'il seroit besoin d'imiter ce mauvais peintre qui escrivoit le nom de ce qu'il vouloit pourtraire sur les figures qu'il barbouilloit.

— Laissez-le faire, repris-je, et vous verrez que petit à petit, d'apprentif il deviendra maistre et que ses copies à la fin passeront pour des originaux. — Joyeuseté à part, reprit-il, vous vous gastez, vous ruinez le mestier, et vous demolissez un beau bastiment pour en refaire un contre toutes les regles de la nature et de l'art ; et puis en l'aage ou vous estes, quand vous aurez, comme

[1] Thren. IV, 1. — [2] Psal. L, 14.

le camelot, pris un mauvais pli, il ne sera pas si aysé de le défaire.

» O Dieu! si les naturels se pouvoient changer, que ne donnerois-je de retour pour un tel que le vostre; je fays ce que je puis pour m'esbranler, je me pique pour me haster, et plus je me presse moins j'avance; j'ay de la peine à tirer mes mots, plus encore à les prononcer; je suis plus lourd qu'une souche, je ne puis ny m'esmouvoir ny esmouvoir autruy, et si je süe à gros randons et je n'avance guere : vous allez à pleines voiles, et moy à la rame; vous volez et je rampe, ou je me traisne comme une tortue; vous avez plus de feu au bout du doigt que je n'en ay en tout le corps : une promptitude prodigieuse, une vivacité qui va avec les oyseaux, et, comme ceux du prophete, tousjours de front, en forme d'un esclat de foudre. Et maintenant à ce qu'on m'a dit, vous pesez vos mots, vous comptez vos périodes, vous traisnez l'aisle, vous languissez et faites languir vos auditeurs apres vous. Est-ce la ceste belle Noëmi du temps passé, cette fille de parfaite beauté, la joie de toute la terre? »

« Pourquoy m'arrestay-icy à vous raconter toutes les particularitez de sa reprehension? suffit que je vous die que la médecine fust si efficace qu'elle me purgea de cette douce erreur et me fict reprendre mon ancien train. Dieu veuille que ce soit pour sa gloire. »

Ce n'est pas là le seul défaut dont saint François guérit l'évêque de Belley.

Sa dévotion le rendait très-long à la sainte messe, et comme il la disait tous les jours dans une chapelle attenante à sa cathédrale, le public qui y assistait murmurait de cette longueur. Le Saint en fut instruit et son avertissement suffit pour corriger son docile Timothée. Camus néanmoins continua à se lever tous les jours à quatre heures du matin pour faire sa préparation au saint sacrifice; il le célébra tous les jours avec dévotion, mais avec moins de lenteur, et, par ce moyen, trouva plus de temps pour vaquer aux devoirs de sa charge et pour composer cette multitude d'ouvrages dont la plupart, dit-il, n'ont été entrepris que d'après les conseils de l'évêque de Genève.

L'obéissance envers le saint prélat ne lui coûtait rien, et c'est une vertu qu'il prône dans ses ouvrages comme la plus excellente pour avancer vite dans les voies de la spiritualité.

« Quelqu'un, dit-il, s'estant vanté dans une table où se trouvait sainct François de Sales, de faire tenir sur son assiette un œuf droit sur la pointe et sans aucun appuy ; chacun estant estonné de cette proposition, le Sainct ne fit que le choquer un peu par le bout, et sur ceste cassure il se planta facilement. Tous dirent que la finesse n'estoit pas grande. Non, répondit le Bien-heureux, mais pourtant vous l'ignoriez. On peut dire de mesme de l'obeissance, ajoute Camus ; elle est le véritable secret de la perfection, et bien du monde ne paraît pas s'en douter. »

L'amour de Dieu était le plus grand mobile de ses actions : Faisons tout par amour et rien par crainte, répétait-il souvent avec son père spirituel. Il n'excluait pourtant la crainte que comme moins parfaite que l'amour. « Mais, disait-il, la crainte est l'aiguille qui sert à faire passer le fil du pur amour dans l'étoffe de nostre pauvre humanité. » Ce mot spirituel est de sainct François de Sales ; son disciple aimait à le répéter ; on le retrouve cent fois dans ses ouvrages.

Il redisait souvent aussi, d'après le saint évêque de Genève, qu'il faut avoir pour niveau de toutes ses actions, la très-sainte volonté de Dieu : « Se conduire ainsi, ajoutait-il, c'est estre deiforme ou conforme à l'image de Dieu, puisque Dieu ne faict rien que par sa volonté, le voulant soy-mesme et toutes choses pour soy ; l'accomplissement de sa volonté estant le plus haut poinct de sa gloire. Voilà où nous porte l'exercice de la volonté de Dieu, et à quoy nous tendons tous les jours dans l'oraison dominicale quand nous lui disons : *Que vostre volonté soit faicte en la terre comme au ciel*, où elle est si parfaitement accomplie par les anges et les saincts, qu'elle est le comble de leur beatitude. »

D'après ce que nous connaissons déjà du caractère de Camus, nous pouvons penser que la douceur dut être pour lui la vertu la plus difficile à calquer sur le portrait de saint François de Sales ; mais l'acier, qui est beaucoup plus fort que le fer, a une trempe bien plus douce. Aussi prit-il toutes les allures de son modèle dans sa conduite envers le prochain, tellement que pour l'avoir favorable, c'était une bonne invention de l'offenser ou de lui faire quelque tort. On peut dire de lui ce qu'il dit lui-même du saint évêque de Genève : que son affection s'enflammait par les injures, comme le feu de la forge s'enflamme par l'eau que l'on jette dessus. C'est en Jésus-Christ et par Jésus-Christ qu'il aimait ainsi le prochain.

Il eut souvent l'occasion de pratiquer cette charité envers ses nombreux détracteurs et principalement envers les personnes qui l'inquiétaient par des procès au sujet de son temporel. Il haïssait la chicane, et, pour en détourner ses ouailles, il avait coutume de leur dire que, « les procès, au lieu de faire rendre à chacun ses droits, sont autant de moyens pour prendre à chacun ce qui lui appartient et faire tomber entre les mains de ceux qui manient les affaires, les biens de ceux qui les débattent; d'où est venu le proverbe : entre deux contendans un troisieme jouist. Comme cet ancien empereur disoit que la quantité de medecins faisoit mourir le monde, on peut dire que la multitude des formalitez suffoque la justice, qu'elle compose un labyrinthe où s'enferme un minotaure qui devore ceux qui s'y embarrassent; que ceux qui s'y engagent, font comme le ver à soie qui file son tombeau. »

La pauvreté, disait-il, est la plus grande des richesses; et jamais il ne se plaignit de la pauvreté. Voici une circonstance qui montre avec quelle gaîté il savait la supporter. Quoique cette narration soit un peu longue, nous ne savons résister au désir que nous avons de la rapporter en entier; elle est d'ailleurs une preuve de ce charmant laisser-aller qui enchantait tous ceux qui avaient le bonheur d'approcher l'évêque de Belley. Nous lui laisserons raconter cette anecdote avec sa gaîté et son esprit ordinaires.

« M. l'archevesque de Lyon, qui fust depuis cardinal de Marquemont, ayant à conferer avec le bien-heureux François, touchant quelques affaires qui regardaient la gloire de Dieu dans le service de l'Eglise et mesme l'Institut de la Visitation, ils prindrent leur rendez-vous en ma maison de Belley qui estoit presque au milieu du chemin de leurs residences, car Belley n'est distant de Lyon que de dix lieues, et d'Annecy, de huict.

» J'eus le bonheur d'estre l'hoste de ces deux grands personnages pendant l'espace de huict ou dix jours, durant lesquels j'eus le moyen, si j'en eusse esté bien soigneux, de me garnir de beaucoup d'exemples de vertus. Ils honorerent tous deux la chaire de nostre cathedrale de leurs predications, nostre office de leur presence, et nos autels de leurs sacrifices quotidiens, à la grande edification de tout nostre peuple.

» Ce qui les faschoit, mais ce qui me faschoit encore d'avantage, c'estoit la plainte qu'ils faisoient qu'on les traitoit trop bien, et la crainte qu'ils avoient de fouler trop long temps leur hoste duquel ils savoient que les facultez n'avoient pas besoin d'un grand hyver. Moy, d'autre part, les suppliois d'oster ceste pensée de leur esprit et de croire qu'il ne me coustoit presque rien à les traitter, parce que l'on me donnoit de tous les costez presque plus qu'il ne falloit pour leur traittement ; clergé, noblesse et peuple concourans à l'envy à qui soulageroit ma foiblesse et à qui contribueroit quelque chose à l'entretien de bouche de ces deux tant illustres prelats. Si vous vous en allez, leur disois-je, on ne me donnera plus rien, c'est vous qui, comme des Jacob, apportez tant de bien en la maison de Laban ; il m'est bien à cause de vous : vous estes des arches qui rendez abondantes la maison d'Obededon ; c'est vous qui me faictes bonne chere, non moy à vous ; si vous vous en allez, adieu les jours de fertilité ; les vaches maigres me viendront, non pas en songe, mais en effect ; demeurez donc tant qu'il vous plaira, et ne craignez pas que rien nous manque . ceux qui cherchent Dieu comme vous faictes ne tombent jamais en defaut.

» Un jour apres le repas, comme ils me conjuroient de retrancher un peu de ce qui leur sembloit superflu et que je les traittasse comme sainct Charles traittoit les evesques qui passoient par Milan et l'alloient visiter ; je ne sçay pas, leur dis-je, de quelle façon les traittait sainct Charles, lequel partit de ce monde le mesme jour que j'y entray ; mais je vous diray bien comme les traitte son cousin et son successeur en sa chaire, M. le cardinal Frederic Borromée, à present archevesque de Milan, car j'ai mangé plusieurs fois a sa table en divers voyages que j'ay faicts en Italie. Ils me convierent d'en faire le narré.

» Vous saurez premierement, leur dis-je, que c'est un prelat que l'on tient riche à cinquante mille escus de rente, de quoy il faict de si grandes choses pour le service de l'Eglise et le soulagement des pauvres, qu'on luy croiroit avoir les richesses de Cresus. La fondation admirable de ceste grande bibliotheque Ambroisienne qui se voit à Milan en la maniere que vous savez, n'est qu'un eschantillon de sa magnificence. Mais pour le regard de sa personne, de sa maison et de sa table, vous allez entendre une frugalité qui vous estonnera. Vous savez mieux que moy ce que c'est que la *parte*[1] que le pape, les cardinaux et les prelats d'Italie, tant à Rome qu'ailleurs, donnent à tous leurs domestiques ; telle est celle du cardinal dont je parle. Pour ce qui concerne sa personne et sa maison, je veux dire ses vestemens et

---

[1] *La parte* est en Italie la portion de pain et de vin qu'on donne chaque jour aux domestiques chez les prélats et les cardinaux.

ses meubles, vous n'y voyez que la simple necessité. Un jour me parlant d'un reglement de reformation qui est dans le Concile de Trente touchant les maisons des evesques, il se plaignoit de ce qu'il estoit si mal observé et que l'on n'y voyoit pas *frugalem mensam* et *pauperem suppellectilem*. Il souspiroit de ce que les pauvres estoient nuds à leurs portes, et leurs murailles insensibles estoient revestues de tapisseries, que leurs tables regorgeoient de viandes superflues et qu'encore ce surperflu (*quod super est*) n'estoit pas distribué aux necessiteux ; et comme je lui demandois ce qu'il falloit donc faire pour bien observer ce sainct decret, il me dit que, pour le regard des meubles, il falloit oster trois choses d'une maison episcopale : la tapisserie, la soye et la vaisselle d'argent, que par là on donnoit la sappe à la vanité ; et que pour le regard de la table il falloit y observer une frugalité qui penschast plustost vers le trop peu, que vers le plus ; enfin que l'on fit des repas de Platon, de la sobrieté et parcimonie desquels on se sentoit à la santé du lendemain et au paisible repos de la nuict. Ayant, disoit l'Apostre, ce qui suffit honnestement, justement, sobrement, pieusement pour la nourriture et le vestir ; ce qui est de plus est mauvais et reprehensible ; qui n'a assez de ce qui suffit ne trouvera jamais la vraye suffisance.

» Comme ils me pressoient de leur explicquer la maniere et la matiere de l'un de ces repas ; je leur en descrivy un celebre fait en un jour notable. Nous l'avions assisté monseigneur l'evesque de Vintimigle (l'un de ses comprovinciaux, c'est-à-dire l'un des evesques suffragans de la province de Milan) et moy, durant l'office pontifical de la saincte messe, qu'il celebra dans le dosme, c'est-à-dire dans l'eglise metropolitaine de Milan, au jour de la feste de sainct Charles Borromée, le quatriesme de novembre l'an 1616 (je revenois lors de Rome). Au retour de l'église il nous retint pour diner avec luy, et avec un cavalier de grande vertu son parent, appellé le comte Charles Borromée. En toute sa maison l'on ne voyoit ny tapisserie, ny aucun meuble de soye, quelques tableaux de pieté en divers endroits sur les murailles toutes nues, mais fort blanches et nettes : les assiettes, la salière, les plats tant à laver que les autres, et les aiguieres, tout estoit de terre blanche que l'on appelle ouvrage de faïenze ; il n'y avoit que la seule cuillere qui fust d'argent ; les fourchettes n'estoient que d'acier fort luisant et les cousteaux aussi.

» Apres la benediction de la table faicte selon l'usage du breviaire romain, nous prismes nos places ; l'un des aumosniers commença à lire un chapitre de l'Evangile, et continua sa lecture jusqu'à la moitié du repas qui ne fut interrompu d'aucune parole ny d'aucun devis familier. Nous demeurasmes quelque temps à escouter avant que l'on servist aucune chose : le premier service fust à chacun sa portion égale comme aux tables conventuelles, et nous donna-t-on pour entrée deux plats à chacun, l'un de cinq ou six cuillerées de ceste viande que l'on appelle en Italie *vermicelli*, qui est une espece de menestre faicte avec de la paste sechée, puis bouillie, qui est environ comme du riz, ou comme de la bouillie jaunie avec un peu de safran; l'autre plat estoit un petit poulet bouilly, flottant dans un peu de brouet, et je l'appelle petit, parce qu'il estoit au-dessous des mediocres; voilà nostre entrée ou nostre premier service.

» Le second service, qui estoit comme le corps du festin, fust aussi de deux plats devant chacun de nous; le premier chargé de trois boulettes de chair haschée avec des herbes, grosses environ comme trois œufs pochez à l'eau, et dans l'autre une grive rostie, accompagnée d'une orange : voilà le gros du banquet.

» Et au troisiesme service nous eusmes encore chacun deux plats de dessert, dont l'un contenoit une poire crue, d'une grosseur au-dessous des moyennes, et d'une serviette dans l'autre, que je me figuray estre pour l'usage du laver des mains apres le repas; mais m'estant apperçu que monseigneur de Vintimigle, mon collateral, fouilla dans la sienne et en avoit tiré un petit morceau de fromage de Milan, environ gros comme un teston, j'estimay que faisant l'inventaire de la mienne j'y trouverois une semblable pitance; je ne fus pas trompé en mon attente : et la serviette, cela estant expedié, nous demeura pour l'usage que je m'estois imaginé, pour nettoyer nos mains sur lesquelles on versa de l'eau où il y avait quelque senteur, comme d'eau de roses ou de fleurs d'orange.

» Voilà, non pas le sommaire ny l'abregé, mais la narration de toute l'estendue du festin, qui nous fust faict en ceste feste si celebre, où je m'asseure, leur dis-je, que vous ne trouverez rien de superflu ny qui peust exciter des fumées ou des vapeurs qui fussent capables d'offusquer les idées du cerveau et empescher que l'on discourust fort clairement et commodement apres le repas et de faire la recreation fort alaigrement. »

» Là-dessus, je dy à ces messieurs, que s'il leur plaisoit que je les traittasse à la borromeenne et proportionnellement à mes facultez comparees à celles de ce tres-bon et tres-pieux cardinal, je ne me mettrois pas en grands frais pour leur donner à chacun (puisqu'il avoit quarante fois autant de revenus que moy) la quarantiesme partie de six cueillerées de riz ou de *vermicelli*, la quarantiesme partie d'un poulet, la quarantiesme partie de la grosseur de trois œufs de haschie, la quarantiesme partie d'une grive, d'une poire et d'un morceau de fromage de la grosseur d'un teston. Ceste joyeuseté agréa à ces messieurs qui me prierent de considerer que deçà les monts nous avons des estomacs qui ne prennent pas plaisir d'estre armez si à la légère ; mais aussi qu'il ne falloit pas que je les suffocasse de tant de viande comme l'on avoit faict jusqu'alors. »

Certes, si ces deux illustres hôtes eussent assisté à la table de l'évêque de Belley, lorsqu'il y mangeait seul avec sa famille, ils ne lui eussent point fait le reproche de prodigalité. Il a souvent écrit que, « la mortification exterieure est un grand moyen d'attirer sur nos corps et en nos asmes les faveurs du ciel. Comme la manne celeste ne fust communiquée à Israel au désert, qu'apres qu'il eust consumé toutes les farines qu'il avoit apportées de l'Egypte, aussi les faveurs du ciel sont-elles rarement departies à ceux dont le ventre, c'est-à-dire le sens, est attaché à la terre. Mon esprit, dit le Seigneur, ne demeurera point avec l'homme, car il est chair ; la sagesse divine ne fera point son sejour en une asme maligne ny en un corps assujetty par le pesché ; le corps qui se corrompt par le vice appesantit l'ame et abbat l'esprit. »

Voici un trait tiré de son oraison funèbre, qui servira bien plus encore à prouver jusqu'à quel point Camus portait la pratique de la mortification.

« Nostre vertueux evesque a couché jusqu'à ses dernieres années ou sur des sarmens, ou sur des ais ou sur de la paille ; il n'a quitté cette derniere façon de dormir que par obeissance à son directeur ; en quoy j'estime qu'il fict une chose plus difficile et plus douloureuse que celle qu'il laissait, puisque le sacrifice de sa propre volonté, dans les mortifications corporelles, est sans comparaison plus dur et plus penible que leur pratique. Cette austerité pour le sommeil dont il avait plus de besoin qu'un autre, à cause de l'ardeur de son temperament, ne pouvoit contenter l'amour qu'il avoit pour la pénitence, sans laquelle il disoit qu'il n'y avoit point de vie chrestienne, et bien moins de vie episcopale. Il reduisoit continuellement son corps en servitude par les haires, par les ceintures, par les cilices, par les veilles, par les jeusnes et par les disciplines, qu'il n'a interrompues qu'en sa derniere maladie. Il cachoit ses exercices de pieté avec autant de soin que si c'eust esté des actions honteuses, sachant que si ces sacrifices ne se font en secret, ils tiennent plus de l'esprit du pharisaïsme que de l'esprit de l'Evangile. Mais la curiosité louable de ses domestiques s'est opposée à son humilité. Un garçon qui le servoit à la chambre dans les premieres années qu'il résidoit à Belley, voyant qu'il portoit tousjours sur soy la clef d'une grande armoire, voulut savoir ce qu'il y tenoit enfermé, dont il se doutoit en quelque façon. Il la fit ouvrir en son absence, et il y trouva des sarmens sur quoy il couchoit. Le lit que tout le monde voyoit estoit de l'evesque, et celuy qu'il cachoit estoit le lit du penitent. Il donnoit l'un à la bienseance, et l'autre à sa pieté. Il fouloit un peu le premier afin que l'on crust qu'il y dormoit, et il dormoit en effet sur le dernier, ou plustost il y prenoit autant de repos qu'il estoit necessaire pour ne pas mourir. Ayant reconnu, par le bruit qui s'en répandit dans la ville et qui en vint à ses oreilles, que son valet avoit decouvert son austérité; il le congedia avec une bonne recompense, et l'avertit de n'estre pas si curieux. Mais s'il l'eust esté moins il nous aurait derobé ce grand exemple de penitence et d'humilité [1]. »

« La vraye humilité, dit notre prélat dans la quatriesme partie de l'*Esprit de sainct François de Sales*, est l'une des associées de la temperance. »

Comme il pratiquait beaucoup cette dernière vertu, il fit sur lui-même des efforts généreux pour lui donner cette douce compagne, et toujours son saint Mentor eut la consolation de le voir surabonder de joie au milieu des railleries que les envieux ne manquaient pas de lui prodiguer au sujet de ses sermons et de ses ouvrages. Ce n'est pas qu'il fût insensible à ces traits qui piquent toujours au vif un auteur. Il se plaignait un jour au Saint de la difficulté qu'il y avait pour un écrivain et pour un prédicateur de contenter tout le monde. Son ami le consola par le récit suivant : « Dans une communauté de Paris un vieux religieux infirme se plaignoit de n'avoir point d'occupation. Le superieur le chargea de remonter et de régler l'horloge. Le bonhomme, content de son employ, y met tous ses soins; mais quelle ne fust pas sa surprise, quand les murmures vinrent le troubler dans ses fonctions !

---

[1] Oraison funèbre de J.-P. Camus.

« Les ecoliers se plaignoient de ce qu'il retardoit l'horloge, les pères, occupés au-dehors, disoient qu'il la faisoit cheminer trop vite ; enfin, de depit, le bon religieux alla porter ses plaintes au superieur, qui le renvoya en disant : Ayez l'air d'escouter tout le monde et faites marcher votre horloge du mieux que vous pourrez. Ainsi doivent faire le predicateur et l'escrivain. S'ils sont sages, ils escouteront tout le monde et iront leur train sous la conduite de l'humilité, sans se laisser abattre par les mécontentemens vrays ou supposés des Aristarques assez nombreux dans le monde. » L'évêque de Belley s'en alloit toujours satisfait de ce baume que le Saint mettait sur ses plaies, comme l'enfant qui cesse de pleurer quand sa bonne mère a soufflé sur son mal.

Camus avait mis sa chasteté sous la garde des deux vertus dont nous venons de parler : la mortification et l'humilité. Un bon nombre de ses livres ont été écrits pour faire aimer cette fleur de la pudicité et la protéger contre les outrages qu'elle reçoit dans le monde. Dans les avis qu'il donnait à ses prêtres, il ne cessait de leur recommander la sobriété des paroles jusque dans les lettres qu'ils avaient à écrire, surtout aux femmes. « Il faudroit, disait-il, leur escrire plutost du canif que de la plume, ou du moins trancher et retrancher sa plume si nettement qu'elle ne traçast rien de superflu, de frivole et d'affecté. »

Comme le bienheureux évêque de Genève, Camus eut toute sa vie une tendre dévotion à la sainte Vierge. Cette dévotion est empreinte sur toutes les pages des nombreux ouvrages qu'il a composés en son honneur. A l'exemple de l'évêque de Genève, il voulait faire vœu de réciter le chapelet tous les jours. Le Saint l'en détourna. « Pourquoy, répondit Camus, desniez-vous à autruy le conseil que vous avez pris pour vous-mesme dés vostre jeunesse ? — Ce mot de jeunesse, reprit le Bienheureux, décide l'affaire, parce qu'en ce temps-là je le fy avec moins de consideration ; mais maintenant que je suis plus avancé en aage, je vous dy ne le faictes pas ; je ne vous dy pas ne le dites pas ; au contraire, je vous le conseille autant que je puis et vous conjure de ne passer aucun jour sans reciter ceste sorte d'oraison qui est tres-agreable à Dieu et à la saincte Vierge, mais que ce soit par un propos ferme et arresté plustost que par un vœu. »

Le disciple docile et pieux suivit l'avis de son maître : tous les jours il récita le saint Rosaire et ne manqua jamais de faire tous les soirs une lecture dans le *Combat spirituel* ou dans l'*Imitation de Jésus-Christ*, qu'il recommandait à ses pénitents comme deux livres qu'on doit placer immédiatement après l'Évangile.

Saint François de Sales lui avait aussi conseillé de lire la vie de saint Louis, roi de France, écrite par sire de Joinville. Elle avait tant d'attraits pour notre évêque qu'il la savait presque par cœur. Cette lecture lui inspira même un des meilleurs ouvrages qu'il ait composés dans la suite; il a pour titre: *La Charité ou le portrait de la vraye charité, histoire dévote, tirée de la vie de sainct Louis*, 1 vol. in-8°.

On voit dans ses écrits qu'il s'était rendu familière l'histoire des Saints, qu'il appelait *l'Évangile mis en œuvre*. C'est dans cette étude, dans celle de l'Écriture sainte, des conciles, dont il faisait ses délices, qu'il avoit puisé cette science et ce zèle de la discipline ecclésiastique qui l'ont rendu un des prélats les plus éclairés et des plus recommandables de son siècle.

Au nombre des lectures chéries de Camus, il faut mettre celle de Sénèque. Disons-le, pour montrer comment son sage Mentor sut le guérir de cet engouement.

Un jour, l'évêque de Belley, après avoir donné beaucoup de louanges à ce philosophe en présence de l'évêque de Genève, dit qu'il élevait l'esprit et le cœur, qu'il inspirait le mépris du plaisir et de la douleur, sources ordinaires des plus grandes tentations; qu'en un mot il n'avait rien vu dans les anciens de plus conforme à l'Évangile que ses sentiments.

François répondit qu'à les prendre à la lettre, ils y avaient quelques rapports, mais qu'on ne pouvait les lire sans s'apercevoir qu'il n'y avait en effet rien de plus éloigné; que l'Évangile n'inspirait que l'humilité, la défiance de nos forces, le mépris de nous-mêmes; que Sénèque, au contraire, nous rappelait toujours à la considération de notre excellence prétendue; que, suivant les principes de sa secte, la plus orgueilleuse de toutes, il flattait toujours la vanité naturelle par la grande idée qu'il nous donnait de nous-mêmes et de nos forces; que c'est pour cette raison qu'il veut que son sage ne cherche et ne trouve son bonheur qu'en lui-même, et qu'il l'élève au-dessus de tout ce que nous voyons ici-bas, et qu'il le fait maître de l'univers. Dangereuses maximes, continua François, et aussi éloignées de l'Évangile que le ciel l'est de la terre; mais la raison, ajouta-t-il, je dis une raison exacte, qui ne se laisse point surprendre par de grands mots, s'en accommode aussi peu: car enfin le sage de Sénèque n'est qu'un fantôme, qu'un pur effet de l'imagination, qui n'a jamais rien eu de réel; tous les autres philosophes s'en sont moqués, et après tout, pour peu qu'on l'examine, on sent bien que la nature ne saurait aller jusque-là.

L'évêque de Belley demeura d'accord qu'on ne pouvait justifier les Stoïciens d'un orgueil qui ne convient nullement aux faiblesses et aux misères de l'homme ; mais il ajouta que, quand on a retranché cet orgueil, leurs sentiments sont fort propres à inspirer la constance et la fermeté contre les attaques de la fortune ; qu'ils apprennent à mépriser le monde, et qu'ils préparent à se faire un bonheur en soi-même par la pratique des vertus chrétiennes. Alors, ajouta-t-il, on peut changer le sage de Sénèque en un véritable fidèle, qui, au lieu de s'attribuer ses vertus, sera persuadé qu'il ne peut rien de lui-même, que tout vient de Dieu, qu'il en faut tout espérer, tout attendre, et lui rendre gloire de tout.

François convint que cela se pouvait ; mais il ajouta que c'était prendre un chemin long, détourné, et qui avait égaré bien des gens. Croyez-moi, ajouta-t-il encore, l'amour-propre n'a pas besoin d'être flatté, il n'est déjà que trop fort, il nous séduit, il nous entraîne presque malgré nous ; que n'en doit-on point craindre, si, par l'intelligence avec des ennemis qui nous flattent en apparence, nous augmentons ses forces et contribuons nous-mêmes à notre propre défaite ? Heureux qui, se défiant de l'orgueil naturel, ce dangereux ennemi de la vertu, et dont pourtant personne n'est exempt, sans cesse occupé à le combattre, est toujours en garde contre tout ce qui pourrait l'entretenir ou l'augmenter !

L'évêque de Belley se corrigea dès ce moment de la prédilection qu'il avait pour Sénèque, et il demeura d'accord avec François que l'humilité est si essentielle à la véritable vertu, qu'on ne peut bâtir rien de solide que sur ce fondement. Mais hâtons-nous de suivre Camus dans sa carrière épiscopale.

Sa réputation depuis bien des années avait franchi les bornes de la France, et avait retenti sous les voûtes du Vatican. Le pape Paul V, qui le connaissait particulièrement, l'avait en très-grande considération, et tous les cardinaux l'honoraient de leur amitié.

Tant de science, tant de vertu, tant de zèle et l'appui du Saint Père, l'eussent porté sur un siége plus brillant et plus riche que celui de Belley dont les revenus n'étaient que de cinq mille livres, s'il eût voulu seulement laisser agir ses nombreux amis. A toutes leurs propositions il répondit toujours :

« Qu'il ne quitterait pas pour une autre, la petite femme qu'il avait épousée ; qu'elle était bien bonne pour un *Camus*. »

Son panégyriste, qui l'avait vu de très-près, va, de son véridique pinceau, ajouter quelques nouveaux traits de lumière au portrait de l'illustre évêque de Belley, et nous montrer quels fruits son zèle fit produire dans ce petit coin de la vigne du divin maître, confié à ses habiles mains.

« La saincteté interieure laquelle il taschoit d'acquerir pour luy-mesme, par l'oraison, la lecture des livres divins, la mortification de ses sens, l'eloignement de toutes les affaires seculieres, la presence de Dieu, l'humilité, la patience, la charité, estoient la source inepuisable d'où couloient ses œuvres exterieures et d'où elles tiroient leur pureté et leur vigueur. Il sçavoit qu'un evesque doit estre non pas un ruisseau qui s'escoule et qui passe au travers des champs qu'il arrose, mais une source, ou plustost, un puyts d'eaux vives, comme l'espouse est nommée dans le Cantique [1], et qu'avant que de communiquer ses eaux, il faut qu'il en soit remply et comme enyvré. Autrement, il coule, à la verité, il rafraischit, il fertilise les campagnes arides, mais il se tarit bientost, et demeure sterile pour luy-mesme. Le pasteur subalterne doit imiter le prince des pasteurs qui a esté premierement plein de Dieu et après a laissé puiser dans sa plénitude : *Omnes de plenitudine ejus accepimus.* Certes, il n'y eust jamais de fontaine si commune que le cœur et l'esprit de l'evesque de Belley. Elle estoit ouverte depuis le matin jusqu'au soir, aux grands, aux petits, aux savans, aux ignorans, aux pauvres, aux riches, aux justes, aux pecheurs, aux ennemis, aux ingrats, aux recognoissants, aux traistres, aux fideles. Sainct Augustin remarque de sainct Ambroise, que la porte de sa chambre n'estoit jamais fermée et que mesme il estudioit en public [2]. En effet, le palais de l'evesque est plustost une place publique, que sa demeure. Chacun a droit d'y entrer, d'y demeurer, de s'y plaindre, d'y demander tout ce qui luy manque; et il faut que ses portes soient ouvertes jour et nuict aussi bien que celles de la celeste Hierusalem dans l'Apocalypse [3]. Mais ce seroit peu de chose que les portes de la maison d'un pasteur fussent continuellement ouvertes, si son cœur estoit fermé à quelques heures; c'est le lieu où les brebis ont plus de droit d'entrer à tout moment, et il ne faut pas seulement qu'elles ayent la peine d'y heurter. C'est en cet estat que sainct Paul tenoit son cœur, aussi bien que sa bouche pour les fideles : *Os nostrum patet ad vos, cor nostrum dila-*

---

[1] Cantic. iv, 15. — [2] Liv. 1 des Conf. chap. 3. — [3] Apoc. xxi.

tatum est [1]. Et cette ouverture venoit de ce qu'il se consideroit comme debiteur à toutes sortes de personnes : *Omnibus debitor sum.* Nostre illustre evesque imprima si bien ces paroles dans son esprit, depuis qu'il eust la charge des âmes, qu'il ne fust plus à luy et qu'il considera son temps, ses plaisirs, son corps, son ame, son entendement, sa memoire, sa volonté, sa science, ses vertus, comme des choses qui appartenoient à son peuple, et dont il n'avoit que l'usage qu'il luy vouloit laisser. C'est pourquoy il estoit tousjours prest à faire ce que les autres vouloient, et il n'y avoit point d'acception de personnes en luy, par la distinction qu'y met cette prudence charnelle, que l'Apostre appelle ennemie de Dieu [2], lequel faict une continuelle communication de luy-mesme à toutes les creatures, sans autre distinction que celle de leur nature, en quoy il montre l'ordre de son éternelle sagesse; de ceste sorte, nostre prelat s'appliquait à instruire un enfant, une pauvre vieille, avec la mesme charité et la mesme diligence qu'à convertir un heretique fameux, ou à consoler une dame de qualité, ne regardant pas les hommes selon les differences que le siecle met entr'eux, mais dans leur filiation commune par le baptesme qui les rend enfants d'un mesme pere et membres d'un mesme corps.

» Vous pouvez juger, si faisant à ses brebis une si libérale communication de ses richesses spirituelles, dont ordinairement les grands hommes sont tres-jaloux, parce que c'est ce qui les distingue des autres, il pouvoit leur estre avare des biens ecclesiastiques dont il s'estimoit le simple économe, et non pas le maistre absolu. Il tiroit les revenus de son evesché, mais c'estoit comme les fleuves tirent leurs eaux de la mer, pour les luy rendre avec usure.

» Dans plusieurs années de famine, il a donné tout son bled aux pauvres, non pas comme Joseph dans l'Egypte, en les depouillant du fond de leurs heritages, mais en se privant de ce qui estoit necessaire à sa subsistance et se traictant luy-mesme en pauvre: *Pauper sum ego, et in laboribus à juventute mea.*

» Un jour on luy vint dire que la cherté du vin estoit cause que les gens de travail souffroient beaucoup; aussitost il commanda qu'on mit le sien en vente, mais il n'y eust jamais une pareille façon de le debiter. Il ne voulut point qu'on fist de prix, seulement il ordonna qu'à la porte de la cave, on tinst un sac ouvert,

---

[1] II Cor. vi, 11. — [2] Rom. viii, 7.

où chacun jetteroit ce qu'il voudroit. Vous jugerez aisement qu'il ne fust pas fort remply, et que les acheteurs ne s'aviserent point de disputer de liberalité avec luy : aussi ne pretendoit-il pas estre vaincu en ceste dispute de charité. Mais que pensez-vous qu'il fist de ce peu d'argent qu'il trouva? Il voulust qu'on le distribuast aussitost aux pauvres. Pour moy j'estime que si quelque chose approche de la transformation miraculeuse de l'eau en vin, c'est la maniere de le vendre dont je viens de parler, et on pouvoit bien appliquer à sa charité ces belles paroles du Cantique des cantiques : *Meliora sunt ubera tua vino, fragrantia unguentis optimis* [1].

» Comme les necessitez de l'ame par le peché et par l'ignorance sont bien plus dangereuses que celles du corps, qui bien souvent sont nécessaires pour empescher qu'il ne se corrompe ; c'estoit de ceste pauvreté interieure dont nostre prelat avoit plus de compassion et dont aussi il prenoit plus de soin. David demandoit à Dieu des aisles de colombe pour s'esloigner des lieux où il falloit souffrir, et pour se reposer [2]; mais pour luy, il se servoit des aisles de la charité, pour aller chercher des occasions de souffrances et de travail sur les sommets des Alpes et entre ces rochers escarpez, où plusieurs paroisses de son diocese estoient situées. Il avoit devant les yeux ces deux grands modeles : sainct Charles Borromée et François de Sales, qui luy frayoient le chemin par leur exemple, dans des lieux où personne n'osoit aller, et qui ne pouvoient estre accessibles qu'à la charité episcopale. Elle fit voir en la personne de nostre jeune pasteur ce que sainct Jean disoit que nostre Seigneur devoit faire, applanissant les chemins raboteux : *Erunt aspera in vias planas* [3], et comblant les precipices. Elle ne crut rien souffrir, quand elle souffroit tantost les ardeurs du soleil et tantost la rigueur du froid, de la glace et des neiges. Elle trouvoit son repos dans les veilles, ses délices dans les fatigues, son abondance dans le manquement de toute chose. Elle passoit au travers des flammes pour aller secourir les brebis du troupeau de son bien-aymé et pour les rapporter dans le bercail, non pas sur ses épaules, mais sur son sein, afin de les mettre dans celuy de Jesus-Christ. Combien de fois luy est il arrivé, après avoir passé un jour entier à prescher, à confirmer, à confesser, à faire des ordonnances, et à terminer des querelles, de ne trouver pas, le soir, du pain pour manger ! Mais sa

---

[1] Cantic. I. — [2] Psal. LIV, 7. — [3] Luc. III, 5.

viande estoit de faire la volonté du Pere celeste[1]. Ceux qui le suivoient, ne connoissoient pas ceste viande ; c'est pourquoy ils s'estonnoient de le voir résister à des travaux si longs et si rudes, sans reparer ses forces par la nourriture. Quelle joie pour luy quand il se voyoit logé dans une cabane, et parmi les troupeaux de ces pauvres montagnards qu'il alloit chercher, afin de les apprivoiser au joug de Jesus-Christ ! Alors il pouvait dire après luy ; *Pauper sum ego et in laboribus à juventute mea.*

» Dans les lieux de son diocese qui estoient moins sauvages, il ne trouva pas des brebis fort douces et fort apprivoisées qui entendissent volontiers la voix de leur pasteur et qui se laissassent conduire agreablement à sa houlette. Que dis-je ? Il en rencontra de fascheuses, de superbes, de revoltées, ou plustost c'estoient des lions, des ours, des tigres, qui considererent leur pere comme leur tyran, leur medecin comme leur bourreau, et leur berger comme leur ennemy. Ces animaux, qui estoient devenus indomptez par une longue négligence de ceux qui les devoient tenir soubs le joug, eurent bien de la peine à se soumettre à celuy que leur presentoit leur evesque, quoiqu'il le rendist tres-doux et tres-leger, à l'exemple de son maistre. Ils s'unirent contre luy, ils heurlerent, ils rugirent, ils le dechirerent par de cruelles injures et de noires medisances. Ils s'enfuirent pour ne l'entendre pas ; ils lui cacherent leurs maux comme si les vouloir guerir eust esté leur faire un outrage insupportable[2]. »

L'évêque de Belley, chagriné de cette résistance qu'il éprouvait de la part de certaines ouailles, eut recours à son consolateur ordinaire pour en obtenir des conseils. Le saint Evêque de Genève lui adressa la lettre suivante, qui apporta le baume tant désiré sur le cœur déchiré de Camus.

Annecy, 7 mars 1621.

« Monseigneur, je me resjouys avec vostre peuple qui a le bien de recevoir de vostre bouche les eaux salutaires de l'Evangile ; et m'en resjouyroys bien d'avantage, s'il les recevoit avec l'affection et recognoissance qui est due à la peine que vous prenez de les respandre si abondamment.

» Mais, Monseigneur, il faut beaucoup souffrir des enfants, tandis qu'ils sont en bas aage ; et bien que quelquefois ils mordent

---

[1] Joan. iv, 34.
[2] Oraison funèbre de J.-P. Camus.

le testin qui les nourrit, il ne faut pas pourtant le leur oster. Les quatre mots du grand Apostre nous doivent servir d'épithême[1] pour fortifier notre cœur : *opportunè, importunè, in omni patientiâ et doctrinâ*[2]. Il met la patience la première, comme plus nécessaire, et sans laquelle la doctrine ne sert pas. Il veut bien que nous souffrions qu'on nous trouve importuns, puisqu'il nous enseigne d'importuner par son *importunè*. Continuons seulement à bien cultiver, car il n'est point de terre si ingrate que l'amour du laboureur ne feconde. »

Le conseil produisit son effet, et l'évêque de Belley continua ses prédications; il les multiplia même en faveur des brebis les plus indociles. « Sa patience, reprend son panégyriste, fut plus forte que leur fureur, son humilité demeura maistresse de leur orgueil; sa douceur apprivoisa leur ferocité; sa bonté vainquit leur malice; et ces troupeaux furieux qui disaient : Nous ne voulons poinct qu'il nous conduise, dirent en le benissant, *Virga tua et baculus tuus ipsa me consolata sunt*[3].

» Comme il ne pouvait les gouverner tout seul, il s'appliqua avec un soin tres-exact à l'instruction de ses curez qui sont les coadjuteurs naturels des evesques en l'œuvre de la sanctification des fideles. Son ordre estoit de les tenir dans sa maison, durant quelques mois, où il les traictait non pas en prince de l'Eglise qui demandoit de profonds respects, mais en frere qui leur vouloit gagner le cœur, en commençant à leur ouvrir luy-mesme le sien. Il supportoit leur rudesse; il ne se lassoit poinct de leur redire souvent les mesmes choses; il entroit dans leurs sentiments; il excusoit leurs foiblesses; il les encourageoit dans leurs bons desseins; il ecoutoit paisiblement leurs doutes; enfin avec un art admirable de charité et d'intelligence, il changea tous les pasteurs de son diocese, et les rendit tres-capables de paistre leur troupeau dont auparavant ils avoient esté les empoisonneurs par leur ignorance ou par leurs scandales[4]. »

Camus était souvent sévère, mais toujours bon envers les ecclésiastiques soumis à sa juridiction. En voici un exemple pris entre mille. On lui avait signalé un curé comme très-ignorant; il le fit venir pour l'examiner. Le pasteur se présente chez son évêque, qu'il trouve se promenant dans sa chambre. *Asseyez-*

---

[1] L'Epithême est une espèce de fomentation spiritueuse, et un remède externe qu'on applique sur les régions du cœur et du foie pour les fortifier.
[2] II Tim. IV, 2. — [3] Psal. XXII, 4.
[4] Oraison funèbre de J.-P. Camus.

vous, lui dit le prélat. Le respectueux ecclésiastique fait des excuses, et proteste qu'il ne se permettra pas de s'asseoir pendant qu'il verra son évêque debout. *Asseyez-vous*, lui répète brusquement Camus; *quant à moi, je suis chez moi, je fais ce que je veux.* Le bon curé s'asseoit. Le prélat toujours en se promenant, se met à l'interroger, et lui demande : *Où était Dieu avant la création du monde?* — *En lui-même*, répond le curé. *Que faisait-il en lui-même*, continue l'évêque ? *Monseigneur*, réplique l'ecclésiastique, *il était chez lui, il faisait ce qu'il vouloit....* Camus vit de suite que ce curé avait été faussement accusé d'idiotisme. Il ne jugea pas à propos d'en obtenir d'autres preuves ; il le traita honorablement et le prit en singulière affection. Dès-lors l'évêque de Belley, à l'exemple de saint François de Sales, se tint toujours en garde contre les personnes qui lui dénonçaient des ecclésiastiques, parce que plus d'une fois il avait acquis la preuve que ces sortes de personnes n'agissent que par haine et par vengeance, contre des prêtres qui les ont contrariés en faisant leur devoir et qui souvent liés par un secret inviolable, ne peuvent se disculper en faisant voir à leurs supérieurs, la cause des persécutions dont ils sont l'objet.

Après avoir établi dans son diocèse l'ordre et la paix qui sont le fruit de la connaissance et de l'observation des devoirs de la religion, après avoir formé un clergé que la science et la piété rendaient florissant, il crut que pour augmenter encore et affermir le bien que Dieu avait opéré par son ministère, il devait établir dans sa ville épiscopale une communauté d'hommes religieux qui joignant les travaux de la pénitence à ceux du ministère évangélique et produisant dans le monde par leurs exemples les vertus qu'ils pratiquaient dans la retraite, pussent dans le besoin venir au secours du clergé et du peuple. Il le fit en bâtissant à Belley, à ses dépens, un couvent de Capucins en 1620[1]. « Il entretint long temps ces religieux de toutes choses et enfin il leur donna sa bibliotheque qui estoit nombreuse et choisie. Il employoit avec la mesme cordialité les bons ouvriers des autres Ordres[2], dont il

---

[1] Cette maison, saisie par le Directoire, fut transformée en caserne, puis en théâtre, etc.; rachetée en 1826 par monseigneur Devie, évêque de Belley, elle est possédée aujourd'hui par les pères Maristes qui se vouent aux missions et à l'enseignement.

[2] Il y avait à Belley un couvent de Cordeliers fondé en 1451, par Louis, duc de Savoie; Camus visitait souvent ces religieux et se montra l'ami de ceux qui vivaient dans la régularité de leur profession.

honoroit l'Institut comme ayant esté inspiré de Dieu à de grands Saincts, pour sanctifier les hommes par la pratique des plus severes conseils de l'Evangile, pour honorer la vie penitente de son fils et pour servir son Eglise. Ils trouvoient dans sa maison une hospitalité gaie et amoureuse. Il faisoit souvent des retraictes dans leurs monasteres, et il a confié durant plusieurs années la direction de sa conscience à un religieux de la compagnie de Jesus qui devait, sans doute, estre un homme remply de lumieres et de pieté puisqu'il en avoit fait le choix, luy qui estoit si capable de conduire les autres [1]. » Il fait le plus grand éloge de ce religieux dans son *Histoire de la pieuse Julie*.

Camus était trop lié avec saint François de Sales pour n'avoir pas avec lui communauté d'esprit. Connaissant d'ailleurs de quelle utilité serait dans l'Eglise l'Ordre naissant de la Visitation, il fonda aussi à Belley, en 1622, un monastère ou il appela des religieuses de cette nouvelle Congrégation [2].

Cette Institution du saint Evêque de Genève fut attaquée vigoureusement dès son principe. Par dérision on l'appelait *la Confrérie de la descente de la croix*, parce que le pieux fondateur avait exclu de cet ordre les austérités corporelles, et adapté toutes ses règles à la réforme de l'intérieur. L'évêque de Belley se déclara le champion de ce nouvel Institut et le vengea jusques dans la chaire de vérité.

« La Confrerie de ceux qui detacherent Nostre Seigneur de la croix et assisterent à sa descente, dit-il un jour dans un sermon devant des Visitandines, estoit la plus saincte et la plus venerable assemblée qui fust pour lors au monde, et comme l'elite et la fleur du plus fidele christianisme; la saincte Vierge y estoit la premiere, ensuite sainct Jean, Magdelaine, saincte Marthe, saincte Marie Cleophi, saincte Veronique, saincte Jeanne, Nicodeme, Joseph d'Arimathie. N'est-ce pas un grand bonheur d'estre réuni à une si saincte assemblée? Demeurez donc ainsi, mes Sœurs, et vous serez bien-heureuses, si vous perseverez jusqu'à la fin. Mais pour Dieu, qu'il ne vous arrive jamais de donner vos noms à la confrerie de ceux qui mirent en croix nostre cher Redempteur, car vous auriez pour vos compagnons infortunés, un Anne, un Caïphe, un Herode et un Pilate, une cohorte de bourreaux, les scribes, les pharisiens instigateurs et pires que tous ceux-là, et, pour comble

---

[1] Oraison funèbre de J.-P. Camus.

[2] Cette vaste maison appartient aujourd'hui à l'hôpital de Belley, et sert de caserne.

d'horreur, tous les démons de l'enfer qui pousserent à cette cruauté toutes ces ames malicieuses. »

De tels faits parlent assez haut contre les détracteurs qui ont cherché à faire passer M. de Belley comme un ennemi implacable de la vie religieuse, pour avoir essayé seulement d'en être le réformateur.

III.

Nous avons dit que « ce fust principalement par ses predications que Camus vint à bout de la réformation de son diocese. Durant vingt années qu'il l'a gouverné, il a presché presque tous les advents et les caresmes, ou dans son eglise cathedrale, ou dans les autres paroisses de son diocese, sans se rebuter ny de la petitesse des lieux, de la rudesse et de l'ignorance de ses auditeurs. Il sçavoit admirablement s'accommoder à leur foiblesse. La chaleur de son amour pour ses petits enfans transformoit en luy le sang le plus subtil de ses pensées sublimes, en un lait doux et aisé à digérer afin de nourrir ceux qui n'estoient pas capables d'une viande plus solide. Il begayoit avec eux afin de les former au langage de l'Evangile par son bégayement. Il se racourcissoit à leur stature, comme le prophete sur le corps du fils de la vefve, pour les animer du souffle de la parole de vie [1]. Enfin, il estoit au milieu d'eux comme une nourrice, à l'exemple du grand Apostre. Et oubliant tout ce qu'il avoit appris dans les livres, il ne se souvenoit que de Jesus crucifié [2].

» Il ne fust pas long temps sans voir les effets de sa predication à laquelle il joignit la prudence de la conduite, la patience dans les travaux, le courage dans les contradictions et le desinteressement en toutes choses. Son diocese, qui estoit un champ herissé d'espines, remply de bestes sauvages, sterile et hideux à voir, changea incontinent et eut la beauté de Saron et de Carmel [3]. On vid pousser des fleurs et meurir des fruits où il n'y avoit que des ronces. Les champs les plus pierreux rendirent l'usure de la semence evangelique qu'il craignoit d'y voir mourir faute d'humeur qui l'entretinst. Les épics ondoyerent sur le sommet des montagnes, ils couronnerent les rochers comme les cedres font le Liban [4]; et tout le voisinage devint jaloux de son abondance.

» Il ne faut pas s'estonner que la parole de Dieu eust cette vertu

---

[1] IV Reg. IV, 34 — [2] I Cor. II, 2. — [3] Isai. XXXV, 2. — [4] Psal. LXXI.

en sa bouche. Elle sortoit de son cœur; et de quel cœur? d'un cœur bruslant d'amour pour le maistre de cette parole; d'un cœur alteré du salut de ses brebis; d'un cœur libre de toutes les affections humaines; d'un cœur qui se purifiait toujours dans les exercices de la penitence, et par l'oraison, avant que d'annoncer aux autres la doctrine du salut. Il avoit accoustumé de se preparer, par une retraite particuliere, à la predication des advents et des caresmes. Durant ce temps, il ne parloit à personne, hors des obligations de la charité. Il prioit, il jeusnoit, il veilloit, il faisoit de grandes mortifications. Enfin, ce Moyse alloit consulter Dieu sur la montagne, avant que de donner la loy au peuple. Il entroit dans l'obscurité de la nuée, avant que de venir paroistre aux troupes avec un visage lumineux. Il entendoit de pres le son de la trompette, avant que la sonner luy mesme contre la maison d'Israël : car ce n'estoit pas une harpe, ou une lyre, que sa voix, qui flattast ses auditeurs par des sons harmonieux; c'estoit une trompette aigre et bruyante qui blessoit les oreilles delicates, pour estonner les cœurs endurcis, et pour les retirer du sommeil de leur peché. Il executoit fidelement l'ordre que Dieu donne à son prophete d'en user ainsi : *Clama, ne cesses, quasi tuba exalta vocem tuam* etc. [1], et quand on l'accusoit d'estre trop severe et de n'avoir pas assez de soin de plaire à son auditoire, il respondoit avec sainct Paul : *Si je plaisois aux hommes, je ne serois pas serviteur de Jesus-Christ* [2]. Mais pourquoy m'arrestois-je long-temps à vous parler de l'efficace de sa predication? Toute la France n'a-t-elle pas été arrosée de ce grand fleuve d'eloquence? Quand il n'eut plus de lit particulier où la providence le renfermast, je veux dire, apres qu'il eut quitté son diocese pour des raisons tres-legitimes, il se deborda heureusement sur toutes les autres terres que comme un Nil spirituel il a engraissées par sa fertilité; de sorte qu'on peut dire que son debordement a rejouy la cité de Dieu : *Fluminis impetus lætificat civitatem Dei* [3]. Paroisses de Paris, vous retentirez long-temps de sa voix tonnante contre le peché; chaire de l'hospital de la Charité, que d'esclairs, que de foudres n'as-tu pas vu sortir de sa bouche, pour repandre dans le cœur des fideles le feu de la charité divine, pour foudroyer ceste crainte servile, qui des enfans de la libre fait des enfans de la servante, et arrester dans les chaisnes de fer ceux qui par elles, comme dit excellemment sainct Augustin [4], doivent passer au collier d'or, qui est propre aux

---

[1] Isai. LVIII. — [2] Galat. I, 10. — [3] Psal. XLV, 5. — [4] Comment. sur le psaume CXLIX.

heritiers du Pere celeste, c'est à dire au pur amour ! Ce n'est pas qu'il voulust donner aux ames une asseurance temeraire; mais il vouloit leur oster une mauvaise terreur. Il ne vouloit point esteindre le feu de l'enfer qu'on ne peut assez craindre, mais il taschoit d'allumer celuy de l'amour dans ceux que l'amour a choisis pour en faire les membres de Jesus-Christ, que l'amour a justifiez, que l'amour conserve dans la justice, que l'amour fait operer, et que l'amour couronnera, comme heritiers de ce royaume qui a, dit le mesme sainct Augustin [1], pour son roy la verité, pour sa loi la charité, et pour sa durée l'eternité [2]. »

Son zèle pour la prédication ne se bornait pas à la parole qu'il faisait sans cesse entendre dans son diocèse, mais il évangélisa plusieurs grandes villes de France qui se pressaient autour de lui en auditoire serré [3].

Ses prédications produisaient partout des fruits abondants de conversion. Nous ne pourrions les faire connaître toutes en détail, mais en voici une des plus éclatantes qui est comme le plus beau fleuron de sa couronne. Nous la lui laisserons raconter lui-même; personne ne peut célébrer sa victoire avec plus de charme et de naïveté; seulement nous abrégerons sa longue narration.

En 1615 l'évêque de Belley était à Dijon, occupé à des affaires de son diocèse et à la prédication, lorsqu'il fit connaissance de Claude Bernard, d'une famille distinguée de Bourgogne. Toutes les sociétés se disputaient alors ce jeune homme à cause de la vivacité de son imagination, de l'enjouement de son caractère, des saillies de son esprit, de la variété de ses connaissances et de son talent à contrefaire au naturel les personnes même qu'il n'avait vues qu'une seule fois.

« Le sejour de deux mois, dit l'évêque de Belley, que je fis à Dijon, me donna le loisir de le connoistre et de l'estudier; car le ciel lui inspira une secrete dilection pour moi, dont il ne pouvoit dissimuler l'ardeur et la saincte flamme, me suivant et poursuivant partout, comme s'il eut esté une ombre inseparable de mon corps, principalement aux eglises et aux predications frequentes que j'y faisois, aux autels où je celebrois le divin mystere, dans les

---

[1] Epist. 6. — [2] Oraison funèbre de J.-P. Camus.

[3] On voit dans ses ouvrages qu'il prêcha des Avents, des Carêmes et des Panégyriques à Paris, à Dijon, à Rouen, à Besançon, à Toulouse, à Grenoble, à Chambéry, etc.

compagnies honorables où je me trouvois et mesme dans mes conversations domestiques. Il sembloit qu'il n'eust pas assez de ses deux yeux pour me devorer et que je fusse un original dont il voulust en luy tirer une copie. Son affection en vint à ce degré d'aveuglement que non seulement mes defauts luy estoient cachés, mais s'il les entrevoyoit, son esprit pieusement abusé les prenoit pour des perfections dont j'avois, par apres, de la peine à le desabuser et à corriger son imitation et trompée et trompeuse.

» Il me souvient que quelques années auparavant, j'avois commis une pareille impertinence, à la vue de mon original qui estoit le bien-heureux evesque de Geneve, François de Sales. Car ce sainct homme ayant ravy et gaigné à soy toutes mes plus pures affections, qui ne regardoient que Dieu en luy, et prenoient pour patrons ses vertus vraymant exemplaires, je les considerois quelquefois en pourfil et avec de faux jours, ce qui estoit cause que je les imitois si mal, que ses louables actions mal contrefaites et contretirées par moy, estoient des deffauts veritables, de quoy sa dilection me fit beaucoup de leçons dont j'ay parlé souvent, et qui ont esté recueillies dans les livres de son *Esprit* que l'on a mis au jour, tirez de nos memoires.

» Ce qui fit qu'un jour je luy dy avec une confiance vrayment filiale : Mon pere, Dieu m'a imprimé de vous dans l'esprit une telle estime, que tout ce que je vous ouy dire, passe en ma creance pour oracle; tout ce que je vous voy faire, pour miracle : c'est pourquoy avisez bien à ce que vous dites et faites devant moy, car quand il seroit le plus defectueux du monde, je l'imiterois aussitost comme une insigne perfection.

» Ce bien-heureux prelat me reprenoit de cette attention, mais de si bonne grace, que ses soufflets m'estoient des faveurs. Car, disoit-il, bien que j'aye sujet en cela de cherir l'excez de vostre affection, qui vous trompe tellement à mon avantage, si est-ce que j'ay à m'en plaindre parce qu'elle me tient en eschet, et gesne en quelque maniere ma liberté, ayant à me deffier de vos yeux comme de ceux d'un ennemi qui m'observeroit pour me surprendre en mes actions et en mes paroles. — Il m'est arrivé souvent de faire de pareilles remontrances à nostre jeune Bernard; car le voyant aheurté à mon inclination et qu'il l'entreprenoit aux choses mesme dont je desirois me corriger; vous pouvez penser s'il m'estoit supportable de voir qu'il prist pour droiture ce qui devoit estre reglé à un plus juste niveau. Que Dieu neantmoins est admirable en sa conduite, sçachant, par un art reservé à luy seul, tirer le contraire du contraire, la rosee du feu, le feu de la boue, la vie de la mort, la lumiere du milieu des tenebres et le bien du mal! Car nostre cher Bernard m'a depuis confessé que ceste complaisance qu'il eut en ma predication et en ma conversation, et le contentement qu'il avoit à contrefaire mes actions fust comme une anse par laquelle Dieu le saisit, et le print hors de la terre, sur lequel le celeste Archimede posant le pied de sa machine, enleva de son centre toute la masse de son cœur.

» Les chasseurs et les oyselleurs surprennent les animaux qu'ils veulent avoir, par des appas et des appeaux conformes à leurs chants et s'accommodent dans leurs embusches à leur naturel, pour les faire donner dans leurs pieges. Et combien d'oyseaux se prennent par l'artifice des miroirs et de la lumiere! L'humeur comique et imitatrice de nostre jeune homme, et qui me sembloit promettre de bonnes choses pourvu qu'elle eust un bon object, me fist entreprendre son esprit, à qui, par des inspirations divines et soueïfves, je taschay de donner des propensions au service de Dieu dans l'Eglise. Je ne me trompay point en mon jugement, que je ne formay point qu'apres beaucoup de prieres et de sacrifices presentez à Dieu sur ce sujet : car je voyois en luy beaucoup de bonnes qualitez et naturelles, et mesme sur-naturelles et de grace, qui contribuaient à l'affermissement de ma pensee. Je le couvois avec les yeux, comme l'on dit que la tortue fait ses œufs, desireux de lui faire esclorre ce sacré dessein de se donner au service des autels et de l'engendrer à Dieu par l'Evangile. J'employay à cela toutes les persuasions que le ciel me suggera : mais la vivacité de son esprit en emoussoit toute la pointe, et si le ciel faisoit naistre le desir que j'avois de le voir en la condition ecclesiastique, ses oppositions à cela, que j'accusois de dureté de cervelle, faisoient mourir mes esperances.

» Il me souvient que lors que je souhaittois avec tant de passion de le voir reduit sous le doux joug de Jesus-Christ en la vocation ecclesiastique, je luy mis entre les mains le livre des Confessions de sainct Augustin, et luy marquay quelques endroits qui me sembloient le devoir toucher davantage, picquant son esprit, que je cognoissois genereux, par l'imitation d'un si digne exemplaire.

» Quand on jette un pepin dans la terre, qui penseroit que de là deust sortir un si grand arbre et produisant tant de fruicts, comme l'expérience le fait cognoistre dans les pepinieres? et si la vue ne m'en rendoit un fidelle et irreprochable tesmoignage, qui m'eust pû faire croire que le prest d'un livre, et la marque de quelques passages eust deub enfanter un tel homme à Jesus-Christ et que Dieu eust caché dans ces feuilles mortes, comme le feu dans le caillou, une semence de vie et d'immortalité ?

» En ce mesme an 1615, auquel j'eus à Dijon sa premiere cognoissance, il arriva une chose digne de soigneuse remarque. Une damoiselle non moins vertueuse que belle, et fille d'un des principaux magistrats de la ville et de la province, fust aymee avec une passion extreme par un jeune homme de condition si avantageuse pour elle, que son pere et sa mere inclinoient à ceste alliance. Ce n'estoit pas que l'amant ne fust fort agreable, et ne meritast une reciproque affection, mais ceste devote et vrayment saincte fille estoit prevenuë d'une plus digne flamme, et aspiroit à des nopces plus excellentes que celles de la terre, ne souspirant rien moins que d'estre du nombre des espouses de l'Agneau de Dieu qui a effacé par son sang les pechez du monde.

» Comme elle luittoit ainsi contre la chair et le sang, à la maniere du grand Apostre, ne voulant acquiescer au desir des siens, possedée d'une pretention plus saincte et plus celeste, il lui arriva un accident merveilleux, que la voix du peuple, qui est assez souvent celle de Dieu attribua à l'effet de quelque charme : ce fust que se levant un matin du lit, elle se trouva avoir tout à fait perdu la parole sans sentir en son corps ny en son gosier aucune sorte de douleur, n'y autre incommodité que de ne pouvoir parler.

» Elle estoit dans cét estat lorsque j'arrivay à Dijon, et comme ses parents, qui en estoient en une extreme fascherie, la faisoient voir à tous ceux qu'ils estimoient pouvoir apporter quelque remède à ce mal, ils desirerent que je la visse.

» Des personnes de grande pieté furent d'avis que ceste fille et ses parents eussent recours à l'intercession de sainct Bernard, et qu'à ce sujet elle allast tous les jours à pied, durant l'espace d'une semaine, visiter l'oratoire qu'on avoit dressé au lieu mesme de sa naissance, appelé *Fontaine*, aux portes de Dijon, et que s'addonnant durant ce temps-là à jeusnes, prieres mentales, et à la frequentation des sacrements de penitence et d'eucharistie, elle implorast la misericorde de Dieu par l'intercession de sainct Bernard.

» Consulté là dessus, je louay ce dessein si plein de pieté, mais considerant qu'il estoit question d'une peine en laquelle s'estoit autrefois trouvé sainct Zacharie pere du precurseur du

Sauveur, ce plus grand d'entre les enfans des hommes, et que l'on estoit lors environ au temps auquel l'Eglise celebroit la memoire de ce sainct, je fus d'avis que l'on eust recours à son intercession.

» Nous avons en l'eglise cathedrale du diocese de Belley, dediée à Dieu, sous le nom de ce Sainct, une notable relique de sa main droitte. Cette relique y est fort venerée et attire de fort loing beaucoup de peuples qui la viennent visiter, principalement durant l'Octave de sa Nativité[1]. J'escrivis à quelques uns de mon clergé qu'ils fissent quelques devotions pour la consolation de cette fille.

» Dieu manifesta combien toutes ces devotions assemblées luy estoient agreables, car le quatriesme jour de l'Octave que l'on avoit destiné à ces œuvres de pieté, la fille se reveillant comme en sursaut, rompit son silence de trois mois par l'exclamation des beaux noms de Jésus et de Marie.

» Ce fut à ceste rencontre que nostre Bernard, qui a esté depuis un grand preconizateur des merveilles de la grace de Dieu, fit ses premiers essais de retour.

» Pourtant il ne laissait pas, comme un autre Saul, qui depuis devint sainct Paul, de regimber contre l'eperon et de resister au sainct Esprit dont la dilection le pressoit de se declarer et de quitter une voye si glissante et si dangereuse que ceste vie trop libre et un peu licencieuse qu'il menoit alors. Mais ne pouvant se rendre à mes persuasions exterieures, ny aux suasions et motions interieures de l'esprit de Dieu, il cherchoit tous les jours de nouvelles excuses pour pallier ces délais.

» Quand je luy parlois de se consacrer au service de Dieu, luy representant que les qualitez que le Ciel lui avait données, que j'estimois propres à ce dessein, et dont je le menaçois qu'il rendroit un jour un compte severe au jugement divin : Quoy, me disoit-il, ne sçauroit-on se sauver sans être moyne? Je lui repartois que toutes les vacations ecclesiastiques n'estoient pas claustrales, que la prestrise estoit si peu attachée au cloistre, que les premiers cloistriers n'admettoient que rarement le sacerdoce. Et quand je luy proposois l'estat sacerdotal seculier, il avoit pour cela d'autres eschapatoires, tantost sur son humeur trop bouillante et trop libre, tantost sur ce qu'il n'avoit point faict d'etudes

---

[1] Cette précieuse relique a disparu lors du pillage de l'église cathédrale en 1793.

de theologie; tantost sur ce qu'il n'avoit pas eté destiné par son pere à ceste condition; tantost qu'il n'avoit pas de benefice et qu'il supporteroit plus aisement la qualité de pauvre gentilhomme que celle de pauvre prestre; tantost qu'il y avoit plus d'apparence pour luy de s'advancer en d'autres conditions qu'en celle d'ecclesiastique, tant les benefices estoient difficiles à attraper en ce temps-cy, disoit-il, auquel les chevaux les courrent et les asnes les emportent.

» Je luy disois que Dieu luy donneroit un jour d'autres pensées et luy feroit cognoistre que le desir d'avoir des biens et des dignitez estoit un mauvais desscin pour ceux qui se desiroient engager au service de l'Eglise et des autels; et pour me conformer à son style et à sa comparaison, je luy disois que comme les chevaux qui labourent la terre où l'on seme l'avoine, ne sont pas ceux qui en mangent le plus, aussi ceux qui estoient abondamment pourvus des biens du crucifix, n'estoient pas ceux qui rendoient le plus de services à la religion en l'administration de la parole de Dieu et des sacremens; que pour l'ordinaire ceux qui ont tant d'occupations pour leurs dents ont peu d'exercice pour leur langue et que les chiens qui jappoient bien deviennent muets quand ils ont des os à ronger. Il en revenoit toujours là qu'il ne vouloit pas qu'on l'appellast un pauvre prestre, luy estant avis que rien ne déshonorait tant la prestrise que la pauvreté.

» Un jour viendra, luy dy-je une fois, avec quelque sorte de transport d'esprit qui m'eslevoit au-dessus de moy-mesme, que vous ferez comme le premier de nos rois qui se rangea au christianisme, à qui nostre grand sainct Remy disoit en le baptisant: Sicambre, preste ton col au joug suave de Jesus-Christ, méprise ce que tu as adoré et adore ce que tu as meprisé. Quelque jour, ô Bernard, ce nom de *pauvre prestre*, qui t'est maintenant en horreur comme un crucifié, fera ton plus glorieux titre et celuy que tu affectionneras avec plus d'ambition. Mais pour lors je chantois à un sourd.

» Cependant il m'a avoué depuis que mes paroles luy estoient autant de clouds qui se fichoient bien avant dans ses pensées. Mes propos luy estoient autant de traits dans le flanc, contre lesquels il ne trouvoit point de dictame. Il avoit de la peine à m'aborder, parce que je le tirois apres des parfums qui avoient un puissant attrait sur luy, dont il ne se pouvoit ni plaindre ny deffendre; il en estoit attiré non tirannisé, sa volonté en estoit non violée mais violentée.

» Cependant n'ayant pu rien gagner sur son esprit pendant mon sejour à Dijon, à cause qu'il estoit prévenu des pretentions qu'il avoit dans le siecle, à la faveur de quelques grands qui tesmoignoient avoir de l'inclination à son avancement, mes affaires estant expediées, quand je fus sur mon départ, il ne put souffrir mon absence; et comme si j'eusse été son aimant et son tire-cœur, il se resolut de m'accompagner au moins jusqu'à Chaalons où estoit sa maison paternelle, possedée par son frere aisné, digne successeur de la charge et des vertus de leur bon pere [1]. Ce fut là que l'amitié que j'avois contractée avec luy à Dijon, se dilata pour moy, par son entremise, à toute sa famille; amitié saincte que Dieu forma de sa main sacrée, et qui a duré en sa vigueur depuis ce temps-là et sera, par la divine bonté, éternelle comme son principe.

» M'estant de là embarqué sur la Saône pour descendre à Lyon, et par cette route me rendre à ma résidence, il fut impossible à nostre Bernard de me quitter. Il sauta dans le bateau avec moy, et ne faisant estat que de couler quelques lieues en ma conversation et de descendre chez quelques-uns de ses amis dont la demeure n'estoit pas éloignée du rivage de ce fleuve, il vint enfin jusqu'à Lyon où l'humanité singulière de monseigneur de Marquemont, lors archevesque, et que depuis ses dignes merites esleverent au cardinalat, nous receut en son palais, où son amitié, jointe à l'inclination qu'il avait à la magnificence et à l'hospitalité, nous fit experimenter des traitements dignes de son courage.

» Là nostre Bernard, dont la conversation extremement éveillée et gentille avoit des grâces qui eussent enchanté des rochers, fit acquisition de celle de ce prélat, quoy que d'humeur grave et melancolique et accompagnée de cette serieuseté qu'il avait con-

---

[1] Bernard, Étienne, avocat, né à Dijon en 1553, fut député aux États généraux de Blois, par le tiers-état de Bourgogne en 1588. Nommé maire de Dijon et ensuite conseiller au parlement, Bernard fut entraîné un moment dans le parti de la ligue, mais il reconnut bientôt ses torts, et dès qu'il eut prêté serment à Henri IV, ce prince n'eut pas de sujet plus fidèle. Chargé de faire rentrer Marseille sous l'obéissance de son roi, Bernard s'acquitta de cette négociation difficile avec autant d'adresse que de prudence. Henri IV l'en récompensa en le nommant lieutenant-général du bailliage de Châlons-sur-Saône, où il mourut en 1609.

tractée par tant d'années en la cour de Rome, où il avoit esté longtemps auditeur de rote. Ce prelat concourut avec moy dans le desir de le voir ecclesiastique.

» Comme j'estois sur le point de l'emmener avec moy en ma residence, où je me promettois, par de fréquentes persuasions, de le conquerir au service des autels; des affaires domestiques qu'il me representa comme pressantes, le rappellerent à Chaalons, et ainsi pour ce coup je me trouvay frustré de mon attente, mais quoy qu'il pensast avoir en quelque façon rompu le lien invisible d'où son affection l'attachoit à moy, il ne laissoit pas de traîner sa chaisne et il ne pouvoit secouer mes raisons de son esprit, tant elles y avoient jetté de profondes racines. Et Chaalons et Dijon et toute la Bourgogne luy sembloient un trop petit theatre pour borner ses desseins. Il n'y avoit que Paris et la Cour, selon son jugement, qui pussent servir d'object à ses esperances.

» Mais où ira-t-il devant l'esprit de Dieu qui le poursuit et le sollicite? Les voiles de ses esperances enflées du vent de la faveur de quelques grands qui luy promettoient de l'appuy, il se resolut de commettre sa barque en cette haute mer [1]. »

Il s'attacha à M. de Bellegarde, commandant en Bourgogne, qui l'emmena à la cour et lui promit de lui faire obtenir des bénéfices.

« Comme nostre homme, reprend Camus, chassoit de haut vent, il eut avis d'une abbaye vacante qui estoit dans le diocese de Belley, mais s'il n'emporta la bague, il lui donna atteinte par une pension qu'il obtint.

» Toutefois comme ces gouttes chaudes qui tombent sur les plantes durant les extremes chaleurs de l'été, les bruslent et flétrissent, plustost qu'elles ne les arrosent et rafraîchissent, et comme ces aspersions que font les forgerons sur leur fournaise rendent leur brasier plus ardent, cette etincelle de faveur pensa jetter un grand embrasement dans l'ame de nostre pretendant et le plonger plus avant dans l'abysme des poursuites du siecle. »

Cependant l'évêque de Belley lui prodiguait ses avis et ses exhortations par lettres et de vive voix. « Enfin, ajoute Camus, apres avoir traisné à Paris cette vie de Promethée, attaché à un Caucase, son foye renaissant, toujours becqueté d'un desir qui ne luy donnoit point de repos, Dieu, qui le vouloit pour luy, luy fit

---

[1] Eloge de piété à la benite memoire de M. Claude Bernard, appellé le pauvre prestre, par J.-P. Camus, evesque de Belley, 1 vol. in-8. Paris, 1641.

tomber les écailles des yeux et luy fit cognoistre le déplorable estat où le portoit la vanité des pretentions mondaines »

L'évêque de Belley raconte ici longuement les circonstances d'un duel auquel Bernard, vers cette époque, fut forcé d'assister comme témoin. « La vue de son ami qui resta sur le carreau, le toucha si vivement qu'il se détermina tout-à-fait à s'abandonner au service de celui qui, pour luy et pour tous les hommes, avoit abandonné le ciel et le sein de son pere éternel pour venir icy-bas au milieu de la terre, operer notre salut. » Pour réparer le temps passé et se préparer à dire un adieu éternel au siècle, Bernard s'adonna avec ardeur à l'étude de la religion et aux œuvres de miséricorde envers les malheureux auxquels il résolut de consacrer le reste de sa vie.

« Pendant neuf ou dix ans de suite, continue Camus, je fus appellé à Paris pour y prescher en diverses églises les advents et les caresmes, ce qui ne procedoit pas de ma recherche ny de mon mouvement, mais du désir de mes parents, qui, n'ayant point d'autres moyens de me voir ny de me tirer de ma residence, m'engageoient ainsi à ceux qui me demandoient, me faisant de cette sorte passer près d'eux une partie de l'hyver; et le reste de l'année je le donnois, comme mon debvoir m'y obligeoit, aux fonctions de ma charge. Ce fut durant ce temps-là que je fus temoin de la vocation et des exercices de nostre Bernard, lequel estant de nos auditeurs ordinaires, et, si j'ose le dire ainsi, un de nos suivans, tant sa dilection luy donnoit d'attache aupres de nous, il me communiquoit assez familierement ses pensées et le récit de ses advantures spirituelles.

» Je me rejouissois en Dieu de le voir cingler à pleines voiles dans la vocation que je luy avois tant desirée et persuadée, et de voir qu'il s'y portoit avec une ferveur extraordinaire et un zele si ardent qu'encore qu'il fust sindiqué [1] par plusieurs, il estoit neantmoins loué et approuvé par le jugement de ceux qui aimoient le nom de Dieu.

» Je luy dis plusieurs fois qu'il estoit besoin qu'il cachetast tout cela par un bon sceau, c'est-à-dire par le caractere ineffaçable et eternel du sacrement de l'Ordre, que cette qualité sacerdotale, reverée des anges mesmes et redoutée des démons, luy donneroit plus de credit et d'authorité envers les criminels, et, selon le conseil de l'Apostre, magnifieroit d'avantage son ministere, et le

---

[1] Blâmé, critiqué.

tout pour la gloire de Dieu de qui il seroit envoyé. Mais que vaines sont les persuasions des hommes, si Dieu ne parle interieurement au cœur de Jerusalem et n'y profere des paroles de paix!

» Avant qu'il se portast tout-à-fait aux exercices de pieté, la qualité de pauvre prestre luy paroissoit odieuse et ridicule; maintenant cette condition de prestre, et mesme de pauvre prestre, luy paroist si eminente, qu'il n'ose seulement y penser. Les exemples de quelques Saincts, qui par humilité l'ont evitée, le touchoit si fort, ne s'estimant pas digne de deslier la courroye des souliers du moindre prestre, qu'il eust tenu pour presomptueuse la pensée de s'y engager. Tantost il s'excusoit sur les desordres de sa vie passée, tantost sur ses imperfections presentes, tantost sur le manquement d'estude en theologie; son esprit estoit une masse de vif argent qui s'eparpille plus on la veut presser.

» Ce coup estoit reservé à Dieu et non pas aux hommes; aussi en procéda-t-il lorsque luy-mesme y pensoit le moins; car ne s'imaginant pas que la qualité de prestre le pût rendre plus propre au service des pauvres et des criminels, auquel il s'estoit entierement consacré, il ne pensoit qu'à se perfectionner, et en se perfectionnant à se rendre agreable à Dieu par ce service. Soit donc par quelque inspiration secrette qu'il communiqua à celuy à qui il avoit remis l'entiere conduite de son ame, soit par le conseil de quelque serviteur de Dieu, il se resolut de se lier aux ordres sacrez et de se dedier entierement par ceste consecration au service des autels et des pauvres qui sont les temples vivans de Jesus-Christ.

» Il jetta aussitôt les yeux sur moy pour luy imposer les mains; ce que je fis avec une allegresse merveilleuse et une consolation d'autant plus grande que je voyois cette vocation ne venir que de Dieu seul, et il me souvient que quand je l'ordonnay prestre, ce qui fut à Paris dans l'eglise du noviciat des jesuites; il eut entre ses associés un seigneur non moins illustre par ses vertus et sa capacité que par sa naissance, que le roy avoit nommé à un evesché. Ce me fut une insigne benediction de benir de si dignes personnages et d'imposer mes mains sur de telles têtes.

» Depuis ce temps-là nostre Bernard me regarda tousjours comme son pere en nostre Seigneur Jesus-Christ et me rendit des defferences et des tendresses toutes particulieres [1]. »

Le disciple de l'évêque de Belley prit le nom de *pauvre prêtre* et se dévoua entièrement au service des misérables et des malades à

---

[1] Éloge de pieté de M. Claude Bernard.

l'Hôtel-Dieu. Après avoir passé vingt ans dans cet exercice, il alla le continuer à l'hôpital de la Charité; s'établit sur les places publiques où il prêchait avec un zèle à toute épreuve, et une éloquence vive et naturelle qui lui attirait de nombreux auditeurs. Ses exhortations étaient soutenues par d'abondantes aumônes pour lesquelles il trouva des ressources dans le produit d'un héritage de 400,000 livres qui lui survint et qu'il vendit pour soulager les malheureux, et dans le produit des quêtes qu'il faisait à la cour et dans la ville. Son zèle au soin des pauvres et des malades s'étendit à celui des malheureux détenus dans les prisons. Plusieurs criminels qu'il conduisit sur l'échafaud ou à la potence, touchés de ses exhortations, subirent leur supplice dans de grands sentiments de pénitence. Au milieu de tous ces exercices si pénibles et si dégoûtants, le père Bernard, comme l'évêque de Belley qu'il avait pris pour son modèle, conserva toujours son humeur enjouée qui attirait chez lui des personnes du plus haut rang. Il savait mettre ce concours à profit pour en tirer des contributions destinées à ses charités. Le cardinal de Richelieu, le pressant un jour de lui demander quelque grâce : « Monseigneur, lui dit-il, je prie votre Eminence d'ordonner qu'on raccommode le fond du tombereau dans lequel je conduis les criminels au lieu du supplice, afin que la crainte de tomber dans la rue ne les empêche pas de se recommander à Dieu avec attention. » Ce fut au milieu de tous ces exercices de charité que ce pieux et digne émule de saint Vincent de Paul, son contemporain et son ami, mourut à Paris en odeur de sainteté le 23 mars 1641, assisté par Camus, qui l'avait engendré à la grâce et qui prononça son oraison funèbre. Le clergé de France a plusieurs fois sollicité sa canonisation; si jamais il l'obtient, l'évêque de Belley aura puissamment contribué à donner un Saint à l'Église, après avoir été lui-même disciple d'un grand Saint.

Voilà, sans contredit, un des plus beaux succès de notre incomparable prélat, succès dû à sa parole qui enflammait les cœurs, et à ses exemples qui les fortifiaient.

L'évêque de Belley ne borna pas son ministère admirable à la prédication orale; mais, désirant se multiplier en quelque façon et répandre, en mille torrents à la fois, la sainte doctrine de l'Évangile, il lança dans le public un nombre étonnant de sermons et d'homélies. De plus, sachant que les ministres du Seigneur sont comme un feu brûlant créé par l'Esprit saint pour détruire le vice et vivifier la vertu, il chercha à enflammer dans le cœur de son clergé ce zèle qui le dévorait lui-même. Dès son arrivée à Belley il composa et fit imprimer pour ses prêtres des instructions sur le ministère de la chaire, sur la direction des paroisses; il leur adressait des prônes, des méditations, des catéchismes. Ses livres de spiritualité si nombreux, étaient autant de missionnaires qui parcoururent d'abord son diocèse, puis la France entière. Quelques-uns même furent traduits en langues étrangères et allèrent au loin porter la bonne odeur de la doctrine de Jésus-Christ, et la renommée de leur auteur.

En jetant les yeux sur les rayons d'une bibliothèque chargée de ses ouvrages, on se demande comment un évêque aussi zélé pour le soin de son troupeau a pu trouver tant de loisir pour composer tant de livres sur tant de matières diverses. Il assure cependant que jamais il ne donna à son goût pour la littérature le temps qu'il devait à son ministère. Il employait chaque année trois mois du printemps à ses visites pastorales, et l'été et l'hiver étaient consacrés à ses études et à la publication de ses œuvres.

Nous ferons apercevoir plus bas les singuliers rapports qui lient J.-P. Camus à saint Jérôme et à saint Augustin, dans la rude guerre qu'ils firent au relâchement de la discipline et des mœurs; mais nous ne pouvons nous dispenser présentement de faire observer combien l'évêque de Belley ressemble à saint Césaire instruisant les barbares.

Les comparaisons empruntées à la vie commune, les antithèses bizarres frappent toujours l'esprit des peuples; Camus, à l'exemple de saint Césaire, en fit un usage journalier; ses écrits en fourmillent. Au reste c'était le goût du temps, et parmi les prédicateurs de cette époque, on en trouve de plus ridicules, mais presque point d'aussi spirituels, d'aussi abondants que lui. Son style, dans ses innombrables homélies, se ressent du désordre de ses discours. Ce désordre provenait de sa trop vive imagination, qui ne lui donnait pas le temps de coordonner les immenses matériaux qu'elle lui apportait à pied d'œuvre. Il est quelquefois vif, entraînant, souvent diffus, ondoyant, trivial, toujours chargé de citations et de métaphores, enfin il est divers comme son esprit. On suit Camus dans ses discours comme un guerrier de l'armée du peuple de Dieu qui revient du combat contre les Égyptiens, pliant sous le poids de mille dépouilles enlevées à tous ceux qu'il a rencontrés sur sa route et dont il pare le tabernacle du Seigneur. Auteurs sacrés et profanes, orateurs, philosophes, naturalistes, astronomes, physiciens, mathématiciens, chimistes, laboureurs, artistes, poètes, voyageurs, à tous sa mémoire étonnante fait des emprunts, et tous, à chaque pas, viennent lui offrir le tribut de leur science, de leur art et de leur profession pour exalter la morale de l'Evangile et dresser des trophées à la religion de Jésus-Christ.

Malgré tout ce fatras pompeux et souvent ennuyeux qui retarde sa marche, lorsqu'il traite des sujets d'un ordre supérieur, qu'il donne des conseils d'une haute portée, on voit qu'il a un mode de prédication sinon simple, du moins toujours pratique, étranger à toute intention littéraire, uniquement destiné à agir sur l'âme des auditeurs. On sent qu'il ne veut que provoquer en eux l'ardeur aux bonnes œuvres, ce zèle actif qui poursuit le bien sans calcul. Il règne dans son langage une intimité véritable avec l'auditoire auquel le prédicateur s'adresse; il n'est pas rare de le voir descendre jusqu'à terre pour parler à ses disciples ignorants, sur un ton qu'il rabaisse jusqu'à leur portée, le ton qu'il sait, par expérience, propre à agir sur eux : alors on sent qu'il voudrait enlever à ses paroles ce qu'elles peuvent avoir pour eux de bizarre et de blessant dans leur simplicité; il demande en quelque sorte pardon pour sa juste sévérité qu'il met toujours sur le compte de son grand Dieu et de son grand Juge qui sera aussi le leur.

Mais de ce qu'il savait admirablement s'accommoder à la faiblesse intellectuelle de ses ouailles, il ne faudrait pas conclure que le langage commun fût dans sa nature. Quand il fallait faire parler la parfaite sagesse dans une réunion d'hommes éclairés et appréciateurs, Camus devenait éblouissant, il étincelait de verve et de saillies. Sa prédication prenait alors un caractère littéraire, sans rien perdre de sa force et de son à-propos. Pour frapper de grands coups sur les âmes endurcies, on ne pourrait peut-être aujourd'hui lui comparer que Bridaine. Sa parole visait peu à l'harmonie; elle avait, comme a dit Godeau, le timbre éclatant de la trompette qui pénètre l'homme d'enthousiasme et d'effroi. Rarement on trouve en lui cet accord de la période musicale qui distingue Fénelon; Camus tirait droit au cœur et ne faisait rien pour l'oreille. C'est ainsi que l'a jugé le saint évêque de Genève, qui s'estimait heureux de l'avoir souvent entendu. Il ne pouvait en être autrement d'un talent qui procédait toujours par explosion et qui n'a jamais rien dû au travail. Sa physionomie austère, sa taille avantageuse, ses gestes animés, ses yeux étincelants, sa voix sonore, tout en lui, jusqu'à sa longue barbe contribuait à donner du prestige à son éloquence¹.

Nous reviendrons sur la littérature de Camus en parlant de ses autres compositions.

IV.

La gloire de l'Eglise dévorait cette âme ardente. Sur tous les points où elle était attaquée et menacée, Camus se trouvait armé de toutes pièces pour la défendre.

« Aux estats generaux qui se tinrent en 1614, s'eleva une tempeste qui fit un bruit estrange et qui pensa causer une division effroyable, sous pretexte de l'affermissement de l'autorité du roy, auquel chacun concouroit avec le mesme zele, mais qui n'avoit pas la mesme prudence². Il y eust encore d'autres rencontres où nostre jeune prelat crut que les interests de l'Eglise et le bien pu-

---

¹ A l'époque de Camus, les ecclésiastiques ne portaient plus la longue barbe; il avait conservé la sienne, et l'auteur de la *Pogonologie* ou *Histoire philosophique de la barbe*, dit que « l'évêque de Belley, quand il prêchait, avait coutume de diviser sa barbe en deux ou trois toupets, selon la division des points de son sermon. »

² Les États généraux se trouvant assemblés à Paris, à l'occasion de la majorité de Louis XIII, la chambre ecclésiastique, composée de cent trente-deux députés; les cardinaux, et tous les plus illustres prélats du royaume, demandèrent de nouveau la promulgation tant désirée du concile de Trente, en réservant toujours ce qu'il pouvait y avoir de contraire tant aux libertés de l'église gallicane, qu'à la dignité de la couronne et à l'indépendance absolue de son temporel. Le tiers-état cependant, et surtout l'avocat-général Servin, firent les plus fortes oppositions; et prenant un détour des plus propres à faire diversion, et à rendre même le clergé odieux, ils proposèrent *de faire jurer* d'abord non-seulement comme loi fondamentale du royaume, mais comme loi sainte et conforme aux divines Écritures, que le roi ne tenant sa couronne que de Dieu, il n'est aucune puissance en terre qui, pour quelque cause que ce soit, puisse l'en dépouiller, ni affranchir ses sujets de l'obéissance qu'ils lui doivent. Ils répandirent encore, à dessein d'effrayer les simples, que le projet du clergé était d'introduire l'inquisition en France : imputation méchante et purement imaginaire, assez bien marquée au coin des huguenots qui avaient beaucoup de crédit dans le tiers-état, pour croire qu'elle venait d'eux, comme le cardinal du Perron l'assura.

Les ecclésiastiques qui assistaient aux États s'étaient réunis dans l'église des Augustins. Camus y prononça plusieurs discours fort singuliers toujours contre des abus; il cria surtout contre les simonies ecclésiastiques, militaires et judiciaires, contre les commandataires; il avait droit de le faire, puisque en son

blic ne s'accordoient pas avec les desseins de ceux qui avoient alors la conduite des affaires. Ses parents, ses amis luy faisoient voir le naufrage indubitable des esperances qu'ils croyoient estre bienseantes à un homme de son aage et de son merite; mais ils ne sçavoient pas que la prudence episcopale qui voit les choses par la lumiere de Dieu, ne se laisse pas tromper à celle du siecle; que les vrais ministres de Jesus-Christ n'ont point de pretentions à la cour, et que leurs esperances ne se fondent sur aucune des choses qui se voyent; mais seulement sur celles que Dieu prepare à ceux qui l'ayant pris pour leur heritage, en recevant la clericature, ne l'auront point quitté pour les avantages du monde. Cette vive esperance fut pour luy comme une anchre qui arresta son cœur, et l'empescha d'estre emporté par les fausses raisons que l'on employoit pour l'abattre; et il aima mieux demeurer le plus pauvre prelat du royaume, que, pour devenir riche, se faire bon courtisan.

» Plusieurs annees apres cette genereuse resistance, il soustint une autre attaque qui estoit encore plus capable de l'esbranler. Le ministre qui gouvernoit les affaires en ce temps là, desirant de luy quelque chose, luy fit sçavoir par une lettre la plus civile du monde, et qui adjoustoit aux civilitez de grandes promesses. On desira qu'il respondit sur le champ, il le fit, et voicy comme il finit sa response où il s'excusoit s'il ne faisoit pas ce que l'on avait voulu : *C'est tout ce que vous peut dire un evesque qui pour le passé n'a maintenant obligation à personne, qui, pour le present est sans interest, et pour l'avenir sans pretention.* — Je voudrois que ces paroles admirables fussent gravées dans le marbre et dans l'or, afin qu'elles se conservassent jusqu'à la fin du monde. Mais de quoy serviroit à l'Eglise que la mémoire s'en conservast dans des tables inanimées où peu de personnes jetteroient les yeux? Je voudrois, et le zele que j'ay pour l'Eglise me le faict vouloir, que ces paroles heroïques fussent imprimées dans tous les cœurs des ministres de Jésus-Christ qui seroient tous saincts, s'ils pouvaient en verité tenir le mesme langage. Ne vous semble-t-il pas que vous entendez les Basile, les Chrysostôme, les Ambroise, qui parlent aux maistres de la terre avec ce ton de voix

---

diocèse, assure-t il dans son *Anti-Basilic*, une abbaye avait pour commandataire un protestant, commandant d'une citadelle voisine.

Voyez dans le catalogue de ses livres, le titre des trois discours peu connus et cependant fort curieux que l'évêque de Belley prononça dans cette solennelle circonstance (n°s 3, 4 et 5).

qui les faisoit trembler? O paroles d'un prélat du dix-septieme siecle, qu'on peut bien appeler de fer, vous estes dignes des premiers siecles qui ont esté justement appellez d'or! Le nostre ne meritoit pas de vous entendre, et il ne vous a entendues que pour sa honte. Diray-je tout ce que je pense? Il ne vous a entendues que pour la condamnation de sa lâcheté[1]. »

Nous pourrions placer ici un autre trait de ce désintéressement et de cette noble indépendance qui caractérisaient notre évêque.

Le cardinal de Richelieu l'ayant invité à venir le voir à la cour pour une affaire qu'il avait à lui communiquer, Camus s'y rendit, et le ministre lui dit qu'étant informé du petit revenu de son évêché, qui suffisait à peine à sa subsistance, il l'avait fait venir pour lui donner une riche abbaye dont il était persuadé qu'il ferait bon usage. « Le meilleur que j'en puisse faire, répondit l'évêque de Belley, est d'en remercier Votre Eminence, et de ne la pas accepter; mon évêché est pauvre, il est vray, mais il me donne de quoi vivre, et je suis persuadé qu'il n'est pas permis de posséder plusieurs bénéfices quand un seul suffit pour nostre entretien. »

Nous n'avons pu découvrir en quelle année ni en quelle circonstance le cardinal-ministre cette proposition à notre prélat, mais ce que nous savons, c'est que non-seulement Richelieu mais toute la cour furent frappés et édifiés de cette réponse et de ce mépris des richesses.

V.

Quoique l'assiduité avec laquelle l'evêque de Belley s'employait à la sanctification des peuples ne le détournât nullement des soins qu'il donnait à la sienne propre, il crut cependant qu'après avoir rendu à son troupeau tout ce que ce troupeau était en droit d'exiger de lui, il devait se mettre dans une situation où il n'aurait qu'à vaquer à l'affaire de son salut. Ce désir il l'avait eu dans sa jeunesse, puisque nous avons vu que son projet, en débutant dans la vie, était d'aller s'ensevelir dans un cloître; il l'eut pendant son épiscopat; il le manifesta souvent à son guide spirituel. Mais le saint évêque de Genève sut toujours le dissuader de déposer la houlette pastorale à l'ombre de laquelle paissait l'heureux troupeau confié à sa garde.

Dès que son illustre ami fut mort, Camus, privé de son

[1] Oraison funèbre de J.-P. Camus.

guide et de son soutien, se sentit pressé plus fortement de se démettre de son évêché. Pendant sept ans néanmoins il nourrit cette résolution sans oser l'exécuter, tant il respectait par delà la tombe les conseils de son illustre ami. Cette pensée fixe qu'il roulait jour et nuit dans son esprit, ne lui fit cependant rien perdre de son amour pour son peuple ni de son zèle pour son église : c'est ainsi qu'en 1627 il mit la main à l'œuvre pour faire d'importantes réparations à sa cathédrale. En démolissant cet antique édifice en 1837 pour le reconstruire à neuf, on a découvert une inscription qui constate ce fait que l'on ne trouve relaté dans aucun écrit ; peut-être était-il consigné dans les riches archives du Chapitre que le vandalisme a brûlées en 1793.

Enfin en 1628 Camus songea définitivement à se donner un successeur qui fût vraiment digne de l'épiscopat, et ce fut Jean de Passelaigue, abbé de Notre-Dame de Hambie, prieur de Saint-Victor de Nevers et de la Charité-sur-Loire, vicaire-général de l'ordre de Cluny, sur qui il jeta les yeux. Il obtint en sa faveur l'agrément du roi, et en se démettant du diocèse de Belley qu'il avait administré si heureusement pendant vingt ans, Camus se retira dans l'abbaye d'Aunay, de l'ordre de Cîteaux, pour pratiquer, dans le calme de la solitude, toutes les vertus, à l'exercice desquelles le mouvement attaché aux fonctions pastorales ne lui avait pas permis, disait-il, de vaquer entièrement.

Nous pensons qu'il ne quitta Belley que vers la fin de 1628, ou au commencement de 1629 ; nous possédons le procès-verbal de la visite qu'il fit encore de sa cathédrale le 20 septembre 1628. Ce procès-verbal est un monument du zèle de Camus, en même temps qu'on y retrouve le cachet de son esprit caustique et de sa rigidité qui avait repris peut-être un peu de recrudescence depuis la mort de saint François de Sales. Il est facile de remarquer, dans les débats qu'il eut à cette époque, que le sauvageon avait repoussé des rejetons au dessous de sa greffe.

VI.

L'abbaye d'Aunay, que le roi donna à ce vénérable prélat en recevant sa démission de l'évêché de Belley, était située en Normandie, près de Caen. Elle a été possédée en 1678 après lui par le célèbre Huet, évêque d'Avranches, prélat grand appréciateur des travaux de Camus, et qui par son simple suffrage aurait dû le préserver des inculpations que la malignité de certains hommes lança contre lui pour obscurcir sa mémoire.

Camus habita quelque temps cette abbaye et n'y resta pas oisif; car on voit qu'il a fait imprimer à Caen un grand nombre de ses ouvrages. Par ses exhortations et plus encore par ses exemples, il introduisit dans cette maison et dans celle d'Ardaine qui en était voisine, la réforme qu'il travaillait avec tant d'ardeur à ramener dans tous les monastères de France. C'est en Normandie qu'il eut le bonheur de voir le père Eudes, avec qui il rivalisait de zèle dans la prédication. Bientôt il s'établit entre eux une étroite amitié. Ces deux cœurs ne pouvaient manquer de se rencontrer au pied de la croix, qui faisait les délices de l'un et de l'autre. Tous deux disciples fidèles de Jésus-Christ souffrant, ils s'encourageaient à l'imiter dans son dévouement pour le salut des âmes.

VII.

François de Harlay, archevêque de Rouen, qu'une maladie mettait dans l'incapacité d'exercer ses fonctions, crut que la Providence lui avait envoyé, en la personne de ce grand évêque, un puissant secours pour l'aider à soutenir le poids du gouvernement de son diocèse.

L'infatigable évêque de Belley, qui ne s'était point démis de son zèle en se démettant de son évêché, fut persuadé que Dieu, par la bouche de l'archevêque, demandait de lui qu'il reprît de nouveau le travail. Il se rendit donc à la proposition que lui fit François de Harlay, de l'associer à sa sollicitude pastorale; et l'évêque qui venait de conduire en chef une église dont il n'avait à rendre compte qu'à Dieu seul, ne fit aucune difficulté de se charger une seconde fois du fardeau de l'épiscopat en qualité de vicaire-général de l'archevêque de Rouen, renonçant comme St.-Paul à sa liberté pour devenir serviteur de tous, afin de gagner plus d'âmes à Jésus-Christ [1]; tant est vrai ce que dit le même apôtre, que la charité n'est point dédaigneuse et qu'elle ne cherche que les intérêts du prochain [2].

« Qui peut, dit l'évêque de Vence, exprimer les travaux qu'il a soufferts dans les visites des paroisses qui sont au nombre de près de deux mille dans ce diocèse? Avec quelle commodité croyez-vous qu'il les fist? C'était le plus souvent à pieds. En

---

[1] I Cor. IX, 19. — [2] Id. XIII, 5.

quels châteaux magnifiques pensez-vous qu'il logeast? C'estait ou à l'hospital ou chez les pauvres curez. Quels festins lui falloit-il faire? Il jeusnoit presque tous les jours, ou sa sobriété estoit un jeusne continuel. Quel repos prenoit-il après avoir passé la journée à prescher, à confirmer, à confesser, à benir les cimetieres, ou à les reconcilier, à consoler les affligez, à respondre à mille personnes qui le consultoient? Ou il couchoit sur la paille, ou il passait la nuit en oraison. Les choses laborieuses estoient son partage, il ne se mesloit point de celles qui, regardant la juridiction, luy pouvoient donner de l'authorité et le rendre plus considérable; en quoy il faisoit paroistre un amour pour l'Eglise qui estoit bien des-interessé[1]. »

VIII.

Cependant le secret attrait qui, au milieu de ses travaux même, le portait vers la retraite, sans néanmoins le dégoûter de ses occupations, lui fit croire que cette forte inclination venait de Dieu, et il le remercia de ce qu'après lui avoir fait l'honneur de le charger de la conduite de son troupeau, il lui faisait la grâce de l'attirer à la solitude pour lui procurer le moyen de faire pénitence des fautes qu'il pouvait avoir commises, et d'obtenir de lui miséricorde quand il rendrait compte de son administration.

Il prit donc le parti de se retirer pour toujours, et afin de se dédommager autant qu'il le pourrait de la consolation dont il serait privé en ne travaillant plus au dehors pour l'utilité des fidèles, il voulut avoir celle de passer le reste de ses jours avec les pauvres. Il vint à Paris, et ce fut l'hôpital des Incurables, rue de Sèvres, qu'il choisit pour le lieu de sa demeure. Le pieux évêque ne se réservait que cinq cents livres sur les revenus de son patrimoine et de ses bénéfices; il donnait tout le reste aux malheureux. Sur ces cinq cents livres il payait sa pension à l'hospice où il soignait lui-même les malades, pansait leurs plaies, les instruisait, les consolait, faisant pour eux toutes les fonctions d'un simple chapelain. Il assistait de son conseil tous ceux qui recouraient à lui dans leurs peines et dans leurs doutes, et les aidait à faire une mort véritablement chrétienne. Il couchait sur une paillasse piquée; il n'avait point de serviteur; un domestique

[1] Oraison funèbre de J.-P. Camus.

de la maison le servait et avait soin de lui. Le bon prélat n'avait pas de linge à lui; on lui prêtait des caleçons et des chemises de la maison. Il ne sortait que rarement pour aller à la campagne visiter quelques amis, mais il rentrait toujours avant cinq heures du soir. Quelquefois dans cet état de dénuement, il parut, dit son panégyriste, dans la chaire du palais d'Orléans, devant son Altesse Royale; sa parole sanctionnée par tant de beaux exemples, stigmatisait le luxe et la mollesse des princes et des courtisans.

IX.

En vérité ne semble-t-il pas que Camus fût né pour combattre de grands combats? Il y avait en France un évêché dans un état non moins pitoyable que ne l'avait été celui de Belley, c'était celui d'Arras.

« Le roy ayant une particuliere cognoissance de la grande
» doctrine, capacité, integrité et pieté exemplaires et des aultres
» vertueuses et bonnes qualités qui sont en la personne de messire
» Jehan-Pierre Camus, anchien évesque de Belley, Sa Majesté
» Louis XIV, par l'advis de la royne régente, sa mère, a, le 28
» may 1650, nommé et ordonné ledit sieur evesque pour avoir
» l'administration dudit dioceze d'Arras et faire toutes les fonctions
» appartenantes et dependantes du pouvoir et de la dignité d'é-
» vesque, et ce, durant le temps de la vacance dudit évesché et
» jusqu'à ce qu'il y ait été nommé par Sa Majesté et pourvu par
» nostre saint Père le Pape. Et pour luy donner moyen de s'y en-
» tretenir, ainsy qu'il est convenable (porte l'acte royal de no-
» mination), nous luy avons ordonné la somme de trois mille six
» cents livres pour forme d'entretenement pour chacun an [1]. »

« C'est son amour pour l'Eglise, assure l'auteur de son Oraison funèbre, qui lui fit accepter le brevet de ce nouvel evesché où il n'y avoit qu'à semer avec un grand travail, dans un champ abandonné depuis long temps sans espoir de moissonner la moindre commodité temporelle. Mais ce n'estoit pas ce qu'il cherchoit pour la recompense de sa culture. Il trouvoit sa gloire à cultiver à ses depens l'heritage du Seigneur, comme le faisoit le grand Apostre parmi les fideles de Corinthe, et il eust mieux aymé

---

[1] L'acte dont sont extraits ces passages, est déposé aux archives du département du Pas-de-Calais. Nous en devons la communication à la bonté de son Eminence Monseigneur le Cardinal de la Tour d'Auvergne, évêque d'Arras.

mourir que de perdre cet avantage, qui estoit veritablement apostolique. Certes, il avoit fort peu de rivaux à craindre en un siecle où la toison et le laict des brebis ne servoient pas peu à faire accepter le travail de leur conduite. Le palais où logea nostre admirable pasteur dans Arras, fut l'hospital; mais par sa presence il devint plus considerable et plus glorieux que les plus riches palais du monde, qui sont bien souvent des magnifiques retraites de grands criminels, et des trophées insolents de la calamité publique. Dans ce lieu de pauvreté, l'evesque de Belley estalla des richesses qu'il allait prendre dans le ciel, et tous les concitoyens de cette ville fameuse vinrent les acheter sans argent et sans negoce, comme Dieu convie les hommes à trafiquer de ses tresors. Ils se souviendront long-temps de ce grand prelat qui ne leur fut que montré, et que les dernieres calamitez de la guerre leur arracherent, lorsqu'ils croyoient devoir le posseder encore plusieurs années, au moment qu'il attachoit ces peuples à la France en les portant à Dieu, par des nœuds d'amour qui sont bien plus forts que les garnisons et les citadelles. »

Les troubles politiques et la guerre ayant empêché l'infatigable serviteur de Dieu de travailler plus long-temps au défrichement de la terre qu'on venait de lui confier, il se retira de nouveau l'année suivante, à l'hospice des Incurables à Paris, pour y attendre des temps meilleurs, et, sans doute, l'arrivée de ses bulles qui avaient été demandées au souverain Pontife. Mais le grand Rémunérateur, voulant récompenser de si nobles et de si longs travaux, crut que la couronne de son infatigable ministre était assez belle sans qu'il y ajoutât de nouveaux fleurons, et il l'appela à lui avant que le Pape eût sanctionné sa nomination à l'évêché d'Arras, comme nous le verrons plus bas.

X.

Ce fut aussi son grand amour pour l'Eglise qui lui mit la plume à la main. Ici notre tâche se complique singulièrement; car pour donner une exacte appréciation de Camus sous le rapport de ses travaux littéraires autres que ceux dont nous avons déjà parlé, il faudrait un cadre bien plus large que ne le comportent les proportions d'une simple notice. Véritable géant à cent bras pour porter des coups aux ennemis de l'Eglise, il mettait rapidement au jour des traités de controverses; en même temps qu'il discutait avec les docteurs sur des points dogmatiques, il enfantait en se jouant volumes sur volumes, pour faciliter aux gens du monde les voies de la dévotion. En veillant, en dormant, en mangeant, en se récréant, en étudiant, Camus rêvait des plans d'ouvrages qu'il produisait à toute heure du jour et de la nuit, mais toujours dans un but unique : le perfectionnement de l'humanité et la gloire du catholicisme.

Parmi ses nombreux écrits dogmatiques on lirait encore avec fruit son *Traicté du chef de l'Eglise*, son livre sur la *Primauté et principauté de saint Pierre et de ses successeurs*; sa *Theologie mystique*; mais le meilleur en ce genre est, sans contredit, son *Hierarque parfaict*, auquel il travailla d'après les conseils du cardinal Bellarmin qu'il avait connu à Rome et dont il avait su mériter la tendre affection. Ce livre est un recueil de tout ce que Camus avait appris sur les devoirs et l'autorité des évêques, de la bouche de saint François de Sales, du cardinal Frédéric Borromée, d'autres oracles d'Italie, de plusieurs savants prélats, de pieux et illustres personnages qu'il avait fréquentés et consultés souvent sur cette matière.

« J'ajouste dans ce livre, dit-il dans la préface, diverses remarques que j'ai faictes en la cour de Rome, en plusieurs voyages que j'y ai faicts, cour qui est un livre escrit dedans et dehors, où se voit autour du premier throne de l'Eglise tout ce qui se peut désirer, touchant le gouvernement de l'estat, la police, la discipline, ordres et ceremonies ecclesiastiques ; car en ces matieres qui n'a pas vu cette cour, que sait-il ? »

MM. les curés trouveraient de bonnes instructions dans la multitude d'écrits que Camus a composés sur les devoirs des pasteurs et des paroissiens. Mais surtout, les livres de controverse du savant évêque de Belley sont en très-grand nombre. Aujourd'hui encore son *Avoisinement des protestants vers l'Eglise romaine* conserve du crédit; MM. les éditeurs des *Cours complets de théologie et d'écriture sainte* ont inséré, dans leur tome V qui a paru en 1838, la traduction latine que le père Zacharie avait faite de cet excellent ouvrage dans son *Thesaurus theologicus*. Un protestant converti de bonne foi a écrit qu'il trouvait cet ouvrage très-propre à ramener les religionnaires dans des sentiments conformes aux nôtres sur le fait de la religion catholique. Un célèbre missionnaire en faisait beaucoup de cas, et la supérieure des Nouvelles-Catholiques en avait confirmé l'utilité par les effets qu'elle en avait vus. Richard Simon en a donné une édition sous le titre de *Moyens de réunir les protestants avec l'Eglise romaine*. Il dit dans une lettre placée au commencement du volume : « J'ai demeuré long-temps dans une maison où il y avait plusieurs vieillards qui avaient connu très-particulièrement monseigneur Camus. Ils l'estimaient non-seulement à cause de sa grande piété, mais aussi pour son érudition. Il y avait alors d'illustres convertisseurs, entre lesquels étaient monseigneur le cardinal de Berulle, et le père Condren, qui ont été les deux premiers généraux de l'Oratoire. On disait de ceux-ci, que par leur grande douceur ils gagnaient plus le cœur que l'esprit, mais que l'évêque de Belley gagnait et l'esprit et le cœur, parce qu'il convainquait par la force de ses raisons et qu'il faisait paraître en même temps un grand zèle pour la conversion de ses frères. »

Richard Simon, qui n'aimait pas Bossuet, insinua dans son édition que ce prélat, dans l'*Exposition de la foi catholique*, n'était guère que le copiste de l'évêque de Belley, quoique les deux auteurs n'eussent d'autres ressemblances que d'avoir travaillé sur le même sujet et dans les mêmes vues. L'objet de Camus est de prouver que la réunion n'est pas impossible, et de présenter les moyens d'y parvenir. Les remarques de Richard Simon sont curieuses et intéressantes.

La Démolition des fondements de la doctrine protestante; la *Confrontation des Confessions de foi de l'Eglise romaine et de la protestante avec l'Ecriture sainte*, ses *Conférences avec Drelincourt, ministre protestant de Charenton*, et plusieurs autres ouvrages de controverse de ce genre sont une preuve de la grande science de leur auteur et de son attachement inviolable à l'unité et à la doctrine de l'Eglise catholique. Nous ne faisons cette réflexion que pour répondre d'avance aux détracteurs de Camus qui ont voulu faire croire une absurdité, en répandant qu'il était entré dans un complot dont le but était de détruire l'œuvre impérissable de Jésus-Christ.

XI.

L'évêque de Belley a cela de commun avec deux illustres Pères de l'Eglise, saint Augustin et saint Jérôme, qu'en s'appliquant à réformer les cloîtres et à réprimer les absurdes écarts de certains Ordres monastiques, il travaillait cependant à en propager l'institution.

« Que signifie cet orgueil d'un roi sous la tunique d'un pénitent? disait le plus enthousiaste des Pères de l'Occident, avec ce bon sens un peu colère, avec cette éloquence satirique qui est un trait de frappante ressemblance avec notre prélat? C'est ainsi que saint Jérôme dénonçait à haute voix les abus des moines dans le cinquième siècle; cependant il avait moins de raisons pour tonner que n'en avait Camus.

Sa rectitude de conscience, son goût pour la pénitence, son ardeur pour les bonnes œuvres faisaient comparer notre évêque à saint Charles Borromée; comme lui il soutenait d'une main ferme la discipline ecclésiastique; comme lui il aimait passionnément le travail; comme lui il était d'une morale très-exacte. La fainéantise et les sentiments relâchés de quelques religieux ne pouvaient donc manquer d'irriter son zèle. « Ah! Seigneur Jésus, s'ecrie-t-il, dans un endroit de son *Directeur désintéressé*, quand viendrez-vous, le fouet à la main, purger vostre maison des imperfections que de malheureux interests font glisser tous les jours dans ces lieux qui ne devroient estre que des lieux de priere et de sainteté! » Notre zélé réformateur le prend ce fouet, et « de quelque part, dit-il dans sa *Pieuse Julie*, qu'il rencontre le vice, sous un diadesme, sous un mortier ou sous un capuce, il ne le traicte poinct de main morte. »

L'évêque de Genève écrivit à son ami le 22 août 1614 pour le louer du zèle qu'il mettait à faire la guerre aux exemptions. « Monseigneur, lui disait-il, je me resjouys certes de vos victoires; car quoy que l'on sçache dire, c'est la plus grande gloire de Dieu, que notre Ordre episcopal soit recogneu pour ce qu'il est, et que cette mousse des exemptions soit arrachée de l'arbre de l'Eglise, où l'on void qu'elle a faict tant de mal, ainsi que le sainct Concile de Trente a fort bien remarqué. Mais je regrette pourtant que vostre esprit patisse tant en cette guerre, en laquelle, sans doute, il n'y a presque que les anges qui puissent conserver l'innocence: et qui tient la modération emmy les procez, le procez de sa canonisation est tout faict pour luy, ce me semble: *Sapere et amare vix Diis conceditur*; mais je dirais plus volontiers: *Litigare et non insanire vix sanctis conceditur*. Néantmoins quand la nécessité le requiert et que l'intention est bonne, il faut s'embarquer soubs l'espérance que la Providence mesme qui nous oblige à la navigation, s'obligera elle mesme à nous conduire. Tout mon plus grand déplaisir, c'est de voir qu'enfin ceste amertume de cœur que vous me dépeignez, vous ravira d'auprés de nous et me ravira une des plus précieuses consolations que j'eusse, et à vostre peuple un

bien inestimable : car des prélats affectionnés, il en est si peu :
Apparent rari nantes in gurgite vasto [1].

C'est peu de temps après avoir reçu cette lettre que l'évêque de Belley, partit pour se rendre aux États généraux, où saint François de Sales lui recommandait de soutenir les intérêts du clergé de la partie de son diocèse situé en France.

Dès le début de cette illustre assemblée, la Chambre ecclésias- demanda avec instance la promulgation du concile de Trente en France. Le clergé séculier sentait la nécessité de cette mesure pour rétablir l'ordre et l'harmonie dans la hiérarchie ecclésiastique, abolie en quelque sorte par les exemptions et les priviléges des Ordres religieux. Il fallait rendre aux Ordinaires leur autorité, aux pasteurs leurs droits, par conséquent il fallait ramener les monastères sous la houlette des évêques et les fidèles sous l'étole des curés. Qu'on prenne l'histoire, et l'on verra les vœux de l'Eglise universelle et les luttes de l'autorité spirituelle à cette époque pour rétablir l'ordre constitutif de la bonne et primitive discipline. Tous les évêques firent des entreprises qui leur susci- tèrent beaucoup d'embarras ; les plus saints et les plus zélés com- battirent plus vaillamment et eurent le plus à souffrir.

La bulle du pape Grégoire XV, fulminée en 1622, pour défen- dre à tous les ecclésiastiques et à tous les religieux, exempts ou non exempts, de confesser et de prêcher sans la permission et l'appro- bation de l'Ordinaire, eut des contradicteurs. Certains écrivains allèrent jusqu'à soutenir qu'une approbation une fois donnée par un évêque, pouvait bien être révoquée par son successeur, mais non par lui-même. Cette prétention serait aujourd'hui de la der- nière témérité, surtout dans l'église de France, où l'usage est uni- formément contraire.

Le jeune évêque de Belley, qui déjà avait fait entendre sa voix foudroyante aux États généraux contre mille abus qui désolaient l'Eglise, était sorti de cette assemblée bien résolu d'employer, quand il en aurait le temps, son zèle et ses talents à ce grand œuvre de la réforme. C'est dans ce but louable, et digne d'un évêque des premiers siècles, qu'il publia plus tard ses traités hiérarchi- ques *du Chef de l'Eglise ; de la Primauté de saint Pierre ; les Offi- ces du pasteur paroissial ; les Debvoirs d'un bon paroissien ; le Hiérarque parfaict* ; son livre *de l'Unité dans la hiérarchie ecclésiastique*, etc.

---

[1] Virgil. Æneid.

Tous ces ouvrages tendaient à rabaisser les moines, à les renfermer dans leurs couvents et à relever les ministres qui, par leur institution divine, sont plus particulièrement chargés du soin des âmes, c'est-à-dire à remettre les uns et les autres à leur place. Ceux qui ont prêté d'autres intentions à l'incomparable évêque de Belley n'ont pas lu ses ouvrages. On y voit que son but unique était une réforme dans ce sens, et que la haine contre les moines ne fut pas son mobile. Sans doute, plus d'une fois il mêla dans ses discussions d'amères satires, mais il faut les attribuer à la promptitude de son esprit, d'où elles s'échappaient comme les étincelles électriques de la nue chargée de la foudre ; mais son cœur n'avait pas de fiel, il faut le croire, à moins de prendre pour des mensonges les nombreuses protestations d'un évêque si pieux ; puis il faut dire que ces étincelles étaient provoquées souvent par le choc des corps religieux qui voulurent se frotter trop violemment à cet élément inflammable.

Nous allons jusques à croire que le plaisir seul de faire de l'esprit plutôt que le désir de blesser, lui faisait lâcher ces turlupinades selon le mauvais goût de son temps, qu'on lui a tant reprochées, et nous sommes persuadé qu'il en agissait ainsi quand il comparait les moines avec leurs courbettes à des cruches qui se baissent pour mieux s'emplir ; de même lorsqu'il disait que Jésus-Christ, avec cinq pains et trois poissons ne nourrit que trois mille personnes et qu'une seule fois en sa vie, et que saint François avec quelques aunes de bure nourrit tous les jours, par un miracle perpétuel, quarante mille fainéants.

Cependant il fallait du courage pour essayer une réforme dans les cloîtres à une époque où il était même dangereux de déclamer contre les moines, parce qu'ils avaient de puissants protecteurs à la cour, et pour appui un homme du caractère de Richelieu. Mais Camus n'était ni assez adroit, ni assez courtisan pour calculer la direction la plus convenable à son bien personnel. Il ne voyait que la nécessité de la réforme, et il la poursuivait sans songer à d'autres intérêts que ceux de l'Église ; et comment en aurait-il été autrement ?

Dans un cœur aussi brûlant de l'amour de Dieu que celui de Camus, le sang en effet ne devait-il pas bouillonner à la vue des désordres qu'il avait sous les yeux dans deux maisons de l'ordre de Saint-Bernard qui étaient tout près de Belley ? Aussi de sa poitrine oppressée par la douleur, il tire de profonds soupirs en racontant dans un de ses ouvrages (*l'Anti-Basilic*), que dans un de ces monastères, l'abbé commandataire avait établi un haras et faisait servir l'église de grenier à foin « où les religieux faisaient l'office comme des rats en paille. » Les moines ne sortaient point que sur de grands et beaux chevaux pour se promener, chasser et faire des visites. Dans l'autre, qui était une maison de femmes du même ordre, la clôture avait été abolie et de grands désordres s'y étaient introduits. « C'était, dit Camus, un abord général de toutes compagnies; sous prétexte de parenté et consanguinité, il s'y faisait de merveilleuses conversations; tant y a que c'estoit un concours perpétuel de conversations et de familiaritez, un flux et reflux continuel de compagnies; les grands y entroient et les petits en sortoient; la porte y estoit tousjours ouverte sans différence de sexe ny d'aage [1]. » Conseils, remontrances, menaces de la part de l'évêque tout fut inutile. La tradition n'a malheureusement que trop bien conservé la mémoire de tels abus, dans la petite province du Bugey. « Une autre grande abbaye de sa connoissance, dit-il ailleurs [2], avoit pour abbé le fils d'un seigneur à peine aagé de sept ans et que l'on appeloit déjà M. l'Abbé, comme qui diroit M. le père enfant. » De tels abus infectaient toute la France; fallait-il donc, comme il le dit, qu'il fermât les oreilles aux cris de sa conscience, à la vue de cette affliction générale?

Oh! non, l'évêque de Belley n'était pas un de ces chiens muets dont parle l'Ecriture. Comment donc, voisin de Genève, n'aurait-il pas élevé la voix pour soutenir les intérêts de l'Eglise, en travaillant à la réforme des moines, quand de toutes parts il entendait les protestants s'étayer spécieusement des désordres de certains religieux pour légitimer la grande réforme que les disciples de Calvin s'efforçaient de propager jusque dans le cœur du catholicisme?

Tout en applaudissant aux motifs de sa noble et généreuse intention, on reproche à notre évêque d'être allé trop loin et d'avoir déversé trop de blâme en toutes circonstances contre des abus sur lesquels, au reste, il n'était pas seul à crier et que le concile de Trente avait flétris d'assez de censures et d'anathèmes : mais le médecin va-t-il trop loin quand il scarifie les chairs gangrenées pour préserver le corps de son malade d'une invasion générale?

---

[1] L'évêque de Belley se présenta en personne dans l'un de ces monastères, et voulut, à propos de réforme, y parler du concile de Trente; mais on lui répondit qu'un concile de *trente* évêques n'avait pas grande autorité. *Risum teneatis, amici?* — [2] Dans le *Directeur désintéressé.*

mais le bourreau va-t-il trop loin quand il attache le coupable au pilori, lui applique le fer rouge sur le front, et le stigmatise du signe d'infamie? n'obéit-il pas à la justice, ne venge-t-il pas la société? Qu'est-ce qu'il y a donc de si excessif dans un pasteur, quand il maltraite le loup qui vient ravager le troupeau dont il a la garde et dont il doit répondre œil pour œil et dent pour dent?

On peut dire que ce fut un mouvement de zèle digne d'un grand réformateur qui lui fit lancer plus directement contre les moines les nouveaux ouvrages suivants : *le Voyageur Inconnu*; *le Directeur désintéressé*; *les Deux Hermites*; *L'anti-Moine bien préparé*, etc., etc.

Les cénobites fulminèrent contre ces ouvrages : « Ainsi, dit l'évêque de Belley, le cygne essaye de casser le cristal où il contemple sa difformité, et le chameau s'abreuvant bat du pied pour ne pas voir dedans l'eau la laideur de sa figure; ainsi les animaux atteints de la rage redoutent de rencontrer leur effigie dedans le miroir des ondes [1]. »

Le Directeur désintéressé fit surtout résonner les cloîtres de plaintes amères; les échos les répétèrent au public. « C'est une chose estrange, dit Camus, combien ce peu de *poudre à canon* a fait de bruit, cette simple lueur a poussé d'esclats, ce faible vent a causé d'orage. Vous diriez qu'il ait esté le glaive du Seigneur et de Gédéon qui ne consistait qu'en une petite trompette, et une lampe dans une cruche qui ait mis la terreur dans Madian; la machoire de Sanson, qui ait terrassé les Philistins; et la machine d'Archimede qui ait enlevé les fondements de la terre et de la terre désirable [2]. » Et cependant dans ce livre, l'évêque de Belley ne dit autre chose, d'après la doctrine de saint François de Sales, si ce n'est que le ministère de la direction des âmes est mieux placé entre les mains des pasteurs qui ont la mission divine, plus d'expérience et plus de moyens de ramener les mondains, que dans celles des cénobites qui sont moins habiles et qui s'ouvrent encore plus volontiers pour recevoir les aumônes que pour défricher et cultiver péniblement la vigne du père de famille. « Car les moines, selon le dire du grand Fredéric Borromée, rapporté par Camus, ont plus d'attention à leurs affaires qu'aux nostres, et songent plus à l'avancement de leurs maisons, ordre

---

[1] Dans la *Pieuse Julie*.
[2] Préface de l'*Ouvrage des moines*.

et institut qu'à assister les pasteurs, ny à procurer la gloire de Dieu dans le service des ames. » Ajoutez que ce livre dont nous parlons est rempli d'éloges pour les religieux sages, instruits, prudents, humbles et désintéressés, et notamment pour les Théatins, *dont la congrégation est comme un trésor dans le champ de l'Eglise*. Voilà l'ouvrage qui souleva tant de bile et fit éclore tant de pamphlets. *Ab uno disce omnes*.

Adrien Baillet, dans ses *jugemens des savans*, tom. VII, ne doute pas que l'industrie et la bourse de ceux qui étaient attaqués dans *l'Anti-Moine* et *l'Anti-Hermite*, n'aient contribué à faire disparaître ces ouvrages, car ils devinrent rares dès leur apparition. Les moines eurent recours à la plume pour se défendre et publièrent *l'Anti-Camus ou Censure des erreurs de M. Camus, évêque de Belley, touchant l'estat des religieux, où est particulierement refuté son livre de la Désapropriation claustrale et de la pauvreté religieuse*.

« Il est inutile de dire, ajoute Adrien Baillet, que le religieux auteur de ce livre a oublié en toutes rencontres qu'il avait affaire à un evesque, ou il a oublié les égards qui sont dus à l'épiscopat. M. Camus eut soin de l'en faire souvenir dans une grosse réponse qu'il eut la patience de composer contre cet *Anti-Camus*, sous le titre d'*Anti-Basilie*. » Camus s'était caché sous le nom d'*Olenix du Bourg-l'Abbé*, pour publier cette grande réponse in-4.

La lutte s'anima à un tel point que le premier ministre du Roi intervint pour la calmer. Nous sommes fâché de le dire, les capucins surtout, que Camus avait comblés de plus de bienfaits, témoignèrent plus d'aigreur que les autres réguliers dans cette guerre.

Le cardinal de Richelieu, dont la volonté ne connut jamais d'obstacle, se laissa circonvenir par les religieux, et peut-être à l'instigation du célèbre capucin connu sous le nom du père Joseph, il écrivit à Camus pour l'engager à ménager un peu plus les moines dans ses paroles et ses écrits. Il y a lieu de s'étonner de l'urbanité et de la circonspection que le Cardinal-Duc employa vis-à-vis de notre prélat; c'est que Camus était d'une trempe trop forte pour ne pas être redouté du ministre. Aussi ce dernier crut-il devoir gazer sa demande avec un compliment, ce qui, certes, ne lui était pas habituel. « Je ne trouve aucun défaut en vous, lui écrivait le cardinal, que cet acharnement que vous avez contre les moines; sans cela je vous canoniserais. »

« Plut à Dieu! repliqua l'évêque, nous aurions l'un et l'autre ce que nous souhaitons; vous seriez pape et je serois sainct. »

Cette réponse pleine d'esprit et d'indépendance, dans laquelle le ferme prélat ne promit point formellement ce que demandait ce terrible ministre qui était obéi même de son roi, peint elle seule le caractère de Camus et suffirait pour le faire connaître.

Vers cette époque, l'évêque de Belley publia plusieurs ouvrages sur l'excellence de l'état monastique et à la louange des religieux qui, séparés du monde, menaient dans leur cloître une vie conforme à leurs saintes règles. Les moines répandirent que leur adversaire chantait la palinodie et *menèrent en triomphe sa bonne foi*, pour nous servir de ses expressions. Nous pensons que ce fut à cette occasion qu'il lança son *Rabat-Joye du Triomphe monacal*.

Sentinelle vigilante de l'Eglise, Camus continua à voir des loups sous la peau de l'agneau faire des ravages dans le bercail de son divin maître : il ne put retenir ses cris; sa conscience lui fit reprendre sa pente naturelle et invincible vers la vérité et la gloire de Dieu; et l'on vit paraître *l'Ouvrage des Moines*, qui n'est qu'un commentaire du traité du même nom par saint Augustin. Ce livre volumineux fut bientôt suivi de plusieurs autres écrits contre des abus sortant des cloîtres pour affliger la religion. Alors ce fut une véritable tempête autour de Camus.

« Je ne saurais exprimer les clameurs des cénobites contre moy, dit-il à la fin de son *Directeur désinteressé*. Ils en vinrent jusqu'à des extremitez que, pour leur honneur et les reverences que je leur porte, plus que pour ma défense, je n'oserois redire. Je passay, dit-il ailleurs avec esprit, par les langues comme par les piques, parce que c'estoient des langues piquantes; pendant dix-sept ans, ma pauvre et chestive reputation servit d'enclume au marteau de ceux qui ne devoient voir que du lait et du miel dans mes escrits.

» En six mois cinq livres sont sortis contre moy: le premier intitulé : *la Conduite de Meliton ou la correction fascheuse qu'il exerce à l'endroit des religieux*, par un autheur qui s'appelle en son nom de guerre : *le sieur de Saint-Romain*; le deuxiesme a pour titre *les Advantages de la vie religieuse défendue contre les maximes de Meliton*, par un autre aventurier qui se nomme Étienne de La Croix, prêtre docteur en théologie; le troisiesme s'appelle *la Défense de la vertu*, lequel ne laisse pas de bien mordre encore qu'il ait les dents fort blanches; le quatriesme est *l'Advis d'un docteur touchant les debvoirs d'un bon paroissien*; et le cinquiesme les *Lettres d'Agathon à Eraste sur les debvoirs du bon paroissien*.

» En me sauvant dans la cachette du visage de Dieu et sous

l'ombre de ses aisles, du trouble des hommes et de la contradiction des langues, je fus obligé par le conseil de mes amis et par ma propre conscience, pour retirer du naufrage les débris de mon honneur, de commettre à ma plume ma défense contre tant de langues conjurées contre moy; et le premier ouvrage apologétique qui sortit de ma main, sur ce sujet, fut le petit livre du *Directeur désinteressé*, qui eut un succez tout autre que je ne m'estois promis de sa petitesse. »

Camus répondit encore à toutes ces attaques dans sa *Révision de l'advis d'un docteur touchant les debvoirs du bon paroissien*.

Si la riposte fut rigoureuse, « ç'a esté, dit-il dans cet ouvrage, contre les impertinences, faussetez, calomnies, mensonges et impostures, que je me suis escrimé de la maniere que ma profession m'oblige, de refuter le mensonge, l'erreur et la fausseté; si ç'a esté avec des termes rudes, c'est parce que, s'il faut espargner les pecheurs, il ne faut pas d'autre part traicter les vices de main morte, mais il faut parler au fol selon sa folie, de peur qu'il ne s'estime sage, et lui laver la teste d'une lexive qui soit forte. »

La guerre continua. De basses rancunes se mirent à l'affût d'un scandale. « Les moines pour chercher des armes, dit Tallemant des Réaux, épluchèrent sa vie, mais ils ne trouvèrent rien à y mordre. »

La vie privée d'un homme est la pierre de touche de sa conduite. Sur ce point Camus ne devait redouter aucune épreuve. En fouillant dans le secret de son intérieur, ses ennemis ne pouvaient découvrir que des faits à leur honte et à leur confusion. M. de Belley n'était pas de ceux qui étalent leurs œuvres au grand jour; il a fallu, comme on l'a vu plus haut, l'indiscrétion d'un domestique pour connaître jusqu'à quel point le saint évêque poussait l'esprit de pénitence. Certes, en rappelant aux moines l'austérité qui est le principal de leur institution, il prêchait de paroles et d'exemples, et toujours il eut raison contre eux pendant qu'il put manier la plume pour se défendre et publier sa justification. Mais après sa mort ses ennemis violèrent sa tombe et y allèrent remuer ses cendres pour essayer de les jeter à la boue : parlons sans figure.

Dans une chronique la plus infâme, dit Godeau, qui ait jamais vu le jour, où la mémoire de cent personnes de grandes qualités et d'extraordinaires vertus tant mortes que vivantes était déchirée avec une grossière inhumanité, l'auteur, qui était un moine, osa écrire que « Messire Jean-Pierre Camus, évesque de Belley, estant mort dans la haine des religieux, contre lesquels il a escrit avec le fiel d'un hérétique, et ayant témoigné une grande confiance en Dieu, a donné sujet à tous les gens de bien de douter de son salut. Mais faut il parler davantage en ce lieu, d'un livre desavoüé par les superieurs de son autheur, qui en cela ont temoigné leur sagesse et leur pieté; meprisé par toutes les personnes habiles et noircy par les foudres de la censure de monseigneur l'archevesque de Paris, ce qui l'arrache des mains de tous les fidèles? En cette action il a tesmoigné son zèle pour l'honneur d'un de ses confrères, et quoyqu'elle suffise pour ensevelir un mal-heureux ouvrage, il semble toutefois qu'on pourroit dire ce que Stace dit de Capanée : *Potuit fulmen meruisse secundum.*

» Il est vray que, soit que l'autheur de cette chronique ait esté estonné du coup de ce premier foudre, soit qu'il ait appréhendé le second, soit que, comme il vaut mieux juger favorablement d'un homme qui fait profession d'un genre de vie toute saincte, un repentir salutaire l'ait touché, il a changé la page outrageuse à la mémoire de nostre prelat, et, à la place du jugement temeraire de son salut, on y lit maintenant le des-aveu, qui est plus glorieux pour celuy qui le fait que pour le mort qu'il avait déchiré. »

Mais suivons les adversaires de Camus dans la guerre qu'ils firent à sa mémoire. Ils ne craignirent pas de porter contre lui une accusation que le commun des hommes ne pouvait juger, ils attaquèrent M. de Belley dans ses principes et dans sa foi.

Filleau, auteur de la *Relation juridique de ce qui s'est passé à Poitiers touchant la nouvelle doctrine de Jansénius*, ouvrage in-8, imprimé à Poitiers en 1654, a donné lieu à cette singulière imputation. Rappelons les faits pour détruire la calomnie.

Selon Filleau, un ecclésiastique de mérite passant par Poitiers, s'adressa à lui, avocat du roi, et lui déclara qu'il avait en 1621 assisté à Bourg-Fontaine, chartreuse près de Villers-Coterets, à une assemblée composée de six personnes, outre lui, dont une seule dans le moment était vivante, mais toutes attachées à la doctrine de Jansénius; et que dans cette conférence il ne s'était agi de rien moins que de renverser le catholicisme, pour établir le déisme sur ses débris. L'ecclésiastique ajouta qu'ayant paru aux membres de l'assemblée qu'il y aurait trop de dangers et trop peu d'espoir de succès, si on attaquait la religion de front, il avait été convenu qu'on commencerait par décrier les moines, décréditer les deux sacrements les plus fréquentés par les adultes, savoir, la pénitence et l'eucharistie, etc. Filleau, par discrétion, disent ses partisans, ne déclara point le nom de l'ecclésiastique et ne désigna les six personnages que par des lettres initiales. Depuis on a nommé par conjecture, et en faisant des rapprochements plus ou moins hasardés, l'abbé de Saint-Cyran, Jansénius évêque d'Ypres, Philippe Coppeau évêque de Nantes et ensuite de Lisieux, Arnaud d'Andilly, Simon Vigor conseiller au parlement, et enfin Pierre Camus évêque de Belley. La tâche échue à celui dont les lettres initiales étaient P. C. dans le projet de Bourg-Fontaine, était d'attaquer les moines. On crut alors reconnaître le nom de l'évêque de Belley, qui avait tant écrit contre eux. Mais la publication de ses ouvrages, tous approuvés par des docteurs qui n'y trouvèrent rien de contraire à la foi catholique, a pris naissance dans les États généraux de 1614 et ne peut confirmer l'opinion que l'évêque de Belley eût trempé dans l'abominable projet de Bourg-Fontaine, si jamais il a existé, et encore moins qu'il y eût reçu la mission d'attaquer les moines; car tous les écrits de Camus, comme nous l'avons déjà dit, n'étaient que dans le but de réformer l'état monastique et dirigés seulement contre la fainéantise, la mollesse et d'autres vices qui existaient malheureusement alors parmi les religieux. Or réformer une société pour la ramener à son origine primitive, à son état constitutif, attaquer les abus qui la déshonorent, ce n'est pas vouloir détruire cette société. Dans ces mêmes ouvrages, Camus rend hommage aux vrais religieux qui sont bien dans leur état, et fait le plus bel éloge de la vie monastique, dont il fut l'admirateur dès sa jeunesse. Il a même composé des ouvrages apologétiques spéciaux en faveur des ordres réguliers; et dans tous les autres, on trouve de nombreuses pages qui auraient dû calmer la bile de ses adversaires. Mais ils étaient comparables au sanglier blessé qui se rue sur le chasseur sans s'inquiéter si celui-ci a d'autres armes à lui opposer.

L'accueil plein de bienveillance dont il honorait les moines et l'hospitalité empressée qu'il leur donnait dans son palais, les visites fréquentes et les retraites qu'il faisait dans leurs monastères, les maisons qu'il leur construisit à Belley, tout cela ne peut-il faire un contre-poids aux récriminations d'une susceptibilité outrée? Ajoutons : est-il croyable qu'un évêque si pieux, si zélé pour la conversion des pécheurs et des hérétiques, formât en secret l'horrible complot auquel on l'accuse, sans bonnes preuves, d'avoir pris part?

L'ami et le disciple de saint François de Sales, un prélat justement apprécié du pape, des cardinaux et de tous les hommes savants et pieux de son temps, serait l'ennemi du catholicisme, armé d'une main pour détruire l'œuvre du Christ, pendant qu'on le voit maniant de l'autre sa plume savante et courageuse pour défendre l'unité de l'Eglise, la primauté du Saint-Siége, les prérogatives des évêques et des curés, la sublimité des sacrements, les vertus de la sainte Vierge et des Saints! Toutes ces considérations et tous ces faits ne peuvent laisser croire un moment que les lettres P. C. désignent Camus comme celui qui fut chargé, dans le fameux conciliabule de Bourg-Fontaine, de saper les fondements des cloîtres. D'ailleurs les initiales de l'évêque de Belley sont J. P. C. pourquoi donc s'obstiner à le reconnaître sous celles qu'il ne prit jamais quand il voulut s'envelopper du voile de l'anonyme?

Après tout, Pascal, dans sa seizième *Provinciale*, repoussa fortement l'imputation de Filleau, et ce projet de Bourg-Fontaine passa pour une fable, du moins parmi un grand nombre de personnes.

A une époque plus rapprochée de nous, un jésuite lorrain, nommé Sauvage, fit imprimer un ouvrage intitulé : *Réalité du projet de Bourg-Fontaine, démontrée par l'exécution*; Paris, 1758, 2 vol. in-12.

Dans cette chronique scandaleuse, la réputation de l'évêque de Belley était étrangement calomniée et venimeusement noircie. Mais ce libelle fut brûlé par arrêt du parlement du 21 février 1758.

Mettons que ce ne soient pas là des preuves qui infirment entièrement la relation de Filleau, mais pourquoi, défié par MM. de Port-Royal, n'a-t-il jamais osé nommer l'ecclésiastique dénonciateur? pourquoi n'a-t-il parlé de ce fait qu'en 1654, tandis que l'assemblée de Bourg-Fontaine se serait tenue en 1621? Quelle foi ajouter à la relation d'un fait passé trente-trois ans auparavant et dont on n'administre aucune preuve? pourquoi les personnes ne sont-elles désignées que par des initiales, et pourquoi, dans une chose aussi grave, le membre de la prétendue association qui vivait à l'époque où l'ecclésiastique fit sa révélation à Filleau, n'a-t-il pas été poursuivi? Ne pourrait-on pas soupçonner que Filleau a été trompé et que quelques-uns des personnages qui ont figuré dans le projet, si jamais il a existé, ne sont pas ceux à qui on l'a prêté?

Deux autres pamphlets non moins dignes du feu, furent lancés dans le public, pour dénigrer la mémoire de Camus : l'un avait pour titre le *Rabelais des évêques*, et l'autre : *Lucien de Samosate ressuscité en la personne de J. P. Camus*. Ces ignobles satires sont aujourd'hui complètement oubliées ; on ne saurait où les trouver ; elles sont rentrées dans le néant d'où elles n'auraient jamais dû sortir.

XII.

Dans cette guerre que l'on fit à M. de Belley, on alla chercher contre lui des armes dans ses nombreuses productions auxquelles on s'est accordé à donner le nom de romans. Ses ennemis relevèrent de nombreux défauts que nous exposerons avec franchise en suivant Camus dans cette nouvelle carrière littéraire.

Nous avons déjà parlé de l'action des rencontres personnelles sur la vie entière de l'évêque de Belley. On sait comment sa nomination au plus pauvre diocèse de France, lui valut l'inappréciable amitié de saint François de Sales, quelle fut l'heureuse direction donnée à ses talents par l'évêque de Genève. Les travaux littéraires de M. de Belley, dont la fécondité efface peut-être celle de Voltaire, le polygraphe réputé le plus universel qui soit connu, se sont ressentis de l'heureuse influence du saint personnage qui fut son guide et son conseil. Camus dut encore à son séjour à Belley la connaissance intime d'un homme réputé illustre de son temps et célèbre encore de nos jours. Nous voulons parler d'Honoré d'Urfé, marquis de Valromey, qui habitait souvent Virieux-le-Grand, chef-lieu de son marquisat. Il se trouvait par le fait voisin et diocésain de Camus qu'il venait visiter et avec lequel il se lia étroitement. A dix minutes de Belley, on voit encore une maison de modeste apparence connue sous le nom de *Tour Ranquin*, agréablement située au-dessus de la fontaine *de la Croze*.

Là se réunissaient quelquefois François de Sales, l'évêque de Belley, le marquis de d'Urfé, l'illustre Favre, premier président du sénat de Savoie, et tout ce qu'il y avait de plus distingué par l'esprit dans la province.

Dans ce petit conciliabule on débattait des questions de morale, de religion et de littérature.

L'évêque de Belley conçut pour les talents de d'Urfé une estime extraordinaire. Il y avait en lui une connaissance des hommes, une facilité pour écrire, qui le rendaient propre au même genre de compositions. Camus, à l'instigation de l'évêque de Genève, résolut d'entrer dans cette voie, mais toutefois dans un but tout différent.

Le roman débordait alors sur toute la société. « La lecture des narrations historiques estoit une chose friande, attrayante, delicieuse, et, pour son extresme douceur, naturellement aimée de ceux qui ont inclination à lire, jusques aux enfans, lesquels on voyoit aussi aspres à devorer les romans qu'à sucer des dragées[1]. » L'*Astrée* de d'Urfé avait donné la vogue aux aventures romanesques. La littérature n'étant que l'exacte expression de l'état des mœurs, les œuvres d'imagination du xvi° siècle ne pouvaient reproduire que des traits peu édifiants, car les mœurs de ce siècle étaient dissolues. Antoine Allègre, chanoine de Clermont, dans son traité du *Mépris de la cour et la louange de la vie rustique*, se plaignait déjà de ce que les courtisans ne lisaient que des romans, ceux d'*Amadis*, de *Philocope*, etc. Quel temps que ce xvi° siècle qui venait de finir !

Les traits répandus dans les romans de cette époque en faisaient comme le corps, et la délicatesse des passions, exprimée avec un art séduisant, en faisait toute l'âme. La manière intéressante dont la passion feinte était décrite, rendait le cœur susceptible d'une passion réelle. Un attachement immodéré était revêtu de *toutes* les couleurs qui semblaient le rendre légitime, et cet attachement, qui avait la créature pour objet fixe et unique, était par là même dangereux pour les mœurs. On lisait les préceptes pour éviter les déréglements du cœur, et la peinture des déréglements qui occasionnait les préceptes, causait elle-même ces déréglements; en un mot, le dégoût des vérités de l'Évangile et des choses de Dieu était la suite nécessaire de l'avidité avec laquelle on se repaissait de ces pernicieuses fictions.

L'évêque de Belley, touché jusqu'au fond du cœur des maux causés par une lecture qui engendrait les passions, qui nourrissait l'indolence, qui amusait l'oisiveté, résolut d'y remédier ; mais il craignit que s'il s'élevait de front contre les romans, la prévention ne détournât les personnes qui en étaient entêtées, de lire ce qu'il aurait écrit pour en montrer l'abus : c'est ce qui lui fit former dessein de faire tomber ces dangereux ouvrages sans les attaquer. Pour exécuter ce projet, il profita de la manie même que l'on avait pour la fiction, et le goût dépravé des malades fut le remède qu'il employa pour les guérir ; comme il le dit lui-même : « Il essaya de faire avaler la médecine sous l'apparence

[1] Dans la' *Pieuse Julie*.

des confitures. » Ce fut une ruse de guerre : celle que Chorèbe conseillait aux Troyens, ses compatriotes, contre les Grecs :

> « Mutemus clypeos, Danaûmque insignia nobis
> » Aptemus : dolus, an virtus, quis in hoste requirat?
> » Arma dabunt ipsi[1]. »

« Changeons de boucliers; prenons les panaches des Grecs au » lieu des nôtres ; ruse ou valeur, qu'importe entre ennemis? » Eux-mêmes nous fourniront des armes. » Il composa plusieurs histoires auxquelles il donna un air de vraisemblance qui en aurait fait passer le sujet pour être réel, si elles n'eussent pas été données comme des fictions. Il les fit rouler sur des intrigues ingénieusement concertées et adroitement conduites ; les incidents inopinés surprenaient agréablement le lecteur sans lui faire perdre de vue ceux qui l'avaient déjà mis dans l'impatience de voir un dénouement. Mais en peignant la galanterie qui est si expressément défendue par l'apôtre saint Paul, il employait des couleurs qui en inspiraient du mépris et de l'aversion, de sorte que les charmes de la fable ne servaient qu'à rendre sensibles ceux de la vérité. Le lecteur était ainsi agréablement conduit à quelque chose de solide et d'utile, et, par ce moyen, il revenait de l'attachement qu'il avait à ces lectures frivoles dont il ne pouvait s'empêcher de convenir que le moindre mal était la perte du temps, le plus précieux de tous les biens. Les différentes passions qui font le mérite des héros de romans étaient blâmées en ceux que mettait en scène le pieux auteur, et les maximes chrétiennes qu'il y opposait, étaient exposées d'une manière simple et convaincante.

Les catastrophes qu'il faisait toujours envisager comme la suite d'une aveugle passion, en inspiraient du dégoût et de l'éloignement, et ces catastrophes donnaient occasion de connaître la tyrannie d'une passion qui faisait payer bien cher les plaisirs quelle promettait. Souvent le dénouement de ces histoires montre au lecteur édifié des personnes désabusées du monde, se retirant volontairement en des monastères pour réparer, par un dévouement parfait de leur cœur à Dieu, l'injure qu'elles lui avaient faite en donnant à la créature un attachement qu'elles ne devaient qu'à lui seul : toujours la péripétie est la punition du vice et la récompense de la vertu.

[1] Virgil. Æneid. liv. II.

Ces livres passèrent dans les mains de tout le monde; ils furent lus, ils furent goûtés, et le fruit que les lecteurs en retirèrent fut de se convaincre que Dieu étant le souverain bien, tout autre amour que celui dont il est l'objet et la fin, est aussi contraire au bonheur de l'homme qu'opposé à toutes les règles de la justice.

Écoutons Camus exposer lui-même ses motifs et sa conduite [1].

« L'entreprise que j'ay faicte de contre-luitter, ou plustost de contre-butter contre ces livres ou frivoles ou dangereux, qui s'enveloppent tous sous ce nom de roman, demanderoit ou les mains que les fables attribuent à Briarée, ou les forces que les poètes donnent à Hercule : les mains de ce géant pour manier autant de plumes, et la vigueur de ce heros pour soustenir un travail si pénible. Mais que ne peut un courage animé du zele de servir le prochain, et poussé du desir d'avancer le regne de la vertu, et d'amoindrir celuy du vice, principalement s'il est soustenu d'une grande confiance en Dieu qui, en de semblables desseins, n'inspire jamais le vouloir qu'il ne donne le pouvoir de les parfaire? Quant à moy, disoit David, avec l'ayde de mon Dieu, je donnerois de la teste contre une muraille, et penserois la traverser; c'est à dire, je tenterois l'impossible. Si j'avois une armée en teste, je ne redouterois rien; et quand elle viendroit fondre sur moy, j'en espererois d'autant plus en l'ayde de celuy qui a faict le ciel et la terre. Je ne craindrois pas des milliers de mains armées, quand je m'en verrois environné, et quand je les sçaurois toutes conjurées à ma ruine. Un seul Samson vint bien à bout de tous les Philistins : et toute la Toscane fut contrainte de ceder à la brave résistance d'un seul Horace. Quand Dieu le veut, un homme vaut une armée, et toute une armée ne vaut pas un homme, comme il parut au jour de Madian. O que n'a ma plume la vertu de la baguette du legislateur des Hebreux, pour guérir les playes que ces mauvais livres causent dans l'Egypte du monde! ou du moins, que ne peut-elle, comme celle-là, devorer ces serpens, que les escrivains de ces ouvrages-là, vrais enchanteurs d'esprits, font paroistre en forme de livres, ou comme celle de l'aigle, ronger ces autres plumes! Que ne puis-je, comme un sainct Pierre, tuer et manger les immondicitez qui se decouvrent dans les feuilles de ces travaux profanes? Quand sera-ce que la lumiere de la vertu et de la verité dissipera les ombres du vice et de la vanité?

[1] Dans la Préface de son livre intitulé : *Evénements singuliers*.

Jamais les faux Dagons ne tomberont-ils en pieces devant l'arche des entretiens et serieux et utiles et veritables ? Au moins si ces serpens d'airain sans venin et non nuisibles, pouvoient par leur vüe guerir ceux qui sont miserablement piquez de l'autre pernicieuse lecture, ou au moins les detourner d'un si mal-heureux employ (si la perte du temps peut estre appellée occupation), je n'estimerois point mon travail ingrat, ny ma peine inutile. Mais quand je voy cet arbre mal-encontreux que je m'essaye de couper, poussant d'autant plus de rejettons, que plus je le retranche, et faire comme la vigne qui ne jette jamais tant de pampres que quand elle est taillée, c'est ce qui me fait apprehender un labeur pareil à celui des Danaïdes, ou une peine semblable à celle de Sisiphe. Qui ne souhaiteroit autant de mains que Briarée, pour contre-pointer tant de styles qui s'exercent en ce genre d'écrire si folastre et si vain? et qui ne desireroit le bras d'Hercule, pour venir à bout de cette Hydre, dont on n'a pas plustost abbatu une teste que d'autres en renaissent? Vous diriez que la fable de Cadmus est une vérité en ce sujet, et que des dents de l'ancien serpent, il nait des hommes armez pour combattre pour le mensonge, et que ce soit le puits de l'Apocalypse d'où sortent des sauterelles et aussi des vapeurs qui obscurcissent l'air et envient aux yeux des mortels la vüe du soleil et des estoiles. Que si Hercule, selon le proverbe, ne pouvoit rien contre deux, que pensons-nous faire contre ces legions? Toutefois, comme Joseph qui ceda au commencement à la violence de ses frères, par sa patience, devint leur maistre à la fin, pourquoy n'espererons-nous pas au secours du Dieu des batailles, qui choisit ordinairement les choses faibles pour dompter les fortes, estalant le theatre de sa puissance sur nostre infirmité? Non, je ne perds point courage, et puisque j'ai cette commission d'un Sainct de Dieu, et par son entremise, ainsi que je croy, du Dieu des Saincts, je veux courir en cette lice autant que j'auray d'haleine, deusse-je defaillir en la voye; eguillonné à cela par la gloire qui en peut revenir à la vertu, ou plustost au Dieu des vertus, et par le profit qui peut en arriver au prochain. Courez, dit le grand Apostre, en sorte que vous parveniez au but. Je cours donc au combat qui m'est proposé, pour pouvoir dire : J'ay bataillé selon mon pouvoir, j'ay parfourny ma course.

» Or, pour terrasser tant de livres fabuleux, je n'entreprends pas mon combat de droit front, comme si je refutois des heresies. Car il n'est point de besoin de se mettre en peine de prouver l'obscurité des tenebres, ny de monstrer la fausseté de ces romans, bergeries, avantures, chevaleries et autres tels fatras, qui se confessent fabuleux en leurs prefaces, et dont la lecture pleine de caprice, de vers, de feintes, d'impossibilitez, d'absurditez, d'enchantemens, d'extravagance et pareilles bagatelles, fait assez connoistre l'impertinence. Ce seroit, comme dit l'Apostre, combattre contre l'air et courir sans but, ou tout au plus imiter cet empereur faineant, qui ne faisoit la guerre qu'aux mousches. De quelle façon est-ce donc que je tasche de deffaire mes adversaires? C'est par diversion et comme Jacob fit à Esaü, par supplantation; mettant des revelations chretiennes, veritables et utiles à la place de celles qui sont prophanes, fabuleuses, et non seulement inutiles, mais, pour la plus grande part, pernicieuses; afin que ceux à qui le grand loisir fait rechercher ces divertissemens, soient sans excuses, pouvant estendre leurs mains au feu ou à l'eau, aller à droite ou à gauche, et choisir le bien ou le mal en des entretiens profitables ou dommageables. »

Telle fut l'origine et la cause des compositions si nombreuses, et pour la plupart si singulières, qui donnèrent à notre prélat un étrange renom et lui valurent autant de calomnies que de gloire.

Ce fut le saint évêque de Genève qui lui conseilla le premier de prendre la plume et de s'exercer dans ce genre. Camus le raconte dans plusieurs de ses ouvrages et notamment dans le *Voyageur inconnu*.

« C'estoit, dit-il, un dessein nouveau et inoüi que ce sainct evesque avoit projeté, conçu et roulé plus de 25 ans durant dans son esprit. »

Dans ce même opuscule, M. de Belley nous donne sa profession de foy comme romancier.

« Il consiste, dit-il, de ne dire que de bonnes choses, de ne manier que de bons sujets, qui tous visent au but de detourner du vice et de porter à la vertu. »

Voici ce que nous lisons encore en tête de ses *Événemens singuliers* : « Mon but est (et c'est aussi la fin de toute bonne histoire) de retirer du mal, et d'exciter au bien, de donner une saincte horreur du vice, y adjoustant à tout propos des traicts courts, mais pressants, comme autant d'aiguillons qui poussent à bien faire et autant de mords qui retiennent de faire le mal. Tantost faisant voir la recompense de la bonté, tantost le chatiment de la malice, afin que l'amour et la crainte maintiennent les bons et retiennent les meschans en leur devoir. Voilà le blanc où vise mon entreprise, de laquelle, au moins, l'intention ne peut estre improuvée, si ce n'est de ces esprits bourrus à qui rien ne peut plaire de l'autruy, estant desplaisant, ou, comme dit David, pesant à eux mesmes et fascheux à tout le monde. Ce seront ceux là, je m'en asseure, qui regarderont ces compositions de costé ainsi que Balaam l'armée d'Israël, pour avoir sujet, sinon de les maudire, au moins d'en medire. Mais que peut on faire à ces gens sombres, qui ont peur de leur ombre, sinon les laisser perir en la contradiction de Coré et aller au train de Caïn, et leur laisser suivre les pistes de l'erreur de Chanaam ? Si j'escrivois ces histoires plustost pour plaire aux hommes que pour servir au prochain selon Dieu, peut-estre me faudroit-il redouter leurs censures, et tascher de les conjurer ou d'apaiser leur mauvaise humeur. Mais si j'avois cette vaine pensée d'acquerir de la reputation dans le monde, je me mettrois en une autre demarche et donnerois à ma plume un sujet qui eust plus d'esclat et de vogue; mais estant trop foible pour faire essor en de hautes matieres, je me contente qu'elle rase la terre, et qu'apportant plus de profit au prochain, elle rende peu ou point de gloire à son autheur. Mais qu'ils disent tout ce qu'il leur plaira, encore y aura-t-il quelque bonne ame dont la disposition portee à la vertu, sera bien aise de trouver icy des advertissemens salutaires, couchez et coulez doucement en des divertissemens qui seront à son goust. Le nom sacerdotal d'Aaron ne fut pas plustost gravé sur l'une des baguettes mises au sanctuaire, qu'aussitost elle poussa des feuilles, des fleurs et des fruicts; et ce fut le signe de sa vocation à la sacrificature. Si la verge florissante d'Aaron le fit grand prestre, estant, bien qu'à m'a confusion, par la providence de Dieu, au rang, quant au charactere, de ces prestres que les anciens ont appelez grands, j'aurois à desirer que ma plume fust une verge de vertu, et qu'avec un style fleury elle put avec des fleurs donner des fruits d'édification au peuple, veu que ma conduite m'oblige à imiter le sel et la lumiere, et à donner un bon exemple. Mais si je suis si miserable de ne pouvoir faire aucune action digne d'estre imitée, au moins, à l'aide de ma plume, m'essaye-je de publier des exemples dignes d'estre notez, afin de nous faire sages par le bon-heur ou le mal-heur d'autruy. C'est à quoy buttent tous ces evenemens que j'ay recueillis dans le grand champ du monde, où l'ivraye est meslée avec le froment, le grain avec la paille, les justes avec les injustes. C'est à vous, mon lecteur, de tirer le miel de la pierre et l'huile du cailloux, estudiant en cette eschole des actions humaines à la reformation de vos mœurs ; en vous souvenant que le secret et, s'il faut ainsi dire, le grand œuvre de la prudence et de la justice est de fuyr le mal et embrasser le bien. »

Camus, comme on voit, ne s'est jamais dissimulé les difficultés de son entreprise ; « ce sont, disait-il, des sujets si glissants et si chatouilleux que le moindre essor de plume, la moindre échappée peut estre prise pour un crime. »

Il ne composa pas moins de cinquante romans, tous plus curieux les uns que les autres ; oubliés aujourd'hui, ils furent dévorés à l'époque, et il est moralement impossible qu'ils n'aient pas amené quelques bons résultats. Cette tentative méritait un grand succès ; elle a, depuis Camus, été imitée par un Religieux, Ange Marin, l'un des écrivains ascétiques les plus célèbres du xviiie siècle, qui donnait aussi à ses instructions les formes du roman, afin d'attacher davantage le lecteur par la variété des récits et l'intérêt des événemens. Ainsi saint Paul *se rendait faible avec les faibles, pour gagner les faibles*[1]. Ceux qui condamnent Camus, voudraient donc qu'il eût été plus scrupuleux que saint François de Sales, qu'Heliodore, évêque de Trica, auteur de *Theagene et de Chariclée*, qu'Amyot, grand aumônier de France, son traducteur, et qu'un autre prélat fameux qui, pour donner des leçons de vertus à un prince et à un prince chrétien, n'a pas craint de représenter le trouble des passions avec autant de vérité que d'énergie ? Il est vrai que les Faidyt et les Gueudeville reprochèrent aussi à Fénélon les Amours d'*Eucharis*, mais leurs critiques sont aujourd'hui oubliées. Le Télémaque est devenu un livre classique entre les mains de la jeunesse ; personne ne pense plus à faire un crime à l'archevêque de Cambrai d'avoir voulu guérir les passions par le tableau du désordre des passions, pas plus qu'on ne reproche à saint Augustin et à saint Jérôme d'avoir peint si vivement leurs propres faiblesses et les charmes qui les attachaient aux vanités du monde. Qui oserait dire que le *Comte de Valmont ou les Égaremens de la raison* n'a pas produit beaucoup de conversions ? Le *Génie du christianisme* ne fut-il pas un livre providentiel qui, sous la forme du roman, a déniaisé les prétendus esprits forts, au sortir de notre première révolution, en leur faisant voir le christianisme dans ses rapports avec la poésie, les beaux arts, l'éloquence, la littérature, et en leur montrant en outre tout ce que les hommes doivent à cette religion

[1] I Cor. ix, 22.

sous les rapports moraux, civils et politiques? Cependant Châteaubriand a été obligé de composer un livre pour défendre son chef-d'œuvre contre les critiques qui l'accablèrent à son apparition. Et de nos jours quel est le moraliste même sévère, qui répudie les petits romans moraux et religieux du chanoine Schmid et de tant d'autres auteurs qui mériteraient encore d'avoir un succès plus digne de leur zèle?

D'après ce que nous venons de dire touchant ce genre de littérature, conclurait-on que nous sommes favorable à la lecture des romans? Pour nous mettre à l'abri d'un pareil soupçon que nous regarderions comme injurieux à la saine morale et à notre saint état, nous nous empressons de tirer ce cri du fond de nos entrailles : Chrétiens, de quelque sexe que vous soyez, quel que soit votre âge, ne lisez jamais ces livres infâmes, qui font, comme la flèche du sauvage, des plaies empoisonnées. Mais une facile et douce histoire, où l'on nous associe aux peines, aux plaisirs, aux espérances de quelques bonnes gens, dût-il s'y mêler un peu d'agitation, dût-il en résulter un peu de trouble, qui pourrait en blâmer universellement la lecture? Il y a des esprits que ce petit trouble sauve d'un plus grand. Il faut amuser les enfants; il faut que certaines natures soient fatiguées par quelque exaltation, si l'on veut éviter qu'elles se lancent dans la révolte, ou qu'elles tombent dans la langueur. Et puis comment la condamner? elle est si douce l'émotion qui résulte d'un drame moral et religieux! L'enchaînement de ces sortes de compositions est une lutte du bien avec le mal, du vice avec la vertu, de la misère avec l'honneur, et la péripétie laisse voir la main de Dieu jetant la couronne au héros chrétien qui a su triompher de ses passions, de celles de ses ennemis, ou qui s'est résigné à de grands maux en se confiant à la divine Providence. Ainsi nous le disons sans crainte : oui, nous permettrions la lecture des histoires ou fictions qui sont faites pour inspirer l'amour de la vertu, et dans lesquelles on trouve, d'un bout à l'autre, une peinture vraie, mais choisie, du cœur humain, rendue attachante par un intérêt que tous les bons sentiments et toutes les pudeurs pussent avouer; les caractères, les événements, les réflexions bien enchaînés, se développant, s'engendrant les uns les autres, et toujours avec esprit, toujours avec séduction, passionneraient l'âme du lecteur pour ce qui est noble et généreux, non pas au point de vue romanesque et impossible, généralement adopté dans ces sortes d'ouvrages, mais au point de vue accessible et pratique de toute existence et de tout cœur. Point d'aventures bizarres, point de princesse *des Mille et une Nuits*, point d'*Amadis* pourvu de tous les charmes d'Apollon et d'une foule d'autres encore, point de ces délires et de ces extravagances de sensibilité que la vérité condamne encore plus peut-être que le bon goût et la chasteté; point de ces tableaux honteux, qu'on trace quelquefois dans la bonne intention, nous voulons le croire, d'inspirer l'horreur du mal, et qui font pis que manquer le but : mais partout de la décence, et que l'auteur ait le scrupule de n'écrire rien qu'il ne puisse en face lire aux plus honnêtes gens. Un tel livre ne serait pas seulement un chef-d'œuvre, il serait une bonne action; il aurait une utilité particulière, au milieu de tous les bons livres que les plus chastes intelligences ont produits, et pourrait avec fruit être mis aux mains des personnes avides de lectures attrayantes, qui, à défaut de tels amusements, iraient en chercher dans les répertoires impurs de nos romanciers modernes.

Camus, nous en convenons, a été quelquefois entraîné à peindre des détails auxquels il ne songeait pas; il ne pouvait en être autrement, il le dit lui-même : « Il m'est souvent arrivé, ce qui ne me plaisait pas, que j'ay esté forcé par la loy du discours et la suite du narré de couler contre mon sens et mon opinion, mais pour des raisons qui ont esté prises pour bonne monoye par des juges moins severes, non toutefois reçues par d'autres selon que chacun abonde en son sens : mais au moins les repreneurs, s'ils eussent leu les prefaces, y eussent recogneu que je n'estois pas si aveuglé en mon propre faict que je ne visse bien le poinct sur lequel ces Archimedes pouvoient asseoir le pied de leurs artifices pour enlever toute la machine de mon ouvrage, et la mettre hors de son vray centre [1]. »

Mais encore une fois qu'est-ce qu'un roman? Dans des conditions supposées, c'est un tableau exact de la vie; tableau dans lequel, sous peine de non-sens, chaque personnage doit avoir son langage propre ; la moralité seule est imposée à l'auteur, qui doit la faire adroitement ressortir d'un enchaînement de faits qu'il a pu grouper à sa fantaisie. Il est évident que la vertu ne peut parler comme le crime. Il y a donc une insigne mauvaise foi dans Sauvage, cet indigne détracteur de M. de Belley, lorsque dans des citations tronquées, dénaturées à dessein, il publie en manière d'aphorismes, comme sortis de la bouche de l'évêque de Belley, les dires d'un personnage corrompu que Camus a mis en scène.

---

[1] Dans la *Pieuse Julie.*

Ce procédé infâme est digne du fouet; mais il était nécessaire à un homme qui prétendait prouver que notre prélat, l'austère évêque de Belley, n'était qu'un rapsode obscène et immoral.

Il est certain que notre langue châtiée d'aujourd'hui rougirait de certains mots que Camus emploie, et qui ne réveillaient aucune idée lubrique à l'époque où il écrivait; c'est peut-être le tort de son siècle; mais pour parler plus vrai, c'est le tort du nôtre, car la chasteté est dans le cœur et non dans les mots.

Du reste, que ne pouvait-on attendre d'un libelliste qui croyait écraser Camus en criant par-dessus les toits que *M. de Belley avait lu Montaigne !!!!*

Camus l'avoue sans honte, et certes, il ne songeait pas à s'en cacher; il dit en parlant des *Essais*: « Livre qui a ravi ma jeunesse en admiration, et que j'ai lu et relu avec des délices non pareilles. »

Ce n'est pas de nos jours que l'on ferait un crime à un écrivain de son admiration pour le franc parler de Montaigne : n'est-il pas évident, que c'est uniquement sous le rapport du style que Camus fait l'éloge de cet auteur? L'évêque qui couchait sur la paille, sur des ais, sur des fagots, a-t-il pu partager la morale sceptique et épicurienne du philosophe qui, dans son enfance, ne s'éveillait qu'au son d'une musique délicieuse?

Dans l'état actuel de notre langue française, Camus eût écrit tout différemment; mais ce serait une absurdité révoltante de lui faire un crime de la crudité d'expressions particulière à son siècle. *L'Astrée*, qui eut tant de suffrages, dont le grand Henri IV accepta la dédicace, que l'on avait baptisée le *Bréviaire des courtisans;* qui faisait les délices du religieux dans sa cellule, du magistrat dans son cabinet, *l'Astrée* a des pages dont une femme aujourd'hui ne pourrait soutenir la lecture.

Ce défaut, qui est celui du temps, avait néanmoins choqué Camus, qui fit des efforts pour l'éviter; il fait connaître dans son roman de *Petronille*, la réserve qu'il s'imposait toutes les fois que son sujet ne l'obligeait pas à donner trop de développement aux détails d'une intrigue et d'une passion, « Ne voulant, dit-il, apprendre plustost l'art d'allumer que le remede pour esteindre un feu auquel je suis obligé par ma condition d'apporter de l'eau plustost que de l'huille.

» Mon intention est tousjours d'edifier un chacun et ne scandaliser personne; s'il arrive autrement, c'est que j'auroy, par inadvertance, mal conduit mon dessein, car dans l'esprit, je n'ay aucune volonté de mal faire, de deplaire et de mordre. [1]

Néanmoins un sieur de Saint-Agran, auteur d'une apologie des moines, contre M. de Belley, publiée sous le nom d'*Entretiens curieux d'Hermodore*, alla jusqu'à établir un parallèle entre les romans de Camus et l'*Art d'aimer* d'Ovide [2].

Beaucoup d'autres voix s'unirent pour décrier l'auteur à mesure qu'il faisait paraître *Dorothée, Alcime, Daphnide, Hyacinthe, Carpie, Spiridion, Alexis, Parthénice, Eugène, Pétronille*, les *Evénemens singuliers*, les *Spectacles d'horreur*, l'*Amphithéâtre sanglant*, la *Tour des Miroirs*, etc. etc.

On alla jusqu'à dire que Camus n'aurait pas dû mettre son nom à ces sortes d'ouvrages, mais emprunter celui d'un autre ou garder l'anonyme. Voyons avec quelle force et quelle grâce il répond à ces mécontents :

« Certes, bien que je ne sois pas tant idolastre de mes pensées, que je fusse marry de les voir en lumiere sous le nom d'un autre; si est-ce que je ne ressemble point encore à ces meres denaturées, qui exposent leurs enfans en la rue, désadvouant le sang de leur sang, la chair de leur chair, et, s'il faut ainsi dire, leurs propres entrailles. Quoy, dit l'Escriture, la vierge peut-elle oublier son bouquet tissu de diverses fleurs qu'elle a cueillies avec tant de soin, et ajancées avec tant d'industrie? et la mere peut-elle mettre en oubly son propre enfant? A vostre advis, lecteur judicieux, où est cet autheur qui veuille imiter les abeilles qui font du miel mais non pour elles; les moutons qui portent la laine, non pour eux; les colombes qui font des petits, mais non pour elles; les bœufs qui labourent la terre, mais non pour eux? Et puis où trouvera-t-on cet homme de bon sens qui veuille prester son nom, pour le mestre en teste d'un livre qu'il n'aura pas fait? car s'il est capable d'en faire, il ne voudra poinct se prevaloir des travaux d'autruy, ny aller au puits de son voisin, selon le conseil de Platon, sans avoir fouillé dans son propre fonds jusques à l'argile, ny s'exposer aux repréhensions des deffauts d'un autre. S'il n'est pas assez suffisant pour manier une plume, ne voyez-vous pas que, paré de celle d'un autre, il se vendra? Et puis, ne serait-ce pas un beau moyen pour donner du credit à une histoire veritable, de lui mettre à la teste le mensonge horrible d'un nom sup-

---

[1] Dans la *Pieuse Julie*.
[2] Saint-Agran est le pseudonyme du père Jacques de Chavannes, capucin d'Autun.

posé? Celui qui mentiroit si effrontement à la premiere page, meriteroit-il d'estre creu aux suivantes?

» Mais voyons encore de plus pres ce conseil, et luy tastons le poulx avant que sonder son origine et de recognoistre de quelle source il procede. Il faudroit publier ces histoires sous le nom d'un autre! Certes, ou il faut que mon nom leur fasse du tort, ou qu'elles portent prejudice à mon nom. Or, je croy que ny celuy cy, ny celles-là ne sont pas si grandes choses que l'interest en puisse estre bien notable. Quoy? ne sont-elles si bien tissues, que mon nom ne merite pas d'estre joint à leur hautesse? ou sont elles si mal fagotees, que cela fasse honte à la celebrité de ce grand nom que ces gens-la me donnent; et Dieu sçait comment!

— Ce n'est pas cela, me repliquera-t-on, mais c'est que ces sujets ne sont pas conformes à vostre vocation. Si ne pense-je point m'estre tant detraqué de mon devoir, ny avoir si peu judicieusement oublié qui j'estois, que je n'aye traicté les matieres qui sont tombées soubs ma plume, conformement à leur nature et à ma condition. Ceux qui ont quelquefois tenté de me mettre la rose sur le front en des endroits chatoüilleux de ces escrits, en tournant les fueillets, ont trouvé le lys pour mettre sur le leur, en palissant de leur temerité, qui pensoit que je n'eusse pas mis l'antidote aupres du venin, et le remede aupres du mal; aussi ceux qui s'y sont eschaudez n'y sont pas retournez deux fois, recognoissans que j'avois eu plus de conscience à escrire, qu'eux à me reprendre trop legerement. Plusieurs aussi se sont bien gueris de ceste maladie, excepté quelques incurables qui ont le goust et le jugement tellement depravés, que rien ne leur peut plaire que ce qui leur ressemble, c'est à dire, ce qui deplait à tout le monde : escargots qui ne se nourrissent que dans la pourriture, et qui meurent dedans les fleurs. Parcourez de l'œil, mon lecteur, les desseins de tous mes ouvrages historiques, et vous verrez, s'il y en a aucun qui soit indigne d'un ecclesiastique de ma condition. Je cognoy peu d'ames, je dy des plus devotes, qui fassent scrupule de lire les passions que je descris; car ces truffes et ces champignons sont assaisonnez de tant de preservatifs et accompagnés de tant de documens, qu'il est mal-aisé qu'ils fassent mal, ny qu'ils laissent de dangereuses impressions dans les esprits. Mais quoy, il n'est rien de plus vray que ce mot de l'Apostre, que tout est net aux personnes nettes, mais tout est souillé aux personnes immondes, parce que leurs esprits et leurs consciences sont toutes sales d'impureté.

» Mais il faudrait un autre nom! Et quel nom? je ne cognoy personne de ceux qui m'environnent qui me vueillent prester le leur ; s'ils sont mes inferieurs, leur humilité leur fait dire que cela ne leur appartient pas; et qu'au lieu de gloire ils s'exposeroient sinon à la peine, au moins à la moquerie. S'ils sont mes supérieurs, l'eminence de leur sçavoir leur fait dedaigner de si chetives pieces, ou ils ne font pas d'estat de ce genre d'escrire, à la suite duquel je n'ay peu encore, par mes prieres et remontrances, attirer personne, ny de ceux qui me surpassent en litterature, ny des esgaux, ny des moindres; je cherche de tous costez un nom à emprunter, et je n'en trouve point.

» Y a-t-il tant de peine à en forger un à plaisir, et à se cacher derriere ce fantosme? Je ne sçay si cela se peut faire en conscience, à cause du decret ecclesiastique, qui veut que les autheurs mettent leurs vrays noms à la teste de leurs ouvrages, afin que l'on sache à qui s'en prendre.

» Certes, il n'a pas tenu à moy que ces messieurs à qui mon nom donne la fiebvre, nayent esté contentez en ce point icy : car en l'impression de *Darie*, d'*Agathonphile*, et des autres *histoires*, je n'avois pas desiré qu'il fust mis; mais je n'ay peu gaigner cela sur mes imprimeurs, ny sur les libraires, lesquels au rebours (tant ils sont officieux) ont mis le mien en des livrets auxquels je n'ay jamais pensé; jusques à me debiter à moy-mesmes des pieces qui me faisoient plus de pitié que d'envie, et qui me donnoient plus de depit que de vanité; et de fait, il n'en faut point d'autre temoignage que ce titre magnifique de Monseigneur, que ces bonnes gens mettent à la teste de mes histoires, comme si j'estois plus glorieux en ces ouvrages icy desquels je n'attends nulle louange, qu'en ceux des *Diversitez*, des *Homélies*, ou des *Opuscules spirituelles*, où je me contente de mettre mon nom avec tant de simplicité, que quelques-uns m'en ont repris. Ce n'est pas que la prelature ne puisse prendre ce titre, puisque les evesques sont princes de l'Eglise, comme successeurs des Apostres, desquels l'Eglise chante sur la harpe de David : *Vous les avez constituez princes par toute la terre;* c'est à dire en l'Eglise catholique dilatée par tout l'univers; veu mesme que le prince des evesques, le souverain Pontife, de sa saincte bouche, oracle de verité, les appelle ainsi quand il traite avec eux; ce que j'ay moy-mesme, tres indigne, experimenté, traittant avec sa Saincteté le grand Paul V, de glorieuse memoire, telle estoit sa cour humanité. Mais eu egard à la mode de France, qui n'e considerée que celle d'Italie, ceste inscription auroit je ne sçay quoy de plus hautain que ne porte mon humeur.

» Mais que je me plaise à entretenir ces braves gens en leur belle humeur. Est-ce peut estre parce que le nom de *Camus*, qui est celui de ma race, laquelle a produit des personnes assez qualifiées et pour les armes et pour les lettres, leur soit à contre-cœur, et qu'à cause de cela, ils s'imaginent que mes ouvrages n'ont point de nez ? Si c'est ceste charitable pensée, je les prie de se tirer d'inquietude de ce costé là : car si les grands nez donnent grands poids aux escrits, je les advise que je crois que nous avons jadis esté ainsi nommés par antifraze, parce que je n'en cognois point en notre lignage dont le nez ne demente le nom, si bien que nous sommes propres à chausser des lunettes pour voir de loing l'impertinence de nos censeurs. Si mon surnom les fasche, qu'ils prennent celuy qui est sur mon carosse, qui est celui de la maison dont je tire naissance, et qui est tout *sainct*, tout *bon* et tout *net* » (faisant allusion à la seigneurie de Saint-Bonnet).

Malgré cette justification et mille autres que l'évêque de Belley lança victorieusement dans le public, des plumes acerbes répandirent l'encre par torrent pour noircir la réputation de Camus; mais faut-il s'en étonner, quand on sait qu'un déluge de satires faillit engloutir à tout jamais la réputation de saint François de Sales, quand apparut sa Philothée ; sa Philothée ! qui a tant contribué à réconcilier le monde avec la vraie et sage dévotion !...

Heureusement le temps a fait justice de ces pitoyables diatribes. Il n'est pas moins curieux de voir ces misérables auteurs se venger sur les œuvres de notre évêque, de leur impuissance à critiquer sa conduite. Serait-il admissible, qu'un homme saint dans ses mœurs, ne le fût pas dans ses livres? La pensée a-t-elle un autre caractère que l'expression? Buffon l'a dit : « *Le style c'est l'homme.* » Or chez Camus l'homme fut toujours inattaquable; sur cette lime de fin acier, les vipères auraient perdu leurs dents.

Il y a dans Camus une si grande exubérance d'imagination, une saillie si vive, une telle fraîcheur de coloris, une image si continue, disons, tant d'originalité, que quelques-unes de ses *Nouvelles* choisies avec discernement, captiveraient encore les contemporains, comme elles ont charmé nos pères.

Il est à regretter que cette finesse d'esprit poussée à un degré si remarquable, dans un moment où la langue française tendait à se métamorphoser et perdait son sel, n'ait pas été exempte d'un ridicule outré, même d'une tendance incessante à la pointe, à l'antithèse, au calembourg.

N'oublions pas que Camus était Parisien. C'est un grand malheur qu'il soit tombé dans les travers de l'hôtel Rambouillet [1], mais Balzac et Voiture firent de même.

Du vivant de saint François de Sales, M. de Belley avait déjà composé quelques-uns de ses romans; mais après la mort de son ami, et dès qu'il se fut affranchi de la charge des âmes, le public vit sortir coup sur coup de sa trousse, comme il le dit, cette multitude presque incroyable d'histoires qu'il jetait chaque jour comme pâture à l'avidité des lecteurs affamés d'aventures merveilleuses.

Tel qu'il était dans le commencement, Camus se montra toujours. La vieillesse vint : selon la promesse de saint François de Sales; elle lui donna plus de jugement, mais elle n'épura pas son goût.

Il écrivait avec une facilité telle qu'une nuit lui suffisait, assure-t-il, pour mettre au jour un de ses romans. Il est vrai que la plupart ne sont que des histoires de peu d'étendue. Cette prodigieuse rapidité a nui beaucoup à l'estime qu'on peut en faire ; mais telle était la bonne foi de Camus que jamais il n'a cherché, comme maint auteur de nos jours, à faire prendre ses élucubrations pour le pénible produit de ses veilles.

« Sa façon d'écrire, comme il en convient dans son *Voyageur inconnu*, est qu'il ne relit et n'efface presque jamais rien, mais consiste à tracer ses pensées à la bonne foi, sans étude et sans soin, n'ayant aucune attention aux termes ni aux périodes. » On s'en aperçoit aisément au premier coup d'œil que l'on jette sur ses ouvrages. Mais ce procédé nous met en état de surprendre sa pensée à nu, de l'étudier dans tout son naturel. Chez lui, tout coule de source. C'est un sang ardent qui jaillit à la première ouverture de la veine. Son cœur plein de malice et de bonté s'épanche souvent d'un trait. Son esprit procède toujours par antithèses qui se choquent, par saillies qui étincellent; c'est le feu et le cliquetis d'une arme qu'il décharge en visant au but qu'il atteint souvent assez bien; mais il en a dans son arsenal de toutes les façons, il se

---

[1] C'est là que Julie d'Angennes de Rambouillet, depuis duchesse de Montausier, tenait, ainsi que sa mère, le sceptre du bel esprit ou plutôt du mauvais goût. C'était le rendez-vous de la plus brillante compagnie de la cour et de la ville, et de tout ce qui avait ou voulait avoir une réputation d'esprit et de savoir ; cette école a influé beaucoup sur la littérature de cette époque.

sert de toutes, les charge et les recharge toutes jusqu'à épuisement de munitions : voilà ce qui le rend si long dans ses luttes contre le vice, la passion, l'individu même qu'il a entrepris de combattre et de vaincre.

Il est peut-être l'homme du monde qui a fait le plus de comparaisons ; il en prend les termes dans ses souvenirs classiques et théologiques, dans l'histoire sainte et profane, mais le plus souvent sous sa main, dans le monde des choses vulgaires. Quand il est en lice avec son adversaire, il saisit tout ce qui est à sa portée pour lui lancer des coups ; s'il est aux champs avec un ami, ses discours prennent la variété et la suavité des fleurs ; comme l'abeille il les parcourt toutes avant de quitter les lieux ; s'il attaque un sujet grave, il s'enfle d'abord comme un torrent, puis il roule du sable, des cailloux, des pierres précieuses, tous les débris qu'il rencontre sur sa route.

Camus emprunte souvent et ne cite jamais, ou presque jamais la source où sa mémoire est allée puiser ; c'est que, dit-il, « je me sers de cette honneste et noble liberté dont les meilleurs escrivains de nostre aage usent modestement ; me contentant de nommer et de louer les auteurs des traits que j'emprunte, sans franger les marges ou plutost les charger de ces importunes cottes dont le pedantisme fait parade. Souvent il arrive que ces alligneurs sont tellement occupez à reciter ce que disent les autres qu'eux mesmes n'avancent rien du leur, et, en la fertilité de leur memoire, font voir la stérilité de leur esprit. Ce n'est pas seulement une superstition aux escrivains, mais une expresse tyrannie aux lecteurs de n'oser rien produire et de ne vouloir rien recevoir que ce qui a deja esté escrit ; comme si la nature estoit devenue si vieille qu'elle ressemblast aux femmes qui, après un certain aage, cessent de faire des enfans [1]. » Disons-le plutôt, si Camus ne citait qu'en gros les emprunts qu'il faisait, c'est que son imagination l'emportait trop rapidement pour qu'il pût s'arrêter et saluer par leur nom les écrivains qu'il rencontrait sur la route, et bien moins avait-il le temps de prendre acte de ces rencontres en les notant en marge de ses tablettes.

Dans son laisser-aller, Camus est parfois charmant comme Lafontaine, ingénu, naturel ; il a les défauts de ses qualités, car en lui rien n'est apprêté ; si parfois il s'en donne la peine, il est un des meilleurs écrivains de son temps ; ses phrases sont élé-

[1] Préface des *Occurrences remarquables*.

gantes, nobles et correctes, malgré le sens étendu qu'elles renferment. Quelquefois il sait resserrer la pensée pour lui donner plus d'essor.

La Bruyère, qui se connaissait en perles fines et qui les choisissait pour leur donner une place dans son écrin, a emprunté à M. de Belley, qu'il n'a pas cité, un des plus jolis traits de ses *Caractères*. Tout le monde le connaît, c'est cette ingénieuse et touchante invitation à son auditoire nombreux : « Messieurs, on recommande à votre charité une jeune demoiselle qui n'est pas assez riche pour faire vœu de pauvreté. »

Le mot est de Camus et mérite de lui être restitué ; c'est encore de l'évêque de Belley que les rois ont appris que « la vérité n'entre dans leurs oreilles, que comme l'argent dans leur coffre : un pour cent. » C'est lui aussi qui recommande aux pères de famille « de ne pas forcer leurs enfants à prendre telle femme, comme les medecins ordonnent de prendre telle drogue : une femme n'est pas une medecine. » Aux juges il dit : « Prenez garde par vostre partialité ou votre couardise de ne pas verifier ce proverbe : le gibet n'est pas pour les plus coupables, mais pour les plus malheureux. — Ecclesiastiques, qui enrichissez vos familles avec ce que vous retirez de l'Eglise, souvenez-vous qu'on voit bien des maisons ruinées pour avoir mal usé du bien du crucifix. »

Un homme judicieux qui parcourrait avec soin les deux cents volumes et plus que l'on connaît de Camus, y trouverait ample matière pour composer un livre agréable et un *Ana* des plus curieux. C'est un immense bazar tout brillant de pierres précieuses mêlées à toutes sortes de marchandises venues de tous les coins de la terre.

Camus a pu être long-temps inexplicable. Il possédait une gaieté de cœur et d'esprit si franche, qu'on pouvait le prendre pour un homme du monde ; c'était cependant un des champions les plus durs de l'Eglise ; un homme sombre en lui-même, macérant sa chair comme un cénobite.

Il était bien, selon les œuvres et selon l'intelligence, le fils spirituel de saint François de Sales, mais c'était le fils aimable d'un père vénérable. C'est l'association de ces deux prélats qui a produit le bizarre accouplement de la gravité, de l'austérité et du goût de la plaisanterie fine et joviale dans J.-P. Camus. Par sa nature il était apte et porté à traiter les plus hautes questions ; sous l'inspiration de l'évêque de Genève, il plia son talent de manière à le faire servir à la conversion des gens les plus étrangers au catholicisme. Ce dernier pli fut celui qu'il garda. C'est là toute l'explication qu'on peut donner de son genre de travaux et de leur forme qu'on a tant critiquée.

Les œuvres de Camus sont aujourd'hui moins connues que celles de certains écrivains qui sont venus avant ou après lui et dont les livres figurent encore dans bien des bibliothèques. Nous savons pourtant que dans ce moment plusieurs bibliophiles recherchent avec avidité les ouvrages de M. de Belley, surtout ses romans; nous verrons que dans une nouvelle statistique des lettres, quelque auteur consciencieux et juste appréciateur du mérite littéraire donnera à Camus une place plus large et plus honorable que celle qu'il a eue jusqu'à présent.

XIV.

Après avoir parlé de ses travaux, il est temps de revenir à sa personne. Nous laisserons à son panégyriste raconter, sur sa tombe même, les derniers moments de cet illustre prélat.

« Dans la vieillesse, qui est l'aage de l'honneste oisiveté, il ne sçavoit ce que c'estoit que le repos. Et certes, il a montré que comme dans sa jeunesse, il avoit eu la prudence des vieillards; ainsi en ses vieux ans il avoit la vigueur des jeunes hommes, soit pour le corps, soit pour l'ame. Son sang ne s'estoit point encore glacé dans ses veines. Le feu de son esprit ne s'estoit point esteint. La vivacité de son imagination ne s'estoit point affaiblie. Sa memoire luy estoit tousjours aussi fidele qu'auparavant; et pardessus ces qualitez, il avoit l'expérience des choses. Les predications qu'il a faites en plusieurs paroisses de Paris, sont des preuves de cette belle, heureuse et saincte vieillesse dont je parle; de façon qu'on peut bien dire qu'il est mort plein de jours, comme parle l'Escriture saincte [1], n'ayant jamais perdu un moment des plus beaux de sa vie dans la volupté, ny esté contraint de passer les derniers en repos, par sa faiblesse. Il n'y a rien de si vilain, dit un poëte, qu'un vieux soldat; mais cela est bon pour la milice du siecle, car dans la milice de Jesus-Christ, où les evesques sont et soldats et capitaines, il n'y avoit rien de si beau que de voir nostre vieux prelat combattant avec le glaive de la parole de Dieu, contre toutes les puissances du monde, et faisant une des plus difficiles factions de cette guerre. Plus il

[1] Gen. xxv, 8.

comptoit d'années, plus il comptoit de triomphes. Ses cheveux blancs lui servoient d'une couronne plus glorieuse que tous les lauriers de la terre. Les rides de son visage lui donnoient une majestueuse beauté, et sa seule presence estoit une predication pleine d'efficace. Il disoit qu'un evesque aussi bien qu'un empereur, devoit mourir debout; et en effet il est mort de cette sorte, puisque ça esté en preschant qu'il a pris son mal. Herode-Agrippa ayant harangué le peuple dans Cesarée et pris plaisir à cette acclamation sacrilege : *Voix de Dieu, et non pas d'homme*[1], fut frappé par l'ange du Seigneur, et porté du throne au lit où il expira avec des douleurs effroyables. Nostre prelat ayant veritablement parlé dans son dernier caresme, comme l'ambassadeur de Dieu, ayant pû dire comme l'Apostre : *An experimentum quæritis ejus, qui in me loquitur Christus*[2], fut frappé de la main amoureuse du Seigneur mesme, d'une maladie mortelle, et porté du throne de l'Evangile non pas dans le lit où il est mort, mais sur l'autel où il s'est sacrifié luy-mesme, dans des douleurs tres-violentes, pour finir sa vie comme il l'avoit passée.

» Le soleil ne se couche jamais avec la mesme pompe qu'il se leve. Mais les justes et particulierement les bons evesques, ont un occident plus lumineux que leur orient, car celuy cy a esté obscurci dans les tenebres du peché de leur origine où naissent tous les enfans d'Adam, et celuy là est leur transformation consommée en la clarté de Dieu, comme parle l'Apostre[3]. Quand je parle d'une mort éclatante, vous vous imaginez peut-estre que je vous representeray l'evesque de Belley preschant dans son lit comme dans une chaire, et parlant comme un homme desjà admis à la vue de Dieu. Non, ce n'est pas ainsi que ce soleil s'est couché. Il n'a esté lumineux que parce qu'il a voulu cacher sa lumiere. Il a parlé divinement parcequ'il a gardé le silence. Il n'a fait des actions extraordinaires, que parcequ'il n'a rien fait en apparence, qui fût fort au-delà d'estre commun. Il a donné des leçons admirables d'une mort veritablement pastorale, parce qu'elle a esté d'une innocente brebis. Voulez-vous savoir s'il en a esté surpris? Sa vie en estoit une etude continuelle. Que dis-je? Il l'a non-seulement toujours eüe presente devant les yeux, mais il l'a vu venir. Il l'a sentie, il l'a comme annoncée dans cette chaire[4]; car prenant congé de ses auditeurs, le dimanche de

---

[1] Act. XII, 22. — [2] II Cor. XIII, 3. — [3] II Cor. III, 18. — [4] La chaire de l'hospice des Incurables.

l'octave de Pasques [1], il le fit en des termes qui marquoient clairement que c'estoit le dernier adieu, et qu'il ne croyoit pas les revoir. A ses paroles qui furent les mesme que l'abbé Guillaume escrivit à sainct Bernard, pour lui demander qu'il l'aydast par ses prieres à bien mourir, que de larmes coulerent! Que de sanglots s'entendirent en ce lieu, quelle tristesse parut sur les visages de ses auditeurs! Ce fut chose semblable à ce qui nous a esté rapporté dans les Actes, des fideles de l'Eglise d'Ephese, qui fondirent en pleurs entendant dire à sainct Paul qu'ils ne reverroient plus sa face [2].

» Aussitost que nostre prelat sentit en luy la reponse de la mort, comme l'Apostre, c'est à dire qu'il connut que Dieu le vouloit appeler à luy [3], il purifia sa conscience par une confession generale des pechez de toute sa vie; et si on le lui eust voulu permettre, il l'eust faite publique, afin que personne, dit-il, n'eust ignoré ses pechez et ses miseres. Il se fortifia contre la plus terrible des choses terribles, par la reception de l'eucharistie qui est le pain des forts et des foibles; il y participa encore tous les jours durant sa maladie; ce fut avec tant de ferveur, d'humilité, de respect et de joye, qu'on voyoit bien qu'une communion l'avoit disposé à l'autre. Mais ce n'est pas à quoi je veux m'arrester, parce qu'en effet ce n'est pas ce que je trouve de plus admirable en sa mort ni ce qui la rend tout à fait singuliere.

» Il avait tasché d'imiter dans les travaux de sa vie le prince des pasteurs; il voulut achever cette heureuse imitation, mourant dans l'obeissance et dans la derniere abjection, comme il a fait. D'abord il choisit pour son directeur en ce grand passage, un docte et vertueux ecclesiastique [4], qui faisoit les fonctions curiales dans cet hospital avec autant de suffisance que de charité. Il y avoit deux ans qu'il se confessoit à luy, et ce choix fait par un penitent si eclairé, si pieux, et si amoureux de la verité et de l'unité de l'Eglise, est un grand eloge de la doctrine et de la vertu du confesseur. Il lui dit que, se tenant un des pauvres de l'hospital des Incurables, ou tout au plus un des chapelains, et luy en estant le pasteur, il le consideroit comme toute l'Eglise, dans l'ordre de la hierarchie, et que voulant mourir dans le sein de cette chere mere comme son fils, il desiroit, pour marque de cette communion, expirer entre ses bras, comme entre ceux

---

[1] 1652. — [2] Act. xx, 37 et 38. — [3] II Cor. 1, 9. — [4] L'abbé de la Haye.

de son pere. Depuis ce jour-là il ne prit ny aliment ny rafraîschissemens, ny remedes; il ne vid personne, il ne parla, il n'ouït lire, il ne pria que par obeissance à son directeur. Un prince de l'Eglise meurt dans un hospital, apres y avoir longtemps rendu des offices de charité, qui sembloient en quelque façon blesser le lustre de la dignité episcopale. Il n'est servy que par les valets de l'hospital; il n'a pas un lit à luy; il faut qu'on le saigne pour l'amour de Dieu. C'est dire trop peu, c'est luy derober sa principale gloire, que de s'arrester à cette pauvreté exterieure. L'evesque de Belley, dont la voix a retenti dans toute la France, qu'il a remplie de ses livres, qu'on venoit ecouter comme un apostre, ne parle que quand son confesseur luy ouvre la bouche. Il ne reçoit de visites que celles qu'il luy ordonne de recevoir. Il ne benit ceux qui luy demandent sa benediction, que quand il luy prend la main. Il ne demande rien, il ne refuse rien que par sa volonté. Quel spectacle pour Dieu! quel objet de joye pour les anges! quel exemple pour les evesques! quelle leçon pour les fideles! Un peu avant que d'entrer dans l'agonie, il renouvella pour la troisiesme fois les vœux de son baptesme, et fit sa profession de foy entre les mains de M. le curé de Saint-Jean de Grève, qui gouverne tres dignement la paroisse où il estoit né. O Dieu! avec quelle force de voix, mais avec quel sentiment de cœur prononça-t-il ces paroles terribles : *Je renonce à Satan; je renonce à ses pompes!* Il les avoit proférées par la bouche de ses parrains, lorsqu'il ne connoissoit ny Satan, ny ses pompes. Il avoit vescu contre toutes ses maximes; il n'avoit point cherché sa grandeur; il n'avoit point joui de ses délices; il avoit fuy son esclat; il mouroit dans un entier depoüillement de toutes choses et de luy mesme, c'est pourquoy il pouvoit dire hardiment : *Abrenuntio Satanæ, et pompis ejus.* On reprochait à Seneque d'avoir escrit de la pauvreté et du mespris des richesses dans un palais magnifique, dans un cabinet superbement meublé, et sur des tables d'yvoire. Mais on ne pouvoit pas reprocher à nostre prelat, ny d'avoir escrit de la mortification en menant une vie delicieuse, ny de parler en mourant de la renonciation au monde, dans une belle maison, sur un lit magnifique, parmy les embrassemens des siens, et avec toutes les commoditez de la vie. C'est pourquoy ses paroles ne pouvoient estre soupçonnées de partir seulement de sa bouche ou d'estre l'echo de celles du pasteur qui les prononçoit le premier, comme sont d'ordinaire les beaux discours de la pluspart des mourans, que le monde laisse plustost qu'ils ne laissent le monde. Luy, au contraire, l'avoit laissé aussi-tost qu'il l'avoit connu, et le monde entier l'eust volontiers retenu plus longtemps pour son instruction.

» Tant de sainctes dispositions que nostre evesque mourant sentoit en luy mesme, ne purent suffire pour l'asseurer. Il se crust tout à fait pauvre du costé où il estoit le plus riche, et il vouloit avoir recours à l'abondance des autres; je veux dire, qu'en l'extremité de sa vie, il se recommanda aux prieres de toutes les personnes de pieté. Il envoya dans toutes les maisons religieuses, afin que ceux qui s'y sacrifient tous les jours par les exercices de la penitence, l'aydassent par leurs sacrifices, à bien faire celui de sa vie. Les choses qui s'estoient passées entre luy et les religieux, leur avoient fait croire qu'il ne les aymoit pas, et il vouloit en mourant leur oster cette pensée, par sa confiance en leurs prieres. Il protesta en cet estat, où les plus mechans disent la verité, qu'il avait tousjours honoré leur Institut comme tres sainct et tres necessaire à l'Eglise; que le seul zele de conserver la pureté de son esprit, luy avoit mis la plume à la main; que la chaleur de la contestation qui pouvoit avoir echauffé son style, comme il est presque impossible que cela n'arrive, n'avoit jamais aigry son cœur contre les particuliers; qu'estant evesque il estoit leur pere, et qu'en cette qualité, il leur avoit parlé comme à ses enfans, avec quelque severité qu'il jugeoit leur estre necessaire; qu'il oublioit toutes les injures qu'il en avoit receües, et que si Dieu luy faisoit misericorde, il le prieroit continuellement pour les troupes de secours qu'il avoit données à son épouse, afin qu'elles y combattissent tousjours en ordre, sous la conduite des chefs de son armée, sans quoy elles ne pouvoient combattre ny heureusement ny utilement.—Le prieur de l'abbaye de Saint-Germain-des-Prez fut le seul religieux qui le visita, au nom de sa communauté, pour laquelle il luy demanda sa benediction, et il s'en retourna ravi de sa douceur et de son humilité. Il fust cinquante heures en agonie, mais une agonie de lumiere, de penitence, et de sacrifice. Depuis le point du jour du vendredy, jusqu'apres midy, qui fust le temps de sa mort, il eust incessamment les yeux attachez sur la croix qu'il tenoit entre ses mains, yeux dont la langueur parloit plustot d'amour pour le crucifié que des approches de la mort! yeux qui parloient un admirable langage à ce cher objet de ses affections! yeux qui ne nageoient point dans la mort, comme diroit un poëte, mais dans la joie que luy donnoit l'esperance d'estre bientost delivré de sa prison! yeux qui instruisoient les spectateurs, et qui s'allant fermer, leur faisoient croire que ce n'estoit que pour s'ouvrir afin de jouir à jamais de la vue de Jésus-Christ sur le throsne de sa gloire! Les paroles de l'Escriture saincte que son confesseur luy disoit de temps en temps, furent comme un esprit de vie qui le soutint durant ses dernieres heures, et, en cessant de les ecouter, il cessa de vivre, pour aller entendre parler celuy qui est la parole vivante dans le sein du Pere.

» Voila de quelle façon messire Jean-Pierre Camus, evesque de Belley, a finy la carriere de sa vie. Voila comment il a combattu le bon combat; et qui peut douter qu'il n'ait reçu la couronne de justice du juste Juge qui luy avoit donné la force pour combattre, et dont il ne cherchoit que la gloire dans toutes ses batailles? Voilà comme disoit sainct Gregoire de Nice du grand Melece, evesque d'Antioche, au commencement de son oraison funebre, « comme les Saincts ont attiré à eux un homme qui avoit mené » une vie saincte; les athletes, un athlete; les victorieux, un » vainqueur; les nets de cœur, un agneau en pureté; et les » ministres de la parole de Dieu, un excellent predicateur de » l'Evangile. » Certes, je puis dire hardiment que sa mort a esté plustost la couronne que la fin de sa vie; que ce flambeau en s'esteignant a jetté une lumiere qui éclairera pour jamais l'Eglise de France; que celuy qui durant tant d'années avoit esté la bonne odeur de Jesus-Christ pour les peuples, est devenu un parfum eternel pour la maison de Dieu; et qu'il est monté dans le ciel comme la fumée du sacrifice de l'encens, en odeur de suavité[1]. »

Ce fut le 25 avril 1652, que Camus rendit sa belle âme à son Dieu. Il était âgé de soixante-sept ans cinq mois et vingt-deux jours.

Dans son testament il avait défendu qu'on mît aucune pompe à son enterrement. Aussi, s'écrie Godeau en commençant l'Oraison funèbre de Camus, qu'il prononça le jour anniversaire de sa mort, en présence des cardinaux, archevêques et évêques qui se trouvaient à Paris :

« La face de ce temple est bien differente de celle qu'il avoit aux funerailles dont nous faisons aujourd'huy l'anniversaire; Alors cet autel que vous voyez extraordinairement paré, n'avoit que ses ornemens accoutumez; ces murailles qui sont tendües

---

[1] Oraison funèbre de J.-P. Camus.

de deüil etoient toutes nues; au lieu de ce lit funebre, et de ce riche drap mortuaire qui paroissent sur une representation, il ne parut sur le cercueil du mort, qu'un drap tout usé. Enfin on vid enterrer un des plus illustres evesques de France comme le plus vil et le plus miserable de tous les pauvres de l'hospital des Incurables. Toutefois, à bien considerer les choses, ce retranchement de toute sorte de pompe funebre, en fut une plus glorieuse que celle des obseques les plus magnifiques. On peut appeller avec raison cet appareil superbe que les hommes y ont introduit, avec un luxe qui offense la pieté chretienne et les regles de l'Eglise, la pompe de la mort, et le trophée de la vanité des vivans. Mais la pauvreté de l'enterrement de l'evesque de Belley fut la pompe du mort, le triomphe de son humilité, et le dernier effort de l'obeissance de messieurs ses parens et des executeurs de son testament[1], qui sont des personnes aussi considerables par leurs vertus que par leurs qualités. Ils ne crurent pas en ce temps-là se pouvoir dispenser de suivre sa derniere disposition, qui ne permettoit d'autres ceremonies en ses funerailles, que celles dont on usoit pour les chapelains de l'hospital, et qui defendoit particulierement l'oraison funebre. En effet, les dernieres volontez des mourans sont sacrées. Il n'y a rien de plus inviolable par les lois civiles, et ce n'est une guere moindre impieté d'y contrevenir, que d'ouvrir leurs tombeaux et que d'en tirer les cendres pour les fouler aux pieds, ou pour les jetter au vent. Les testamens des fideles qui sont faits par la conduite de l'esprit de Dieu, et qui suivent les plus pures maximes de l'Evangile, doivent estre plus religieusement executez par les vivans, que ceux que la nature, ou la vanité, ou d'autres interests humains, ont dictez à leurs autheurs. Et comme les bons evesques ont esté durant leur vie les sources de l'esprit evangelique, et les maistres des maximes chrestiennes, qui peut douter que leurs dernieres volontez où ces deux choses eclatent, ne doivent, sans comparaison, estre plus sainctes et plus venerables à ceux qui en sont les depositaires? Dans celle de nostre illustre prelat, qui n'admirera son humilité? Qui ne sera ravi de son amour pour la pauvreté, dont il a voulu laisser des marques mesme apres sa vie? Toutefois, à considerer la chose par les loix communes de l'Eglise qui prescrit des ceremonies, non pas pompeuses à la verité, mais religieusement honorables, à l'en-

---

[1] MM. de Liancourt, de Morangis, de Sève, Chomel.

terrement des evesques, qu'elle veut honorer comme ses epoux et comme ses peres; il y avoit raison de se dispenser de suivre les ordres du mort, et de chercher quelque temperamment entre la scrupuleuse deference à sa volonté et ce qui estoit deu aux loix ecclesiastiques, qu'il avoit tousjours si religieusement observées, à l'honneur de son charactere, à la defense de sa memoire, à l'instruction des prelats, et à la consolation des fideles. C'est celuy que messieurs ses parens et messieurs les directeurs de cet hospital ont trouvé, en faisant celebrer pour luy un anniversaire avec tout l'appareil que sa modestie avoit refusé. Ainsi son humilité particuliere a esté satisfaite en ses obseques, et la pieté publique l'est en cette action. L'enterrement a esté de Jean-Pierre Camus qui, apres avoir vecu en pauvre dans le monde, est mort dans un hospital : et ce service est d'un grand evesque, qui, dans le plus petit diocese de l'Eglise de France, s'est montré digne des premieres chaires de l'Eglise universelle [1]. »

Les administrateurs de l'hospice des Incurables voulurent, quelque temps après, faire mettre une pierre sur la tombe de l'illustre prélat qui était le bienfaiteur de cette maison. Voici l'épitaphe qu'on y lit et que nous avons copiée nous-même en visitant le tombeau de ce pieux évêque qui repose au milieu de la nef de l'église de l'hospice des Incurables [2], rue de Sèvres.

D. O. M.
JOANNI PETRO CAMUS,
BELLICENSI EPISCOPO,
VIRO INGENIO, MEMORIA, ELOQUENTIA,
SCRIPTIS INNUMERIS, PIETATE,
VITAE INNOCENTIA, CHARITATE,
ADMIRABILI,
QUI SIBI PAUPER,
PAUPERIBUS DIVES,
INTER PAUPERES
VIVERE, MORI ET HUMARI
VOLUIT,

[1] Oraison funèbre de J.-P. Camus.
[2] Du temps de Camus cet hospice était pour les incurables hommes, aujourd'hui il est destiné aux incurables femmes.

HUJUS NAUSOCOMII ADMINISTRATORES
POSUERE.
VIXIT ANNIS LXVIII, OBIIT
ANNO SALUT. REPARAT.
MDCLVII[1] VI KAL. MAII.

Par son testament, qu'il avait fait le 7 mars, dès qu'il s'était senti atteint de la maladie dont il mourut, il donna la plus grande partie de ce qu'il possédait à l'hospice des Incurables, et y fonda quatre lits pour les incurables de Belley. De plus il légua une somme de sept mille francs au chapitre de son ancienne cathédrale.

L'extrait du testament olographe qui contenait ce legs, ne fut communiqué par les héritiers que le 20 octobre 1653. Le chapitre, présidé par monseigneur de Passelaigue, accepta la libéralité de l'ancien évêque de Belley avec une vive reconnaissance. Il fut arrêté dans cette assemblée, qu'une procession et des prières seraient faites chaque année, dans la cathédrale, pour le repos de l'âme de messire Camus, aux fêtes de la Circoncision, de l'Epiphanie, de Pâques, de l'Ascension, de la Pentecôte, de la Fête-Dieu, de saint Jean-Baptiste, de saint Anthelme, de l'Assomption, de la Nativité, de tous les Saints et de Noël.

Dans cette même assemblée, il fut arrêté que le chapitre ferait inscrire le legs de monseigneur Camus sur une plaque en cuivre, qui serait appendue dans la cathédrale. Enchâssée dans un cadre doré, l'inscription est restée, jusqu'en 1793, attachée à la colonne du chœur, la plus près des stalles, du côté de la sacristie.

Ce monument, dressé par les chanoines de Belley, contient un si bel éloge de notre illustre évêque, que nous le consignons ici pour donner une dernière preuve de l'estime et de la vénération dont ses contemporains et ceux qui l'avaient bien connu s'empressèrent de payer le tribut à sa mémoire.

---

[1] Il y a nécessairement une erreur dans ce millésime que nous sommes assuré d'avoir fidèlement copié. Cette erreur vient sans doute de l'ouvrier qui a gravé les chiffres et qui a mis un V mal à propos, car sans nul doute Camus est mort en 1652 et non en 1657. Peut-être la pierre a été placée en 1657, et par inadvertance a-t-on mis ce millésime au lieu de celui de 1652. Ce qui nous le fait soupçonner, c'est que la pierre qui couvre aujourd'hui les cendres de Camus n'existait pas quand l'évêque de Vence prononça l'oraison funèbre de Camus; car il y dit formellement qu'il « n'y voyait ni marbre, ni figures, ni inscriptions. »

JOANNI PETRO CAMUS,

Episcopo Belligensi, deindè Episcopo Atrebatensi a Rege designato
Benefico suo Præsuli,
Elogium hoc funebre ponit Capitulum Belligense.

Audi, Viator;
Silet nunc Echo Galliæ subterranea in fossa;
Aspice, Lector;
Lumen et Oculum Galliæ
In Gallorum capite miserabiliter extinctum;
Et vectigalibus, si potes, prosequere lacrymis,
Præsulum normam quod ità vixerit;
Gloriam quod ità scripserit.
Innocentissimum hominem
Qui hoc unum peccavit quod moriens sit;
In hoc injustum
Quod justa sibi fieri vetuerit;
Regi charissimum
A quo certissimas amicitiæ Arras[1] acceperat.
Ne mortuum tamen putaveris
Fefellit mortem, immortalem antè se fecerat;
Decessit, id est, aliò ivit, non periit;
Vir enim propè divinus erat
Quia nimis erat humanus;
Avara mors est,
Ideo in linguam hanc auream et os aureum
Tanquam in caducam hæreditatem involavit,
Fortunam semper habuit secundam
Quia virtus fuit illi semper prima,
Illam quia lævissimam reputavit
Septem et eo plus francorum millibus oneratam nobis reliquit.
Cùm omnia profudisset vitam dedit Deo
In Nosocomio Insanabilium;
Non audentem venire mortem ultro vocavit,
Et quia eloquens persuasit,
Hospitem suum aliquandiù in diversorio suo reverita est;
Sed cùm illum planè tollere statuisset,
In coelum eumdem sustulit,
Et non illi sed totæ potiùs Galliæ vulnus insanabile imposuit.
Condona, Lector, hos errores cæco Numini
Et eum cogita
Qui tam benè dixerit, benè scripserit, benè vixerit
Malè mori non potuisse.

[1] Jeu de mots : Arras, évêché, et Arrhas, arrhes.

Nous pourrions terminer cette notice de Camus en lui appliquant ce que Sulpice Sévère disait de saint Jérôme : « *Catholica hujus hominis scientia sicut doctrina fuit, totus semper in lectione, totus in litteris, non nocte quiescebat; aut legebat aliquid semper, aut scribebat.*

Si nous avons suffisamment fait connaître Camus, si nous l'avons lavé de la tache que des passions froissées ont fait jaillir sur sa mémoire, on ne verra plus en lui qu'un évêque pieux, armé du fouet de la pénitence, un écrivain infatigable dans la défense des bonnes mœurs, de la religion et de la hiérarchie ecclésiastique; un réformateur et non un ennemi des ordres monastiques; enfin un prélat qui travailla toute sa vie à copier le saint évêque de Genève qu'il regarda toujours comme son père, son guide et son oracle.

Au reste, les personnes pieuses, et nous disons même les personnes curieuses, qui voudront mieux connaître ce vrai disciple de l'évêque de Genève, n'ont qu'à parcourir l'*Esprit de saint François de Sales*, tel que nous l'avons fait réimprimer ci-après. C'est là qu'on verra l'évêque de Belley à nu : sa piété ardente, la candeur de son âme, la vivacité de son esprit, l'ardeur de sa foi, de sa charité, et enfin cet ensemble admirable de vertus qu'il avait acquises à l'école de ce grand maître de spiritualité, qui fut pendant quatorze ans son directeur.

Nous faisons suivre cette notice du catalogue des ouvrages de M. Camus. Dans quelques lignes nous avons essayé de donner un petit aperçu de tous ceux que nous connaissons. Nous avons cru ce travail nécessaire pour confirmer encore la justification de cet écrivain qui a été tant décrié pour avoir publié des romans et des traités en vue de la réformation des mœurs et des religieux. Nous avons pensé faire plaisir aux amis de la religion et des lettres.

FIN DE LA NOTICE SUR J.-P. CAMUS.

CATALOGUE

DES

OUVRAGES DE J.-P. CAMUS,

ÉVÊQUE DE BELLEY.

A la fin de quelques-uns de ses ouvrages, Camus a mis un Catalogue de ceux qu'il avait publiés jusqu'en 1642. Il les a distribués en différentes classes, mais il ne les a pas rangés exactement selon l'ordre de leur publication.

Dans le Catalogue que l'on trouve en tête du livre intitulé : *Spéculations affectives sur les attributs de Dieu*, il a mis une liste d'ouvrages non encore imprimés; ils parurent depuis, les uns avec le même titre, les autres sous un titre un peu différent. Cependant nous ne connaissons pas qu'il ait livré au public ceux qui y sont désignés sous les titres suivants : le *Polhistor*; les *Excez tragiques*; l'*Excellence des vœux monastiques*; de l'*Importance des fonctions des cénobites*; le *Pavois de Modestin contre les traits de la satyre d'Hermodore*, intitulée l'*Image de la calomnie*; la *Monomachie de Polemarque et d'Hermodore*, touchant l'ouvrage des moines de Saint-Augustin; le *Combat de Polhistor et d'Hermodore sur le sujet des histoires pieuses et morales de M. de Belley*.

§ Ier.

HOMÉLIES ET PANÉGYRIQUES.

1. PANÉGYRIQUE DE LA MÈRE DE DIEU, *par messire J.-P. Camus, nommé a l'evesché de Belley*, Paris, 1608, in-12.

C'est le premier ouvrage de notre auteur, qui l'a depuis inséré dans le tome X de ses Diversités.

L'auteur avait prêché ce panégyrique à Paris; il fut obligé de le faire imprimer pour satisfaire le public. C'est un traité en quelque sorte des perfections de la Mère de Dieu, dans lequel on trouve une foule de citations des auteurs sacrés et profanes.

2. PARENETIQUE DE L'AMOUR DE DIEU. Paris, 1608, in-18. Dédié à madame de la Salle, abbesse de St.-Anthoine. C'est un traité de l'amour de Dieu.

« Ce travail, dit l'auteur, fust basty et dicté en une semaine pour satisfaire aux dévotieux désirs de quelques sainctes et religieuses âmes. » Il fallait que Camus fût bien embrasé de l'amour de Dieu pour en avoir dit de si belles choses en si peu de temps. On trouve à la fin de ce volume plusieurs stances de l'auteur sur le même sujet.

3. HOMÉLIE DES TROIS SIMONIES, ECCLÉSIASTIQUE, MILITAIRE ET JUDICIAIRE, *prononcée à l'assemblée générale des trois états de France, en l'église des Augustins, à Paris, le premier dimanche de l'Avent* 1614. Paris, 1615, in-8°.

4. HOMÉLIE DES TROIS FLÉAUX DES TROIS ÉTATS DE FRANCE, *prêchée en l'assemblée générale des trois ordres, en l'église des Augustins, à Paris, le premier dimanche de l'octave de Noël.* Paris, 1615, in-8°.

5. HOMÉLIE DES DÉSORDRES DES TROIS ÉTATS DE CETTE MONARCHIE, *haranguée en l'assemblée des États généraux du royaume, à Paris, en l'église des Augustins, le cinquième dimanche après l'Épiphanie.* Paris, 1615, in-8°.

6. PREMIÈRES HOMÉLIES QUADRAGÉSIMALES. Paris, 1615 et 1618, in-8°. *It. en latin*, Primæ Homiliæ Quadragesimales, et in passionem Christi. *Coloniæ*, 1621, in-8°.

Dédiées à monseigneur le cardinal de Sourdys, archevêque de Bordeaux, qui avait été le maître de Camus, et de qui, à ce qu'il paraît, d'après ce qu'on lit dans la préface, l'Évêque de Belley avait reçu la consécration sacerdotale.

7. HOMÉLIES SUR LA PASSION DE NOTRE-SEIGNEUR. La première édition doit être de l'année 1616 ou 1617, puisque l'approbation est du 14 novembre 1616. *It.* 1623, in-8°. *It.* Rouen, 1641, in-8°.

C'est un Carême entier sur la passion de J.-C., qu'il prêcha dans sa cathédrale de Belley, en 1616. Elles ont été traduites en latin. Elles sont dédiées à MM. les citoyens de la ville de Belley.

« Si vous estes des animaux mondes, leur dit Camus, vous ruminerez et remascherez bien ces feuilles que je vous presente, et vous en tirerez un suc très-salutaire ; ces caracteres renouvelleront vos cœurs par les yeux de ces bonnes affections, qui, entrées par vos oreilles au son de ma voix, en seroient peut estre éclipsées par la fragilité de la mémoire. »

8. PREMIÈRES HOMÉLIES DOMINICALES. Paris, 1617, in-8°. *It.* nouvelle édition augmentée de plusieurs excellents sermons, traictant des dignités et cérémonies de l'Église. Rouen, 1636, in-8°. *It.* traduites en latin, Homiliæ dominicales et festivales. Coloniæ, 1619, in-8°.

Dédiées au cardinal de Bonsy, évêque de Béziers, avec qui Camus avait fait le voyage de Rome. C'est pendant ce voyage qu'il les composa et les soumit au jugement de Son Éminence.

On y trouve, comme dit Camus, *de l'or en billion, mais qu'il faut battre et travailler ; des viandes crues qu'il faut cuire en les ruminant pour les bien digérer.*

9. PREMIÈRES HOMÉLIES FESTIVES. Paris, 1617, in-8°. *It.* Rouen, 1635, in-8°. *It. ibid.* 1640, in-8°. *It. ibid.* 1647, in-8°.

Dédiées à monseigneur le cardinal de la Rochefoucault, évêque de Senlis.

Camus a dit vrai en assurant que ce volume *estoit un promptuaire, un congiaire, une corne d'abondance. Il a fouillé les carrieres, fourragé les forêts, et a ramassé les matériaux pour bastir; mais il faut les polir avec le ciment de la parole.*

10. PREMIÈRES HOMÉLIES EUCHARISTIQUES, *preschées à Paris en l'église de Saint-Médéric, l'octave de* 1617. Paris, 1618, in-8°. *It.* traduites en latin : *Primæ Homiliæ de Eucharistiæ sacramento.* Coloniæ, 1621, in-8°.

Dédiées à Son Éminence monseigneur le cardinal du Perron. L'auteur *lui faict cette dédicace, non pour se dégager vers l'amitié que Son Eminence lui témoigne, mais pour l'engager à la lui continuer.*

11. PREMIÈRES HOMÉLIES MARIALES. Paris, 1619, in-8°. *It.* Cambray, 1620, in-8°. *It.* Rouen, 1628, in-8°. *It.* traduites en latin : *Homiliæ mariales de præcipuis festivitatibus B. Mariæ.* Coloniæ, 1621, in-4°.

Dédiées à monseigneur Sébastian Zamet, evesque de Langres, pair de France, grand aumosnier de la Royne. — Ce sont quatorze discours sur les fêtes de la sainte Vierge.

12. PREMIÈRES HOMÉLIES DIVERSES de monseigneur J.-P. Camus, *preschées tant en son diocese comme en divers lieux, selon les occurrences extraordinaires.* Paris, 1619, in-8°. *It.* Cambray, 1620, in-8.

Dédiées au cardinal Borguese, nepveu du pape Paul V, qu'il avait connu à Rome. Parmi ces Homélies, *il y en a qui ne conviennent qu'à des évesques; il y en a de pastorales, de spirituelles, de religieuses, de capitulaires, de synodales, de funebres, de familieres, ex omni genere musicorum.*

L'édition de Cambray est dédiée à messeigneurs des états, des duchez et contez de Cambray et Cambrezy.

13. MÉTANÉE OU DE LA PÉNITENCE. *Homélies preschées à Paris en l'église de Sainct-Séverin, l'advent de* 1617. Paris, 1619, in-8°. *It.* Cambray, 1620, in-8o.

Dédiée au cardinal de Retz, évesque de Paris.

Ce sont plutôt des notes que des discours; la matière y est, nullement la forme; matière crue, indigeste, sans lime, sans polissure; mais on y trouve une abondante moisson de très-bons matériaux.

14. LA MÉTANÉACARPIE, OU DES FRUITS DE LA PÉNITENCE, qui sont l'oraison, l'aumosne et le jeusne. *Homélies preschées en l'église de Saint-Jacques-de-la-Boucherie, l'advent de* 1618. Cambray, 1720, in-8°.

Dédiées à messire Denys-Simon de Marquemont, archevesque et comte de Lyon. — Il y a eu une édition à Rouen, en 1628, dédiée à messire Sébastian Zamet, evesque et duc de Langres, pair de France et grand-aumosnier de la royne, avec lequel il avait fait un pélerinage cette année-là à Clairvaux, au tombeau de sainct Bernard.

15. HOMÉLIES SPIRITUELLES *sur le Cantique des cantiques, preschées à Paris en l'église de la congrégation de l'Oratoire.* Paris, 1620, in-8°.

Dédiées aux pères de la congrégation de l'Oratoire de Jésus. — Ce sont des conférences sur l'amour de Dieu, la grâce, la pénitence et l'humilité, que l'évêque de Belley fit au couvent de l'Oratoire, durant quatre hivers qu'il prêcha le Carême et l'Avent à Paris.

16. MÉLANGES D'HOMÉLIES. Paris, 1622, in-8°. Dédiées au cardinal de la Vallette, archevesque de Toulouse.

« C'est un bouquest de mon jardin, lui dit Camus, qui vous agréera peut estre, plustost par sa variété que par sa beauté. Que si les zéphirs de vos grâces se répandent sur ces fleurs, elles pourront peut estre porter leur odeur plus loing que je ne saurois esperer. »

Ce volume contient 47 Homélies sur différentes festes de l'année.

17. HOMÉLIES PANÉGYRIQUES DE SAINCT CHARLES BORROMÉE. Paris, 1623, in-8°. — Il y en a huit.

18. HOMÉLIES PANÉGYRIQUES DE SAINCT IGNACE DE LOYOLA, *fondateur de la Compagnie de Jésus*. Lyon, 1623, in-8°.

Dédiées aux pères de la compagnie de Jésus, et à MM. les confrères de la congrégation de Notre-Dame, érigée à Chambéry, au collége de la compagnie de Jésus. — Elles sont au nombre de treize, et sont autant de panégyriques de saint Ignace, que Camus avait prêchés à Chambéry, à Paris et ailleurs.

19. PROSNES PAROISSIAUX POUR TOUS LES DIMANCHES DE L'ANNÉE. Paris, 1649, in-8°.

Dédiés à MM. les révérends curez du diocèse de Rouen.

Cet ouvrage fut fait à la sollicitation des curés du diocèse de Rouen, que M. Camus administrait en qualité de vicaire-général de l'archevêque.

Ce volume renferme cinquante-deux prônes, qui sont un sommaire de toute la doctrine chrétienne, et qui étaient, dit l'auteur, la mine où il puisait ses instructions au peuple du vaste diocèse de Rouen. En terminant son épître dédicatoire, il se recommande aux prières des curés de ce diocèse, leur disant *que la déposition de son tabernacle mortel est proche*. Il avait alors 65 ans.

20. PROSNES ÉVANGÉLIQUES SUR L'ÉVANGILE DE CHAQUE DIMANCHE DE L'ANNÉE. Paris, 1649, in-8°.

21. LES PROSNES ÉPISTOLAIRES *sur l'épistre de chaque dimanche de l'année*. Paris, 1849, in-8°.

22. INSTRUCTIONS POPULAIRES A L'USAGE DES CUREZ DE LA CAMPAGNE, POUR SERVIR DE PROSNES AUX MESSES PAROISSIALES DE TOUS LES DIMANCHES ET FESTES PRINCIPALES DE L'ANNÉE. Paris, 1650, in-8°.

L'évêque de Belley ayant remarqué que dans les campagnes, les curés, par ignorance ou par paresse, ne se servaient que de certains formulaires de prône qu'ils répétaient sans cesse, et que de là il en résultait une méconnaissance prodigieuse des mystères de la foi et un déluge de vices dans le vulgaire, composa ces *instructions populaires*, pour tous les dimanches de l'année. On y trouve aussi des prônes pour les fêtes de Pâques, de la Pentecôte, de la Trinité, de la Toussaint et de Noël.

23. HARANGUES FUNÈBRES AUX OBSÈQUES DE M. JOSIAN, COMTE DE RANTZAU, MARESCHAL DE FRANCE, LE 23 SEPTEMBRE 1650. Paris, 1650, in-4°.

Le comte de Rantzau était de l'illustre maison de ce nom dans le Holstein. Il entra au service de France et fit les guerres de la Comté, de Flandre et d'Allemagne. Le bâton de maréchal de France fut la récompense de ses services. Il avait été tellement mutilé dans les combats, qu'il ne lui restait qu'un œil, une oreille, un bras et une jambe; c'est ce qui donna lieu à l'épitaphe suivante :

> Du corps du grand Rantzau tu n'as qu'une des parts,
> L'autre moitié resta dans les plaines de Mars,
> Il dispersa partout ses membres et sa gloire.
> Tout abattu qu'il fut, il demeura vainqueur,
> Son sang fut en cent lieux le prix de sa victoire,
> Et Mars ne lui laissa rien d'entier que sa gloire.

24. PROSNES CATECH-ÉVANGELIQUES POUR TOUS LES DIMANCHES ET FESTES DE L'ANNÉE, OU SUR LE SUJET DE CHAQUE EVANGILE EST TRAICTÉ UN POINCT DE LA DOCTRINE CHRESTIENNE. Paris, 1651, in-8°.

25. EXHORTATIONS PASTORALES *pour l'usage des curez et des missionnaires en leurs prosnes et instructions sur les élémens de la doctrine du salut.* Paris, 1652, in-8°.

*26. SERMONS RELEVÉS ou *Homélies dominicales.* Douai, 1618, in-8°.

§ II.

OUVRAGES DE MORALE ET DE SPIRITUALITÉ, ET VIES DE SAINTS PERSONNAGES.

27. LES DIVERSITÉS, Paris, 1609 et suiv. in-8°, 11 volumes.

Cet ouvrage a été réimprimé à Lyon en 1619 et à Douai en 1620. C'est un recueil de différents lieux-communs, sous lequel l'auteur a rassemblé tout ce qu'il avait trouvé dans ses lectures et ses propres réflexions. Ces onze énormes volumes compactes sont, comme la tête de Camus, remplis de toutes sortes de choses : histoire, philosophie, morale, théologie. C'est une véritable bibliothèque. Son projet, dit-il, était de publier tous ses ouvrages sous ce titre. Il parle souvent de ses *Diversités* et de ses *Homélies*, comme des productions dont il attendait *quelques rayons pour sa gloire.*

28. MÉDITATIONS sur *le mystère de la naissance du Sauveur, dressées suivant la méthode de sa direction à l'oraison mentale.* Paris, 1617, in-12; ouvrage de haute dévotion.

29. DIRECTION A L'ORAISON MENTALE, *deuxième édition.* Paris, 1618, in-12.

Comme le privilége est du 21 novembre 1616, la première édition doit être de cette année ou de la suivante. *It.* Lyon, 1623 et 1625. *It.* Paris, 1645, in-12. — Cet ouvrage est offert au bon Jésus. C'est un commentaire de l'*Introduction à la vie dévote* de saint François de Sales ; l'auteur essaye de moucheter les ouailles de la bergerie de N. S. de diverses perfections qui les puissent rendre agréables à ses yeux divins.

30. AGATHE A LUCIE, *Lettre pieuse.* Paris, 1622, in-12.

C'est une lettre qui ne contient que des enseignemens de piété ; ainsi c'est mal à propos qu'on l'a fait entrer dans la *Bibliothèque des Romans*, en substituant à son véritable titre celui d'*Agathe et Lucie*.

31. SOLILOQUES. Paris, 1623, in-16. — Ouvrage de piété.

Ce petit ouvrage est bien, comme dit l'éditeur, *une Illiade d'enseignemens dévotieux sous bien peu de feuilles.* Il traite de la pénitence, du mépris du monde, de la mort, des afflictions, des secours de Dieu, etc. « Il semble que la brieveté de ces Soliloques en relève la grâce et en redouble la force, ce coup asénant avecque d'autant plus de véhémence que l'arme se trouve courte, et le souffle rendant le bruit d'autant plus éclatant que le conduit de la trompette par où il passe se rencontre plus estroict. Ainsi le grain de senevé en l'Evangile, pour estre de peu de monstre, ne laisse pas d'avoir une grande vertu; et la petite pierre de Daniel ne laisse pas de ruer par terre et de mettre en poudre un colosse d'énorme grandeur; et la source de Mardochée, si débile en son origine, devient une mer lumineuse en sa fin; les moindres boites ont quelquefois les médicamens les plus salutaires, les onguens et les parfums les plus précieux. » Nous avons lu et relu ce petit ouvrage et nous croyons que, tout petit qu'il est, il peut faire long-temps les délices d'une âme pieuse.

32. ACHEMINEMENT A LA DEVOTION CIVILE. Toulouse, 1624, in-12. — Sur un privilège de cette année. *It.* Douai, 1625, in-18.

Saint François de Sales ayant frayé le chemin à la dévotion aux personnes du monde, l'évêque de Belley composa plusieurs ouvrages pour les engager à y marcher. Dans son *Acheminement à la dévotion civile*, il s'étudie à représenter tous les exercices de dévotion qui peuvent se pratiquer dans la vie séculière, qu'il appelle civile. « Quelques esprits mal faits et méchans, dit Camus, trouvèrent cette inscription mauvaise, et jugeant le sac sur l'étiquette, sans se donner le loisir de visiter les pièces, ont creu que j'enseignois là dedans une dévotion politique, ce qu'ils ont tenu pour odieux. » Il y avait de leur part autant de malice que d'ignorance, car l'auteur, dans cet ouvrage, ne parle que de la dévotion qui peut se pratiquer dans les familles et dans la société. Camus composa ce livre pendant qu'il prêchait l'Avent et le Carême, à Toulouse, en 1624.

33. TRAITÉ DE LA RÉFORMATION INTÉRIEURE, *selon l'esprit du B. François de Sales*. Paris, 1631, in-12.

Cet ouvrage est précédé d'une consécration au Saint-Esprit. Voici ce que l'auteur dit dans une préface fort longue et fort curieuse : « Je confesse qu'en ce sujet *de la reforme de nostre intérieur*, j'eusse eu besoin de la fenestre que désiroit l'ancien Momus pour en cognoistre distinctement tous les replis; mais suivant les enseignemens, tant de la nature que de la foy, qui nous sont donnez par les philosophes et les théologiens, je croy ne tomber point en erreur en suivant les principes, principalement ceux de la foy qui nous font voir les ressorts de nostre asme comme ceux d'une montre au travers d'une boëte de cristal; ou comme l'économie des abeilles par la transparence d'une ruche de verre. C'est à cette clarté que je me suis le plus estudié en ce petit ouvrage où j'examine toutes les parties de nostre ame l'une après l'autre, et après avoir remarqué leurs deffauts, j'y applique le remède que j'apprends des meilleurs maistres de la vie spirituelle. »

34. DE L'UNITÉ VERTUEUSE, *secret spirituel pour arriver par l'usage d'une vertu au comble de toutes les autres, tiré de la doctrine du B. François de Sales*. Paris, 1631, in-12.

C'est un traité sur les vertus chrétiennes. « Voicy ce que je prétends enseigner en cet escrit, dit l'auteur; c'est un moyen court et facile pour arriver au comble de toutes les vertus par l'usage d'une seule; dessein hardy et sujet aux divers jugemens et neantmoins appuyé de tant de raisons et soutenu de tant d'authoritez que je croy qu'il trouvera créance en tout esprit raisonnable et docile et qu'il ne sera contredit que par *ceux qui prennent plaisir à persécuter gratuitement ceux qui escrivent*. Je parle donc ici des vertus infuses, qui, selon toute la théologie, ne sont jamais les unes sans les autres, et qui sont toutes entées en la grâce et soutenues par la charité. De sorte que qui en a une les a toutes, et par l'exercice fidele d'une seule on peut arriver à la possession et plein usage de toutes les autres. »

35. DE LA SYNDERESE, *discours ascétique tiré de la doctrine de sainct François de Sales, evesque et prince de Geneve.* 1 vol. in-12. Paris, 1631.

C'est un traité pieux sur la conscience, que Camus appelle *Synderese*, du nom grec qui signifie *conservation*. Son but est de *faire connoistre l'importance de l'usage de cette maistresse piece de nostre interieur dans l'affaire du salut, et de quelle importance il est de tenir cette sentinelle esveillée et d'oindre les gonds de cette porte de myrrhe ou du baume de la grâce, afin qu'elle s'ouvre facilement au premier heurt de l'espoux, pour estre du nombre des vierges sages qui allerent au devant de l'espoux qui les fit entrer à ses nopces.*

36. LA LUITTE SPIRITUELLE ou *Encouragement à une âme tentée de l'esprit de blaspheme et d'infidélité; selon la doctrine du B. François de Sales, evesque et prince de Geneve.* 1 vol. in-18, Paris, 1631.

Ce traité sur les tentations est dédié à un nommé *Théopiste* qui s'était adressé à M. Camus pour lui demander des consolations et des conseils au milieu de grandes tentations. Ce livre est fait d'après les enseignements de saint François de Sales qui traite excellemment la matière des tentations en la quatrième partie de sa *Philothée*. « J'espere néantmoins, dit Camus, que celui qui prendra la peine de conférer nos deux escrits cognoistra que j'ai imité l'abeille qui tire son miel de la fleur, sans en interesser l'émail ny les feuilles, se contentant d'en espreindre le suc et l'esprit. »

37. DE LA PURE DILECTION, *discours spirituels selon la doctrine de sainct François de Sales.* Lyon, 1632, in-16.

38. LE CRAYON DE L'ETERNITÉ. Rouen, 1632, 1 vol. in-8.

Ce livre est dédié à DIEU ÉTERNEL. Ce sont des considérations et des méditations que Camus écrivit, dit-il, à la suite d'une retraite, sur les deux éternités heureuse et malheureuse. Il n'avait composé cet ouvrage d'abord que pour lui; il le donna ensuite au public *pour servir d'adresse en ce chemin fourchu des deux éternités*. « Ce n'est qu'un crayon, mon cher lecteur; en pesant et remarquant avecque attention et soin tous les traits ou sections de ce faible crayon, par vos pensées enchérissantes sur les miennes, d'une simple taille douce, vous en ferez une agréable mignature. »

39. DE LA FOY VIVE, *exercice spirituel.* Paris, 1633, 1 v. in-12.

40. LE DISCERNEMENT INTERIEUR, *recueilli de quelques entretiens spirituels* de M. J.-P. Camus, evesque de Belley. Rouen, 1634, in-12.

41. LE RENONCEMENT DE SOI-MESME, *éclaircissement spirituel.* Paris, 1637, in-8. Ouvrage de piété.

42. LE CHAPELET DE NOSTRE-DAME DE LORETTE, *presenté aux dévots de la sacrée Vierge Marie.* Caën, 1637, in-12.

43. L'IRIS ou *Couronne de la Mere de belle dilection, sur quatre excellentes vertus de Nostre-Dame.* Caën, 1637, in-12.

Ces trois ouvrages qui précèdent, renferment une grande doctrine au sujet du culte de la sainte Vierge, et respirent la plus tendre dévotion envers la mère de Dieu.

44. LE DEVOST A LA VIERGE, *recueilly des sermons de M. J. P. C., evesque de Belley,* par P. L. R. P. Caën, 1638, in-12.

45. DE LA VOLONTÉ DE DIEU, *secret ascetique.* Paris, 1638, in 8.

46. INSTRUCTION SPIRITUELLE SUR LA PERFECTION CHRESTIENNE. Caën, 1638, in-16, sur un privilège de l'an 1635.

47. SUJETS DE MÉDITATION SUR LA VOLONTÉ DE DIEU. Caën, 1638, in-16, sur une approbation de 1635.

48. INDUSTRIES SPIRITUELLES CONTRE LES STRATAGESMES DE L'AMOUR-PROPRE. Caën, 1638, in-16, sur une approbation de 1636.

49. POINTS CONSIDÉRABLES SUR LES PARFAICTES INTENTIONS. Caën, 1638, in-16, sur une approbation de 1635.

50. PRÉPARATION POUR UNE PERSONNE QUI SE DISPOSE A LA RÉCEPTION DE L'HABIT CONVENTUEL. Caën, 1638, in-16.

51. PENSÉES AFFECTIVES SUR UN MOYEN FAMILIER POUR AVANCER EN PERFECTION. Caën, 1638, in-16, approbation de 1636.

52. ENSEIGNEMENT SUR L'EXERCICE DE MORTIFICATION. Caën, 1638, in-16.

53. RETRAITE SPIRITUELLE DE DIX JOURS SUR L'UNION DE L'AME AVEC DIEU. Caën, 1638, in-16.

54. CONSIDERATION SUR LE PROGRES INTERIEUR. Caën, 1638, in-16.

Toutes ces pièces qui précèdent, imprimées en 1638, à Caën, in-16, sur une approbation de 1636, sont les ouvrages marqués dans le catalogue de M. Camus sous le titre de *Petits exercices spirituels*.

55. TRÉSOR DES AMES DÉVOTES. 1 vol. in-12, Paris, 1638.

56. THEODOXE ou *la Gloire de Dieu*, Opuscule. Caën 1637. It. Rouen, 1639, in-8.

Dans cet excellent traité de théologie mystique, M. Camus s'attache à démontrer que Dieu a tout fait pour sa gloire et que nous devons tout rapporter à cette fin.

57. DE LA SOUVERAINE FIN DES ACTIONS CHRESTIENNES, opuscule. Rouen, 1639, in-8.

C'est une suite de *Théodoxe*.

58. LA COURONNE DE L'AN, ou *Méditations pour tous les jours de l'année, suivant l'office de la dévotion de l'Église*. Caën, 1639, in-16; 3 tom.

59. LA CHRESCE, LA CIRCONCISION ET L'ÉPIPHANIE MYSTIQUE. Rouen, 1640, in-8.

60. DEUX SOLITUDES SPIRITUELLES, *l'une de dix jours sur la purgation, illumination et perfection de l'ame; l'autre de cinq jours sur les vœux monastiques*. Paris, 1640, in-12.

61. DE LA PERFECTION DU VRAY CHRESTIEN, *exercitations pieuses*. Paris, 1640, in-8.

« Ce livre, dit l'auteur, n'est que suc et essence et la viande solide des grands et des robustes; ce ne sont que maximes et axiosmes pour le bon réglement de la vie et des mœurs du vray chrestien, qui se determine de servir Dieu en esprit de vérité, et ces spéculations ne sont point pour le seul entendement, car ces véritez qui lui servent d'object et de pasture, sont jointes à de sainctes élévations de cœur et des affections qui donnent de la nourriture à la volonté; et ce sont là les deux bras avec lesquels l'ame pieuse s'attache à Dieu, en l'union duquel consiste le comble et le sommet de la perfection chrestienne. »

62. L'ESCOLE DE PERFECTION, *tirée de quelques leçons spirituelles*,

faictes par M. J.-P. C., *evesque de Belley*. Paris, 1640, in-12. Ouvrage différent du précédent.

63. LA SOLITUDE INTÉRIEURE, *tirée de quelques leçons spirituelles faictes* par M. J.-P. C., *evesque de Belley*. Paris, 1640, in-12.

64. LA DÉFENSE DU PUR AMOUR DE DIEU CONTRE LES ATTAQUES DE L'AMOUR-PROPRE. Paris, 1640, in-8.

Dans cet ouvrage qui est un vrai traité de l'amour de Dieu, l'auteur défend la doctrine du pur amour contre ceux qui avaient pris à tâche par *amour propre* de le calomnier. « S'il imite l'abeille en deffendant son miel avec l'aiguillon, cela doit être pardonné à celuy qui se deffend, lequel ne faisant que parer aux atteintes ne peut pas tousjours regler ses coups avec tant de tempérament, qu'il demeure tousjours dans la deffensive, sans entrer dans l'offensive et porter sur le contrariant. »

65. LA THÉOLOGIE MYSTIQUE. Paris, 1640, in-18.

Cette théologie, comme dit l'auteur, n'est autre chose que la science de l'oraison, mais oraison infuse, c'est-à-dire qui se fait en foy vive et accompagnée de grande charité. C'est un bon livre de mysticité.

66. LES ENSEIGNES DE LA PASSION DE J.-C. DÉPLOYÉES, ou *Entretiens spirituels pour la semaine Saincte*. Paris, 1640, in-12. It., ibid. 1644, in-12.

67. L'HOMME APOSTOLIQUE en *la vie de saint Norbert*, archevesque de Magdebourg, avec des observations touchant les prérogatives de l'institut clérical et canonical des chanoines de Presmontré. Caën, 1640, in-8.
Dédié à *MM. les révérends chanoines conventuels de l'abbaye Notre-Dame d'Ardaine de l'ordre de Presmontré prez Caën.*

Camus a composé cette histoire dans son abbaye d'Aunay, dans laquelle, y est-il dit, il contribua à rétablir la première rigueur de l'observance monastique, ainsi que dans celle d'Ardaine. Il fit là ce qu'il travaillait à faire dans les monastères de France à l'aide de ses ouvrages qui lui ont fait tant d'ennemis parmi les moines pendant et après sa vie.

68. LA CHARITÉ ou *le Pourtraict de la vraye Charité*, histoire dévote *tirée de la vie de saint Louis*. Paris, 1641, in-8.

« On rencontre sous l'écorce de cette dévotieuse narration, comme derrière une tapisserie sacrée, la plus pure perfection du christianisme, qui consiste en la vraye et désintéressée charité en son haut appareil. »

69. ÉLOGE DE PIÉTÉ A LA BENICTE MÉMOIRE DE M. CLAUDE BERNARD, APPELLÉ LE PAUVRE PRESTRE. Paris, 1641, in-8. — Dédié à la reine.

« Voicy, dit Camus, un ouvrage dont la production est merveilleuse et dont l'enfantement est tout à fait extraordinaire. » Il avait prononcé l'Oraison de Claude Bernard, lors de ses obsèques, « pensant, ajoute-t-il, me tenir dans les bornes des mémoriaux qui m'en restoient pour contenter promptement l'avide curiosité de ceux qui desiroient cette lecture avec impatience; à peine en avois-je tracé cinq ou six cahiers que l'imprimeur me les ravit des mains pour les faire rouler sous sa presse. Je continue, et la chaleur d'escrire croissant à mesure que j'avançais, l'imprimeur pressé d'autre part de la foule des demandeurs, s'avisa de doubler sa *presse*: de sorte qu'ayant ces deux pressans esperons dans les flancs, il a fallu que le vol de la plume ait suivi ou plustost devancé cette course, et que j'aye pratiqué à la lettre ce que dit le Psalmiste, *lingua mea calamus scribæ velociter scribentis*.

» Ce n'est pas icy le petit de l'ourse, car on n'a eu aucun loisir de le lescher, mais plustost celuy de la perdrix qui court n'estant pas encore tout-à-fait sorty de la coquille, ou de la poule qui pond en volant.

» J'ai sceu qu'il y en a de tellement empressez de voir quelques choses de la vie de *Bernard* qu'ils prennent cet escrit feuille à feuille avec l'avidité de ces friands qui veulent estre servys de four en bouche.

» Mais il est à redouter que parmy ces curieux, il y en ait de semblables à ce dragon roux de l'Apocalypse, qui attendait que cette femme accouchast pour devorer son enfant, et qui dans cette précipitation me prennent sujet de calomnie. Ce monstre ne m'est que trop cogneu par expérience, et je sais de quel bois il se chauffe, qu'il fait des armes de tout, qu'il prend l'inadvertance pour malice, la diligence pour imprudence et la promptitude pour légereté. » A part quelques longueurs, ce livre est plein d'intérêt.

70. L'ESPRIT DE SAINT FRANÇOIS DE SALES, *evesque de Geneve, representé en plusieurs de ses actions et paroles remarquables, recueillies de quelques sermons, exhortations, conferences, conversations, livres et lettres de M. J.-P. Camus, evesque de Belley.* Paris, 1641, 6 vol. in-8.

Cet ouvrage est un miroir qui réfléchit parfaitement la physionomie et l'esprit de ces deux illustres amis. Il mérite d'être lu par tout le monde, mais principalement par ceux qui veulent éviter les bizarreries, les caprices et le zèle mal réglé de la fausse dévotion. Collot, docteur de Sorbonne, l'avait abrégé et en avait rajeuni le style. Cette édition parut en 1727, in-8. Elle a été depuis reproduite souvent sous divers formats, mais la première est devenue si rare, qu'aucune bibliothèque de Paris même, ne possède les six volumes. Nous avons pensé qu'il était utile de la restituer au public dans son intégrité originale, pour lui rendre en même temps, avec le cachet de son époque, un portrait fidèle de deux grands évêques dont un copiste maladroit avait altéré les traits en voulant le retoucher.

71. LES ENTRETIENS DE PIÉTÉ. Rouen, 1641, in-8; 2 volumes. — Il y a en tout quinze entretiens.

Ce sont pour la plupart des discours qui ont été tenus en des lieux de rare et éminente piété; l'auteur y fait profession de poursuivre à outrance les adversaires du pur amour de Dieu.

72. DEUX OPUSCULES SPIRITUELS; *le premier, de la Volonté de Dieu dans les traverses qui nous arrivent par la malignité d'autruy; le second, de l'Esprit chrétien.* Rouen, 1641, in-8.

73. LE CATÉCHISME SPIRITUEL *pour les personnes qui désirent faire progrés en la pieté chrestienne.* Paris, 1642, in-8.

« Ce catechisme spirituel a esté dressé pour des ames avancées dans les voyes de Dieu, et qui savent un peu plus que les élémens de la doctrine chrestienne que l'on enseigne aux enfans et aux néophites; il est dressé de cette sorte affin qu'il puisse estre médité et servir de matiere et mesme de maniere d'oraison mentale à ceux qui s'en voudront prévaloir, les morceaux y estant tous taillez et comme tout digerez pour cela; ainsi ce sera un catéchisme vrayment spirituel, c'est-à-dire de dévotion et de pieté, pour les ames qui font estat de mener une vie spirituelle. »

74. SPÉCULATIONS AFFECTIVES SUR LES ATTRIBUTS DE DIEU; LA VERTU DE LA SAINTE VIERGE ET DES SAINTS. Paris, 1642, in-8.

« Voicy, dit Camus, le grand original de toute perfection que je te mets devant tes yeux, dévotieux lecteur, en te proposant ces pensées affectives sur les attributs divins. C'est la chresme de la théologie speculative que j'ay tasché de te rendre affective, afin que cette grande lumiere, au lieu de t'ébloüir, te donnast de la chaleur. »

Ce traité de théologie fait grand honneur à la science de Camus et montre combien les questions les plus abstraites lui étaient familières.

75. EXERCICE SPIRITUEL DE DOUZE JOURS. Paris, 1642, in-8.

Ce sont des méditations pour une retraite.

76. QUATRE EXERCICES TOUCHANT LA VIE INTÉRIEURE. Paris, 1642, in-8.

« Ces quatre exercices ont été dressés pour l'usage des personnes fort spirituelles et bien avancées dans les voyes de Dieu. On leur a donné le titre de *vie intérieure*, d'autant qu'ils traittent des plus secrets ressorts de la vie intérieure et dévote dont le fond consiste à l'anéantissement de nous-mesmes, au renoncement de tout interest propre, pour n'avoir autre visée que l'interest de la gloire de Dieu ; qui sont les vrays fruits dignes de penitence tant recommandez en l'Évangile et que le Fils de Dieu est venu arroser de son sang en la croix. »

77. LA SAINCTE ÉGALITÉ D'ESPRIT. Paris, 1643, in-8.

78. SOMMAIRE DE LA VIE SPIRITUELLE. Paris, 1643, in-16.

79. LA FAUSSE ALLARME DU COSTÉ DE LA PENITENCE. Paris, 1645, in-8.

80. LE FLAMBEAU DE LA VIE SPIRITUELLE. Paris, 1651, in-16.

§ III.

OUVRAGES SUR LA THÉOLOGIE, LA HIÉRARCHIE ET LA RÉFORME DES MOINES.

81. TRAITÉ DU CHEF DE L'EGLISE. Paris, 1630, in-8°.

Ce traité a pour but de faire connaître que le titre de *Chef de l'Église*, que les catholiques attribuent au vicaire de Jésus-Christ en terre, ne porte aucun préjudice à cette qualité que l'Écriture donne au Fils de Dieu, chef de toute l'Église. Cet ouvrage est dirigé contre les protestants.

Il est étonnant de voir combien la féconde mémoire de l'auteur lui a fourni de matériaux que son jugement a su coordonner de manière à faire croire qu'il parlait par humilité, lorsqu'il disait qu'il était dépourvu de celui-ci.

82. DE LA PRIMAUTÉ ET PRINCIPAUTÉ DE SAINCT PIERRE ET DE SES SUCCESSEURS : *traité chronologique*. Paris, 1630, in-8°. — Ouvrage différent du précédent.

83. LE VOYAGEUR INCONNU, *histoire apologétique pour les religieux*. Paris, 1630, in-8°.

« Dans cet ouvrage, dit Camus, je pense avoir dit touchant les privileges, exceptions et qualitez des cenobites, des choses si avantageuses, que je croy que nul de leur profession n'en a parlé sans flatterie avec tant d'excés, encore qu'ils soient assez liberaux à publier soit de voix, soit de preuve, les preeminences qu'ils attribuent à ce genre de vie. Je pensois de cette façon m'estre reconcilié avec eux, et ayant adoucy leur courroux, m'estre remis en leurs bonnes graces. Mais il m'est, pour mon mal-heur plustôt que par ma faute, arrivé contre mon dessein ; car soit que ces esprits estans une fois effarouchez, ne soient pas si faciles à appaiser, comme certaines liqueurs qui ne refroidissent pas si aisement quand une fois elles sont echauffées, soit que dans cet escrit je me défende en homme libre, par la bouche d'un advocat, soit que je ne les loue pas en esclave et d'une façon servile, ce qui est fort eloigné de mon humeur, j'ay experimenté qu'il en est d'eux comme des abeilles, qui ne s'accoisent pas facilement et qui piquent souvent ceux-là mesme qui raccommodent leurs ruches et qui leur rendent des services. »

84. APOLOGIE POUR LES RÉGULIERS, ou *Continuation de l'histoin d'un voyageur inconnu.* Paris, 1631, in-8°. *It.* deuxième édition. Angers, 1656, in 8°. *It.* Paris, 1657, in-12.

L'auteur commence ainsi son livre : « Un advocat estoit grandement piqué contre quelques moines, et s'eschauffait tellement à ma deffense, que de ces particuliers il allait se jetter contre le general d'un estat, qui peut estre appellé l'un des plus illustres patrons du troupeau de Jesus-Christ. C'est pour quoy je levai la barre et l'empeschay d'enfiler cette fâcheuse carriere, en le priant d'avoir agreable que je me justifiasse de ce qui m'avait esté imputé. » Camus s'en justifie dans ce livre en faisant l'apologie des bons moines de maniere à confondre la calomnie qui avait lancé contre lui tant de brandons enflammés.

85. DEUX DISCOURS POUR LE ROY FAICTS EN AVRIL 1632. Paris, 1635, in-8°. L'un est intitulé, *Discours sur les trophées du roy*, et l'autre, *Discours de pieté pour le roy.*

Camus place ces deux discours parmi les *Traictez hierarchiques*. Nous avons fait de même.

86. LE DIRECTEUR SPIRITUEL DESINTERESSÉ, *selon l'esprit de sainct François de Sales.* Paris, 1631, in-12 ; c'est la première édition. *It.* deuxième édition, Paris, 1632, in-12. *It.* Rouen, 1634, in-12.

Camus pensait que ce livre devait être son Benjamin, le fils de sa joie, et par le fait, il fut son Benoni, l'enfant de sa douleur.

Prêchant un jour dans une grande ville de France, une personne de consideration vint le trouver et lui exposa qu'elle avait un confesseur, prêtre séculier de sa paroisse, et pour directeur un religieux. Les opinions en morale de ces deux ecclésiastiques étaient différentes, et mettaient cette personne dans une grande perplexité ; *l'un bâtissait et l'autre démolissait ; c'était comme le cordier et l'âne, celui-ci rongeait la corde pendant que l'autre la tordait ; c'était la toile de Pénélope, tissue le jour et défaite la nuit.* Ce fut là ce qui donna occasion à l'évêque de Belley de faire son *Directeur spirituel desinteressé*, dans lequel les moines se crurent maltraités ; ils crièrent beaucoup malgré la déclaration mise à la fin du livre où Camus parle ainsi : « Il me suffira, pour ma justification, que mon intention ne fut jamais, ny en cet escrit ni en aucun autro, de nuire ou préjudicier à aucun, beaucoup moins à une condition saincte que je respecte et honore comme je dois. » (Voyez ce que nous en disons dans la notice de M. Camus, page LXXIX.)

87. L'ANTIMOINE BIEN PRÉPARÉ, ou *Défense du Directeur desinteressé contre les réponses de quelques cénobites*, par B. C. O. D., 1632, in-8°.

Quoique cet ouvrage ne soit pas dans le Catalogue de ceux de l'evêque de Belley, il est cependant à présumer qu'il est de lui, puisque tout le monde le lui donne, et qu'on y trouve son style. C'est une réponse au livre qui a pour titre : *Défense des cénobites, ou Réponse au Directeur desinteressé.* 1631, in-8°.

88. LETTRE DE M. LE CARDINAL DE RICHELIEU A M. L'EVESQUE DE BELLEY, *ensemble la lettre des religieux à M. le cardinal.* Paris, 1633, in-8°.

La lettre de M. de Belley est du 15 avril 1632. Le cardinal de Richelieu voulait, à la réquisition des religieux, lui persuader de ne plus écrire contre les moines.

89. SAINCT AUGUSTIN, DE L'OUVRAGE DES MOINES, *ensemble quelques pieces de sainct Thomas et de sainct Bonaventure, sur le mesme sujet, le tout rendu en nostre langue et assorti de réflexions sur l'usage du temps.* Rouen, 1633, 1 vol. in-8°, sur un privilége du premier mars de cette année. C'est un commentaire de l'ouvrage des moines de saint Augustin, dans lequel le saint docteur établit l'obligation du travail pour les moines.

Il en parut quelque temps après un abrégé, sous le titre de l'*Apocalypse de Méliton,* ou *Révélation des mysteres cénobitiques.* Voltaire l'attribue à Camus, mais Bayle, dans ses *Réponses aux questions d'un provincial,* tome premier, l'attribue à un nommé Pithois, religieux minime défroqué.

L'ouvrage des moines est dédié au divin Paul, à l'admirable Augustin, au séraphique Bonaventure, à qui l'auteur offre *les pensées qu'il a cueillies dans leur jardin.* C'est leur doctrine, dit-il, qu'il propose ici.

Comme dans le *Directeur spirituel désintéressé,* Camus prouve aux moines la nécessité du travail, de l'ouvrage des mains, en les rappelant à leur institution primitive; il attaque surtout la mendicité, source de grands abus à cette époque. Les moines répondirent à ce livre avec violence; mais, dit l'auteur, ils montrèrent clairement que le coup avait été porté juste. Ils firent comme celui qui mouche une chandelle avec les doigts, en la faisant mieux luire, ils se sont salis et brûlés. L'auteur y déclare qu'il n'a porté dans ce livre ni haine ni envie contre ceux pour qui il est fait. Camus fut attaqué un jour au sujet de ce livre par un religieux, prédicateur célèbre. Camus répondit que ce traité était tiré de saint Augustin. Le religieux nia; alors l'évêque de Belley lui fit voir que saint Augustin racontait dans son livre des *Rétractations,* à quelle occasion il avait composé ce traité : « Ah ! je le savois bien, dit le moine, que si saint Augustin avoit faict un tel ouvrage, il s'en estoit retracté. » Camus rit beaucoup de cette ignorance du célèbre prédicateur, et tous ceux qui liront cette anecdote dans Camus en riront aussi.

90. TRAICTÉ DE LA PAUVRETÉ EVANGELIQUE. Besançon, 1634, in-8°.

C'est un traité sur la pauvreté monastique, et en même temps une défense du livre intitulé : *Le Directeur desinteressé,* ouvrage dans lequel Camus signale de nombreux abus, et qui servit de prétexte à des récriminations nombreuses de la part des religieux.

Ce livre et le suivant ont été composés dans la ville de Besançon, où l'auteur était allé prêcher.

91. TRAITÉ DE LA DESAPPROPRIATION CLAUSTRALE. Besançon, 1634, in-8°.

Ce livre a été fait comme le *Directeur desinteressé, l'Ouvrage des moines,* et tant d'autres, dans le but d'opérer cette réforme, si nécessaire et si recommandée par le concile de Trente, parmi les Ordres religieux. Celui-ci s'élève contre l'avidité des moines pour les biens de la terre.

92. LE RABAT-JOYE DU TRIOMPHE MONACAL, *tiré de quelques lettres recueillies par P. D. Sainct-Hilaire.* Lille, 1634, in-8.

Le sieur de Sainct-Hilaire n'est autre que notre auteur qui donne ici un recueil de ses lettres.

Cet ouvrage est une réponse aux attaques de ses adversaires; Camus y prouve, comme dans l'*Ouvrage des moines*, la nécessité de la réforme des conventuels.

93. LA SUITE DU RABAT-JOYE DU TRIOMPHE MONACAL, recueillie par le sieur de Sainct-Hilaire, 1634. in 8°.

94. DE LA MENDICITÉ LEGITIME DES PAUVRES SECULIERS. Douai, 1634, in-12.

95. DE L'UNITÉ DE LA HIÉRARCHIE. Douai, 1634, in-16.

Ouvrage dont le but est de remettre le ministère du salut des âmes entre les mains de ceux qui ont mission pour l'exercer.

96. LES ÉCLAIRCISSEMENTS DE MÉLITON SUR LES ENTRETIENS CURIEUX D'HERMODORE, A LA JUSTIFICATION DU DIRECTEUR DESINTERESSÉ, PAR LE SIEUR DE SAINCT-AGATHANGE. 1635, in-4°, 2 vol.

L'évêque de Belley, qui a pris le nom de Saint-Agathange, y répond à un livre que le père Jacques de Chavannes, natif d'Autun, capucin, avait publié sous ce titre : *Les Entretiens curieux d'Hermodore*, ou *Apologie des moines contre J. P. Camus, evesque de Belley, par le sieur Sainct-Agran*. Lyon, 1634, in-4°.

97. LES JUSTES QUESTES DES ORDRES MENDIANS, *tirées d'un escrit de M. l'evesque de Belley, et publiées par J. D. A*. Douai, 1635, in-12.

98. LES DEBVOIRS DU BON PAROISSIEN. Paris, 1641, 1652, in-8°. It. ibid. 1681, in-12.

Dediés à MM. les curez de Paris.

« Je les supplie, dit Camus, de ne point prendre les justes esloges que je leur donne pour une ruse de guerre, ny pour leur jetter la poussiere aux yeux, et leur mettre le soleil dans la vue. Non certes, mon procédé est de bonne foy, et plus innocent et candide; pour leur tesmoigner que mon cœur est droit vers le leur, j'entre dans leur charriot, comme Jonadab dans celuy de Jéhu, et pour poursuivre avec eux la victoire contre les paroissiens fugitifs et vagabonds, qui désertent leur paroisse pour frequenter les églises conventuelles. » C'est le but de cet ouvrage.

Ce livre fut ouvertement attaqué par les moines. Camus répondit à ces attaques par la *Revision de l'advis d'un docteur touchant les debvoirs d'un bon paroissien*.

99. LES OFFICES DU PASTEUR PAROISSIAL. Paris, 1642, in-8°.

Dediés à MM. les curez de la campagne.

« Vous aurez icy, leur dit l'auteur, en abrégé et à peu de frais, ce que vous rencontreriez difficilement et avec beaucoup de travail en plusieurs autres livres ; et possible y trouverez-vous ce qu'une experience de trente-deux ans en l'office episcopal m'a plus appris que la lecture des livres qui traictent de cette matiere. »

En effet, il est étonnant avec quelle science et quel développement Camus traite des qualités et des devoirs d'un bon curé.

100. LES FONCTIONS DU HIERARQUE PARFAICT, où *se voit le tableau de l'evesque accomply*. Paris, 1642, in-8°.

Camus avait dédié cet ouvrage à MM. *les evesques et pasteurs diocesains de l'Eglise gallicane*. Dans la première partie il traite des prérogatives de l'evêque ;

dans la deuxième, de ses qualités; dans la troisième, de ses pouvoirs; dans la quatrième, de ses fonctions et obligations. En parlant de cet ouvrage aux évêques, il leur dit : « Je ne fay que tenir le miroir dans lequel vous pourrez vous contempler. Je porte, comme un page, le flambeau devant vous, afin que vous cheminiez en la splendeur des Saincts. Je vous rends le mesme service que ce page qui avoit charge de dire tous les matins à Philippe, pere d'Alexandre : Souviens-toy que tu es homme, et que tu commandes à des hommes.

» Si quelqu'un m'objecte que je m'avise tard d'escrire des fonctions que j'ai quittées, ma repartie sera prompte, en luy disant que j'en ay escrit parce que je les ay quittées, d'autant que dans le travail de leurs exercices, il est mal aisé de trouver le loisir d'en escrire, car ces matieres, non moins que les vers, veulent la solitude et le repos. Cesar n'a fait dire à sa plume les coups de son épée qu'apres les avoir faicts; il n'est pas temps d'escrire quand il faut combattre. »

101. CONSIDÉRATIONS HIÉRARCHIQUES. Paris, 1642, in-8°.

C'est toujours pour maintenir la prérogative des évêques et des curés que Camus a entrepris cet ouvrage; il y traite des exemptions et des priviléges des moines, mais sans esprit de contention, et d'une manière si respectueuse au Saint-Siége, si avantageuse aux exempts et aux privilégiés, que l'on voit aisément qu'il n'en veut qu'aux abus.

102. CONSIDÉRATIONS DU MOT DE RELIGIEUX. 1642, in-8°.

On fit une réponse à cet ouvrage, sous le titre de *Lettre à M. le prince de Guimené*, touchant l'usage curieux et fort ancien du mot de religieux. 1642, in-8°.

103. REMARQUES AMIABLES sur un traité du pouvoir qu'ont les religieux privilégiés d'entendre les confessions. 1642, in-12.

104. REVISION DE L'ADVIS D'UN DOCTEUR touchant les Debvoirs d'un bon paroissien. Paris, 1642, in-8°.

C'est une réponse à la satire qui avait été lancée contre son ouvrage des *Debvoirs d'un bon paroissien*, ouvrage qui avait pour but de ramener suavement les ouailles sous la houlette de leur pasteur. Voyez ce qui est dit de cet ouvrage dans la notice de Camus, page LXXXII.

105. PAISIBLE JUSTIFICATION DES DEBVOIRS DU BON PAROISSIEN. Paris, 1642, in-8°.

106. PRÉROGATIVES DU PASTORAT PAROISSIAL, *défendues contre les lettres satyriques d'Agathon à Eraste*. Tome 1er; Paris, 1642, in-8°.

Dans ces lettres, Agathon avait attaqué *les Debvoirs du bon paroissien*. « Comme si Camus, dans cet ouvrage, avoit fait un grand affront aux conventuels de dire que le pastorat épiscopal et paroissial, institué par Jésus-Christ et les Apostres, fust plus ancien et de plus grande dignité que celuy des cloistres, lequel par les exceptions et priviléges, a esté retranché de celuy-là, et par conséquent n'en est qu'un diminutif ou une diminution. »

Camus, dans ce premier volume et dans les trois suivants, prouve que les paroissiens séculiers doivent plutôt confier la conduite de leurs âmes à ceux qui, par état et vocation du ciel, en sont chargés et responsables devant Dieu. Dans ce combat de plumes, il demeure maître du terrain.

107. LES DEBVOIRS PAROISSIAUX SOUTENUS CONTRE LES INVECTIVES COUCHÉES DANS LES LETTRES D'AGATHON A ERASTE. Tom. 2; Paris, 1642, in-8°.

i

108. L'HONNEUR ET LA FRÉQUENTATION DES PAROISSES MAIN-TENUS CONTRE LEUR MÉPRIS ET DÉSERTION INSINUEZ DANS LES LETTRES CALOMNIEUSES D'AGATHON A ERASTE. Tom. 3; Paris, 1642, in-8°.

109. LA DIRECTION PASTORALE JUSTIFIÉE CONTRE LES OP-PROBRES DES LETTRES CONTUMÉLIEUSES D'AGATHON A ERASTE. Tom. 4; Paris, 1642, in-8°.

110. ENSEIGNEMENS CATÉCHISTIQUES, ou EXPLICATION DE LA DOC-TRINE CHRÉTIENNE. Paris, 1642, in-8°.

111. LE NOVICIAT CLÉRICAL. Paris, 1643, in-8°.

Ce livre est une école ou plutôt un séminaire, que Camus a construit avec beaucoup de science, pour former de bons prêtres. Les élèves du sanctuaire, les jeunes ecclésiastiques, les curés, les religieux, les chanoines, trouveraient dans cet ouvrage de bien beaux enseignements.

112. LES EMPLOIS DE L'ECCLÉSIASTIQUE DU CLERGÉ. 1643, in-8°.

« J'ay coulé icy, dit l'auteur, plusieurs choses que j'ay discourues en des assemblées d'ecclésiastiques, tant de mon diocese qu'ailleurs, depuis trente-deux ans de consécration et de fonctions épiscopales que j'ay sur la teste, sur ce sujet. Ce que j'ay appris, tant de la théorie que de la pratique, sans aucune feintise, ainsi que le Sage parle, je le communique icy. » La première partie traite de la vocation; la deuxième, des qualités requises à l'ecclésiastique; la troisième, des obligations de l'ecclésiastique; la quatrième, des emplois et des occupations de l'ecclésiastique; la cinquième représente l'état sacerdotal et sa perfection; la sixième parle de diverses sortes d'ecclésiastiques. Cet ouvrage est un des meilleurs de l'auteur.

113. LES MISSIONS ECCLÉSIASTIQUES. Paris, 1643, in-8°, p. 520.

Dans cet ouvrage, Camus traite de l'origine des missions, des qualités, de la science et du zèle des missionnaires, tant à l'intérieur que dans l'étranger. Il serait à désirer que ce livre fût plus connu de ceux qui sont employés à ce genre de ministère, ils en tireraient un grand profit.

114. L'USAGE DE LA PÉNITENCE ET COMMUNION. Paris, 1644, in-4°.

Cet ouvrage traite : 1° Des dispositions à l'absolution sacramentelle; 2° de la préparation à la communion par la pénitence : 3° de la fréquentation de la pénitence et communion; 4° de la discipline de l'Eglise touchant l'administration de la pénitence et de l'eucharistie. Ce traité complet sur ces matières « est de longue traitte, dit l'auteur, il ne faut pas s'y embarquer sans biscuits, et se mettre en chemin sans escorte. » C'est pour cela qu'il engage à lire sa longue et savante préface, où il donne d'amples explications sur le fond de cet ouvrage.

115. L'ANTI-BASILIC, *pour réponse à l'Anti-Camus, par Olenix du Bourg-l'Abbé.* Paris, 1644, in-4°.

L'évêque de Belley s'y est caché sous le nom d'Olenix du Bourg-l'Abbé.

116. DU RARE OU FRÉQUENT USAGE DE L'EUCHARISTIE. Paris, 1644, in-12.

Une personne consulta l'évêque de Belley pour savoir s'il est meilleur de se retirer par esprit d'humilité de la sainte eucharistie, que de s'en approcher par celui de confiance. Ce livre est la réponse à cette question. Il pourrait être résumé ainsi. Il est hors de doute que les dispositions nécessaires étant supposées, la fréquente communion est meilleure que la rare. Malgré, ou plutôt à cause de son orthodoxie, cet ouvrage eut des contradicteurs qui l'attaquèrent dans divers écrits auxquels Camus répondit.

117. PRATIQUE DE LA FRÉQUENTE COMMUNION, *où l'on voit ce que l'Église primitive a observé touchant ce sujet, plusieurs abus refutés et la doctrine des saincts peres proposée. Avec un traité de la préparation à la fréquente communion.* Paris, 1644, in-8°.

Il n'y a dans ce volume que la *Preparation à la fréquente communion* qui soit de l'évêque de Belley. Elle tient seulement 50 pages. *La pratique de la fréquente communion*, composée en espagnol par le R. P. Hernand de Salazar, de la compagnie de Jésus, et mise en français par le R. P. Jean Guillot, de l'ordre des freres prêcheurs du couvent de N.-D. de Confort, à Lyon. Paris, 1642, in-12.

118. APOSTILLES SUR QUELQUES OUVRAGES DES SAINCTS PERES GRECS ET LATINS, *et des auteurs celebres de ces derniers siecles, recueillis dans un livre intitulé : La Tradition de l'Église sur le sujet de la pénitence et communion.* Paris, 1644, 1 vol. in-8°.

Antoine Arnaud, auteur de ce livre, *la Tradition de l'Église sur le sujet de la pénitence et communion*, l'ayant envoyé à l'évêque de Belley, qui était alors dans son abbaye d'Aunay, avec prière de *lui dire son sentiment sur cet ouvrage, et d'apostiller de sa main, à la marge, les divers sentiments qui lui viendroient dans la lecture des diverses pieces des saincts Peres, qu'il y avoit traduits avec exacteté, fidelité, netteté et élégance*, Camus, pour satisfaire son désir, mais ne voulant pas, dit-il, *barbouiller de sa mauvaise ecriture les marges de cette belle impression, ni coudre ses haillons à de si riches étoffes, joint qu'il craignoit de se loger trop à l'estroit, et d'être gêné en s'enfermant dans des marges, ce qui donne la contrainte à l'esprit, traça ses pensées sur un papier à part, pour avoir ses coudées plus franches, et s'étendre à plaisir en de vastes raisonnemens.*

Ces *Apostilles* sont des extraits accompagnés de sommaires ou réflexions des saints pères, des docteurs, des conciles, des auteurs célèbres, et pouvant faire autorité en matière de discipline, relativement à la pénitence et à la communion. Son dessein est de montrer qu'il n'y a rien dans ces excellents ouvrages, qu'il appelle un concile de seize siècles, rien qui choque l'usage présent pratiqué dans l'Église, en l'administration des sacrements de pénitence et d'eucharistie, et il loue Dieu, à qui, dit-il, il avait adressé ses prières, pour qu'il inspirât à l'auteur de ce livre les lumières qui dissipassent les ombrages que plusieurs avaient pris de son premier travail.

119. EXPOSITION DES PASSAGES DES PERES, DES PAPES ET DES CONCILES, *alleguez dans un livre intitulé : De la fréquente Communion, où se voient leurs convenances avec l'usage present de l'administration des sacremens de pénitence et de l'eucharistie.* Paris, 1645, in-8°.

C'est une défense de son livre indiqué plus haut.

120. BRIEVE INTRODUCTION A LA THEOLOGIE. Paris, 1645, in-8°.

121. EPISTRES THEOLOGIQUES SUR LES MATIERES DE LA PRÉDESTINATION, DE LA GRACE ET DE LA LIBERTÉ, OU LA NEUTRALITÉ DANS LES DIVERSES OPINIONS DU TEMPS EST OBSERVÉE ET MAINTENUE, CONFORMÉMENT AUX CONSTITU-

TIONS DES PAPES CLÉMENT VIII ET INNOCENT X. Paris, 1632, in-8°.

Dédiées au cardinal de Retz.

Le dessein de ces épîtres est de persuader qu'il faut garder prudemment la neutralité et suspendre son jugement dans les diverses opinions du temps, touchant la prédestination, la grâce de Dieu et la liberté de l'homme.

§ IV.

OUVRAGES DE CONTROVERSE ET D'ÉCRITURE SAINTE.

122. ROSELIS ou l'Histoire de saincte Suzanne. Paris, 1623, 1 vol. in-8.

Dédié au roi. « C'est une paraphrase du treizieme chapitre de Daniel, dit Camus, contenant, tout d'un fil et d'une narration suivie, la constance de cette glorieuse Saincte, victorieuse de la calomnie et des efforts malheureux de deux vieux tisons d'impureté. C'est icy proprement le theâtre de l'honnesteté et de l'innocence où paroissent ses actions pures et innocentes comme les roses et les lys, conformement à son nom qui embrasse ces deux sortes de fleurs, la gloire des jardins, et que j'ay exprimé en nostre langue par celui de *Roselis*. Or ce n'est pas ici un simple narré, où la seule déduction du faict fasse le corps de l'ouvrage; ce n'est pas une muraille toute de terre et de chaux; autour de ce jardin il y a tant de tuf, de moëllons et de pierres, qu'on cognoistra aysément que le principal n'est devenu qu'accessoire et que l'accessoire s'est rendu principal, et que le faict qui est en la bouche de tout le monde ne m'a servy que comme de fond pour y coucher diverses couleurs, et de satin blanc pour le couvrir d'une broderie diversifiée. » Camus avait fait des discours en chaire sur l'histoire de Suzanne; ils furent critiqués. « Si ce livre, lecteur, ajoute-t-il, trouve quelque grace devant tes yeux, tu en auras obligation à la calomnie, laquelle, comme une cantharide, faisant poison de ces roses et de ces lys que je respandois à foison sur mon auditoire, pour refuter ces récitations malicieuses, m'a comme contrainct de reciter ces refutations, en faisant voir à tes yeux les pieces qui ont pu mettre en mauvaise humeur quelques esprits assez inegaux, pour ne dire rien davantage. »

Cette histoire de Suzanne est suivie d'un discours apologétique pour la vérité de cette histoire sacrée et d'un paranymphe sur le nom de Roselis.

123. LE BANQUET D'ASSUERE. Paris, 1638, in-8.

On a eu tort de faire entrer cet ouvrage dans la *Bibliothèque des romans*.

Dans sa préface, l'évêque de Belley gourmande vertement les hérétiques qui défigurent l'Écriture sainte : « Harpies malheureuses qui corrompent de leur saleté les meilleures viandes; Palestins qui jettent des ordures dans les puits d'Abraham; singes qui cassent les miroirs, chameaux qui troublent les eaux où ils contemplent leurs difformitez; serpens qui infectent les eaux les plus nettes; vrays Assyriens qui tranchent et rompent les canaux de Bethulie et font des Escritures ce qui leur plaist et font dire aux Escritures ce que bon leur semble. »

« Cet escrit a en partie servi de matiere aux predications que je faisois en 1626 en quelques paroisses de mon diocese. Peut estre que les prédicateurs qui ont, durant l'advent, un plus libre choix de sujets dont ils veulent edifier les murailles de Hierusalem et entretenir leur auditoire, pourront trouver icy des materiaux propres à leur dessein. Et c'est à ceste occasion que je publie ceste piece de l'histoire d'Esther, resolu, si Dieu me preste la vie et la santé, d'achever les autres parties. »

124. CATECHESE SUR LA CORRESPONDANCE DE L'ECRITURE SACRÉE ET DE LA SAINCTE EGLISE; *ensemble la reponse à douze demandes faictes par un protestant.* Caën, 1638, in-16, sur une approbation de 1636.

125. REPARTIES SUCCINTES A L'ABRÉGÉ DES CONTROVERSES DE M. CHARLES DRELINCOURT. Caën, 1638, in-8.

« Ce n'est pas d'aujourd'huy que je connais l'humeur des protestans, dit Camus; aprés vingt ans de residence aux portes de Geneve où ma charge m'attachoit, je dois sçavoir de quel bois ils se chauffent, et de quel festus ils appuyent leur ombre de religion. Ils font comme la poudre à canon : de peu de corps beaucoup de bruit. »

Drelincourt, ministre protestant, avait publié un abrégé de controverses dans lequel il avait réuni nombre de textes de l'Ecriture qu'il opposait à la doctrine catholique ; ce livre faisait grand bruit et se trouvait entre les mains de tous les protestans. Il tomba entre celles de l'évêque de Belley qui lui opposa ses *Reparties*. A chaque objection de Drelincourt, il riposte par une réponse simple, courte, mais solide qu'il tire souvent de l'Ecriture sainte, des saints Pères, quelquefois des œuvres de Bellarmin et autres docteurs, etc. Il a quelquefois imité l'abeille qui défend son miel avec la pointe.

126. ANTITHESES PROTESTANTES ou OPPOSITION DE L'ÉCRITURE SAINCTE ET DE LA DOCTRINE DES PROTESTANS, SELON LES VERSIONS DE LEURS PROPRES BIBLES. Caën, 1638, in-8.

Cet ouvrage est une suite des *Reparties succintes*, toujours contre Drelincourt; Camus s'est aidé de la bible de Bellarmin, de l'*Institution* de P. Coton, du *Trésor catholique* de Josse Coccius, des *Conférences* de Richard Smith, évêque de Calcédoine.

127. LA DÉMOLITION DES FONDEMENS DE LA DOCTRINE PROTESTANTE PAR LES ANIMADVERSIONS SUR LES LIEUX COMMUNS, RECUEILLIS PAR LES MINISTRES ATTACHÉS AUX BIBLES ROCHELOISES ET GENEVOISES. Paris, 1639, in-8.

Ouvrage de controverse dans le genre des deux ouvrages précédents.

128. CONFRONTATION DES CONFESSIONS DE L'ÉGLISE ROMAINE ET DE LA PROTESTANTE avec l'Ecriture saincte. Paris, 1639, in-8; à la suite de l'ouvrage précédent.

129. L'AVOISINEMENT DES PROTESTANS VERS L'ÉGLISE ROMAINE. Paris, 1640, in-8. *It.* Rouen, 1648, in-8. *It.* sous ce titre : *Moyens de réunir les protestans avec l'Église romaine, publiés par M. Camus, evesque de Belley, sous le titre de l'Avoisinement des protestans vers l'Église romaine, nouvellement corrigés et augmentés de remarques, par M.......* Paris, 1703, in-12.

C'est Richard Simon qui a donné cette nouvelle édition et qui y a joint des remarques; l'ouvrage en lui-même est le meilleur qu'ait fait notre auteur.

Voyez ce que nous avons dit de cet ouvrage dans la notice de Camus.

130. ANIMADVERSIONS SUR LA PRÉFACE DU LIVRE INTITULÉ : *la Défense de la vertu*, par *J.-P. Camus*. Paris, 1642, in-8.

Le P. Antoine Sirmond, jésuite, avait publié l'année précédente contre Camus, *la Défense de la vertu*. Paris, 1641, in-8. Dans cet ouvrage le P. Sirmond se proposait d'examiner s'il est permis d'agir par crainte ou par espérance ou par un autre motif que celui du pur amour de Dieu. S'étant embrouillé dans cette question, il finit par déclarer que le commandement d'aimer Dieu n'était pas obligatoire pourvu qu'on observât d'ailleurs les autres préceptes de la loi. Cette doctrine fit prendre la plume à Camus et à bien d'autres. L'évêque de Belley soutient dans cet ouvrage que la prétendue défense de la vertu par Sirmond est la ruine de la véritable vertu.

131. NOTES SUR UN LIVRE INTITULÉ : Défense de la vertu, *extraites de plus amples animadversions; par P. L. R. P.* Paris, 1643, in-8; p. 456.

Cet ouvrage est de Camus quoique les lettres initiales marquées dans le titre semblent dire le contraire.

132. DEUX CONFÉRENCES PAR ESCRIT; L'UNE TOUCHANT L'HONNEUR DEU A LA SAINCTE VIERGE MARIE; L'AUTRE DU SACRIFICE DE LA MESSE, Paris, 1642, un vol. in-8; p. 270 pour la première et 88 pour la deuxième.

Cet ouvrage roule sur des matières théologiques. L'évêque de Belley y explique avec beaucoup de science certains points de doctrine controversés entre les catholiques et les protestants; surtout il y soutint avec chaleur les prérogatives de la sainte Vierge.

133. LE PASSAVANT POUR RÉPONSE A L'AVANT-COUREUR DE M. DRELINCOURT, *touchant l'honneur qui doit estre rendu à la saincte et bienheureuse vierge Marie*. Paris, 1643, in-8.

134. DISSECTION DE L'EXAMEN DE M. DRELINCOURT *sur la qualité de l'honneur qui est deu à la saincte vierge Marie*. Paris, 1643, in-8.

Dans cette controverse Camus se plaint que dez que son adversaire est pressé par une porte, il se sauve par une autre, à la manière des docteurs de sa secte, mais que, dans cet ouvrage, il la trouvera si bien bouchée que sa sortie n'est pas à craindre.

135. INSTRUCTIONS CATHOLIQUES AUX NÉOPHYTES. Paris, 1642, in-8.

Il y en a douze sur différents points de controverse, qui sont toutes paginées séparément.

136. RÉPLIQUE AUX ADDITIONS FAITES PAR M. DRELINCOURT, A SON ESCRIT TOUCHANT L'HONNEUR QUI EST DEU A LA SAINCTE VIERGE MARIE. Paris, 1643, in-8.

137. CORRESPONDANCE DE L'ESCRITURE ET DE L'EGLISE.

§ V.

HISTOIRES ET ROMANS.

138. LA MÉMOIRE DE DARIE, *où se voit l'idée d'une dévotieuse vie et d'une religieuse mort*. Paris, 1620, in-12. *It.* Paris, 1625, in-8.

C'est l'histoire de la belle-sœur de saint François de Sales. On lit dans *l'Esprit de sainct François de Sales*, que l'évêque de Genève, après la mort de sa belle-sœur, vint à Belley chercher des consolations auprès de Camus qui fit l'histoire de cette pieuse femme sous le nom de Darie. Cette histoire est la vie pieuse d'une sainte femme couronnée par une sainte mort. M. l'abbé de Baudry, de Genève, vient de la faire réimprimer.

139. AGATHONPHILE ou LES MARTYRS SICILIENS AGATHON, PHILARGYRIPPE, TRYPHINE ET LEURS ASSOCIÉS : HISTOIRE DÉVOTE OU SE DÉCOUVRE L'ART DE BIEN AYMER POUR ANTIDOTE AUX DESHONNESTES AFFECTIONS.

La première édition doit être de 1621, puisque le privilége est du 17 décembre 1620 et l'approbation du 15 du même mois. *It.* Troisième édition, revue et augmentée de nouveau. Paris, 1638, in-8. Cet ouvrage est divisé en 12 livres qui sont suivis d'un long éloge des histoires dévotes à la façon de Camus. On en a donné un abrégé sous ce titre : *Le pieux délassement de l'esprit, Agathon et Tryphine, histoire sicilienne.* Nancy, 1711, in-12. *Agathonphile répond à son titre et a pour but de conduire au bien les affections de la vie civile, enseignant par divers exemples l'art de bien et sainctement aymer.*

140. ÉLISE ou L'INNOCENCE COUPABLE, EVENEMENT TRAGIQUE DE NOSTRE TEMPS. Paris, 1721, in-8.

« Elise, dit l'auteur, monstre comme parmy tant d'humaines erreurs il est mal aisé de vivre en seureté, puisque l'innocence mesme peut devenir coulpable, au point de paroistre si criminelle, que la seule mort peut expier l'offense qui lui est imputée et qui se recognoist apres tardivement et hors de saison. » C'est là tout le plan de l'histoire tragique d'Élise injustement accusée, mise à mort et après reconnue innocente.

141. DOROTHÉE ou RÉCIT DE LA PITOYABLE ISSUE D'UNE VOLONTÉ VIOLENTÉE. Paris, 1621, in 12.

Roman dédié à madame la duchesse douairière de Longueville.

« Dorothée, dit l'auteur, par un succez déplorable, enseigne aux parens à ne point violenter la volonté de leurs enfans, soit pour embrasser l'estat religieux, soit pour se jetter dans les liens du mariage, mais d'imiter Dieu, qui gouverne librement les creatures qu'il a creées, et douées d'un franc arbitre. »

La calomnie, qui s'attachait à l'évêque de Belley, avança que ce livre apprend aux âmes simples des souplesses et des détours pour contrevenir aux volontés de leurs parents. « Mais, dit Camus, si l'on appelle destours ce qui va par le grand chemin de l'equité, si l'on nomme legereté ce qui, pesé à la balance du sanctuaire, a esté trouvé de poids, si l'on qualifie d'artificieux ce qui a esté eclairé de la face de la justice ; c'est s'enrooller en la bande de ceux qui prennent les tenebres pour la lumiere, et qui nomment le bien mal, et le mal bien.

« Mais tout cela n'est qu'un inutile caquet et vain babil, provenant de la babel, c'est à dire de la confusion des langues du monde. Vas, ma Dorothée, la lune ne laisse pas d'aller son train malgré les heurlements des loups et l'abboy des chiens. »

142. PARTHÉNICE ou PEINTURE D'UNE INVINCIBLE CHASTETÉ, *Histoire napolitaine.* Paris, 1621, in-12. *It.* Paris, 1624, in-8. *It. ibid.* 1637, in-8.

Dans ce roman, dédié à la Reine, Camus *fait voir qu'il n'y a ny bourrasque d'adversité, ny vent flatteur de prosperité, qui puisse destourner de sa resolution un chaste courage.*

143. ALEXIS, *où sous la suite de divers pèlerinages, sont déduites plusieurs histoires, tant anciennes que nouvelles, remplies d'enseignements de pieté.* Paris, 6 vol. in-8. Les quatre premiers en 1622, et les deux autres en 1623.

« Les pelerinages d'*Alexis*, dit l'auteur, ont à prix fait d'enter la devotion civile dans le pelerinage de cette mortelle vie. »

144. SPIRIDION, ANACHORÈTE DE L'APENNIN. Paris, 1623, in-12.

« Cet ouvrage, dit Camus, bat en ruine les mariages clandestins, perte des jeunes gens et pestes des républiques. »

145. LE SAINCT DESESPOIR D'OLEASTRE. Lyon, 1623, in-12.

« *Oléastre* faict cognoistre que la passion du desespoir est utile quand elle aboutit à bien, comme quand elle fait faire une heureuse banqueroute au monde, pour se precipiter dans un cloistre et y choisir un repos au siecle present, qui conduise à la vie du siecle advenir. »

146. HERMIANTE OU LES DEUX HERMITES CONTRAIRES, LE RECLUS ET L'INSTA-BLE; *histoires admirables, ès quelles est traicté de la perfection religieuse.* Lyon, 1623, in-8. It. Rouen, 1639, in-8. La seconde de ces deux histoires a été réimprimée sous ce titre : *l'Hermite pelerin et sa peregrination, périls, dangers et divers accidens, tant par mer que par terre. Ensemble de son voyage de Montferrat, de Compostelle, Rome, Lorette et Hierusalem.* Douai, 1628, in-8.

« Hermiante, dit l'auteur, est une pierre de touche pour discerner les bons des mauvais hermites, et discourt amplement de l'excellence de l'estat religieux, et en monstre la perfection. »

147. EUGENE, *histoire grenadine, offrant un spectacle de pitié.* Paris 1623, in-12.

Ce roman, par un étrange événement, fait connaître les dangereux effets de la jalousie, et fait adorer la divine bonté, qui sait tirer la lumière des ténèbres et le bien du mal.

148. ARISTANDRE, ou l'HISTOIRE DU VERTUEUX MARI, *histoire germanique.* Lyon, 1624, in-12.

On trouve à la fin une lettre de Clistophon à Chrisante, sur les œuvres de M. l'évêque de Belley : elle paraît être de la même plume que l'histoire.

149. LA PIEUSE JULIE, *histoire parisienne.* Paris, 1625 et 1640, in-8°.

Cet ouvrage est dédié par l'auteur à la pieuse Julie S. M. D. S. C., dont il avoit esté autrefois le directeur, et qui s'estoit faicte religieuse. Dans un appendice qui est à la fin de cet ouvrage, sous le nom de *dessert au lecteur*, l'évêque de Belley se venge noblement et victorieusement des Zoïles qui le dénigraient au sujet de ses écrits. Dans la *pieuse Julie*, Camus a le dessein de faire voir « la jalousie de Dieu par les justes chastimens qu'il fait sentir à ceux qui, par force ou par ruse, s'essayent de luy arracher ses espouses d'entre ses bras, c'est-à-dire de soustraire de l'estat religieux les âmes qui, portées par le vent de ses inspirations, sont si heureuses que d'aspirer à cette saincte vocation. »

150. ALCIME, *relation funeste où se découvre la main de Dieu sur les impies.* Paris, 1625, in-12.

Dans ce roman, fort compliqué et fort ingénieux, on voit les signalées punitions des adultères, des homicides, des sacrilèges et des hypocrites. Il est dédié à M. le comte de Schomberg.

151. PALOMBE, ou LA FEMME HONORABLE, *histoire catalane.* Paris, 1625, in-8°.

Ce roman est dédié à madame la marquise de Guercheville, à qui l'auteur dit : « Si vous recevez en l'arche de vostre protection cette *palombe*, qui a le rameau de la paix en la bouche, la douceur en l'âme et la candeur sur le front, elle ne craindra nullement le déluge des censures et des calomnies. J'ai eu pour visée dans cette histoire l'image d'une dame toute pleine d'honneur et de vertu, qui, par sa modestie, sa candeur et ses souffrances, tira son époux des vicieuses passions où il s'estoit inconsidérément engagé. Le proverbe commun fait un bon ménage d'une femme aveugle et d'un homme sourd, parce que pour conserver la bonne intelligence du mariage, la femme doit fermer les yeux aux déportemens du mary, et le mary les oreilles aux répliques de sa femme, aux faux rapports qui luy sont faicts pour troubler son repos. »

152. IPHIGÈNE, RIGUEUR SARMATIQUE. Lyon, 1625, in-12, 2 vol.

153. DAPHNIDE, ou L'INTÉGRITÉ VICTORIEUSE, *histoire arragonaise*. Lyon, 1625, in-12.

L'évêque de Belley a dédié ce roman à Mme la duchesse d'Elbœuf, sœur du grand-prieur de France, *comme pour mettre ses feuilles sous l'ombre de sa grandeur, à l'abry des foudres de la calomnie, qui s'attache aux plus agréables fleurs comme une venimeuse cantharide.*

« Que cette histoire, dit Camus, parle d'amour, au moins aboutit-elle au triomphe et à la gloire de la chasteté. Ceux qui la blasmeront pour estre amoureuse, témoigneront en mesme temps leur mauvais courage envers cette vertu qui ne peut estre assez louée, et dont l'exercice porte le nom d'honneur. Si bien que pensant à esviter le blasme d'amoureux, ils encourront celuy de deshonnestes. En proverbe assez commun, on appelle cela se couper le nez pour faire plus laide mine à son ennemi. Que j'ay pitié de la faiblesse de ces esprits qui ne savent pas séparer le precieux du vil, ny la mouëlle de l'écorce, et qui, faisant le proces à un usage sur l'étiquette du tiltre, sans passer plus avant en la vue des pièces, passent eux-mesmes condamnation d'incompétence ! »

154. LE CLÉORESTE. *Histoire française-espagnole, representant le tableau d'une parfaite amitié*. Lyon, 1626, in-8°, deux tomes.

155. PÉTRONILLE. *Accident pitoyable de nos jours, cause d'une vocation religieuse*. Lyon, 1626, in-8°. It., Paris, 1632, in-8°. It., Rouen, 1639, in-8.

Roman dédié à Mme de Levy de Ventadour, abbesse de Saint-Pierre de Lyon, à qui l'évêque de Belley adresse cette histoire, parce que, dit-il, « elle me semble, par le revers de l'inconstance d'une fille, graver fortement la stabilité, qui est l'un de vos vœux, dans le cœur de celles qui se sont attachées à la croix, pour y demeurer clouées avec Jésus-Christ, jusques à la fin de leur vie, par une fidelité inviolable. Les critiques, dont les ongles aiguës pinceroient sur le cristal d'un miroir, demanderont où je puis avoir pris tant de particularitez dont je pare et allonge cette narration ; et moy, je demanderay à ces si sévères censeurs où ils ont leu qu'il faille produire une histoire non-seulement sans habits et sans ornemens, mais comme une squelette, sans chair, sans sang, sans nerfs et sans peau, n'ayant que ses os secs et arides denuez de polissure et de grace ? »

156. DIOTREPHE. *Histoire valentine*. Lyon, 1626, in-8°, 2 tom.

157. FLAMINIO ET COLMAN. *Deux miroirs, l'un de la fidélité, l'autre de l'infidélité des domestiques*. Lyon, 1626, in-12.

« Il en est des domestiques, est-il dit dans la préface de cet ouvrage, comme des figues du prophete, dont les bonnes l'estoient par excellence et les mauvaises à l'extrémité. »

Camus peint l'image de la fidélité d'un bon domestique dans Flaminio, et montre le comble de l'infidélité d'un mauvais serviteur dans Colman ; la lecture de ce petit roman serait très-utile encore aujourd'hui aux maîtres et aux domestiques. Leurs devoirs y sont excellemment tracés selon les maximes de l'Évangile.

158. ALOPH, ou le PARASTRE MALHEUREUX. *Histoire française.* Lyon, 1626, in-12.

159. DAMARIA, ou L'IMPLACABLE MARASTRE. *Histoire allemande.* Lyon, 1627, in-12. *It.* avec Aloph, 1649, in-8°.

160. HYACINTHE. *Histoire catalane où se voit la différence d'entre l'amour et l'amitié.* Paris, 1627, in-8°.

161. RÉGULE. *Histoire belge.* Lyon, 1627, in-8°.

162. HELLENIN ET SON HEUREUX MALHEUR, ensemble CALLITROPE ou LE CHANGEMENT DE LA DROITE DE DIEU. Lyon, 1628, in-8°, sur un privilége du 15 septembre 1627.

« L'histoire que je presente, dit Camus au lecteur, sous le nom d'Hellenin, a pour dessein de te faire voir que l'affliction qui nous rend bons, doit plustost porter le nom de bon-heur que de mal-heur. Dévore ce peu de feuilles, peut estre quelles sembleront ameres à ton goust, soit par le sujet, qui ne parle que de douleurs, soit pour le peu d'ornemens que j'ay employez à parer ce narré : mais si tu te donnes le loisir de les bien digerer, j'espere que tu tireras une douce consolation dans la lecture de tant d'amertume. »

163. CASILDE, ou LE BONHEUR DE L'HONNESTETÉ. Paris 1628, in-12.

Dedié à monseigneur le duc d'Astrie.

« La vertu, dit l'auteur, n'est pas toujours gourmandée par l'insolence de la fortune contraire; quelquefois, à la façon du géant de la fable, elle se relève plus forte de son terrassement, et, comme la palme, elle se rend plus vigoureuse par le poids qui l'oppresse. C'est une vigne qui devient fertile par ses retranchemens, une camomille qui profite plus elle est foulée, un poil qui s'épaissit plus il est rasé. Les obstacles ne servent qu'à l'animer, et les combats qu'à rendre ses victoires plus glorieuses et ses triomphes plus signalez.

» J'avance tout cecy sur le subjet de l'histoire que je vous presente, où vous verrez comme dans un miroir le triomphe de la vertu sur la fortune, et le vice, auparavant superbe et esclatant, terrassé avec autant de honte que de justice. Vous y remarquerez comme ceux-là ne sont jamais alterez, qui s'abreuvent aux eaux vives de la grace du ciel, et que ceux qui cherchent Dieu en leurs actions ne manquent jamais d'aucun bien, parce que tout succède heureusement à ceux qui ayment Dieu et qui le recherchent de toute leur ame. »

164. HONORAT ET AURÉLIO. *Evenemens curieux.* Rouen, 1628, in-8°.

165. LES OCCURRENCES REMARQUABLES. Paris, 1628, in-8°. *It. ibid.* 1638, in-8°. Rouen, 1643, in-8o.

C'est un recueil de différentes histoires. Voici comment Camus parle de ce livre : « C'est un ouvrage à la mosaïque faict de pieces rapportées et comme une espece de grotesque agreable par sa varieté. C'est une guirlande tissue de diverses fleurs, et un bon festin composé de plusieurs mets pour contenter les appetits d'un chacun ; il y a des sujets tragiques et d'autres joyeux ; il y en a de serieux et de recreatifs ; il y en a où le miel est meslé avec l'aiguillon ; si bien que les humeurs mélancoliques et les joviales trouveront ici des matieres conformes à leur goust et à leurs inclinations. »

166. LES ÉVÉNEMENS SINGULIERS, *divisés en quatre livres.* Lyon, 1628, in-8º. *It.* Paris, 1631, in-8º. *It.* Lyon, 1638, in-8o. *It.* Rouen, 1643 et 1659, in-8o. *It.* revu et corrigé, Paris, 1660, in-8º.

« Ce livre *d'evenemens*, dit Camus, est un ciel estoilé dans lequel on pourra remarquer diverses estoiles et plusieurs constellations, sur lesquelles on pourra faire des jugemens, et plus utiles et plus certains que ceux des judiciaires. C'est une guirlande tissue de beaucoup de fleurs, un miel composé de quantité d'herbes, dont les sucs sont differens ; une theriaque faite de plusieurs ingrediens et où le serpent du vice est assaisonné de tant d'antidotes, qu'au lieu de nuire il rapportera l'utilité. C'est un ouvrage de marqueterie, où chaque piece faisant son corps, a une couleur et une vertu particuliere, et toutes ensemble feront une prospective qui ne sera point deplaisante. »

167. MARIANNE ou l'INNOCENTE VICTIME. Evenement tragique arrivé au faubourg Saint-Germain. Paris, 1629, in-12.

168. CLÉARQUE et THIMOLAS. Rouen, 1629, in-12. *It.* avec Honorat et Aurélio, sous ce titre : *Cléarque, Thimolas, Honorat et Aurélio.* Rouen, 1630, in-12.

169. LES SPECTACLES D'HORREUR, *où se découvrent plusieurs tragiques effets de notre siecle.* Paris, 1630, in-8. *It. ibid.* 1633, in-8.
Recueil d'histoires de même que les livres suivants.

170. L'AMPHITHÉATRE SANGLANT, *où sont representées plusieurs histoires tragiques de notre temps,* en deux parties. Paris, 1630, in-8.

171. LES RELATIONS MORALES. Paris, 1630, in-8. *It.* Rouen, 1638, in-8.

172. LES SUCCEZ DIFFERENS. Paris, 1630, in-8.

Les *Succez différens* sont dans le genre des *Evenemens singuliers*, des *Occurrences*, de la *Tour des miroirs*, etc. « J'y mesle, dit l'auteur, les exemples de v̂ · avec ceux qui montrent le vice pour le descrier. C'est là l'unique blanc où visent les flesches de tant de *succes* que j'ai remarquez ça et là, et recueillis dans mes mémoires dont je me décharge peu à peu, selon le loisir que j'en ay. »

173. BOUQUET D'HISTOIRES AGREABLES. Paris, 1630, in-8. Rouen, 1639, in-8.

« Après avoir, dit Camus, appliqué ma consideration apres des objets tragiques dont j'ay façonné cet *Amphitheâtre sanglant*, que je t'ay fait voir ces jours passez, mon cher lecteur, j'ai détourné ma vue sur un parterre plus agreable, où j'ay cueilli ce *Bouquet d'histoires* que j'appelle *agréables*, joint le profitable avec le doux et le délectable avec l'utile. Si ce divertissement d'esprit te peut apporter, lecteur, cette modeste joye qui est un des fruits de l'Esprit sainct, je n'estimerai point ma peine mal employée. Au reste ce n'est ici qu'une continuation sous un nouveau tiltre, de ces histoires diverses que je t'ai desja données sous les noms d'*Evenemens singuliers*, d'*Occurrences remarquables*, de *Relations morales*, de *Succez differens*, de *Leçons exemplaires* et d'*Amphitheâtre sanglant*. »

174. LA PENTAGONE HISTORIQUE, *montrant en cinq façades autant d'accidens signalés.* Paris, 1631, in-8.

175. LES OBSERVATIONS HISTORIQUES. Douai, 1631, in-12.
Recueil de petites histoires, à la fin desquelles est un catalogue des ouvrages de l'auteur.

176. DIVERTISSEMENS HISTORIQUES. Paris, 1632, 1 vol. in-8. *It.* Rouen, 1642, in-8.

Nouveau recueil d'histoires dans le genre des *Evenemens singuliers*.

177. LA TOUR DES MIROIRS. Paris, 1638, in-8.

Dans le genre des *Evénemens singuliers* et autres.

178. VARIETEZ HISTORIQUES, Paris, 1638, in-8. *It.* Rouen, 1642, in-8.

Dans le genre des *Evenemens singuliers* et du *Bouquet d'histoires*.

179. LES ENTRETIENS HISTORIQUES. Paris, 1639, in-8.

C'est un recueil de 48 *nouvelles*. Camus dit qu'elles sont toutes vrayes, mais données sous l'anonyme, afin que nulle tache ne puisse rejaillir sur les coupables, se contentant d'inspirer l'horreur des crimes *sans tirer en haine les criminels*. « La pluspart des *succez* que j'y ay déduits, ajoute-t-il, sont plustost tragiques que comiques et plaisans ; plustost lugubres que ridicules ; plustost tristes que joyeux ; aussi en sont-ils d'autant plus solides qu'ils sont plus serieux ; semblables aux viandes qui sont d'autant plus succulentes qu'elles sont plus fortes et massives. S'il y a quelques entretiens gracieux et recreatifs entremeslés, ça esté pour divertir l'esprit des sujets mornes et lamentables, et pour picquer et recueillir son goust allangouri par cet assaisonnement. »

180. DECADES HISTORIQUES. Douai, 1639, in-8. *It.* Rouen, 1642, in-8. — Approbation de 1631.

181. RÉCITS HISTORIQUES ou *Histoires divertissantes entremeslées de plusieurs agreables rencontres et belles reparties pour servir d'entretiens aux bonnes compagnies.* Paris, 1641, in-8.

« C'est un roman tout nud, dit l'auteur, composé de divers faits que j'ay remarqués dans le grand volume du monde.

» J'ay à avertir le lecteur qu'ayant tracé ces récits durant une vacance de dix ou douze jours que j'ay prise durant l'esté en une maison des champs, outre qu'il n'y ait rien d'exact ny de poly, j'y ay de plus inseré deux ou trois chapitres d'histoires joyeuses et recreatives, comme ceux des symposiaques, des simplicitez et des vendanges, qui n'ont rien de commun avec les devotes, serieuses, graves, tragiques et morales, qui font le reste du corps du livre.

» Si quelque beau tenebreux y trouve plus de gaillardise que n'en peut supporter la cacochimie de son humeur melancolique et atrabilaire, il saura de bonne heure que ce n'estoit ny pour luy plaire, ny pour plaire à aucun autre, mais seulement pour me resjouir et me divertir dans le souvenir de ces pensées innocentes, candides, gracieuses, sans fiel et sans immodestie, selon le conseil du grand Apostre qui nous avertit avec instance et redoublement de nous resjouir sans pourtant passer les bornes de la modestie chrestienne ; certes je croy m'y estre contenu, au moins a ce esté mon intention.

» Le lecteur aimable sçaura bien prendre ce que je luy presente de la mesme main et du mesme cœur qu'il luy est presenté ; le rechigné et rebarbatif a plus besoin de medecin et pharmacien pour se purger de ses noires vapeurs, que de mes histoires, de mes excuses ny de mes remontrances. »

182. LEÇONS EXEMPLAIRES. Paris, 1642, 1 vol in-8.

C'est un recueil d'exemples de vertus pour l'instruction des mœurs.

« Si quelque esprit chagrin, est-il dit dans l'avant-propos, y rencontre quelques histoires moins serieuses à son gré et plus joyeuses que ne les voudroit sa mélancolie, qu'il sache que ce n'est pas le deffaut du soleil ny de la lumiere si les yeux chassieux ou les hiboux ne peuvent en supporter l'esclat. »

183. MÉMORIAUX HISTORIQUES. Paris, 1643, in-8. It. Rouen 1658, in-8. — Recueil d'histoires.

184. SPÉCULATIONS HISTORIQUES. Paris, 1643, in-12.

185. LES TAPISSERIES HISTORIQUES. Paris, 1644, in-8.
Recueil d'histoires dans le genre et le goût des précédents.

186. RENCONTRES FUNESTES ou FORTUNES INFORTUNÉES DE NOSTRE TEMPS. Paris, 1644, in 8.

187. LE VERGER HISTORIQUE. Paris, 1644, in-8.
C'est un recueil de soixante-deux histoires morales et pieuses. Il y a beaucoup de fleurs et de fruits dans ce verger. « Je l'appelle ainsi, dit l'auteur, parce que comme en un verger, la verdure, l'ombrage et les fleurs n'y donnent pas seulement la delectation, mais les fruits y apportent encore de l'utilité à son possesseur : aussi en te meublant de ce livre, cher lecteur, la varieté des evenemens qui y sont representez ne te causera pas seulement ce plaisir qui est inseparable de la lecture des actions humaines qui sont la matiere de l'histoire; mais les enseignemens pour le reglement des mœurs qui y sont attachez t'en apporteront beaucoup de profit, si ne te contentant pas de passer les yeux pardessus, tu mets la main à l'œuvre et te resous à en venir à une fidele pratique.

» C'est à quoy vise cet ouvrage et tous les autres de pareille matiere et de semblable maniere, y cachant l'utile sous le delectable, comme la nature met sur les arbres les fruits à l'ombre des feuilles; et comme les pharmaciens sucrent leurs drogues ameres, et mettent la pillule sous la confiture pour la faire passer avec moins de difficultez par la gorge du malade. »

188. LA CORISANDE.
Marquée parmi les ouvrages historiques dans le catalogue des œuvres de Camus qui se trouve dans l'ouvrage intitulé : *Speculations affectives*.

189. CONFÉRENCES ACADÉMIQUES.
Marquées parmi les œuvres historiques dans le catalogue qui est à la fin de l'ouvrage intitulé : *Speculations affectives*.

190. CABINET HISTORIQUE *remply d'histoires veritables, arrivees tant dedans que dehors le royaume, avec les moralitez*, imprimé après sa mort. 1 vol. in-12. Paris, 1668.
Voici ce qu'en dit celui qui a publié cet ouvrage posthume de M. Camus : « J'aurais creu, lecteur, me rendre coupable de laisser plus long-temps ce livre dans le cabinet d'un illustre curieux, qui l'a conservé durant quelques années. L'estime que l'on a tousjours faict des hautes vertus de l'evesque de Belley et des productions de son esprit, m'oblige aujourd'huy à te faire part de ces histoires. J'ose asseurer qu'elles n'ont pas moins de graces que les autres qu'il nous a données sous divers titres; quoique ce travail soit des fruits de sa vieillesse, tu trouveras qu'il n'y a rien des rides ny de la faiblesse de cet aage. Mais que puis-je dire que tu ne sçaches aussi bien que moy, quand je te diray que la pieté et la morale font icy une si étroite alliance, qu'elles en sont inseparables ? On peut dire qu'elles y regnent toutes deux en mesme temps pour se rendre souveraines dans les cœurs de ceux qui liront ce merveilleux ouvrage.»

191. Il existe un ouvrage intitulé : *Leonora y Rosaura, historia tragica*, par dom André Fernandez de Ondgatigui. — Ce livre, dit le privilége, est traduit d'un ouvrage français de l'évêque de Belley ; mais nous ne le connaissons pas en cette langue.

VOCABULAIRE

DES VIEUX MOTS

QUE L'ON TROUVE DANS CET OUVRAGE.

Accoiser — tranquilliser, calmer, apaiser.
Adiré — égaré.
Attédier — ennuyer.
Agencé — arrangé. *Agencement*, arrangement, ajustement, disposition d'une certaine manière qui donne de l'agrément.
Ains — mais.
A l'aventure — peut-être.
Allanguir — rendre languissant.
Appréhender — saisir.
Appréhension — la première opération de l'entendement, la première idée qu'il prend d'une chose sans en porter un jugement. (Terme de logique.)
Arondelles — hirondelles.
Attrempé — modéré. *Temperatus.*
Aucunement — quelquefois, de quelque manière.
Aucuns — quelques-uns.
Avettes — abeilles.
Banquet — festin. *Banqueter*, faire un festin.
Baste — suffit.
Bellement — doucement, sans empressement.
Bigeare — bizarre, capricieux, fantasque, extravagant.
Brave — apparent, brillant.
Brocarder — piquer avec des paroles de moquerie, accompagnées de quelque pointe d'esprit.
Calenger — blâmer, quereller.
Camorre — frein.
Cetui-ci, cetui-là — celui-ci, celui-là.
Cogitation — pensée.
Contemnement — mépris.
Contumélieux — injurieux.
Coquilleux — d'une humeur difficile.
Cornet — nom d'une classe de coquilles.
Coulpe — faute, péché.
Courir fortune — courir risque.
Cuider — croire, penser.
Dace — taxe, imposition.

Dilation — délai. *Dilatio.*
Délinquer — pécher, faillir.
Démettre — rabaisser.
Dès le ciel — du ciel.
Desportement — conduite, mœurs, manière de vivre.
Détraquement — dérangement dans les habitudes, dans les exercices ordinaires.
Dextre — main droite.
Duit — accoutumé, façonné à quelque chose.
Du tout — totalement, entièrement, tout-à-fait.
Embesogné — très-occupé, préoccupé.
Emmi — parmi, au milieu de.
Entregent — urbanité.
Entregent, par manière d'entregent — par manière de conversation.
Entrevenir — arriver, se passer, intervenir.
Ès — dans les; *ès mains de Dieu*, dans les mains de Dieu.
Estriver, — se débattre.
Escient, tout à notre escient — sciemment, sachant bien ce que nous faisons.
Fébricitant — qui a la fièvre.
Forceneries — l'action d'être furieux, hors de sens.
Fourbir — nettoyer, polir, rendre clair.
Gauchir — biaiser.
Gausserie — raillerie innocente.
Godron — certain pli qu'on faisait aux fraises (espèce de collet à plusieurs doubles et plusieurs plis, qu'on portait du temps d'Henri IV) pour les faire bouffer. Ce mot signifiait aussi le fer chaud avec quoi on faisait ces plis aux fraises.
Gourmander — traiter rudement, impérieusement, de paroles.
Grilloter — faire un petit bruit. Mot imitatif. *Grillotis*, dans le même sens.
Heurt — choc.
Idoine — propre *à quelque chose.*
Imbécille — faible, qui n'a point de force.
Intelligemment — hautement.
Ire — colère.
Jà — déjà.
Joyeuseté — plaisanterie, mot pour rire.
Ladrerie — lèpre.
Locuste — sauterelle.
Luitte — lutte, combat.
Luitter — lutter, combattre, faire effort.
Manducation — ne se dit que de l'action par laquelle on mange le sacré corps de Notre-Seigneur dans l'Eucharistie.
Marri — fâché, qui se repent.
Meshui — désormais.
Moleste — fâcheux.
Muguet — qui affecte d'être propre, paré, galant auprès des dames.
Mugueter se dit dans le même sens; il signifie figurément rechercher et épier l'occasion de se rendre maître d'une chose qu'on souhaite. *Mugueter une charge, une place.* (Dictionnaire de l'Acad.)

Mutation — changement.
Nuisance — détriment, dommage.
Olets — exclamations.
Oncques — jamais.
Or sus — particule qui exhorte, qui convie.
Ost — armée.
Outrecuidance — présomption, audace, insolence.
Parfaire — accomplir, achever une chose.
Paroi — muraille.
Pavaner — se pavaner.
Pitoyable — qui a pitié.
Plaisant — agréable, qui plaît.
Pleige — caution, répondant.
Pourchas — poursuite.
Profondeté — profondeur.
Prou — assez.
Psalme — psaume.
Quant et quant — en même temps.
Querimonie — plainte.
Randon — suer à gros randon, c'est-à-dire abondamment.
Recamé — brodé.
Rengreger — augmenter.
Repentance — regret, douleur qu'on a de ses péchés.
Ressentiment — le souvenir qu'on garde d'un bienfait ou d'une offense.
Revigourer — rendre de la vigueur, délasser.
Riotteux — sujet à querelle, à difficulté.
Si — de sorte, de sorte que, ainsi, cependant.
Sindiquer — blâmer, critiquer.
Souëf — suave, doux, agréable.
Souillon de cuisine — servante qui est employée à laver la vaisselle, et à d'autres bas services.
Souillard de cuisine, dans le même sens.
Souloir, il souloit — il avait coutume.
Souventefois — souvent, parfois, quelquefois.
Surgeon — rejeton qui sort du tronc, du pied d'un arbre.
Syndérèse — ce terme grec est employé par les théologiens pour définir la conscience droite, dirigée par un entendement éclairé. D'autres fois il signifie les remords de conscience.
Tare — défaut, défectuosité, vice.
Tendreté — tendresse.
Teston — petite pièce de monnaie.
Vitupérer — blâmer.
Voire — et même, et qui plus est.
Voirement — vraiment, à la vérité.

L'IMPRIMEUR AU LECTEUR.[*]

Depuis le sainct trespas du bien-heureux François de Sales, evesque et prince de Genéve, qui arriva le 28 de décembre, feste des Innocens, en l'année 1622, plusieurs escrivains ont mis la main à la plume, pour donner au public la connoissance de la pieuse vie et vertueuse conversation de ce sainct Prelat, que quelques-uns ont appelé fort proprement le sainct Charles de nostre France.

Le reverend Philebert de Bonneville, de l'Ordre des Freres Mineurs, ayant esté choisi pour faire son oraison funebre à Annessi, lors que l'on y fit ses obseques, il mit aussi-tost cette piece en lumiere; de laquelle depuis, l'ayant augmentée de beaucoup de remarques, il en a fait un juste volume, qui represente le cours de sa vie.

Peu de jours apres le reverend pere Jean de la Riviere, de l'Ordre des Minimes, travaillant sur de plus amples memoires, mit au jour la mesme vie avec des ornemens que sa science et la singuliere dilection qu'il avoit pour le bien-heureux François luy suggererent.

Monsieur de Longueterre, ecclesiastique du clergé, dont la plume n'est pas des vulgaires, trace ceste mesme vie, partie sur les memoires que luy en fournit maistre Jean Pierre Camus evesque de Belley; partie sur d'autres instructions.

Apres cela le tres-reverend Dom Jean de sainct François, abbé de Fueillans, et general de tout l'Ordre, qui avoit eu une singuliere et estroitte amitié avec le bien-heureux François, lequel avoit presidé, par commission apostolique, au Chapitre general de sa Con-

[*] Cet avertissement et ceux qui se trouvent en tête des autres tomes appartiennent à l'ancienne édition.

gregation, où son eslection au generalat fut faite, voulut employer son stile, qui a tant contribué à la gloire de nostre langue, apres cette devotieuse vie, et y a reussi en ceste heureuse maniere que chacun sçait.

Quelques annees apres maistre Charles Auguste de Sales, prevost (c'est le mesme que doyen) de l'eglise cathedrale de Genéve, neveu du bien-heureux François, travailla au mesme ouvrage de la vie de son sainct oncle, tant sur les memoires des visites et autres papiers du deffunct, que sur les verbaux des informations de sa vie, faite jurisdiquement par les deux commissaires apostoliques, monsieur André Fremiot, patriarche et archevesque de Bourges, et maistre Jean Pierre Camus, evesque de Belley. Ce qui luy a donné la matiere d'un fort ample volume, lequel estoit premierement en françois; il le traduisit depuis en latin, pour l'usage des autres contrees qui ne sçavent pas nostre langue.

De ces cinq escrivains l'abreviateur de la vie de ce bien-heureux Evesque, duquel je ne sçay pas le nom, a tiré son sommaire, que l'on a inseré dans le livre que l'on appelle les Vies des saincts.

La saincteté de vie de ce bien-heureux homme est dans une approbation universelle, que l'on peut dire de ce juste, que sa memoire sera eternelle, et qu'il ne craindra point les mauvais bruicts. Ce qui a fait que l'on a fait toutes les diligences imaginables, pour ramasser tout ce que l'on a peu trouver de ses escrits, et tous les tesmoignages de sa vertu que l'on a peu tirer de la deposition de personnes sans reproche.

Depuis son decez monsieur Camus, evesque de Belley, a esté sollicité, pressé, conjuré, opportunement, importunement, par une infinité de personnes, d'employer le stile que Dieu luy a donné, pour communiquer au public tant de rares choses qu'il a peu remarquer dans la vie et la conversation de l'esprit du bien-heureux François, sous la conduite et discipline duquel il a esté quatorze ans.

Il s'est tousjours excusé sur la multitude de ceux qui avoient passé la main sur ceste estoffe, n'étant pas son humeur de mettre sa faux dans la moisson d'autruy, ny de faire des livres en transcrivant d'autres livres, à la maniere de plusieurs escrivains de nostre âge, lesquels, comme les geans de la fable, entassent des montagnes qui servent de sepulture à leur jugement plutost que de monument à leur esprit.

Il est vray qu'il s'estoit laissé persuader à quelques Dames de la Congregation de la Visitation de saincte Marie, fondee par le bien-heureux Evesque, d'escrire la vie ou l'image de l'esprit du bien-heureux François. Promesse dont il pense s'estre acquitté, au moins en partie, par plusieurs Traictez de pieté qu'il a mis au jour, conformes à l'esprit de ce bien-heureux Prelat, son pere, son maistre, et son conservateur.

Mais en fin l'on s'est avisé de recueillir comme par une espece de glanage, de ses sermons, exhortations, conferences, conversations, livres et lettres, cét Esprit du bien-heureux François, qu'il a succé autant qu'aucun autre de ses disciples et enfans spirituels.

Ce ramas n'a pas esté difficile, parce qu'à peine fait-il aucune predication, conference, ou leçon spirituelle, qu'il ne dise quelque chose de son bien-heureux pere François de Sales, estant si remply de ses instructions, qu'à tout propos elles luy reviennent en memoire.

Un de ses plus intimes et familiers ayant donné son

attention à cela, en a fait les remarques comprises en ce livre, à qui il a donné pour tiltre : *L'Esprit du bien-heureux François de Sales, representé en ses actions et paroles plus remarquables.*

Car ce sainct Evesque a esté puissant en œuvre et en paroles, et n'a pas esté de ceux qui disent assez de bien, mais ne le pratiquent pas : le dire et le faire marchoient d'un pas egal au bien-heureux François, ou, pour mieux parler, le faire y surpassoit le dire. Il n'avoit aucune part à ces reproches : « Medecin, guery toy, oste la poutre de ton œil, et ne mets point sur les espaules d'autruy des fardeaux où tu ne voudrois pas mettre le doigt. »

Il n'y a point, en ce recueil, d'autre ordre que fortuit, et selon que les pieces ont esté ramassees de la bouche et de la plume de monsieur de Belley. C'est pourquoy chaque section fait icy son corps à part, de sorte qu'à l'ouverture du livre, tu trouveras tousjours le commencement, le milieu et la fin.

C'est icy un ouvrage à la mosaïque, un bouquet de diverses fleurs, une salade de diverses herbes, un festin de plusieurs mets, un verger de divers fruicts, où chacun pourra prendre ce qui sera selon son goust. Si tu reçois de bonne grâce, lecteur, ce premier volume, on me fait esperer d'autres parties beaucoup plus considerables et estudiees, que ce qui t'est presenté icy comme pour essay.

APPROBATION DES DOCTEURS.

Nous soubsignez, docteurs en theologie de la Faculté de Paris, certifions à tous qu'il appartiendra que nous avons leu un livre intitulé, L'ESPRIT DU BIENHEUREUX FRANÇOIS DE SALES EVESQUE DE GENEVE, composé par monsieur l'Evesque de Belley : auquel n'avons rien trouvé contraire à la foi catholique, apostolique et romaine, ny aux bonnes mœurs. En tesmoin dequoy nous avons signé la presente, le 1 juillet 1639.

L'ESPRIT

DU BIEN-HEUREUX

FRANÇOIS DE SALES.

PARTIE PREMIERE.

SECTION I.

De la verité charitable.

Sur ce propos de la correction fraternelle, mes tres-cheres Sœurs, nostre bien-heureux Pere m'a fait souvent une remarquable leçon. Je dy, souvent, parce qu'il me l'a repetée et inculquée plusieurs fois, pour la graver puissamment en ma memoire, et l'enfoncer profondément dans ma volonté.

Cette maxime excellente vous pourra estre utile à toutes, mais principalement à celles qui vous gouvernent, et qui ont quelque intendance sur les autres parmy vous. Elle dit donc ainsi, cette precieuse et notable sentence : « La verité qui n'est pas charitable, procede d'une charité qui n'est pas veritable. » Parole fidele et digne d'estre bien receuë, et soigneusement ruminée.

Il avoit appris par de fideles rapports de tesmoins oculaires et auriculaires, que quand je commençay à exercer la charge episcopale, je pratiquois en mes visites un zele amer, immoderé; et pour parler plus clairement, qui estoit vraiment indiscret et sans science, et faisois en cet esprit, des reprehensions aspres, et rudes, et accompagnées de dures paroles.

Il me prit un jour fort à propos, et selon sa prudence, sa discretion et son adresse, qui n'estoient pas moins admirables que sa douceur; il m'insinua dans l'esprit cette parole dorée, qui depuis y est demeurée empreinte si fortement que jamais elle n'est sortie de mon souvenir.

Sans doute, mes Sœurs, quand ceux qui sont en charge, et obligez par leur condition à veiller sur les actions d'autruy, et à les corriger quand elles sont reprehensibles, disent des veritez de dure digestion, ils les doivent cuire à un feu si ardent de charité et de dilection, que toute aspreté en soit ostée, autrement ce sera un fruict mal meur, qui donnera plustost des tranchees, qu'une bonne et solide nourriture.

Et c'est une marque fort évidente, que la charité du cœur n'est pas veritable, mais feinte (pour user du terme de l'Apostre [1]), quand la parole de verité que la langue profere n'est pas assaisonnée de charité. Nous sommes jugez par nos paroles, par elles nostre interieur se manifeste : et toute vertu estant non seulement imparfaite, mais non veritable, dit le grand sainct Thomas d'Aquin, sans la charité; imaginez-vous quel jugement on peut faire d'une verité, quelque notoire qu'elle puisse estre, qui n'est point animée de charité?

Que toutes vos actions, dit sainct Paul, *se fassent en charité* [2] : je dy le mesme de nos paroles, qui sont nos plus nobles actions, puis que par elles nous declarons les pensées de nos ames, qui sont les productions de nostre raison. *Que vos propos soient assaisonnez de sel*, dit l'Apostre [3], c'est à dire de charité : que si ce sel est affady et gasté, à quoy sont-ils propres, sinon à estre rebutez? En somme, toute

---

[1] II Cor. vi, 6. — [2] I Cor. xvi, 14. — [3] Coloss. iv, 6.

verité qui n'est pas accompagnée de dilection, tesmoigne une charité qui nest pas vraye.

SECTION II.

A quoy se cognoist la verité qui procede de la charité.

Je luy demandois un jour, à quoy l'on pouvoit discerner si la vraye reprehension sortoit d'une charité non feinte. Il me respondit avec cette solidité de jugement qui servoit de guide à toutes ses actions, et de flambeau à ses paroles : « Si l'on ne dit cette verité que pour l'amour de Dieu, et pour le bien de celuy qui est repris. » Response notable, et qui touche le vray but et la derniere fin de toutes nos actions. Parce que la charité, entre toutes les marques qui la distinguent des autres vertus, a celle-ci tres-particuliere, et qui n'appartient qu'à elle, de ne chercher point son propre avantage.

Toutes les autres vertus se terminent dans leurs propres sujets, et n'ont pour fin que le bien de la creature : la seule charité, ainsi que l'Apostre nous apprend, ne recherche que le bien de l'objet souverainement aimé, qui est Dieu, et de ce qui a rapport à lui en derniere instance. A raison dequoy, si celui qui reprend un autre a quelque autre visée en sa reprehension que l'honneur de Dieu, et en suite du bonheur eternel de celuy qui est repris, entant que par la correction de sa faute la gloire de Dieu est avancée; sans doute cette verité ne sortira point de l'esprit de charité, mais ou de celui de l'amitié humaine, ou possible de quelque autre motif impur, qui sera plus reprehensible que la reprehension mesme.

Il vaut mieux taire une verité, que la dire de mauvaise grace; autrement c'est presenter une bonne viande, mais mal apprestée, et donner une medecine à contre-temps. Ne sera-ce donc point la retenir prisonniere en injustice? Non certes, mais ce seroit la produire avec injustice; parce que la vraye justice de la verité, et la verité de la justice est en la charité.

Le silence judicieux est toujours meilleur qu'une verité non charitable.

SECTION III.

Autre marque de la verité assaisonnée de dilection.

Luy demandant une autre marque pour recognoistre quand la correction seroit animée de charité; comme il avoit tout le cœur confit dans la mansuetude, il me repliqua selon l'esprit du grand Apostre : « Si elle est faite en esprit de douceur[1]. La douceur, à dire le vray, est la grande amie de la charité, et sa compagne inseparable. C'est ce que sainct Paul veut dire quand il l'appelle *benigne,* et qui *souffre et endure tout*[2].

» Dieu qui est charité, dresse les doux en ses jugements, et enseigne ses voyes aux debonnaires[3] : son esprit n'est ni dans le tourbillon, ni dans l'orage, ni dans la tempeste, ni dans la voix de plusieurs eaux; mais dans un petit vent gracieux, dans un zephir amiable[4]. *La douceur est-elle survenuë*, dit le Roy psalmiste, *nous voila corrigez*[5]. »

Il conseilloit que l'on imitast le bon Samaritain, qui versa l'huile et le vin dans les playes du pauvre blessé[6]. Son mot ordinaire estoit, qu'aux bonnes salades il falloit plus d'huile que de vinaigre ni de sel.

Voici un autre de ses mots fort memorable sur ce sujet, et qu'il m'a dit plusieurs fois : « Soyez tousjours le plus doux que vous pourrez, et vous souvenez que l'on attire plus de mousches avec une cueillerée de miel, qu'avec cent barils de vinaigre. S'il faut pecher en quelque extremité, que ce soit en celle de la douceur. Jamais le trop de sucre ne gasta de saulce.

» L'esprit humain est ainsi fait, il se cabre contre la rigueur; par la suavité il se rend pliable à tout. La parole

---

[1] Galat. vi, 1. — [2] I Cor. xiii, 4, 7. — [3] Psal. xxiv, 9. — [4] III Reg. xix, 11, 12. — [5] Psal. lxxxix, 10. — [6] Luc. x, 34.

douce amortit l'ardeur de la colere, comme l'eau estaint le feu : par la benignité il n'y a terre si ingrate qui ne porte du fruict. Dire des veritez avec douceur, c'est jetter des charbons ardans au visage, ou plutost des roses vermeilles. Le moyen de se fascher contre celuy qui ne combat contre nous qu'avec des perles, ou de l'eau d'ange ?

« Il n'y a rien de si amer que la noix verte ; confite, il n'y a rien de plus doux ni de plus stomachal. La reprehension est aspre de sa nature ; confite dans la douceur, et cuite au feu de la charité, elle est toute cordiale, toute amiable, toute delicieuse. Le juste me corrigera avec misericorde, et l'huille du flatteur n'engraissera point mon chef[1] : meilleure est la blesseure de l'ami que le baiser du cajolleur[2] ; le coup de sa languette est un coup de lancette donné par un chirurgien qui ne nous perce l'abscés et ne nous blesse que pour nous guerir. »

SECTION IV.

Une autre marque sur le mesme sujet.

Mais, luy repliquois-je, la verité est tousjours verité, de quelque façon qu'on la die, de quelque façon qu'on la prenne. Je m'armais du traict de sainct Paul à Timothée : *Preschez la parole, faites instance opportunément, importunément ; reprenez, conjurez, reprochez en toute patience et doctrine : car il viendra un temps que les hommes ne pourront soustenir la saine doctrine, mais se choisiront des maistres selon leurs desirs, qui leur chatoüilleront les oreilles, les destournans de la verité, et les amusans apres des fables*[3]. Il repartit, avec ce jugement que le Roy de gloire aime, et dont il veut estre honoré : « Le nerf de cette leçon apostolique consiste en ces deux mots, *en toute patience et doctrine*. La doctrine signifie la verité, et cette verité doit estre dite avec patience.

[1] Psal. CXL, 5. — [2] Prov. XXVII, 6. — [3] II Tim. IV, 2-4.

« Qu'est-ce à dire, avec patience? C'est qu'il en faut supporter le rebut, et ne s'imaginer pas qu'elle doive tousjours estre accueillie avec applaudissement; parce que si le Fils de Dieu est un signe de contradiction, sa doctrine qui est celle de la verité, doit estre marquée du mesme sceau. A combien de contresens et de murmures ont esté sujettes les veritez que le Sauveur a proferées durant les predications qu'il a faites aux jours de sa chair!

« Lui-mesme n'en fait-il pas les reproches, quand il dit: *Si je vous annonce la verité, pourquoy ne me croyez-vous pas*[1]? n'a t'il pas esté tenu pour un imposteur, un seditieux, un heretique, un demoniaque? n'a t'on pas souvent levé les pierres pour le lapider? Cependant il n'a pas maudit ceux qui le maudissoient, mais il a rendu benediction pour malediction, possedant son ame par la patience. »

A cela vise ce qu'il m'escrivoit dans une lettre que l'on a rangée depuis parmi ses Epistres[2], que l'on a mises au jour; m'apprenant qu'il ne falloit pas estre si delicat dans les calomnies et persecutions de langues, ny dans les murmures que feroient ceux qui seroient repris par la parole de verité.

Se servant de la similitude de la nourrice, qui ne rejette pas son nourrisson, encore qu'il luy morde ou esgratigne le tetin apres l'avoir succé : « Tout homme qui veut enseigner aux autres les voyes de justice, se doit resoudre à souffrir leurs inegalitez et injustices, et à recevoir leurs ingratitudes pour son salaire.

» O que vous serez heureux quand les hommes mesdiront de vous, et en diront toute sorte de mal, en haine de la verité que vous leur proposerez! resjoüissez-vous avec beaucoup d'allegresse, d'autant que vostre loyer est grand dedans les cieux. C'est une chose royale d'estre calomnié pour avoir bien fait, et d'estre lapidé pour une bonne œuvre. »

---

[1] Joan. viii, 46. — [2] Liv. 1, Epist. 29.

SECTION V.

De la charité, et de la chasteté.

Au commencement de mon episcopat, je me plaignois à nostre bien-heureux Pere, mes saintes Sœurs, de deux vertus qui combattoient dedans mon cœur, et qui y excitoient des contrastes presque semblables à ces tranchées que ressentoit Rebecca quand elle tint dans ses flancs ces gemeaux antipathiques.

Il me demanda avec ceste grace qui eust enchanté des rochers, quelles estoient ces convulsions, afin que son ame me servist de sage femme pour enfanter l'esprit de salut, de paix et de repos.

Je luy dy que c'estoient les vertus de charité et de chasteté. Celle-là comme forte, robuste, et l'aisnée ainsi qu'Esaü, ne redoutant rien (car c'est son propre de bannir du cœur la crainte servile, au moins la servilité), haussant mon courage à de grandes entreprises pour la loüange de la gloire de la grace de Dieu.

C'est elle qui peut tout avec Dieu, de qui elle est inseparable, et qui brave la mort, la vie, la faim, la soif, la nudité, la persecution, le glaive, le passé, le present, l'avenir, les anges, les hommes, les prisons, les supplices, bref toutes les creatures [1], parce qu'elle est plus forte que la mort, et plus aspre au combat que l'enfer [2]. C'est elle qui est patiente, douce, qui croit, espere, endure tout, sans chercher son propre interest [3], et qui ne se soucie pas de desplaire aux hommes pourveu qu'elle agrée au Bien-aimé de ses vœux, et luy offre des hosties vives, pures, plaisantes à ses yeux divins; entreprenante, forte, courageuse, determinée, hardie.

L'autre, au contraire (c'est la chasteté), est une vertu

---

[1] Rom. VIII, 35-39. — [2] Cantic. VIII, 6. — [3] I Cor. XIII, 4-7.

tendre et delicate, ombrageuse, timide, tremblante, qui a peur de tout, qui transsit au bransle de la moindre fueille, qui apprehende toutes les rencontres, qui s'effraye de l'ombre de la personne, qui se trouble des plus petites illusions des reins, et des moindres infirmitez de la sensualité.

Le moindre regard l'espouvante, fust ce un Job mesme, qui avoit fait une si estroicte paction avec ses yeux[1]. Une chetive parole la broüille; les bonnes odeurs luy sont suspectes; les meilleures viandes luy semblent des pieges : elle fuit le toucher des corps polis, comme des escueils; les ris luy sont des dissolutions, les compagnies des embusches, la lecture des livres de divertissement lui est une chausse-trape : bref, elle marche tousjours, comme la renommée, toute couverte d'yeux et d'oreilles, et comme celuy qui porte beaucoup d'or, et des diamans au travers d'une forest renommée de brigandages, qui se cache au moindre bruit, pensant toujours avoir les larrons à son collet.

La charité presse de secourir le prochain, sain, malade, pauvre, riche, jeune, vieil, sans avoir esgard, ny à l'âge, ny à la condition, ny au sexe, ne regardant que Dieu en toutes choses, et toutes choses qu'en Dieu. La chasteté, au contraire, est comme le pot de terre de la fable qui craint le heurt : aussi sçait-elle qu'elle porte un tresor inestimable dans un vaisseau de terre, et que ce tresor peut perir par diverses tentations. Que faire à cette perplexité? comment accorder ces deux vertus, qui sont encore plus opposées en leurs exercices, que Marthe et Marie?

Voici la response de nostre Oracle, response toute angelique et celeste. « Il faut, me dit-il, distinguer soigneusement les personnes establies en dignité, et qui ont charge des autres, de celles qui sont dans une vie privée, et qui n'ont soin que d'elles-mesmes. Celles-là doivent bailler leur chasteté en garde à leur charité, et si la charité est verita-

---

[1] Job XXXI, 1.

ble, elle leur en rendra bon compte; elle servira à celle-ci et de muraille et d'avant-mur. Mais les personnes particulieres feront mieux de donner leur charité en garde à leur chasteté, et de marcher fort reservées et resserrées.

« La raison de cela est, que les superieurs sont obligez par leurs charges de s'exposer aux dangers inseparables des occasions; à quoy ils sont assistez par la grace, d'autant qu'ils ne tentent point Dieu par temerité. Ce que possible les autres feroient s'ils s'exposoient aux hazards sans legitime vocation : estant escrit que *celuy qui ayme le peril* (beaucoup plus celuy qui le cherche), *y perira*[1]. »

Que dites vous de cet avis, mes bonnes Sœurs? N'est-il pas tout celeste? Pour moy je le trouve ravissant : et pour le dire en verité (mais à l'oreille de vos cœurs), je m'en suis bien trouvé en beaucoup de rencontres. Ceux qui esperent en Dieu, changeront de face, prendront des aisles d'aigle, et voleront sans s'abbatre[2]. La charité n'est pas sujette aux grandes cheutes; c'est sainct Paul qui nous en asseure, ou plustost Dieu par la bouche de sainct Paul.

SECTION VI.

Force de la douceur.

On avoit esté contraint de mettre en prison un ecclesiastique de son diocese, vicieux et scandaleux. Apres qu'il y eut sejourné quelques jours, il tesmoigna de la repentance, et avec beaucoup de larmes et de protestations de s'amender, il demanda avec instance de se jetter aux pieds de son sainct Prelat, qui luy avoit deja pardonné plusieurs fautes.

Les officiers qui cognoissoient la parfaite douceur de l'homme de Dieu, ne pouvoient consentir qu'on le luy menast, sçachans que le voir, et avoir pitié de luy, seroit une mesme chose, quoy que ses scandales meritassent une punition exemplaire.

[1] Eccli. III, 27. — [2] Isai. XL, 31.

Il arriva neantmoins qu'il obtint, à force de prieres, la veuë desirée de son Pasteur, et que la punition exemplaire qu'il meritoit fust convertie en l'acte heroique, et beaucoup plus exemplaire de nostre bien-heureux Pere, Dieu ayant des ressorts dans sa providence, qui sont cachez à toute prudence humaine.

Estant en la presence de son Evesque, il se jette à ses pieds, et luy crie misericorde, protestant à Dieu et à luy qu'il changeroit de vie, et qu'il feroit abonder le bon exemple où le scandale avoit abondé. L'Evesque se jette aussi à genoux devant le coupable; et comme l'autre, tout confus, luy demandoit qu'il eust pitié de luy : « Et moi, luy dit le Sainct, tout fondu en larmes, je vous demande par les entrailles de la misericorde de Jesus-Christ, en laquelle nous esperons, que vous ayez pitié de moi, de tous tant que nous sommes d'ecclesiastiques en ce diocese, de l'Eglise, et de toute la Religion catholique, apostolique et romaine, que vous ruinez d'honneur par vostre vie scandaleuse, qui donne sujet aux adversaires de nostre creance, qui veillent comme des dragons sur nos moindres defauts, de blasmer nos deportemens, et de blasphemer nostre saincte foy.

» Je vous demande que vous ayez pitié de vous mesme, et de vostre ame propre que vous perdez pour une eternité, en vous remettant en grace avec Dieu; je vous exhorte de la part de Jesus-Christ, que vous vous reconciliez à Dieu par une vraye repentance. Je vous en conjure par tout ce qu'il y a de sainct et de sacré, au ciel et en la terre; par le sang de Jesus-Christ que vous polluez, par la bonté de ce Sauveur que vous crucifiez derechef, par l'Esprit de grace, à qui vous estes contumelieux. »

Ces remonstrances eurent tant d'efficace, l'esprit de Dieu parlant par la bouche de ce zelé Pasteur, que ce coulpable changé en un autre homme par un changement de la droite du Tres-haut, ne se contenta pas de protester de son amendement, et d'appeller toutes les indignations du ciel sur sa teste, s'il luy arrivoit de regarder en arriere, et de retourner à son ordure; mais en effect, faisant profit de son dommage, il donna depuis des tesmoignages d'une vie si vertueuse et si exemplaire, que l'on cogneut que le doigt de Dieu avoit operé en sa conversion, la grace surabondant où la coulpe avoit autrefois regorgé. Ceux-là mesme qui estoient ses accusateurs benirent son absolution, et tous les spectateurs fondus en larmes de joie, imiterent en terre l'allegresse que menerent les Anges au ciel, sur le retour au bon train de cette ame detraquée.

SECTION VII.

Patience notable.

Il s'estoit un jour rendu caution d'une somme considerable, pour un gentil-homme de ses amis et alliez, qui avoit fait une levée de gens de guerre pour le service de Son Altesse de Savoye, et estoit passé en Piedmont avec ses troupes. Ce trouble tirant de longue, le terme convenu pour rendre la somme empruntée expira, le debiteur ne pouvant se tirer de son employ où il estoit fort engagé.

Le creancier presse le bon Evesque de son payement, qui lui remonstre avec toute la suavité possible que le gentilhomme avoit vaillant cent fois plus que la somme qui luy estoit deuë, qu'estant asseuré du principal, il n'estoit rien si aisé que de tirer la satisfaction de l'interest; que le debiteur estant attaché à l'armée dans le service du Prince et du pays, il ne pouvoit pas quitter ses troupes pour luy venir donner contentement, le conjura d'avoir un peu de patience. Le creancier, soit qu'il fust pressé d'ailleurs, soit qu'il fust de mauvaise humeur, ne se contente point de ces excuses si justes et si raisonnables, mais demande, redemande, opportunément, importunément, crie, tempeste, fait raisonner ses plaintes par tout.

Le bien-heureux François ne luy demande que le temps

d'avoir des nouvelles du gentil-homme qui estoit de là les Monts, pour luy donner toute satisfaction : l'autre ne veut point attendre ce delay, usant de termes aspres et de reproches immodestes, qu'il n'est pas à propos que je vous represente, puisqu'ils serviroient plustost à scandale qu'à edification, bien que la patience du Sainct homme eslevée au dessus de ces insolences, se rendit d'autant plus signalée que l'affront estoit insigne.

Le Bien-heureux luy dit, avec une mansuetude incroyable : « Monsieur, je suis vostre pasteur, auriez-vous bien le courage, au lieu de me nourrir, comme mon oüaille, de me lever le pain de la bouche? Vous sçavez que je suis reduit à l'estroit, et que je n'ay justement et petitement que ce qu'il me faut pour mon entretien ; je n'eus jamais devant moy la somme que vous me demandez, et que j'ay neantmoins cautionnée par charité : me voulez-vous discuter avant le principal debiteur? J'ay quelque patrimoine, je vous l'abandonne ; voilà mes meubles, mettez-les sur le carreau, vendez-les, je me remets à vostre volonté : je vous demande seulement que vous m'aymiez pour Dieu, et que vous ne l'offenciez point par colere, par haine, ou par scandale ; si cela est, me voilà content. »

L'autre replique, que ce n'estoient que des fumées, des paroles d'hypocrite, de l'eau beniste de cour, des piperies de bigot. J'en dy trop, mes Sœurs, et je crain de blesser vos oreilles, qui sont tendres, je m'en asseure, sur ce qui touche nostre bien-heureux Pere.

En somme il tonne (sans l'estonner pourtant) mille injures et rodomontades que l'homme de Dieu recueilloit comme des benedictions, et comme s'il luy eust jetté des perles et des roses au visage ; touché neantmoins d'une douleur interieure de cœur, de voir Dieu si outrageusement offencé. Pour trancher donc d'un revers tant d'offenses, et ne faire point de sa patience une planche à tant de pechez, il luy dit avec une serenité merveilleuse :

« Monsieur, mon indiscrette caution est cause de vostre colere, je m'en vay faire toutes les diligences possibles pour vous donner contentement. Mais apres tout, je veux bien que vous sçachiez, que quand vous m'auriez crevé un œil, je vous regarderois de l'autre aussi affectueusement que le meilleur amy que j'aye au monde. »

L'autre se retire tout confus, quoy qu'il murmurast entre ses dents, l'appellant assez intelligemment, hypocrite, caphard, bigot, et semblable fleurs de rethorique passionnée. Le Bien-heureux avertit le gentil-homme debiteur, qui vint en diligence, et se delivra par un prompt payement de l'importunité de cet injurieux creancier : lequel plein de confusion et de vergogne, vint trouver le Bien-heureux, luy demandant mille pardons; il le receut à bras ouvers, comme un prodigue, et l'ayma depuis avec des tendresses particulieres, l'appellant son *amy reconquis*.

SECTION VIII.

Excuse gracieuse.

Je me plaignois à luy de quelques petits gentils-hommes de campagne, qui n'ayans que la cappe et l'espée, et pauvres comme Job, tranchoient des princes et des grands seigneurs, ne faisoient que fanfare de leur noblesse, de leur genealogie, des hauts faits de leurs predecesseurs : *et genus et proavos*. Je luy alleguois ce mot du Sage, qui haïssoit, entr'autres choses, d'une haine parfaite, *le pauvre orgueilleux* [1], et luy disois que j'estois fort dans ce sentiment.

Certes se glorifier en la multitude de ses richesses, c'est chose naturelle; comme à la science d'enfler, si elle n'est accompagnée de la charité qui edifie : mais d'estre vain dans la disette,

Non dii, non homines, non concessere columnæ [2].

---

[1] Eccli. xxv, 4. — [2] Horat. Art. poet. 373.

Il me repartit avec une grace merveilleuse : « Que voulez-vous? que ces pauvres gens soient doublement pauvres, et qu'ils soient comme les medecins malades, qui sont d'autant plus affligez que mieux ils cognoissent leur mal? Aux moins s'ils sont riches d'honneur, ils pensent d'autant moins à leur pauvreté; et font comme ce jeune Athenien, qui dans sa folie se tenoit pour le plus riche de son pays, et estant guery de sa foiblesse d'esprit par le soin de ses amis, il les fit appeller en jugement pour se voir condamner à luy rendre son agreable resverie.

» Que voulez-vous? C'est le propre de la noblesse, d'avoir contre fortune bon cœur; elle est genereuse, comme la palme qui se relance contre son faiz. Pleust à Dieu qu'ils n'eussent point de plus grands defauts! c'est de ces mal-heureux et detestables duels qu'il se faut plaindre; » et dit cela en souspirant, etc.

SECTION IX.

De la reprehension.

Ce cher Pere me reprenoit souvent de mes deffauts, et puis me disoit : « J'entends que vous me sçachiez beaucoup de gré de cela; car ce sont là les plus grands tesmoignages d'amitié que je vous puisse rendre : et je cognoistrois à cela si vous m'aymiez bien, si vous me vouliez rendre le reciproque. Mais je n'apperçoy que froideur en vous de ce costé là, vous estes trop circonspect : l'amour a le bandeau sur les yeux, il n'avise pas à tant de circonstances, il va de front, et sans tant de reflection.

» Parce que je vous ayme extremement, je ne puis souffrir en vous la moindre imperfection; je voudrois que mon fils fust tel que sainct Paul desiroit son Timothée, irreprehensible : des mousches en un autre que je n'aimerois pas tant, me sont des elephans en vous que j'ayme en verité, et comme Dieu sçait.

» Le chirurgien ne seroit-il pas à blasmer, et plustost impitoyable que pitoyable, qui laisseroit perir un pauvre homme, pour n'avoir pas le cœur de medicamenter sa playe? O mes amis, disoit cet ancien, il n'y a plus d'amis. Et David d'un ton plus sainct : *Sauvez-moy, Seigneur, parce qu'il n'y a plus de sainct, et que les veritez sont diminuées entre les enfans des hommes : ils ont dit des choses vaines à leurs prochains, et leurs levres trompeuses ont parlé en un cœur et en un cœur*[1]. Et qu'est-ce que parler *en un cœur et en un cœur*, sinon parler contre sa conscience, louër le pecheur aux desirs de son ame?

» Voicy le bon mot, et que j'ay soigneusement remarqué : Un coup de languette donné bien à propos, vaut autant quelquefois pour la saincteté d'une ame, qu'un coup de lancette donné comme il faut pour la sancté d'un corps. Il ne faut qu'une saignée faite en son temps pour sauver la vie temporelle, et qu'une reprehension faite bien à point pour sauver une ame de la mort eternelle : *Quiconque*, dit la saincte parole, *retirera son frere de sa mauvaise vie, sauvera son ame de l'eternelle mort?*[2] »

Et puis, mes bonnes Sœurs, nous craindrons les corrections, les mortifications, les reprehensions, qui nous sont si utiles? O Dieu, non; je veux prendre ce calice si salutaire, et invoquer vostre sainct nom, je vous veux reclamer en vous croyant, et je me sauveray de cette façon des prises de mes ennemis.

SECTION X.

Bien-heureuse faute.

Une personne de quelque communauté (je ne veux point particulariser davantage) avoit commis une faute extremement scandaleuse, quoiqu'elle fust d'infirmité. Comme on luy en battoit les oreilles avec de grandes exclamations, et

---

[1] Psal. xi, 2, 3. — [2] Jacobi v, 19, 20.

mesme avec invectives vehementes, il ne disoit autre chose, sinon : « Misere humaine! misere humaine! » une autrefois : « O que nous sommes environnez d'infirmité ! » une autrefois : « Que pouvons-nous faire autre chose de nous-mesme, que faillir ? » autre fois : « Nous ferions peut-estre pis, si Dieu ne nous tenoit par la main droitte, et ne nous conduisoit en sa volonté. »

A la fin las de tant gauchir, il voulut respondre de droict front, et comme l'on pressoit cette cheute avec des exagerations aiguës et piquantes, il s'ecria : « O la bien-heureuse faute, qu'elle sera cause d'un grand bien! cette ame estoit perduë avec plusieurs autres, si elle ne se fust perduë; sa perte sera son gain, et de plusieurs autres. »

Quelques-uns hocherent la teste à cette prediction. Neantmoins l'evenement la fit trouver veritable : car la vexation donna de l'entendement; et la confusion de l'ame pecheresse donna de la gloire à Dieu, non seulement par sa conversion qui fut signalée, mais par celle qu'elle inspira par son exemple à toute la communauté qui estoit fort dereglée. Certes il n'appartient qu'à celuy qui a fait tout de rien, et qui a tiré la lumiere du milieu des tenebres, de faire sortir de bons effects de mauvaises causes; de mettre les roses dans les fournaises; de cueillir des raisins sur des ronces, et des figues parmy des halliers.

Ce mot me fait souvenir de celuy de sainct Gregoire, duquel se sert l'Eglise en quelqu'un de ses offices, appellant la faute d'Adam bien-heureuse, qui avoit attiré en terre un tel Redempteur [1] : heureuse maladie qui avoit amené un si grand Medecin. « Les pechez mesmes, dit nostre bien-heureux Pere, en quelqu'une de ses Epistres, cooperent en bien à ceux qui s'en repentent serieusement. » C'est le sentiment du grand Apostre en l'Epistre aux Romains : *Toutes choses aydent ensemble en bien à ceux qui ayment Dieu, et qui*

---

[1] Office du Samedi saint.

selon son propos arresté, sont appellez à une grande saincteté de vie [1].

SECTION XI.

Des penitens hypocrites.

Un ecclesiastique de son diocese avoit esté mis en prison pour quelque scandale : il fut prié par ses officiers avec instances, d'en laisser faire la correction selon les canons, et de ne ruiner point leurs charges et les bonnes mœurs par sa trop excessive douceur. Ils en vindrent jusques à ce poinct, de protester qu'ils se desmettoient de leurs offices, s'il ne vouloit leur en laisser l'exercice libre : non qu'ils y cherchassent leur profit particulier, car c'estoient des gens au dessus d'une si basse tentation; mais ils avoient le zele de la conservation de l'authorité episcopale, et de la discipline ecclesiastique, qu'ils disoient se relascher et se perdre par la trop grande indulgence de ce bon Pasteur.

Il lia donc les mains à sa douceur et les laissa faire : ils traitterent cét homme selon la severité des loix, et luy firent vrayment sentir qu'ils faisoient de luy une victime à l'exemple, et la verité de cette parole si commune, « Un souverain droict est une souveraine injure. » Outre les penitences qu'on luy fit faire avant que sortir de prison, il fut suspendu pour six mois de ses fonctions ecclesiastiques.

Tant s'en faut que tout cela le corrigeast, qu'au contraire, profitant en pis, on fut contraint à la fin de le priver de son benefice, et de le bannir du diocese. Estant en prison, il n'y avoit rien de si traittable, et si humilié, et si repentant en apparence : il pleuroit, il prioit, il protestoit, il promettoit; que ne faisoit-il pour se redimer de la vexation? Mais au sortir de là il fit comme celuy qui se regarde en passant dans un miroir, et passé un moment, ne se souvient plus comme il est faict.

[1] Rom. VIII, 28.

Quand on parla de le deposseder de son benefice, il commença à feindre un meilleur train de vie; mais apres avoir trompé tant de fois la justice, il trouva fermée la porte de la misericorde.

Un autre, quelques années apres, fut emprisonné pour des fautes qui n'estoient pas moindres : les officiers le voulurent traitter de la mesme façon, et empescher qu'il n'eust recours à la pitié de François, son evesque, qu'il reclamoit à toute heure; se disant tout pres de se desmettre de sa charge, pourveu que ce fust à ses pieds, se promettant qu'il pourroit lire dans ses yeux la sincerité de son repentir.

François commande qu'on le luy ameine : les officiers s'y opposent. « Et bien, leur dit-il, si vous luy defendez de paroistre devant moy, vous ne me defendrez pas de paroistre devant luy. Vous ne voulez pas qu'il sorte de prison, trouvez bon que j'y entre avec luy, et que je sois compagnon de sa captivité. Encore faut-il consoler ce pauvre frere qui nous reclame. Je vous promets qu'il ne sortira que de vostre consentement. »

Il le va voir en la prison accompagné de ses officiers. Il n'eut pas plustost apperceu ce pauvre homme à ses pieds, et entendu le *peccavi* de ce prodigue, qu'il tomba tout couvert de larmes sur sa face, l'embrassa, et le baisa à la joue tres-amoureusement, et se retournant vers ses officiers : « Est-il possible, leur dit-il, que vous ne voyez pas que Dieu a desja pardonné à cet homme? Y a-t'il quelque condamnation pour ceux qui sont en Jesus-Christ? Si Dieu le justifie, qui le condamnera? Certes, je sçay bien que ce ne sera pas moy. Allez, mon frere, dit-il au coupable, allez en paix, et ne pechez plus; je cognois que vous estes vraiment repentant. »

Les officiers luy disent que c'est un hypocrite; que l'autre que l'on avoit esté contraint de deposer, faisoit bien d'autres mines, et donnoit d'autres signes de penitence que cestuy-cy : cependant tout cela n'estoit que fard et art.

« Possible, repartit le Sainct, se fust-il vraiment repenty

si vous l'eussiez traitté avec douceur; gardez que son ame ne soit un jour redemandée de vos mains. Pour moy, s'il vous plaist de me recevoir caution pour cestuy-cy, je seray son pleige : j'estime certainement qu'il est touché comme il faut, et s'il me trompe, il se fera plus de tort qu'à moy. »

Le coulpable fondant en pleurs, demande qu'on luy impose telle penitence que l'on voudra dans la prison, qu'il est prest à toutes sortes de fleaux, sa douleur le persecutant plus que toutes les rudesses qu'on luy sçauroit faire sentir; qu'il se demettra librement de son benefice, si Monseigneur le juge à propos.

« J'en serois bien marry, repartit l'Evesque, d'autant que j'espere que, comme le clocher tombant a escrasé l'Eglise par son scandale, il l'ornera desormais estant remis sur pied. »

Les officiers se rendent, les prisons sont ouvertes; apres un mois de suspension *à divinis*, il rentre en l'exercice de sa charge, en laquelle il donna une si bonne odeur en Jesus-Christ, que la prediction du Sainct se trouva veritable, et fit voir qu'il y a vingt-quatre heures au jour, et qu'à chacune suffit sa misere.

Comme on parloit de la perversion de l'un, et de la conversion de l'autre, il dit ceste memorable parole : « Il vaut mieux faire des penitens par la douceur, que des hypocrites par severité. »

SECTION XII.

Gracieux encouragement.

L'an 1608, je fus nommé par le Grand Henry, de glorieuse memoire, à l'evesché de Belley. Il y avoit desja quatre ans que cette Eglise estoit destituée de pasteur diocesain : je n'avois pas encore vingt-cinq ans; de sorte que le peuple s'ennuyoit de n'avoir point d'evesque, et desiroit que je hastasse ma promotion. Monseigneur Ubaldini, evesque de Montpulcian, depuis cardinal, estoit nonce de Sa

Saincteté en France, lequel avec plusieurs autres archevesques, evesques, et personnes de grande qualité, mesmes quelques cardinaux rendirent tesmoignage de moy au Pape, pour obtenir la dispence de me consacrer avant l'âge porté par les canons. Cette dispence estant obtenuë avec les bulles, nostre bien-heureux Pere me consacra dans ma propre eglise catedrale à Belley, le trentiesme d'aoust, l'an 1609 : ce qu'il fit avec des tendresses et une pieté dont je vous entretiendrai une autre fois, s'il vient à propos, mes trescheres Sœurs.

Il me vint depuis quelques scrupules en l'ame sur cette consecration faite, ce me sembloit, avant terme, me trouvant capitaine avant presque avoir esté soldat. Je le manifestay à ce bien-heureux conducteur de mon ame, qui me consola, et me fortifia de plusieurs raisons : de la necessité du diocese, des tesmoignages qu'avoient rendus de moy tant de gens de marque et de pieté, du jugement du Grand Henry, dont il honnoroit extremement la memoire, et duquel il benissoit Dieu d'avoir esté aimé; et en fin de l'ordre de Sa Saincteté : apres quoy il ne falloit plus que je regardasse en arriere, mais que je m'estendisse, selon le conseil de sainct Paul, à ce qui estoit devant moy. « Vous estes venu à la vigne, me disoit-il, à la premiere heure de vostre jour, gardez d'y travailler si laschement, que ceux qui sont arrivez à heure derniere ne vous surpassent en labeur et en salaire. »

Je luy dis un jour par joyeuseté : « Mon Pere, quelque vertueux et exemplaire que l'on vous estime, si avez-vous fait cette faute une fois en vostre vie, de m'avoir sacré trop tost : gardez d'avoir fait un avorton, puis que vous estes accouché de moy avant terme. » Il me repartit avec un ris qui m'ouvroit les cieux : « Il est vray, certes, que j'ay commis ce peché, mais j'ay peur que Dieu ne me le pardonne point, car jusques à cette heure je n'ay pû m'en repentir. Je vous conjure par les entrailles de nostre commun Maistre, de vivre en sorte que vous ne me donniez point sujet de déplaisir pour ce regard; mais de ressusciter souvent en vous la grace qui vous fut departie d'en haut, par l'imposition de mes mains. Voyez-vous, j'ay bien esté appellé au sacre d'autres evesques, mais seulement comme assistant; je n'ay jamais sacré que vous : vous estes mon unique, vous estes mon apprentissage et mon chef-d'œuvre tout ensemble. Ayons bon courage, Dieu nous aidera : il est nostre aide et nostre salut, que craindrons-nous? il est le protecteur de nostre vie, qui redouterons-nous? »

SECTION XIII.

Des paroles d'humilité.

Il ne vouloit point que l'on proferast des paroles d'humilité, si elles ne partoient d'un sentiment tres-sincere et veritable, et dont le cœur fust le maistre ressort. Il disoit que de semblables paroles estoient la fine fleur, la cresme, et l'elixir de l'orgueil le plus delié, puis qu'il estoit caché à celuy mesme qui les prononçoit. Il les comparoit au poison de sublimé, subtil et penetrant, quoy qu'il ne semble que de poudre. Elles ne raisonnent que bassesse, et elles ne respirent que sublimité.

Il les tenoit pour moins supportables que celles de la vanterie, desquelles tous ceux qui les entendent se mocquent, et s'en joüent comme d'un balon enflé de vent : il ne faut que piquer ce balon de l'espingle de quelque risée, pour le desenfler.

> Laudatas ostendit avis Junonia pennas;
> Sed si contemnas, illa recondit opes [1].

Mais les paroles d'humilité, quand elles ne partent que des levres, et non du cœur, elles menent à la vanité par une fausse porte. Elles ressemblent à ces gens qui prennent à

---

[1] Ovid. De arte amandi, I, 627, 628.

belles mains leur salaire, faisans mine de le refuser, et disans qu'il ne falloit rien. Les excuses mesmes faites de cette sorte, accusent, et trahissent celuy qui les avance. Le vray humble ne veut point paroistre tel, mais l'estre. L'humilité est si delicate, qu'elle a peur de son ombre, et ne peut ouïr nommer son propre nom, sans courir la risque de se perdre.

J'adjousteray icy, pour vostre instruction, ames cheres, et qui aimez de cœur cette saincte vertu; une notable parole du philosophe, qui dit, que se louër et se blasmer soy-mesme, procede de mesme racine d'orgueil de celuy qui se louë. Cela est clair, et il reüssit si mal dans sa pretention, qu'il fait comme le tonneau de moust, qui se salit de sa propre bave.

Mais celuy qui se blasme, va indirectement à la loüange, et fait comme celuy qui rame, et qui tourne le dos au lieu où il tend de toutes ses forces. Il seroit bien marry qu'on creust le mal qu'il dit de soy, et c'est par orgueil qu'il veut estre estimé humble. Il se met à dessein au bas bout de la table, pour passer au plus haut avec gloire et avantage. Quand quelqu'un dira de soy des paroles d'humilité, il faut pour l'ordinaire prendre cette medaille par le revers.

SECTION XIV.

De la defiance de soy-mesme.

Monsieur le baron de Lux, chevalier de l'Ordre, et lieutenant de roy en Bourgongne, estoit venu par commandement de sa Majesté sur les frontieres de son gouvernement au païs de Gex, qui est tout voisin de Geneve, et limithrophe de la Suisse. Ce bailliage estoit du diocese de Geneve; ce qui obligea le bien-heureux Evesque de le venir voir, pour traitter avec luy des affaires de la religion catholique, qui estoient fort traversées en cette contrée.

Il falloit qu'il passast le Rhosne pour se rendre à la ville de Gex, et quoy qu'il le peust passer autre part, son plus droit chemin estoit de traverser la ville de Geneve. Il se commet donc à la Providence en ce passage parmy ces Samaritains, et enquis à la porte qui il estoit, il fit respondre par un des siens, que c'estoit l'Evesque du diocese, qui ne demandoit qu'à passer.

Comme il fut hors de la ville, le bruit de son passage s'y sema, qui donna occasion à quelques mutins de se porter à des paroles de precipitation, et à des menaces insolentes de le mal-traitter, s'il prenoit jamais la hardiesse d'y mettre le pied. Cette passée bailla sujet de parler à beaucoup de gens; et quelques deputez de la ville qui estoient allez saluër monsieur de Lux, luy dirent, qu'il s'estoit exposé au hazard d'exciter une sedition, que les plus moderez eussent eu de la peine d'accoiser, et empescher sur luy la violence de la populace.

Un jour je l'entretenois sur ce sujet là, c'estoit à Belley, où il me vint voir quelque temps apres; et c'estoit en fort bonne compagnie, où chacun disoit son jugement là dessus. Luy-mesme se reprenoit d'imprudence, sans s'excuser sur ses gens, qui en effect l'avoient conduit à ce dangereux pas, s'asseurans que l'on n'eust osé luy faire du deplaisir.

Il m'advint de luy dire : « Et bien, mon Pere, le pis aller eust esté vostre mieux; quand ce peuple vous eust assommé, d'un confesseur ils eussent fait un martyr. — Que sçavez-vous, me dit-il, si Dieu m'eust fait cette grace, et m'eust donné la constance necessaire pour arriver à une telle couronne. » Je respouds que ma conjecture estoit bien fondée, de penser qu'il eust mieux aymé souffrir mille morts, que de renoncer la foy.

« Je sçay bien, reprit-il, ce que j'eusse deub faire; c'est cela mesme que vous dites : mais suis-je prophete pour deviner ce que j'eusse fait? Sainct Pierre patron de l'Eglise de Geneve, estoit bien aussi resolu que moy; vous sçavez neantmoins ce qu'il fit à la simple voix d'une chambriere. Bien-heureux celuy qui est tousjours en crainte, et en defiance de sa propre foiblesse, et qui ne met point son bras, c'est à dire son appuy, sur la chair, jettant toute sa confiance en Dieu; celuy là sera comme le mont de Sion, qui ne s'esmeut pour aucun orage : celuy qui espere en Dieu ne sera point confondu eternellement. Nous devons avoir de Dieu des sentimens de bonté, et jettans toute nostre pensée en luy, estimer qu'il nous donnera le voile selon le vent, le courage selon la bourrasque, et qu'il nous fera tirer profit de nostre tribulation. Nous pouvons tout quant il nous fortifie; car il est nostre force et nostre salut : sans luy, rien. »

Voyez, mes Sœurs, comme ce sainct homme nageoit entre l'humilité et l'esperance, la defiance de soy, et la confiance en Dieu, operant son salut avec crainte et tremblement. Que ferons nous, roseaux du desert, si les colomnes du temple sont esbranlées? les plus profondes cheutes procedent des plus hautes presomptions.

SECTION XV.

De l'obeïssance des superieurs.

« Mon Pere, luy dis-je un jour, comment est-il possible que ceux qui sont en superiorité, soit dans le siecle, soit dans le cloistre, puissent pratiquer la vertu d'obeïssance, avec laquelle on peut rendre beaucoup de service et de gloire à Dieu, quand elle est animée de charité? » Il me respondit : « Beaucoup mieux, et plus heroïquement que ceux qui sont en sujection. » Cette replique m'estonna, et le priant de me desvelopper ce paradoxe, il me l'expliqua de cette façon :

« Ceux qui sont obligez à l'obeïssance, soit par precepte, soit par vœu, qui tient lieu de precepte, ne sont pas sujets, pour l'ordinaire, qu'à un superieur; le commandement duquel ils doivent tellement preferer à tout autre, que mesme ils ne peuvent pas obeïr à un autre sans la permission ou l'aggréement de celuy auquel ils sont sujets.

» Mais ceux qui sont en superiorité ont leurs coudées plus franches pour obeïr plus amplement, et obeïr mesme en commandant ; parce que s'ils considerent que c'est Dieu qui les a mis sur les testes des autres, et qui leur commande de leur commander, s'ils ne commandent que pour obeïr au commandement de Dieu ; qui ne void que mesme leur commandement est un acte d'obeïssance ?

» Cette espece d'obeyssance peut mesme estre pratiquée par les souverains, qui n'ont que Dieu au dessus d'eux, et qui n'ont que Dieu à qui ils doivent rendre compte de leurs actions.

> Regum timendorum in proprios greges,
> Reges in ipsos imperium est Jovis [1].

» Joint qu'il n'y a puissance si sublime qui ne recoñnoisse mesme en terre quelque sorte de superiorité. Les roys chrestiens rendent obeïssance filiale au Pontife romain, et le souverain Pontife mesme se soumet à celuy à qui il donne la direction de sa conscience au Sacrement de reconciliation.

» Mais voicy un degré bien plus haut d'obeïssance, auquel se peuvent eslever les prelats, et les plus grands d'entre les hommes ; c'est celuy que conseille l'Apostre, quand il dit : *Soyez sujets à toute creature pour Jesus-Christ* [2] ; lequel pour l'amour de nous, ne s'est pas seulement rendu sujet à la saincte Vierge et à sainct Joseph, mais s'est faict obeyssant jusques à la mort, et la mort de la croix, s'estant sousmis en sa passion aux plus meschans, et aux plus scelerats de toute la terre, estant comme un agneau qui ne crie point sous la main de celuy qui le tond et qui l'égorge.

» C'est par cette obeyssance universelle à toute creature que nous nous rendons tout à tous, pour les gaigner tous à Jesus-Christ : c'est par elle que nous prenons tous nos prochains pour nos superieurs, nous rendans serviteurs de tous pour nostre Seigneur. »

[1] Horat. lib. 3 Od. 1, 5, 6. — [2] 1 Petr. II, 13.

Sur ce propos il me raconta ce memorable exemple de l'obeyssance heroïque du grand sainct Anselme, que j'ay esté aise de voir si fidellement recueilly dans l'entretien quinziesme de la Volonté de Dieu de nostre bien-heureux Pere. Je n'ai que faire de vous l'expliquer plus au long, mes cheres Sœurs; car fueilletant tous les jours ses pieux escrits, comme vous faites, et vous les pratiquez, et vous les sçavez mieux que moy.

Apprenez seulement que ce qu'il raconte là de sainct Anselme, a esté le recit de sa vraye pratique qu'il a fait sous le nom de ce grand archevesque. De cela je suis tesmoin oculaire en cent occasions; parce que j'ai pris garde quand quelqu'un l'abbordoit, jusques aux plus petits, qu'il se mettoit en la mesme contenance d'un inferieur devant son superieur, ne donnant congé à personne, ne s'excusant point de converser, ni de parler, ou d'escouter, et ne donnant le moindre signe d'ennui, d'impatience, ni d'inquietude, quelque importunité qu'on luy fit, et qu'on luy fist perdre de bonnes heures, en luy contant des choses frivoles.

Son grand mot estoit : « Dieu me veut ainsi, il veut cela de moy; que me faut-il plus? tandis que je fais cette action, je ne suis pas obligé d'en faire une autre. Nostre centre, c'est la tres-saincte volonté de Dieu ; hors de là, ce n'est que trouble et empressement. » Cela revient au traict de sainct Augustin : « Seigneur, vous avez fait nostre cœur pour vous; à raison dequoy il est dans une continuelle inquietude, jusques à ce qu'il prenne son entier repos en vous [1]. »

SECTION XVI.

Du mespris de la terre.

Sur le faict de quelque poinct (je ne particularise point, s'il estoit civil ou criminel), quelqu'un se pourveut vers lui

[1] Confess. lib. 1, cap. 1.

pour obtenir des lettres monitoires. N'en ayant pas jugé la cause juste, il tascha par les plus douces paroles, et les meilleures raisons qu'il peut trouver, de persuader à ce personnage qu'il desistast de le presser de cela. L'autre, picqué de son interest, crioit tout haut à l'injustice, sans que le serviteur de Dieu luy repliquast autre chose, sinon qu'il estoit marry que sa conscience ne luy permist de luy donner satisfaction.

A la fin, la colere de cét homme s'allumant de l'huyle de la douceur de ce Prelat, apres plusieurs paroles outrageuses, enflé du credit qu'il pensoit avoir au pays (c'estoit une personne de notable authorité), il luy dit qu'il le contraindroit de se ranger à son devoir. Le Bien-heureux luy repartit, qu'il estoit prest à s'y ranger sans aucune contrainte, parce que la loy n'est pas faite pour le juste, puis qu'il la previent par son obeyssance.

L'autre pensant l'avoir intimidé, et que ces paroles fussent l'entherinement de sa requeste : « Je sçavois bien, luy dit-il, qu'il vous falloit tenir la bride haute, et que je vous ferois venir à la raison. — Ne vous y trompez pas, luy dit le Bien-heureux; vous prenez de la gauche ce que je vous presente de la droite. Je ne suis amy que jusques à l'autel, et jusques où le service de Dieu, et la liberté de ma conscience n'est point offensée : demandez-moy ce qui est juste, et vous serez escouté en paix; car la justice et la paix s'entrebaisent. »

Le demandeur, plus irrité que devant, se porta en des paroles qui sont meilleures teuës que sceuës, et le laissa avec beaucoup de menaces : mais ces esclairs et ces foudres ne feront que de la pluye, selon les termes du Psalmiste [1].

Il se pourvoit au senat de Chambery, qui est le parlement de Savoye; et par le grand credit qu'il avoit, il obtint le pouvoir de se pourvoir par monitoire, et fit ordonner que l'Ordinaire, qui estoit l'Evesque de Geneve, le luy delivreroit.

[1] Psal. cxxxiv, 7.

Il luy fait signifier ce decret avec des bravades qui renversoient non seulement la modestie et la civilité, mais toute sorte de respect et de pieté. A cela l'homme de Dieu se porta comme un rocher parmy des vagues.

> Justum et tenacem propositi virum,
> Non civium ardor [1], etc.

Le Bien-heureux ne fit autre response, sinon qu'il avoit son ame à sauver, et sa conscience à garder; qu'il estoit prest de rendre raison de son desny, et de donner satisfaction, selon le conseil de sainct Pierre, à quiconque la luy demanderoit [2]. L'affaire passa si avant par les ardentes poursuittes de l'interessé, que l'on fut presque sur le poinct de saisir son temporel, pour l'obliger à lascher le monitoire requis. Il demeura tousjours ferme, et se releva comme la palme contre le faix qui le sembloit devoir accabler : aussi la palme est-elle le symbole du juste. Sa constance estonna ceux qui avoient du dessein, et qui cognoissoient que rien ne seroit capable de luy faire blesser sa conscience au moindre poinct.

Cét orage estant calmé, comme on luy en parloit, il repliqua doucement : « S'ils m'eussent osté mon temporel, ils m'eussent fait le plus grand bien qui me puisse jamais arriver; car ils m'eussent rendu tout spirituel : et en ce cas là je les eusse jugez; car n'est-il pas dit, que *l'homme spirituel juge tout, et n'est jugé de personne* [3]?

SECTION XVII.

Du mesme subject.

L'entretenant un jour sur ce propos de saisie de son temporel, il me disoit que ces saisisseurs luy avoient fait grand tort de ne s'en emparer pas, d'autant que Dieu le luy eust rendu au centuple. « Pensez vous, disoit-il, que nos dioce-

---

[1] Horat. lib. 3 Od. III, 1, 2. — [2] I Petr. III, 15. — [3] I Cor. II, 15.

sains m'eussent laissé mourir de faim? Je suis certain que j'eusse esté plus en peine de refuser, que de prendre. Il en est des biens comme du poil, plus on raze, plus espais il revient; et comme de la camomille, qui profite et fleurit plus on la foule aux pieds. Ceux qui n'ont rien possedent tout. *Quand je vous ay envoyé sans besace et sans malette, avez-vous manqué de quelque chose*, disoit nostre Seigneur à ses Apostres? Et ils respondirent : *De rien*[1]. »

Je luy alleguay ce beau passage de sainct Paul, en la seconde à ceux de Corinthe. Ceux qui sont bien avisez, souffrent volontiers les algarades de ceux qui ne le sont pas : ils endurent si on les reduit en captivité, si quelqu'un devore leur substance, si quelqu'un prend leur bien, si quelqu'un les attaque, et s'esleve contr'eux, voire mesme si on les frappe au visage[2]. « O Dieu, dit-il, nous n'avons pas resisté jusques là, beaucoup moins jusques au sang. »

Et en eschange il me raconta une fort agreable histoire, sur une rencontre pareille arrivée à un archevesque son voisin. Les dioceses de Geneve et de Tarantaise sont limitrophes, et la Tarantaise est une des valées de Savoye, voisine de celle de Maurienne, où est le grand passage des Alpes, et du Mont-Cenis. Il y avoit là un archevesque qui eut des procez contre quelques communes, pour raison desquels il fut condamné au senat de Savoye à des sommes notables.

Il fut question de proceder par saisie de ses revenus, qui fut decernee par arrest du senat, et, qui plus est, executee.

Les officiers qui l'allerent executer, furent invitez par le bon archevesque pour manger à sa table. Lesquels s'en excusans, sur la crainte qu'ils avoient de son indignation, et sur l'apprehension que l'on ne fist sur les sacrificateurs de justice quelque imposition de mains non archiepiscopales : il les rasseura, en leur faisant cognoistre que sa vertu ne l'a-

---

[1] Luc. xxii, 35, 36. — [2] II Cor. xi, 19, 20.

voit pas abandonnee jusques-là, ny la lumiere de ses yeux et de son jugement n'estoit point tellement affoiblie, qu'il voulust souffrir qu'aucun tort leur fust faict chez luy, et qu'il sçavoit l'honneur qui estoit deub à la justice.

Il leur donna tant de tesmoignages de sa bonne volonté, qu'ils se sentirent suavement obligez d'acquiescer à sa semonce, et d'aller manger en son palais, où il les traitta magnifiquement. Apres le repas, il fut question de parler d'affaires; ils le prient d'agreer la signification de l'arrest, et en suitte la saisie.

A l'escrit qu'on luy presenta sur ce sujet, et qu'il receut avec respect, il voulut que l'on inserast sa response selon les formes en tel cas requises, qui fut : *Dominus pars*. Le scribe qui n'estoit pas trop versé en l'ancien langage romain, se veut excuser, disant qu'il n'entendoit pas ce discours, et avoit peur de se méprendre. L'archevesque declare que le latin est le langage des clercs et gens d'Eglise, que l'on s'en sert en la cour d'Eglise, qu'il veut respondre ainsi pour garder l'obeïssance. L'officier estant accompagné de gens qui ne l'ignoroient pas, luy expliquent le verset, *Dominus pars hæreditatis meæ et calicis mei; tu es qui restitues hæreditatem meam mihi*[1], qui estoit la response de l'archevesque, et le luy font escrire.

Cela fait, on procede au reste de la formalité. Cependant vous sçaurez que l'archevesque qui avoit sceu l'arrest donné contre luy, et que l'on se preparoit à l'execution, avoit auparavant envoyé à Turin vers le nonce que Sa Sainteté y tient ordinairement auprès de son Altesse de Savoye : lequel ayant faict assez beau bruit auprès du Duc, comme sçavent ceux qui n'ignorent pas quelle est l'authorité de l'Eglise et du sainct Siege en Italie, obtint aussi-tost du Prince la main-levée des biens de l'archevesque, et defenses expresses d'executer l'arrest. Ce fut la production de ces pieces que

[1] Psal. xv, 5.

le bon archevesque garda à ses executeurs pour le dessert, comme un plat d'amendes ameres pour rabbatre les fumées des viandes, et de la chaleur du foye. Cela c'estoit escraser le scorpion sur la playe. Les bonnes gens s'en retournerent avec un nez à l'avenant, et avec ce dicton,

Discite justitiam moniti, et non temnere divos [1],

ayant tout loisir de mediter sur le verset de l'archevesque, *Dominus pars*, etc.

SECTION XVIII.

Defference merveilleuse.

Se sousmettre aux superieurs, c'est plustost justice qu'humilité; puis que la raison veut que nous les recognoissions pour nos maistres. Se sousmettre à ses égaux, c'est amitié, ou courtoisie, ou civilité, ou prudence, ou bienseance, ou observance, ou adresse. Mais se soubmettre à ses inferieurs, c'est le vray poinct de l'humilité; parce que cette vertu, nous faisant cognoistre que nous ne sommes rien, nous met sous les pieds de tout le monde.

Le croirez-vous, mes Sœurs? nostre bien-heureux Pere a pratiqué cette humilité en un degré éminent, non seulement envers ses diocesains, ses concitoyens, les estrangers, mais mesme envers ses domestiques. Bien qu'ils le respectassent et l'honorassent selon qu'ils y estoient obligez, et de plus, qu'ils le regardassent comme un vaisseau sacré où Dieu habitoit : si est-ce qu'i lavoit pour eux des deferences merveilleuses. Quelqu'un estoit-il malade? vous eussiez dit qu'il estoit infirme avec luy. Mais cela va à la misericorde; je vous veux seulement icy rapporter un traict de sa deference.

Il obeyssoit à son homme de chambre aux choses qui regardoient son coucher et son lever, son habiller et son

---

[1] Virgil. Æneid. lib. 6, 620.

deshabiller, comme s'il eust esté le valet, et l'autre le maistre. Quand il veilloit bien avant dans la nuict, soit pour estudier, soit pour escrire des lettres, il invitoit son homme de chambre à s'aller coucher, de peur qu'il ne s'ennuyast à attendre : et l'autre grondoit de cela, comme s'il l'eust pris pour un dormeur et un paresseux. Il souffroit cela patiemment, et souvent il se depeschoit de faire ce qu'il avoit en main, de peur d'attedier ce garçon.

Une fois en esté il se réveilla de grand matin, et ayant quelque chose d'importance dans l'esprit, il appella cét homme pour le venir habiller : l'autre dormoit si profondément, qu'il n'entendit point sa voix. Le bien-heureux Prelat se leve, pensant qu'il ne fust point en sa garderobe, et y regardant, il vid qu'il dormoit de si bonne façon, qu'il eut peur de nuire à sa santé s'il le réveilloit : il s'habille, et se met à prier, à estudier, à escrire.

Le jour estant grand, ce garçon se réveille, et s'estant habillé, entre en la chambre de son maistre, et le vid qui estudioit. Il luy demanda brusquement qui l'avoit habillé. « Moy-mesme, luy dit le sainct Prelat : ne suis-je pas assez grand et assez fort pour cela? » L'autre en gromelant : Vous cousteroit-il tant d'appeller? » luy repartit-il. « Je vous asseure, mon enfant, luy dit le bien-heureux François, qu'il n'a pas tenu à cela, et j'ai crié plusieurs fois : enfin, estimant que vous fussiez dehors, je me suis levé pour voir où vous estiez, et je vous ay trouvé dormant de si bonne grace, que j'ay fait conscience de vous éveiller. »

« Vous avez bien meilleure grace, luy dit le garçon, de vous mocquer ainsi de moy. — O mon ami, reprit François, je ne l'ay pas dit par esprit de mespris et de mocquerie ; mais oüi bien, certes, en esprit de joyeuseté. Allez, je vous promets que je ne cesseray plus d'appeller que vous ne soyez réveillé, ou que je ne vous aille faire lever ; et, puis que vous le voulez ainsi, je ne m'habilleray plus sans vous. » Comme appellez-vous, mes Sœurs, ce degré-là d'humilité, de douceur, de simplicité, de benignité? A dire le vrai, ces petites choses me ravissent, etc.

SECTION XIX.

Douceur charmante.

Tel maistre, tel valet. Tous ses domestiques estoient fort vertueux; il n'en eust pas souffert d'autres en sa maison : mais sur tout, à l'exemple de leur patron, ils estoient doux et gracieux à merveilles. Les paons deviennent blancs quand on fait couver les paonnesses en des lieux blancs; et les brebis de Jacob produisoient des agneaux de la couleur des baguettes qui leur estoient presentées. Il n'y a point d'impression pareille à celle de l'exemple : à raison dequoy les prelats, successeurs des Apostres, sont appellez la lumiere du monde, et le sel de la terre [1].

La douceur, la benignité, l'humanité, l'affabilité, la cordialité, sont des qualitez, dit l'Orateur Romain, qui charment les rochers, et apprivoisent les cœurs les plus farouches et sauvages : ceux qui ne sont point dans cette rudesse en sont transportez.

Il avoit un de ses domestiques layque, fort gentil garçon, de bonne mine, vertueux, gracieux, pieux, et de fort aymable conversation : plusieurs bourgeois de la ville le desirerent pour gendre.

> Optent te generum rex et regina, puellæ
> Te rapiant; quicquid calcaveris, hoc rosa fiat [2].

Soit que ce desir leur fust inspiré par leurs femmes, ou par leurs filles; tant y a que divers partis luy furent presentez, non seulement sortables, mais fort avantageux à sa condition.

Il en fit parler au Bien-heureux, qui luy dit un jour : « Mon cher... j'ayme vostre ame comme la mienne propre, et il n'y a sorte de bien que je ne vous desire, et que je ne

[1] Matth. v, 13, 14. — [2] Pers. Satyr. ii, 37, 38.

voulusse vous faire, si j'en avois le moyen; je croy que vous n'en pouvez douter. Vous estes jeune, et possible que vostre jeunesse donne dans les yeux de quelques personnes qui vous desirent; mais il m'est avis que c'est avec plus d'aage et de jugement qu'il faut entrer en mesnage : pensez y bien ; car quand on est embarqué, il n'est pas temps de s'en repentir.

» Le mariage est un certain ordre, où il faut faire la profession devant le noviciat, et s'il y avoit un an de probation comme dans les cloistres, il y auroit peu de profez. Au demeurant, que vous ay-je fait que me vouliez quitter? Je suis vieil, je mourray bien tost, et alors vous pourrez vous pourvoir comme il vous plaira. Je vous laisseray à mon frere, qui aura soin de vous colloquer aussi avantageusement que les partys qui se presentent. »

Il disoit cela les larmes aux yeux, qui donnoient de si chaudes alarmes au cœur de ce jeune homme, qu'il se jettoit à ses pieds, et luy demandoit pardon de la pensée qu'il avoit euë de le quitter, luy faisant de nouvelles protestations de fidelité, et de le servir à la mort et à la vie.

« Non, luy disoit-il, mon enfant, je n'entreprends pas sur vostre liberté, je la voudrois rachepter, comme sainct Paulin, de la perte de la mienne; mais je vous donne un conseil d'amy, et tel que je baillerois à mon propre frere s'il estoit de vostre âge. » C'est ainsi qu'il traitoit ses domestiques, non comme serviteurs, mais comme ses freres et ses enfans, comme un aisné, ou un vray pere de famille.

SECTION XX.

Du temps de la preparation pour aller au sainct autel.

On l'avoit adverty que j'estois extremement long à me preparer avant que de dire la saincte Messe, et que cela incommodoit beaucoup de gens, tant ceux qui desiroient y assister, que ceux qui avoient à me parler après que je l'avois dite. Je la celebrois tous les jours par son ordonnance à certaine heure, non dans la chapelle particuliere de l'evesché, sinon quand j'estois infirme ; mais dans une grande chapelle episcopale, jointe à l'eglise cathedrale, où se tenoient ordinairement les synodes, les Ordres, et où se faisoient semblables fonctions pastorales.

On la sonnoit à poinct nommé à temps reglé : mais parce que j'estois fort long dans la sacristie à me disposer, ceux qui sçavoient cette longueur ne se hastoient pas de venir ; les autres, qui n'en estoient pas advertis, attendoient avec impatience, et se morfondoient bien souvent en hyver.

Il me vouloit corriger de cela, et il attendoit son temps à propos, selon sa prudence si circonspecte. Il m'estoit venu voir à Belley, selon la coustume de nos visites annuelles reciproques, dont nous vous avons autrefois parlé. Il advint que durant le temps de son sejour en nostre maison, il eut un matin force dépesches à faire, qui l'arresterent fort tard en la chambre. Unze heures approchoient, quand ses gens l'avertirent qu'il n'avoit pas encore celebré la saincte Messe : ce qu'il ne manquoit aucun jour, s'il n'estoit malade, ou fort incommodé.

On luy avoit appresté son autel en la chapelle domestique de l'evesché. Il sort donc de sa chambre revestu, selon sa coustume, de son rochet et camail, et apres avoir salué la compagnie qui le venoit voir, et entendre sa Messe, il fait une assez courte priere au pied de l'autel, puis il se revest, et celebre le sainct sacrifice de la Messe : l'ayant achevé, il se remet à genoux, et apres une priere assez courte, il nous vint trouver avec un visage si serain, qu'il me paroissoit comme un ange du Seigneur. Il caresse un chacun, et fut en conversation jusqu'à ce qu'on nous appellast pour la table, qui fut peu apres.

Moy qui estudiois toutes ses actions, qui me sembloient aussi reglees qu'un livre de musique, me trouvay surpris de l'abregé de cette preparation, et aussi de l'action de graces. Le soir comme nous fusmes seuls, je luy dy, avec la confiance et la privauté filiale que j'avois auprès de luy : « Mon Père, il me semble que pour un gros homme de vostre taille, et qui vous plaignez assez souvent de la pesanteur de vostre esprit et de vostre corps, vous allez bien viste. J'ay pris garde ce matin à vostre preparation pour l'autel, et à vostre action de graces; j'ay trouvé l'une et l'autre fort prompte, et s'il faut ainsi dire, de robe courte. »

« O Dieu, ce me dit-il, que vous me faites de plaisir, de me dire ainsi rondement mes veritez, » et m'embrassa en disant cecy : « Il y a trois ou quatre jours que j'en ay une de pareille estoffe à vous dire, et je sçavois par où m'y prendre. Mais que dites-vous vous-mesme de vos longueurs en de pareilles actions, qui morfondent tout le monde? Chacun s'en plaint, et tout haut : possible cependant que cela n'est pas encore venu à vos aureilles; tant il y a peu de gens qui osent dire des veritez aux pontifes. C'est sans doute, parce qu'il n'y a icy personne qui vous ayme tant que moy, que l'on m'en a donné la commission : ne doutez point que je ne sois fondé en bonne procuration, sans qu'il soit besoin que je vous en monstre les signatures. Un peu de ce que vous avez de trop nous feroit grand bien à tous deux; vous iriez plus promptement, et je n'irois pas si viste.

» Mais n'est-ce pas une belle chose que l'evesque de Belley reprenne celuy de Geneve d'aller trop viste; et celuy de Geneve, celuy de Belley d'aller trop lentement? n'est-ce pas icy le monde renversé?

Optat ephippia bos piger, optat arare caballus [1].

» Pensez, adjousta-il, que ces hommes qui ont tant de desir d'assister à vostre Messe, ont bien affaire de vos grands *Agios*, et de tant de suffrages et actes que vous faictes dedans l'oratoire de vostre sacristie, avant que vous vous mettiez à l'autel; et encore moins ceux qui attendent que vous l'ayez ditte, pour vous parler d'affaires, dont les uns possi-

---

[1] Horat. lib. I Epist. xiv, 43.

ble viennent de loing, d'autres ont des affaires à negocier à la ville.

» Mais, mon Pere, luy dis-je, comme faut-il se disposer? *Prepare ton ame avant la priere, de peur que tu ne sois comme celuy qui tente Dieu*[1] : sur tout en ce redoutable mystere devant lequel tremblent, dit la Preface du Canon, les puissances des cieux. Le moyen de toucher un luth sans l'accorder?

» — Que ne faites-vous cette preparation dés le matin, en l'exercice du lever, auquel je sçay, ou au moins je pense, que vous ne manquez pas? — Je me leve à quatre heures en esté, et quelquefois plutôt, luy dis-je, et je ne vay à l'autel qu'environ les neuf à dix heures. — Estimez-vous, reprit-il, que cét intervalle de quatre à neuf soit fort grand devant celuy *aux yeux duquel mille ans sont comme le jour d'hier qui est passé*[2]? » Ce passage si bien pris m'ébloüit tout à coup comme un éclair.

« Et de l'action de grace, quoy? fis-je. — Attendez à la faire en vostre exercice du soir, dit-il : aussi bien ne faut-il pas en examinant vostre conscience, que vous pesiez en une action si remarquable, et le remerciement n'est-il pas un des poincts de l'examen? L'un et l'autre acte donc, tant de la preparation, que de la reconnoissance de ce bien-fait, se peut faire, et plus à loisir, et plus tranquilement le soir et le matin : cela n'incommode personne, se fait mieux, et plus meurement, ne traverse en rien les fonctions de vostre charge, ne donne aucun ennui au prochain.

» Mais ne prendroit-il point aussi mauvaise edification, adjoustay-je, de voir faire tout cela avec tant de promptitude, puis que,

Dieu en courant ne veut estre adoré?

» Nous avons beau courir, repart-il, Dieu va encore plus viste que nous : c'est un esclair qui sort de l'orient, et pa-

---

[1] Eccli. XVIII, 23. — [2] Psal. LXXXIV, 4.

roist au mesme instant en occident. Tout luy est present, il n'y a ny passé ny futur pour luy; où pouvons nous aller devant son esprit? » J'acquiesçai à cét avis, et depuis en la pratique m'en suis fort bien trouvé.

SECTION XXI.

D'un martyr devenu confesseur.

La serenité de son ame le tenoit tousjours joyeux; tant est veritable cét oracle sacré, que *la bonne conscience est un banquet perpetuel*[1] : aussi la joye est-elle un don du Sainct-Esprit. Je n'ay jamais veu son visage que riant et gay, et de l'abondance de son contentement il en rejalissoit dans les esprits de ceux qui le consideroient. Ce que j'ay à vous dire maintenant, semblera possible plus facecieux que serieux; mais ce ne sera que des esprits chagrins, melancholiques, et à qui tout déplaist, parce qu'ils sont pesans à eux-mesmes, et déplaisans à tout le monde : vrayes orties ausquelles on ne se peut frotter sans se piquer; mais il n'y a pas grand danger de desplaire à ces maupiteux, leur estre agreable seroit un miracle. Je sçay, mes Sœurs, que vous prendrez en bonne part ce trait d'eutrapelie, ou de joyeuse conversation, vertu en laquelle aussi bien qu'en toute autre, excelloit nostre bien-heureux Pere.

Je l'estois allé une fois visiter à Annessi, lieu de sa residence ordinaire. Durant le temps de mon sejour, on donna vostre habit à deux fort vertueuses et devotes filles qui estoient sœurs de sang, et plus encore d'esprit, car vous eussiez dit qu'il n'y avoit qu'une ame en leurs deux corps. Nostre Bien-heureux fit la ceremonie de cette vesture pontificalement, et me donna la charge de faire l'exhortation.

Tandis que je preschois, quoy que je ne disse pas des choses à tirer les larmes des yeux, j'apperceus un bon vieillard

[1] Prov. xv, 15.

ecclesiastique, qui ne fit que pleurer, et souspiroit quelquefois si haut, que chacun s'appercevoit de son affliction.

A l'issuë de cette action de pieté, nostre Pere invita ce bon homme à venir manger avec nous, et sur la fin du repas il m'arriva de demander pourquoi ce bon homme avoit tant pleuré, n'ayant rien dit, à mon avis, capable de produire un effet si pitoyable. « Helas! dit le Bien-heureux, ce bon personnage n'a-t'il pas bien raison de fondre en larmes pour la perte de son aureolle? » Je le priay d'expliquer cette parole : ce qu'il fit aussi, disant que ce bon homme, de martyr estoit devenu confesseur. Je repliquay que cette glose estoit d'Orleans, et plus obscure que le texte. Il repart : « C'est que Monsieur a esté marié, et depuis son veufvage il s'est fait prestre. — Et bien, dis-je, que fait cela pour ses larmes? » Alors j'appris que ces deux sœurs qui avoient pris vostre habit, mes Sœurs, estoient filles legitimes de ce bon ecclesiastique, et que tous les enfans qu'il avoit eus durant son mariage, avoient esté eslevez avec tant de pieté, que tous s'estoient consacrez au service des autels ; tant il est vray que la generation des justes sera beniste.

Ce bon pere donc pleuroit, non de regret et de desplaisir, mais de joye et de tendresse, parce qu'il voyoit en ses filles l'effect de son plus ardant desir, qui estoit de les voir espouser l'Agneau ; pouvant dire avec l'Apostre, qu'il brûloit pour elles d'une saincte jalousie, de voir leur integrité dediée à Jesus-Christ[1].

Et comme l'on loüoit sa defuncte femme comme une saincte, à cause de la vie pieuse qu'elle avoit menée avec un grand exemple et une merveilleuse odeur de devotion : « Quoy, dis-je, appellez-vous martyr un homme marié de cette sorte? passe pour ceux qui ont des mauvaises femmes. »

Alors nostre bien-heureux Pere changeant la facetie en une façon serieuse : « Gardez, me dit-il tout bas, qu'il ne

---

[1] II Cor. xi, 2.

vous en arrive autant; je vous diray tantost comment, mais en particulier. »

Comme nous fusmes seuls, je le fis souvenir de ce qu'il avoit promis de me dire. « Gardez, reprit-il, avec un front un peu severe, si vous succombez à la tentation qui vous travaille, que pis ne vous arrive. » Par cette tentation il entendoit le desir que je luy avois communiqué de quitter ma charge, et renoncer à mon evesché, pour me retirer en une vie privée et solitaire.

« Vostre femme, me dit-il, est plus saincte, et meilleure que n'estoit celle de ce bon homme (entendant l'Eglise de laquelle, en me sacrant, il m'avoit donné l'anneau), et plus capable de vous sanctifier, que cette femme fidelle, dont la memoire est en benediction. Il est vray que la multitude des enfans spirituels qu'elle met sur vos bras, vous donne de la peine, qui est une espece de martyre : mais souvenez-vous que dans cette amertume tres-amere vous trouverez la paix de vostre ame, paix de Dieu eslevée au dessus de tout sentiment. Que si vous la quittez pour chercher le repos, possible Dieu permettra que vostre pretenduë tranquillité sera troublée de tant de persecutions et de traverses, que vous serez comme ce bon frere Leonize, dont j'ay parlé dans la Philothée, qui estoit souvent visité de consolations celestes, dans le tracas du mesnage en son monastere; desquelles il fut privé quand il eut importunément impetré de son superieur la retraite en sa cellule, pour vacquer plus utilement, disoit-il, à la contemplation. Sçachez (ô que ce mot m'est demeuré profondément gravé dans le souvenir) que Dieu hait la paix de ceux qu'il a destinez à la guerre. Il est le Dieu des armées et des batailles, aussi bien que le Dieu de paix : et il compare la Sulamite, l'ame pacifique, à une armée rangée en belle ordonnance; et, en cet équipage, terrible à ses ennemis[1]. »

[1] Cantic. vi, 3, 9.

Permettez, mes tres-cheres Sœurs, que je vous dise que ce Pontife prophetiza lors pour moy : car tout cela m'est arrivé depuis son trespas, ma douleur se renversant sur ma teste toutes les fois que je me ressouviens de ses predictions. O mon Pere, mon Pere, le chariot d'Israël, et son conducteur!

SECTION XXII.
D'un confesseur et martyr.

A propos de ce que je viens de vous dire, d'un martyr devenu confesseur, il me souvient d'une autre gracieuseté de nostre Bien-heureux, que vous serez bien aises d'apprendre. Aussi bien ne vous sçaurois-je rien dire en ces conferences particulieres qui vous aggree tant, que de vous representer les actions ou les paroles de ce tres-cher Pere de nos ames, qui nous a, vous et moy, engendrez par l'Evangile à nostre Seigneur : sa memoire nous est, comme il est dit de celle de Josias, *aussi suave que l'espanchement d'un parfum*[1].

Quoy qu'il m'eust sacré evesque fort jeune, et par dispense de l'aage donné par le sainct Siege apostolique, si vouloit-il que je me misse à toutes les fonctions pastorales, comme si j'eusse esté plus aagé, ne voulant pas qu'aucun mesprisast ma jeunesse; non plus que sainct Paul, celle de son Timothée. Il vouloit que je celebrasse la Messe tous les jours, que j'administrasse toutes sortes de Sacremens, que je visitasse, preschasse, catechisasse; bref, que je fusse à tout, sans exception quelconque, pour accomplir mon ministere.

Je contestay neantmoins quelque temps sur le faict de la Confession, m'estant avis que les jeunes confesseurs ne sont pas trop desirables, non plus que les jeunes juges, advocats, ou medecins : cette prudence et sagesse, qui naist de l'usage et de l'experience, ne faisant pas grand sejour parmy les jeunes gens. Son avis estoit contraire, et le grand ascendant que son jugement avoit sur le mien, emportoit mes opinions;

---

[1] *Eccli.* XLIX, 1.

comme le premier mobile, les spheres qui luy sont inferieures. Mon pauvre entendement estoit captif, sous la force de ses raisons, et ma sagesse devorée par la baguette de la sienne, qui estoit pour moy une baguette de direction, un baston de consolation et d'appuy.

Il fallut donc plier le col sous le joug, se reduire au confessionnal, et faire le penible mestier de penitencier. Je fus aussitost assiegé de peuple qui se pressoit autour de moy, *in condensis, usque ad cornu altaris*[1]. A peine pouvois-je respirer, et souvent la cloche tintoit pour le sermon qu'il me falloit faire, que j'estois encor assis au tribunal de la Penitence, semant d'une main, et moissonnant de l'autre; ou, comme Israël, bastissant d'une main, et bataillant de l'autre[2] : je n'avois presque pas mes repas en repos. *Surgite, postquam sederitis, qui manducatis panem doloris*[3]. *Euntes ibant et flebant*[4], etc.

Un jour las, et harassé d'une telle fatigue, je luy escrivis, et entr'autres choses je luy mandois, que pensant faire un confesseur il avoit fait un martyr. Il me respondit d'une grace toute singuliere, qu'il cognoissoit bien que la vehemence de mon esprit souffroit les douleurs d'une femme qui accouche : mais que j'eusse bon courage, et me souvinsse de ce qui est escrit, que *la femme qui enfante a beaucoup de tristesse; mais qu'elle se trouve en joie aussi-tost qu'elle a mis au monde une creature raisonnable*[5]. « Quel honneur pour vous, quel bon-heur, que Dieu s'en daigne servir pour deslier tant de pauvres ames, et les retirer de la mort du peché, qui est la region de l'ombre de mort, pour les ramener au jour et à la vie de la grace!

» Ce fardeau est semblable à celuy du cinnamome, qui fortifie et recree par son odeur celuy qui en est chargé. Il en est comme des vendangeurs et des moissonneurs, qui ne sont jamais si contens et joyeux que quand ils plient sous leur

---

[1] Psal. cxvii, 27. — [2] II Esdr. iv, 17. — [3] Psal. cxxvi, 2. — [4] Psal. cxxv, 6. — [5] Joan. xv, 21.

faix : qui les a jamais oüi plaindre de l'excez de la moisson, ou de la vendange? Je voi bien pourtant que vous voulez que je vous pleigne un peu, et que je soufle sur vostre agreable mal; or sus, ainsi soit-il.

» Je vous avoüe donc, que comme l'on appelle martyrs ceux qui confessent Dieu devant les hommes, c'est à dire, qui rendent tesmoignage par leurs souffrances à la verité de la foy, il n'y auroit pas grand danger quand on appelleroit ceux-là encore martyrs en quelque maniere qui confessent les hommes devant Dieu, voire quand on les nommeroit confesseurs et martyrs tout ensemble : » m'encourageant de demeurer en cette croix, et d'y perseverer jusques à la fin.

Une autrefois que je le vy, et que je tombay sur le propos de cette gracieuse response, je luy dy : « Il faudra donc appeller plus que martyrs ceux qui confessent les femmes et les filles, principalement les scrupuleuses. — O vraiment, reprit-il, vous avez raison, et vaudroit autant exposer un visage frotté de miel à une ruche d'abeilles. »

SECTION XXIII.

De l'imitation.

Je l'avois en une si haute estime (et non sans raison) que toutes ses façons de faire me ravissoient. Il me vint donc une fois en fantaisie de l'imiter en preschant. A vostre avis, mes bonnes Sœurs, avois-je choisi un mauvais patron? estois-je desgouté? Or ne vous imaginez pas que je m'efforçasse de le suivre en la hauteur de ses pensées, en la profondité de sa doctrine, en la force de son jugement et de sa conduite, en la douceur de ses paroles, en l'ordre et la liaison si juste de ses discours, et en cette douceur incomparable, qui arrachoit les rochers de leurs places. Tout cela estoit esloigné de ma portée, et hors de mes prises.

Je fis comme ces mouches, qui ne se pouvant prendre au poly de la glace d'un miroir, s'arrestent sur l'enchasseure :

je m'amusay, et comme vous allez entendre, je m'abusay en me voulant conformer à son action extérieure, à ses gestes, à sa prononciation. Tout cela en luy estoit lent et posé, pour ne dire pesant, à cause de sa constitution corporelle qui le necessitoit à cette façon de faire : la mienne estant toute autre, je fis une metamorphose si estrange, que je n'estois plus cognoissable à mon cher peuple de Belley; car ce fut là que je voulus faire ce beau chef-d'œuvre. Il croyoit qu'on luy eust enlevé son evesque, ou que l'on m'eust changé en nourrice : je leur pesois à la main, il sembloit que je tirasse mes paroles de mes talons; et au lieu de cette extreme vivacité et promptitude qui les estonnoit auparavant, et qu'ils avoient de la peine à suivre, comme si j'eusse esté un brandon de feu, un esclair, vray enfant du tonnerre, je leur paroissois tout de glace. O que mon or leur sembla bruny, et sa bonne couleur changée! ils faisoient comme celuy dont parle nostre poëte, qui curieux de l'antiquité, cherchoit la vieille Rome dans la nouvelle.

> O estranger, qui cherches Rome en Rome,
> Et rien de Rome en Rome n'apperçois.

Ce n'estoit plus moy, ce n'estoit plus que la cendre de cette parole enflammée et vehemente qu'ils cherissoient tant : l'or estoit rempli de crasse, et le vin meslé de trop d'eau. Ils prioient Dieu qu'il me rendist la joye de son salutaire, et qu'il me confirmast de son Esprit principal.

Somme, je n'estois plus moy-mesme, j'avois gasté mon propre original pour faire une fort mauvaise copie de celuy que je voulois contrefaire; je suivois les traces de cét ancien qui deffit en soy un fort bon senateur pour faire un moine fort imparfait : et reüssissant si mal en mon dessein, que l'on me recognoissoit aussi peu que Deiphobus en Euphorbe.

Nostre bien-heureux Pere fut adverty de tout ce mystere : lequel voulant appliquer à ce mal le cautere potentiel d'une bonne correction, ne sçavoit dans quel coton parfumé et huilé cacher la pointe de sa lancette. Un jour apres qu'il eust bien tournoyé autour de la perdrix pour la coucher en joüe, à propos de sermons : « Mais ce me dit-il, comme par surprise, il y a bien des nouvelles, on m'a dit qu'il vous a pris une humeur de contrefaire l'evesque de Geneve en preschant. » Je repoussay cét assaut en luy disant : « Hé bien, est-ce un si mauvais exemplaire ? à vostre avis, ne presche-t'il pas mieux que moy ?

» Ha ! certes, repliqua-t'il, voila une attaque de reputation. O non, à la verité il ne presche pas si mal, mais le pis est que l'on m'a dit que vous l'imitez si mal, que l'on n'y cognoist rien ; sinon un essay si imparfait, qu'en gastant l'evesque de Belley, vous ne representez nullement celuy de Geneve : de sorte qu'il seroit besoin d'imiter ce mauvais peintre, qui escrivoit le nom de ce qu'il vouloit pourtraire, sur les figures qu'il barboüilloit.

» Laissez-le faire, repris-je, et vous verrez que petit à petit, d'apprentif il deviendra maistre, et que ses copies à la fin passeront pour des originaux. — Joyeuseté à part, reprit-il, vous vous gastez, vous ruïnez le mestier, et vous demolissez un beau bastiment pour en refaire un contre toutes les regles de la nature et de l'art ; et puis en l'aage où vous estes, quand vous aurez comme le camelot pris un mauvais ply, il ne sera pas si aisé de le deffaire.

» O Dieu ! si les naturels se pouvoient changer, que ne donnerois-je de retour pour un tel que le vostre ! Je fay ce que je puis pour m'esbranler, je me pique pour me haster, et plus je me presse moins j'avance : j'ay de la peine à tirer mes mots, plus encor à les prononcer ; je suis plus lourd qu'une souche, je ne puis ny m'émouvoir, ny émouvoir autruy. Et si je suë à gros randons, et je n'avance gueres, vous allez à pleines voiles, et moy à la rame : vous volez, et je rampe, ou je me traine comme une tortuë. Vous avez plus de feu au bout du doigt, que je n'en ay en tout le corps ; une promptitude prodigieuse, une vivacité qui va avec les oiseaux, et comme ceux du prophete, tousjours de front, en forme d'un esclat de foudre. Et maintenant, à ce qu'on m'a dit, vous pesez vos mots, vous contez vos periodes : vous traisnez l'aisle, vous languissez et faites languir vos auditeurs après vous. Est-ce là cette belle Noëmy du temps passé; cette ville de parfaite beauté, la joye de toute la terre? »

Pourquoy m'arrestay-je icy à vous raconter toutes les particularitez de sa reprehension? suffit que je vous die que la medecine fut si efficace, qu'elle me purgea de cette douce erreur, et me fit reprendre mon premier train : Dieu vueille que ce soit pour sa gloire. Cét ancien a tres-bien dit :

O imitatores, servum pecus [1] !

Les chevaux à qui on apprend à aller l'amble avec des entraves, ne sont jamais seurs du pied, mais sujets à broncher. Il faut que l'art aide la nature; mais non qu'il la corrompe, altere, renverse.

Naturam expellas furca. tamen usque recurret [2].

SECTION XXIV.

De la charité de la chasteté, et de la chasteté de la charité.

Une fille de bonne maison estoit tombée en une faute fort scandaleuse, seduite par un seigneur de marque, sous espoir de mariage. Toute la famille, qui estoit notable, s'interessa dans cét affront; d'où nasquirent des querelles qui penserent produire beaucoup de meurtres. Un homme de qualité qui avoit espousé la sœur de cette fille abusée, devint si furieusement jaloux de sa femme, quoy que fort sage et vertueuse, et qui ne luy donnoit autre soupçon ny ombrage de sa fidelité, sinon qu'elle estoit fort belle, qu'il la mal-traitoit cruellement, comme si elle eust esté coupable de la faute de sa sœur, et qu'elle eust deu la suivre en sa cheute.

Ce monsieur le jaloux, et cette fille trompée, estoient lors

[1] Horat. lib. 1 Epist. xix, 9. — [2] Ibid. x, 24.

sur le tapis, et couroient parmy les langues; c'estoit l'entretien le plus commun des compagnies. On parloit donc de cela devant nostre bien-heureux Pere, et decoupoit-on de telle sorte et l'une et l'autre de ces personnes, que c'estoit pitié combien Dieu y estoit offensé. Sa prudence chrestienne luy fit trouver un change pour destourner ce mauvais propos, et le convertir en un excellent, qui revient au sujet que je vous traitte, mes Sœurs, qui est de la pureté du motif de la saincte charité.

Apres avoir donc à son accoustumée, souspiré de compassion sur la foiblesse humaine, plus inconstante que la fueille emportée par le vent, et adverty ceux qui estoient debout d'invoquer la grace de Dieu pour se garder de tomber, et de tirer profit d'un si miserable exemple, se faisant sages aux despens d'autruy; il avança ceste notable parole:

« C'est grand cas que chacun a tant de zele pour la charité de la chasteté, et peu en ont pour la chasteté de la charité. » Cette maxime si peu cogneuë, ouvrit toutes les aureilles, et prepara les presens à l'attention : et il l'expliqua environ de cette sorte. « Tous ont du zele pour la conservation de la chasteté, et qui n'en auroit, puisque c'est une vertu qui porte le nom d'honneur, vertu toute fleurissante, et dont les fleurs sont des fruicts d'honneur et d'honnesteté? Sans elle le monde ne seroit qu'ordure et infamie : il est escrit que par son defaut, *toute chair avoit corrompu sa voye*[1].

» On a tant de zele pour la garder, que ceux-là mesme qui ne l'ayment pas, la loüent; et quoy qu'ils ne l'observent, ils sont soigneux de la faire garder à leurs subjets : (il disoit cecy à cause de ce jaloux, lequel si aspre à garder l'honneur et la pudicité de sa femme, estoit fort peu curieux de la sienne; estant en cela mesme assez desbauché : peut-on reprendre un deffaut plus delicatement?) en quoy certes ils sont loüables, car on ne peut conserver avec trop de diligence un si

---

[1] Gen. vi, 12.

riche thresor, veu mesme que la bien-seance publique y est interessée, avec l'honneur des familles.

» Mais pleust à Dieu que nous fussions, selon le conseil de sainct Paul, jaloux des meilleures graces, et que nous eussions autant de zele pour la chasteté de la charité ! » Chacun le priant de s'expliquer là dessus, il continua : « J'appelle chasteté de la charité, la pureté et integrité de cette vertu, la mere, la royne, et l'ame de toutes les autres, et sans laquelle, ou elles ne sont pas vrayes vertus, ou elles sont mortes et sans aucun prix devant Dieu.

» Or il y a tant de charité impure et feinte, et par consequent qui n'est pas chaste et entiere, que c'est une grande pitié. Telle est celle par laquelle on offense la vraye charité de Dieu et du prochain, sous le pretexte de la charité mesme; ce qui est une trahison, la nompareille, puis qu'elle trahit le traistre mesme qui la brasse. J'ay de coustume de dire que c'est une vertu dangereuse que le zele, parce qu'il y a peu de gens qui la sçachent pratiquer comme il convient. Plusieurs font comme ces mauvais couvreurs qui gastent plus de thuiles qu'ils n'en remettent, et comme ces medecins malicieux qui prolongent les maladies au lieu de les guerir.

» A raison dequoy l'Escriture declame fortement contre le zele amer et sans science, d'autant qu'il destruict plus qu'il n'edifie, dissipe plus qu'il n'amasse, offense plus qu'il ne corrige. Or voicy ce que je veux dire. La charité ne cherche point son interest, mais celuy de Dieu seulement, et le bien du prochain, avec rapport à l'amour de Dieu, qui est celuy qui est garny de cet or tres-bon, et purifié au septuple.

» On appelle la crainte de Dieu non servile, mais filiale, crainte chaste, amoureuse, respectueuse, crainte qui demeure au siecle des siecles, et qui entre avec la charité dans l'eternité de la gloire : et j'appelle charité chaste celle qui est tellement des-interessée, qu'elle ne regarde que le bien de Dieu qui est son honneur, ou le bien de la personne aymée en Dieu, pour Dieu, et selon Dieu. Certes il y a peu de ce pur or en la terre; cependant il nous le faut acheter si nous voulons devenir vrayement riches des richesses spirituelles de la grace. »

« Mais, luy dis-je, est-ce mal fait de joindre son interest à celuy de Dieu? cela offense-t'il la pureté et l'integrité de la charité? — Il faut sçavoir, reprit-il, ce que vous entendez par ce mot de joindre. Car, si par ce mot de joindre vous entendez preferer vostre interest à celuy de Dieu, vous violez l'ordre de la charité : et cét ordre est tellement de son essence, que c'est la ruyner que renverser son ordre, estant une notable offense, que de postposer l'interest de Dieu au nostre; la propre qualité du peché à mort consistant principalement en cela, puisque quiconque le commet prefere la creature au Createur.

» Si par joindre vous entendez preferer celuy de Dieu au nostre, et que celuy-là soit le principal, et cestui-cy l'accessoire, cet ordre est bon et recevable : neantmoins quelque rapport que vous fassiez de nostre interest à celuy de Dieu, cette charité est toujours moins pure, et par consequent moins excellente et moins parfaite; puisque l'on donne un suivant à l'amour de Dieu, qui n'est jamais plus au large que quand il n'a pas de collateral, et quand il regne tout seul et absolument dans un cœur.

» C'est cette pureté là que j'entends par la chasteté et virginité de la charité, et de laquelle si peu de gens sont jaloux de la jalousie de Dieu qui brusloit le grand Apostre. Si nous avions ce zele, nous ne regarderions que Dieu en toutes choses, et nulle chose qu'en Dieu : de maniere que nous ne considererions pas plusieurs choses, mais une seule chose qui est Dieu, puis qu'il seroit l'unique blanc de toutes nos veuës. »

Par cette prudente diversion il escarta bien loing le propos offençant qui blessoit son aureille, parce que Dieu y estoit des-honnoré dans la mesdisance du prochain; et il nous ouvrit les yeux sur ce que peu de gens cognoissent, et beaucoup moins pratiquent. Je m'asseure, mes sainctes Sœurs, que vous ne laisserez pas tomber à terre cét enseignement, que vous en ferez un bon usage; et comme vierges prudentes, qui avez et l'integrité du corps, et l'huile de la charité, vous le reduirez en pratique, n'oubliant pas de remarquer la prudence, l'adresse, la douceur, la moderation, la saincte doctrine, et sur tout la charité pure et merveilleuse de nostre bien-heureux Pere en cette occurrence.

SECTION XXV.

Circonspection fort avisée.

On luy amena une fois un jeune homme qui avoit outragé sa mere, et de parole, et mesme d'effect : et cette mere outree de douleur, l'avoit chargé de maledictions et d'imprecations. On pensoit qu'il luy deust faire une ferme correction, et luy laver la teste d'une lexive bien forte. Mais il estoit trop fondé et enraciné en la douceur, pour en venir à ce point : il s'y prend avec sa mansuetude ordinaire, qui ne fit rien qu'irriter l'insolence de ce brutal, qui dit des injures à ce Pasteur, pere de son ame, comme il en avoit vomy à la mere qui avoit porté son corps.

Le Bien-heureux se prit à pleurer voyant la dure cervelle et le cœur impenitent et incirconcis de ce miserable, disant que ce cœur dur et impliable feroit une mauvaise fin. Ses douces paroles au lieu d'esteindre son courroux, firent comme l'eau des forgerons, qui embrase leur fournaise au lieu d'en amortir les flammes.

Comme on luy eust dit que la mere reciproquement l'avoit maudit, et luy avoit souhaité mille maux : « Ha! dit-il, voilà encore le pire; si cette femme est prise au mot, elle aura beau maudire ses maledictions, miserable mere d'un plus mal-heureux fils. « Desdichada Madre d'un mas desdichado hijo. » Il usa de ce mot espagnol; il y en avoit lors une garnison en sa ville, et quelques soldats de cette nation estoient presens à ce spectacle deplorable.

Il ne fut que trop bon prophete : car ce jeune garçon ayant quitté sa mere par despit, s'en alla à la guerre, ou, querelleux qu'il estoit, il finit sa vie dans un mal-heureux duel, et n'eust autre sepulture que celle des asnes, ou quelques-uns disent qu'il fut mangé par des chiens ou des loups, et la mere en mourut de regret quelque temps apres.

Or comme quelques-uns le reprenoient de sa trop grande douceur en cette correction : « Que voulez-vous que j'y fasse, leur disoit-il; j'ay fait ce que j'ay pù pour m'armer d'une colere qui ne peche point, j'ay pris mon cœur à deux mains, et n'ay pas eu la force de le luy jetter à la teste.

» Et puis à vous dire le vray, je craignois d'espancher en un quart d'heure ce peu de liqueur de mansuetude, que je tasche de recueillir depuis vingt et deux ans, goutte à goutte, comme une rosee dans le vaisseau de mon chetif cœur. Les abeilles sont plusieurs mois à faire peu de miel, que l'homme avale en une bouchée. Et puis à quel propos parler où il n'y a point d'auditeur? Ce jeune homme n'estoit pas capable de remonstrance : car la lumiere de ses yeux, c'est à dire de son jugement, n'estoit plus avecque luy; je ne luy eusse de rien servy, et je me fusse peut-estre fait grand tort, et eusse imité ceux qui se noyent avec ceux qu'ils pensent sauver. Il faut que la charité soit prudente et judicieuse. »

Que dites-vous de cette circonspection si avisee, o vierges prudentes, qui avez en une main la lampe allumée, et le vaisseau à l'huile en l'autre? Cecy me fait souvenir d'une agreable similitude. Ceux qui se mettent au hazard de faillir en voulant reprendre ou corriger les fautes d'autruy, sont semblables à celuy qui mousche une chandelle avec ses doigts : il l'a fait luire plus clair, et cependant il se sallit et s'eschaude. Il faut estre amy jusques à l'autel, et en cecy comme en toute autre action, marcher à la façon des Machabées, *cauté et ordinaté*[1].

SECTION XXVI.
Si les Apostres alloient en carosse.

L'an 1619 il vint à Paris, accompagnant monsieur le cardinal de Savoye, qui se vouloit trouver aux nopces de monsieur le prince de Piedmont son frere, qui espousoit madame sœur du Roy, Chrestienne[a] de France. Parmy les rencontres qui arriverent à nostre bien-heureux Pere en cette grande ville, celle-cy est agreable, et vous pourra servir, mes Sœurs, d'une saincte et edifiante recreation.

Un homme de la religion pretenduë Reformée, d'assez bonne façon, demanda à parler à luy. Il fut introduit par un de ses domestiques dans sa chambre. Ce personnage luy demande en entrant, sans luy faire autre compliment ny reverence : « Est-ce vous que l'on nomme l'evesque de Geneve?—Monsieur, luy dit nostre saint Prelat, l'on m'appelle ainsi, quoy que je n'aye pas grand accez dans cette ville-là, mais assez dans le reste du diocese qui est commis à ma charge. — Je voudrois bien sçavoir de vous, que l'on tient par tout pour un homme apostolique, si les Apostres alloient en carosse. »

Nostre Bien-heureux qui m'a raconté cette histoire me dit qu'à cét assaut il se trouva un peu surpris. Neantmoins ayant remis son ame en bonne assiette, il s'avisa de ce qui est escrit de sainct Philippes aux Actes des Apostres, qui entra dans le chariot ou carosse de l'eunuque de la royne de Candace[2]; et quoy que ce ne fust pas sainct Philippes l'apostre, mais le diacre, c'estoit tousjours un homme apostolique : ce qui luy donna sujet de repartir, qu'ils alloient en carosse quand la commodité et l'occasion s'en presentoit.

[1] I Mach. vi, 40. — [2] Act. viii, 31.
[a] Christine.

L'autre hochant la teste : « Je voudrois bien, repliqua-t'il, que vous me fissiez voir cela dans l'Escriture. » Lors il luy allegua l'exemple que nous venons de marquer. L'assaillant ne s'appercevant pas que ce sainct Philippes n'estoit pas l'apostre, luy dit : « Mais ce carosse n'estoit pas à luy, ains à l'eunuque qui l'invita d'y monter. — Je ne vous ay pas dit, reprit François, que ce carosse fust à luy, mais seulement que quand l'occasion se presentoit ils alloient en carosse.

» Mais dans des carosses dorez, brodez, et si riches que le Roy n'en auroit pas de plus precieux, comme est le vostre, Monsieur, reprit le Protestant, ny traisnez par de plus beaux chevaux, ny conduits par des cochers mieux couverts, c'est ce qui ne se lit point : et c'est ce qui me scandalize en vous, qui faites le sainct, et que les Papistes tiennent pour tel. Vraiment voila de beaux saincts, et qui vont en paradis bien à leur aise. »

François s'appercevant où le bast blessoit ce psichique : « Helas ! Monsieur, luy dit-il, ceux de Geneve qui retiennent le bien de mon evesché, m'ont coupé l'herbe si courte, et m'ont mis le ratelier si haut, que c'est tout ce que je puis faire de vivre petitement et pauvrement de ce peu qui me reste ; je n'eus jamais de carosse à moi, ni le moyen d'en avoir.

» Ce carosse donc si pompeux et si majestueux, où je vous voi tous les jours par la ville, reprit l'attaquant, n'est donc pas à vous ? — Non certes, reprit l'Evesque, et vous avez raison de l'appeler majestueux, car il appartient à sa Majesté, et il est du nombre de ceux que le Roy a ordonnez pour ceux qui, comme moy, sont à la suite de messieurs les princes de Savoye ; vous le pouvez cognoistre aux livrees du Roy que porte celui qui le conduit.

» Vraiment, reprit le Protestant, cela me contente, et je vous en aime d'avantage : je voi que vous avez raison, et que vostre esprit est traitable. Vous estes donc pauvre, à ce que je voi, puis que vous estes à la suite de ces messieurs. — Je ne me plains point de la pauvreté, reprit François, puisque j'ai suffisamment ce qu'il me faut pour vivre honnestement, et sans superfluité; et quand j'en sentirois les incommoditez, j'aurois tort de me plaindre d'une chose que Jesus-Christ a choisie pour son partage durant tout le cours de son aage, vivant et mourant entre les bras de la pauvreté.

» Au reste, la maison qui m'a donné la naissance, estant dans la subjetion de la maison de Savoye, j'ai tenu à honneur d'accompagner monsieur le cardinal de Savoye en ce voyage, et de me trouver à la celebrité de l'alliance que monsieur le prince de Piedmont son frere contracte avec la France, espousant Madame sœur de sa Majesté. »

Tout ceci contenta de telle sorte ce Protestant, et adoucit de telle façon son esprit farouche, hagard, et hautain, qu'il luy protesta de l'avoir desormais en estime, et qu'il se retiroit avec beaucoup de satisfaction.

J'oubliois à vous dire, mes Sœurs, que nostre bien-heureux Pere m'avoit marqué une circonstance, qui fut qu'à cét abord si extravagant de ce personnage, il regarda autour de soy si quelqu'un des siens, qui avoit l'humeur assez prompte, n'y estoit point; et voyant que non, il dit en soy-mesme : « Nous voila assez forts, un tel n'y est pas, il auroit de la peine à boire le calice que nous allons avaler. » Car il s'attendoit à un tel commencement, d'une suite beaucoup plus insolente : mais il arriva, selon le mot du Sage, que la douce parole rompoit la colere[1]; cét homme faisant comme l'abeille, qui reste toute estourdie quand elle a laissé son esguillon dans la playe.

Animamque in vulnere ponunt [2].

Possible que si celuy dont il redoutoit la presence s'y fust trouvé, il eust donné sujet à quelque logomachie qui eust tout gasté, et nous eust ravi ce grand exemple de moderation et

---

[1] Prov. xv, 1. — [2] Virgil. Georg. iv, 238.

de douceur, de prudence, d'adresse, de modestie, d'humilité, de discretion, qui eust esté capable d'apprivoiser un tigre.

SECTION XXVII.

Patience à l'espreuve.

L'année qu'il prescha à Grenoble l'Advent et le Caresme, il eut un tel concours à son auditoire, non seulement des Catholiques, mais encore des Protestans de la confession de Geneve, que l'on appelle en France de la religion pretenduë Reformée, que l'on n'en avoit jamais veu de semblables. Les ministres en prindrent une telle allarme, qu'ils firent assembler plusieurs consistoires pour aviser aux moyens de destourner cét orage, qui menaçoit leur temple d'une vaste solitude. Leurs foudres bruts, leurs remonstrances, leurs esprits d'orage et de tempeste, leurs avis et leurs menaces ne servirent de rien : la defense invitoit le desir des leur, et ils ressembloient à ce maistre d'hostel d'un de leurs grands supposts, qui commandoit assez en la maison de son maistre, mais nul ne luy obeïssoit.

Un des ministres, homme turbulent et tempestatif, voyant son auditoire desert, quoy qu'il preschast expressément à la mesme heure que le bien-heureux Evesque, pour tascher de divertir ses gens de l'aller ouïr; apres beaucoup d'invectives et de declamations tragiques, s'avisa de menacer de vouloir faire armes, c'est à dire, d'en venir à la dispute dans une conference reglée.

Il fit courir ce bruit par les langues de ceux de son party : à quoy François se resolut incontinent, estant fort adroict en cette sorte d'escrime, qu'il avoit apprise dans la pratique de plusieurs années qu'il avoit employées en la conversion de trois bailliages de l'evesché de Geneve, Tonon, Ternier, et Gaillard, qui avoient esté reduits au sein de l'Eglise catholique romaine, par son travail et celuy de ses associez.

Un homme de fort noble maison, natif de Belley, duquel j'ay appris cette particularité, qui avoit esté conseiller au parlement de Grenoble, et marié, et depuis son veufvage, qui avoit quitté son office pour prendre la soustane d'ecclesiastique, personnage d'insigne probité et pieté, et qui estoit un des enfans spirituels de nostre Bien-heureux; estant entré en propos avec luy, sur le sujet de ceste conference, dont on parloit par toute la ville, n'estoit aucunement d'avis que le Bien-heureux s'y accordast : luy representant l'humeur insolente du ministre qui avoit une gorge de fer, et une bouche d'enfer, et la langue la plus contagieuse et injurieuse du monde. « Bon, disoit le Bien-heureux, voila justement ce qu'il nous faut. » Et comme l'autre luy representoit que le ministre le traiteroit indignement, et n'auroit non plus d'esgard à luy qu'à un homme de neant. « Encore mieux, repliquoit le sainct Evesque, c'est ce que je demande. O que de gloire Dieu tirera de ma confusion ! — Mais, repartoit l'autre, voulez-vous exposer vostre qualité à l'opprobre? — Nostre Seigneur, reprenoit le Bien-heureux, en a bien souffert d'autres pour nous : n'a-t'il pas esté saoullé d'opprobres?

» O ! disoit nostre devot, vous debuttez de trop haut. — C'est là le poinct, disoit le Sainct, de la lunette d'approche. Le vous diray-je? j'espere que Dieu me fera la grace d'endurer plus d'injures qu'il ne m'en sçauroit dire; et si nous sommes bravement humiliez, Dieu sera magnifiquement exalté. Vous verrez des conversions à tas en suite de cela, mille tombans à gauche, et dix mille à droite. C'est la pratique de Dieu de tirer son honneur de nostre infamie. Les Apostres ne sortoient-ils pas joyeux des assemblées où ils avoient enduré des contumelies pour le nom de Jesus? Ayons bon courage, Dieu nous aydera : ceux qui esperent en luy ne manquent d'aucun bien, et ne sont jamais confondus. »

Vistes-vous jamais, mes Sœurs, une patience de plus forte trempe? Sans doute les coups de ce ministre n'eussent fait que blanchir, nul n'eust percé : mais le diable, de peur de perdre en ce jeu, suggera tant de raisons de prudence humaine aux suppôsts du ministre, qui se defioient et de la vertu, et de la suffisance de leur pasteur, qu'ils firent empescher cette conference par le lieutenant de Roy qui estoit encore lors de leur creance, et tout cét orage excité par les bravades de ce ministre, fit comme les bourrasques et tourmentes de la mer, lesquelles apres beaucoup d'agitation et de bruit, ne laissent que de l'escume et de la bave sur le rivage. Les personnes vaines sont comme la fumée qui s'exhale et se dissipe en s'eslevant, elles se fondent comme la cire devant le feu. Que tous ceux-là soient confondus et jettez à la renverse, qui ont en haine la veritable Sion, la saincte Eglise catholique romaine, edifiée sur un rocher.

SECTION XXVIII.

Confiance en Dieu.

Il avoit eu dés sa jeunesse pour precepteur un ecclesiastique fort vertueux appellé monsieur d'Aage; lequel il garda jusques à sa mort, et le regarda presque tousjours comme son ange visible gardien. Il l'avoit conduit en ses estudes, et en Savoye, et à Paris, et à Padoüe, et avoit pris un si fort ascendant sur l'esprit de son escolier, qu'il le menoit comme il vouloit, trouvant en sa docilité un vray terroir à planter et porter toutes sortes de vertus.

En quelque condition qu'ait été François, il a tousjours porté un tres-grand respect à ce bonhomme, qui estoit en effect un fidele serviteur de Dieu. Il l'appelloit, et son pere et son maistre : quand il fut fait evesque il le fit chanoine en son Eglise, et le pourveut honorablement, luy donnant outre cela, et sa maison et sa table.

Cét homme de son costé avoit un tel zele de l'honneur de François, qu'il n'eust pû supporter qu'aucun en eust dit en sa presence une seule parole mauvaise, ny de raillerie; cela le mettoit aussi-tost en fort mauvaise humeur. Quelquefois le bon Evesque luy remonstroit qu'il n'étoit pas raisonnable qu'il fût si sensible et douillet sur la reputation de son disciple. « Quoy, luy disoit-il, suis-je tout parfait? suis-je sainct? — Je vous desire tel, disoit le bon-homme. — Et quand je le serois, repartoit le disciple, les saincts n'ont-ils point eu de moqueurs et de repreneurs? ont-ils esté exempts du fleau de la persecution et de la contradiction des langues? Que n'a-t'on dit de Nostre Seigneur, qui estoit la perfection mesme? sainct Paul n'a-t'il pas repris sainct Pierre? et luy-mesme n'a-t'il pas esté reputé comme fol, à force d'estre trop lettré? »

Le bon monsieur d'Aage ne se payoit point de ces raisons : mais veillant sur toutes les actions de notre sainct Prelat, comme ce dragon qui ne dormoit jamais, sur les pommes d'or du jardin des Hesperides, il le reprenoit de ses moindres deffauts, ou qui luy sembloient tels, avec une liberté qui eust essuyé toute autre patience, et qui ne pouvoit estre excusée que par le zele ardant du maistre, et la douceur incroyable du disciple.

S'il luy eschappoit quelquefois un petit mot de recreation, aussi-tost il luy jettoit sainct Bernard au visage qui appeloit des blasphemes, les joyeusetez qui sortoient de la bouche d'un clerc; quoy donc, de la bouche d'un evesque? S'il preschoit, il trouvoit à redire à ses sermons. S'il se donnoit à la conversation de tous ceux qui l'abordoient, il disoit que cela n'estoit pas seant à la gravité episcopale, que la familiarité rend les personnes qui sont en dignité contemptibles. Bref, sur quelque desmarche qu'il se mist, ce bon aristarque y trouvoit tousjours à mordre; avec une bonne et sincere intention toutesfois, mais pareille à la passion de ces animaux qui estouffent leurs petits à force de les embrasser.

Principalement il avoit l'œil sur l'honnesteté et pudicité de François, dont la jeunesse et la beauté avoient donné dans les yeux de beaucoup d'inconsiderées; comme vous le voyez, mes Sœurs, dans le recit de ceux qui ont escrit sa vie.

Au commencement de son episcopat (auquel il arriva environ à l'âge de trente six ans), donnant libre accez à tout le monde sans difference de condition ny d'aage, ny de sexe, pour estre le sel de la terre, et la lumiere de tous, puisque Dieu l'avoit mis sur le chandelier, afin qu'il esclairast à toute sa maison ; ce bon precepteur ne pouvoit souffrir que les femmes l'abordassent avec tant de liberté, et luy parlassent si long-temps, selon la coustume de ce sexe, qui est copieux en discours et à le don des langues de la tour de Babel. Le sainct Prelat qui se recognoissoit redevable à tous, tant aux sages qu'aux moins avisez, ne rebutoit personne, sçachant que le pasteur doit estre comme une pierre de sel à ses oüailles, pour leur donner l'appetit des choses celestes.

Son surveillant, qui ne trouvoit pas à son gré ceste frequentation, non tant de deffiance qu'il eust de l'integrité de son disciple, que pour esviter l'escueil des mesdisances, des jugemens du monde, qui estant lousche ne voit rien que de travers, et la contradiction des langues : une fois qu'il le pressoit là dessus et le conjuroit de se deffaire de tant d'importunitez, d'espargner son temps qu'il employeroit à de meilleures occupations, et sur tout d'éviter les detractions des personnes qui bourdonnent assez comme des guespes et ne font point de miel; il luy repliqua :

« Monsieur d'Aage, que voulez-vous? la charge des ames n'est pas de porter les forts, mais de supporter les infirmes Il ne se faut point mesler de ce travail, où il s'y faut donner tout à fait : Dieu hait les tiedes, et veut estre servi sans mesure. J'aime certes la prudence du serpent, mais incomparablement plus la simplicité de la colombe. Dieu qui est la charité mesme m'ayant attaché à cét employ de charité, sçait qu'en tout cela, je ne regarde que son amour. Tant que je me tiendray à luy, il ne m'abandonnera pas : il ne delaisse jamais ceux qui le cherchent, et qui le recherchent de tout leur cœur.

» Ayons bon courage, il nous aydera : il ne permettra

point que nous tombions pour nous froisser, il nous soustiendra de sa main : il est une ayde puissante; ceux qui sont en sa main ne peuvent perir.

Dieu peut tout ce qu'il veut, il veut tout ce qu'il doit,
Il doit toute faveur à qui chemine droit.

« Il nous peut retirer des abysmes de la terre : combien plus aysément nous empescher d'y descendre? Il mortifie, il vivifie, il plonge aux enfers et en retire. Avec luy nous ne devons pas craindre les milliers de combatans : avec luy nous sommes assez forts pour surmonter toutes sortes d'obstacles. Il a fait des merveilles avec la baguette de Moyse : un roseau en la main de Jesus-Christ c'est une colomne du temple. » Quelle confiance?

SECTION XXIX.

De la perfection.

« Je n'entends parler que de perfection, disoit quelquefois nostre bien-heureux Pere, et je voy fort peu de gens qui la pratiquent. Chacun en fait une à sa mode, et c'est une vraye idole de Micas. Les uns la mettent en l'austerité des habits; d'autres, en celle du manger; d'autres, en l'aumosne; d'autres, en la frequentation des sacrements de Penitence et d'Eucharistie; d'autres, en l'oraison, soit vocale, soit mentale; d'autres, en certaine sorte de contemplation passive et sureminente; d'autres, en ces graces extraordinaires que l'on appelle gratuitement données. Et tous ceux-là se trompent, prenans les effets pour la cause, le ruisseau pour la source, les branches pour la racine, l'accessoire pour le principal, et souvent l'ombre pour le corps.

» Pour moy je ne sçay ny ne cognois point d'autre perfection chrestienne que d'aymer Dieu de tout son cœur, et son prochain comme soy-mesme. Toute autre perfection, sans celle-cy, est une fausse perfection; c'est un or de bas alloy, et sophystiqué, s'il ne peut souffrir cette touche. La charité est le seul lien de perfection entre les Chrestiens, et la seule vertu qui nous unit à Dieu et au prochain comme il faut, en quoy consiste nostre fin et consommation derniere : c'est là la fin de toute consommation, et la consommation de toute fin.

» Ceux-là nous trompent qui nous forgent d'autres perfections, et qui nous donnent une Lia pour cette Rachel, et pour ce David une statuë. Ceux qui nous allaittent d'un autre aliment nous seduisent : ce sont des lamies qui monstrent leurs mammelles à leurs petits, mais pleines d'un laict empoisonné.

» Toutes les vertus qui semblent les plus grandes et les plus excellentes ne sont du tout rien sans la charité ; ny la foy, quand mesme elle transporteroit les montaignes, et qu'elle penetreroit les mysteres ; ny la prophetie, ny le langage des hommes et des Anges, ny l'aumosne de tous ses biens aux pauvres ; ny mesme le martyre, fust-il du feu : tout cela ne sert de rien sans la charité.

> Mettez la charité en l'ame, tout y sert :
> Ostez la charité de l'ame, tout s'y pert.

» Quiconque n'est en la dilection, est en la mort ; et toutes les œuvres, quelque bonté apparente qu'elles ayent, sont œuvres mortes, et de nulle estime pour l'eternité.

» Je sçay que l'austerité, l'oraison, et les autres exercices de vertu, que nous avons, nommez sont de fort bons moyens pour advancer en la perfection, pourveu qu'ils soient pratiquez en charité, et par le motif de la charité. Il ne faut pas pourtant mettre la perfection dans les moyens, mais dans la fin, où ces moyens la conduisent ; autrement ce seroit s'arrester dans le chemin, et au milieu de la course, au lieu d'arriver au but. L'Apostre nous exhorte bien de courir, mais en sorte que nous emportions le prix[1], lequel n'est que pour ceux qui ont assez d'haleine pour atteindre le but de la carriere.

[1] I Cor. ix, 24.

« Il faut en un mot que toutes nos actions se fassent en charité, si nous voulons marcher d'une maniere, comme dit sainct Paul, digne de Dieu; c'est à dire, cheminer à grands pas vers la perfection. »

SECTION XXX.

Il poursuit le sujet qui precede.

Comme je luy demandois ce qu'il falloit faire pour arriver à cette perfection. — « Il faut, reprit-il, aimer Dieu de tout son cœur, et son prochain comme soi-mesme. — Je ne vous demande pas, repartis-je, ce que c'est que perfection; je m'enquiers du chemin qu'il faut tenir pour y parvenir. — La charité, dit-il, est une vertu admirable, elle est et moyen et fin tout ensemble : elle est la carriere et le but, elle est la voye pour aller à elle mesme, c'est à dire, pour faire progrez en la perfection. *Je vous veux monstrer une voye encore plus excellente*, dit sainct Paul, escrivant à ceux de Corinthe[1], et aussi-tost s'expliquant, il fait une ample description de la charité.

» Certes elle est la voye de la vraye vie, elle est la verité de la vivante voye, elle est la vie de la voye de la verité. Toute vertu est morte sans elle; pour cela elle est la vie. Nulle sans elle n'arrive à la derniere et souveraine fin, qui est Dieu; pour cela elle est la voye. Sans elle il n'y a point de vraye vertu, dit sainct Thomas; pour cela elle est la verité.

» Elle est la vie de l'ame; car c'est par elle que nous sommes transferez de la mort du peché, à la vie de la grace. C'est elle qui rend la foy, l'esperance, et toutes les autres vertus vives et formées. L'ange dit à ce mauvais pasteur dans l'Apocalypse, qui avoit perdu la charité : *Tu penses estre riche, et tu es pauvre; estre vivant, et tu es mort*[2] : car

[1] I Cor. xii, 31. — [2] Apoc. iii, 17.

comme l'ame est la vie du corps, la charité aussi est la vie et la perfection de l'ame.

» Je sçai tout cela, luy dis-je, mais je desire sçavoir comme il faut faire pour aimer Dieu de tout son cœur, et son prochain comme soy-mesme. » Il repart : « Il faut aimer Dieu de tout son cœur, et son prochain comme soy-mesme. — Me voila, repris-je, aussi docte qu'auparavant mon enqueste; je souhaite un moyen pour apprendre à aimer Dieu, etc. — Le moyen le plus propre, le plus aisé, le plus court, le plus utile, pour aimer Dieu de tout son cœur, etc., c'est d'aimer Dieu de tout son cœur, etc. » Il prenoit plaisir à me tenir en cette suspension, pource que je faisois comme le ver à soye qui s'enferme dans son propre ouvrage.

A la fin il s'expliqua, et dit : « Plusieurs, aussi bien que vous, me demandent des methodes, des enseignemens, des secrets de perfection, et je leur respond que je ne sçay point de plus grande finesse que d'aimer Dieu de tout son cœur, etc. Et l'industrie pour arriver à cét amour c'est d'aimer : car comme on apprend à estudier en estudiant, à joüer du luth en joüant, à danser en dansant, à nager en nageant; aussi apprend-on à aimer Dieu et le prochain en l'aimant; et ceux qui prennent une autre methode se trompent.

Le proverbe espagnol est fort propre icy : « A comer y arançar siempre commençar. » A manger et à se gratter, il ne faut que commencer; car l'appetit vient en mangeant. Le bon moyen d'aimer Dieu, c'est de l'aimer toujours plus. *Cherchez tousjours son visage*, disoit David[1], et soyez constans en cette recherche : oüy, recherchez là sans cesse. On demandoit à un grand homme de lettres de nostre âge, comme il estoit devenu si sçavant? Il respondit : « C'est en estudiant. »

Labor inprobus omnia vincit[2].

[1] Psal. civ, 4. — [2] Virgil. lib. 1 Georg. 145.

« Si tu veux estre aymé, ayme, disoit le grand Stoïque : c'est là un philtre ou breuvage amoureux sans charme. Voulez-vous apprendre à aymer Dieu? aymez-le ; et en l'aymant, aymez-le toujours plus. Avancez sans cesse, et ne vous amusez point à regarder en arriere ; oubliez le passé. Que le juste se justifie tousjours plus, et le sainct se sanctifie encore d'avantage. Que les apprentifs commencent, et à force d'aymer ils y deviendront maistres. Que les plus avancez s'estendent tousjours plus avant, sans penser estre arrivez au but ; car la charité de cette vie peut tousjours estre augmentée jusques au dernier souspir. Et que les plus avancez et les plus parfaits dient avec David, *Voila maintenant je commence*[1]; ou avec le grand sainct François, Quand commencerons-nous à aymer et à servir Dieu de tout nostre cœur, et à cherir nostre prochain comme nous-mesmes? » Cét enseignement est fort notable, mes cheres Sœurs : c'est pourquoy je vous conseille, ains je vous conjure de le remarquer et remascher soigneusement, de le graver profondement dans vos memoires, et plus profondement encor dans vos volontez. Ne vous contentez pas de l'aimer d'un amour affectif, allez encor dans l'effectif, et le reduisez en pratique, et il vous eslevera à un haut degré de sanctification.

SECTION XXXI.

Aymer, qu'est-ce?

« Je sçavois bien, luy disois-je, que la perfection chrestienne consiste en la charité ; que cette charité c'est aymer Dieu pour l'amour de luy-mesme, et le prochain pour l'amour de Dieu. Mais qu'est-ce qu'aymer? » Il me respondit : « L'amour est la premiere passion de nostre appetit sensitif, et la premiere affection du raisonnable, qui est nostre volonté ; si bien que la volonté n'est autre chose que l'amour du bien,

[1] Psal. LXXVI, 11.

et l'amour c'est vouloir le bien. Si nous nous voulons le bien, c'est ce que l'on appelle amour de convoitise; si nous le voulons à quelqu'un, c'est ce que l'on nomme amour d'amitié.

» Aimer donc Dieu et le prochain, d'amour de charité, qui est un vray amour d'amitié, c'est vouloir du bien à Dieu pour luy-mesme; et au prochain, en Dieu et pour l'amour de Dieu. — Mais quel bien, repris-je, pouvons-nous vouloir à Dieu, qui est le bien souverain, et la mesme bonté essentielle et infinie? — Nous pouvons, respondit-il, luy vouloir deux sortes de biens : celuy qu'il a, par complaisance, en nous resjoüissant de ce qu'il est ce qu'il est, et que rien ne peut estre adjousté à la grandeur et à l'infinité de sa perfection interieure; et celuy qu'il n'a pas, le luy vouloir, ou par effect, s'il est en nostre pouvoir de le luy donner, ou par affection et desir, s'il n'est pas en nostre puissance.

» Et quel bien n'a point Dieu, repartis-je soudain? — C'est ce que je vous allois dire, repliqua-t'il. C'est celuy que l'on appelle exterieur, et qui luy provient de l'honneur et de la gloire que luy rendent les creatures, principalement les raisonnables. C'est ce bien que luy souhaite David en tant de lieux de ses Pseaumes, entr'autres en ceux-cy : *Laudate Dominum de cœlis* [1]. *Benedic, anima mea, Dominum* [2]. Et les trois enfans de la fournaise, en leur cantique : *Benedicite, omnia opera Domini, Domino* [3].

» Si nous aimons vraiment Dieu, nous taschons de luy faire ce bien là par nous-mesmes, rapportant à sa gloire tout nostre estre, et toutes nos actions; non seulement les bonnes, mais les indifferentes. Et non contens de cela, nous faisons nos diligences et nos efforts pour essayer de porter le prochain à son service et à sa dilection, afin que par tout et en toutes choses Dieu soit honoré.

» Aimer le prochain en Dieu, c'est se réjoüir du bien qu'il

---

[1] Psal. cxlviii, 1. — [2] Psal. cii, 1. — [3] Dan. iii, 57.

a, entant qu'il s'en sert utilement pour la divine gloire : c'est luy rendre toute l'assistance que la possibilité exige de nous en son besoin : c'est avoir le zele du salut de son ame, et le procurer comme le nostre propre, à cause que Dieu le veut, et y prend plaisir. Cela est avoir la vraye et non feinte charité, et aimer solidement et sincerement Dieu pour l'amour de luy-mesme, et le prochain pour l'amour de Dieu. »

O qu'il y a peu, mes Sœurs, de ce sainct amour en la terre ! Presque tous cherchent leurs avantages, non ceux de Dieu, ayant leurs interests propres en grande recommandation, et faisans peu d'estat de ceux d'autruy : peu s'entr'aiment mutuellement d'une pure dilection fraternelle et charitable. Prions Dieu qu'il respande la tres-saincte charité en nos cœurs par son sainct Esprit ; cette charité que sainct Pierre nous recommande sur toutes choses, et qui couvre la multitude des defauts [1].

SECTION XXXII.

De l'amour des ennemis.

Il luy advint un jour de dire à une ame qui luy estoit fort confidente, et qui luy disoit qu'elle ne trouvoit rien de plus difficile en la loy chrestienne, que la dilection des ennemis : « Et moi, luy dit-il, je ne sçay comme j'ay le cœur fait, ou comme il a pleu à Dieu m'en créer un tout neuf, veu que non seulement je n'ay aucune difficulté à pratiquer ce precepte, mais j'y ay un tel plaisir, et y ressens une suavité si delicieuse et si particuliere, que si Dieu m'avoit deffendu de les aymer, j'aurois bien de la peine à luy obeyr.

» Il m'est advis que la contradiction qu'ils nous font, doit esveiller nostre esprit à les aymer d'avantage : car ils servent de pierre aiguisoire pour affiler nostre vertu ; c'est de l'absynthe qui fait trouver le miel plus doux, tout ainsi

---

[1] I Petr. iv, 8.

que le goust du vin est plus savoureux apres avoir mangé des amandes ameres.

» Il est vray que dans le sens il y a quelque petit combat, qui fait que l'on estrive un peu : mais en fin il en faut venir au mot du Psalmiste, *Courroucez-vous* ; ou, comme dit une autre lecture, *Tremoussez un petit, mais ne pechez pas*[1]. O! non : car pourquoy ne supporterons-nous pas ceux que Dieu mesme supporte, ayans ce grand exemple devant les yeux, de Jesus-Christ priant en la croix pour ses ennemis?

» Encore ne nous ont-ils pas crucifiez; encore ne nous ont-ils pas persecutez jusques à la mort ; encore n'avons-nous pas resisté jusques au sang. Mais qui ne l'aimeroit ce cher ennemy pour qui Jesus-Christ a prié, pour qui il est mort? Car, voyez-vous, il ne prioit pas seulement pour ceux qui le crucifioient, mais encore pour ceux qui nous persecutent et qui le persecutent en nous, ainsi qu'il tesmoigna à Saul, quand il luy cria : *Pourquoy me persecutes-tu*[2]? Cela s'entend, En mes membres.

» A dire la verité, nous ne sommes pas obligez d'aymer son vice, sa haine, ny l'inimitié qu'il nous porte; car elle déplaist à Dieu qui en est offensé : mais il nous faut separer le peché du pecheur, le precieux du vil, si nous voulons estre comme la bouche du Seigneur. »

Jugez, mes Sœurs, à quel degré de charité estoit eslevée cette belle ame, qui trouvoit delicieuse une pratique qui semble si amere à tant de gens de plus basse marque. Ce sont les menus feux et les petites chandelles qui s'esteignent par le vent ; les gros flambeaux s'y alument d'avantage. Celuy-là, dit David, est attaché au siege de l'injustice qui feint du travail à accomplir ce precepte[3]. Le meilleur poisson se nourrit dans les eauës salées de la mer, et les meilleures ames s'engraissent de la grace parmy les contradictions, dont

---

[1] Psal. iv, 5. — [2] Act. ix, 4. — [3] Psal. xciii, 20.

les eauës ne peuvent esteindre la charité. Elles s'eslevent par là vers Dieu, comme l'arche de Noé vers le ciel par les eauës du Deluge.

SECTION XXXIII.

Du concours aux benefices.

Il avoit establi le concours pour pourvoir aux benefices de son diocese qui venoient à vacquer, et sans cela, il m'a dit plusieurs fois que la charge pastorale luy eust esté insupportable. Et afin de couper tout chemin aux brigues et aux faveurs, et se lier à soy-mesme les mains en ce fait là, il avoit formé un conseil ou congregation de quelques docteurs, et dés plus sçavans et vertueux ecclesiastiques de son diocese, entre lesquels il n'étoit que le president, et n'avoit que sa voix pour l'adjudication du benefice à celuy des concourans, qui estoit jugé le plus capable. Sainct reglement, et qui seroit à souhaitter, pleust à Dieu qu'il se peust esperer, et pratiquer en tous les dioceses. Le chapitre de mon eglise cathedrale de Belley, à raison de certain benefice annexé à la mense capitulaire, avoit droit de patronage ou de nomination en plusieurs cures du diocese de Geneve. Il en vacqua une, à laquelle (car j'avois droit à ces presentations en qualité de chanoine) un fort honneste et capable chapelain habitué en la cathedrale fut nommé.

Il suffisoit que celuy qui seroit nommé par nous, eust simplement la capacité requise, sans qu'il fust besoin qu'il entrast en dispute contre ceux qui se presenteroient; autrement nostre droit de nomination eust esté inutile et n'eust servy que d'une simple recommendation. Neantmoins sa pieté luy avoit donné un si fort ascendant sur nos esprits, et nous estions si persuadez que sa charité ne regardoit autre interest que celuy de la divine gloire, qu'il nous porta à condescendre à tout ce qu'il desiroit; rien ne nous semblant si fort que sa douceur, ni rien de plus doux que sa force.

Il nous fit cognoistre que Dieu estoit honnoré par cét examen, et ce choix sincere de pasteurs qui fussent serviteurs idoines et fideles. Que son diocese en avoit plus de besoin qu'aucun autre qui fust en l'Eglise, puisque sa ville principale estoit comme le cœur et le centre de l'heresie. Que cela alloit à la descharge de nos consciences : qu'il avoit porté plusieurs gentils-hommes qui avoient des patronages laïques à ranger au concours, ceux qu'ils presentoient, auxquels on avoit esgard particulier, et quelque preference leur estoit deferée, en cas d'egalité avec leurs competiteurs. Et qu'il seroit messeant et de mauvais exemple à nous qui estions ecclesiastiques, et qui devions estre jaloux des meilleures graces, et plus exacts observateurs de la discipline canonique, de la violer pour un droit, qui en son origine ne nous avoit esté donné qu'à cause du meilleur usage qu'en faisoient nos predecesseurs. Que ce droit estoit plus oneraire et onereux qu'honnorable ou honnoraire, puisque pour un peu de fumée nous nous engagions à respondre devant Dieu, en quelque façon, des deportements de ceux que nous presentions.

Somme, pour ne point faire un verbal de commissaire, ce benefice estant assez considerable, il s'y rencontra de si notables pretendans et docteurs en theologie, et predicateurs, que nostre presenté qui d'ailleurs eust passé à une monstre legitime, se trouva beaucoup esloigné de capacité des autres, et ainsi fut renvoyé avec plusieurs compagnons par fins de non recevoir.

Ce bon personnage entra là dessus en un zele amer, qui sur la chaude le porta à des irreverences, qui seules eussent merité un renvoy, quand il se fust trouvé de plus de poids à la balance de la doctrine; car la science qui enfle ne suffit pas, si elle n'est accompagnée de la charité qui edifie. Que ne dit-il aux juges et à leur president, qui estoit le bien-heureux François? Conjecturez-le par l'imagne de celuy qui perd un procez d'importance, d'un gain duquel il estoit asseuré par les consultations de tous les advocats: il se plaint, il menace, il murmure.

Atque deos, atque astra vocat crudelia [1].

A la fin il luy fallut boire ce calice, et faire comme la mer, qui apres un long orage ne laisse que l'escume sur ses rives.

Entre-autres choses il reprocha à nostre bien-heureux Pere le peu d'amitié qu'il me tesmoignoit : à moi, disoit-il, qui l'honorois par delà tout ce qui se pouvoit imaginer. Cét assaut (il me l'a dit depuis) fut vehement à son cœur. « Car Dieu sçait si pour vous, me disoit-il, je suis sans amitié; et moy qui vous ayme comme mon ame propre. » Ce sont ses mots. Et il luy respondoit avec cette douceur qui luy estoit si familiere : « Monsieur N. pleust à Dieu que je peusse avoir aussi bon marché de vostre cœur, que j'auray de celuy de monsieur de Belley, et que je peusse faire ma paix aussi-tost avec vous qu'avec luy. — Je le croi bien, disoit l'autre, vous en faites ce que vous voulez, comme si c'estoit un enfant, vous le menez à baguette. — Tant s'en faut, mon frere, disoit le bon Prelat, que vous estes tesmoin oculaire que c'est moy en le sacrant qui luy ay mis par commission du Siege apostolique la baguette pastorale en la main, afin qu'il en gouvernast les oüailles de sa bergerie, sur lesquelles je ne pretends aucune jurisdiction; et c'est luy qui l'estend sur celles de la mienne par la nomination qu'il a sur plusieurs cures de mon diocese. Mais demeurez en paix, et laissez-nous doucement demesler ces differends, et nous ne plaiderons jamais pour cela. »

Quoy qu'il dist et remonstrast, il ne fut pas en son pouvoir d'adoucir ce courage irrité, qui veut exciter une tempeste dans ce corps à plusieurs testes, que l'on appelle chapitre, et où il est aisé de jetter des divisions, à cause de la varieté des opinions.

Le Bien-heureux me vint visiter, selon sa coustume an-

---

[1] Virgil. Eclog. v, 23.

nuelle, quelque temps apres, et sa presence, comme un autre feu Sainct-Elme, accoisa tous ces orages. Il contenta les plus difficiles, et me fit promettre à ce bon ecclesiastique le premier benefice vaquant qui dependroit de ma collation. Ce qui luy reüssit avec plus de bon-heur qu'il n'avoit esperé, n'ayant rien perdu pour un peu d'attente, ainsi que le Bienheureux luy avoit comme prophetizé.

SECTION XXXIV.

De la memoire et du jugement.

Il se plaignoit un jour à moy de son peu de memoire. « Ce deffaut, luy dis-je, est bien recompensé par le jugement. Cestui-cy est le *mayor domo mayor*, et le *maestro di casa*; l'autre n'est qu'une chetive chambriere, qui fait assez de bruit, mais peu de fruict, si le jugement n'assaisonne ses actions.

» Il est vray, me respondit-il, que les grandes memoires et les grands jugemens ne font pas d'ordinaire leur residence en une mesme maison, et que ce sont comme deux benefices incompatibles, et dont on donne peu de dispenses pour les tenir ensemble. Ces deux qualitez subsistent en une mesme personne en degré mediocre, mais en un eminent et sublime, cela arrive fort rarement. Car, à dire la verité, il y a quelquefois des exceptions; mais c'est en des esprits si sublimes et extraordinaires que l'on n'en peut pas faire de regle commune. »

Je luy nommay pour exemple le grand cardinal du Perron, ce prodige de memoire et de sçavoir, et qui aussi abondoit en jugement. Il reconnut cette verité avec un eloge qui témoignoit la grande estime qu'il faisoit de ce personnage heroïque, lequel de son costé faisoit grand estat de la pieté de nostre Bien-heureux.

Il m'en donna un autre d'un de ses plus singuliers amis, et qu'il appelloit son frere, le grand Anthoine Favre premier president de Savoye, l'un des plus celebres jurisconsultes de nostre siecle, lequel à une memoire merveilleuse joignoit un jugement fort exquis.

Et à dire le vray, ces deux qualitez sont de temperamens si divers, qu'il est mal aisé que l'un ne deboute l'autre. L'une vient de la vivacité et de la promptitude, l'autre ne va qu'à pas de plomb. « Tant y a, luy disois-je, que vous n'avez pas à vous plaindre de vostre partage, puisque vous avez la tres-bonne part, qui est le jugement. Pleust à Dieu, adjoustay-je, que je vous pûsse donner de la memoire qui m'afflige souvent de sa facilité; car elle me remplit de tant d'idees que j'en suis suffoqué en preschant, et mesme en escrivant; et que j'eusse un peu de jugement : mais de cestuy-ci, je vous asseure que j'en suis fort court. »

A ce mot il se prit à rire, et en m'embrassant tendrement : « En verité, me dit-il, je cognoy maintenant que vous y allez tout à la bonne foy. Je n'ay jamais trouvé qu'un homme avec vous qui m'ait dit qu'il n'avoit gueres de jugement : car c'est une piece de laquelle ceux qui en manquent d'avantage, pensent en estre les mieux pourveus, et je n'en trouve point de plus courts que ceux qui pensent y abonder.

» Se plaindre de son defaut de memoire, et mesme de la malice ou mauvaistié de sa volonté, c'est chose assez commune; peu de gens en font la petite bouche : mais de cette beatitude de pauvreté d'esprit ou de jugement, personne n'en veut taster; chacun la repousse comme une infamie. Or sus, ayez bon courage, l'aage vous en apportera assez; c'est un des fruicts de l'experience et de la vieillesse.

Omnia fert ætas, animum quoque [1].

On ne peut pas dire cela de la memoire; c'est un des indubitables defauts des vieilles gens. C'est pourquoy j'espere peu d'amendement de la mienne : mais pourveu que j'en aye assez pour me souvenir de Dieu, c'est assez. *Memor fui judiciorum tuorum à sæculo, Domine, et consolatus sum* [2]. »

[1] Virgil. Eclog. ix, 51. — [2] Psal. cxviii, 52.

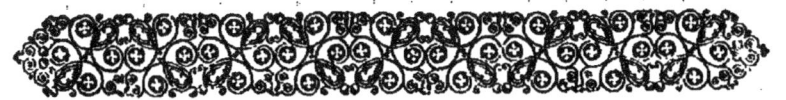

PARTIE DEUXIESME.

SECTION I.

De l'humilité et de la chasteté.

A propos de l'humilité et de la chasteté de la tres-saincte Vierge, il faut, mes tres-cheres Sœurs, que je vous fasse part d'une excellente leçon que m'a faite autrefois en particulier, et à l'oreille de mon cœur (c'estoit son mot), nostre bien-heureux Pere.

« Il y a, disoit-il, deux vertus qu'il faut pratiquer sans cesse; et, s'il estoit possible, ne les nommer jamais, ou si rarement, que cette rareté passast pour silence. Ce sont les vertus d'humilité et de chasteté. — Mon Dieu, luy dis-je, mon Pere, je ne suis nullement de vostre avis : je voudrois que l'air ne retentist d'autre chose que de ces beaux noms, je voudrois qu'ils resonnassent dans toutes les oreilles, je les graverois volontiers sur les escorces de tous les arbres, et je desirerois qu'ils fussent escrits en lettres d'or sur tous les marbres.

Ipsæ te, Titire, quercus,
Ipsi te fontes, ipsa hæc arbusta vocabant [1].
Te nostræ, chare, myricæ,
Te nemus omne canat [2].

» J'entendrois volontiers vostre raison, me dit-il. — Et moy plus volontiers la vostre, repartis-je. Vous avez debuté le premier, il est plus que raisonnable en toutes manieres qu'elle passe devant. Vous sçavez bien, comme disoit Cle-

---

[1] Virgil. Eclog. 1, 39, 40. — [2] Id. Eclog. vi, 10, 11.

ment VIII à cet ambassadeur qui luy faisoit compliment au passage d'une porte, que *Non i'e competenza*.

» Puisque vous le voulez si gracieusement, reprit-il, ainsi soit. Ma raison donc est que l'on ne peut nommer ces deux vertus, ny les loüer, soit en elles-mesmes, soit en quelqu'un, sans les alterer.

» 1. Il n'y a point de langue humaine, à mon advis, qui puisse dignement exprimer leur valeur, et c'est en quelque façon ravaler de leur prix, que les loüer bassement. 2. Loüer l'humilité c'est la faire desirer par un secret amour propre, et y porter les gens par une fausse porte. 3. Loüer l'humilité en quelqu'un c'est le tenter de vanité, et le flatter dangereusement : car il sera d'autant moins humble, qu'il pensera l'estre davantage, et il pensera l'estre quand il verra qu'on l'estime tel.

» 4. Quant à la chasteté : la loüer en elle-mesme, c'est laisser dans les esprits une secrette et presqu'imperceptible imagination du vice contraire, et les exposer à quelque peril de tentation. Il y a un aiguillon caché dans le miel de ces loüanges.

> Habet omnis hoc voluptas.
> Stimulis agit fruentes,
> Apiumque par volantum,
> Ubi grata mella fudit,
> Ferit icta corda morsu[a].

» 5. La loüer en quelqu'un c'est en quelque façon le disposer à la cheute, et luy mettre devant les pieds une pierre d'achoppement, en luy enflant le courage d'un orgueil couvert d'un beau voile qui le porte au precipice. 6. C'est qu'il ne se faut jamais fier à la chasteté passée, mais craindre tousjours, d'autant que c'est un tresor que l'on porte en un vase fragile et de verre.

» 7. En un mot, ces deux vertus me ressemblent à ces essences subtiles qui s'evaporent si on ne les tient bien

---

[a] Ces vers paraissent appartenir à quelque poète du 2ᵉ ou 3ᵉ siècle.

closes, et à cét animal domestique qui s'enfuit au grenier quand on l'appelle par son nom : vous entendez bien que je veux dire un chat. 8. Voila pourquoy j'estimerois que c'est un acte de prudence de les nommer peu souvent. Mais c'en est encor un plus grand et plus exquis de les pratiquer sans intermission : l'une estant une des plus excellentes vertus de l'esprit, c'est l'humilité ; et l'autre, la belle et blanche vertu du corps, dont la profession s'appelle honneur, un lys qui se nourrit entre les espines, une fleur admirable, mais fleur qui est un fruict d'honneur et d'honnesteté.

» 9. Je ne dis pas pourtant qu'il faille estre scrupuleux et superstitieux jusques à ce point, qu'on n'ose les nommer aux occurrences, et mesme avec eloge : non, elles ne seront jamais assez loüées, prisées, estimées, cultivées. Mais qu'est-ce que tout cela? Toutes ces fueilles de loüange ne valent pas le moindre fruict de la pratique. Ce que je dis à vous, parce que je sçay que vous prenez tousjours mes paroles à la lettre et au pied levé, comme si j'estois quelque prophete, ou quelque oracle. Si vous m'estimiez un peu moins je n'en vaudrois par avanture que mieux. Oyons maintenant vos raisons.

» Je n'en ay plus, luy dis-je, apres celles-là, desquelles je n'avois jamais esté servy : vous m'avez humé le vent, je les quitte volontiers pour acquiescer aux vostres auxquelles je me veux tenir. — Mais je vous prie, reprit-il, que ce ne soit point avec vostre religiosité, ou pour mieux dire, vostre superstition ordinaire. Car ce n'est pas d'aujourd'huy que je sçay que vostre amitié excessive vous fait prendre toutes mes opinions pour des sentences, et ces sentences pour des arrests souverains que vous executez ric à ric. »

SECTION II.

La verité au vin.

Un bon gentil-homme de son diocese, et demeurant assez prés de la ville de Geneve, au bailliage de Gex, avoit quantité de ses sujets de la religion pretenduë Reformée, et mesme estoit contraint de souffrir qu'il y eust presche, et un ministre en son village. Ce cavalier avoit un peu de lettres; mais ayant tous les jours à contester au fait de la creance avec ceux de Geneve, il s'estoit assez estudié aux controverses, et les manioit assez bien pour un homme de sa condition.

Il avoit souvent des prises avec le ministre de son village, lequel entendoit mieux le Nombre d'Or, que la Lettre Dominicale : et lequel, estant du pays de Vau, qui est tout voisin, et par consequent Suisse et amy du gobelet, haussoit le temps d'une merveilleuse maniere. Ce bon gentil-homme l'invitoit souvent à sa table, où il officioit des mieux, et s'il eut rendu raison de sa creance aussi facilement qu'il faisoit raison le verre à la main, c'eust esté un tres-honneste homme.

Ce cavalier se rencontra un jour à Belley, chez moy, lors que le Bien-heureux me vint visiter; et nous entretenant apres le repas de ses disputes et entretiens avec ce ministre, « lequel, disoit-il, quand je l'ay reduit au bout de ses finesses, sa meilleure deffaite est de boire à mes bonnes graces, et il dissout comme cela tous mes argumens. »

A quoy le Bien-heureux repartit d'une grace nompareille : « Vrayement, Monsieur, cela s'appelle proprement en latin *diluere argumenta.* » Et le gentil-homme : « Certes *vino diluit argumenta, sed aqua non diluit vinum* : et s'il ne void goutte dans mes argumens, il ne met goutte d'eau dans son vin.

« Possible, dit le Bien-heureux, qu'entre *verum* et *merum*, il ne fait pas grande distinction. — Vous l'avez dit, reprit le gentil-homme; car *in vino veritas*. Quand il a un peu beu il m'accorde tout ce que je veux, mais quand il a cuvé son vin il ne s'en souvient plus, et il retourne à son vomissement. » Quelqu'un de la compagnie reprit : « Je pensois qu'il y retournast avant qu'avoir cuvé son vin. » Trait aigu contre l'intemperance ministralle. Un autre le compara au bon Homere, lequel :

> Numquam, nisi potus, ad arma
> Prosiliit dicenda [1].

Un autre dit qu'il n'estoit pas sage à sobrieté, mais à ebrieté : à la fin quelqu'un conclud que c'estoient là de vrais symposiaques ou propos de table.

SECTION III.

De la longue vie.

Considerant sa taille grande et forte, son estomac robuste, sa composition advantageuse pour une longue vie, sa prudence à mesnager sa santé pour le service de Dieu, sa temperance en sa nourriture, je luy disois qu'il estoit homme à vivre fort long-temps : il avoit environ quarante-deux ou quarante-trois ans comme je luy disois cela.

Il me respondit avec un souspir : « La plus longue vie n'est pas la meilleure, mais celle qui est la mieux occupée au service de Dieu. » Puis il adjousta ce mot de David : *Hei mihi ! quia incolatus meus prolongatus est; habitavi cum habitantibus Cedar : multum incola fuit anima mea*[2]. C'est à dire, mes Sœurs : O que mon pelerinage est prolongé; je demeure parmy les habitans des tenebres : mon ame est long-temps en exil.

Je pensois qu'il fut touché d'une douleur interieure de cœur,

[1] Horat. lib. I Epist. xix, 7, 8. — [2] Psal. cxix, 5, 6.

de se voir hors de son siege, et sa chere Geneve (il l'appelloit tousjours ainsi) parmy les tenebres de l'erreur, et je luy di : *Super flumina Babylonis*[1], etc. « O non, me respondit-il, ce n'est pas cét exil-là qui me touche ; ne suis-je pas encore trop bien dans nostre cité de refuge, le cher Annessy? Je parle de l'exil de cette vie : autant que nous y sommes, sommes-nous pas exilez de Dieu? *Quotquot vivimus peregrinamur à Domino*[2]. Pauvre! moy qui me delivrera du corps de cette mort? Ce sera la grace de Dieu par Jesus-Christ[3].

» Vous n'avez pas raison, luy dis-je, de vous déplaire en cette vie, où tout vous rit.

> Tibi lilia plenis
> Ecce ferunt nymphæ calatis, tibi candida Nais
> Pallentes violas et summa papavera miscens,
> Narcissum et florem jungit bene olentis Anethi[4].

Et en un mot,

> Quicquid calcaveris, hoc rosa fiet[5].

Je ne voi que feste pour vous : vos amis vous respectent, et les ennemis mesme de nostre religion vous honorent ; vous estes les delices de tous ceux qui vous abordent.

» Tout cela, dit-il, *finocchio*. Ceux qui chanterent *Ozanna* au Fils de Dieu[6], trois jours apres crierent *Crucifige*[7], ny pour cela, *facio animam meam pretiosiorem quam me*[8]. Je vous assure que si quelqu'un me venoit asseurer de vivre autant que j'ay desja fait, sans douleur, sans procez, sans adversité, sans incommodité quelconque, mais avec tous les contentemens et toutes les prosperitez qui se peuvent desirer en cette vie, que je serois fort empesché de ma contenance : à qui regarde l'eternité bien-heureuse, que ce qui est sujet au temps est peu de chose!

» Ce beau mot du bien-heureux Ignace de Loyola m'a tousjours fort agreé : O que la terre me semble abjecte et vile

---

[1] Psal. cxxxvi, 1. — [2] II Cor. v, 6. — [3] Rom. vii, 24, 25. — [4] Virgil. Eclog. ii, 45-48. — [5] Pers. Satyr. ii, 38. — [6] Matth. xxi, 9. — [7] Joan. xix, 15. — [8] Act. xx, 24.

quand je considere et contemple le ciel! » Voyez, mes Sœurs, combien nostre bien-heureux Pere faisoit peu d'estat de la longue vie.

> Daphnis is in sylvis hinc usque ad sydera notus,
> Formosi pecoris custos formosior ipse,
> Candidus insuetum miratur lumen olympi;
> Sub pedibus videt nubes et sydera Daphnis [1].

SECTION IV.

Du service des malades.

Nous estions allé voir ensemble une dame de qualité de mon diocese qui demeuroit à la campagne; elle estoit malade à l'extremité, et fort aagée. Sa pieté, qui n'estoit pas des vulgaires, l'avoit fait resoudre aisément à la mort; à quoi elle s'estoit disposée par la reception des sacremens de Penitence et de l'Eucharistie, et n'attendoit que l'advis des medecins pour recevoir celuy de la derniere Onction.

Nous la trouvasmes fort paisible et tranquille pour le regard de son interieur, ayant mis son ame en fort bonne assiette, et l'ordre de sa maison et de ses affaires estant bien estably par son testament. Une seule chose luy donnoit de l'inquietude, c'estoit de voir tous ses enfans qui l'estoient venus visiter, se mettre en peine pour elle, veillans, travaillans, et se tourmentans pour son soulagement. Elle avoit peur que cela interessast leur santé, principalement celle de sa belle-fille qui estoit enceinte, et qui nonobstant les incommoditez inseparables de sa grossesse luy rendoit des assiduitez merveilleuses et de nuict et de jour.

Nostre Bien-heureux, pour luy oster cette espine du cœur, luy dit de fort bonne grace : « Et moy, ma chere Mere (il l'appelloit ainsi à cause de son aage), je ne suis jamais si aise quand je suis malade, que lors que je voy mes parens et mes domestiques avoir bien de la peine autour de moy. » Nous

---

[1] Virgil. Eclog. v, 43, 44, 56, 57.

luy en demandasmes la raison. « C'est parce, respondit-il, que je sçay bien que Dieu les recompensera largement des assistances qu'ils me rendent. *N'oubliez pas*, disoit sainct Paul, *la beneficence et l'hospitalité* (le mesme se doit dire du service des malades): *car de telles hosties sont fort agreables à Dieu*[1]. Que si un verre d'eau froide donné à un pauvre en l'amour et pour l'amour de Dieu, attire un tel salaire que la vie eternelle; si les legers momens de travail, pris pour l'amour de Dieu, operent en nous le poids eternel d'une gloire excellemment excellente : pourquoy plaindrons-nous ceux que nous voyons dedans un tel employ, si nous ne sommes ennemis ou envieux de leurs advantages? Vous estes heureux, disoit sainct Paul, aux Chrestiens de son âge, *non seulement de croire en Jesus-Christ, mais de souffrir quelque chose pour luy*[2]. Les moissonneurs et les vandangeurs ne sont jamais plus aises que quand ils sont bien chargez; car c'est signe d'une ample recolte.

» A la verité, si ceux qui nous servent soit en santé, soit en maladie, n'ont égard qu'à nous, et non à Dieu, et ne cherchent qu'à nous plaire, ils employent bien mal leur peine, et il est bien employé qu'ils souffrent pour leur impertinence. Qui sert le prophete pour l'amour de luy, recevra le salaire du prophete. Mais s'ils nous servent pour Dieu, ils sont plus d'envie que de pitié : car celuy qui sert le prophete en consideration de celuy qui l'envoye, il recevra le salaire de Dieu, qui est un salaire qui passe tout sentiment, tout prix et toutes paroles. »

SECTION V.

Dire peu de choses aux malades.

Il y en a qui ont cette fascheuse coustume quand ils visitent des malades qui sont à l'extremité, de tempester autour

---

[1] Hebr. XIII, 16. — [2] Philipp. I, 29.

d'eux, estimans faire beaucoup de fruict, comme s'ils n'estoient pas assez accablez de leur mal, sans les suffoquer encor de paroles.

« Mais le diable, disent-ils, fait lors ses plus grands efforts, venant avec une grande colere, sçachant qu'il luy reste peu de temps pour tenter ceste ame et la porter à sa ruyne. » Et pour cela s'ensuit-il qu'il faille tant discourir? cét oyseau se chasse-t'il par des cris? Au contraire, n'est-ce pas dans l'eau trouble qu'il fait sa plus grande pesche? Qu'est-il besoin de rendre encore plus estroit ce destroit de la mort, et plus terrible, la plus terrible de toutes les choses, selon le jugement d'un grand philosophe?

« Mais il ne faut pas s'endormir en la mort, diront-ils, de peur que l'ennemy ne prevale contre nous. » Non pas certes en la mort du peché, qui seule nous donne en proye à l'ennemy de nostre salut : mais le dormir des ames justes et bien aymées de Dieu, est un sommeil qui les transmet dans l'heritage du Seigneur.

Dequoy les peut-on lors entretenir, sinon, ou de la terreur des jugemens de Dieu, ou de l'horreur de l'enfer, ou de la douceur des esperances de ceux qui se confient en la misericorde divine? Certes ces considerations de la crainte, ne se proposent qu'aux esprits obstinez dans l'iniquité, et attachez à leurs mauvaises habitudes : alors, à dire le vray, il ne faut pas espargner le vinaigre, ny le vent de la vehemence et impetuosité de l'esprit. Mais s'il est question d'adoucir l'amertume de ce passage à un cœur bien disposé, il y faut plus d'huile que de vin ny de sel; et l'Esprit de Dieu se rencontre mieux, pour cestuy-cy dans le zephir, que dans le tourbillon.

C'estoit aussi, mes Sœurs, et le conseil et la pratique de nostre bien-heureux Pere quand il assistoit un malade qui estoit voisin de sa derniere heure. Il traitoit avec luy en la maniere des bons anges, par douces et suaves inspirations; luy disant de temps en temps de petits mots bien choisis selon la disposition de l'agonizant, tantost faisant devant luy des aspirations ou oraisons jaculatoires fort courtes, tantost les luy faisant proferer de bouche, ou seulement de cœur, si le parler l'incommodoit ; et puis le laissoit un peu luitter contre le mal extresme de la mort.

Il souffroit avec peine de voir que l'on tourmentast un pauvre agonizant de longues exhortations. Ce n'est pas lors le temps de prescher, ny mesmes de le faire prier longuement : il le faut seulement maintenir en l'air de la divine volonté qui doit estre son eternel element, et son occupation perpetuelle dans le ciel, par des battemens d'aisle cours, mais differens, de la façon des oyseaux qui se tiennent en l'air de cette maniere.

Souvenez-vous de cét enseignement, mes Sœurs, et taschez de l'exercer dans vos infirmeries, aupres de vos cheres sœurs malades. Car ainsi vous distillerez par leurs aureilles, dans leurs cœurs une douce rosée de rafraischissement interieur, verserez dans leurs playes un baume tres-precieux comme goutte à goutte : « O Jesus, je me donne, je m'abandonne à vous. » Et puis laissez leur ruminer la douceur de cét abandon, une assez bonne pause. « O Dieu, je suis vostre, sauvez moy pour vostre gloire : » Laissez-leur gouster cecy. « O Pere, je remets mon ame, mon corps, tout mon estre en vos mains. » Ou bien : « O Dieu, vostre volonté soit faite. Oüy, Seigneur Jesus, vostre volonté, non la mienne. » Le sainct amour vous inspirera milles autres telles elevations, que vous pourrez employer selon vostre judicieuse industrie.

SECTION VI.

Et aux patiens que l'on conduit au supplice.

Il alloit souvent consoler les prisonniers, et quelquefois il rendoit cét office de pieté et de misericorde aux criminels, de les accompagner au supplice, et de les ayder à bien mourir, et se servoit de la mesme conduite que nous venons de dire au regard des malades qui estoient proches des derniers abois. Apres avoir oüy la descharge de leurs consciences, il les laissoit un peu respirer; puis par intervalles, leur suggeroit des actes de foy, puis d'esperance, puis d'amour, puis de repentance, et de resignation à la volonté de Dieu, d'abandon à sa misericorde, sans adjouster à son affliction celle de l'importunité inseparable d'un discours continuel, et qui est ennemy de la conclusion.

Quelque splendide que soit le festin que l'on presente à un amy, encore ne le presse-t'on pas tant de manger, qu'on ne luy laisse le loisir de gouster et savourer ses morceaux; autrement ce seroit plustost l'estouffer que le traitter. Il faut quelque legitime intervale entre le sens et son object, afin qu'il en jouysse à son äyse. La respiration, pour estre commode, doit estre moderée.

Je me suis quelquefois estonné en Italie, de voir qu'ils tiennent continuellement une teste de mort devant les yeux de celuy que l'on conduit au supplice. De quoy ont-ils peur? que cét homme oublie qu'il va mourir? Il ne s'en souvient que trop : il vaudroit mieux divertir son imagination vers les biens de l'autre vie, et luy parler de l'amour excessif que Jesus-Christ nous a tesmoigné dans les douleurs de ses souffrances et de sa mort.

L'amour est le sucre de toutes les amertumes, et sur tout le divin est plus fort que la mort, et plus violent que l'enfer mesme; ses lampes sont toutes de feu et de flammes. Malheureux est l'amour qui n'est fondé sur la mort du Sauveur: mal-heureuse est la mort qui n'est accompagnée de l'amour du Sauveur. Que bien-heureux est l'amour destrempé dans cette mort! que bien-heureuse est la mort qui est meslée de cét amour!

Ce bien-heureux Prelat reüssissoit si heureusement à faire ce meslange, qu'il a quelquefois accompagné à la mort des miserables qui y alloient comme aux nopces, avec des joyes et des contentemens qu'ils n'avoient jamais experimentez durant le cours de leur vie desreglée; se tenans plus satisfaits de mourir de la façon, que de vivre d'avantage en la maniere qu'ils avoient fait. « C'est, leur disoit-il, en baisant amoureusement le pied de la justice de Dieu, que l'on arrive fort asseurément entre les bras de sa misericorde, et il faut tenir pour tout asseuré que ceux qui s'attendent à sa bonté ne sont point confondus. »

Et il leur inspiroit cette attente d'une façon si amoureuse, qu'il les reduisoit ordinairement à la pratique de ce mot du grand Apostre, *Ma vie c'est Jesus-Christ, et la mort est mon advantage* [1] : et de cet autre de sainct Augustin, « Il m'est meilleur de mourir en aymant Dieu, que de vivre en l'offençant [2]. » Tant cette parole du Prophete roy est veritable : *La mansuetude est-elle survenuë? nous voila corrigez* [3]. O que bien-heureux sont les debonnaires! car ils possederont la terre, et seront maistres de tous les cœurs.

SECTION VII.

Confiance grande en Dieu.

Je me plaignois un jour à luy du fardeau de la charge episcopale, et luy protestois que si je l'eusse recogneu avant que m'y embarquer, je ne m'y fusse jamais engagé. J'adjoustois que non sans raison le Concile l'appelloit redoutable aux espaules mesmes des Anges, puisque l'art des arts estoit celuy de la conduite des ames.

« Vraiment, me respondit-il, c'est bien à vous de vous en plaindre, qui n'avez qu'un petit jardin à cultiver, et jardin net des halliers de l'heresie! Comme gemiriez-vous si vous estiez chargé d'un diocese pesant comme le mien, qui est la source, ou pour mieux dire, la centine de toutes les erreurs, et la cloaque de tous les garnements et apostats qui quittent

---

[1] Philipp. 1, 21.— [2] In Joan. Evang. tract. 51, n. 10.— [3] Psal. LXXXIX, 10.

le sein de la vraye Eglise? » ce qu'il disoit parlant de la ville de Geneve.

« Je ne pense pas, luy disois-je, qu'il y ait de diocese en toute la France mieux policé, ny plus exemplaire que le vostre, ny mieux garny de bons pasteurs et ecclesiastiques. — Helas! il est vray, respondit-il, que Dieu qui est bon, nous envoye le vent selon la voile, et nous fait tirer quelque profit de nostre tribulation : autrement si Dieu ne nous eust laissé ce peu de semence de pieté, ne serions-nous pas comme Pentapolis?

» Nonobstant tout cela, nous gemissons sur les rivages de ce grand fleuve qui sort de nostre Babilone; et nous nous consolons sur la bien-heureuse esperance que le Pere des lumieres illuminera un jour ces tenebres, et qu'apres ces obscuritez il fera luire son orient d'enhaut sur ces pauvres gens assis dans la region de l'ombre de la mort.

» Vous feriez, continuoit-il, de belles lamentations si vous aviez un tel faix sur les bras. — Mais, disois-je, qu'avez vous que faire de ceux qui sont de dehors, et qui se sont volontairement soustraits du sein de l'Eglise? Les oüailles qui vous restent ont tant de docilité qu'elles sont vostre joye et vostre couronne au Seigneur. — Je vous prend par vostre bouche, bon serviteur, me dit-il : et pourquoy ne regardez-vous vos oüailles du mesme œil dont vous considerez les miennes? pensez-vous que j'estime que les vostres ayent moins de docilité? *Simon Joannis* (il parloit ainsi parce que j'ay nom Jean Pierre), *si diligis me, pasce oves meas : nulla major probatio dilectionis quam exhibitio hujus operis.* » Vous voulez, mes Sœurs, que je vous explique ces mots : ce sont ceux que Nostre Seigneur disoit à sainct Pierre. « Simon fils de Jean, m'aimes-tu? Si tu m'aimes, sois attentif à la pasture de mes oüailles que j'ay commises à ta garde : tu ne me sçaurois mieux tesmoigner ta dilection, qu'en t'occupant fidellement à cét employ[1]. »

[1] Joan. xxi, 15-17.

» Il faut avoir l'esprit juste, disoit-il, et ne faire pas tant d'estat du bien que Dieu fait à autruy, que nous mesprisions ou mescognoissions celuy qu'il nous faict. C'est le propre d'un esprit bas de dire :

> Fertilior seges est alienis semper in agris,
> Vicinumque pecus grandius uber habet[1].

C'est à dire, Les moissons de nostre voisin sont tousjours plus amples que les nostres, et ses troupeaux plus gras. Il faut benir Dieu de l'un, et n'estre pas ingrat de l'autre.

» Tousjours est-ce une pesante charge, luy disois-je, soit pour vous, soit pour moy. — Vray, reprenoit-il, si nous la portions tous seuls : mais c'est un joug dont nostre Seigneur porte une part qui fait le tout, car il nous porte nous-mesme avec nostre charge.

» N'appellez-vous rien de rendre compte de tant d'ames? » disois-je. Et il repartoit : « Nous avons affaire à un Maistre qui est riche en misericorde sur ceux qui l'invoquent, il remet les dix mille talens à la moindre priere. Il faut avoir de luy des sentimens dignes de sa bonté : il le faut servir avec crainte, mais toutesfois en tremblant il ne faut pas laisser de se réjoüyr. L'humilité qui descourage n'est pas une bonne humilité. »

SECTION VIII.

De la solitude.

Quelqu'un luy loüoit la vie champestre, et l'appelloit saincte et innocente. Il respondit qu'elle avoit ses deffauts aussi bien que celle de la ville; et comme il y avoit de bonnes et de mauvaises compagnies, il y avoit aussi une bonne et une mauvaise solitude : bonne, quand Dieu nous y attiroit selon ce qu'il dit par un prophete, *Je l'attireray en la solitude, et là je parleray à son cœur*[2]; mauvaise, de

---

[1] Ovid. De arte amandi, I, 349, 350. — [2] Osee II, 14.

laquelle il est écrit, *Mal-heur à celuy qui est seul*[1]. Et sur ces mots de saincte et d'innocente, il disoit que tous les villageois n'avoient pas ces qualitez.

Si c'estoit assez de se retirer en solitude pour devenir sainct et innocent, la saincteté et l'innocence seroient de facile conqueste. On luy repliquoit, qu'aux champs on n'avoit pas tant d'objects tentans à mal, ny tant de moyens ny d'occasions de peché. « Il y a des demons, respondoit-il, qui vont par les lieux deserts aussi bien que parmy les citez : si la grace ne nous assiste par tout, par tout nous chopons. Loth qui fut si sainct, et si juste dans la plus infame de toutes les villes, commit dans la solitude des soüillures qui font horreur à nommer. L'homme se porte et se trouve par tout, et la misere luy est attachée comme l'ombre au corps.

» Plusieurs se trompent grandement, et se seduisent eux-mesmes, s'imaginans d'avoir les vertus dont ils ne voyent pas les vices en eux. Il y a encor un long espace entre n'avoir pas un vice, et avoir la vertu contraire. C'est bien un commencement de sagesse que de n'avoir point de folie, mais commencement si foible, qu'à peine merite-t'il le nom de sagesse.

» S'abstenir du mal est quelque autre chose que faire du bien, quoy que cette abstinence soit une espece de bien : c'est comme le plan sur lequel reste à lever l'edifice. La vertu ne consiste pas tant en l'habitude qu'en l'action. L'habitude est une qualité oysive de sa nature, qui dispose, à la verité, à bien faire ; mais qui ne fait pas pourtant si son inclination n'est reduite en acte.

» Comme apprendra l'obeyssance, celuy à qui nul ne commande ? la patience, celuy qui n'a aucune contradiction ? la constance, celuy qui n'a rien à souffrir ? l'humilité, celuy qui n'a point de superieur ? l'amitié, celuy qui comme un

---

[1] Eccle. IV, 10.

mysanthrope fuit la conversation des autres hommes, qu'il est obligé d'aimer comme soy-mesme?

» Il y a quantité de vertus qui ne se peuvent pratiquer en la solitude; principalement la misericorde, sur laquelle nous serons interrogez et jugez au dernier jour, et de laquelle il est dit : *Bien-heureux les misericordieux ; car ils obtiendront misericorde*[1]. »

Vostre vie, mes cheres Sœurs, a un doux et agreable temperament de societé et de solitude, et vous fournit les commoditez et les moyens de l'une et de l'autre vie pour bien servir Dieu. Dans les extremitez, il y a tousjours à redire. Chez vous Marthe et Marie s'accordent si bien qu'il n'y a point de murmure, et toutes les vertus chrestiennes s'y peuvent pratiquer selon toute leur estenduë. Vous estes heureuses d'estre appellées à une si saincte societé qui vous rend concitoyennes des saincts et domestiques de Dieu. C'est à vous que s'adresse fort proprement ce beau mot de l'Apostre : « Demeurez ainsi au Seigneur, bien aimées [2]. » Perseverez jusques à la fin en une si saincte vocation, où Dieu vous a mises par l'entremise de vostre bien-heureux Legislateur.

SECTION IX.

Bien faire, et laisser dire.

Apres avoir presché plusieurs Advents et Caresmes en diverses villes de mon diocese, il trouva bon que j'en donnasse quelques-uns à Paris ma patrie. Et pour ce qu'il sçavoit que c'estoit un grand theatre d'opinions, et que là estoit le jugement du grand monde; de peur que je ne me faschasse d'estre le sujet de tant de divers sentimens, estant un spectacle aux Anges et aux hommes, et afin que je ne regardasse que Dieu, il m'enseigna à faire peu d'estat de ce que le monde diroit, par une gentille parabole.

---

[1] Matth. v, 7. — [2] Philipp. iv, 1.

Dans un des colleges de cette celebre compagnie qui fait profession d'instruire la jeunesse, il y avoit un bon vieil pere, encore plus usé de maladies que de l'âge. En attendant que la pulmonie dont il estoit affligé le menast au tombeau, on le laissoit en paix se preparer à la mort. Pour n'estre pas tout à fait inutile, luy qui en la force de son aage avoit passé par toutes sortes de charges, il desira quelque petit employ pour rouler son tonneau comme un autre Diogene. Le superieur, pour le contenter, luy bailla l'horloge à conduire.

De là à quelque temps le voila fort en peine, protestant de n'avoir jamais eu en main aucune obeyssance plus fascheuse et plus difficile. « Quoy, luy dit le superieur ? de hausser les contrepoids deux fois le jour, possible que cela donne quelque effort à vostre debilité. — O non, dit-il, mon pere, ce n'est nullement cela ; mais c'est que je suis en de grandes extremitez. Je voudrois, s'il estoit possible, me mettre en pieces pour contenter tout le monde, et il est impossible à ce mestier icy que je le puisse faire ; je suis tourmenté de tous les costez. — Comment cela ? reprit le superieur. — C'est, mon cher pere, dit-il, que quand l'horloge tarde un peu, nos jeunes gens qui sont dans le travail de la regence, qui est et penible et ennuyeux, se plaignent à moy de la tardivité de l'horloge, disans que celles de la ville sont bien plus hastives ; pour les contenter je l'avance autant que je puis.

» Aussi-tost j'ay une autre escoüade qui fond sur mes bras ; ce sont ceux qui sont employez au dehors, et qui vont à la ville, soit pour visiter les malades, les prisonniers, ou qui vont aux affaires, ou pourvoir aux besoins de la maison : car revenans de là ils m'accusent de l'avancement de l'horloge, se mesurans à celles de la ville qui vont plus lentement. Si je la retarde pour les satisfaire, voila les autres qui recommencent leurs plaintes ; de sorte que ma teste est comme le timbre sur lequel frappe le marteau de l'horloge, je suis tout estourdy de ces querimonies. »

Le superieur pour le consoler luy dit : « Je vous veux donner un tres-bon avis, et qui mettra la paix par tout. Quand l'horloge avancera, et que ceux qui se plaignent de son avancement viendront à vous, dites-leur : Laissez-moy faire, je la retarderay bien. — Mais les autres, dit le bon homme, me viendront à dos. — Dites-leur, reprit le superieur : Enfans, laissez-moy faire, je la hasteray bien d'aller. Mais apres tout, laissez aller l'horloge son grand chemin, et comme elle pourra ; donnez seulement de bonnes paroles, et tous seront contens, et vous en paix. » Le bon personnage gousta ce conseil, et s'en trouva bien.

» Voyez-vous, me dit nostre bien-heureux Pere, vous allez estre le but de divers jugemens, et exposé au controlle d'un grand monde. Si vous vous amusez à tout ce que l'on dira de vous, vous n'aurez jamais fait : ce sera la toile de Penelope, tous les jours à recommencer. Plusieurs, mesmes de vos amis vous donneront des avertissemens de bonne foy sur des petites observations qui leur paroistront fort considerables selon leur sens, et qui ne le seront en effet nullement.

» L'un vous dira que vous allez trop viste ; l'autre, que vous avez trop de mouvemens ; un autre, que vous n'en avez pas assez à son gré : l'un voudra des citations, un autre ne les aymera pas ; cestuy-cy voudra de la doctrine, un autre des moralitez : qui une chose, qui une autre ; autant de bourdons qui ne font que troubler l'œconomie des abeilles, et qui n'ont que des aiguillons, sans faire aucun miel.

» Que faire à tout cela ? Il faut donner à tous de bonnes et douces paroles, et promettre de se corriger ; car il n'y a rien qui plaise tant à ces donneurs d'advis, que de voir que l'on fait estat de leurs advertissemens, et que l'on trouve leurs corrections fort judicieuses. Mais apres tout, allez vostre grand chemin, suivez vostre naturel, ne l'alterez pas par tant de corrections, la pluspart contraires. Regardez

Dieu, abandonnez-vous fort à l'esprit de grace, et dites souvent avec l'Apostre : *Si je plaisois aux hommes je ne serois pas bon serviteur de Jesus-Christ*[1] ; qui a dit de soy-mesme qu'il n'estoit pas de ce monde [2], que ses Apostres n'en estoient pas [3], et que l'amitié du monde estoit ennemie de Dieu [4]. Dites à toutes ces bourrasques ce que cét ancien pilote disoit durant l'orage.

Neptune, numquam hanc navem nisi rectam [5].

» Ce n'est pas peu dans ces agitations de tenir le timon droit. Il nous doit importer fort peu d'estre jugez des hommes; c'est Dieu qui est nostre vray juge, et qui void le fond de nos cœurs et la cachette des tenebres. »

SECTION X.

Son jugement de quelque predication.

Quand je l'allois visiter en la ville de sa residence ordinaire, qui estoit Annessi, nous passions tous les jours en de continuels exercices de pieté; car c'estoient toutes ses recreations. On y parloit peu de pourmenades, et point du tout d'entretiens frivoles : prieres, sermons, conferences, discours de doctrine, visites de malades, ou de maisons de devotion, frequentation de Sacremens, et occupations semblables.

Un jour je preschay à la Visitation, premier monastere de vostre congregation, mes Sœurs; et sçachant que nostre bien-heureux Pere y seroit present avec une grande affluence de peuple, à dire le vray j'avois un peu pensé à mes affaires, et m'estois preparé tout de bon. Mon sujet estoit sur un passage du Cantique des cantiques, à qui je donnay toutes les faces que les quatre sens de l'Escriture peuvent souffrir,

---

[1] Galat. I, 10. — [2] Joan. VIII, 23. — [3] Id. xv, 19. — [4] Jacobi IV, 4. — [5] Senec. Epist. 85, ad finem.

et l'appliquant à vostre vocation, je la paranymphay un peu trop au gré de ce bien-heureux Prelat.

Sans particulariser davantage, il arriva que ces bons Savoyards, ravis seulement d'ouyr parler le pur françois, qui estoit le langage que j'avois succé avec le laict, donnerent force eloges à ce discours, et ce n'estoit pas ce qui plaisoit à nostre Bien-heureux.

Quand nous fusmes retirez chez luy, et qu'il se vid seul avec moy, il me dit : « Et bien, vous avez donné grande satisfaction à nos gens aujourd'huy, ils s'en alloient disans *mirabilia* de vostre beau et bien peigné panegyrique. Je n'en ay rencontré qu'un seul qui n'en estoit pas content. — Qu'aurois-je advancé, luy dis-je, qui eust pû choquer cét esprit là; sans m'enquerir quel il est, car je ne suis point piqué du desir de sçavoir son nom. — Mais moy, reprit-il, j'ay grande curiosité de vous le nommer. — Qui est-il donc? répondis-je, afin que je m'esforce de le contenter.

» Si je n'avois beaucoup de courage, ou bien de la confiance en vous, je ne le vous nommerois pas, repliqua-t'il; mais je vous cognois trop pour ne sçavoir pas que vous avez assez de cœur pour souffrir ce coup de lancette ou de razoir. Le voyez-vous là? » Je regarday autour de moy, je ne vis que luy. « C'est donc vous? luy dis-je. — Moy-mesme, reprit-il. — Certes, repartis-je, voilà un merveilleux rabat-joye pour mon triomphe : j'eusse mieux aimé vostre approbation seule, que de toute une province. Mais Dieu soit loué, je suis tombé en une main de chirurgien qui ne blesse que pour guerir. Encore qu'avez-vous trouvé à dire? car je sçay que de vostre grace, vous ne me pardonnez rien. — Je vous ayme trop, dit-il, pour vous pardonner et pour vous flatter : et si vous eussiez aymé de cette sorte nos Sœurs, vous ne vous fussiez pas amusé à enfler leurs esprits, au lieu de les edifier, à leur louër leur condition, dont elles ont desjà une assez haute opinion, et une assez bonne estime; mais vous leur eussiez debité quelque doctrine plus salutaire, et elle eust esté plus salutaire, si elle eust esté plus humiliante. Il en est des viandes de l'esprit, comme de celles du corps : les flateuses sont flatueuses, et les flatueuses ou venteuses sont creuses, à la façon des legumes. Il faut en preschant presenter, non une viande qui passe, et dont la memoire perisse avecque le son, mais une viande qui demeure à la vie eternelle.

Au reste il se faut bien garder d'entrer jamais en la chaire sans avoir un dessein particulier d'edifier quelque coin des murailles de Hierusalem, enseignant la pratique de quelque vertu, ou la fuitte de quelque vice; car tout le fruict de la predication est d'arracher le peché, et de ramener la justice. *O Seigneur*, disoit David, *j'enseigneray vos voyes aux iniques, et les injustes se convertiront à vous* [1].

« Quelle conversion, luy dis-je, eusse-je presché à des ames delivrées des mains de leurs ennemis, le monde, le diable, et la chair, et qui servent Dieu avec asseurance, en saincteté et en justice? — Il leur falloit apprendre, reprit-il, à prendre garde de ne tomber pas, puis qu'elles sont debout; à operer leur salut, selon le conseil du Sainct-Esprit, avec crainte et tremblement [2], et à n'estre point sans peur mesme du peché remis [3]. Vous nous les avés peintes comme des sainctes; cela ne vous couste gueres de canoniser des personnes vivantes. Il ne faut pas, comme cela, coudre des oreillers sous les coudes, ny donner du laict à ceux qui ont besoin de chicotin et d'absynthe.

» Je l'ay fait, disois-je, pour les encourager et fortifier en leur saincte entreprise. — Il faut donner ce courage, repliqua-t'il, sans exposer la personne au peril de la presomption et de la vanité. Il est tousjours plus asseuré d'humilier l'auditeur, que de le faire marcher en choses hautes et admirables au dessus de sa portée. Or sus, je sçay bien qu'une autrefois vous prendrez garde à cela, et que vous

---

[1] Psal. L, 15. — [2] Philipp. II, 12. — [3] Eccli. V, 5.

pratiquerez ce que dit le Psalmiste : *Le juste me reprendra avec misericorde, et l'huile du pecheur n'engraissera point mon chef*[1].

SECTION XI.

Autre jugement.

Le lendemain il me fit prescher en un monastere de Filles de sainte Claire, qui sont des sœurs d'une vie fort exemplaire et de merveilleuse austerité. Il s'y trouva, et l'assemblée n'y fut pas moindre qu'au jour precedent. Je me garday bien de donner dans l'escueil qu'il m'avoit monstré, ny de leur estaler les magnifiques eloges de leurs austeritez, qui sont les ordinaires entretiens dont on leur bat les aureilles, avec des exaggerations de merites à l'advenant.

Je laissay cette rethorique à ceux qui s'en voudroient servir, et fis mon discours avec une grande simplicité de langage et de pensées, ne visant purement qu'à l'edification. Je proceday avec un grand ordre, et pressay fort mon sujet. Ce fut icy que j'experimentay la verité de cette parole apostolique : *Il viendra un temps que les hommes ne pourront supporter la seine et salutaire doctrine ; mais selon leurs desirs, ils rechercheront des maistres qui leur chatoüillent les aureilles, se destournans de la verité, pour entendre la vanité*[2].

Je poursuivis neantmoins ma pointe, selon ce qu'adjouste l'Apostre, veillant et travaillant sur mon sujet, faisant l'ouvrage d'un vray evangeliste, accomplissant mon ministere, sobre au desir de plaire aux auditeurs[3], et ne visant qu'au service de la gloire de la grace de Dieu. Ce fut apres cette action que j'experimentay que l'homme ne regarde pas comme Dieu ; que Dieu n'a pas des yeux de chair, que ses voyes sont differentes de celles des hommes, et autant esloignées que le ciel l'est de la terre.

---

[1] Psal. cxl., 5. — [2] II Tim. iv, 3, 4. — [3] Ibid. 5.

Au retour, nostre bien-heureux Pere me vint visiter à ma chambre, qui estoit la sienne (car quand je le visitois il me mettoit tousjours en sa place), et m'embrassant tendrement : « Vrayment, dit-il, je vous aymois bien hier ; mais il m'est advis que c'estoit peu à comparaison d'aujourd'huy. Vous estes, à dire la verité, selon mon cœur, et si je ne me trompe, je croy que vous estes encore selon celuy de Dieu, et qu'il a eu vostre sacrifice pour fort agreable. Je ne vous pensois pas si souple et si condescendant : certes l'homme obeyssant parlera de victoires ; vous vous estes surmonté vous mesmes en ce jour. Sçavez-vous bien que la plus-part de vos auditeurs disoient, que les jours s'entresuivent, mais ne se ressemblent pas ; et qu'ils n'estoient pas si contens de vostre dernier sermon que du precedent, et que celuy qui n'estoit pas satisfait de celuy d'hier, l'est extraordinairement de celuy d'aujourd'huy ?

Mon Pere, luy dis-je, vous voulez que l'onction suive le coup de rasoir. Vous direz ce qu'il vous plaira, mais j'ay fait tout à la bonne foy, selon vos enseignemens ; si vous me condamnez, vous vous ferez le procez à vous-mesme. — Comment, dit-il, vous condamner ! mais je vous apporte icy un jubilé general pour toutes vos fautes passées. Le vous diray-je ? vous avez fait aujourd'huy, sinon au gré des autres, au moins tout à fait selon le mien ; et si vous continuez ainsi, quoy qu'en die le monde, vous rendrez par ce train beaucoup de service au Maistre de la vigne, et deviendrez serviteur idoine de son testament.

Laissez fremir ces gens, laissez-leur mediter des choses vaines : presque tous n'y entendent rien, leurs jugemens n'ont autre fondement que la raison naturelle. C'est une prudence d'enfans du siecle qui les fait parler ; ceux de lumiere doivent suivre d'autres maximes : cette prudence est une mort ; celle de l'Evangile est esprit et vie, elle a des paroles de vie, et de vie eternelle. Il ne faut pas que la predication s'appuye sur des paroles et des pensées de l'humaine sagesse, mais qu'elle soit en demonstration d'esprit et de vertu. Suivez cette pointe avec fidelité, et Dieu rendra vos travaux honnorables et accomplis ; vous serez prudent en la parole mystique, et possederez enfin la science des saincts, la science qui fait les saincts : et que voulons-nous sçavoir autre chose sinon Jesus, et Jesus crucifié ?

SECTION XII.

Horreur de la loüange.

Sainct Gregoire a tres-bien dit, que « *Sapiens dum laudatur in ore, flagellatur in aure, cruciatur in mente*. Quand on louë un homme sage en sa face, on l'afflige en l'oreille, on le tourmente au cœur. » Nostre bien-heureux Pere en estoit ainsi, mes Sœurs. Celuy qui embrassoit si amoureusement ceux qui luy disoient des injures, eust volontiers dit des injures à ceux qui luy donnoient le moindre trait de loüange : je vous le veux monstrer en une petite occurrence.

Je preschois un jour devant luy à Annessi, en l'eglise où il faisoit son office cathedral. Il estoit lors au milieu de tous ses chanoines sur les bancs, ou accompagné de tout son chapitre, il avoit de coustume d'oüir les sermons. O qu'il le faisoit bon voir en cét arroy ! vous eussiez dit que c'estoit un roy des abeilles, couronné de rosée, environné de son essaim.

Le sermon, quant à la matiere et à l'ordre, estoit conforme à son esprit, et selon son gré : et parce qu'il m'eschappa en passant de faire une petite allusion sur son nom de Sales, et de dire qu'il estoit le sel (*sal es*) dont toute la masse de ce peuple estoit assaisonnée, selon ce que disoit Nostre Seigneur à ses Apostres, *vous estes le sel de la terre*[1] ; il fut tellement mal edifié de cét eloge, qu'au retour il m'en reprit avec un ton et un accent qui eust esté de rigueur, s'il eust

---

[1] Matth. v, 13.

esté capable de parler ainsi sans se faire une extreme violence.

« Vous alliez si droit, me dit-il, vous couriez si bien, qui est-ce qui vous a fait faire cette incartade? Sçavez-vous bien que vous avez tout gasté, et qu'il ne faut que ce seul mot pour faire perdre le credit à tout vostre sermon? que dis-je, au vostre? mais aux autres sermons. N'est-ce pas sophistiquer le pur or de la parole de Dieu, et alterer une bonne monnoye, que d'y fourrer le faux alloy de la parole des hommes? et n'est-ce pas la parole des hommes que la loüange des vivans? n'est-il pas escrit: *Loüez apres la mort, et magnifiez apres la consommation* [1]?

» Je suis un beau sel, un sel affady et gasté, qui n'est bon qu'à estre jetté en la ruë, et foulé aux pieds des passans. Je plains tant de bonne semence suffoquée avec une poignée d'ivroye. Certes si vous avez dit cela pour me confondre, vous avez trouvé le vray secret; au moins espargnez vos amis. »

Je luy dy pour m'excuser, que le mot que luy avoit dit une fois monsieur l'evesque de Saluces m'estoit revenu en la memoire, et que cela m'estoit eschappé sans dessein. — Et il ne faut, reprit-il, qu'il nous eschappe de telles choses en chaire : je voy bien que cela vous est eschappé, mais il ne faut pas faire de telles eschappées. »

Voila la bonne Sœur qui demande de bonne grace, si bas toutefois que je n'ay pas laissé de l'entendre : « Mais quel est donc ce mot de monseigneur de Saluces? » Le voicy, mes Sœurs. C'estoit un tres-pieux prelat, mort en odeur de saincteté, qui avoit esté disciple du bien-heureux Philippes de Nery, de la congregation de l'Oratoire de Rome, il estoit des singuliers amis de nostre bien-heureux Pere.

Une fois nostre bien-heureux François allant en Piedmont, et faisant le pelerinage de Nostre-Dame de Montdeay, passa par Saluces, où ce bon evesque le reçeut fort honorablement, et le pria de prescher en sa cathedrale. Apres le

[1] Eccli. xi, 30.

sermon il luy dit : « Monseigneur, vraiment *tu sal es; at ego, neque sal neque lux.* » C'est à dire, « Vous estes un vray sel (*sal es*); et moy, ny sel ny lumiere; » faisant allusion au mot de Saluces (*sal lux*). La pieuse curiosité de cette bonne fille vous aura fait apprendre de surcroist cette pastorale rencontre.

SECTION XIII.

Notable sentiment d'humilité.

Il ne pouvoit ignorer la grande estime que non seulement son peuple, mais que tout le monde faisoit de sa pieté. Souvent il s'en confondoit devant Dieu, et plusieurs fois il en a rougy devant les hommes, lorsqu'il voyoit ou entendoit qu'on le tenoit pour un sainct homme, et pour un fidele serviteur de Dieu.

Ce n'estoit pas sa coustume de dire des paroles d'humilité, parlant de soy; il les fuyoit comme des escueils où l'humilité mesme faisoit naufrage. Il estoit exact jusques là de ne parler de soy que comme à vive force, soit en bien, soit en mal, soit en choses indifferentes. Il disoit quelquefois que parler de soy estoit une chose non moins difficile que de marcher sur la corde, et qu'il faut avoir de grands contrepoids pour ne tomber point, et de merveilleuses circonspections pour ne faillir point.

Une fois qu'il fut pressé du bourdonnement importun de ce taon qu'il fuyoit : c'estoit la loüange, qui estoit la plus agreable melodie qui peust frapper l'aureille de la vanité d'Alexandre le Grand : ce sentiment icy luy eschappa, comme une estincelle qui sort d'un fourneau, et dont je remarquay soigneusement la lueur.

« Voyez-vous? ces bonnes gens, avec toutes leurs loüanges et leurs estimes, me feront recueillir en fin un fruit bien amer de leur amitié. C'est qu'ils me feront languir en purgatoire, faute de prier Dieu pour ma pauvre ame quand je seray mort, s'imaginans qu'elle sera allée tout droict en paradis. Voylà que me profitera toute cette reputation. Ils font de moy comme ces animaux qui estouffent leurs petits à force de les serrer et embrasser, et comme le lierre qui abat la muraille à laquelle il semble servir de couronne.

» J'aymerois mieux trouver en leur dilection le fruict des bonnes œuvres et l'huyle de la misericorde, que les fueilles de tant de vains applaudissemens et de vaines loüanges. *Mes petits enfans*, disoit le bien-aymé disciple de nostre Seigneur, *n'aymez point de parole et de la langue, mais en œuvre et en verité*[1]. Voyez-vous comme il fait l'antithese de l'effect avec le langage? Une once d'operation vaut plusieurs livres de discours. On parle de l'eau benite de cour, et j'appelle cecy l'eau benite du monde. Ce sont de douces benedictions, mais de dures derelictions : ils me feront un jour comme les faux amis qui manquent au besoin. *Nolite confidere in principibus, neque in filiis hominum, in quibus non est salus*[2] »

SECTION XIV.

Des escrivains hastifs.

J'ay commencé fort jeune à escrire, et trop tost certes à imprimer. Je m'accusois un jour à nostre bien-heureux Pere de ceste precipitation, et de ces avortons naïs avant terme. Il me respondit que l'on pouvoit fonder deux jugemens contraires sur cela, qui avoient chacun de bonnes raisons. « La plus commune opinion est qu'il faut escrire tard, c'est à dire publier tard ses ouvrages; et parler tost, c'est à dire se mettre de bonne heure à la predication, parce que c'est un mestier qui ne s'apprend que par l'exercice. De là le conseil de ce poëte, qui pour faire paroistre des vers, vouloit qu'ils n'eussent esté neufs, ains sous la lime[3].

» Mais cela est mettre trop de façon à peu de chose, et

---

[1] I Joan. III, 18. — [2] Psal. CXLV, 2. — [3] Horat. De Arte poet. 289-294.

traitter des productions frivoles trop serieusement. Je vous diray à ce propos un gentil trait d'un homme de cloistre, sçavant et judicieux. Un jeune predicateur de son ordre avoit un livre qu'il desiroit mettre en lumiere avec la licence de ses superieurs. Il communiqua cét ouvrage, et son dessein de le donner au public, à celuy dont je parle; qui luy dit ce petit mot en prenant son livre, et luy promettant de le lire à son loisir et de luy en dire son jugement : « Mon pere (car cét escrivain estoit prestre, mais jeune prestre), n'avez-vous plus rien à apprendre? » et le laissa là dessus. Comme s'il luy eust dit : « Ce n'est pas en estudiant qu'il faut faire des livres, mais quand on a fort estudié. »

En un mot il estimoit que cette sorte de fruicts n'estoient meurs qu'en l'arriere saison, c'est à dire, sur la fin de l'automne. « Pour ceux de la predication, leur verdeur est agreable, et ils sont plus fleurissans et plus energiques au printemps, ou dans les ardeurs de l'esté.

Dum melior vires sanguis donat, æmula necdum
Temporibus geminis canescit tarda senectus [1].

» Il faut plus de plomb pour escrire, plus de mercure pour parler. Et de fait, au barreau les advocats cessent de plaider quand ils ont assez d'occupation dans les consultations et les escritures; ce qui ne leur arrive qu'en l'aage avancé.

» D'autre costé, quelques-uns estiment que c'est bien fait d'escrire et de publier de bonne heure, d'autant que on a le moyen de corriger ses defauts, et de monstrer aux secondes impressions, que les seconds soins sont les plus diligens et les plus sages. On presse le vent du bureau, on se retire de bonne heure si cét exercice ne reüssit. Bref, on peut r'habiller en mieux ce que l'on a produit avec moins de circonspection, et comme esbourgeonner les pampres superflus de la vigne, et ainsi faire rempart de ses bresches, et profit de son dommage.

[1] Virgil. Æneid. v, 415, 416.

» Joint que l'on joüit du fruict de son travail, comme ceux qui bastissent ou plantent en leur jeunesse, qui ont le plaisir durant leur vie de leurs bastimens et de leur plan. L'opinion des premiers est un peu severe; celle des seconds est plus indulgente : l'une et l'autre importe peu, pourveu que Dieu soit regardé et sa gloire comme la fin derniere du travail.

» Ceux qui rejettent la publication de leurs ouvrages apres leur mort, pour éviter la vanité des applaudissemens et des loüanges, ne font pas mal, pourveu que ce soit vrayment ce motif qui les porte à cela : mais si c'est aussi pour éviter le déplaisir des censures et des reprehensions, c'est fuyr une vanité pour se jetter dans une autre.

» En toutes choses la mediocrité dorée est excellente, et d'escrire entre deux âges, à qui a ce talent, est un conseil fort prudent; car on a encor assez de vie pour se corriger, et pour laisser à la posterité des productions utiles. Car d'enfoüir ce talent quand Dieu le donne, c'est se rendre coulpable d'un defaut dont on rendra compte; et redouter les divers jugemens, c'est éviter de voyager en esté de peur des mousches. Il ne faut pas tousjours estre excessivement sage, il le faut estre à sobrieté. »

SECTION XV.

Du souvenir des trepassez.

Quand il mouroit quelqu'un de ses amis ou de sa connoissance, il estoit insatiable à en parler en bien, et à recommander cette ame aux prieres d'un chacun. Et son mot ordinaire estoit : « Nous ne nous souvenons pas assez de nos morts, de nos chers trespassez; et le tesmoignage que l'on ne s'en souvient pas assez, c'est qu'on n'en parle pas assez. On se destourne de ce discours, comme d'un propos funeste, on laisse les morts ensevelir les morts, leur memoire perit en nous, avec le son des cloches, sans penser que l'amitié qui peut finir, mesme par la mort, ne fut jamais veritable. *L'amicitia che puo finire non fù mai vera.* (C'estoit son mot.) L'Escriture mesme nous disant que le vray amour est plus fort que la mort[1] : ce qui s'entend du divin et charitable.

» Il me semble mesme que comme le charbon ardant, non seulement se conserve, mais se rend plus embrazé soubs la cendre, que la dilection charitable doit redoubler par la mort, et exiger de nous des offices plus fervens pour nos amis et nos freres decedez. C'est lors que nous les regardons plus purement en Dieu, puisque morts en luy, comme nous le croyons pieusement, ils reposent sur le sein de sa clemence.

» Alors les loüanges ne sont plus suspectes de flatterie. Et comme c'est une espece d'impieté de deschirer la reputation des trespassez, et faire comme ces bestes sauvages et ravissantes qui deterrent les corps pour les devorer : aussi est-ce une marque de pieté de faire recit de leurs bonnes qualitez, parce que cela nous provoque à leur imitation ; rien ne nous touchant si sensiblement ny si fortement que les exemples domestiques. »

Par cét enseignement de nostre bien-heureux Pere vous serez adverties, mes cheres Sœurs, de vous entretenir souvent et long-temps des vertus que vous aurez remarquees en celles de nos sœurs que Dieu aura appellees ; principalement de celles dont vous aurez veu la conversation et la fin. C'est un des conseils du grand sainct Paul d'imiter la foy et la charité de ceux que nous avons veu clorre une saincte vie par une heureuse mort[2].

Cette pratique spirituelle produira puissamment deux bons effets : l'un, de graver en nos memoires un profond souvenir de la mort et des choses dernieres qui la suivent, qui est un camorre et un frein si fort et si salutaire, que le Sage a declaré, ou plustost le sainct Esprit par la bouche du Sage,

---

[1] Cantic. viii, 6. — [2] Hebr. xiii, 7.

que rien n'estoit plus efficace pour nous destourner du peché[1].

L'autre effect sera de nous faire courir apres le sentiment des parfums du bon exemple que nous ont laissé ceux qui ont esté une bonne odeur en Jesus-Christ et odeur de vie à la vie. Car il en est de ces personnes comme de ces lampes d'huylle aromatique, lesquelles ne sentent jamais si bon que quand elles s'esteignent.

Que si nous les avons aimez durant leur vie, et en les servant durant leurs maladies, nous avons employé toutes sortes de soins pour prolonger leurs jours; rendons-leur quelque image de vie dans nostre souvenir, et que nostre memoire soit un monument perpetuel de leur vertu.

O Dieu, que c'est icy un bon avis, et dont vos superieures se doivent bien servir dans vos assemblees, soit de recreation, soit de travail manuel, de vous dire quelquefois : Or sus, nos Sœurs, mais nous ne disons rien de nos cheres sœurs trespassees, que vous semble de telle et telle? etc.

SECTION XVI.

Sur le sujet precedent.

J'adjouste, mes Sœurs, que pour inciter à la priere pour les morts, il avoit de coustume de representer qu'en ceste seule œuvre de misericorde, toutes les treize autres estoient comprises. Vous sçavez que l'on en compte de quatorze façons; sept corporelles, et sept spirituelles. Voicy donc comme il faisoit son denombrement.

« N'est-ce pas en quelque façon visiter les malades, que d'obtenir par prieres le soulagement ou rafraichissement des pauvres ames qui sont dans le purgatoire? N'est-ce pas donner à boire à ceux qui ont si grand soif de la vision de Dieu, et qui sont parmy ces dures flammes, que de leur donner

[1] Eccli. vii, 40.

part à la rosee de nos oraisons? N'est-ce pas nourrir des affamez que d'aider leur delivrance par les moyens que la foy nous suggere? N'est-ce pas vraiment racheter des prisonniers? N'est-ce pas revestir les nuds, que de leur procurer un vestement de lumiere et de lumiere de gloire? N'est-ce pas une insigne hospitalité, que de procurer leur introduction dans la celeste Hierusalem, et les rendre citoyens des saincts, et domestiques de Dieu dans l'eternelle Syon? N'est-ce pas un plus grand service de mettre des ames au ciel, que d'ensevelir des corps et les mettre en la terre?

» Quant aux spirituelles. N'est-ce pas une œuvre de plus haut appareil, que de donner conseil aux simples, de corriger ceux qui faillent, d'enseigner les ignorans, de pardonner les offenses, de supporter des injures? Et quelle si grande consolation peut-on donner aux affligez de cette vie, qui puisse estre comparee à celle qu'apportent nos prieres à ces pauvres ames qui sont dans une si pressante souffrance? »

A dire la verité, je ne pense point que l'on puisse avancer de plus forte raison, pour convier une ame pieuse à la priere pour les trespassez; veu que ceste seule action est comme un monceau de tesmoignage, et un entassement de toutes les œuvres de misericorde. Je la laisse ruminer à vostre devotion, mes Sœurs, et je me promets que vous en ferez un tres-bon usage.

SECTION XVII.

Du maniement de l'Escriture saincte.

Sainct Charles Borromee ne lisoit dans l'Escriture qu'à genoux, comme s'il eust escouté Dieu, parlant sur Syna parmy les feux et les tonnerres; et nostre bien-heureux Pere ne vouloit pas qu'on la maniast ny qu'on la traictast, soit en parlant en public, soit en escrivant, soit en la lisant en particulier, qu'avec une extresme reverence.

Sur tout, il ne vouloit pas qu'un predicateur se jettast d'abbord dans le sens mystique, soit tropologique, soit allegorique, soit anagogique, que l'on n'eust expliqué le literal. « Autrement, disoit-il, c'est bastir le toict d'une maison devant le fondement. L'Escriture doit estre traittee avec plus de solidité et de reverence : ce n'est pas une estoffe dont on puisse tailler à son gré, et s'en faire des paremens à sa mode. »

Quand on avoit expliqué le vray sens de la lettre d'un passage, alors il permettoit de moraliser, et allegorizer; encore vouloit-il que ce fust avec beaucoup de jugement, sans tirer les figures par les cheveux : autrement il les appelloit des figures defigurees, et des moralitez semblables au carrillon des cloches, à qui l'on faict sonner ce que l'on veut.

Je vous veux donner un exemple plus particulier de sa ponctualité en ce suject. Une fois preschant devant luy, il m'arriva d'appliquer à la contagion insensible des mauvaises compagnies, ce mot du Psalmiste : *Cum bono bonus eris, cum perverso perverteris*[1]. Ce qui se dit assez communement. Je luy vis sur le champ froncer le sourcil; et apres, estant seul avec luy, il me demanda pourquoy j'avois donné une telle detorse à ce passage. Sçachant bien que ce n'estoit pas le sens litteral, je luy dy qu'il estoit allusif. « Je l'entends bien ainsi, reprit-il; mais au moins deviez-vous donc dire que ce n'estoit pas le litteral : car le litteral est que Dieu est bon, c'est à dire misericordieux, à ceux qui sont bons; et mauvais, c'est à dire severe, aux mauvais, punissant du mal de peine ceux qui commettent celuy de coulpe. »

Jugez par là combien il devoit estre exact au maniement de ceste divine parole quand il la traittoit, puis qu'il l'estoit de telle sorte en autruy, luy qui estoit incomparablement plus indulgent aux autres qu'à soy-mesme.

---

[1] Psal. XVII, 26, 27.

SECTION XVIII.

Du zele.

Le zele luy estoit une vertu suspecte, « Parce, disoit-il, qu'il en estoit comme des bezoards : de cent il n'y en a pas un de bon, ny qui chasse le venin. Les bons mesnagers de la campagne disent que la nourriture des paons dans une maison rustique, est plus dommageable que profitable, parce qu'encor qu'ils mangent les araignes, les chenilles, les souris et autres vermines; d'autre part ils descouvrent les toits, ils effrayent les pigeons de leur cry, et ils battent les autres volailles.

» Le zele pour l'ordinaire est impetueux, et bien que par les corrections qu'il faict, il tache d'exterminer le vice, il a d'ailleurs d'assez fascheux effects s'il n'est conduit avec beaucoup de moderation et de prudence. C'est un aquilon et un autan qui fait de merveilleux orages, et abat bien des fleurs et des fruicts.

» Il y a un zele aspre et farouche qui ne pardonne rien, qui aggrandit les moindres deffauts, et comme le mauvais medecin qui rend les maladies plus fascheuses. Il y en a un autre si lasche, et si mol qu'il pardonne tout, pensant estre en cela une mesure de charité, qui souffre tout, qui endure tout : et se trompe, en cela que la charité, voirement qui est patiente et benigne, et qui ne cherche point son propre interest, endure les torts qui nous sont faits, mesme avec joye; mais la vraye charité ne peut souffrir sans une douleur interieure de cœur, le tort faict à Dieu, c'est à dire, ce qui offence son honneur et sa gloire.

» Le vray zele accompagné de jugement et de science, suit ce precepte.

Inter utrumque vola; medio tutissimus ibis [1].

---

[1] Ovid. Metam. viii, 206 et ii, 137.

» Il pardonne certaines choses, ou au moins les dissimule, pour les corriger oportunement et utilement en temps et lieu, et en reprend d'autres où il void qu'il y a espoir d'amendement; ne laissant rien en arriere de ce qu'il pense pouvoir servir à la conservation, ou à l'augmentation de la gloire de Dieu.

» Il est vray que comme la prudence du serpent est plus nuisible que profitable si elle n'est detrempée de plusieurs dozes de la simplicité de la colombe : aussi l'aspreté naturelle du zele cause plus de mal que de bien, si elle n'est adoucie par une mansuetude notable; estant comme ces fruits extrememement amers dont on ne peut user que lors qu'ils sont confits dedans beaucoup de sucre. Le zele doux et gracieux est incomparablement plus efficace, que le turbulent et tempestatif : et c'est pour cela que le prophete voulant monstrer la force du Messie à reduire tout l'univers soubs le joug suave de son obeyssance, ne l'appelle pas le lion de la tribu de Juda, mais l'Agneau dominateur de la terre[1]. Le Psalmiste dit tout cecy en peu de mots : *La douceur est elle arrivee? nous voilà corrigez.* »

Nostre bien-heureux Pere, mes Sœurs, a esté excellent en cette conduitte du vray zele. Car ceste extresme douceur que tout le monde aimoit et admiroit en luy, sçavoit si dextrement se mesler parmy ses corrections, que pour parler, non par le rapport d'autruy, mais par ma propre experience, j'eusse eu beaucoup plus cheres et agreables ses reprehensions, que les loüanges et les applaudissemens des peuples.

SECTION XIX.

Avis à un predicateur.

Je fu convié l'an 1610 de prescher le Caresme devant le senat de Savoye, en la capitale de la province qui est Cham-

---

[1] Isaï. xvi, 1.

bery. A peine y avoit-il six mois que j'avois receu la consecration episcopale par l'imposition des mains de nostre bien-heureux Pere. J'estois lors dans une extréme verdeur d'aage, et ayant la memoire toute fraische de ce que je venois d'aprendre aux escoles, et principalement des belles lettres que l'on appelle humaines, que j'ay tousjours fort affectionnees : de sorte que ne pouvant debiter que ce que je sçavois, je ne proferois des trésors de mon cœur, que ce qui estoit dans le coffre de ma memoire; entassant beaucoup de choses anciennes et nouvelles que j'avois dans mes reservoirs, et dont on peut voir des exemplaires dans ces *Diversitez* qui sont les premiers, diray-je efforts, ou essorts de mon esprit ?

On rapporta au bien-heureux François, qui estoit en la ville de sa residence à Annessi, esloignee de là de sept lieuës, que mes discours n'estoient que de fleurs et de parfums, et remplis d'humanitez qui attiroient tous les auditeurs, comme des abeilles qui volent au sucre et au miel. Luy qui jugeoit d'un autre air que ces escoutans, et qui chassoit de haut vent en ce mestier, m'eust souhaitté plus de lettres divines et moins d'humaines, plus d'efficace de l'esprit de pieté, que de gentillesses des parolles persuasives de la sagesse humaine.

Sur quoy il m'escrivit une belle lettre, par laquelle il m'advertissoit que l'odeur de nos aromates s'exhaloit jusques à luy, et qu'il ressembloit à Alexandre, qui, cinglant vers les isles Fortunees, en presentit le voisinage par les bonnes odeurs que le vent glissant sur le poly de la mer apportoit jusques à ses vaisseaux. Mais apres avoir caché la pointe du stylet dans ce cotton huillé et musqué, il enfonça la lancette, en me disant qu'apres tant de messagers qui luy rapportoient tous les jours que nostre lict estoit tout fleurissant, et nostre ameublement tout de cypres et de cedre, nos vignes fleuries espandoient leur suavité par tout, que ce n'estoient que fleurs qui paroissent en nostre terre, que nostre printemps rioit de tous costez; il en attendoit d'autres, qui luy vinssent donner des nouvelles de l'esté, et de l'automne, de la moisson et de la vendange. « J'escoute, disoit-il, *An flores fructus parturiant.* » Apres tout il me donnoit avis d'emonder ma vigne des pampres superflus des belles lettres, *Tempus putationis advenit*[1] : de la tailler, et de retrancher tant d'ornemens estrangers : et quoy qu'il fust loüable d'apliquer les vases des Ægyptiens au service du tabernacle, il falloit que ce fust sobrement : que Rachel estoit à la verité plus agreable, mais moins fertille que Lia : que l'interpretation de l'Evangile devoit estre conforme à son stile et à sa simplicité; qu'il ne falloit ny blanc ny vermillon sur les joües d'une chose telle qu'estoit la theologie; et qu'il se falloit bien plus garder d'alterer la parole de Dieu que la monnoye publique : et quantité d'autres semblables enseignemens, qui me rendirent par apres beaucoup plus reservé, et plus sobre de ces viandes plus creuses que solides, et plus attentif à travailler pour ceste viande qui ne perit point, que l'Escriture nous recommande si fort[2].

SECTION XX.

Resignation à la volonté de Dieu.

Son predecesseur, prelat de singuliere pieté, le demandant avec de grandes instances au sainct Siege apostolique pour coadjuteur en son evesché, quoy qu'il ne le touchast d'aucune alliance de parenté, poussé à celà seulement par la vertu qu'il recognoissoit en François; il arrive que nostre bien-heureux Pere tomba malade, à telle extremité que les medecins desespererent de sa vie.

Ce message de mort luy fut porté, qu'il receut d'un front aussi serain, que s'il eust veu les cieux ouverts et prest à le recevoir. Il n'y avoit que ses parens et ses amis, lesquels ayans, et avecque raison, conceu de grandes esperances de

---

[1] Cantic. ii, 12. — [2] Joan. vi, 27.

sa probité, attendoient que cét arbre deust produire beaucoup de fruicts de saincteté, si Dieu le conservoit pour exercer la prelature dans le jardin de son Eglise, auquel les pasteurs sont comme les laboureurs. *Dei agricultura estis, Dei œdificatio estis, et cooperatores Dei*[1].

François entierement resigné à la volonté de Dieu, et à la mort, et à la vie, ne disoit autre chose, sinon : « Je suis à Dieu ; qu'il fasse de moy selon son bon plaisir. » Et comme on disoit une fois devant luy qu'il devoit souhaitter de vivre, sinon pour le service de l'Eglise, au moins pour faire penitence ; « Certes, dit-il, tost ou tart il faut mourir, et en quel temps que ce soit, nous aurons tousjours besoin de la grande misericorde de Dieu : autant vaut tomber és mains de sa clemence, aujourd'huy, que demain. Il est tousjours luy-mesme, c'est à dire, plein de bonté, et riche en misericorde sur ceux qui l'invoquent; et nous, tousjours mauvais, conceus en iniquité, et sujets au peché dés le ventre de nos meres. Qui a plustost consommé sa course, a moins de comptes à rendre. Je vois que l'on me veut charger d'un fardeau qui ne m'est pas moins redoutable que la mort; et si le tout estoit reduit à mon opinion, j'aurois bien de la peine à choisir : il vaut mieux s'en remettre au soin de la Providence; il vaut mieux dormir sur le sein de Jesus-Christ, que de veiller partout ailleurs.

» Dieu nous ayme, il sçait ce qu'il nous faut mieux que nous-mesmes. Soit que nous vivions, soit que nous mourions, nous sommes au Seigneur[2]. Il a les clefs de la vie et de la mort[3] : ceux qui esperent en luy ne sont jamais confondus[4]. Allons nous autres, et mourons avec luy[5], » disoit mon bon sainct Pere.

Et comme on luy disoit que c'estoit dommage qu'il mourust en la fleur de ses ans; il n'en avoit que trente cinq : « Nostre Seigneur, dit-il, est mort encore plus jeune. Le

[1] I Cor. III, 9. — [2] Rom. XIV, 8. — [3] Apoc. I, 18. — [4] Psal. XXIV, 3. — [5] Joan. XI, 16.

nombre de nos jours est devant luy, il sçait cueillir les fruicts qui luy appartiennent en toutes sortes de saisons.

» Ne nous amusons point à tant de circonstances; ne regardons que sa tres-saincte volonté. Que ce soit là nostre belle estoille; elle nous conduira à Jesus-Christ, soit en la cresche, soit au Calvaire. Quiconque le suit ne marchera point dans les tenebres; mais il aura la lumiere de vie eternelle, qui ne sera plus sujette à la mort. »

O mes Sœurs, que la mort des saincts est precieuse devant Dieu! qu'ils s'endorment doucement au Seigneur! Et que sçavons nous si cette resignation ne fut point cause de la prolongation de ses jours, ainsi qu'il arriva au roi Ezechias?

SECTION XXI.

L'amour de la pauvreté.

C'est un grand revenu, dit la saincte parole, *que la pieté, qui se contente de ce qui suffit*[1]. Tel estoit celuy de nostre Bien-heureux; lequel reduit à l'estroit et au petit pied, les biens de son evesché luy estans retenus par ceux de Geneve, il estoit neantmoins fort content de ce peu qui luy restoit.

« N'est-ce pas encore beaucoup, que douze cens escus de rente? ne sont-ce pas de beaux restes? les Apostres qui estoient bien plus excellens evesques que nous ne sommes, n'en avoient pas tant. Nous ne meritons pas de servir Dieu à nostre solde. Pleust à Dieu, m'a-t'il dit quelquefois, que nous fussions encore privez de ce reste, et que la religion catholique eust autant d'entree à Geneve, qu'il y en a à la Rochelle, et que nous y eussions, comme là, une petite chappelle (c'estoit beaucoup d'annees devant sa prise qu'il me disoit cela) : dans peu de temps elle y feroit un grand progrés. Il y a plus de disposition dedans le peuple que l'on ne pense, et la raison d'estat couverte d'une imaginaire liberté, y regne plus que celle de la religion. »

[1] I Tim. vi, 6.

Je viens à son amour de la pauvreté. Il logeoit à Annessy, en une maison de loüage, qui estoit fort belle et ample : son département estoit bien beau. Il s'advisa de se loger dans une petite chambrette obscure, et assez mal plaisante, où tout au rebours de celle dont les rieurs parlent tant, on voyoit la nuict tout le jour, parce que la nuit n'en partoit presque point : de maniere qu'il pouvoit dire avec Job, *In tenebris stravi lectulum meum* [1] : ou, avec David, *Nox illuminatio mea in deliciis meis* [2]; ou, *Sicut nicticorax in domicilio, et sicut passer solitarius in tecto* [3].

Il appelloit cette chambrette, ou pour mieux dire, ce sepulchre d'un homme vivant, la chambre de François; et celle où il recevoit les compagnies en sa chambre de presence, la chambre de l'evesque. Ce qui me fait souvenir du departement de sainct Charles Borromée, que j'ay souvent veu à Milan, qui avoit une chetive celule au faiste de son palais, à la façon de Judith, où il se retiroit pour prier, et où il couchoit sur la paille, appellant ce nid la chambre de Charles, et celle qui estoit ouverte à ceux qui le demandoient, la nommant la chambre du cardinal.

Ainsi le sainct amour, pere des pieuses inventions, donne l'adresse aux serviteurs de Dieu, pour trouver des pratiques de pauvreté au milieu des richesses : imitant l'alcyon qui fait son nid sur la mer, de telle sorte qu'il n'en est jamais submergé; ou la mere perle qui se forme dans une nacre de la seule rosee du ciel, sans qu'une seule goutte de l'eau de la mer y puisse avoir entrée. O que bien-heureux sont les pauvres d'esprit! car à eux appartient le royaume du ciel [4]. Bienheureux celuy qui a esté trouvé sans tache, qui n'a point couru apres l'or, ni esperé apres les tresors. Qui est celuy-là? et nous le loüerons; car il a fait des merveilles en sa vie [5]. Les deux saincts prelats que nous venons de nommer, sont sans doute de ce nombre.

---

[1] Job XVII, 13. — [2] Psal. CXXXVIII, 11. — [3] Psal. CI, 8. — [4] Matth. V, 3. — [5] Eccli. XXXI, 8, 9.

SECTION XXII.

Du mesme subjet.

Le grand sainct François d'Assise, homme tout seraphique, avoit un tel amour pour la pauvreté, qu'il l'appelloit sa dame, sa royne, sa maistresse. Comme les riches du siecle se glorifient en la multitude de leurs richesses, et en leur grand pouvoir; luy se glorifioit en sa pauvreté, et n'estoit jamais si content, que quand il souffroit de la disette, sçachant que Jesus-Christ s'estoit fait pauvre pour l'amour de nous, afin de nous enrichir par sa pauvreté.

Notre bien-heureux pere François de Sales regardoit ceste qualité d'un visage riant, elle qui jette la tristesse et la melancholie sur le visage de ceux, non seulement qui la soustiennent, mais de ceux qui la redoutent.

> . . . . Si figit adamantinos,
> Summis verticibus, dira necessitas
> Clavos, non animum metu, aut
> Tristitiæ laqueis expedies caput [1].

Une pauvreté rechignée et plaintive, est une misere; car elle est contrainte et involontaire : mais la volontaire est joyeuse, libre, et gaye.

> Cantabit vacuus coram latrone viator [2].
> . . . . Tum pauper cornua sumit [3].

Fœlix paupertas, disoit le grand Stoïque, *si læta est : imo non est paupertas, si læta est* [4].

Ceux qui s'en faschent et en murmurent sont riches d'esprit, c'est à dire en desir : et mal-heureux sont les riches d'esprit; car à eux appartient l'enfer, mesmes ils le portent dans leur sein. Le pauvre volontaire baise ses haillons, et loüe et souffre avec joye, comme parle sainct Paul, la perte et la privation des biens qu'on appelle de fortune [5].

---

[1] Horat. lib. 3, Od. xxiv, 5-8. — [2] Juvenal. x, 22. — [3] Ovid. De arte amandi I, 239. — [4] Senec. Epist. 2. — [5] Hebr. x, 34.

Pour vous monstrer, mes Sœurs, de quel œil, et combien riant et gracieux nostre bien-heureux Pere regardoit la pauvreté; il me disoit quelquefois en me monstrant un habit nouveau qu'on luy avoit fait, et qu'il avoit sous sa soutane : « Mes gens, disoit-il, font des petits miracles; car avec une vieille robbe ils m'ont fait cét habit tout neuf? Ne m'ont-ils pas fait bien brave?

« Ce miracle, luy dis-je, semble enchérir sur celuy des enfans d'Israël, dont les habits ne s'userent point durant quarante ans qu'ils demeurerent au desert; car ceux cy renouvellent les usez : vrayment c'est là le rajeunissement de l'aigle. »

Quelquefois son œconome se plaignant de la bassesse des caux, et qu'il n'y avoit plus d'argent : « Dequoy vous faschez-vous, luy disoit-il; nous en sommes d'autant plus conformes à nostre Maistre, qui n'avoit pas seulement où mettre sa pauvre teste à couvert : encore ne sommes-nous pas reduits à cette extremité.

» Mais où en prendre? disoit l'œconome. — Mon fils, disoit-il, il faut vivre de mesnage. — Vrayment, repliquoit l'autre, il est bien temps de mesnager où il n'y a plus rien. — Vous ne m'entendez pas, reprenoit le Bien-heureux, c'est qu'il nous faut vendre ou engager quelque piece de nostre mesnage, c'est à dire de nos meubles, pour vivre : cela, mon bon monsieur R*, n'est-ce pas vivre de mesnage? » C'est ainsi comme il émoussoit gracieusement les poinctes de la necessité, qui semblent si dures et insupportables aux ames de plus foible trempe.

SECTION XXIII.

Encores.

J'admirois un jour devant luy, comment il pouvoit faire une si belle despense, avec si peu de revenu qu'il avoit. « C'est Dieu, dit-il, qui multiplie cinq pains. » Le pressant de me dire comme cela se faisoit : « Ce ne seroit pas miracle, disoit-il de bonne grace, si cela se pouvoit dire. Ne sommes nous pas bien-heureux de vivre ainsi par miracle? C'est la misericorde de Dieu, de ce que nous ne sommes point consommez [1].

» Vous devorez ma sagesse, luy disois-je, en me renvoyant là; je ne suis pas sage si hautement. — Voyez-vous, respondoit-il, les richesses sont de vrayes espines, ainsi que l'Evangile nous l'enseigne [2] : elles piquent de mille peines en les acquerant, de plus de soucis à les conserver, de plus de soins à les despenser, de plus de fascheries à les perdre.

» Au demeurant, nous n'en sommes que les fermiers et les œconomes, principalement si ce sont des biens d'Eglise, qui sont le vray patrimoine des pauvres. L'importance est, de trouver des dispensateurs qui soient fideles. Ayans dequoy nous nourrir et vestir honnestement, que nous faut-il d'avantage? Certes, *Quod amplius est, à malo est*[3].

» Voulez-vous que je vous die mon sentiment, mais à vous, mais à l'oreille de vostre cœur? Je sçay bien ce que je fay de ce que j'ay; mes morceaux sont taillez assez court : si j'avois d'avantage je serois en peine de ce que j'en ferois. Ne suis-je pas heureux de vivre en enfant, sans soucis? A chaque jour suffit sa misere. Qui plus en a à manier, plus de comptes il a à rendre.

» Il faut user de ce monde comme n'en usant point, avoir des biens comme n'en ayant point, et se servir des choses de la terre, comme les chiens du rivage du Nil qui lappent l'eau de ce fleuve en courant, de peur d'estre attrapez des crocodiles.

» Si *celuy qui augmente la science agrandit son travail*[4], comme nous apprend le Sage : combien plus l'accroist celuy qui ammoncelle des biens; faisant comme ces geants de la

---

[1] Thren. III, 22. — [2] Luc. VIII, 15. — [3] Matth. VI, 37. — [4] Eccle. I, 18.

fable, qui entasserent des montagnes, et puis s'ensevelirent dessous.

» Vous souvenez-vous de ce miserable pasteur dont il est parlé en l'Evangile, qui pensoit avoir devant soy dequoy vivre à son aise plusieurs annees, qui entendit la voix celeste, luy disant : *Fol, tu mourras cette nuict, et pour qui sera tout ce que tu as amassé*[1] ? Bien-heureux celuy qui ne thesaurise qu'au ciel des tresors d'eternelle duree.

SECTION XXIV.

De l'oraison de quietude.

Une de nos bonnes sœurs se plaignoit un jour à nostre bien-heureux Pere de quelque indisposition corporelle, qui la rendoit depuis un certain temps tellement assoupie, qu'elle s'endormoit assez souvent au temps de l'oraison. Le Bien-heureux luy dit par joyeuseté : « Vrayment, ma Sœur, voilà une vraye oraison de quietude. »

Cette fille simple comme une colombe, s'alla imaginer qu'il parloit tout de bon et serieusement, et luy dit : « Helas! mon Pere, Dieu me feroit-il bien ceste misericorde, à moy chetive et miserable, de me mener à luy par une voye si sublime? »

Le bien-heureux Pere voyant sa candeur, sans l'advertir qu'elle s'estoit mesprise, luy demanda froidement comment cela luy arrivoit. « Certes, dit-elle tout à la bonne foy, je n'y fais point plus de façon, que quand je m'endors tous les soirs au dortoir, lors que je suis dans le lict, apres que la retraitte est sonnée.—Mais, luy dit le bien-heureux Pere, durant ce temps là n'avez vous point de visions? — Point du tout, repart la fille; je suis en ceste espece d'oraison plus stupide qu'une busche. Encores quand je dors ay-je quelques songes, mais quand je suis au chœur en ceste oraison

---

[1] Luc. XII, 20.

de quietude, je ne voy, ny ne songe, ny ne pense à rien du tout.

» Or voylà qui va bien, repart le bien-heureux Pere; car par ce moyen vous ne serez nullement trompee par des illusions. » Apres cela il luy remonstra doucement, que ce qu'il luy avoit dit n'estoit que par joyeuseté, que ce n'estoit qu'un assoupissement procedant de quelque amas d'humeurs; mais que la vraye oraison de quietude estoit d'une autre taille.

Cette bonne fille, sans s'estonner de son qui-pro-quo, eut bien le courage de luy demander ce que c'estoit donc que cette oraison de quietude, de laquelle parloient certains livres spirituels. Alors il la luy expliqua familierement, et selon qu'elle estoit capable de l'entendre : luy facilitant par ses enseignemens la lecture de ce qu'il en a escrit amplement au sixiesme livre de son traitté de l'Amour de Dieu, depuis le chapitre 8 jusques au 12. Ainsi il finit serieusement et utilement pour cette bonne ame, ce qu'il avoit commencé avec joyeuseté; tant il estoit adroit à tirer du bien de toutes sortes de rencontres.

SECTION XXV.

Des importunitez.

Ce Bien-heureux nous a decouvert quantité d'estoilles en la Vie Devote, qui devant luy avoient esté apperceuës de peu de personnes spirituelles; ou, si elles les avoient cogneuës, elles ne les avoient pas données à cognoistre aux autres. Car il y a force gens en cette voye mystique, qui gardent leurs secrets pour eux, sans penser que ce que Dieu nous apprend sans feinte, peut estre, comme dit Salomon, communiqué sans envie[1].

La condescendance, le support des mauvaises humeurs d'autruy, l'eutrapelie ou bonne conversation, l'egalité d'esprit, la joyeuseté modeste, la cordialité, la vraye simplicité,

---

[1] Sap. vii, 13.

la debonnaireté, la ponctualité, l'attention sur ses actions, la douceur et la patience envers soy-mesme, l'amour de son abjection, de la pauvreté parmy les richesses, l'affabilité, la benignité, la courtoisie, la candeur, la franchise, la saincte liberté d'esprit, la rondeur en la conversation, et tant d'autres semblables bonnes habitudes, n'estoient pas seulement negligees, mais peu cogneuës.

Entre les anciens de cette volée, il faisoit grand estat de la patience aux importunitez. « Si encore, disoit-il, il faut invoquer un si grand genie pour cela, que celuy de la patience, un peu de douceur, de moderation et de modestie, suffisent pour ce regard. Quand on parle de patience, vous diriez qu'il ne la faut employer qu'en la souffrance des maux qui nous apportent de la gloire. Cependant tandis que nous attendons ces grandes et signalées occasions qui n'arrivent que rarement durant la vie, nous negligeons les moindres : et tant s'en faut que l'on conte pour quelque chose le support des importunitez du prochain, qu'au contraire, on tient pour impertinens ceux qui les endurent. Nous nous imaginons que nostre patience est capable de souffrir des douleurs et des affronts signalez; et nous nous jettons dans l'impatience pour les picqueures des puces, et des mouches. Il nous est advis que nous pourrions assister, servir et soulager le prochain en de grandes et longues maladies; et nous ne pouvons supporter ses humeurs agrestes et fascheuses, ses rusticitez, ses incivilitez, et sur tout ses importunitez, quand il vient hors de propos et à contre-temps nous entretenir de choses qui nous semblent frivoles ou legeres.

» Nous triomphons icy dans les apologetiques de nostre impatience, nous defendans sur l'estime et le prix du temps, duquel seul, dit un ancien, l'avarice est loüable; et nous ne voyons pas que nous l'employons en tant d'autres choses plus vaines que le support du prochain, et possible moins serieuses que celles dont il nous entretient; et que nous appellons une perte de temps.

» Quand on est en conversation avec le prochain, il s'y faut plaire, et tesmoigner que l'on s'y aggrée; et quand on est seul, il se faut plaire en la solitude. Mais le mal est, que l'inegalité de nos esprits est telle, que nous regardons tousjours en arriere, comme la femme de Loth; et qu'en compagnie nous souspirons apres la solitude; et dans la solitude, au lieu de jouyr de sa douceur, nous desirons la conversation. »

Mes Sœurs, il faut avoir l'esprit plus juste et plus raisonnable; et au temps ordonné à la recreation, aymer la recreation; aymer la lecture, l'oraison, le travail aux heures qui y sont destinées, et le silence lors qu'il est imposé par la reigle et l'obeyssance. Ainsi nous pourrons dire : *Benedicam Dominum in omni tempore; semper laus ejus in ore meo* [1] Et c'est benir et loüer Dieu en tout temps, que de rapporter à sa gloire toutes nos actions, bonnes, indifferentes, et la fuitte des mauvaises.

SECTION XXVI.

Des tentations.

Celuy qui n'est point tenté, que sçait-il? Bien-heureux celuy qui souffre la tentation, car estant esprouvé par là, il en recevra la couronne de vie, que Dieu promet à ceux qui l'ayment. La tentation fait l'espreuve, l'espreuve engendre la patience, et la patience l'espoir. Les grandes tentations fortement repoussees sont la meilleure marque que l'on puisse avoir d'une eminente vertu; l'exemple en est illustre en sainct Paul.

Ce n'est pas apres les domestiques d'une maison que les chiens abboyent, mais apres les estrangers. Le diable ne se met point en peine d'induire en tentation ceux qui la cherchent eux-mesmes, et qui sont des siens. Quand il en tra-

---

[1] Psal. xxxiii, 2.

vaille et tourmente un cœur, c'est signe qu'il luy est estranger; et plus il redouble la tentation, c'est une marque de plus signalée vertu : car il ne fait de puissantes attaques qu'aux places les plus fortes, et qui luy font davantage de resistance.

» Si nous sçavions faire un bon usage des tentations, disoit nostre bien-heureux Pere, au lieu de les redouter, nous les provoquerions; à peine que je ne die, nous les souhaitterions. Mais parce que nostre foiblesse et nostre lascheté ne nous est que trop cogneuë, par tant d'experiences et de tristes cheutes, nous avons bien raison de dire : *Ne nous induisez pas en tentation* [1].

» Encore si à ceste juste defiance de nous mesmes, nous joignions la confiance en Dieu, plus fort pour nous delivrer de la tentation, que nous ne sommes foibles pour nous y perdre; nous releverions nos esperances sur la diminution de nos craintes. *In te eripiar à tentatione, et in Deo meo transgrediar murum* [2]. Avec un tel second, ne pouvons nous pas hardiment marcher sur l'aspic et le basilic, et fouler aux pieds le lyon et le dragon [3] ?

» Comme c'est aux grandes tentations que nous cognoissons la grandeur de nostre courage, et celle de nostre fidelité envers Dieu : c'est en ces occasions que nous faisons progrez en la vaillance du cœur, et que nous apprenons à manier les armes de nostre milice, qui sont spirituelles, contre les malices spirituelles de nos ennemis invisibles. C'est lors que nostre ame toute couverte de la grace, leur paroist terrible, comme une armée rangée en belle ordonnance, et comme les bataillons du Seigneur.

» Il y en a qui pensent que tout est perdu, quand ils sont affligez des pensées de blaspheme et d'impieté, et s'imaginent qu'ils n'ont plus de foy. Cependant tant que ces cogitations leur déplaisent, elles ne leur peuvent nuire, et ces vents

---

[1] Matth. vi, 13. — [2] Psal. xvii, 30. — [3] Psal. xc, 13.

impetueux ne servent qu'à leur faire jetter de plus profondes racines en la foy. Le mesme se doit dire des tentations de la pureté, et des autres. Cette maxime est fort generale.

» Comme entre les arbres il n'y a point de poirier de bon chrestien qui ne soit enté; entre les hommes, mesmes les plus pieux, il n'y a point de bon chrestien qui ne soit tenté. L'Ange dit au bon Tobie : *Parce que tu estois agreable à Dieu, il a esté necessaire* (notez) *que la tentation t'accueillist et t'eprouvast*[1]. »

SECTION XXVII.

Advis à un pasteur.

A un ecclesiastique que je cognoy bien, et qu'il aymoit beaucoup en nostre Seigneur, il donna un excellent avis d'une maniere fort suave, et par une industrie fort gracieuse. Il estoit encore jeune, et en cette grande jeunesse, quoy qu'il fust et prestre et pasteur, il redoutoit d'approcher trop souvent de l'autel, se contentant de celebrer aux dimanches et aux festes. Le Bien-heureux, qui le voulut porter à dire la Messe tous les jours, s'advise de ceste gentillesse. Il luy fit present d'une boette couverte de satin rouge, tout en broderie d'or et d'argent, enrichie de quelques perles et grenats, et avant que la luy mettre entre les mains il luy dit : « J'ay à vous demander une grace, que je m'asseure vous ne me refuserez pas, puis qu'elle ne regarde que la gloire de Dieu, dont je sçay que vous estes espris. »

L'autre luy dit, qu'il commandast. « O non, repart le Sainct, ce n'est pas en commandant, mais en demandant que je parle; encor en demandant au nom et pour l'amour de Dieu, qui est le grand mot de nostre commerce. » Apres cela, que luy eust on pû refuser? le silence de l'ecclesiastique tesmoignant mieux sa disposition à l'obeïssance, que toutes les paroles de compliment qu'il eust pû avancer.

[1] Tob. xii, 13.

Le bien-heureux François luy ouvrant la boëtte, l'a luy monstra toute pleine d'hosties à consacrer, et luy dit : « Vous estes prestre ; Dieu vous a appellé à cette vocation, et de plus, au pastorat en son Eglise. Seroit-ce une belle chose qu'un artisan, ou un magistrat, ou un medecin, ne voulust travailler de sa profession, qu'un jour ou deux de la sepmaine? Vous avez un caractere qui vous donne le pouvoir de dire la saincte Messe tous les jours ; pourquoy ne reduirez-vous pas cette puissance en acte?

» Veu mesme que cette action est la plus haute, et la plus auguste de toutes les fonctions de la religion, et qui rend d'avantage de gloire à Dieu, et plus de soulagement aux vivans et aux trespassez. Je vous conjure donc par la gloire de celuy auquel nous vivons, nous avons mouvement et estre, de vous approcher tous les jours de l'autel, et de n'y manquer que par des extremes necessitez.

» Vous n'avez rien, Dieu mercy, qui vous en empesche. je cognoy vostre ame autant qu'une ame peut estre cogneuë, ainsi que vous sçavez, qui m'avez si franchement ouvert tous les replis de vostre conscience. Je voy au contraire, que tout vous y convie. Pour vous inviter à cét exercice du pain supersubstantiel et quotidien, je vous fais ce present, et vous supplie de n'oublier pas au sainct autel celuy qui vous fait cette priere de la part de Dieu. »

L'autre se trouva un peu surpris ; et sans refuser une si notable semonce, se contenta de soubmettre au jugement du sainct Prelat ses indignitez interieures, sa jeunesse, l'immortification de ses passions, la crainte d'abuser d'un si divin mystere, ne correspondant pas à la vie necessaire pour un si frequent usage.

« Toutes ces excuses, reprit le Bien-heureux, sont autant d'accusations, si je les voulois examiner au poids du sanctuaire. Sans entrer en leur discussion, suffit que vous vous en estes rapporté à mon jugement : je vous dy donc, et en cela, je pense avoir l'esprit de Dieu, que toutes les raisons que vous alleguez pour vous dispenser d'un si frequent exercice, sont celles qui vous y obligent.

» Ce sera ce sainct usage qui murira vostre jeunesse, moderera vos passions, debilitera les tentations, fortifiera vos foiblesses, esclairera vos voyes; et à force de le pratiquer, vous apprendrez à le pratiquer avec plus de perfection. Au demeurant, quand vostre indignité vous en retireroit par humilité; ce qui est autresfois arrivé à sainct Bonaventure; et quand cét usage vous apporteroit moins d'utilité pour vostre indisposition, considerez que vous estes personne publique, que vos oüailles et vostre Eglise en ont besoin, les trespassez necessité : et plus que tout cela vous doit aiguillonner, que vous privez, aux jours que vous vous abstenez de cette fonction, la gloire exterieure de Dieu, de son augmentation, les Anges de ce plaisir, et les bien-heureux d'une particuliere resjoüyssance. »

L'ecclesiastique s'abbatit sous ce conseil, et dit, *Fiat, fiat*; et depuis trente ans n'a point manqué à cela, que par des necessitez voisines de l'impossible, mesmes dans de forts grands voyages, tant en France, Italie, Espagne, Allemagne; mesme dans les terres des heretiques. Tant a de pouvoir sur un esprit une remonstrance assaisonnée de dilection et de prudence. *Honor regis judicium diligit*[1].

SECTION XXVIII.

Circonspection en la conversation.

Un prelat que je cognois bien, et que le bien-heureux François aymoit beaucoup, ne vouloit point permettre aux femmes, de quelque qualité qu'elles fussent, l'entrée en sa maison, se fondant sur l'exemple et l'enseignement de sainct Augustin. Et parce que sa charge, qui luy recommandoit leurs ames aussi bien que celles des hommes, l'obligeoit à

[1] Psal. xcviii, 4.

escouter celles qui auroient recours à luy, il avoit fait faire une espece de parloir à balustres ou barreaux, dedans une chappelle, où il leur parloit en la façon que les filles cloistrées parlent aux personnes seculieres.

Le Bien-heureux, sans blasmer cette severité, se contentoit d'en rire gracieusement, comme d'un procedé nouveau; et de dire que ce prelat ne sembloit pasteur qu'à moitié, puis qu'il se separoit ainsi de la moitié de son troupeau, et de ceste partie, qu'un escrivain de nos jours, avec un peu de licence, appelle la plus belle moitié du monde : et c'estoit possible pour cette qualité que ce pasteur faisoit cette separation.

Les femmes s'en plaignirent au Bien-heureux, lequel leur promit d'en parler à son confrere. Cestuy-cy, pour ses raisons, luy remonstra son âge qui estoit encore jeune; l'apprehension de passer par les langues, la défiance et crainte continuelle où doivent estre les gens d'Eglise en leur conversation avec ce sexe; les conseils de l'éviter, que les anciens Peres donnent à tout propos dans leurs escrits; le bon exemple que cela donnoit aux autres ecclesiastiques, et quantité de semblables motifs qui l'avoient porté à cette maniere de vie.

Nostre Bien-heureux loua son zele et sa precaution; mais luy dit, que sans pratiquer cette severité exterieure, il y avoit un moyen plus aysé, plus asseuré, moins incommode, et moins sujet aux censures et au controolle. » Ne parlez jamais, dit-il, à des femmes qu'en presence de plusieurs, et donnez charge expresse à vos domestiques de ne vous perdre jamais de veuë, quand quelqu'une voudra conferer avec vous. Je ne dy pas qu'il soit tousjours necessaire qu'ils entendent ce que vous leur direz; car il n'est pas quelquefois expedient, quand ce sont choses qui regardent la conscience : mais au moins que leurs yeux veillent sur vous, et soient tesmoins de vos déportemens.

» Que si vous donnez la permission à celuy de vos chappellains, à qui vous commettez le dépost de vostre interieur, de vous donner des avertissemens touchant vos gestes ou vos actions, croyez que tout cela vaudra mieux que toutes les grilles du monde, fussent-elles de fer, et toutes armées et herissées de poinctes. »

Il disoit vray : car il n'y a rien qui tienne tant en devoir, ny qui range les plus desreglez à la modestie, comme d'avoir des yeux tesmoins de leurs actions ; la nature ayant imprimé en ceux qui n'ont pas essuyé toute honte, une certaine pudeur honneste qui tient au moins la contenance en regle, quand mesme l'esprit seroit dans le desordre.

Or l'advis qu'il donnoit, est cela mesme qu'il pratiquoit. Car, quoy que sa maison fust ouverte indifferemment à toutes sortes de personnes, il ne parloit jamais à des femmes, en quelque lieu qu'il fust, qu'il n'eust des surveillans qui le consideroient depuis la teste jusques aux pieds. Vrayment c'estoit à luy de dire avec l'Apostre : « J'aurois honte de dire ce qu'il faut faire, si Dieu ne me donnoit la grace de l'executer. »

SECTION XXIX.

Autre pour des lettres.

Il luy donna un autre advis qui me sembloit de merveilleuse importance, qui est pour le regard de la conversation par escrit ; ce qui se fait par les lettres, lesquelles, dit sainct Hierosme, rendent les absens presens. Il faut en cela plus de circonspection, parce que les escrits demeurent, et se peuvent communiquer, et s'ils ne sont fort purs et judicieux, ils peuvent ou causer des murmures, ou laisser de fascheuses impressions dans les esprits de ceux qui les lisent.

Pour les purifier dés leur source, il luy conseilloit de n'escrire jamais à des femmes qu'en leur respondant, si ce n'estoit par une pressante necessité ; jamais de son mouvement propre, si ce n'estoit à des personnes hors de tout soupçon; comme une mere, une sœur, une femme fort aagée, encore rarement et briefvement. Les longues lettres à ce sexe ne sont gueres sans quelque marque d'attache, ou au moins, sans tesmoignage de la complaisance que l'on a à l'entretenir avec le bec d'une plume.

« Quant aux responses, quoy que longues, elles portent tousjours leur justification en elles-mesmes, principalement si les sujets sont serieux et graves, et traitez sans compliment et sans affetteries. Le Sage disoit : *Quand tu seras assis à la table d'un prince, mets la poincte de ton cousteau vers ta gorge*[1] ; c'est à dire, garde de proferer aucune parole qui le fasche : car *la colere du roy est messagere de mort*[2]. Aussi quand un ecclesiastique escrit à une femme, s'il se pouvoit, il devroit plustost escrire du canif que de la plume, ou du moins, trancher ou retrancher sa plume si nettement, qu'elle ne traçast rien de superflu, de frivole, d'affetté : car il n'est pas croyable combien un mot mignard flatte ce sexe, qui prend ses souveraines delices à estre cajolé et respecté.

» S'il y a occurrence où il faille marcher la bride en main, c'est en celle-cy : autrement ce sont autant de pacquets d'Urie, qui portent la mort dedans le sein ; ce sont des fueilles d'asphalte qui enveloppent des serpens, et des figues de ceste royne d'Egypte qui couvrent des aspics.

» Que de beaux olats font les rieurs, de quelques mots que la civilité et la bienseance tirent quelquefois des plumes les plus chastes et les plus modestes ! Ils joüent et rejoüent cette piece comme le Cid, et servent ce chou cuit et recuit tant de fois, qu'ils en font venir le degoust, et au bout de cela, accusent la pieté de cocqueterie. »

Cét advis, comme je le sçay de bonne part, n'a pas seulement profité à celuy à qui il le donna, mais encor à plusieurs autres à qui l'a communiqué celuy qui l'a receu. Pleust à Dieu qu'il fust religieusement observé par beaucoup d'eccle-

---

[1] Prov. xxiii, 1. — [2] Id. xvi, 14.

siastiques! cela osteroit de la maison de Dieu beaucoup de sujets de railleries, et beaucoup de pierres de scandale.

SECTION XXX.

Des paroles d'humilité.

Je vous ay dit d'autres fois, mes Sœurs, que nostre bien-heureux Pere estoit ennemy des paroles d'humilité. Il disoit que la vraye humilité est comme le bon or qui a le son fort bas; ou plustost, qu'elle estoit muette comme un poisson. Cette vertu n'est pas une piece de monstre; beaucoup moins, une montre sonnante ou timbrée : *œs sonans, aut cimbalum tinniens*[1]. Si c'est une montre, elle est de sable et de poudre qui coule et passe sans bruit : aussitost qu'elle veut paroistre elle s'esvanouït en ses pensées. C'est une tortuë qui n'est en seureté que tant qu'elle se tient close et couverte sous sa coquille.

Mais il faut que je vous apprenne icy une saincte et judicieuse industrie, dont se servoit nostre bien-heureux Pere pour corriger doucement, et sans qu'on s'en apperceust, les paroles d'humilité, qu'il appelloit la fine et plus fine fleur de la vanité. C'est qu'il prenoit tousjours au mot celuy ou celle qui les disoit, et mesme y adjoustoit quelque exaggeration, afin d'engendrer une salutaire confusion en la personne qui les proferoit, et luy servist d'advertissement de ne s'y eschauder plus : estant certain que, pour la pluspart, ceux qui les avancent seroient bien marris qu'on les creust en ce qu'ils disent, et n'en attendent rien moins que la mesestime et abjection. Si bien que c'est les punir justement par où ils ont delinqué, que de les prendre au mot; et de plus, pour combler la mesure, d'adjouster à la lettre. Je vous en veux marquer deux agreables rencontres.

Ayant esté appellé d'une vocation qui me portoit de la

---

[1] I Cor. XIII, 1.

magistrature à la prelature; comme il desiroit de moy, dés le commencement que j'entray au pastorat, des choses qui me sembloient de trop haute perfection : « Mais, mon Pere, luy dis-je une fois, vous n'avisez pas que je sors tout fraischement du monde; que je suis encore tout moitte du naufrage, qu'à peine en suis-je non essuyé, mais eschappé, que je me trouve maistre avant qu'avoir esté disciple, capitaine premier que soldat; que je sors comme d'un enfer, d'un lieu de desordre et de confusion, qui est la conversation mondaine. Vous parlez à moy comme à un homme fort avancé dans la pieté, et capable de l'enseigner aux autres, et à peine suis-je à sa porte.

» Il est vray, me dit-il, et je croy plus que vous, et possible voy-je aussi-bien que vous tout ce que vous dites. Je vous regarde comme un homme sauvé du débris, et sortant d'un incendie, dont vous sentez encore la fumée, et qui estes encor tout basané de sa noirceur. Mais apres tout, vous voilà evesque; il faut avoir des sentimens de pere, il faut rehausser vostre courage vers la perfection, et ne faut pas que vous vous contentiez de boire de l'eau de vostre cisterne, il faut que *deriventur fontes tui foras, et in plateis aquas tuas dividas*[1]. Dieu, la raison, vostre charge, requierent cela de vous, il n'est pas question de regarder en arriere si vous ne vouliez devenir statuë. *O pastor, ô idolum*[2]!

» Qui met la main au soc, et regarde en arriere, n'est pas propre à l'œuvre et au royaume de Dieu. Il faut oublier le passé, et s'estendre à ce qui est devant vous. Si vous vous confiez en vous mesme, vous ne ferez jamais rien : mais si vous vous confiez en Dieu, que ne ferez-vous? Vous ferez tout. Il se plaist à eslever sa puissance sur nostre infirmité, sa force sur nostre foiblesse, et à confondre ce qui est, par des choses qui ne sont pas. La defiance de soy est fort bonne, pourveu qu'elle soit suivie de la confiance en Dieu; et plus

---

[1] Prov. v, 15. — [2] Zach. xi, 17.

nous avançons en celle-cy, plus nous profitons en celle-là. L'humilité descouragee est une fausse humilité.

L'autre occurrence est, sur le sujet d'une de nos sœurs; laquelle ayant esté choisie pour estre superieure, se mit sur la rethorique de belles paroles, et mit son neant si hautement bas, et son incapacité à cela si bassement haut, que c'estoit une merveille. Nostre Bien-heureux la releva justement comme il falloit. Car il encherit sur ses paroles d'humilité, luy disant qu'entre fille et fueille il n'y avoit pas grande difference; que toutes les sœurs n'ignoroient pas son insuffisance, la bassesse de son esprit, la foiblesse de son jugement, sa grossiereté en matiere de conduite, ses imperfections toutes manifestes, et son mauvais exemple : et que possible Dieu avoit permis son eslection pour la corriger de tous ses defauts, et au moins afin qu'elle taschast de les cacher, se voyant en spectacle à Dieu, aux Anges, et aux hommes, prenant garde à ses pas en marchant en un lieu eslevé.

Qu'elle avisast que ce n'estoit pas à elle que l'on confioit cette communauté, mais à Dieu, qui choisit les folles pour confondre et conduire les sages, luy qui a voulu sauver les fideles par la folie de la foy. Et qu'elle prist garde qu'un rozeau du desert en la main de Jesus-Christ, devenoit une colomne du temple : qu'elle se tint bien serrée à ceste main secourable, qui ne manque jamais à ceux qui implorent son appuy. En fin qu'elle chantast avec David : *Seigneur, vous m'avez tenuë par la main droicte, vous m'avez conduitte en vostre volonté, et vous m'introduisez en vostre gloire* [1].

Profitez de ces deux exemples, mes Sœurs, et apprenez quel estat vous devez faire des paroles de vanité, qui empruntent le masque de l'humilité, et se couvrent d'un voile de subtilité et de malice.

[1] Psal. LXXII, 24.

SECTION XXXI.

De la disposition à la mort.

Comme je luy demandois quelle estoit la meilleure disposition pour bien mourir, il me respondit froidement : « La charité. » Je luy dy que je sçavois bien que celuy qui n'est point en la dilection de Dieu, est en la mort, et est un vray tison d'enfer ; et que mourir au Seigneur, estoit mourir, sinon en l'acte, au moins en l'habitude de la charité, laquelle embrasse toutes les autres, et les ameine en une ame où elle fait son entrée : mais que je desirois sçavoir, la charité supposée, quelles vertus vives et animées d'elle, estoient les plus convenables à exercer.

Il me dit : « L'humilité et la confiance. » Et pour s'expliquer à sa façon gratieusement : « Le lict d'une bonne mort, continua-t'il, doit avoir pour matelats la charité : mais il est bon d'avoir la teste appuyée sur les deux oreillers que je vous ay marquez, et d'expirer avec une humble confiance en la misericorde de Dieu.

» Il m'est avis que l'on pourroit appliquer à cela ce mot du Psalmiste : *Si vous dormez entre deux voyes, vous prendrez les aisles d'une colombe blanche et argentée, qui a le dos et la queuë rebrunie d'or*[1]. Ce sont là les aisles de la Colombe, qui nous portent dans le repos eternel, avec le rameau de paix.

» Le premier des oreillers, qui est l'humilité, nous fait reconnoistre nostre misere, nous fait trembler de frayeur : mais par cette crainte amoureuse (car je la suppose accompagnée et animée de charité) nous concevons, et qui plus est, nous enfantons l'esprit de salut, et cét esprit non servil, mais filial, auquel nous crions *Abba*, Pere[2]. Humilité courageuse et genereuse, qui nous abbattant en nous mesme, nous

---

[1] Psal. LXVII, 14. — [2] Rom. VIII, 15.

releve en Dieu; et sur la defiance de nos propres forces, nous fait appuyer en Dieu seul.

» De là vient que le passage est aisé vers l'autre oreiller, qui est celuy de la confiance en Dieu. Or quelle est cette confiance, sinon une esperance affermie, et fortifiée par la consideration de la bonté infinie de nostre Pere celeste, plus desireux que nous-mesmes de nostre bien? *O Dieu, j'ay esperé en vous*, disoit le Psalmiste, *et je ne seray point confondu éternellement*[1]. *O Dieu, tous ceux qui s'attendent à vous ne seront point confondus*[2]. *Ceux qui esperent au Seigneur changeront de force; ils prendront des aisles d'aigle, et feront un essor qui ne s'abbattra point*[3]. »

SECTION XXXII.

Sa tendresse.

Le sainct amour a ses tendresses : nostre bien-heureux Pere, qui estoit tout de miel, en avoit d'incomparables pour les ames qu'il cherissoit en nostre Seigneur. Cela est si visible dans ses Epistres, qu'il n'y a rien de si touchant, ny de plus évident. Il avoit en une haute estime de vertu et de pieté une sienne belle-sœur, qui avoit remis son ame à sa conduitte spirituelle. Elle estoit fille selon la chair, et encore selon l'esprit, de vostre digne mere, mes Sœurs, et qui a donné le voile aux premieres filles de vostre congregation. Le frere de nostre Bien-heureux estant mort, cette jeune veufve estant demeurée enceinte, elle n'attendoit que le jour de sa delivrance pour donner du pied au siecle, et se jetter parmy vous autres, entre les bras de sa chere mere, et de prendre vostre habit, et faire profession parmy vous.

La providence celeste en ordonna autrement, et se contentant de sa bonne volonté, luy fit accomplir en peu de jours beaucoup d'années, la tirant à soy peu de temps apres

---

[1] Psal. xxx, 2. — [2] Psal. xxiv, 3. — [3] Isai. xl, 31.

son accouchement, ayant esté novice et professe, et mourant en vostre habit en fort petit espace.

Le Bien-heureux, qui avoit esté son pere spirituel, l'assista jusques au dernier souspir, et luy fermant l'un des yeux, sa bonne mere eut bien le courage de luy fermer l'autre.

On ne sçauroit dire combien le Bien-heureux s'attendrit sur cette chere trespassée. Je le croy bien; veu mesme que le Sauveur de nos ames pleura bien sur la mort du Lazare, qu'il pouvoit, et qu'en effect il alloit ressusciter. Apres luy avoir rendu les derniers devoirs, et les honneurs funeraires, il commanda qu'on luy tint des chevaux prests pour aller aux champs. Ses gens estimoient qu'il voulust aller au chasteau de Sales, qui n'estoit qu'à trois lieuës de la ville de sa residence, pour y prendre l'air, et s'y divertir.

Ils sceurent que c'estoit pour me venir voir. On luy remonstre que la bonne mere de la defuncte estoit en une affliction extreme sur cette perte, et qu'elle avoit grand besoin de consolation. « Vous faites tort à mon affection, repartit-il, de l'estimer plus affligée que moy. Je cognoy sa force d'esprit, et la foiblesse du mien : comme luy apporterois-je de la consolation, moy qui en ay plus de besoin qu'elle? Ne trouvez pas mauvais que je l'aille chercher où je pense la rencontrer. »

Il me vint donc voir, et me raconta l'histoire de cette saincte mort, precedée d'une si pieuse vie, avec tant de larmes, que je pensay avec luy fondre en pleurs, ne luy pouvant respondre que par cette rethorique plus coulante que les plus fluides discours. Il estimoit beaucoup, et selon Dieu, les vertus insignes de la mere; mais il faisoit un si haut estat de la perfection surnaturelle que Dieu avoit respanduë, par sa grace, dans l'esprit de la fille, sa chere sœur, qu'il en parloit comme d'un ange, plustost que d'une creature mortelle.

Ce narré demeura si vivement empraint dans mon esprit,

que depuis en faisant le recit devant une saincte communauté de filles de cloistre, je fus convié de coucher par escrit ce que je leur en avois dit, et qui nous avoit tiré tant de larmes des yeux. Ce que je fis, avec des sentimens si tendres, que je versay plus de larmes en le traçant, que je n'employay d'encre à l'escrire. Et depuis estant imprimé sous le tiltre de *La memoire de Darie*, il a tiré des pleurs des yeux de mille et mille personnes.

Ne vous imaginez rien de lasche, ny de foible en cette pieté, mes Sœurs : car la devotion n'est pas une vertu farouche, stupide, insensible, desnaturée. L'apathie stoique, que quelques anciens errans ont voulu introduire dans la religion chrestienne, a esté rejettée par l'Eglise : laquelle animée du mesme esprit qui faisoit dire à sainct Paul, « Pleurez un peu sur le mort; mais non pas comme ceux qui n'esperent pas en la resurrection; » nous permet d'avoir de tendres sentimens sur la perte des personnes qui nous sont cheres. Que la partie inferieure et sensible de l'ame soit dans les larmes, et dans les alarmes tant qu'il vous plaira, pourveu que la superieure demeure ferme.

Mens immota manet, lacrymæ volvuntur inanes [1].

SECTION XXXIII.

Rencontre pareille.

Dans la moisson generale de l'univers, les Apostres ne laissoient pas de recueillir de certains espics, je veux dire, de prendre en leur conduitte particuliere certaines ames d'élite. « Qui ne sçait, dit nostre bien-heureux Pere, en la preface de sa Philothee, que Timothée, Tite, Philemon, Onesime, saincte Thecle, et Appia, estoient les chers enfans du grand sainct Paul; comme sainct Marc, et saincte Petronille de sainct Pierre, et Electa de sainct Jean? »

[1] Virg. Æneid. IV, 449.

Quoy que la charge episcopale soit architectonique, et ait surintendance sur les pasteurs d'un diocese; si est-ce qu'elle se rend tectonique, quand les evesques prennent des soins particuliers de la direction de quelques ames de pieté. Car en l'ordre de la hierarchie, comme c'est aux diacres de purger, aux prestres d'illuminer, c'est aux evesques de perfectionner les ames.

A l'imitation de nostre bien-heureux Pere, et par son conseil, j'entrepris dans mon diocese la conduite de quelques personnes devotes, et taschois de contribuër mes avis à leur avancement dans le service de Dieu. Entr'autres une fille de petite condition, mais d'eminente vertu; j'adjousteray hardiment (car je sçay que je ne mens point), de singuliere saincteté, et à laquelle j'avois obtenu place dans un cloistre de filles de grande observance, fut attaquée d'une maladie qui l'emporta de ce monde en l'autre, et comme je le pense fort asseurément dans le sein de la clemence de Dieu.

J'advouë que je fus d'autant plus sensiblement touché de cette perte, qu'elle fut inopinée, et qu'elle arriva comme à la veille de sa consecration au service de Dieu. Car certes, je pouvois veritablement dire d'elle, ce que sainct Paul disoit : *J'ay pour vous une saincte jalousie de Dieu, car j'ay resolu de presenter à Dieu vostre integrité, et que vous soyez l'espouse vierge de Jesus*[1], qui est la couronne des vierges.

Je rendis à ses funerailles, qui se firent avec celebrité, tout l'honneur que je pensay devoir à une personne plus riche de vertu, que de biens de fortune. Et parce que j'arrousay ces honneurs funebres de quelques larmes, qui malgré moy, s'eschaperent de mes yeux; cela fut rapporté à nostre bien-heureux Pere, qui me vint voir quelque temps apres. Il m'en fit grande feste, et se resjouït de ce que j'entrois en des sentimens paternels, et mesme en des tendresses

---

[1] II Cor. xi, 2.

maternelles, pour les oüailles que Dieu m'avoit confiées. Et comme je m'accusois de foiblesse : « Il est vray, dit-il, que la nature est infirme ; mais sçachez que cela procede de force d'esprit, et quand je dis d'esprit, j'entends l'esprit de la dilection sacrée, qui est le vray esprit de Dieu, duquel il est dit, *Flabit spiritus ejus, et fluent aquæ*[1] : et encore, *Fulgura in pluviam fecit*[2]. Continuez à estre ainsi foible, de la foiblesse qui faisoit dire à l'Apostre, *Qui est l'infirme avec lequel je ne sois infirme*[3]? Et encore en un autre lieu, *Je me veux glorifier en mes infirmitez, afin que la vertu de Jesus-Christ habite en moy*[4]. Et quelle est cette chere vertu de Jesus-Christ, sinon la compassion et la misericorde? »

Vous voulez bien, mes bonnes Sœurs, que je vous fasse part de mes foiblesses, qui ne vous seront point contagieuses, si vous vous servez des antidotes que me fournissoit nostre bien-heureux Pere. On dit qu'aux Indes il y a un certain animal qui devient en fin poisson, à force de nager dans les eaües, et de frequenter avec les poissons. Il est mal-aisé de converser souvent avec des filles, sans apprendre à pleurer avec elles, quoy que non avec tant de facilité : car Dieu a donné cette pluye volontaire, avec abondance, à l'heritage des filles de Caleb. J'ayme mieux demeurer dans cette obscurité que de m'expliquer davantage.

SECTION XXXIV.

Autre compassion.

L'Eglise recommande aux clercs une parfaite mansuetude. C'est pour cela que les ecclesiastiques ne se meslent jamais dans les affaires où il y a du sang. Et le sang, quoy que justement respandu, est une des causes d'irregularité. Nostre bien-heureux Pere excelloit, principalement en cette vertu de douceur ; *Et propter mansuetudinem mirabiliter deduxit*

---

[1] Psal. CXLVII, 18. — [2] Psal. CXXXIV, 7. — [3] II Cor. XI, 29. — [4] Id. XII, 9.

eum dextera Excelsi[1]. Les prestres de l'ancienne loy estoient presque tousjours dans le sang, à cause des sacrifices; et la loy de Moyse estoit si severe, qu'on pouvoit en quelque façon dire d'elle, ce que l'on disoit de celles du legislateur Draco, qu'elles estoient escrites avec le sang.

Ceux de la nouvelle ne sont pas ainsi. Car quelques-uns ont estimé que la chasse estoit defenduë aux clercs, non seulement pour l'indecence des causes, et des agitations violentes de cet exercice; mais parce qu'il se termine dans la mort et dans le sang des bestes poursuivies : afin que par la mesme ils apprissent à éviter toute image de cruauté.

Nostre bien-heureux Pere estant un jour chez moy, on m'avoit donné un chevreüil tout en vie, qui paissoit dans le verger. Un seigneur de marque nous vint voir, qui trainoit à sa suitte son equipage de chasse : il desira donner le plaisir au Bien-heureux, de voir faire ses chiens apres cette pauvre beste. Il fit ce qu'il pût pour sauver la vie à ce pauvre animal, et mesme ne voulut pas descendre dans le verger, se contentant de regarder ce spectacle, qu'il appelloit carnassier, par la fenestre de sa chambre qui regardoit de ce costé là.

Un grand peuple s'amassa pour prendre part à ce plaisir. Les cors commencent à sonner, les chiens à clabauder; la pauvre beste est mal menée, et comme si elle eust recogneu son liberateur, elle venoit faire des bonds autour la muraille, au pied de la fenestre où estoit le Bien-heureux, comme si elle eust reclamé son secours. Il se retira, comme la larme à l'œil, suppliant que l'on cessast, comme s'il eust demandé grace pour un criminel.

Il n'en vid pas la fin; car le pauvre animal avoit eu de si dures atteintes, qu'il fut bien-tost aux abois. On le luy apporta mort; à peine le pût-il voir : et quand on en servit sur la table, il avoit du regret d'en manger. « Helas, disoit-

---

[1] Psal. xliv, 5.

il, quel plaisir infernal! C'est ainsi que les demons enragez poursuivent les pauvres ames par les tentations et les pechez, pour les precipiter à la mort eternelle, et on n'y prend pas garde. »

Cela me fait souvenir de ce qu'il escrit luy-mesme de sainct Anselme dans sa Philothée. Voicy ses mots. « On dit
» que sainct Anselme archevesque de Cantorbie (duquel
» la naissance a grandement honoré nos montaignes) estoit
» admirable en ceste practique des bonnes pensées. Un le-
» vreau pressé des chiens, accourut sous le cheval de ce
» sainct prelat, qui pour lors voyageoit, comme à un refuge
» que le peril éminent de la mort luy suggeroit; et les chiens
» clabaudans tout autour, n'oserent entreprendre de violer
» l'immunité à laquelle leur proye avoit eu recours. Spec-
» tacle, certes, extraordinaire, qui faisoit rire tout le train,
» tandis que le grand Anselme pleurant et gemissant : Ha!
» vous riez, disoit-il, mais la pauvre beste ne rit pas. Les
» ennemis de l'ame poursuivie et mal-menée par divers des-
» tours en toutes sortes de pechez, l'attendent au destroit de
» la mort, pour la ravir et devorer; et elle toute effrayée,
» cherche par tout secours et refuge : que si elle n'en
» trouve point, ses ennemis s'en mocquent et s'en rient. Ce
» qu'ayant dit, il s'en alla souspirant[1]. »

Possible, mes Sœurs, que ces esprits du siecle, qui se donnent le nom de forts, estimeront ces remarques foibles : mais outre que l'Escriture ne dédaigne point de parler des renards de Sanson, de l'asnesse de Balaam, du chien de Tobie; la perdrix de sainct Jean, la biche de sainct Gilles, et tant de semblables exemples dans la vie des saincts, monstrent assez que l'on peut tirer de leurs enseignemens de semblables choses. Mais à vous je n'ay que faire de m'excuser; car je sçay que ces simplicitez vous sont de merveilleuse edification.

---

[1] Part. 2, chap. 13.

A propos de cecy, il me souvient de ce que dit sainct Chrysostome, souhaittant que quelqu'un eust remarqué les moindres et plus domestiques actions de sainct Paul, et des autres Apostres ; estimant qu'elles eussent beaucoup servy au reglement de la vie des Chrestiens en semblables operations. Je desirerois que l'on eust escrit de quelle façon sainct Paul faisoit ses pavillons, quel commerce il en faisoit : leur reglement au manger, voyager, dormir, travailler, parler, converser, et semblables. Les grandes actions de ceux qui ne sont pas saincts sont fort petites et basses devant les yeux de Dieu, qui voyent, comme grandes, les plus abjects et viles, que les saincts font pour son amour.

> Mettez la charité en l'œuvre, tout est bien,
> Ostez la charité de l'œuvre, ce n'est rien.

SECTION XXXV.

De la politique.

Le Serenissime Charles Emanuel, duc de Savoye, estoit un des plus excellens princes de son temps, d'un esprit rare, et tres-habile en la politique. Je disois une fois à nostre Bienheureux, que ce prince dans les estats duquel il estoit né et vivoit, me sembloit faire une faute signalée, de ne l'employer point dans ses affaires, estant une chose asseurée qu'il ne luy en commettroit aucune, principalement en France, qui ne reüssit selon son desir. « Car, luy dis-je, outre vostre prudence, qui n'est incogneuë qu'à vous-mesme, et vostre addresse, douceur, et patience au faict d'une negociation, la reputation de vostre probité et pieté est dans une approbation si universelle, qu'avant que vous eussiez ouvert la bouche, l'on vous diroit : Ce que vous allez dire, c'est ce que nous voulons faire. Il faudroit qu'une affaire fust extremement deplorée si elle perissoit en vostre main : je pense mesme que vous surmonteriez l'impossible.

« Certes, me dit-il, vous en dites trop : vostre rethorique

est dans l'excez, et toute dans l'hyperbole : vous vous imaginez que je sois dans l'estime des autres, comme dans la vostre, qui ne me regardez qu'au travers de certaines lunettes passionnées qui aggrandissent les objets. Mais laissons cela pour tel qu'il est. Mon sentiment touchant nostre prince est bien different du vostre : car en cela mesme que vous proposez, je trouve qu'il fait paroistre la grandeur de son jugement.

» Parce qu'outre que je ne vous avouë pas que j'eusse tant d'addresse et de prudence au maniement des affaires politiques que vous vous figurez; moy à qui les seuls mots de prudence, d'affaires, et de politique, donnent de la frayeur, et qui m'y cognois si peu, que ce peu là n'est rien : je vous dirai un petit mot, mais mot d'amy, et à l'oreille, et encore à l'oreille du cœur. C'est pour parler rondement : je ne sçay nullement l'art de mentir, ny de dissimuler, ny de feindre avec dexterité; ce qui est le grand outil, et le maistre ressort du maniement de la politique, qui est l'art des arts, en matiere de prudence humaine, et de la conduitte civile.

» Pour tous les estats de Savoye, de la France, ny de tout l'Empire, je ne porterois pas un faux pacquet dans mon sein. J'y vay à l'ancienne Gauloise, à la bonne foy, et simplement; ce que j'ay sur les lévres c'est justement ce qui sort de ma pensée. Je ne sçaurois parler en un cœur, et en un cœur : je hay la duplicité comme la mort, sçachant que Dieu a en abomination l'homme trompeur. Peu de gens me cognoissent, qui ne recognoissent aussitost cela en moy : c'est pourquoy on juge fort sagement que je ne suis nullement propre à un employ, où pour l'ordinaire on parle de paix à un prochain, contre lequel on couve du mal en son ame. Joint que j'ay tousjours adoré comme une celeste, souveraine, et divine maxime ce grand mot de l'Apostre : *Que celuy qui est dedié à Dieu, ne se doit point embarasser dans les affaires seculieres* [1]. »

[1] II Tim. ii, 4.

Il me renvoya de cette façon avec ma courte honte, et me ferma fort proprement le bec.

SECTION XXXVI.

Mortification merveilleuse.

Tous les ordres conventuels sont fort soigneux de faire leurs annales ou croniques, et de remarquer là dedans les actions heroïques de ceux qui ont professé leur institut. Outre l'édification publique de toute l'Eglise, dont les enfans profitent par les exemples de vertu, il y a aussi une raison particuliere pour les societez : c'est que ceux qui y sont enroollez, tirent plus d'utilité de faits domestiques, et en sont plus vivement touchez.

Je ne sçay pas, mes Sœurs, si Dieu fera parmy vous, et dans vostre congregation, des actions dignes d'estre escrites, et s'il suscitera pour cela quelque plume qui les trace de telle façon qu'elles meritent d'estre leues : mais je sçay bien pourtant que voicy un traict de mortification si haute, sorty d'une de nos sœurs, dont le nom, comme il est fort croyable, est escrit au livre de vie, qu'il merite d'estre enregistré dans vos memoires, et gravé profondément dans vos cœurs.

Apres avoir traisné une vie fort mal saine, et tousjours languissante, avec une patience si exemplaire, qu'elle donnoit de l'estonnement à toutes celles qui la voyoient souffrir, non seulement avec constance, mais, ce qui est plus remarquable, avec joye, et telle qu'elle pouvoit dire avec l'Apostre, je surabonde d'allegresse, et je suis comblée de consolation en mes souffrances et infirmitez, à la fin elle s'abbatit sous l'effort d'une violente maladie, dont elle mourut. Deux heures, ou environ, avant qu'elle rendist son esprit entre les mains de Dieu, on fit venir nostre bienheureux Pere pour l'assister en ce dernier passage. Luy qui cognoissoit cette ame de longue main, tout autant que l'on en peut cognoistre une, et qui sçavoit que nostre Seigneur l'avoit conduitte par le chemin de la croix avec une patience fort remarquable, n'eut aucune difficulté de la disposer à la mort : au contraire, il eust eu peine à luy en oster le desir, si elle n'eust esté dans une haute indifference.

Les douleurs doncques de la mort faisans leurs approches, et estans les plus grandes que l'on puisse endurer en la vie, puis que ce sont celles qui font ce grand et dernier effort qui separe l'ame du corps, et quelquesfois l'esprit de l'ame, je veux dire, qui troublent l'esprit par la violence de la douleur : cette fille estant en un estat qui panchoit vers l'agonie, neantmoins ayant encor le jugement assez bon; apres avoir fait tous les actes de foy, d'amour, de contrition, d'humilité, de confiance, de resignation, de conformité à la volonté de Dieu, d'indifference que le Bien-heureux luy suggeroit doucement, paisiblement, et de distance en distance, selon son procedé ordinaire; cette pauvre creature sentant des douleurs effroyables, commence à dire au Bien-heureux, avec un profond souspir : « Mais, mon Pere, ne seroit-ce point mal fait? » et se teut. Le Bien-heureux s'imaginant que ce fust quelque tentation du malin, sçachant qu'en ce moment il descend avec une grande rage pour emporter une ame à sa ruine avec impetuosité, luy demande : « Quel mal, ma fille? » La sœur, « Hé! mon cher Pere, non, ce seroit une trop grande infidelité : » et là dessus s'arreste. François entre en plus grande apprehension; et comme un autre Jacob qui luitte avec l'ange parmy des tenebres : « Quelle infidelité, dit-il, ma chere fille? Hé! quoy, en ce dernier poinct, qui vous a osté cette chere confiance que nostre Seigneur vous avoit donnée en moy? Ah! ce sont mes pechez qui en sont cause.

» Nullement, mon Pere, dit la fille, d'une voix cassée, basse, et mourante, j'ay plus de confiance en la dilection saincte que Dieu vous a donnée pour moy, que jamais; mais cela ne merite pas de vous rompre la teste. — Possible, reprit le Sainct, que cela est de plus grande importance que vous ne pensez : les malices spirituelles du tentateur sont plus fines et ruzées que vous ne pensez, sur tout en ces extremitez, ou il subtilize ses artifices plus que jamais. Je vous supplie, ains je vous conjure de ne me celer point ce qui vous donne de la peine. — Ha! mon bon Pere, dit-elle, ce seroit une trop grande infidelité envers nostre Seigneur; c'est maintenant que je luy dois estre plus soumise. — Ma fille, dit le Bien-heureux, vous ne sçauriez faire d'acte de plus grande soumission, ny qui luy soit plus agreable, que de me dire simplement, candidement, et confidemment ce qui vous fait souspirer. — Mon Pere, dit-elle, j'en ay bien enduré d'autres; il est temps à cette heure plus que jamais, d'estouffer toute tendresse sur moy, et de fermer tous les passages à la plainte.

» Il n'y a point de Sacrifice, dit le bien-heureux François, qui ne soit surpassé par l'obeissance. Je n'ose pas vous commander en son nom de me declarer vostre inquietude; car vous sçavez qu'en cette congregation, l'on n'use pas qu'à l'extremité de ceste espece de commandement : c'est pourquoy je vous supplie, ma tousjours plus aymée fille, de m'oster au moins de la peine où je suis, qui est si vehemente, que vous en auriez pitié si vous la cognoissiez.—Mon Pere, dit-elle, vous avez trop de force d'esprit pour vous mettre en angoisse et en perplexité pour si peu de chose.—Appellez-vous peu de chose, dit le Sainct, le salut d'une ame pour laquelle Jesus-Christ est mort? Je transis quand je voy le peril de la vostre, possible pour une bagatelle. — Vous avez raison, mon Pere, dit la fille; car ce n'est rien. — O quel rien, dit le sainct Pasteur? Le peché c'est un rien, et pour ce rien du peché, l'on se damne, ce rien a esté fait sans Dieu, mais Dieu punit ce mal de coulpe, d'un mal de peine qui est eternel. Hé! ma bonne fille, faudra-t'il que j'employe les extremes remedes pour escarter de vous ce demon de malignité qui vous lie la langue, et qui vous rend muette? »

Il alloit faire mettre en prière toutes les sœurs, pour chasser par l'oraison ce diable muet, lors que la fille luy dit : « Et bien, mon Pere, si vous me le commandez en vertu de la saincte obedience, je vous diray ce que c'est. — A cela ne tienne, dit le Bien-heureux. O que vous me soulagez! certes vous m'osterez une meule de moulin que j'ay sur le cœur; mon ame est sous le pressoir jusques à ce que vous m'ayez donné cette consolation. — Mais, mon Pere, repart-elle, m'asseurez-vous qu'il n'y ait point de peché? — O ma fille, repartit-il, il y en auroit, sans doute, à ne le dire pas apres un tel commandement : tant s'en faut donc qu'il y en ait; de cela je vous en asseure sur mon ame propre. — Helas, dit-elle, mon Pere, faut-il que je fasse un acte de lascheté à la closture de ma vie? — Quelle lascheté, dit-il? parlez plus clairement. — Hé! n'est-ce pas, dit-elle, une lascheté insigne, et une merveilleuse infidelité vers nostre Seigneur de dire que je sens bien du mal? »

Le Bien-heureux voyant que c'estoit là tout le poison que ceste pauvre fille avoit sur le cœur, s'escria fortement : « Non de par Dieu, ma fille, non, il n'y a ni lascheté, ni infidelité quelconque à cela. O certes, vous venez de me donner la vie : n'y a-t'il autre chose que cela? — Non, dit-elle, mon Pere, voilà tout; mais n'est-ce point pour m'asseurer et me consoler en ce destroit, que vous me dites avec tant de vehemence, qu'il n'y a point de peché en cela? — Nullement, ma fille, je hays les desguisemens, sur tout en ce poinct, où il ne faut parler que du fonds du cœur.

» Or, ma fille, apres l'exemple que je vous vai dire, il faudra que tous vos ombrages se dissipent, comme font les ombres de la nuict au lever du soleil. Le Fils de Dieu, nostre Sauveur et nostre Maistre, estant en la croix parmy les extremes douleurs de la mort, ne s'escria-t'il pas à haute voix: *Mon Dieu, mon Dieu, pourquoy m'avez-vous abandonné*[1]? Conferez ce que vous venez de dire avec cette parole

[1] Matth. xxvii, 46.

et voyez si ce n'est pas une estoille, ou pour mieux dire, une chetive lampe devant le soleil. Tant s'en faut que ce soit mal-fait de se plaindre, et mesme de crier sous l'estreinte et l'espreinte des douleurs, qu'au contraire, je croi que la saincte vertu de verité, de candeur, et de simplicité nous oblige, quand nous sentons du mal, principalement quand il est pressant, de le manifester à ceux qui peuvent y apporter du remede : car comme penseront-ils à nous soulager, si nous oublions à nous plaindre, et à le leur manifester?

» O mon Pere, dit la pauvre fille, j'ay donc bien commis de ces fautes : car il y a plusieurs années que je suis tousjours malade, et un vray piller d'infirmerie; je ne me souviens gueres d'avoir esté sans quelque douleur, et j'en ay souvent senty sans me plaindre. Il est vray que maintenant que je n'ay plus ny force ny vigueur, je sens les douleurs plus violentes, et je craignois de les dire et de m'en plaindre, estimant que ce fust tendresse sur soi-mesme, lascheté et infidelité envers Jesus-Christ, qui a bien souffert d'autres pour moy en la croix. »

Elle desira donc recevoir, et la benediction et l'absolution de ces grandes fautes là (qu'elle pouvoit bien dire avec sainct Paul avoir commises par ignorance [1]), de nostre bien-heureux Pere. Peu apres les sens commencerent à luy defaillir, et apres une demie heure d'agonie fort douce, elle rendit sa belle ame sur le sein et dans le cœur de Jesus-Christ, caverne de la masure, l'azyle et la retraitte des colombes [2].

Le Bien-heureux tout baigné de larmes de consolation d'un si heureux passage, prit sujet de là de remonstrer aux sœurs l'heroïque mortification de cette fille, qui dans les extresmes et effroyables horreurs et douleurs de la mort, n'osoit pas seulement ouvrir la bouche; comme si son cœur eust dit avec le Psalmiste : *Je me suis teuë, et n'ay pas remué les lèvres, car c'est vous qui me frappez* [3].

[1] I Tim. I, 13. — [2] Cantic. II, 14. — [3] Psal. XXXVIII, 10.

O Dieu, mes Sœurs, quelle vertu et de quelle trempe! elle en avoit bien avalé, la pauvre fille, durant sa vie de ces calices d'amertumes, le pain de douleur, et l'eau des larmes estant sa viande et son breuvage journalier. Cependant le Bien-heureux qui m'a raconté cette memorable histoire, m'a confessé qu'il ne s'estoit jamais veu si pressé d'angoisse, et qu'il sortit de là plus trempé de larmes et de sueur, que s'il eust presché la Passion trois heures durant.

Une sœur, possible estoit-ce l'infirmiere, qui avoit servy cette chere malade fort long-temps, m'a dit qu'elle ne la regardoit jamais dans ses souffrances aiguës et pressantes, qu'avec estonnement, luy estant advis, c'est son mot, qu'elle voyoit une ame en purgatoire. Elle avoit, la bonne fille, plus de raison qu'elle ne pensoit de parler ainsi : car une ame qui est en purgatoire souffre avec tant de constance, d'allegresse, d'amour et de conformité à la volonté de Dieu, qu'elle ne peut pas faire le moindre mouvement d'impatience, ny avoir le plus petit desir de sortir de ces peines, que quand il plaira à Dieu, et en la maniere qu'il voudra. Ce que traitte divinement la seraphique Catherine de Gennes en son Dialogue du purgatoire, qui est une des excellentes pieces que j'aye jamais leuës sur ce sujet.

Cependant, mes Sœurs, voicy un beau miroir de mortification extraordinaire et heroïque que je vous propose en ceste saincte sœur, dans lequel nous verrons nos deffauts, et apprendrons à rougir de nos tendresses sur nous-mesmes, et à avoir honte de nos impatiences. Helas! nous ne sommes que de froides cendres, à comparaison de ce charbon ardant et estincelant. J'appellerois volontiers cette victime un holocauste de mortification.

SECTION XXXVII.

De la briefveté en la predication.

Il approuvoit extremement la brieveté en la predication,

et disoit que la longueur estoit le defaut le plus general des predicateurs de ce temps.

« Appellez-vous, luy disois-je, cela un defaut, et donnez-vous à l'abondance le nom de disette? — Quand la vigne, repliquoit-il, produit beaucoup de pampres, c'est lors qu'elle porte moins de fruict : la multitude des paroles n'engendre pas de grands effets. C'est le propre d'un cheval puissant, et a l'eschine forte, quand il part promptement, et est ferme en son arrest. Une haridelle qui court la poste, ira plusieurs pas apres qu'on luy a tiré la bride. Qui est cause de cela? C'est sa foiblesse. Il en est ainsi d'un esprit. Celuy qui est fort finit où il luy plaist, parce qu'il a un grand empire sur ses mouvemens, et un raisonnement ferme. Un debile parle beaucoup, et s'esvanouït en ses pensées, estant ennemy de la conclusion. Voyez, me disoit-il, toutes les homelies ou predications des Peres anciens, comme elles sont courtes : ô combien elles estoient plus efficaces que les nostres longues ! Le bon sainct François ordonne en sa Regle aux predicateurs de son Ordre, qu'ils preschent l'Evangile avec brieveté, et en donne une gentille raison : En se souvenant, dit-il, que Dieu a fait sa parole abregee sur la terre[1]. »

Voici une belle maxime qu'il m'a repetée plusieurs fois. « Plus vous direz, et moins on retiendra. Moins vous direz, plus on profitera. Croyez-moi, disoit-il; car c'est par experience que je vous di ceci. A force de charger la memoire d'un auditeur on la demolit : comme l'on esteint les lampes quand on y met trop d'huyle; on suffoque les plantes quand on les arrose desmesurément. Quand un discours est trop long, la fin fait oublier le milieu, et le milieu le commencement. Qui embrasse trop estreint mal. Cela ressemble à ces grandes masses de bastimens, lesquelles, *mole ruunt sua*[2]. »

Ce que cet ancien disoit de l'orateur, que la premiere partie estoit l'action; la seconde, l'action; la troisiesme et

---

[1] Rom. ix, 28. — [2] Horat. lib. 3, Od. iv, 34.

quatriesme, de mesme; donnant à l'action toute la perfection de l'art oratoire : il le disoit de la brieveté en l'orateur chrestien ou ecclesiaste. « Les mediocres predicateurs sont recevables, pourveu qu'ils soient briefs; et les plus excellens, ineptes, quand ils sont trop longs. Il n'y a point en un predicateur de qualité plus odieuse que la longueur. »

SECTION XXXVIII.

De la brieveté de l'auditoire.

Cette autre maxime de luy-mesme m'a quelquefois estonné. « Ayez grande joye, quand montant en chaire appercevrez peu de gens devant vous, et que vostre auditoire sera comme à claire voye. — Mais, disois-je, une chandelle ne s'use pas d'avantage à esclairer beaucoup de personnes que peu : il n'est que de pescher en de grandes eaux : » et semblables pensees de prudence humaine et de sens naturel.

« C'est, respondoit-il, une experience de trente ans en cest exercice qui me fait parler ainsi, et j'ai tousjours veu de plus grands effets pour le service de Dieu, dans les predications que j'ai faites en de petites assemblées, qu'en des grandes. Un evenement justifiera ce que je vous dis.

» Durant que j'estois prevost, c'est à dire, doyen de mon Eglise, je fus envoyé par mon predecesseur evesque, avec d'autres ecclesiastiques, à l'instruction des trois bailliages de Chablais, Tonon, Ternier, et Gaillard, qui avoient esté restituez par les Bernois à Son Altesse, en suitte de la paix faite à Vervins. Nous n'avions pas encore d'accés dans les villes (qui estoient toutes remplies de huguenots), pour y faire les fonctions de la religion catholique. Nous allions dehors en quelques chappelles assez esloignees faire nos assemblees, et autres exercices de pieté.

» Un dimanche qu'il fit un fort mauvais temps, il ne se trouva que sept personnes à ma Messe; nous avions ceste coustume de prescher, apres que nous avions celebré : ce petit nombre invita quelques-uns à me dire, que je ne devois pas prendre la peine de prescher. Je respondis, que ni le grand auditoire ne m'encourageoit point, ni n'estois descouragé du petit, pourveu que quelqu'un fust edifié ce m'estoit assez.

» Je me mets donc en chaire, et me souvient que mon sermon estoit de la priere des saincts. Je traittois ce sujet fort simplement et catechitiquement, non point en forme de controverse, comme vous sçavez que ce n'est ny mon humeur, ny ma façon. Je ne disois rien de patetique, ny de vehement : cependant un de la trouppe qui n'estoit pas moins apparent, commença à pleurer fort amerement, et mesmes à sangloter, et à souspirer fort haut. Je crû qu'il se trouvoit mal, je l'invitai à ne se contraindre pas et que nous estions prests de cesser de parler, et de le servir s'il en avoit besoin. Il respondit qu'il se trouvoit bien de corps, et que je continuasse hardiment, parce que je le pansois où il falloit.

» Le sermon qui fut fort court, estant achevé, il se vint jetter à mes pieds, criant tout haut : « Monsieur le prevost, monsieur le prevost, vous m'avez donné la vie, vous avez sauvé mon ame aujourd'hui. O que benite soit l'heure en laquelle je suis venu, et en laquelle je vous ai oüi ! cette heure me vaudra une eternité. »

» Et de suitte, sans aucune autre requeste, il raconta devant toute l'assemblee, qu'ayant conferé avec quelques ministres, sur le sujet mesme de la priere des saincts, qui la luy avoient representee comme une horrible idolatrie, il avoit pris jour au jeudy suivant, pour se remettre parmy eux (car c'estoit un neophite qui avoit esté converti depuis peu) et abjurer la religion catholique. Mais qu'il avoit esté si bien instruit par la predication, qu'il venoit d'entendre, et relevé de tous ses doutes, qu'il detestoit de bon cœur la promesse qu'il leur avoit faite, et protestoit une nouvelle obeïssance à l'Eglise romaine.

» Je ne vous sçaurais dire l'impression que ce grand

exemple arrivé en si petite assemblée, fit en tout le pays, et combien il nous rendit de cœurs dociles et susceptibles de la parole de vie et de verité. Je vous en pourrois produire d'autres semblables, et encore plus remarquables, qui m'ont donné une si tendre affection envers les petites assemblees, que je ne suis jamais si content, que quand je voy en cette fonction peu de gens devant moy. Seneque disoit autrefois à son Lucille, qu'ils estoient l'un à l'autre un assez ample theatre pour la communication de leur philosophie, et parlant des auditeurs de cette science : *Satis sunt pauci, satis est unus, satis est nullus*[1]. Pourquoy un philosophe chrestien n'aura-t'il pas le cœur aussi bon que ce Stoïque ? »

[1] Senec. Epist. 7.

PARTIE TROISIESME.

SECTION I.

Du jugement de nous-mesme et d'autruy.

Nous ressemblons à ces lamies anciennes, dont parlent les poëtes, qui estoient aveugles dans leurs maisons, et clair-voyantes comme des linx quand elles en sortoient : ou plus-tost il est de nostre œil interieur, comme de celuy de nostre corps; il void toutes choses, excepté soy-mesme.

A ce propos, mes Sœurs, il me souvient d'un beau mot de nostre bien-heureux Pere, duquel nous tirerons un notable enseignement. « Nous faisons, disoit-il, tout le rebours de ce qui nous est recommandé en l'Evangile. Il nous y est ordonné de nous juger nous mesme exactement et sincerement, et defendu de juger nos freres. Si nous nous jugions nous mesme, nous ne serions point jugez de Dieu, parce que prevenans son jugement par la confession de nos fautes, nous eviterions sa condemnation. D'autre costé, qui sommes-nous pour juger nos freres, et les serviteurs d'autrui? ils tombent, ou se relevent pour leur maistre.

» Ne jugeons point avant le temps, jusques à ce que le Seigneur descouvre la cachette des tenebres, et perce la muraille du temple, pour voir ce qui se passe au dedans. L'homme ne juge que par la forme; Dieu seul void le cœur, et c'est par l'interieur qu'il faut juger de l'exterieur, non celuy-ci par cestui-là; autrement c'est renverser tout ordre. Nous sommes si peu judicieux, que nous prenons assez ordinairement le tison par où il brusle, et nous condamnons nous mesmes, en reprenant autrui, de cela mesme en quoy nous sommes reprehensibles.

» Ce reproche de l'Evangile nous convient assez souvent, *Medecin, gueri-toy*[1] : et encore cet autre, *Tu vois la paille en l'œil de ton prochain, et tu n'apperçois pas la poûtre qui offusque le tien*[2]. Comme l'attention sur nos voyes est le commencement de nostre droicture, selon ce que disoit David, *J'ai pensé à mes sentiers et j'ai mis mes pas dans les témoignages de Dieu*[3] : aussi nostre detraquement commence par ce defaut d'attention. Ne jugez point autrui, et vous ne serez point jugez : faites jugement de vous-mesme, et Dieu vous fera misericorde. »

SECTION II.

De la grace et du franc arbitre.

Je fus appellé à l'episcopat, certes trop tost, et peu apres ma sortie des ecoles : la predication en fut cause, à laquelle je me porté de fort bonne grace; ce qui donna sujet au grand Henry de glorieuse memoire de me nommer à l'evesché de Belley. Or, comme j'avois encore la memoire fraische de ce debat qui est si frequent entre les theologiens, touchant l'accord de la grace et du franc arbitre, dequoi resonnent tous les bancs et tous les pulpitres des academies; je disois un jour à nostre bien-heureux Pere que j'admirois cette si ardente contestation, qui produisoit des chaleurs si contentieuses. Car comment la grace, qui est de soi si douce et si gracieuse, pourroit elle violer et forcer le franc arbitre? Elle qui est la mesme suavité, et qui se répand dans un cœur, comme la rosée dans la toison, ou comme la pluye menuë sur la terre, elle ne seroit pas grace si elle n'estoit la mesme gracieuseté; et rien n'est plus desagreable, ni moins conforme à la grace que la contrainte.

[1] Luc. iv, 23. — [2] Matth. vii, 3. — [3] Psal. cxviii, 59.

Et quand mesme la grace nous contraindroit et presseroit nos volontez rebelles de se sousmettre à celle de Dieu, tant s'enfaut qu'elle nous otast la liberté, qu'au contraire, avec une main puissante et un bras relevé, elle nous arracheroit, comme Moyse, de la terre de servitude et de la maison d'esclavage, pour nous ramener dans la liberté des enfans de Dieu, puis-que là où est l'esprit de Dieu, là est la vraye liberté.

Un homme que l'on arracheroit par force de prison, et mesme contre son gré, pour luy donner la clef des champs, cesseroit-il d'estre libre quoy qu'on l'eust tiré d'un cachot mesme contre sa volonté? Je ne di pas que la grace contraigne nostre franchise; car la contrainte est tout à fait opposée à la vraye liberté : mais je di qu'elle sçait nous faire vouloir avec tant d'addresse, ce qui luy plaist, que tenant nostre cœur en sa main, elle le tourne où elle veut, sans prejudice de nostre franchise.

Je communiquai ce sentiment à nostre bien-heureux Pere qui le trouva bon, et me dit que je pouvois appuyer là dessus les discours que je ferois sur une matiere si chatoüilleuse, sans crainte de choper, ni de choquer la verité.

SECTION III.

But de la predication.

C'estoit son sentiment qu'il ne suffisoit pas que le predicateur eust cette intention generale en preschant d'enseigner les voyes de Dieu aux iniques, et de convertir les impies, en édifiant avec sa voix les murailles de Hierusalem la saincte Eglise, et faisant connoistre aux peuples les inventions de Dieu. Mais il vouloit que chaque predication visast à quelque dessein particulier, qui eust la gloire de Dieu pour sa fin derniere, dans l'instruction et conversion du prochain : par exemple, de la connoissance de quelque mystere, en l'éclaircissement de quelque point de la foi, ou de déraciner quelque vice, ou de planter quelque vertu dans les cœurs.

« Tout predicateur, disoit-il, est envoyé comme ce prophete, et establi sur les peuples, pour arracher, deffricher, démolir, et puis pour planter et edifier[1]. » C'est pour cela que plusieurs fois, apres m'avoir oüy, il me demandoit quel avoit esté mon but particulier en la predication, et me disoit franchement si j'y avois atteint, ou seulement si j'avois donné auprès.

« Vous ne sçauriez croire, monsieur, combien cet avis est important, et combien de sermons fort laborieux et estudiez sont inutiles, faute d'avoir eu cette visee. Les uns se contentent d'expliquer leur texte, avec tous les soins, et toutes les contentions d'esprit qui se peuvent apporter. D'autres s'addonnent à des recherches fort notables et considerables, et se font admirer par leurs auditeurs, soit pour leur science, soit pour leur eloquence, soit pour la bonne grace de leur action, ou prononciation. D'autres y adjoustent de beaux et utiles enseignemens; mais ils les coulent par rencontre et comme en passant, n'appuyans pas assez dessus, jusques-là souvent que leur multitude suffoque.

» Mais quand l'on n'a qu'un but, et que toutes les raisons, et tous les mouvemens y battent et s'y ramassent, comme font les lignes d'une circonference à l'unité du centre, l'impression en est bien plus puissante; et il s'en fait comme une eau forte, qui graveroit les testes les plus dures.

» Les bourdons qui voltigent sur toutes les fleurs n'en tirent point de miel. L'abeille ne fait pas ainsi : elle s'arreste sur chacune, autant qu'il faut pour en tirer le suc, dont elle compose son unique rayon. Si vous suivez cette maxime, vous rendrez vos predications bien fructueuses, et serez du nombre de ceux qui sont appellez fideles dispensateurs des mysteres divins[2], et prudens administrateurs de la parole

---

[1] Jerem. 1, 10. — [2] I Cor. iv, 1, 2.

de vie, et de vie eternelle. » J'ay voulu auctoriser cet avis de l'instruction que m'en a autrefois donnée nostre bien-heureux Pere, duquel je sçai que la saincte memoire vous est en veneration.

SECTION IV.

Des predicateurs.

Quand on disoit à nostre bien-heureux Pere que quelque predicateur faisoit extremement bien : il demandoit en quelles vertus il excelloit; en humilité, en mortification, en douceur, en courage, en devotion et semblables. Quand on luy disoit que l'on entendoit qu'il preschoit fort bien : « Cela, respondoit-il, c'est dire, non pas faire. L'un est bien plus aisé que l'autre. Combien y en a-t'il qui disent, et ne font pas, et qui demolissent par leur mauvais exemple, ce qu'ils edifient avec la langue? Cet homme là n'est-il pas monstrueux, qui a la langue plus longue que le bras. »

On disoit une fois de quelqu'un qui avoit ravi tout le monde à sa predication, Il a fait aujourd'hui des merveilles : « C'est celui-là, dit-il, qui a esté trouvé sans tache, qui n'a point cheminé apres l'or, ni esperé aux tresors d'or et d'argent. » Une autrefois on luy vint dire que ce predicateur s'estoit surmonté luy-mesme ce jour là. « Quel renoncement interieur a-t'il fait, dit-il? quelle injure a-t'il soufferte? c'est en telles occasions qu'on se surmonte soy-mesme.

» Voulez-vous sçavoir, adjousta-t'il, à quoi je reconnois l'excellence et le prix d'un predicateur? C'est quand ceux qui sortent de sa predication, disent, en frappant leurs poictrines, Je ferai bien : non pas quand ils disent, O qu'il a bien fait! ô qu'il a dit de belles choses! Oüi; car dire de belles choses, et avec eloquence, fait paroistre la science ou l'eloquence d'un homme : mais quand les pecheurs se convertissent, et se retirent de leurs mauvaises voyes, c'est signe que Dieu parle par la bouche de ce predicateur, qu'il a la vraye science de la voix, la science des saincts, et qu'il annonce de la part de Dieu cette loy immaculee qui convertit les ames.

» Le vray fruict de la predication, c'est que le peché soit aboli, et que la justice regne en la terre[1] : et par cette justice dont le prophete parle, il faut entendre la justification et sanctification. C'est pour cela que Dieu envoye les predicateurs, comme Jesus-Christ ses Apostres, afin qu'ils fassent du fruict, et que ce fruit demeure[2]; afin qu'ils travaillent pour une viande qui ne perit point, mais qui demeure à la vie eternelle[3]. »

SECTION V.

De quelque prelat.

On disoit de quelque prelat qui tenoit un haut rang en l'Eglise, et qui avoit de fort belles qualitez, de science et de probité, qu'il tendoit au cardinalat à plaines voiles. Et il estoit ainsi, parce qu'il y marchoit à camp ouvert, sans dissimuler qu'il y pretendoit : ayant si bien conduit sa fortune par une longue suitte d'annees, qu'en fin il est mort en cette dignité, quoy qu'il l'ait gardee fort peu de temps.

Cette poursuitte qu'il en faisoit estoit cause qu'il donnoit peu de temps à la residence de son diocese, sollicitant sa promotion aux lieux où il estoit necessaire qu'il se trouvast, et qu'il apportast à ce dessein les assiduitez requises. Comme l'on plaignoit quelque desordre que son absence causoit en son diocese : « Pleust à Dieu, dit le Bien-heureux, qu'il fust desja cardinal. » Je luy demandai pourquoy. « Il penseroit, dit-il, à quelque chose de meilleur. — Comment, luy dis-je, à estre pape? et qui l'absoudroit du peché de l'origine? — Ce n'est pas cela que j'entends, repart-il, mais à la conduite des ames, qui est l'art des arts, et en l'exercice duquel on peut rendre plus de services à nostre Seigneur. — Et cette dignité,

[1] Dan. ix, 24. — [2] Joan. xv, 16. — [3] Id. vi, 27.

repris-je, ne l'empescheroit pas d'y vacquer? — Non pas, repliqua-t'il, puis que sainct Charles en nos jours y a si dignement reussi. Mais je veux dire que n'ayant plus le pourchas de cet honneur dans la teste, il reviendroit à son cœur, et penseroit à ses obligations pastorales qui sont de droict divin, et y vacqueroit avec une attention sans distraction, et qui seroit de grande edification pour l'Eglise. »

C'est grand cas que le desir de s'aggrandir ne regarde jamais au dessous de soi, mais au dessus; ce qui cause l'inquietude : car qui regarderoit au dessous ne manqueroit point de rencontrer la tranquillité. Le bien present paroist petit à qui en espere, à qui en desire un plus grand.

Lors que ce prelat attendoit le moins cet honneur qu'il avoit si long temps pourchassé, ce fut lors qu'il lui arriva comme inopinément; la providence divine joüant son ressort, lors que sa prudence humaine fut devorée, et au bout de toutes ses industries. Tant il est vrai que l'honneur ressemble à l'ombre, qui fuit ceux qui la suivent. Quand il y fut parvenu, c'est merveille combien il estima peu ce qu'il avoit tant prisé, et combien il faisoit estat de la dignité pastorale, qu'il sembloit avoir mesprisée. Il estoit sur le poinct de se retirer en sa residence, où il se promettoit d'appliquer tous ses soins, et d'y faire des merveilles; à quoi, certes, il avoit de notables talens. Mais Dieu se contenta du sacrifice de sa bonne volonté, l'appellant apres qu'il eut joüi six mois, avec peu de satisfaction, de ce qu'il avoit recherché durant plus de trente ans, avec des soins et des peines, qui se peuvent mieux penser, que descrire : notable exemple, et digne de serieuse consideration.

SECTION VI.

Donation de bonne grace.

Quelque diocesain de nostre bien-heureux Pere, de condition qui n'estoit pas trop relevee, prit la confiance de luy demander douze escus à emprunter. Le Bien-heureux qui eust librement baillé sa soutane, à qui luy eust osté son manteau, les luy va querir aussi tost, et les luy baille. L'emprunteur luy en voulut faire une promesse. « Il n'est pas necessaire, luy dit François; je me fie assez à vostre parole, et puis la somme n'est pas si grande que la perte m'en fust bien dommageable : ne vous incommodez pas pour me la rendre, je ne vous en mettray jamais en peine. »

L'autre, un peu glorieux, et qui se promettoit de la luy rendre dans un mois, se disant pressé de quelque rencontre, ne la voulut point prendre, que le Bien-heureux ne receust sa police, qui ne prenoit qu'un mois de terme. Il la receut donc pour le contenter. Ce mois s'estendit jusques à un an, au bout duquel cet homme revint trouver le Bien-heureux, et sans luy faire aucune mention des douze escus qu'il luy avoit prestez, luy en demanda dix. Le Bien-heureux le pria d'attendre en sa sale, et allant querir sa promesse luy dit, « Vous ne m'en voulez emprunter que dix, et en voilà douze que je vous donne de bon cœur : » ce qu'il fit luy rendant sa police.

Il renvoya ainsi ce demandeur, non pas tout à fait, par fins de non recevoir; mais il luy fit une misericorde spirituelle, qui valoit bien la corporelle, luy apprenant à avoir plus de reconnoissance des graces qu'on lui faisoit : c'est ainsi qu'il purgea cet homme avec cette pillule dorée. On n'en eust jamais rien sceu, si cet homme adjoustant la mesconnoissance à la hardiesse, ne se fust plaint de cette faveur, comme d'un affront, et ne se fust exposé à la moquerie de tous ceux à qui il en faisoit le recit. Ne vous semble-t'il pas qu'il se desbarbouilloit avec de l'encre?

SECTION VII.

Autre semblable rencontre.

Un autre de pareille humeur luy demanda vingt escus par emprunt, et luy en vouloit faire une promesse. La pauvreté du bien-heureux Prelat n'avoit pas tousjours de telles sommes à donner : neantmoins, comme il avoit le cœur bon, et se fut mis en pieces pour le prochain, il s'avisa d'une adresse qui soulageast ce bon personnage, et qui proportionnast sa beneficence à son pouvoir.

Il alla querir dix escus, et revenu luy dit : « Mon cher Frere, je me suis avisé d'un expedient qui nous fera aujourd'hui gagner dix escus à chacun de nous deux, si vous me voulez croire. » L'autre ouvrant les oreilles à cét avis, et les ayant fort expediees pour ouïr cet expedient : « Monseigneur, luy dit-il, que faudroit-il faire? — Nous n'avons vous et moy qu'à ouvrir la main; cela n'est pas bien difficile. Tenez, voila dix escus que je vous baille en pur don, au lieu de vous en prester vingt : vous gagnez ces dix là, et moi je tiendrai les dix autres pour gagnez, si vous m'exemptez de vous en faire un prest. » Cet emprunteur se contenta d'estre devenu donataire, et se separerent comme cela les meilleurs amis du monde.

SECTION VIII.

Plainte arrestée.

Je me plaignois un jour à nostre bien-heureux Pere, mes Sœurs, de quelque tort signalé qui m'estoit fait, par des personnes que je ne veux point specifier. Il estoit si manifeste, que ce Bien-heureux passa de mon costé, et blasmoit fort cet outrage.

Mon amour propre, bien aise de se voir si bien appuyé, triomphoit de bien dire, et trouvoit assez de mots pour exprimer la justice de ma plainte, et exaggerer le tort qui m'estoit faict.

Luy, pour arrester ce flux de discours et me humer le vent tout à fait, me dit : « Il est vrai qu'ils ont tort, en toutes façons, de vous avoir traitté de la sorte; cela est indigne de leurs personnes, et principalement envers un homme de vostre condition : dequoi sert cela, de chercher des excuses, à de semblables outrages? Mais ne sçavez-vous pas que les mousches qui font le miel, sont celles dont l'aiguillon est plus poignant; et les blesseures les plus fascheuses, qui partent des mains de ceux de qui on esperoit toute consolation? *Si inimicus meus maledixisset mihi*[1], etc.

» Je ne trouve en toute cette affaire qu'une seule chose à vostre desadvantage. — Et quelle, luy dis-je, mon Pere? — C'est qu'il touche à vous d'estre le plus sage, et de vous taire. » Il me déferra tellement par cette repartie, que je fus fait *sicut homo non audiens, et non habens in ore suo redargutiones*[2].

SECTION IX.

Des frequentes predications.

Quand j'estois en la residence de mon diocese, je ne passois aucun jour predicable d'Advent, Caresme, dimanches, festes, sans annoncer au peuple la parole de Dieu, soit à la ville, soit aux champs; soit en la visite, soit hors de la visite. Quelques-uns de ceux qui font les judicieux, et qui abondent en la prudence du siecle, disoient que je me rendois trop commun, et qu'en fin je serois cause que l'on auroit à mespris une fonction si saincte.

Cela vint aux oreilles de nostre bien-heureux Pere, lequel mesprisant cette sagesse de terre et de chair, respondit, que blasmer un laboureur ou un vigneron de cultiver

[1] Psal. LIV, 13. — [2] Psal. XXXVII, 15.

trop bien sa terre, estoit luy donner de veritables loüanges. Et parlant à moy sur ce sujet, de peur que ces discours ne me descourageassent : « J'avois, me disoit-il, le meilleur pere du monde ; mais c'estoit un bon homme qui avoit passé une grande partie de son aage à la cour, et à la guerre, dont il sçavoit mieux les maximes, que celles de la theologie.

» Durant que j'estois prevost de nostre Eglise, je m'exerçois à tous propos à la predication. Outre l'employ du Chablais, qui m'occupa plusieurs années, pour en desnicher l'heresie ; quand j'estois de retour à Annessy, l'on m'appliquoit à toutes les predications, tant de la cathedrale, que des parroisses, jusques aux moindres confrairies : je ne sçavois ce que c'estoit de refuser. *Omni petenti te tribue*[1].

» Mon bon homme de pere entendant sonner la cloche du sermon, demandoit qui preschoit. On luy disoit : « Qui seroit-ce, sinon vostre fils ? » Un jour il me prit à part, et me dit : « Prevost, tu presches trop souvent. J'entends mesme en des jours ouvriers sonner la cloche pour prescher, et tousjours on me dit : C'est le prevost, le prevost. De mon temps il n'en estoit pas ainsi, les predications estoient bien plus rares ; mais aussi quelles predications ! Dieu le sçait, elles estoient doctes, bien estudiées ; on disoit des merveilles, on alleguoit plus de latin et de grec en une, que tu ne fais en dix : tout le monde en estoit ravi et edifié, on y couroit à grosses troupes ; vous eussiez dit qu'on alloit recueillir la manne. Maintenant tu rends cet exercice si commun, qu'on n'en faict plus d'estat, et on n'a plus tant d'estime de toy. »

» Voyez-vous, ce bon homme parloit comme il l'entendoit, et à la franche-marguerite. Vous pouvez penser si c'estoit pour mal qu'il me voulust ; mais c'estoit selon les maximes du monde, où il avoit esté nourri. Pline mesme, je di le jeune, qui a esté un aussi grand homme d'estat, qu'o-

---

[1] Luc. vi, 30.

rateur, disoit : *Nihil minus expedit quam semper agrum optime colere* [a].

» Tout cela ne sont qu'imaginations de la sagesse humaine, qui est une vraye folie devant Dieu. Si nous plaisions aux hommes, nous ne serions pas serviteurs de Dieu. Les maximes evangeliques sont bien d'une autre trempe. Jesus-Christ, qui est l'exemplaire de la montagne de la perfection, et le modele de tous les predicateurs, n'a pas usé de toutes ces circonspections; ny les Apostres, qui ont suivi ses traces. Sainct Paul estoit bien d'autres avis, quand il disoit au jeune evesque Timothee : *Prædica verbum; insta, opportune, importune; argue, obsecra, increpa in omni potentia et doctrina : erit enim tempus cum sanam doctrinam* [1], etc. Et nous sommes justement en ce temps-là.

» Croyez-moy, on ne preschera jamais assez; *et nunquam satis dicetur, quod nunquam satis discetur* : sur tout maintenant, et en cette contree voisine de l'heresie; heresie qui ne se maintient que par les presches, et qui ne se destruira jamais que par l'esprit de la bouche de Dieu, la saincte predication. C'est pourquoy, si vous m'en croyez, vous fermerez l'oreille aux beaux avis de ces sages mondains, pour escouter sainct Paul qui vous dit : *Tu vero vigila, in omnibus labora, opus fac evangelistæ, ministerium tuum imple.* Et ce qu'il adjoute, *Sobrius esto* [2], s'entend de la temperance au boire et au manger; non pas de la sobrieté ou retenuë en ces fonctions pastorales. Bien-heureux le pasteur qui sera trouvé veillant et paissant ses troupeaux! En verité je vous di que le grand Maistre l'establira sur ses biens. Et quand viendra le Prince des pasteurs, il recevera de sa main une couronne de gloire, qui ne sera point sujette à flestrir. »

---

[1] II Tim. iv, 2, 3. — [2] Ibid. 5.

[a] Ce mot est rapporté par Pline l'ancien, Hist. Natur. lib. 18, cap. 7, § 4, comme appartenant à Caton l'ancien.

SECTION X.

Du grand ou petit nombre des sauvez.

Son extreme douceur le portoit tousjours aux opinions les plus suaves, pour peu qu'elles eussent de probabilité. On parloit une fois en compagnie de cette redoutable parole de l'Evangile, *Il y en a beaucoup d'appellez, et peu d'esleuz*[1]. On disoit que le nombre des esleuz estoit appellé petit troupeau, que celuy des insensez, c'est à dire des reprouvez, estoit infini, et semblables choses. Il respondit qu'il estimoit qu'il y auroit fort peu de Chrestiens (il entendoit de ceux qui sont dans la vraye Eglise, hors laquelle il n'y a point de salut) qui fussent damnez; « parce, disoit-il, qu'ayans la racine de la vraye foi, elle poussoit ordinairement son fruict tost ou tard, qui estoit le salut, et de morte elle devenoit vive, et œuvrante par charité. »

Et quand on luy demanda ce que signifioit donc cette parole evangelique du petit nombre des esleuz; il dit qu'à comparaison du reste du monde, et des nations infideles, le nombre des Chrestiens estoit fort petit, mais que de ce petit nombre il s'en perdoit fort peu, selon cette remarquable sentence, *Il n'y a point de damnation pour ceux qui sont en Jesus-Christ*[2] : ce qui s'entend, à la verité, de la grace justifiante; mais cette grace ne se separe point de la foi vive, et animée de charité. Joint que celuy qui donne le commencer, donnant aussi le parfaire; il est croyable que la vocation au Christianisme, qui est une œuvre de Dieu, est une œuvre parfaite, et qui conduit à la fin de toute consommation, qui est la gloire.

J'adjoustay cette raison, et il l'eut agreable : c'est que la misericorde de Dieu estant au dessus de toutes ses œuvres, et surnageant sa justice, comme l'huile fait le vinaigre; il y

---

[1] Matth. xx, 16, et xxii, 14. — [2] Rom. viii, 1.

avoit grande apparence que son propre estant d'avoir pitié et de pardonner, veu mesme que la redemption du grand Sauveur estoit si abondante, il n'y avoit pas d'apparence que Dieu eust commencé de bastir le salut du vray chrestien par la foi, qui en est le fondement, sans en achever le comble, qui consistoit en la charité.

Cette doctrine est de grande consolation, pourveu qu'elle ne nous rende pas negligens à bien faire. Car ce n'est pas assez de dire comme ces anciens : *Le temple du Seigneur, le temple du Seigneur*[1] ; l'Eglise, l'Eglise ; je suis dans le sein de la vraye Eglise, je croi tout ce que Dieu me propose par la saincte Eglise. Puis que l'Eglise est saincte, et colomne de la verité ; c'est à nous de vivre sainctement, comme de croire veritablement : car de commettre des crimes dans la maison de Dieu, c'est comme polluer le sanctuaire, et se rendre doublement coulpable. Et qui ne sçait que le serviteur qui sçait la volonté du maistre, et ne se soucie pas de la faire, merite une double punition ?

SECTION XI.

De l'obscurité de quelque escrivain.

Il vid un jour dans ma bibliotheque quelque volume d'un escrivain de nostre temps qui est en estime de sçavant homme, et de merveilleuse lecture, mais qui a le don d'obscurité en un si haut degré, que les plus habiles ne voyent goutte dans ses escrits : possible est-ce le tout si l'autheur mesme en a l'intelligence, ayant, comme il est fort probable, reservé son secret pour soy.

Quelque esprit avoit mis par joyeuseté sur la premiere fueille ces mots, *Fiat lux*[2] : voulant dire que c'estoit un cahos d'obscuritez, et qu'il falloit souhaitter que quelqu'un

---

[1] Jerem. VII, 4. — [2] Gen. I, 3.

les esclairast, et fist sortir la lumiere du milieu de ces tenebres.

Le Bien-heureux trouva cette imagination agreable, et s'estant arresté quelque espace, pour voir s'il pourroit mordre dans un biscuit si sec et si dur, et n'en pouvant venir à bout, il me dit fort gracieusement : « Cet homme a donné plusieurs livres au public, mais je ne m'apperçoi pas qu'il en ait mis aucun en lumiere. C'est grande pitié d'estre si sçavant, et de n'avoir pas la faculté de s'exprimer. C'est comme ces femmes qui sont grosses de plusieurs enfans, et ne peuvent accoucher d'aucun ; ou comme ces estomacs chargez de tant de viandes, qu'ils ne les peuvent digerer. Une mediocre suffisance, avec un facile debit, est bien plus desirable. Sur tout, vive la clarté; sans elle rien ne peut estre agreable.

> Car comme la beauté sans la lumiere est vaine,
> La lumiere est aussi vaine sans la beauté. »

SECTION XII.

Du livre du Combat spirituel.

Cette sentence que l'on attribuë à Thomas à Kempis, qui est tenu pour l'autheur du livre de l'Imitation de Jesus-Christ, lui aggreeoit fort : « J'ai cherché le repos par tout, » et ne l'ai trouvé qu'en un petit coin, avec un petit livre. » Et il disoit, que pour bien estudier, il ne falloit lire qu'un livre; ceux qui passent legerement sur plusieurs ne faisans jamais estude qui vaille.

Quand il y a beaucoup de fleurs au printemps, c'est en cette année là que les abeilles font moins de miel, parce qu'elles s'amusent à voltiger sur plusieurs, et s'arrestent sur peu. Sur tout en la science des saincts, qui est celle du salut et de la perfection, il disoit que cette maxime estoit fort considerable.

Il conseilloit pour cela, que l'on choisist quelque bon

livre, et s'il estoit possible qu'il fut petit et facile à porter, et que l'on s'addonnast à sa lecture frequente, et beaucoup plus à sa pratique. Le plus commun est celuy de l'Imitation de Jesus-Christ, dont l'autheur est incertain ; parce que les uns le donnent à Jean Gerson, d'autres à Jean de Gessen, d'autres à Thomas de Kempis. Ce livre est tout d'or, et au dessus de toutes loüanges. Ce n'estoit pas pourtant celuy que nostre Bien-heureux conseilloit le plus ; mais le Combat spirituel : c'estoit son cher livre, son favori. Il m'a dit plusieurs fois qu'il l'avoit porté plus de dix-huit ans dans sa pochette, en lisant tous les jours quelque chapitre, ou au moins quelque page.

Aussi à qui y veut prendre garde attentivement, il est aisé de remarquer que tout l'esprit de la devotion de nostre bien-heureux Pere, est tiree de ce livret. Qui en voudra voir un eschantillon, confere le premier chapitre de la Philothee, avec le premier chapitre du Combat spirituel, et il cognoistra combien ce que je di est veritable.

Il me souvient que la lecture attentive et reiteree de ces deux chapitres, me donna le sujet d'un petit traicté spirituel *de la Reformation interieure,* que nous avons donné au public.

Nostre Bien-heureux conseilloit la lecture de ce livre du Combat spirituel à tous ses devots, l'appellant tout aimable et tout praticable. Plus je li, et plus j'y remarque, comme en sa semence, toute la doctrine spirituelle de ce Bien-heureux ; et il est certain que quiconque en charité, et par le motif de la charité, s'adonnera à la lecture et à la practique de ce livret, arrivera à un haut degré de pieté et de perfection chrestienne, sans s'embarasser en tant d'autres lectures. Ceux qui s'imaginent (et j'en ai cogneu quelques-uns) que ce livre est obscur, se forgent des ombres en plein midi, et ressemblent à ces Israelites qui eurent la manne à degoust, parce qu'elle leur tomboit du ciel avec trop de facilité et d'abondance.

SECTION XIII.

Argutie de bonne grace.

Plusieurs dames de qualité l'estoient allé visiter à Paris, à la sortie d'un sermon qu'il venoit de faire. Toutes avoient quelque difficulté à luy proposer. Comme c'est la coustume des femmes de parler beaucoup, et mesme toutes ensemble, l'une luy demandoit une resolution, l'autre une autre, presque en mesme temps. Si ce n'estoit la tour de Babel, au moins c'estoit celle de Babil, ou de Babilone; car elles babilloient tout du long de l'aune.

Le Bien-heureux ne sçachant à laquelle entendre, s'advisa d'un revers d'Alexandre, pour trancher ces nœuds gordiens, et leur dit : « Je respondray à toutes vos questions, pourveu qu'il vous plaise me respondre à cette demande : En une compagnie où tout le monde parle, et nul n'escoute, à vostre avis, qu'est-ce que l'on y dit? » Toutes se trouverent fort empeschées à démesler cette fusée, et devindrent muettes comme des poissons.

Si jamais vous avez pris garde au coassement des grenoüilles dans un marests, et comme tant de milliers se taisent en un mesme instant, lors que l'on jette en l'eau quelque grosse pierre; vous avez quelque petite image du subjet que nous venons de proposer.

SECTION XIV.

Scandale mal fondé.

Comme il n'y a rien de si sainct qui ne trouve un prophanateur, ny rien de si sacré qui ne rencontre son sacrilegue; aussi n'y a-t'il rien de si pur qui ne puisse estre soüillé par des ames impures : comme au contraire, tout est net à ceux qui sont nets.

On avertit nostre bien-heureux Pere, que quelques esprits noyez dans le sang et la matiere trouvoient à redire aux chapitres 9 et 10 du premier livre de son Theotime, où il parle des baisers, et de l'union spirituelle à laquelle l'amour pretend. Ils en faisoient des risées, et en disoient des mots qui se ressentoient de l'abondance de leurs cœurs de bouë et de terre. Il n'en fit autre estat que de dire : *Spreta exolescunt; si irascare, agnita videntur*[1]. Il fit comme Abraham, qui ne laissoit pas de poursuivre son sacrifice, nonobstant que les oyseaux de proye voltigeassent dessus pour emporter quelque lopin.

Ce qui le toucha un peu plus, ce fut des lettres qu'il receut de Flandres, d'un ecclesiastique sçavant et fort pieux, où il se plaignoit à luy de la malice de quelques envieux de son honneur et de sa reputation, luy disoit ce bon personnage, qui avoient fourré ces chapitres là dans son livre, qui deshonoroient tout son ouvrage, et qui scandalisoient plusieurs ames foibles.

Le Bien-heureux me parla un jour là dessus avec grand sentiment, et comme touché d'une douleur interieure de cœur, de voir que les gens de bien concourussent avec les mauvais au rebut de ces deux chapitres, qui sont neantmoins des plus beaux, et des plus necessaires pour l'intelligence du subjet, qui soient en tout le livre. Mais comme il ne vouloit de reputation qu'autant que Dieu luy en voudroit laisser pour le service de sa gloire, dans cette amertume tres-amere son ame estoit en une profonde paix.

Je luy di que les uns et les autres avoient tort, ayans pris de la gauche ce qui leur estoit donné de la droitte; comme faisoient les escoliers de cet ancien philosophe, appellé Theodore. C'est à eux de corriger leur imagination, plustost que de reprendre ce livre. Y eut-il jamais une doctrine plus saincte et plus veritable, que celle du Fils de Dieu? Pourtant combien de meschans et de malavisez s'en scandalizerent! *Bien-*

---

[1] Tacit. Annal. IV, 34.

heureux, disoit-il à ses Apostres, *quiconque ne sera point scandalizé en moi*[1]. S'il convertissoit les pecheurs et pecheresses, on convertissoit cela en murmures; s'il usoit du vin avec la moderation requise, on l'appelloit yvrogne : bref, quelles gloses malicieuses n'a t'on faites sur ses actions et sur ses paroles?

» Ce n'est pas moi qu'il faut consoler, me respondit ce Bien-heureux; la reputation est comme la barbe, qui revient d'autant plus espaisse, que plus elle est razee : je plains seulement ces bonnes gens qui s'imaginent que ces chapitres ne soient pas sortis de ma plume, tant ils leur sont odieux. Il ne m'importe pas de plaire aux gens du monde : mais je voudrois bien, pour l'amour de Dieu, ne deplaire point aux enfans de lumiere. Que faire à cela? Prier Dieu qu'il nous rachette de la calomnie des hommes, ou qu'il nous fasse posseder nos ames en patience. Cette derniere grace me semble meilleure que la premiere, et aussi plus desirable. »

SECTION XV.

Remarque sur le Theotime.

Son traitté de l'Amour de Dieu est une piece fort estudiée, et laborieuse, quoique rien n'y paroisse de travaillé, beaucoup moins forcé, parce qu'il escrivoit avec une clarté et un jugement à ravir. Une fois il luy arriva de me dire, que quatorze lignes de ce livre là luy avoient causé la lecture de plus de douze cens pages de grand volume, c'est à dire, en feuille.

Ma curiosité me porta aussi tost à luy demander où elles estoient; mais il destourna ce propos dextrement, me disant que je cognoistrois par-là la foiblesse et pesanteur de son esprit. Nous parlions alors de la grace efficace; et il me renvoya au Theotime, pour y apprendre son sentiment. Je luy

---

[1] Matth. xi, 6.

di que je m'efforçois de le suivre, mais que je ne l'y pouvois attraper : ce qui me laissa une conjecture, que c'estoit cette matiere qui l'avoit si fort porté à la lecture.

Une autrefois il me dit, que les chapitres où il traitte de la naissance de la foi, et de celle de l'esperance, luy avoient couté beaucoup d'estude et de speculation, ce qui tourna ma conjecture de ce costé là. Tant y a qu'en une autre occasion, comme je me plaignois de la brieveté de ce livre là, il me dit qu'il en avoit retranché plus de la moitié quand il le voulut donner au public. O quel dommage!

SECTION XVI.

Des disputes en matiere de religion.

La douceur de son esprit ne pouvoit admettre les disputes en matiere de religion; je di, ni les privees, ni les publiques Mais il aymoit fort les conferences paisibles et amiables avec les desvoyez. C'est par ce moyen tout suave, que, comme par une voye de laict, il a ramené au ciel de l'Eglise catholique tant d'ames qui en estoient separées.

Voicy son procedé assez ordinaire. Il escoutoit volontiers les errans avec qui il conversoit, parlant de leur religion, sans leur tesmoigner ni de l'ennui, ni du mespris d'un si fascheux entretien, et par là il les disposoit à luy donner à son tour quelque petite audiance. Il ne respondoit point à leurs objections, ni mesme à leurs demandes, se tenant fermement à ce precepte apostolique : *Si quelqu'un entre vous est contentieux*, dites luy en esprit de tranquillité, *Nous n'avons point une telle coustume, ni l'Eglise de Dieu*[1].

Apres cela, s'il pouvoit obtenir par civilité quelque loisir de parler, il ne perdoit point ce temps là, dont les moindres momens luy estoient precieux : et sur le subjet qui avoit esté traitté par l'errant, ou sur quelqu'autre qu'il estimoit plus

[1] I Cor. xi, 16.

utile, il deduisoit briefvement, nettement, et fort simplement, ce qui estoit de la creance catholique, sans aucun esprit de contention, sans aucun mot qui sentist la controverse; mais en la maniere que l'on traitte des articles de foi dans les catecheses.

Il souffroit les huees, les mocqueries, les mespris, les interruptions que faisoient ces pauvres gens, avec une patience incroyable; et, sans s'esmouvoir, il continuoit son discours quand ils luy donnoient le loisir.

« Vous ne sçauriez croire, disoit-il, combien les veritez de nostre saincte foi sont belles, à qui les considere en esprit de tranquillité. Nous les suffoquons à force de les revestir, et nous les cachons pour les vouloir rendre trop visibles. La foi est une connoissance infuse, non pas naturelle; ce n'est pas une science humaine, mais une lumiere divine, à la clarté de laquelle nous voyons des choses qui naturellement nous sont invisibles. Si nous pensons l'enseigner, comme les sciences humaines, par demonstrations evidentes d'evidence naturelle, nous nous trompons; la foi ne se trouve pas où la raison humaine s'appuye sur l'experience des sens.

» Toutes les preuves exterieures qu'on leur peut apporter sont foibles, si le Sainct Esprit ne travaille dans l'interieur, et ne leur enseigne la science des voyes de Dieu. Tout ce qu'il faut faire, est de leur proposer simplement les veritez de nostre foi : les proposer, c'est les persuader; pourveu qu'ils ne resistent pas au Sainct Esprit, par une dure cervelle, et un cœur incirconcis. C'est suffocquer l'Esprit de Dieu, que de donner trop d'avantage à la lumiere de la raison naturelle. La foi n'est pas une vertu acquise, mais infuse; il la faut traitter de la sorte, et dans leur instruction il faut bien prendre garde à ne prendre aucune part à la gloire qui n'appartient qu'à Dieu seul.

» L'un de leurs plus grands maux, c'est que leurs ministres leur desguisent nostre creance, et la leur representent toute autre qu'elle n'est: par exemple, que nous ne faisons aucun estat de l'Escriture saincte : que nous adorons le Pape, comme Dieu : que nous tenons les saincts comme dieux : que nous faisons plus d'estat de la saincte Vierge, que de Jesus-Christ : que nous adorons les images d'adoration de latrie, et leur attribuons de la divinité : que les ames de purgatoire sont en la mesme rage et au mesme desespoir que celles de l'enfer : que nous adorons du pain en l'Eucharistie : que nous privons le peuple de la participation au sang de Jesus-Christ : que nous nous mocquons des merites de Jesus-Christ, pour attribuer tout nostre salut au merite de nos bonnes œuvres : que la confession auriculaire est une bourrellerie d'esprits; et semblables invectives, qui rendent nostre religion odieuse et descriée parmy ces peuples, qui en sont malicieusement informez.

» Aussi-tost que nous leur faisons cognoistre la droitture de nostre creance sur tous ces articles, les escailles leur tombent des yeux ; et ils voyent que la fascination de la cajollerie de leurs predicans leur obscurcissoit le vrai bien et la bonne verité, et qu'ils leur mettoient les tenebres en la place de la lumiere.

» Sur le champ ils hochent la teste, et se mocquent de nous : mais quand ils sont retirez, et seuls, et viennent à faire quelque reflexion sur ce que nous leur avons dit, vous les voyez revenir sur le poing, comme des oyseaux de leurre, en nous disant : « Nous vous entendrions parler derechef volontiers des choses que vous nous avançastes l'autre jour. » Ainsi les uns tombent à droitte, et d'autres à gauche; et la verité victorieuse par tout, les fait venir par divers sentiers à sa cognoissance. »

Il m'alleguoit une infinité d'exemples de conversions arrivées de ceste sorte, et entre ses mains, durant les cinq ans qu'il fut employé en la mission de la conversion du Chablais. C'est par ces effects qu'il me faisoit voir assez manifestement combien ce procedé estoit plus utile, et plus avantageux que celuy de la dispute.

SECTION XVII.

Suitte du mesme subjet.

La dispute, quelque reglée qu'elle puisse estre, ne reüssit pas tousjours à l'avantage de la verité : elle faict paroistre, ou la science, ou l'adresse des disputans; mais ce n'est pas de là que sortent les conversions. Si l'on commence par le dessein de soustenir la religion; dés le troisiesme argument, on entre dans le desir de maintenir sa reputation; et à quelque prix que ce soit, on veut soustenir son opinion, et faire en sorte qu'elle surpasse celle de l'adversaire : ce n'est plus Dieu que l'on cherche, mais soy-mesme. Car de garder de la moderation en la dispute, c'est chose plus à desirer qu'à esperer.

Il m'a dit que plusieurs fois s'estant rencontré en de semblables debats, pour une majeure, ou mineure d'argument mal niée, ou concedée, ou quelque consequence mal tirée, il a veu insensiblement les disputans tellement pressez l'un sur l'autre, que le catholique se trouvoit engagé à soustenir la proposition heretique, ou l'errant eschauffé au soustien de la doctrine catholique : tant il est vray que le feu de la colere estant tombé sur l'esprit, on ne s'apperçoit plus du soleil de la droitte raison.

Ainsi les Syriens poursuivans le prophete furent frappez d'un esprit de tel aveuglement, qu'ils se trouverent en Samarie au milieu de leurs ennemis[1]. Le meilleur, est de s'escouter les uns les autres en esprit de paix et de tranquillité; car le lieu de Dieu est en la paix. L'esprit de tempeste et d'orage, tel qu'est celuy de contestation, n'est pas propre pour conduire au port de la verité; il pousse plustost dans les bancs et les escueils de l'erreur.

[1] IV Reg. vi, 15-20.

SECTION XVIII.

Plainte injuste.

Il assistoit à la predication d'un homme fort docte, mais bien peu suivy, d'autant qu'il avoit assez mauvaise grace à debiter son grand sçavoir. Ce personnage à qui ses sermons coustoient beaucoup de travail, passa une bonne piece de son heure à se plaindre de la nonchalance de ses auditeurs à venir entendre la parole de Dieu, monstrant qu'ils n'estoient pas de Dieu, puis qu'ils negligeoient d'escouter la voix du ciel ; beaucoup moins estoient-ils du nombre de ceux qui sont appellez dieux en l'Evangile, à qui la parole de Dieu est annoncée[1]. Il se mit jusques dedans les invectives, et vint jusques aux menaces de tout quitter, et d'abandonner la chaire, comme se donnant la peine de ramasser, et de respandre trop de semence dans si peu de territoire, si ingrat, et si peu fertile en escoutans.

Le Bien-heureux, au sortir de là, dit à un de ses confidens : « A qui en veut ce bon personnage? Il nous a tancez d'une faute que nous n'avions pas commise, car nous estions presens : eust-il voulu que nous nous fussions mis en pieces pour remplir les autres sieges qui estoient vuides? C'est aux absens qu'il en vouloit, lesquels n'en seront pas plus diligens, puis qu'ils ne l'ont point ouï. S'il avoit à addresser sa reprehension à ceux à qui il appartenoit, il la devoit faire par les ruës, ou par les places de la ville, pour presser ceux qui les remplissent d'entrer à son banquet spirituel.

Dat veniam corvis, vexat censura columbas [2].

Il a crié apres les innocens, et laisse là les coulpables. »

En effet, ne vous semble-t'il pas que cet homme frappoit à faux, et blasmoit ceux qu'il devoit plustost loüer de leur

---

[1] Joan. x, 35. — [2] Juvenal. II, 63.

favorable assistance? Et de faict, il fit tant par ses journees, que plus il vouloit estre suivi, il l'estoit d'autant moins, effarouchant par ses chagrins et mescontentemens tous ceux qui l'alloient entendre.

C'est ainsi que le paon se pensant faire admirer par les autres oyseaux en estallant les riches miroirs de sa queuë, les effarouche d'autre part avec ses cris, et trousse luy-mesme son bagage quand il apperçoit la crasse et la laideur de ses pieds.

SECTION XIX.

De la reformation d'un monastere.

Le prieuré de Taloire, voisin d'Annessi, est un monastere de Benedictins, de fort ancienne fondation. Sa reformation, apres la grace du ciel, qui est le premier principe de tout bien, est un ouvrage de la diligence de nostre bien-heureux Pere. Il a beaucoup travaillé pour un si pieux dessein, avec toute patience et doctrine.

Comme quelquefois on luy en donnoit de la loüange, il paroit gracieusement ce coup, en disant qu'il estoit entré dans les travaux d'autrui, et n'avoit eu autre peine que de moissonner ce que deux de ses predecesseurs avoient semé. Je luy demandé un jour comme il entendoit cela. Il me dit : « Ne sçavez-vous pas que monseigneur de Granier, mon predecesseur, en estoit prieur conventuel, avant qu'il fut evesque de Geneve, et qu'il le resigna à monseigneur Justinian son predecesseur au mesme evesché? Vous n'ignorez pas la saincteté de vie de ce bon prelat, *quem propter veritatem, et mansuetudinem, et justitiam mirabiliter deduxit dextera Excelsi*[1]. Pour combien contez-vous son exemple et ses prieres en cette œuvre là ?

» Mais je vous veux dire, à mon jugement, une des prin-

[1] Psal. XLIV, 5.

cipales causes de cette reforme, que j'estime venir de monseigneur Justinian. Ce bon prelat, qui à une fort eminente doctrine (c'estoit un des plus fameux predicateurs de son temps) joignoit une vie fort exemplaire, chargé d'annees et d'incommoditez, choisit sa retraitte dans la belle solitude de ce monastere là, dont il obtint le titre par la demission de monseigneur de Granier.

» Et en son zele ne pouvant supporter les desordres de l'inobservance, qui estoit lors parmi les conventuels, il ne cessoit de les exhorter, conjurer, presser, en temps, hors de temps, qu'ils eussent à embrasser le bien, et à faire cesser les scandales que leurs mauvais deportemens ausoient en tout le voisinage.

» Apres avoir employé long temps les voyes de douceur, il commença à prendre un ton plus haut, et à user de quelques reproches, accompagnees de menaces, *dans metuentibus significationem, ut fugerent à facie arcus*[1] : sçachant que la crainte faict de plus fortes impressions en des ames envieillies en de mauvais jours, que ne faict la suavité.

» Entr'autres, il s'addresse à un qu'il estimoit estre le plus mutin et le plus appuyé de tous, et apres l'avoir tasté de tous costez par des remonstrances amiables, il vid que cette huile de douceur allumoit le feu de sa hardiesse et de sa contumace, et que faisant rempart de son insolence, il se portoit à des paroles de precipitation. Le bon prelat luy dit, que Dieu avoit beaucoup de moyens pour humilier les superbes, et renverser leur iniquité sur leur teste.

» De parole à autre, ce temeraire en vint jusques là, de lever la main sur le sainct prelat, et de luy porter un si grand soufflet qu'il le fit tomber par terre; lequel se relevant, selon que la foiblesse de son âge le luy pût permettre, revient à luy froidement, et luy tendant l'autre joüe luy dit : « Mon frere, frappez encore; me voila prest à souffrir tout

---

[1] Psal. LIX, 6.

ce qui vous plaira, pourveu que vous me fassiez la grace de croire que tout ce que je vous ai dit, n'estoit que pour le desir que j'ai de vostre bien, et du salut de vostre ame, qui m'est plus precieux que l'honneur ni la vie. »

» Cet outrecuidé fut tellement touché d'une vertu si heroïque, que se jettant à ses pieds, et criant misericorde, il protesta de faire tout ce qu'il luy commanderoit, et de changer tout à fait sa mauvaise vie. Le pardon fut plustost donné, que demandé; et l'autre se changea tellement en un autre homme, que voyant que la reforme arrivoit à pas trop lent en son monastere, il se jetta en un Ordre fort austere, où depuis il vesquit fort sainctement, et mourut de mesme. Voila, disoit nostre Bien-heureux, les fondemens de la reformation dont on m'attribuë injustement le succés. »

SECTION XX.

Il poursuit.

Sur ce mesme propos il me racontoit une histoire, digne de soigneuse remarque, et de laquelle je suis tesmoin oculaire. Le plomb est long temps à se fondre, mais aussi il se fond tout à coup. Quant cette reformation fut sur le poinct d'esclorre, ce fut avec telle impetuosité, et une ferveur si excessive, que c'estoit à qui feroit plus de mortifications. Vous eussiez dit qu'ils avoient tous conjuré la ruine de leurs corps, les regardans comme la source de leurs desordres precedans, dans lesquels ils ne refusoient rien à leurs sens.

Ceci n'estoit pas selon l'esprit du Bien-heureux, qui faisoit plus d'estat d'une once de mortification interieure et spirituelle, que de plusieurs livres de l'exterieure et corporelle. Neantmoins il souffroit ces excez de ferveur; comme l'on se resjoüit au printemps de l'abondance des fleurs, pour ce qu'encore qu'il en tombe beaucoup, il en reste tousjours assez pour charger les arbres de fruicts. Il est plus aisé d'ebourgeonner et emonder les vignes, que de leur attacher des pampres.

Devant cette si chaude et ardante entreprise, tandis que les renardeaux des desordres cachez, et les sangliers des manifestes et scandaleux, demolissoient cette vigne, il y avoit un conventuel, qui estoit comme un Abraham en cette terre de Hus, et comme un Loth en une mauvaise demeure, et qui vivoit paisible, retiré, resserré, sans donner sujet à aucun de dire de luy une fascheuse parole. Il y reluisoit comme une lampe allumee en un lieu tenebreux ; c'estoit un miroir de vertu, un lys au milieu des espines, l'object de l'estime de tout le voisinage. Il n'y avoit qu'au dedans où il estoit mesestimé, parce que les autres se mocquoient de luy, l'appelant bigot et caphard. Parce qu'il s'abstenoit de leurs voyes qui n'estoient pas droittes, ils luy faisoient tous les jours milles niches, qu'il enduroit avec beaucoup de patience.

Mais vous allez voir qu'il y a des hapelourdes parmi les vertus, aussi bien que parmi les pierreries, et que tout ce qui reluit aux yeux des hommes n'est pas de l'or. Ces fausses apparences de vertus ressemblent à certains vers, et à certain bois pourri, qui ne luisent et n'esclairent que parmi les tenebres. La pierre de touche de la reforme fist discerner le bon, du bas or.

Les plus desbauchez, picquez d'une vraye douleur, naissante du souvenir de leurs fautes passees qu'ils ruminoient en l'amertume de leurs ames, firent comme ceux qui en l'embrasement d'une maison jettent tout ce qu'ils peuvent par les fenestres. Ces prodigues ayans dissipé toute la substance de leurs portions à vivre dissolument, n'avoient aucune peine à se reduire à la table paternelle de la communauté, ni à la sobre frugalité qui l'accompagne. Ils jetterent toutes leurs proprietez aux pieds du superieur, qui estoit le principal promoteur et arcboutant de cette reforme, apres nostre Bien-heureux, à la façon des premiers Chrestiens, qui apportoient leurs biens à ceux des Apostres.

Ce fut à ce grand jour que disparut l'estoile de la pieté de cet homme, qui auparavant avoit esté une rose et un lys parmy des espines. Il fit comme ce jeune homme de l'Evangile, qui se retira triste de devant Jesus-Christ, quand il luy parla de desserrer, et de donner tout aux pauvres. Ce Laban et Micas ne se trouva pas disposé à laisser ses petits dieux domestiques d'or et d'argent. Il luy estoit avis qu'il devoit manger les poussins de ses œufs, qu'il y avoit si long-temps qu'il couvoit; disant en soi-mesme, comme cet homme de l'Apocalypse : « Mon ame, tu as des biens devant toi pour beaucoup d'annees, tu ne peux estre en malaise de ta vie. » Mais il oüit une voix du ciel qui luy dit : « Fol, ton ame te sera ostee cette nuict; et à qui sera ce que tu a amassé avec tant de soings et de peines, conservé avec tant de chagrin, et possedé avec si peu de joye et de fruict[1]? Tu pense estre riche, et tu es pauvre, miserable et nud[2]. »

En un mot, il ne fut jamais au pouvoir de toutes les persuasions de le faire joindre à la reforme, ni de le tirer de ses anciennes habitudes, dans lesquelles il s'estoit imaginé qu'il estoit un sainct, mais un sainct à sa mode. Il se moquoit à son tour de tout ce que les autres faisoient, estimant leur maniere de vie une folie, quoi que ce fut une folie sacrée, une folie de la croix.

Toute sa devotion et moderation se trouva de bon alloy. Devotion avaricieuse et interessée, qui ostoit à sa bouche pour mettre à sa bourse. Devotion pharizaïque et orgueilleuse, qui dédaignoit celle des pauvres publicains. Tout son deduit estoit de ne parler que de leur vie passée; comme ce pharizien parloit de la Magdelaine, sans penser à sa conversion, qui la rendoit toute autre. Il perseveroit donc en la

[1] Luc. xii, 19, 20. — [2] Apoc. iii, 17.

lascheté de son train ordinaire; tandis que ceux qui estoient venus beaucoup plus tard en la vigne le devançoient d'un long espace, par leur laborieuse diligence : sans redouter ce reproche, *A ma volonté, que tu fusses froid ou chaud; mais parce que tu es tiede, tu seras vomy* [1]. Je ne veux point presser d'avantage cet exemple, je le laisse ruminer à vostre consideration. J'ayme mieux me taire du reste, puis qu'il n'y a rien du costé de cét homme qui vous puisse edifier.

Mais de la part des autres, ils s'y prindrent si chaudement que nostre bien-heureux Pere disoit d'ordinaire qu'ils avoient plus besoin de bride que d'esperon, que la grace surnageoit où l'offence avoit abondé, et que s'il eust esté creu, il eust reformé leur reformation. « Vous n'en faites que trop, leur disoit-il; il faut faire vie qui dure : ce qui est violent n'est pas durable; il se faut haster tout bellement, ne marcher pas en une ferveur inconsiderée. » Toutesfois il se consoloit en un poinct, c'est que la mesure de l'amour de Dieu estoit de n'en avoir point; la mediocrité ne luy estant pas seante ny amie.

>   . . . . Mediocribus esse philotheis,
> Non dii, non homines, non concessere columnæ [2].

SECTION XXI.

Des petites vertus.

Quoy qu'il eust des vertus en un fort haut degré et des plus éminentes, il avoit neantmoins un amour tendre et tout particulier pour les petites et negligées. Ce n'est pas qu'il y ait aucune vertu, principalement des chrestiennes et infuses, qui soit petite; car ce sont dons de Dieu, duquel toutes les œuvres sont parfaites : mais il appelloit petites celles qui paroissent telles devant les yeux des hommes, et par consequent qui en estoient moins estimées.

---

[1] Apoc. III, 16. — [2] Horat. Art. poet. 372, 373.

« Chacun, disoit-il, veut avoir des vertus esclatantes et de monstre, et attachées au faiste et chapiteau de la croix, afin qu'on les voye de loin et qu'on les admire. Fort peu se pressent à cueillir celles qui, comme le serpolet et le thim, croissent au pied et à l'ombre de cét arbre de vie. Cependant ce sont souvent les plus fortes et odorantes, et arrosées du sang du Sauveur, qui a donné pour premiere leçon aux Chrestiens : *Apprenez de moy que je suis doux et humble de cœur*[1].

» Il n'appartient à tout le monde d'exercer ces grandes vertus de force, de magnanimité, de magnificence, de martyre, de patience, de constance, de vaillance. Les occasions de les pratiquer sont rares : cependant tout le monde y aspire, parce qu'elles sont esclattantes et de grand nom; et il arrive souvent que l'on se figure de les pouvoir practiquer, et on enfle son courage de ceste vaine opinion de soy mesme, et puis on saigne du nez aux occurrences. Nous ressemblons à ces enfans d'Ephrem, dont le prophete parle, qui faisoient merveilles à tirer de l'arc aux butes, et merveilles aussi à fuir quand ils avoient les ennemis en teste[2]. Il eust esté meilleur que leur addresse se fust changée en valeur; qu'ils eussent perdu à tirer au blanc, et gaigné en bataille rangée.

» Les occasions de gaigner les offices, les benefices, les heritages, les grosses sommes, ne se rencontrent tous les jours : mais à tout propos on peut gaigner des liards et des sols, et en mesnageant bien ces petits profits il y en a qui se font riches par succession de temps. Nous amasserions de grandes richesses spirituelles, et nous thesauriserions beaucoup de tresors pour le ciel, si nous employons au service du sainct amour de Dieu les menuës occasions qui se rencontrent à chaque heure de nostre vie.

» Ce n'est pas le tout de faire les actions des grandes vertus, si on ne les fait avec une grande charité : car c'est celle-

---

[1] Matth. xi, 29. — [2] Psal. lxxvii, 9.

cy qui donne le fondement, le poids, le prix, et la valeur devant Dieu aux bonnes œuvres. Une action de petite vertu (car toutes les vertus ne sont pas esgales de leur nature), faite avec une grande dilection de Dieu, est beaucoup plus excellente que celle d'une vertu plus exquise, faite avec moins d'amour.

» Voyez ceste bonne ame, elle donne un verre d'eau froide à un pauvre avec tant de saincte dilection, qu'elle se change en eau de vie, et de vie éternelle. L'Evangile, qui faict les talens des plus riches, petits, jettez dans la gazophilace, en releve deux pittes presentees par une grande dilection[1].

» On ne fait presque point de mention, et encor moins d'estat, de ces petites condescendances aux fascheuses humeurs du prochain, du doux support de ses imperfections, de la souffrance amiable et modeste d'une mouë, d'une mine, d'un mauvais visage, de l'amour du mespris et de la propre abjection, d'une petite injustice qui nous est faite, de tolerer une algarade, d'endurer une importunité, de faire des actions abjectes et qui sont au dessous de nostre condition, de respondre amiablement à qui nous reprend à tort et avec aigreur, tomber et estre mocqué, recevoir le refus d'une grace avec douceur, accueillir une faveur avec action de grace, s'abbaisser devant ses égaux et inferieurs, traicter humainement et avec privauté avec des domestiques. Tout cela paroist chetif devant ceux qui ont le cœur haut et les yeux eslevez. Nous ne voulons que des vertus empanachées, braves et bien vestuës, qui aillent à la reputation à pleines voiles; sans considerer que ceux qui plaisent aux hommes ne sont pas serviteurs de Dieu, et que l'amitié du monde et son applaudissement luy desagrée.

> Volons bas de peur des branches,
> Pour avoir les aisles franches.

Disant avec David : *Seigneur, mon ame devant vous est*

[1] Marc. xii, 41-44.

*attachée au pavé*¹. *Mon ventre devant vous est collé contre terre*², *vivifiez-le selon vostre parole*³. *C'est vous qui regardez de pres les choses basses et humbles, et de loing les hautaines*⁴: *vous regardez d'un bon œil l'humilité au ciel et en la terre*⁵. La foudre bat le front des plus sourcilleuses montagnes, tandis que les sources coullent dans les valees, et les font abonder en fruits. »

SECTION XXII.

Il deffend un predicateur.

On reprenoit devant luy un predicateur celebre, de ce qu'il repetoit et rebattoit souvent en un mesme sermon une mesme chose, et disoit-on qu'il estoit ennuyeux et blasmable en cela. « C'est, respondit nostre Bien-heureux, en quoi je le trouve plus loüable; d'autant qu'il pratique exactement et à la lettre ce precepte de sainct Paul : *Presche la parole, fait instance, opportunement, importunement; repren, conjure, reproche en toute patience et doctrine*⁶. Il importe fort peu que l'on choque l'oreille des delicats, pourveu qu'on leur touche le cœur. Il faut parler au cœur de Jerusalem, et ramener à leur devoir, s'il est possible, les prevaricateurs : et le moyen de les rappeller à leur devoir, si on ne rebat souvent les premieres paroles, pour les graver sur leurs dures cervelles, et leurs cœurs de pierre et incirconcis ? Oyez comme parle le sainct Espoux, au Cantique, à l'ame oublieuse de son devoir : *Retourne, Sunamite, retourne, retourne, et nous le regarderons*⁷.

»*Combien de fois t'ay-je voulu ramasser, comme une poulle qui recueille ses poussins sous ses aisles*, dit Nostre Seigneur à l'ingrate Jerusalem⁸? et Dieu par un prophete reproche à Israël qu'il l'a souvent appellé, et qu'il a fait la sourde

---

¹ Psal. cxviii, 25. — ² Psal. xliii, 25. — ³ Psal. cxviii, 26. — ⁴ Psal. cxxxvii, 6. — ⁵ Psal. cxii, 6. — ⁶ II Tim. iv, 2. — ⁷ Cantic. vi, 12. — ⁸ Matth. xxiii, 37.

oreille¹. Il ne se faut jamais lasser d'inculquer aux peuples les enseignemens qui le peuvent conduire au salut. *Crie*, dit Dieu à un prophete, *ne cesse point, et annonce au peuple ses fautes, reproche ses crimes à la maison de Jacob*². *Sur toy, Jerusalem, et sur tes murailles, le Seigneur a establi des sentinelles et des rondes qui ne cesseront de crier jour et nuict*³. Quelle estoit la predication de Jonas, sinon de dire et repeter sans cesse : *Encore quarante jours, et Ninive sera renversée*⁴ ?

» Il faut comme les forgerons battre et rebattre le fer tandis qu'il est chaud. Les parolles de salut sont de celles qui sont bonnes repetées par dix fois. Les medecins cessentils de reïterer leurs remedes, jusques à ce qu'ils se soient rendus victorieux du mal ? *Mande, remande ; attends, reattends ; un peu ici, et un peu ici*⁵. Il faut negliger les jugemens de ces petits esprits qui ne regardent les choses que par leur surface. Soit pour leur mépris, soit pour leur bonne estime, qu'importe, pourveu que Jesus-Christ soit annoncé, et les bonnes ames edifiées ? »

SECTION XXIII.

Puissance de la douceur.

Je disois un jour à un excellent serviteur de Dieu, et qui est mort dans une grande dignité ecclesiastique, où ses merites l'avoient eslevé, que j'admirois en nostre bien-heureux Pere ceste douceur incomparable, avec laquelle sans aucune violence il rangeoit tout à sa volonté. « Il fait ce qu'il veut de chaqu'un, disoi-je, et d'une maniere si suave, et neantmoins si forte, que je ne voi rien qui luy puisse resister. Mille tombent à sa gauche, et dix mille à sa droitte ; tout fait joug à ses persuasions. Il atteint au but, où il vise forte-

---

¹ Isai. LXV, 12. — ² Id. LVIII, 1. — ³ Id. LXII, 6. — ⁴ Jonæ III, 4. — ⁵ Isai. XXVIII, 10, 13.

ment, quoy que doucement : vous ne diriez pas qu'il y touche, et c'est faict. »

Il me respondit avec beaucoup de jugement (aussi estoit-il fort esclairé dans les voyes de Dieu, et dans les sentiers de justice) : « C'est ceste douceur mesme qui le rend si puissant. Ne sçavez-vous pas que l'acier, qui est beaucoup plus fort que le fer, a une trempe bien plus douce? Les rayons du soleil, dans l'apologue, eurent bien plustost despouillé l'homme par leur douce chaleur, que l'impetuosité du froid et rigoureux aquilon. *Bien-heureux les doux, car ils possederont la terre*[1]. Toutes les volontez sont en leurs mains, ils sont les roys des cœurs : chacun court apres eux en l'odeur de leurs parfuns, comme tous les animaux apres ceux qu'exhalle la panthere. »

C'estoit, mes Sœurs, une des grandes et solennelles maximes de nostre bien-heureux Pere et qui a esté soigneusement remarquée en l'un des entretiens qu'il vous a faicts : « Bien-heureux sont les cœurs pliables, car ils ne rompront jamais. » Non certes ils ne rompront jamais; mais tout va rompre à leurs pieds, tout se rend à leur misericorde.

On dit que les petits oyseaux se plaisent fort autour de la cresselle, non seulement par ce que c'est un oyseau fort benin, et qui ne leur fait aucun mal, mais encore que par une secrette proprieté son cry effraye les oyseaux de proye, comme le chant du cocq estonne le lyon. C'est là l'image des mansuets : chacun les suit à cause de leur condescendance et affabilité, qui est telle que mesme elle apprivoise les courages les plus inhumains et les plus farouches.

SECTION XXIV.

De la crainte de la chasteté, et de la chasteté de la crainte.

« C'est une bonne marque de chasteté, disoit-il, quand elle

[1] Matth. v, 4.

est craintive. *Posuisti firmamentum ejus formidinem*[1] : son rempart et sa forteresse, c'est la peur. C'est toute la force de la colombe, comme du lievre, que la fuitte. En ceste sorte de combats il faut imiter les Parthes, qui bataillent en fuyant. C'est en ce sujet, autant qu'en tout autre, que l'on peut appeler *bien-heureux celuy qui est tousjours en apprehension*[2]. Entre les combats des Chrestiens, dit sainct Jerosme, les plus aspres sont ceux de la chasteté; ce sont les plus communs, et neantmoins ceux où les victoires sont les plus rares. Celuy qui se fie sur sa continence passée, est en grand danger de la perdre à l'advenir.

» Or si la crainte est non seulement si seante, mais si necessaire à la chasteté, nous n'avons pas moins besoin de la chasteté de la crainte, pour faire nostre salut avec frayeur et tremblement. »

Comme je luy demandois ce qu'il entendoit par la chasteté de la crainte : « La crainte chaste, me dit-il, qui est appellée saincte par David, et qui demeure mesme dans l'eternité de la gloire[3] : cette crainte est celle qui procede de l'amour de Dieu, que l'on peut appeler crainte charitable, ou animée de la charité. Charité qui nous faict regarder l'interest de Dieu plus que le nostre, et par consequent plus craindre la coulpe par laquelle Dieu est offensé, que la peine qui nous attend en suitte de cette coulpe. Quand nous craignons d'offenser Dieu, parce qu'il est bon en luy-mesme, non parce qu'il est le Dieu des vengeances, et terrible sur les plus grands de la terre; alors nostre crainte est chaste et pure, et semblable à celle d'une espouse pudique, laquelle ne redoute rien tant que de desplaire à son espoux, parce qu'elle l'ayme, et qu'elle tient à un haut contentement d'en estre aymée. En un mot, la crainte chaste et saincte, c'est la crainte desinteressée, crainte de reverence, d'amour et de respect. Crainte non servile ni mercenaire, mais filiale, et qui convient aux

[1] Psal. LXXXVIII, 41. — [2] Prov. XXVIII, 14. — [3] Psal. XVIII, 10.

plus saincts. *Timete Dominum, omnes sancti ejus, quoniam nihil deest timentibus eum* [1]. »

SECTION XXV.

Craindre Dieu par amour.

C'est grande pitié, mes Sœurs, de voir le mauvais usage que la pluspart des Chrestiens faict de la crainte de Dieu. Il n'y a rien qui nous soit plus fortement recommandé, ny plus souvent dans les pages sacrées, et cependant il n'y a rien de si peu prattiqué, et ce peu l'est encore tres-mal.

Plusieurs se retirent du mal par la seule crainte des supplices eternels, dont la loy menace les pecheurs apres cette vie; c'est ce que l'on appelle crainte servile : laquelle de sa nature, c'est à dire quant à sa substance, n'est pas mauvaise, mais elle le peut devenir quand elle passe en servilité; c'est à dire lors que de propos deliberé on prefere la peine à la coulpe, comme si l'on disoit, que si l'on ne craignoit la peine on ne se soucieroit pas d'offenser Dieu.

A dire la verité, craindre la peine, n'est pas de soy une chose mauvaise ni defenduë : mais c'est la preference de nostre interest à celuy de Dieu, qui est une chose mauvaise, et qui renverse l'ordre de la droicte raison, et de la vraye charité.

Ce n'est pas que la crainte servile empesche l'entree de la charité dans une ame : au contraire, elle luy prepare ses voyes; et comme sa fourriere, elle luy marque les logis; estant, selon la comparaison de sainct Augustin, l'aiguille qui fait passer la soye. Mais c'est la servilité, c'est à dire l'arrest volontaire dans nostre propre interest, qui s'oppose à l'introduction de la charité dans un cœur.

Il y a bien de la difference entre ces deux propositions : Je m'abstiens de pecher, parce que je crains la peine qui ta-

[1] Psal. xxxiii, 10.

lonne la coulpe; et celle-ci : Je ne m'abstiens de pecher, qu'à cause que la peine suit le peché. Car ceste derniere s'arreste deliberement à nostre interest, sans vouloir passer outre, et ainsi le rend proprietaire. Mais par la precedente nous n'excluons pas un meilleur motif, quoy que nous ne l'embrassions pas aussi : mais nous l'oublions, et sommes disposez à l'embrasser quand il nous en souviendra, ou quand on nous le remettra en memoire.

Nostre bien-heureux Pere, mes Sœurs, disoit, que c'estoit un assez mauvais moyen pour se faire aymer, que se faire craindre, parce que la crainte naturellement nous donne aversion de ce que nous craignons, parce que nous craignons le mal que la nature nous apprend à fuir. Mais il loüoit hautement la crainte qui tiroit son origine de l'amour, comme estant toute filiale, non servile ni mercenaire. C'estoit son grand mot : « Il faut craindre Dieu par amour, et non pas l'aymer par crainte. » Sentence que j'ay reduite en ce distique, afin que vous la graviez en vos memoires avec plus de facilité :

Il faut, si vous voulez que vostre ame soit saincte,
Craindre Dieu par amour, non pas l'aymer par crainte.

SECTION XXVI.

Ses sentimens sur les pecheurs.

Sa bonté de cœur estoit si grande que l'on eust pû en dire cela mesme que de cet ancien empereur, qu'il estoit si bon, que mesme il ne pouvoit avoir de mauvais sentimens contre les mauvais. Tel est le naturel de la vraye et non feinte charité, laquelle, dit sainct Paul, est *patiente, benigne, souffre tout, endure tout, ne pense point à mal, ne se resjouit point de l'iniquité, mais de la verité* [1].

Il faisoit ce qu'il pouvoit pour couvrir les fautes de ses

---

[1] I Cor. XIII, 4, 7, 6.

freres, selon ce qui est escrit, que *la charité couvre la multitude des deffauts*[1]. Ce n'est pas qu'il cherchast des excuses à l'iniquité (car c'est une chose mauvaise que deffendre les vices) : mais il en cherchoit pour l'inique, tantost alleguant l'infirmité humaine, tantost la violence de la tentation, tantost le grand nombre de ceux qui commettent de semblables fautes.

Quand les fautes estoient si publiques et si manifestes qu'elles ne se pouvoient cacher, il se jettoit sur l'avenir, et disoit : « Que sçait-on s'il ne se convertira point, et si la vergoigne ne le ramenera point à une meilleure voye ? Il embrassera possible le temps de sa visitation. La vexation luy donnera de l'intelligence : il se convertira en son affliction par la piqueure des espines, qui suivent tost ou tard les fautes signalées. Et puis qui sommes nous pour juger nos freres et nos conserviteurs ? Si Dieu ne nous soustenoit de sa grace, nous ferions pis, et nostre ame seroit desja hostesse de l'enfer. »

Vous eussiez dit que la protection et la deffense des pecheurs, estoit son prix fait. Nottez que je di des pecheurs et non pas des pechez ; car le peché, qui est l'injustice mesme, ne peut estre justement deffendu ; mais je di le pecheur, lequel est capable de resipiscence, et d'enfant de tenebres et de mort peut devenir enfant de lumiere et de vie. Il y a vingt-quatre heures au jour, à chacune suffit sa misere. Les plus grands pecheurs sont quelquefois les plus grands penitens (l'exemple en est illustre en David), et leur penitence edifie plus que leur scandale n'avoit demoli. Dieu sçait avec des pierres produire des enfans à Abraham, et mettre quand il luy plaist le feu dans la bouë. Les admirables changemens de sa droitte, sont des vaisseaux d'honneur de ceux qui l'estoient d'ignominie. Il a des industries emerveillables, par lesquelles de l'odeur de mort à la mort, il tire l'odeur de vie à la vie.

[1] I Petr. iv, 8.

SECTION XXVII.

Autre sentiment.

Il ne vouloit jamais que l'on desesperast de la resipiscence du pecheur, jusques au dernier souspir, disant que ceste vie estoit la voye de nostre pelerinage, en laquelle ceux qui estoient debout pouvoient tomber, et ceux qui tomboient, par la grace se pouvoient relever; et comme le geant de la fable, se relevoient quelquefois plus forts de leur terrassement, la grace surabondant où le peché avoit abondé.

Il alloit plus outre; car mesme apres la mort il ne vouloit pas que l'on fist un mauvais jugement de ceux qui avoient mené une mauvaise vie, sinon de ceux de la damnation desquels nous sommes asseurez par la verité des divines Escritures. Hors de là il ne vouloit pas que l'on entrast dans le secret de Dieu, qu'il a reservé à sa sagesse et à sa puissance, ni que l'on s'ingerast de cacheter un livre si bien scellé.

Sa raison principale estoit, que comme la premiere grace de la justification ne tomboit sous le merite d'aucune œuvre qui la precedast, la derniere grace aussi, qui est celle de la perseverance finale, ne se donnoit point au merite. Or qui est celuy qui a cognu le sens du Seigneur, et qui a esté son conseiller?

Cette raison faisoit, que mesme apres le dernier souspir, il vouloit que l'on esperast en bien de la personne expirée, quelque fascheuse mort qu'on luy eust veu faire, parce que nous ne pouvions avoir que des conjectures fort incertaines, estans fondées sur l'exterieur, sur lequel les plus habiles peuvent estre trompez.

Sur quoy il faut que je vous raconte une histoire fort gracieuse, que j'ay apprise de sa propre bouche, comme il estoit en la commission vraiment apostolique, de la conversion du païs et duché de Chablais. Monseigneur de Granier son predecesseur à l'evesché, luy donna des associez et des aides au deffrichement de ceste vigne deserte, de diverses conditions et ordres : il avoit avec luy des chanoines, des curez, et autres ecclesiastiques du clergé, et aussi des conventuels de divers instituts.

Il y en avoit un de ceste derniere condition qui estoit d'un naturel fort jovial, qu'il faisoit mesme paroistre tel dans ses predications. Il en fit une où assista nostre bien-heureux Pere (car il me l'a recité comme y estant present) en laquelle parlant de cet heresiarque qui a causé la revolte et la rebellion à l'Eglise dans Geneve, il dit, qu'il ne falloit juger de la damnation d'aucun apres sa mort, sinon de ceux comme nous avons dit, qui sont declarez reprouvez dans l'Escriture, non pas mesme de celle de cet homme qui a causé tant de maux par ses erreurs. « Car que sçait-on, disoit-il, si à l'instant de sa mort Dieu ne l'aura point touché de sa grace efficace, et s'il ne se sera point converti? Il est vray que hors de l'Eglise, et sans la vraye foy, il n'y a point de salut, et qu'il est impossible de plaire à Dieu : mais qui sçait s'il n'a point desiré efficacement sa reünion à l'Eglise catholique, de laquelle il s'estoit separé, et s'il n'a point reconneu en son cœur la verité de la creance qu'il avoit combatuë, et s'il n'est point expiré en vraye repentance? »

Apres avoir tenu tout son auditoire en suspens et en eschec, une grande partie du temps de son sermon ; à la fin il conclud en la plus agreable maniere qui se puisse imaginer. « Il est vray, dit-il, que nous devons avoir de grands sentimens de la bonté de Dieu, qui est infiniment riche en misericorde sur tous ceux qui l'invoquent. Jesus-Christ mesme offrit sa paix, son amour, et le salut à son traistre disciple, lors mesme qu'il le baisa en le trahissant, qu'il le trahit en le baisant. Pourquoy n'aura-t'il pas peu offrir la mesme grace à ce miserable heresiarque? le bras de Dieu est-il diminué? est-il moins bon et moins misericordieux, luy qui est toute misericorde, et misericorde sans nombre, sans mesure et sans fin ?

» Mais, mes freres, adjousta-t'il, croyez-moy, et je vous puis asseurer que je ne ments point : s'il n'est damné, il l'a eschappée aussi belle que fit jamais homme ; et s'il est sauvé de ce naufrage eternel, il en doit une aussi belle chandelle à Dieu que fit jamais personne de sa taille. » Cette fin, si peu attenduë, si inesperée, si gaye, ne tira pas beaucoup de larmes, comme vous pouvez penser, des yeux des assistans.

SECTION XXVIII.

Sur le subjet qui precede.

Il avoit trois sortes de sentimens sur les pecheurs, selon la diversité de leurs dispositions, et toutes trois pleines de bonté, de cordialité, de mansuetude, aimables compagnes de la charité dont son cœur estoit rempli.

Quand un pecheur estoit obstiné en son mal, envieilly en de mauvais jours, pourri en ses playes à la face de sa folie, affermi en son mauvais propos, arrivé à ceste profondeur de misere de se mocquer des remonstrances, comme un malade desesperé qui repousse les medecins, et renvoye les medecines ; jusques à ce point de malheur de se resjouïr d'avoir mal fait, et se delecter en son iniquité ; il entroit en une telle compassion que son zele patient le faisoit seicher ; il souspiroit, il pleuroit, touché d'une douleur interieure de cœur, de voir que ceste Babylone ne pust estre pansée. Apres cela il se divertissoit un peu, destournant sa cogitation de dessus des objets qui luy estoient si tristes, pour l'applicquer à d'autres moins affligeans et plus utiles. Et quand on venoit à luy raffraischir le souvenir de ceste douleur interieure, il tressailloit comme si on luy eust touché une playe secrette. Il proferoit quelque eslan de dilection, comme cestuy-ci : « Hé ! Seigneur, dites que cet aveugle voye, dites seulement une parole, et il sera guery. O Dieu, ceux qui vous delaissent seront delaissez, convertissez-le, et il sera converti. » De mouvement d'indignation il n'en faisoit jamais paroistre.

Il y en a qui apres plusieurs remonstrances se depitent quand ils se voyent mesprisez, ou que leurs exhortations ne produisent pas l'effect qu'ils desirent, et il disoit que Dieu avoit bien une autre patience et longanimité sur les pecheurs, les attendant à penitence jusques à la derniere heure. Souvent nous en gastons plus par nos impatiences, que nous n'en edifions par nos remonstrances : en aigrissant le pecheur, on esloigne sa conversion.

Quand le pecheur avoit quelque inclination à se convertir, et n'estoit pas si opiniastre en sa malice qu'il n'eust de bons intervalles, alors il avoit pour luy un amour fort tendre, et il le regardoit comme un pauvre paralitique au bord de la piscine, qui n'attendoit que la main secourable de celuy qui l'y jetteroit.

Vous eussiez dit qu'il n'aimoit que les personnes de ceste sorte, à la maniere du bon Pasteur evangelique, qui laisse les nonante-neuf brebis dans le bercail, pour aller chercher la centiesme qui est esgarée[1]. Et tout ainsi que le feu n'est jamais si chaud que quand le froid est vehement, à cause de l'antiperistase; son amour se redoubloit auprez d'un pecheur, dont il desiroit fondre la glace, et le resoudre à la penitence.

Si j'avois le loisir de vous déduire les sainctes industries et les sacrez destours dont il se servoit pour reconquerir ces ames à Dieu, vous connoistriez qu'il estoit un de ces bons veneurs que Dieu promet par un prophete, pour ramener à sa connoissance et à leur salut les ames les plus farouches et les plus sauvages[2], ou de ces sages enchanteurs qui enchantent les aspics[3].

Je luy ay ouy souvent louër ceste inclination qu'avoit

[1] Matth. xviii, 12. — [2] Jerem. xvi, 16. — [3] Psal. lvii, 5, 6.

saincte Terese à lire les vies des saincts qui avoient esté grands pecheurs, parce qu'elle y voyoit reluire la magnificence de la divine misericorde sur leur grande misere.

Mais quand un pecheur estoit une fois converti, il le regardoit non comme un tison retiré du feu, non comme un roseau feslé, ou comme un lumignon qui fume encore, mais comme un vaisseau sacré, remply de l'huile de la grace, comme ces arbres que les anciens tenoient pour sacrez, qui avoient esté frappez du feu du ciel. C'est merveille de la grande estime qu'il en faisoit, de l'honneur qu'il luy defferoit, des eloges qu'il luy donnoit.

On dit que les chevaux qui ont esté retirez de la gueule du loup, sont plus ombrageux, mais aussi plus fougueux et plus genereux que les autres. Il estimoit qu'il en estoit de mesme des ames que Dieu avoit delivrées de la gorge du lyon rugissant; elles en estoient plus vigilantes, plus courageuses à resister aux tentations, et plus advisées à se garder des recheutes.

Un jour une personne, dont je tai la condition, s'estant presentée à luy au tribunal de la penitence, et luy ayant desployé une vie fort indigne de son rang; estant sur la fin : « Hé bien, luy dit-elle, mon Pere, en quelle estime m'aurez-vous desormais? — D'une saincte, luy dit-il. — Ce sera donc, reprit-elle, contre vostre science et vostre conscience. — Ce sera, reprit-il, selon et non contre l'une et l'autre. — Comment cela? repartit ceste personne. — Je ne suis point, respondit le Bien-heureux, si ignorant de ce qui se passe dans le monde, que je ne sceusse un peu de vos nouvelles par les bruits qui y courent. Il n'est point de feu sans fumée, ni de fumée sans noirceur ; et cela certes, pour ne vous en mentir point, me donnoit beaucoup de desplaisir, tant pour l'offense de Dieu, que pour vostre reputation, laquelle je ne sçavois comme parer. Mais maintenant que je voi vostre ame reconciliée à Dieu par une bonne penitence, j'ay en main dequoy vous deffendre, et devant les demons et devant les hommes, et dequoy nier fortement et puissamment toutes les mesdisances et detractions que l'on pourroit faire de vous.

— Mais, mon Pere, dit l'autre, elles sont veritables pour le passé. — Nullement, dit le Sainct, envers les bonnes ames. Quant aux murmures des Phariziens, qui vous jugeront comme le Pharizien fit la Magdaleine convertie, vous aurez Jesus-Christ pour defenseur, et le veritable tesmoignage de vostre conscience pour bouclier.

— Mais vous mesme, dit ceste personne, que penserez vous du passé? — Rien, dit le Sainct : car, outre que ceste pensee et ceste souvenance me sont interdites, comme voulez vous que ma cogitation s'arreste sur ce qui est aboli, effacé, aneanti, et en un mot qui n'est plus devant Dieu? comme faudroit-il faire pour penser à rien, sinon ne penser point du tout? Ostez de vostre esprit ceste pensée de ma pensée : ma pensée pour vous et sur vous louëra Dieu, et les restes de ma pensée luy feront un jour de feste[1]; ouï, car je la veux celebrer ceste chere feste, avec les Anges qui la font là haut au ciel sur la conversion de vostre cœur. »

Cette personne a recité ceci depuis à une ame sa confidente, et qui n'ignoroit pas sa vie passee, et adjousta que ce Bien-heureux ayant le visage tout baigné de larmes, comme ceste personne luy dit qu'il pleuroit sur l'horreur de ses fautes : « Non, luy dit-il, c'est de joye de vostre resurrection à la vie de la grace. »

SECTION XXIX.

De la deffiance de soy-mesme, et de la confiance en Dieu.

Le Combat spirituel, qui estoit le cher livre et le *Vade mecum* de nostre bien-heureux Pere, met pour fondement de la milice interieure et chrestienne, la deffiance de soy-mesme

---

[1] Psal. lxxv, 11.

et la confiance en Dieu. Sur ce sujet, je luy demandois un jour ce qu'il falloit faire pour arriver à une parfaitte deffiance de soy-mesme. Il me respondit : « Se confier parfaittement en Dieu. » Je repris que je n'ignorois pas que les contraires se guerissoient par leurs contraires : mais que je voulois sçavoir comme il falloit arriver à ceste parfaitte deffiance de nous-mesme, et confiance en Dieu.

Il me dit que ces deux choses estoient comme les deux bassinets d'une balance : « L'elevation de l'un est l'abaissement de l'autre. Plus nous avons de deffiance de nous-mesme, plus nous avons de confiance en Dieu ; et moins de deffiance de nous-mesme, moins de confiance en Dieu : si peu de confiance en Dieu, peu de deffiance de nous-mesme ; si point du tout de confiance en nous, alors nous l'avons entierement en Dieu.

» Il en est ici, adjoustoit-il, comme des deux sceaux d'un puits attachez à mesme corde : l'un ne se peut hausser, que l'autre ne se baisse ; ni l'un s'emplir, que l'autre ne se vuide. Se deffier beaucoup de soi, c'est se confier beaucoup en Dieu : se confier beaucoup en soi, c'est se deffier beaucoup de Dieu. Ceux qui abondent en prudence humaine s'appuyent fort peu sur la providence divine.

» Mais ne puis-je pas, repliquai-je, me deffier entierement de moy, par une claire connoissance de ma misere et de mon impuissance, sans pour cela jetter ma confiance en Dieu ? — Non pas, me dit-il, si vous estes fondé et enraciné en la charité, si vous agissez par ceste vertu : autrement ce ne seroit pas une deffiance de vous-mesme, chrestienne et surnaturelle ; ceste deffiance d'autre taille, ne produiroit en vous que chagrin, descouragement et lascheté. Mais la vraye deffiance de soy, chrestienne et procedante de charité, c'est une deffiance gaye, courageuse, genereuse, qui nous fait dire : Non moy, mais la grace de Dieu qui est en moy. Sans elle je ne puis rien, non pas seulement avoir la moindre bonne pensée ; avec elle je puis toutes choses, sçachant que ce qui est impossible à l'homme est tres-facile à Dieu, qui peut tout ce qu'il veut au ciel et en la terre. A raison dequoy Nostre Seigneur disoit à ses Apostres : *Ayez confiance, car j'ay vaincu le monde*[1]. *Ceux qui se confient au Seigneur*, chante le Psalmiste, *seront comme la montagne de Syon, qui ne s'esbranle pour aucun orage*[2]. »

SECTION XXX.

De l'egalité du sainct amour.

L'une des plus belles sentences, et de la plus haute perfection que j'aye jamais apprise de nostre bien-heureux Pere, mes tres-cheres Sœurs en Jesus-Christ Nostre Seigneur, est celle-cy. Elle parle de l'egalité de nostre amour envers Dieu, qui ne se rencontre que dans la plus pure indifference, et dit ainsi : « C'est le vray signe que nous n'aimons que Dieu en toutes choses, quand nous l'aimons egalement en toutes choses ; puis qu'estant tousjours égal à soy-mesme, l'inegalité de nostre amour envers luy ne peut avoir origine que de la consideration de quelque chose qui n'est pas luy. »

J'aurois à souhaitter que ceste sentence fust escrite en tous les endroits les plus remarquables de ce monastere, que vous la missiez en toutes vos Heures d'Office, et à l'entrée de tous les livres spirituels que l'on vous donne pour vostre lecture journaliere ; afin que l'ayant tousjours devant les yeux, vous taschassiez de la pratiquer en toutes vos actions.

Voila, mes Sœurs, la vraye pierre de touche, pour connoistre si nostre charité et nostre devotion sont de faux ou de franc alloi. O si nostre arche estoit arrivée à ce poinct, nous pourrions dire qu'elle seroit comme celle de Noé apres le deluge, posée sur le faiste des plus hautes montagnes de l'Armenie, et que nous aurions nos fondemens sur les plus sainctes montagnes de la pieté.

[1] Joan. xvi, 33. — [2] Psal. cxxiv, 1.

Toutes choses nous seroient indifferentes; vie, mort; santé, maladie; pauvreté, richesses : bref, toutes les inegalitez des evenemens de ceste vie, ne pourroient agiter nostre barque que nous n'en tinssions le timon ferme et droict. Oüi, parce que nous verrions toutes ces choses en la main de Dieu, également aimable quand elle chastie que quand elle caresse, car sa justice n'est pas moins que sa misericorde fille de sa bonté. Nous connoistrions que sa main chastiante est comme celle du chirurgien, qui ne blesse que pour guerir, et qu'à la fin ses foudres se terminent, comme chante le Prophete roy, en pluyes[1], et pluyes volontaires que Dieu reserve pour l'heritage de ses esleus, desquels il est dit : *Bien-heureux ceux qui pleurent, car ils seront consolez*[2].

C'est en ceste ferme et inesbranlable assiette d'esprit que le grand Apostre bravoit toutes les creatures, et leur envoyoit le cartel qui les deffioit de le faire demordre de la charité de Dieu. *Qui nous separera*, disoit-il, *de l'amour de Jesus-Christ? sera-ce la tribulation, l'angoisse, la faim, la nudité, le peril, la persecution, le glaive? Comment cela, puisque nous surmontons en toutes ces choses par celuy qui nous a aimez? Certes je suis asseuré que ny la mort, ny la vie, ny les anges, ny les principautez, ny les vertus, ny le present, ny l'advenir, ny la force, ny la hautesse, ny la profondité, ny creature quelconque ne nous separera de la charité de Dieu qui est en Jesus-Christ Nostre Seigneur*[3].

SECTION XXXI.

D'une heureuse mort.

Il y eut une dame de condition, dont la jeunesse, la beauté, et l'humeur vaine et libre, avoient esté l'escueil où beaucoup d'esprits inconsiderez avoient fait naufrage de leur

---

[1] Psal. cxxxiv, 7. — [2] Matth. v, 5. — [3] Rom. viii, 35-39.

liberté, bruslans leurs aisles, comme des papillons, au feu de ce flambeau tout rayonnant d'esclat et de lumiere, et dont ils trouvoient le flamber si beau.

Sa complaisance à se voir ainsi adoree, cajollee, muguetee, servie, donna sujet à beaucoup de jugemens, possible faux, possible vray-semblables, de sorte que l'on n'eust pas peu dire d'elle ce qui est escrit de cette belle et vaillante vefve liberatrice de Bethulie, qu'*aucun n'en avoit dit une mauvaise parole*[1].

En fin la maladie, fourriere de la mort, qui comme une cantharide s'attache volontiers aux plus belles fleurs, attaqua ce beau corps, le sujet de beaucoup d'idolatries, et que l'on pouvoit appeler le berceau de plusieurs desirs, mais le tombeau de beaucoup d'esperances.

Quelques mois auparavant qu'elle s'abbatit soubs l'effort de ceste ardante fiévre qui la versa au cercueil, apres avoir fleschy et ravagé toutes les graces exterieures qui la rendoient si recommandable, elle avoit esté exhortee par de bonnes et devotes ames de dire adieu aux vanitez du siecle, et de s'addonner à la pieté.

La venuë de nostre bien-heureux Pere en la ville où elle demeuroit, et qui servoit de theatre où elle estoit en spectacle d'admiration au monde et aux hommes, mais de pitié aux Anges, fut jugée une occasion fort propre pour la porter à ce dessein. Elle oüit quelques unes de ses predications qui l'émeurent : on la fit parler à luy, et sa conversation toute de miel, non pas sauvage mais celeste, la charma; bref, le sainct Esprit, parlant par un si digne organe, luy toucha le cœur, ou plustost luy en crea un nouveau, et forma en elle un esprit de droicture.

Elle fit sa confession generale, et sans passer d'une extremité en une autre, il luy conseilla de decoudre doucement, sans les deschirer, ses anciennes habitudes, et d'oster peu à

[1] Judith VIII, 8.

peu aux langues mesdisantes le sujet de sindiquer ses actions, par aventure plus legeres et inconsiderees que malicieuses.

Comme elle alloit ainsi suavement s'acheminant à un meilleur train de vie : le diable, le monde, la chair, aboyans et rodans autour d'elle, pour tascher de la faire tomber dans leurs toiles et la devorer ; Dieu dont les yeux sont sur les justes, et mesme sur les injustes, mais comme une verge qui veille sur des marmites boüillantes, la frappa de sa houssine, de sa baguette de desolation, un signe de direction à son royaume, la tribulation saincte. *J'ay rencontré*, dit David, *l'angoisse et la douleur, et voilà que j'ay invoqué le nom et le secours de Dieu*[1]. Le mal qui la saisit comme un aquilon impitoyable, desola et gela en un instant tant de fleurs dont la nature avoit peint son visage ; si que l'on pouvoit dire : Est-ce là cette belle Noemy, ceste ville de parfaite beauté, la joye et la gloire de toute la terre ? L'histoire dit, que chacun la trouvant si changée qu'elle n'estoit plus cognoissable, elle eut la curiosité si naturelle à son sexe de demander son miroir pour voir dans la verité de sa glace la vanité de sa grace, et la ruyne de ce qu'elle avoit auparavant prisé à l'esgal de sa vie.

Ce changement la frappa d'un effort si puissant, qu'elle protesta que jamais le monde ne luy seroit rien, et, comme dit le prophete (je ne sçay si du mesme esprit), que la mort luy estoit plus desirable que la vie[2]. Aussi-tost ses parens et ses amis escrivirent au Bien-heureux, qui s'estoit retiré en sa residence, le mot de Marthe à nostre Seigneur : Nostre fille et nostre amie est malade à mort[3]. C'estoit assez dire pour recommander ses besoins au sainct Prelat. *Non enim amas et deseris*, dit sainct Augustin sur cette parole de saincte Marthe[4].

Il fut sensiblement touché de cet accident (car il estoit d'un cœur fort tendre, et sujet à la compassion, comme il le

---

[1] Psal. cxiv, 3, 4. — [2] Tob. iii, 6. — [3] Joan. xi, 3. — [4] Tract. 49 in Joan. n. 5.

tesmoigne assez evidemment en plusieurs endroicts de ses Epistres), qui le mit en une grande perplexité : car, comme j'ay appris non pas de luy, mais de personne sans reproche, il ne sçavoit s'il devoit souhaitter la santé, ou un heureux passage à ceste creature, qui estoit un bel escueil à la verité, tout blanc de nature, et possible d'innocence, mais tout noircy des desbris de plusieurs cœurs.

En fin il se mit dans l'indifference, et ne peut faire autre priere pour elle que Dieu en fist sa volonté, afin qu'elle fust à luy soit en la vie soit en la mort. Dieu, qui fait la volonté de ceux qui l'aiment et qui ne veulent que la sienne, l'exauça, et exauça mesme les desirs de ceste bonne creature, qui mourut dans un point de resignation et d'indifference qui n'estonna pas moins qu'elle edifia tous les assistans. Mesme elle panchoit plustost du costé de la mort que de la vie, demandant à Dieu qu'il l'attirast à soy en l'estat où elle se voyoit, s'il jugeoit que luy rendant sa santé elle deust s'en servir pour l'offenser, ou pour estre le sujet des mauvaises langues.

Quand la nouvelle de ceste belle mort fut arrivée à la cognoissance du Bien-heureux, il s'escria, *Lætatus sum in his quæ dicta sunt mihi*[1] : et encore, *Misericordias Domini in æternum cantabo*[2] : et adjousta, *Cantabimus in viis Domini, quoniam magna est gloria Domini*[3].

« O, dit-il, quelle misericorde de Dieu sur ceste ame! ô que la divine bonté soit à jamais benite! Helas, elle estoit perduë, si nous ne l'eussions ainsi perduë! Heureuse ame d'avoir si bien cogneu le temps de la visitation! »

J'ay appris de quelques bonnes ames et fort dignes de foy, que le Bien-heureux avoit demandé à Dieu de trois choses l'une, pour ceste personne : ou que ceste maladie ruinast sa beauté, ou qu'elle en restast tousjours infirme, comme saincte Petronille, dont sainct Pierre ne voulust ja-

[1] Psal. CXXI, 1. — [2] Psal. LXXXVIII, 2. — [3] Psal. CXXXVII, 5.

mais demander la guerison à Dieu, ou que Dieu l'appellast en une saison si opportune.

Que les pensees des grands serviteurs de Dieu sont differentes de celles des ames de plus bas estage! *Redime me, Domine, et miserere mei, secundum judicium diligentium nomen tuum*[1]. C'est à dire, mes Sœurs : O Seigneur, rachetez-moy et ayez pitié de moy, non selon la volonté de la chair et de l'homme, non selon mon sens et mes desirs, mais selon le jugement de ceux qui ayment vostre nom, et qui ne respirent que vostre gloire.

SECTION XXXII.

Estime de simplicité.

C'est merveille de l'estat que nostre bien-heureux Pere faisoit de cette vertu. Vous sçavez, mes Sœurs, comme il l'a premise et dans ses Epistres et dans ses Entretiens spirituels, et par tout. Quand il en rencontroit quelque exemple, il le mettoit à la teste de son livre, et en faisoit feste à tout le monde. En voicy un qu'il me raconta une fois avec un sentiment nompareil.

Apres avoir presché à Grenoble l'Advent et le Caresme, avant que se retirer en sa residence, il eut desir de visiter la grande Chartreuse, qui n'estoit esloignée que de trois lieuës de cette ville-là, dans le plus affreux desert, et neantmoins le plus devot que l'on se puisse figurer. Sainct Bernard l'appelloit, *locum horroris et solitudinis vastæ*. La premiere fois que j'y fus, quand on m'en demanda mon sentiment, je dy que c'estoit une cachette horriblement belle, et terriblement agreable. Et, à dire le vray, c'est une prison si saincte et si venerable, qu'y servir à Dieu en saincteté et en justice, comme font ses sacrez habitans, c'est une tres-desirable liberté.

[1] Psal. cxviii, 132.

Lors que le bien-heureux François y alla, estoit lors prieur et general de tout l'Ordre Dom Bruno d'Affringues, natif de Sainct-Omer en Flandres, personnage de profonde doctrine, et d'encor plus profonde humilité et simplicité, et qui n'ayant rien de cette science qui enfle, avoit beaucoup de la charité qui edifie. Je l'ay cogneu, et n'ay jamais reconneu en luy que douceur, candeur, benignité, jointes à un sçavoir merveilleusement exquis, et qui avoit quelque chose d'infus du ciel, et qui passoit la portée humaine. Il a gouverné ce sainct asyle un fort long-temps avec tant de prudence colombine, que sa memoire y durera en grande benediction.

Il receut nostre Bien-heureux avec un accueil digne de sa pieté, candeur, et sincerité, donc vous allez entendre un trait que François eslevoit jusques aux estoiles. Apres l'avoir conduit à une des chambres des hostes, convenables à sa qualité, et s'estre entretenu avec le sainct Evesque de propos tous celestes, il se rencontra qu'il estoit quelque feste de l'Ordre : ce qui obligea ce bon homme à prendre congé de nostre François, en luy monstrant qu'il luy eust bien volontiers tenu compagnie jusques à l'heure de son repas, et mesme jusques à celle de son repos; mais qu'il estimoit que sa pieté auroit agreable qu'il preferast l'obeïssance au sacrifice de la civilité, et qu'il se retirast en sa cellule à l'heure ordonnee pour pourvoir la nuict à leurs Matines.

Le bien-heureux François approuva beaucoup ceste exacte observance; le bon homme s'excusant encore de la feste d'un sainct fort recommandé en son Ordre. Le congé pris avec tous les complimens de respect et d'honneur qui se peuvent desirer, comme il se retiroit en sa cellule, il fut rencontré par un des conventuels officiers de la maison, qu'ils appellent courriers et ailleurs procureurs, qui luy demanda où il alloit, et où il avoit laissé monseigneur de Geneve. « Je l'ay, dit-il, laissé en sa chambre, et ay pris congé de luy, pour me ranger en nostre cellule, et aller ceste nuict à Matines à cause de la feste de demain. — Vrayement, luy dit cét officier, Pere reverend, vous vous entendez fort aux ceremonies du monde! Et quoy, ce n'est qu'une feste de l'Ordre? avons-nous tous les jours en ce desert des prelats de ceste taille? ne sçavez-vous pas que Dieu se plaist aux hosties de l'hospitalité et de la beneficence? Vous aurez tousjours assez de loisir de chanter les louanges de Dieu; Matines ne vous manqueront pas d'autres fois : et qui peut mieux entretenir un tel prelat que vous? quelle vergogne pour la maison que vous l'abandonniez ainsi seul!

— Mon enfant, dit le reverend Pere, je croy certes que vous avez raison, et que j'ay mal faict. » De ce pas il retourna vers monsieur de Geneve, et en le rencontrant dans sa chambre, luy dit tout froidement : « Monseigneur, j'ay en m'en allant rencontré un de nos officiers qui m'a dit que j'avois fait une impertinence de vous avoir laissé seul, et que je ne manqueray pas de recouvrer Matines un autre fois, mais que nous n'aurons pas tous les jours un monseigneur de Geneve. Je l'ay crû et m'en suis revenu tout droit vous demander pardon, et vous prier d'excuser ma sottise; car je vous asseure que *ignorans feci*, et que je ne ment point. »

Le bien-heureux François fut esbloüy de ceste notable rondeur, candeur, ingenuité, simplicité, et me dit qu'il en fut plus ravy que s'il luy eust veu faire un miracle. O combien est veritable ceste parole de Jesus-Christ, que l'on ne peut entrer au ciel sans la simplicité enfantine[1].

SECTION XXXIII.

Autre remarque sur la ponctualité.

A propos de ce mesme personnage, nostre bien-heureux Pere le louoit extremement de sa ponctualité. Or, mes Sœurs, si vous me demandez ce que c'est que ponctualité, je vous diray que c'est le point du milieu, et cette mediocrité que

---

[1] Matth. xviii, 3.

cét ancien appelle dorée, en laquelle consiste le vray centre de la vertu.

> Medium tenuere beati.
> Inter utrumque vola, medio tutissimus ibis [1].

Il y en a qui ne veulent cheminer que par les cimes des montagnes, et qui donnent tousjours dans les extremitez. Ceux-là, comme parloit Job, passent des eaux de neige en des excez de chaleur [2]; s'imaginant qu'il faut estre ou tout chaud, ou tout froid; appelant tiedeur un temperament judicieux, qui est neantmoins le vray point de la vertu, et d'une vertu de durée.

Ce reverend general estoit tellement exact à la moindre observance claustrale et monastique, qu'il n'eust pas cedé au moindre novice en ceste ponctuelle attention : mais aussi n'eust il pas voulu passer les regles d'une ligne par une ferveur immoderée ou indiscrete, sçachant quel prejudice son exemple apporteroit à ses inferieurs, s'il ne se tenoit en ceste juste assiette, se rendant tout à tous pour les gaigner et les conserver à Jesus-Christ.

En quoy il observoit, et selon la lettre, et plus encor selon l'esprit, ceste belle leçon que le prince des Apostres fait aux pasteurs : *Paissez le trouppeau qui vous est commis, non par contrainte, mais franchement et selon Dieu; non pour vostre advantage, non comme seigneuriant, mais comme estans de bon cœur le modele de vos oüailles* [3].

Il n'eust pas voulu faire la moindre austerité, plus que celles qui estoient portees par les constitutions de l'Ordre. Quoy qu'il fust fort rigide à soy-mesme, c'estoit merveille combien il estoit indulgent à ses sujets : il avoit pour soy un cœur de juge, et de mere pour eux, les traittant comme ses enfans tres-chers et ses freres tres-aimez, avec une man-

---

[1] Ovid. Metam. viii, 206 et ii, 137. — [2] Job xxiv, 19. — [3] I Petr. v, 2, 3.

suetude vraiement colombine, qui paroissoit en toutes ses actions, et reluisoit particulierement en ses yeux et en son visage.

Nostre Bien-heureux faisant comparaison de luy avec son predecesseur en la charge de general, qui estoit un homme si addonné à l'austerité et qui faisoit des mortifications si excessives, qu'il sembloit ou n'avoir point de corps, ou en avoir un de fer : « Il ressembloit, disoit-il, à ces mauvais medecins qui font les cemetieres bossus : car le desir de l'imiter et de le suivre en ces exercices si aspres en versoit quantité dans la fosse, qui par un zele sans science vouloient aller par dessus leurs forces. Au lieu que cestuy-cy par sa douceur et moderation conservoit la paix et l'humilité dans les esprits, et la santé dans les corps, leur faisant conserver leur force pour Dieu, c'est à dire, pour servir plus long-temps avec vigueur aux exercices de la divine gloire. Imitant en cela le bon patriarche Jacob, qui en son retour de Mesopotamie pouvant gaigner plus promptement la maison paternelle, avec son frere Esau qui luy estoit venu à la rencontre, et qui offroit des chevaux, aima mieux accommoder ses pas à ceux de ses petits enfans, et mesme à ceux de ses agneaux, que de mettre, en s'avançant, son mesnage et son train dans quelque desordre. »

Cet exemple, mes Sœurs, que nostre bien-heureux Pere estimoit tant, me fait souvenir d'un autre sur le mesme subjet qu'il ne prisoit pas moins, et que j'ay appris depuis qu'il m'eust ouvert les yeux dessus, par des tesmoins oculaires et irreprochables. « Avez-vous leu, me disoit-il, la vie du bien-heureux Louis de Gonzague de la société des Jesuites? Je ne sçay si vous aurez remarqué que ce qui rendit ce jeune prince si sainct, et qui en peu de jours qu'il vesquit dans ceste saincte compagnie, accomplit beaucoup de temps, et fit un grand progres dans le territoire de la perfection; ce fut une extreme ponctualité, et une justesse si exacte dans l'observance de ses constitutions, qu'il n'eust pas voulu ny avancer ny reculer d'un pas, ne commandees et deffendues*; car la loy de Dieu nous en informe plainement : la difficulté est de discerner aux choses indifferentes, c'est à dire qui ne sont ny commandees ny deffenduës.

» Il y en a qui s'imaginent que cela ne se peut practiquer exactement ny parfaitement dans le siecle, mais seulement dans ceste condition votive que l'on appelle hors du siecle. Or comme on ne nie pas que dans ceste vocation icy, qui est fort pieuse et venerable, on ne puisse, avec beaucoup de perfection et de ponctualité, trouver la volonté de Dieu aux choses indifferentes par le moyen de l'obeïssance et l'organe des superieurs; aussi ne doit on pas nier, que cela mesme ne se puisse rencontrer au siecle avec plus de felicité et de facilité que plusieurs ne pensent. »

Il faut, mes Sœurs, que je vous descouvre mon sentiment à ce propos, que j'ay fait autresfois aggreer à nostre bienheureux Pere, si auparavant je vous dy ceste joyeuseté. Quelqu'un s'estant vanté en une table de faire tenir sur son assiette un œuf droict sur la pointe, et sans aucun appuy; chacun estant estonné de ceste proposition, il ne fit que le chocquer un peu par le bout, et sur ceste casseure il se planta facilement. Tous dirent que la finesse n'estoit pas grande. « Non, respondit-il, mais pourtant vous l'ignoriez. »

Ce que j'ay dit n'est pas une grande subtilité; neantmoins elle eschape à la cognoissance de beaucoup de gens, qui font fort les entendus aux choses interieures et spirituelles. Celuy qui vit sous le joug de l'obeïssance n'a qu'à consulter l'oracle de son superieur s'il fera cecy ou cela, Dieu le resoudra aussi tost par cét organe, et la permission ou deffense luy servira de loy et d'interprete de la volonté de Dieu.

Mais celuy qui est en la main de son conseil et en la conduitte de soy-mesme, comme fera-t'il? La volonté de Dieu,

---

* Ce passage présente une lacune ou altération qui demande peut-être qu'après ces mots, *ny reculer d'un pas*, on ajoute ceux-ci, *par principe de volonté propre, es choses*, ou quelque chose de semblable.

en ces choses indifferentes et qui ne sont point determinees par la loy, se trouvera dans son choix : car pourquoy Dieu ne les luy a t'il ny commandees ny deffendues, sinon afin qu'il choisisse? A condition toutefois qu'il ne choisira pas par principe de sa volonté propre, ny seulement parce qu'il luy plaist ainsi de choisir, mais parce que telle est la volonté de Dieu qu'il choisisse.

Mais que choisiray-je? Ce que je voudray, et si je choisis ce que je voudray, je ne choisiray pas ce que Dieu voudra. Si feray, pource que c'est la volonté de Dieu que je choisisse, et que je choisisse par ma volonté, et par consequent ce que je voudray.

Je choisiray donc tousjours, dira quelqu'un, ce qui me sera le plus agreable. Ce mot de tousjours plus agreable decide l'affaire, et monstre assez clairement que me voyla presque desorienté et que je ne regarde que bien peu la belle estoille de la divine volonté. Neantmoins pour n'effaroucher point tout à fait un tel esprit, je monstre qu'il y a encor icy une resource, c'est que Dieu veut bien que nous choisissions en semblables choses ce qui nous sera le plus agreable, non parce qu'il nous est le plus agreable, mais parce que Dieu veut bien et nous permet de porter nostre election à ce qui nous sera le plus agreable ; et ainsi nous ferons sa volonté, qui sera comme le premier mobile de la nostre.

Oüy, car si quelqu'un nous donnoit le choix de deux presens l'un plus precieux que l'autre, et nous commandoit de prendre celuy que nous voudrions ; quoy que nous prissions ou celuy qui nous seroit le plus utile, ou celuy qui nous seroit le plus delectable, qui ne void que nous ferions tousjours sa volonté, de quelque part que panchast nostre election, puisqu'au fonds son vouloir est que nous ayons nostre choix libre?

SECTION XXXIV.

Difficulté sur le subjet precedent.

D'où vient donc, demande une de nos Sœurs, que certains livres spirituels nous enseignent, que quand nous sommes en liberté de choisir, nous devons tousjours faire election des choses les plus desagreables à nostre plaisir et les plus mortifiantes, à l'imitation des saincts qui ont tousjours pris la croix et les choses crucifiantes pour leur partage, et porté en leurs corps la mortification de Jesus-Christ; tesmoin celuy qui ne se glorifioit qu'en la croix, et en ses infirmitez, afin que la chere vertu de Jesus-Christ, qui est la patience, habitast en luy, et que par elle il possedast son ame en paix?

Je responds que ceux-là mesme qui font ceste regle, et qui la fondent sur ces textes, *Mortifiez vos membres qui sont sur la terre*[1]; et, *N'allez point apres les desirs de vos cœurs, et apres vos convoitises*[2], prennent assez mal leurs mesures, veu que ces passages ne parlent pas des choses indifferentes, mais des mauvaises desquelles il se faut mortifier, et ne se laisser pas emporter à leurs cœurs.

Secondement, je dy que ceux-là mesmes qui establissent cette regle, la renversent aussi tost par leurs exceptions : pareils à ces enfans qui abattent à coups de pierre ces petits chasteaux de tuille qu'ils ont bastis avec empressement : parce qu'ils exceptent les cas de bien-seance, honnesteté, civilité, bonne conversation, necessité, santé, charité, obeïssance, et semblables.

Par exemple, il m'est libre d'aller me promener et prendre l'air dans un jardin, ou de me tenir enfermé dans ma chambre; cela ne m'est ny commandé ny deffendu, et je n'ay aucun superieur dont je puisse consulter la volonté là dessus, pour apprendre de sa bouche celle de Dieu. A quoy me re-

---

[1] Coloss. III, 5. — [2] Eccli. XVIII, 30.

soudray-je? Si je me veux mortifier et priver de cét innocent plaisir, je demeureray dans ma chambre : mais si une honneste compagnie ou conversation civile m'engage à ce promenoir, si le besoin de ma santé m'y convie, si le desir de conserver mes forces pour Dieu par cette recreation de la nature, si l'estude ou le travail requierent ce juste et honneste divertissement, je le pourray choisir. Voilà leur sentiment, et que dans cette veuë je choisiray selon la volonté de Dieu, bien que j'elise le plus agreable.

Maintenant je demande s'il y a quelque esprit si stupide, lequel en de semblables actions, n'ait pas tousjours quelqu'une de ces fins, veu que tout agent raisonnable agit pour quelque fin. A quel propos donc faire une regle si generale pour la defaire à mesme temps, veu mesme que si je ne rapporte à Dieu toutes ces fins qui sont exceptees, je ne feray point l'action qui en sortira pour la volonté de Dieu?

Mais si je choisis quoy que ce soit d'agreable ou desagreable, par ce motif, que Dieu veut que je choisisse, et mesme que je choisisse si je veux ce qui m'agreera davantage ; qui ne voit que je choisis tousjours selon sa volonté, puisque je ne m'en escarte nullement, pour courir apres mes inventions par mon jugement et ma volonté propre?

Il me semble donc que la difference de nostre procedé à faire la volonté de Dieu, tant aux choses commandees et deffenduës qu'aux indifferentes, se doit rapporter à cette consideration, qu'en celles-là nostre intention suit ou accompagne nostre action, mais en celles-cy elle doit preceder.

Par exemple, si on me demande en un precepte affirmatif pourquoy j'honore pere et mere ; je respondray : Parce que Dieu le commande, et que par ce precepte je connois sa volonté. Si en un negatif, pourquoy je ne desrobe pas; je respondray : Parce que Dieu le deffend. Mais en une action indifferente, avant que faire mon choix, je n'ay qu'à penser que je choisis ainsi, non parce que je veux choisir ainsi, mais parce que Dieu veut que je choisisse, et me permet de choisir ainsi. De cette sorte nous ferons tousjours la volonté de Dieu aux choses les plus indifferentes.

C'est assez que je vous die, mes Sœurs, que cette doctrine a eu pour pierre de touche le jugement de nostre bienheureux Pere, pour vous asseurer que cette monnoye est de franc alloy.

SECTION XXXV.

Des superieurs.

Il rangeoit les superieurs en quatre classes. « Premierement, disoit-il, il y en a quelques-uns fort indulgens à autruy, et aussi fort indulgens à eux-mesmes. Secondement, d'autres qui sont severes à autruy, et severes aussi à eux-mesmes. Troisiemement, quelques-uns qui sont indulgens à leurs sujets, et rigides à eux-mesmes. Quatriemement, aucuns indulgens à eux-mesmes, et rigoureux à autruy. »

Il appelloit les premiers negligens et libertins, et qui avoient peu de soin de leurs charges, laissans rouler la riviere sous le pont, et abandonnans le navire à la mercy des vagues. C'est de cette dispersion des pierres du sanctuaire à la teste de toutes les places, que se plaint le lugubre prophete [1]; et de la perte des oüailles égarees à cause de la negligeance des pasteurs. *O pasteur! ô idole! qui abandonnes ton troupeau*, dit un prophete [2]. Pourquoy, à vostre avis, l'appelle-t'il idole? Parce que l'idole a des yeux et ne voit point, des oreilles et n'entend point, des pieds et ne marche point, une langue et une bouche et ne parle point : tel est le pasteur qui ne fait pas les fonctions de sa charge. Ce sont des ces chiens muets qu'un apostre blasme, qui ne sçavent pas japper apres les vices et les erreurs [3].

[1] Thren. IV, 1. — [2] Zach. XI, 17. — [3] Isaï. LVI, 10.

Les seconds gastent souvent tout pour vouloir trop bien faire, et tombent dans l'extremité qui a fait naistre cette maxime, qu'un droict suprême est une suprême injustice. « Qui veut regner, regne de main languide, » dit cet ancien poëte tragique [1]. Il ne faut pas tousjours tenir la bride si haute à un cheval ; pour l'empescher de broncher, on l'empesche de marcher. Il est vray que le pasteur doit estre en ses mœurs la regle et le modele de son troupeau ; mais aussi la bonne pratique de douceur doit commencer par luymesme : à qui sera doux, celuy qui est cruel à soy?

Les troisiesmes sont les plus excusables, parce qu'ils interpretent benignement les fautes ou les infirmitez d'autruy, qui leur sont moins connuës que les leurs ; à raison dequoy ils se traittent avec plus de rigueur, et les autres d'une main plus favorable. Aussi voyez-vous qu'ils ont communément l'applaudissement des peuples, qui sont bien aises d'estre traitez humainement, et de voir que leurs superieurs observent eux-mesmes les loix dont ils les dispensent ; semblables à ces maris, qui sont bien plus soigneux de la pudicité de leurs femmes que de la leur propre : et les peuples aussi ont plus de soin des bonnes mœurs de leurs pasteurs, que d'estre eux-mesmes dans la prattique d'une bonne vie.

Ceux de la quatriesme classe sont vrayement injustes, et pareils à ces Pharisiens, qui imposoient des fardeaux sur les autres hommes, qu'ils n'eussent pas voulu toucher du bout du doigt. Aussi Nostre-Seigneur leur fait-il ce reproche : « Medecins, guerissez-vous, et ostez la poûtre de vos yeux avant que souffler la paille qui est dans ceux de vostre prochain [2]. »

Mais il eust desiré que de ces quatre classes ils fussent passez dans la cinquiesme, qui estoit celle de la saincte égalité ; suivant ce precepte de nature : Fay à autrui ce que tu

---

[1] Senec. Phœniss. 659. [2] Matth. vii, 5.

voudrois t'estre fait ; et traitte les autres comme tu voudrois estre traité, et en un mot comme tu te traittes toy-mesme. C'est à cela que vise le second precepte de la loy semblable au premier, et tres-grand, par lequel il nous est commandé d'aymer nostre prochain comme nous-mesme. Et de fait, si nous sommes à nous-mesme nostre premier prochain ; qui ne voit que nous sommes injustes quand nous exigeons de la vie de nos sujets ce que nous ne tesmoignons pas par la nostre? Si sainct Paul eust eu honte de dire des choses qu'il n'eust point pratiquees, quelle vergogne a un superieur de violer les loix soubs lesquelles il est obligé de vivre, et de les faire observer à ceux qui sont soubs sa charge? Commander ce que l'on ne fait pas, c'est, comme Urie, porter le pacquet de sa mort et de sa condamnation dans son sein.

SECTION XXXVI.

Espreuve de la vocation claustrale.

Puisque je suis en si beau train, il faut que je vous raconte une histoire fort agreable arrivée au mesme general, dom Bruno d'Affringues de bien-heureuse memoire, et de l'exemple de laquelle nostre bien-heureux Pere se servoit, mais selon son air, c'est à dire selon l'addresse de sa douceur et de sa suavité.

Les Allemands, principalement ceux du rivage du Rhin, ont une principale devotion à sainct Bruno qui estoit de leur nation, specialement ceux de Cologne d'où il estoit natif. Un jeune enfant de cette mesme ville fut touché du desir de se jetter en l'ordre des Chartreux : mais parce que ses parens estoient puissans dans la cité, ils empeschoient sa reception dans la Chartreuse de Cologne, et dans les autres circonvoisines.

Soit pour surmonter cet empeschement, soit pour aller prendre l'esprit de ce sainct Ordre en sa source, soit pour reduire en effet cette celeste parole dite à Abraham, *Sors de ton païs et de ta parenté, et va en la terre que je te monstreray* [1]; il s'enfuit de Babylone pour se sauver dans ces sainctes montagnes, où sainct Bruno et ses compagnons firent autrefois leur premiere retraitte.

Arrivé qu'il fut en cette Chartreuse, il se jetta aux pieds du reverend Pere, luy demandant la misericorde de la reception de l'habit de son Ordre, luy exposant sa naissance, son païs, sa condition, sa vocation. Le reverend Pere le voyant assez delicat, comme sont ordinairement les enfans de maison, luy remonstre l'austerité de l'Ordre, la rigueur du lieu où l'hyver semble avoir esleu son trosne et y regner d'un empire perpetuel. Le jeune adolescent luy dit qu'il avoit preveu toutes ces choses, mais que Dieu seroit sa force, qu'avec sa grace il traverseroit les murailles de tous obstacles, et surmonteroit toutes difficultez, et mesme que s'il cheminoit au milieu de l'ombre de la mort, il ne craindroit aucun mal, pourveu que Dieu fust avec luy.

Le general le voyant parler avec tant de resolution, voulut essayer si son courage correspondoit à ses paroles, et s'il ne parloit point en un cœur, et en un cœur. « Comment, luy dit-il d'un ton haut et aspre, que pensez-vous que c'est d'aspirer à nostre Ordre? vous imaginez-vous que ce soit un jeu d'enfans, et que ce soit viande de petits oyseaux et de jeunes escoliers? Sçavez-vous bien que pour entrer parmy nous, nous donnons par essay de faire quelque miracle? en ferez-vous bien un ?

« Non pas moy, reprit le jeune homme, mais la vertu de Dieu en moy. Je me confie tellement en sa bonté, que, m'ayant appelé à son service en cette vocation, et donné un puissant desgoust du siecle, il ne permettra point que je regarde en arriere, ny que je retourne au siecle malin auquel j'ay renoncé de toute mon affection. Demandez-moy quel

[1] Gen. xii, 1

signe vous voudrez, je suis certain que Dieu le fera par moy, en tesmoignage de cette verité. » Disant cela le sang luy monta au visage, il parut tout enflammé, et ses yeux brillans comme des estoiles.

Dom Bruno fut tout estonné de sa fermeté, et luy ouvrant les bras le receut dans son sein et au nombre de ses enfans, pleurans de tendresse sur son visage. Et se tournant vers ceux qui estoient auprés de luy : « Mes freres, leur dit-il, voilà une vocation qui est à toute espreuve; Dieu par sa clemence vueille envoyer souvent de tels ouvriers en la vigne de cette Chartreuse. » Et se retournant vers le jeune postulant : « Ayez confiance, mon fils, Dieu vous aidera et vous aymera, et vous l'aymerez et le servirez, ce qui vaut bien un miracle. »

Vous me demanderez, mes Sœurs, quel usage pouvoit nostre bien-heureux Pere tirer de cét exemple; oyez-le. Il s'en servoit lorsqu'il vouloit admettre quelque fille en vostre congregation : il ne luy parloit que de Calvaire, de clouds, d'espines, de croix, d'abnegations interieures, de renoncement de volonté, de crucifiement de propre jugement, de mourir entierement à soy-mesme pour ne vivre qu'à Dieu, en Dieu et pour Dieu, à ne vivre plus selon le sens et les inclinations naturelles, mais entierement selon l'esprit de la foy et de l'institut.

Et quand quelqu'une luy repartoit, que vostre Ordre n'estoit pas si rigoureux ny si severe qu'il le depeignoit, au contraire que l'on y menoit une vie fort douce, sans beaucoup d'austerité exterieure, veu que les infirmes de corps y estoient admises, que c'estoit la mesme saincteté : « Croyez moy, repartit-il, que si le corps y est conservé comme un vaisseau d'elite, que l'esprit y est tasté et essayé de toutes parts, et que s'il n'est à toute espreuve, il ne sera pas pierre propre pour l'edifice de cette congregation. » Et rapportoit à ce propos le mot que sainct Bernard disoit ordinairement, quand on luy disoit que les austeritez et macerations exterieures de son Ordre faisoient peur à beaucoup de jeunes gens, et en retardoient plusieurs de s'y enrooller. « Plusieurs, disoit-il, voyent nos croix, et ne voyent pas nos actions. Il en est de nos croix, comme de celles que l'on peint aux parois des eglises quand les evesques ont fait la consecration, lesquelles ils font des signes de croix avec l'huile sacrée; le peuple void la croix que le peintre a faite, mais non pas de ce que fait l'evesque avec l'onction saincte. Nos croix exterieures sont adoucies de tant de consolations interieures, qui ne paroissent pas aux yeux des hommes animaux, qui ne conçoivent point ce qui est de l'esprit de Dieu, que nous trouvons la paix en ceste amertume, qui semble tres amere aux amoureux d'eux-mesmes et de leurs sens. »

« Il n'en est pas ainsi de la congregation de la Visitation; elle est toute de roses et d'onctions au dehors, mais il y a force espines au dedans; c'est un lys parmi des halliers. Les croix y sont interieures, parce qu'il faut que les sœurs qui y sont enroollées recompensent par la mortification interieure, ce qui semble y manquer de l'exterieure, pour la raison que nous avons de la reception et du service des infirmes, à quoy les fortes sont dediées.

« C'est pourquoy celles qui ont dessein de s'y enrooller, doivent se resoudre à faire la guerre à outrance, à leur propre jugement, et plus encore à leur volonté et à leur amour propre, à reduire leur entendement en servitude sous l'obeissance, à mortifier toutes leurs passions et affections jusques au dernier; bref, à ne vivre plus du tout selon le vieil homme, et ses mauvaises habitudes et inclinations, mais entierement selon le nouveau, en saincteté et en justice; ce qui est une croix continuelle qu'il faut porter jusques à la mort, et y mourir soy-mesme avec le Fils de Dieu, en disant : *Je suis attaché avec Jesus-Christ en la croix. Non je ne vy plus à moy, c'est Jesus-Christ qui vit en moy*[1]. »

[1] Galat. II, 19, 20.

SECTION XXXVII.

De la beatitude celeste.

Il y a une celebre question dans l'escole de theologie, En quel acte consiste proprement la beatitude formelle, dont joüissent les bien-heureux en la celeste Jerusalem. Quelques docteurs de grande marque la mettent en l'acte de l'entendement appliqué à la premiere verité qui est Dieu; c'est à dire, en la veuë de la divine essence, selon ce que nous voyons Dieu et celuy qu'il nous a envoyé qui est Jesus-Christ. D'autres, qui sont aussi de grand nom, la mettent en l'acte de la volonté, et en l'amour de la divine bonté sur toutes choses, et en la parfaitte soumission de nostre vouloir à celuy de Dieu pour ceste charité qui ne peut jamais deffaillir. Mais le sentiment commun de tous les scolastiques modernes, est d'embrasser l'une et l'autre opinion, et les unir d'un lien indissoluble et inseparable, veu qu'il est impossible de voir Dieu sans l'aymer par une heureuse necessité exempte de toute contrainte.

Nostre bien-heureux Pere, mes Sœurs, exprimoit ce veritable jugement, par une maniere de parler si delicatte et si gentille que j'ay pensé que vous auriez bien agreable de la sçavoir, et que vous la conserveriez soigneusement dans les tablettes de vos memoires et de vos cœurs. Il disoit donc que ceste eternelle felicité des esleus consistoit en l'amour du souverain bien qui estoit veu, et en la veuë de la souveraine verité qui est aymée. Oüy, car il est impossible que nostre entendement, esclairé et fortifié par la lumiere de gloire, monstre le souverain bien à nostre volonté, qu'elle ne l'ayme souverainement et du souverain amour; or en cela consiste l'amour du souverain bien qui est veu : et la verité souveraine est si belle, qu'il est impossible que l'entendement ne soit ravy en la contemplant face à face, et sans entremise d'aucune espece.

Mais en quoy, me demande l'une des Sœurs, consiste la souveraine beatitude de cette vie? Gentille question, et digne de ce lieu, et de l'esprit qui l'a proposee. Pour respondre, je n'ay qu'à changer une lettre ou deux, et au lieu de *veu*, mettre *creu*; et dire qu'elle se trouve en la creance de la souveraine verité qui est aymee, et en l'amour de la souveraine bonté qui est creue. Car ce qu'est aux bienheureux là haut la lumiere surnaturelle de la gloire, c'est icy bas aux fideles la lumiere surnaturelle de la foy : et quant à la charité, elle ne perit point par la vie comme fait la foy, mais elle demeure au ciel, la mesme en nombre que nous avons possedee en terre.

Quand donc nous appliquons nostre entendement à la premiere verité, en le captivant soubs l'obeïssance de la foy, et nostre volonté à la souveraine bonté par la charité, aymant Dieu pour l'amour de luy mesme et toutes choses pour l'amour de Dieu; nous avons lors la perfection essentielle du Christianisme. Perfection en laquelle consiste la plus grande felicité surnaturelle que nous puissions posseder icy bas ; perfection qui se peut toutefois augmenter de jour en jour par l'exercice des bonnes œuvres faites en charité, et par le motif de la charité, selon ce que dit le texte sacré : *La route du juste est comme celle de l'aurore, qui s'avance et s'accroist jusques à la plenitude du jour*[1].

SECTION XXXVIII.

Des scrupules.

Vous serez estonnees, mes Sœurs, de ce sentiment de nostre bien-heureux Pere. Il avoit de coustume de dire que les scrupules avoient la racine dans le plus fin orgueil. Il l'appelloit fin, parce qu'il estoit si delié et si subtil, qu'il trompoit celuy là mesme qui en estoit entaché.

[1] Prov. IV, 18.

» Possible, direz-vous, que le scrupule provient de la crainte servile et d'esclave; ce qui tesmoigne plustost un esprit abbatu et abject, qu'un cœur haultain et qui chemine en choses grandes et merveilleuses au dessus de sa portée. » Mais ne sçavez-vous pas que la crainte servile est encore une des grandes branches, dont l'orgueil est la racine? Voylà une sœur qui demande comment cela se peut faire : et je luy respond, que la crainte servile, principalement si elle est avec servilité, procede de l'amour propre; et qui peut ignorer que ce propre amour ne soit la source de tout peché? ce que le texte sainct nous apprend, quand il nous assure que *la superbe est la racine de tous maux* [1].

Voicy comment cela se fait dans les scrupules, selon l'avis du bienheureux François de Sales. C'est que celuy qui est rongé de cette vermine, que l'on a tant de peine à faire mourir, ou exterminer d'un cœur qui en est une fois assailly et infecté, ne sçauroit se resoudre à acquiescer au jugment de ceux qui sont prudens en la parole mistique, voulant tousjours que son opinion prevale et surnage celle des plus habiles : que s'il vouloit se sousmettre, et renoncer à son propre avis, il seroit aussi tost guery, et ce trouble qui l'afflige seroit bien tost mis dehors.

Et n'est-il pas bien raisonnable que le malade souffre, qui ne veut pas se servir des remedes qui luy sont offerts, et qui sont capables de chasser sa douleur s'il en veut faire usage? Qui ne se rira de celuy qui veut perir de faim et de soif devant la viande et le breuvage? et ne se mocque-t'on pas encor de la vaine sagesse de ce fol Athenien, qui se plaignoit de ses amis qui l'avoient fait guerir d'une folie qui luy estoit fort aggreable, et qui le repaissoit d'une abondance et felicité imaginaire?

Si le texte des divins Oracles nous apprend que la desobeissance est un crime semblable à l'idolatrie et au sortilege [2],

---

[1] Ecli. x, 15. [2] I Reg. xv, 23.

que dirons-nous de celle des scrupuleux qui sont idolatres de leurs propres sentimens, et tellement charmez de leurs propres opinions, qu'ils demeurent affermis en leurs mauvais propos, quelques remonstrances qu'on leur fasse? Quand on leur dit que leurs craintes sont vaines et mal fondees, ils s'imaginent qu'on les flatte, qu'on ne les entend pas bien, qu'ils ne s'expliquent pas assez : bref, ils ne sont jamais contens, d'autant qu'ils n'apprehendent rien tant que d'estre faicts pareils à ces amans transis qui se delectent en leurs peines, et qui ne fuyent rien tant que leur guerison.

Fascheuse maladie, et semblable à cette fureur que l'on appelle jalousie, à laquelle toutes choses servent d'entretien, et fort peu de choses apportent du remede; ceux qui en sont atteints, cherchans tousjours ce qu'ils voudroient ne trouver pas, et qu'ils craignent comme la mort de rencontrer. O Dieu, sauvez-nous; car les saincts nous manquent, et les veritez ont perdu leur vigueur parmy les enfans des hommes [1]. Dieu vous preserve de ce fascheux mal, mes Sœurs tres-cheres; je parle de celuy des scrupules que j'ay de coustume d'appeller la fievre quarte, ou les pasles couleurs de l'esprit.

SECTION XXXIX.

Des habits, et des habitudes.

La ressemblance des mots revient en quelque façon aux choses, car l'ame se revest en quelque maniere de bonnes ou mauvaises habitudes, comme le corps se couvre de bons ou de mauvais habits : mais il y a ceste difference, que l'on ne se revest ou despoüille pas si facilement des habitudes de l'ame que des habits du corps.

A ce propos, il me souvient, mes Freres, d'un gentil traict de mon bien-heureux Pere, vous entendez bien que je veux dire le bien-heureux François de Sales evesque de Geneve. Il

[1] Psal. xi, 2.

avoit esté convié de faire une exhortation à la vesture d'une fille conventuelle de l'Ordre, de laquelle vous jugerez par l'agreable rencontre que je vous vay dire. Il commença par là : « O ma fille, que vous seriez heureuse, si vous pouviez estre aussi promptement revestuë du double esprit d'Elie, que vous le serez bien-tost de son manteau! vous seriez un vray Elisee. Mais las! il faut bien luitter, comme Jacob, avant qu'obtenir la benediction de ce grand esprit et de ceste grande vertu d'Elie, qui fut communiquée à sainct Jean-Baptiste au desert : c'est à quoy j'ay maintenant à vous exhorter, afin que vous soyez revestuë de la vertu d'enhaut et des armes de lumiere, pour cheminer honnestement au jour de la conversation et de la vie où vous allez entrer. »

Mes freres, ce n'est pas le tout de porter le manteau d'Elie, je veux dire de porter la soutane d'ecclesiastiques, si nous ne faisons les actions d'Elie. Si nous nous disons enfans, faisons les œuvres d'Abraham, et ayons honte de degenerer. Que la veneration de l'habit nous serve d'aiguillon pour nous pousser aux bonnes habitudes; car dequoy sert une peau d'agneau sur un cœur de lyon, sinon pour nous rendre plus coulpable devant les yeux de celuy qui perce la cachette des tenebres, et à qui tout est nud et à descouvert?

Ne seroit-ce pas estre comme le cygne (oyseau rejetté des sacrifices de l'ancienne alliance), qui a le plumage extremement blanc et doux, mais qui cache une chair noire et dure? Nostre Seigneur nous avertit de nous garder des faux prophetes, qui viennent à nous sous des toisons d'agneau, et dans l'interieur sont des animaux ravissans [1] : qui parlent de paix à leur prochain, et dans leur ame ne pensent qu'à luy procurer du mal [2].

> Au dedans ce n'est que malice,
> Ce n'est que fard par le dehors;
> Ostez leur le fard et le vice,
> Vous leur ostez l'ame et le corps.

[1] Matth. vii, 15. — [2] Psal. xxvii, 3.

SECTION XL.

Il ramene à penitence un criminel qui desesperoit de son salut.

Dieu ouvre l'esprit à de merveilleuses inventions, à ceux qui le cherchent de tout leur cœur, et qui ne recherchent que la gloire de son nom en toutes choses. Il fut convié d'aller voir dans la prison un pauvre criminel condamné à la mort, et que l'on ne pouvoit induire à se confesser, parce qu'il s'imaginoit que cela ne luy serviroit de rien ; l'horreur de ses crimes qui estoient fort noirs, ne pouvant à son avis luy faire esperer aucun pardon de Dieu. La mort ne luy faisoit point de peur, car il en avoit veu le visage en plusieurs rencontres de duels et d'occasions de la guerre ; car c'estoit un homme de feu et de sang, et le diable avoit tellement rebouché en luy les terreurs de l'enfer, qu'il en parloit comme d'une demeure à laquelle il estoit destiné de toute eternité.

Le Bien-heureux le rencontra en ceste posture, et ne se souciant nullement d'aller en enfer, comme le vray lieu deu à sa misere. Il fit comme l'ange qui enleva le prophete par les cheveux ; car trouvant ce reste de foy morte qui luisoit encore comme un lumignon fumant dans l'ame de ce miserable, il le prit par là, et luy fit sortir son jugement de sa propre bouche. Ce miserable luy disant qu'il estoit la proye du diable, et une victime de l'enfer : « N'aymez-vous pas mieux, luy dit-il, mon frere, estre la proye de Dieu, et victime de la croix de Jesus-Christ ? — En doutez-vous ? dit le criminel ; mais Dieu a bien affaire d'une voirie, et d'hosties si abominables.

— O Dieu, dit le Bien-heureux en son cœur, resouvenez-vous de vos anciennes misericordes, et de la promesse que vous avez faite, de n'amortir point tout à fait le lumignon qui fume encore, et de n'achever point de rompre le roseau cassé[1]; vous qui ne voulez point la mort du pecheur, mais plustost sa conversion et sa vie, rendez ces derniers momens heureux à ceste pauvre ame. »

L'ancien mathematicien Archimede ne demandoit qu'un point hors de la terre pour y asseoir le pied de ses machines et arracher toute la terre de son centre. Nostre bon ouvrier n'eust besoin que de cette petite veuë de Dieu qui restoit à ce miserable, comme un charbon couvert de cendre, et comme une lampe en un lieu obscur, pour le retirer du lac de misere, et du limon de son ordure.

« En tout cas, luy dit-il, n'aymez vous pas mieux vous abandonner à Dieu, qu'au malin? — Qui en doute? dit l'autre; mais il a bien affaire d'un homme fait comme moy! — C'est pour les hommes faits comme vous, que le Pere eternel a envoyé son Fils au monde, et pour de pires encore, tels que furent Judas et ceux qui le crucifierent : car Jesus-Christ est venu sauver les pecheurs, et non les justes. — M'asseurez-vous, dit le criminel, qu'il n'y ait point d'effronterie de ma part, d'avoir recours à sa misericorde? — Mais ce seroit une grande effronterie, reprit le bien-heureux François, de penser que sa misericorde ne fust pas infinie, et au dessus de tous les pechez non seulement faisables, mais imaginables, et que sa redemption ne fust si abondante, qu'elle peust faire surabonder la grace où le peché a fait un deluge de maux. Au contraire, sa misericorde qui est au dessus de toutes ses œuvres et qui surnage tousjours son jugement, se rehausse d'autant plus que le tas de nos fautes est gros, le trosne de sa misericorde ayant nostre misere pour pie-destail. »

Par de semblables discours, fondez sur les principes de la foy qui n'estoient pas tout à fait esteints en ceste ame, il ralluma le brandon de son esperance qui estoit tout amorty; et petit à petit ayant apprivoisé son courage, que le deses-

---

[1] Isai. xrii . 3.

poir avoit rendu tout farouche, il le porta à ce point de résignation, de s'abbandonner tout à fait entre les bras de Dieu, à la mort et à la vie temporelle et eternelle, afin qu'il fist de luy au temps et en l'eternité, selon son bon plaisir.

« Mais il me damnera, disoit cét homme, car il est juste. — Mais il vous pardonnera, disoit François, si vous luy criez mercy; car il est misericordieux, et ayant promis le pardon à quiconque le demandera avec un cœur contrit et humilié. — Or bien, disoit le patient, qu'il me damne, s'il luy plaist, je suis à luy; ne peut-il pas faire de moy ce que le potier fait de sa bouë? — Mais plustost, disoit François, dites avec David : *Je suis vostre, Seigneur, sauvez moy*[1]. »

Somme, pour ne faire icy un verbal criminel, il le reduisit à la confession, à la repentence et contrition, et mourut constamment avec une grande reconnoissance de ses fautes, dans un profond abandonnement à la tres-saincte volonté de Dieu. Les dernieres paroles que le Bien-heureux luy fit prononcer furent : « O Jesus, je me donne et abandonne entierement à vous. » Cette conversion me fait souvenir de ces beaux mots, par où le Vaisseau d'élection commença la sienne : *Seigneur, que voulez-vous que je fasse*[2]?

SECTION XLI.

De la sousmission de nostre volonté à celle de Dieu. Parole de grande consolation.

C'est une parole de grande edification et consolation, que j'ay souvent ouïe de la bouche de nostre bien-heureux Pere, mes Sœurs, qu'il estoit impossible à Dieu tout-puissant de perdre eternellement une ame, laquelle en sortant de son corps avoit sa volonté sousmise à la divine. Car Dieu ayant promis la gloire eternelle à ceux qui seroient sousmis à sa volonté, il ne seroit pas Dieu, s'il n'estoit

---

[1] Psal. cxviii, 94. — [2] Act. ix, 6.

Dieu de verité; et il ne seroit pas Dieu de verité, s'il n'accomplissoit sa promesse, et ne tesnoit sa parole.

Comme l'arbre tombe il demeure. Telle que se trouve nostre volonté à l'heure de nostre trespas, elle demeure eternellement : si contraire à la divine, elle demeure à jamais aux enfers dans cette opposition; les damnez estans tellement affermis en leur mauvais propos, qu'ils ne peuvent, ny ne pourront jamais vouloir ce que Dieu veut : et les bien-heureux au contraire sont dans le ciel tellement unis et sousmis à la volonté de Dieu, qu'ils y establissent le plus haut poinct de leur beatitude, et de leur souveraine felicité. D'autant qu'ils se resjoüissent beaucoup plus de voir en leur bon-heur la volonté de Dieu, qui ne desire que nostre sanctification, entierement accomplie, que de tous les contentemens.

Escoutez à ce propos, mes Sœurs, une piece tres-excellente du Theotime de nostre bien-heureux Pere, et remarquez la soigneusement. « Le souverain motif de nos actions, » dit-il, jusques à ces mots, « qu'il y prend son bon plaisir[1]. »

Aussi quand il assistoit un malade qui tendoit à sa fin, il bandoit tout ses efforts pour faire qu'il sousmist entierement sa volonté à celle de Dieu, et ne luy parloit presque d'autre chose. Son grand mot estoit, « O Dieu, vostre volonté : » et encore, « Oui, Pere, puisque vous le trouvez bon ainsi : » et encore, « O mon Seigneur, que ma volonté ne soit pas faite, mais la vostre. » C'est s'endormir comme sainct Jean sur la poitrine de Jesus-Christ, que de mourir dans le sein de la divine volonté. Qui perdra ainsi son ame en ce monde, la conservera pour la bien-heureuse eternité. Heureuse perte qui apporte un si notable avantage.

[1] Liv. II, chap. 13.

SECTION XLII.

Rien ne nous arrive que par la volonté de Dieu.

C'estoit sa coustume de regarder, et faire regarder tous les evenemens dans la tres-saincte volonté de Dieu. La dedans les chastimens sont agreables, et nous servent de verge de direction au royaume de Dieu, voire mesme de consolation, selon ce que dit le Psalmiste : *Virga tua et baculus tuus, ipsa me consolata sunt*[1]. Il en est comme de la gaule de Moyse, miraculeuse en sa main, mais qui devenoit un serpent estant jettée en terre.

« Rien ne nous arrive, disoit nostre bien-heureux Pere, hormis le peché, que par la volonté de Dieu, soit bien, soit mal de peine. Bien : car Dieu estant la source de tout bien, *tout don tres-bon, et tout present parfait descend d'en haut, du Pere de lumiere*[2]. Mal : car *il n'y a point de mal en la cité que le Seigneur n'ait fait*[3] : ce qui s'entend de celuy de peine, d'autant que Dieu ne peut vouloir celuy de coulpe, qui est le peché, encore qu'il le permette, laissant agir la volonté humaine selon la liberté naturelle qu'il luy a donnée. Joint qu'à proprement parler, le peché ne peut pas estre dit nous arriver, parce que ce qui nous arrive, nous doit venir de dehors, et le peché au contraire procede du dedans, et sort de nos cœurs comme dit la saincte Parole[4]; et en un autre lieu, l'iniquité est dite sortir de nostre graisse[5], c'est-à-dire de nos aises.

» O quel bon-heur à nos ames, si nous estions accoustumez à recevoir toutes choses de la main paternelle de celuy qui en l'ouvrant remplit tout animal de benediction! que d'onction sortiroit de là pour nos adversitez! que de miel nous tirerions de la pierre, que d'huille des cailloux! De

---

[1] Psal. XXII, 4. — [2] Jacobi I, 17. — [3] Amos III, 6. — [4] Matth. XV, 18, 19. — [5] Psal. LXXII, 7.

combien de moderation seroit accompagnee nostre prosperité, puisque Dieu ne nous envoye l'une et l'autre, que pour en reduire l'usage à la loüange de la gloire de sa grace! »

Pensons bien à cela, mes Sœurs, ne regardans que Dieu dans tous les evenemens, ny tous les evenemens qu'en Dieu, afin qu'en toutes choses soit honoré Dieu le Pere de nostre Seigneur Jesus-Christ, qui nous console en toutes nos angoisses, et qui nous fait tirer avantage et profit de nos tribulations.

SECTION XLIII.

Des bons superieurs.

Je loüois un jour en sa presence un certain superieur de son extreme bonté, douceur, patience, condescendance, et disois que c'estoit un vray rayon de miel, autour duquel toutes les mousches s'assembloient. Il me respondit « que les bons de cette sorte de bonté que je dépeignois n'estoient pas les meilleurs : et qu'il avoit la parole de Dieu pour pleige de son dire, quand elle nous apprenoit que Dieu estoit bon aux bons, et mauvais aux mauvais [1].

» La bonté n'est pas bonne quand elle supporte la malice; au contraire, elle est mauvaise quand elle laisse subsister ce qu'elle peut et doit corriger : la douceur en ce cas là n'est pas douceur, mais lascheté et poltronnerie : la patience n'est pas patience, mais une vraye stupidité. Ce n'est pas estre condescendant, mais se rendre complice du mal, quand on le souffre en le pouvant empescher.

» Je suis bien d'un avis contraire; car je tiens que ce sont les mauvais, je veux dire les rudes et fascheux superieurs, qui font les bons inferieurs. La severité des meres est plus salutaire aux enfans, que la mignardise des nourrisses; et la fermeté des peres est tousjours plus utile aux enfans que les tendresses maternelles. Plus la lime est rude, plus elle blan-

[1] Psal. XVII, 26, 27.

chit le fer et en oste la roüille : plus le chardon est poignant, plus il polit le drap. »

A ce propos il me raconta une gentille histoire, de laquelle, mes Sœurs, vous pourrez tirer un enseignement tres-utile.

En une des provinces de l'Ordre de sainct Dominique où la reforme estoit en vigueur, ils s'aviserent au chapitre provincial d'establir une seule maison où l'on recevroit des novices, et qui serviroit comme de seminaire à toute la province, et que nul ne seroit receu à la reception de l'habit, qui ne fust examiné par trois peres de l'Ordre nommez pour cela ; dont l'un auroit soin d'examiner la naissance et la condition de ceux qui se presenteroient ; l'autre, leur capacité au regard des lettres ; et le troisiesme, les mœurs de la vie, et leur vocation.

Laissant à part les deux premiers, ce troisiesme, pour taster fermement le poulx aux postulans, et sonder leur vocation dans le vif, leur demandoit presque tousjours, s'ils auroient assez de courage et de patience pour supporter de mauvais superieurs, mais mauvais au dernier point, cruels, sauvages, barbares, chagrins, coleriques, melancoliques, criailleurs, impitoyables, à qui il fust impossible de plaire, ny de rien faire qui leur fust agreable.

Quelques-uns pour gauchir à ceste demande respondoient qu'il n'y en auroit point de tels en l'Ordre, ou qu'ils n'y seroient pas soufferts, puis qu'il estoit gouverné avec tant de douceur et de benignité, que le joug en estoit suave et desirable. L'interrogeant, qui n'aymoit pas ces destours ny ces responses biaisees, vouloit qu'ils respondissent de droit franc. Prenant à mauvais augure ces propos obliques et circulaires, il vouloit que l'on fust plus franc du collier.

A ceux cy il rehaussoit sa rigueur et leur presentoit un superieur comme un comite de galere, qui ne parle que de coups de baston, et de tailler bras et jambes, et vouloit que l'on avalast ce calice d'amertume en invoquant le nom du

Seigneur. Estoient, ceux qui pensoient de bas alloy craignoient ceste touche, et tantost palissant, tantost rougissans, ou ne respondoient rien, et par leur silence tesmoignoient qu'ils ne pouvoient avaler ceste pilule; ou s'ils respondoient qu'ils ne pensoient pas qu'il parlast serieusement et qu'ils n'estoient pas des forçats de galere, il les renvoyoit par fins de non recevoir.

Que si, nonobstant toutes ces rigueurs, ceux qui avoient un grand courage respondoient qu'ils estoient preparez à tous ces fleaux et mauvais traittemens, et que rien ne les pourroit destourner de leur genereuse entreprise; ny aucune creature, quelque cruelle et rigoureuse qu'elle fust, les separer de la charité de Jesus-Christ ny de son service; alors il les recevoit les bras ouverts, et leur ouvroit le sein de l'Ordre.

Vous pouvez juger de la piece par cét eschantillon, et si celuy qui avoit les novices en sa charge estoit habile à tailler, marteler et couper ces nouvelles pierres pour les rendre propres à l'edifice spirituel de l'Ordre, et aux fonctions ausquelles s'employent pour la gloire de Dieu ceux qui sont admis à la profession.

Nostre bien-heureux Pere neantmoins avec le temperament de sa douceur incomparable, ne laissoit pas de pratiquer ce secret en quelque maniere, et de representer fort vivement et fort naïvement à celles qui se presentoient à luy pour estre admises à vostre congregation, mes Sœurs, les croix interieures et spirituelles qu'elles se devoient resoudre de porter toute leur vie; entre lesquelles la severité d'une superieure n'est pas des moins pesantes, ny aussi des moins utiles pour faire un grand progres en la perfection.

SECTION XLIV.

Proprieté et propreté.

En un monastere de filles qui avoit nouvellement embrassé la reforme, on le convia de faire quelques exhortations pour les instruire aux choses spirituelles, et les affermir en leur bon propos. Il en fit une entre les autres contre le vice de propriété, comme ennemy juré de la communauté parfaitte, et directement au vœu de desappropriation que l'on fait à la profession conventuelle; joint que c'estoit ce monstre que l'on avoit eu le plus de peine à terrasser, et qui avoit apporté plus d'obstacles et de retardemens à la reforme de la maison où il preschoit.

Il s'estendit fort à representer son horreur, et les grandes peines que les anciens conventuels faisoient porter à ceux qui se trouvoient entachez de ce vice, jusques à desnier la sepulture de la terre benitte à ceux qui en leur mort se trouvoient coulpables de ce forfait, et les jetter à la voirie, ce que l'Escriture appelle la sepulture des asnes[1].

Ce qu'il en dit donna tant de terreur à une bonne sœur, de celles qui avoient apporté plus de zele à avancer la reforme, qu'elle se resolut de detester et de fuir ce vice comme le plus horrible de tous les monstres. Mais le mal fut qu'elle prit un qui-pro-quo, et martre pour renard, c'est à dire proprieté pour propreté, s'imaginant que propre et proprietaire fust une mesme chose. La voilà donc qui devient si mal propre en ses habits, en sa cellule, en tous les offices qu'on luy donnoit à exercer, refectoire, sacristie, linge, habillemens, tant qu'il sembloit qu'elle ne fist rien que par despit, et à dessein de desplaire et de gaster tout.

Et l'importance estoit, que pis elle faisoit, mieux pensoit-elle faire; et quand on la reprenoit de tout cela, elle estimoit que ce fust en riant, et de peur qu'elle ne s'enorgueillist de sa vertu de peu de propreté. Quand on la blasmoit, elle prenoit cela pour des loüanges, et se mettant à genoux elle s'en humilioit et confondoit profondement, se reputant indigne de tous ces honneurs : et plus on luy parloit serieusement, plus croyoit-elle qu'on la mortifiast finement; et quand on

[1] Jerem. xxii, 19.

luy donnoit quelque bonne penitence afin qu'elle se corrigeast de ce manquement de propreté, plus elle se tenoit salle et crasseuse, n'osant presque se laver les mains, ny prendre de linge blanc, de peur de tomber dans le vice de propreté. Si on luy bailloit quelque lieu à balier, elle y laissoit plus d'ordure qu'elle n'en ostoit; si à nettoyer les escuelles, elles les laissoit plus sales qu'elle ne les trouvoit, de peur du grand vice de propreté, et qu'on ne l'enterrast apres sa mort dans la sepulture des asnes.

On ne sçavoit presque plus quel remede apporter à son mal, auquel elle establissoit sa plus haute vertu. Quand on luy disoit, « Mon Dieu, ma Sœur, que vous estes mal propre, vous n'estes bonne qu'à mettre la saleté par tout; » elle respondoit doucement et humblement, « Helas! je ne le suis pas tant que je voudrois; je demande tous les jours à Nostre Seigneur qu'il me delivre du vice de proprieté, et j'ay toutes es peines du monde à m'en deffendre. »

Comme elle estoit en ceste plaisante erreur, quelque personnage leur fit une exhortation, où il loüa beaucoup la propreté et netteté, principalement aux eglises et aux ornemens des autels; et mesme il alleguoit sainct Bernard, qui aimoit la pauvreté accompagnee de propreté, blasmant celle qui estoit maussade et sale, principalement si elle estoit affectee. Il adjousta que la netteté exterieure, estant probable que celuy qui a soin de celle du dehors, a de l'attention de celle de son ame.

Ce discours chocqua l'esprit de ceste sœur, et comme s'il eust esté contraire à la doctrine de Monseigneur, elle ne se peut tenir de dire que ce predicateur n'estoit pas si sçavant que ce grand Prelat, et qu'il avoit avancé des propositions qui ne s'accordoient pas avec les saincts enseignemens que ce bon Evesque leur avoit autrefois donnez sur ce mesme sujet.

Quelque sœur luy ayant demandé en quoy son esprit avoit esté heurté dans le sermon de ce predicateur, elle dit qu'il faisoit une vertu d'un des plus dangereux vices qui peussent regner dans un cloistre, et qui estoit directement opposé à un des trois vœux de leur profession. « Et en quoy? luy dit l'autre. — N'a-t'il pas dit, reprit-elle, que la proprieté estoit une vertu? et mesme n'a-t'il pas voulu alleguer sainct Bernard là dessus? Je ne croy pas que le bon sainct Bernard y ait jamais pensé, il estoit trop bien versé en la theologie, et en ces matieres de couvent, pour tenir une si mauvaise doctrine.

» Ma Sœur, dit l'autre, il a parlé de la propreté, non pas de la proprieté. — Vrayment, reprit la scandalisee, vous avez bonne grace à le soustenir! et quelle difference faites-vous entre propreté et proprieté? n'est-ce pas comme du blanc pain et du pain blanc? » L'autre admirant sa simplesse, luy dit : « Vrayment, ma Sœur, vous estes bien gracieuse de ne sçavoir pas qu'il y a autant de difference entre ces deux choses qu'entre le jour et la nuict, le bien et le mal, puis que la propreté est une vertu, ou au moins une chose loüable, et la proprieté est un vice fort blasmable.

— Voire, dit l'opposante, la propreté une vertu! Dieu me garde d'une telle vertu! Et quoy, ne dit-on pas amour propre, volonté propre, jugement propre? voilà de belles vertus et de belles propretez! — Ce sont des proprietez, ma Sœur, repliqua l'autre, non pas des propretez. C'est une belle chose qu'une sœur bien propre, mais c'en est une mauvaise qu'une sœur proprietaire. — Ouy certes, reprit la colombe seduitte et trompee, vous nous voudriez à la fin persuader que nous reprissions l'empois, et les collets, et tout l'attirail que nous avions devant la reforme, et que nous fussions propres et adjustees comme des dames du monde; voilà un bel esprit de reforme et de regularité! Je suis d'avis que nous reprenions des affiquets, afin que nous pratiquions la belle vertu de propreté de vostre predicateur. »

L'autre riant bien fort de la voir en ceste plaisante erreur, en avertit la superieure; laquelle en l'assemblee de l'ouvrage des mains, ayant mis ce propos en avant, il se trouva, apres une bonne concertation, que cette bonne fille ayant pris propreté pour proprieté, et confondant mal à propos ces deux termes, avoit fait beaucoup d'equivoques en ses actions aussi bien qu'en ses paroles, dont elle se corrigea tout doucement, laissant une assez gracieuse memoire de sa simplicité.

SECTION XLV.

Honneur à la vertu.

L'honneur est une espece de thimiame qui ne doit fumer que sur l'autel de la vertu : et en l'ancienne Rome on n'entroit que par le temple de la Vertu à celuy de l'Honneur. La vertu du bien-heureux François de Sales estoit si generalement reconnuë tant des catholiques que ⁎s protestans, qu'elle passoit dans une approbation universelle.

Je vous veux raconter, mon venerable frere en nostre Seigneur, quelque chose de remarquable qui arriva à Grenoble, cité capitale de la province de Dauphiné, l'annee qu'il fut convié d'y prescher l'Advent et le Caresme. Monsieur de Lesdiguieres, qui y estoit lieutenant de roy et mareschal de France, n'estoit pas encore converty à l'Eglise catholique. Il ne laissa pas de l'accueillir avec des carresses et des honneurs extraordinaires, de l'inviter souvent à sa table, et le visiter en sa maison, et mesme d'assister quelquefois à ses predications, estimant sa doctrine et faisant beaucoup d'estat de sa vertu.

Ceux de la religion pretenduë Reformée en entrerent en une chaude allarme, à cause des conferences longues et secrettes qu'il avoit quelquefois avec le sainct Evesque. Il le loüoit par tout, l'appelloit tousjours monsieur de Geneve; bref, luy rendoit des defferences dont chacun estoit estonné. Quelques tempestes que fissent les ministres, quelques menaces d'excommunication qu'ils tonnassent, ils ne peurent jamais empescher que la pluspart des leurs n'assistassent tous les jours aux sermons de nostre François, desquels ils sortoient avec beaucoup d'edification. Vous pouvez juger que leur petit trouppeau n'en devenoit pas plus grand, et qu'il leur tomboit tous les jours quelque plume de l'aisle.

Mais parce que l'exemple des chefs des peuples n'est pas de petite importance, en estant comme des brebis qui se jettent à corps perdu apres la premiere, ils aviserent en consistoire de faire des remonstrances à monsieur de Lesdiguieres sur le trop d'honneur qu'il defferoit à l'Evesque d'Annessi (car c'est ainsi qu'ils l'appelloient à cause de la ville de sa residence, où les evesques de Geneve se sont retirez depuis la revolte de la cité), de la trop grande privauté et familiarité qu'il avoit avec luy, de ce qu'il alloit à ses sermons, au scandale de tout le party protestant, et à la honte des freres de la reformation pretenduë.

Sur ceste resolution, les ministres, anciens, et quelques notables de leur frairie s'assemblent, et vont trouver monsieur de Lesdiguieres à son lever, et luy faire l'exhortation fraternelle. Il fut aussi tost averty de leur deliberation, et luy qui n'aimoit pas estre bercé, ou pour mieux dire, berné de la sorte, leur fit dire par un des siens, que s'ils demandoient à le visiter comme amis, ou pour luy communiquer quelque affaire, il les recevrait de bon cœur; mais s'ils pensoient luy faire des remonstrances consistoriales et ministrales, ils se pouvoient asseurer qu'estans entrez par la porte ils sortiroient par la fenestre.

Ce fut à nos gens de regaigner la ruë au plustost, et de desloger non seulement sans trompete, mais mesme sans sourdine. Dieu sçait combien de lamentations et de murmures sur ce traittement, que leur avoit fait celuy sur lequel ils fondoient leur principal appuy, et qui leur avoit si longtemps soustenu le menton.

Ils s'aviserent d'un autre expedient, qui fut de luy faire

parler par un des principaux seigneurs de la province, qui estoit de leur mesme creance; lequel se chargeant de ce pacquet, prit l'occasion de representer en particulier à monsieur de Lesdiguieres, ce que messieurs les consistoriaux n'avoient ozé, crainte de son indignation. Il luy respondit : « Dites à ces messieurs, que j'ay assez d'aage pour sçavoir comme il faut vivre dans le monde. J'ay esté catholique romain jusques à l'aage de trente ans, je sçay de quelle sorte les catholiques romains traittent leurs evesques, et de quelle façon ils sont traittez par les rois et les princes. Nous sommes en un estat où ils tiennent un autre rang que nos ministres, qui tout au plus ne sont parmy nous que comme curez, puis qu'ils ont rejetté la dignité episcopale, quoy que bien fondee en l'Escriture, et je croy qu'ils ne sont pas à s'en repentir.

» Dites à B** (c'estoit un ministre de petite naissance, qui avoit esté son domestique, et que sa faveur avoit fait mettre parmy ceux qui gouvernoient l'Eglise pretendue Reformée de Grenoble) que quand je verray des fils et freres de roys et de princes souverains se faire ministres, comme j'en voy d'evesques, d'archevesques, et de cardinaux, je verray quel honneur je rendray aux ministres.

» Pour le regard de monsieur de Geneve, si j'estois aussi bien monsieur de Geneve que luy, et prince souverain de ceste ville là comme luy, je m'y ferois bien obeyr, et y ferois bien recognoistre ma principauté. Je sçay quels sont ses droits et ses tiltres mieux que B** ny pas un de ses collegues et assistans; c'est à moy de leur faire la leçon là dessus, et à eux de se taire s'ils sont sages. Ils sont trop petits compagnons et trop jeunes pour apprendre comme il faut vivre à un homme de mon âge et de ma qualité. »

Depuis il redoubla les honneurs et les carresses au bon Evesque, à l'estonnement non des pretendus Reformés seulement, mais des Catholiques, et il receut des communications de ce sainct Prelat de si bonnes impressions de nostre religion, que cela facilita beaucoup sa conversion, quand il fut appelé à la charge de connestable, en laquelle il est mort fort bon catholique, et a fait une tres-heureuse fin.

SECTION XLVI.

Desir du ciel.

Le feu du ciel, comme du temps des Macabees, se prend assez souvent à la boüe [1] ; je veux dire que la vraye et solide pieté se trouve plustost parmy les petites gens, qui semblent estre le rebut et la ballieure du monde, que parmy ceux de plus haute qualité. C'est avec de la lie de vin que l'on fait ceste eauë que l'on appelle ardante.

Je vous veux faire toucher au doigt cette verité, mes treschers Freres, par une petite histoire villageoise, que j'ay autrefois apprise de mon bien-heureux pere François de Sales, de laquelle il faisoit beaucoup d'estime.

Estant en la visite de son diocese en un bourg d'une contree que l'on appelle Faucigny, il fut adverty qu'un bon homme, des plus riches et aisez qui fussent dans le lieu, estoit fort malade, et qu'ayant sceu son arrivée dans la bourgade, il eust desiré recevoir sa benediction avant que mourir. Le Bien-heureux qui se donnoit à tous ceux qui le demandoient, et qui sçavoit aussi peu refuser que demander, prit cette occasion aux cheveux, pour rendre à Dieu quelque service dans le secours du prochain.

Arrivé aupres de ce bon paysan, qui estoit aux portes de la mort, mais avec un jugement fort sain, ce bon homme ravy d'aise de voir avant que mourir son sainct Evesque, luy dit : « Monseigneur, je beny Dieu, que je puisse avant que fermer les yeux, recevoir vostre saincte benediction. » Il demande à se confesser, chacun se retire. Apres ceste reconciliation se voyant seul avec le bon Prelat, il luy de-

[1] II Mach. 1, 18-22.

manda : « Monseigneur, mourray-je? » Le bon François, estimant que la frayeur de la mort le saisit, pour rasseurer un peu son esprit, luy dit, qu'il en avoit veu revenir de plus bas, et qu'il falloit jetter toute sa confiance en Dieu, qui estoit le maistre de nostre vie et de nostre mort, devant qui estoit le nombre de nos jours tout compté et qui ne pouvoit passer outre son ordre.

« Monseigneur, luy dit le bon paysan, mais mourray-je, à vostre avis? — Mon fils, luy dit le bon Pasteur, un medecin repondroit à cela mieux que moy; ce que je vous puis dire, est que je voy vostre ame en fort bonne assiette, et que possible seriez vous appellé en autre temps auquel vous n'auriez pas tant de disposition à partir. Ce que vous sçauriez faire de mieux est, en quittant le soin et le desir de vivre, de vous abandonner totalement dedans le soin de la providence et misericorde de Dieu, afin qu'il fasse de vous selon son bon plaisir, et son bon plaisir sera, sans doute, tousjours vostre mieux.

— O Monseigneur, reprit le bon villageois, ce n'est pas de crainte de mourir, que je vous demande cecy, mais c'est plustost de peur de ne mourir pas; car j'ay de la peine à me resoudre de rechaper de cette maladie. »

François se trouva fort surpris de ce langage, sçachant que le desir de mourir ne tombe ordinairement qu'en des ames ou extremement parfaites, comme David, Elie, sainct Paul, et semblables; ou en des imparfaites, et qui panchent quasi vers le desespoir, ou au moins qui sont dans une profonde melancholie. Il luy demanda donc s'il avoit quelque regret de vivre, et d'où luy procedoit ce degoust de la vie, de laquelle l'amour est si naturelle. « Monseigneur, dit le bon homme, c'est si peu de chose que ce monde, que je ne sçay comme tant de gens l'ayment, et si Dieu n'avoit commandé de demeurer jusques à ce qu'il nous en retire par la mort, il y a fort long-temps que je n'y fusse plus. »

François s'imaginant que cét homme fut saisi de quelque

grand desplaisir qui luy fist abhorrer la vie, et souhaitter la mort avec tant d'instance, luy demande s'il avoit des incommoditez secrettes, ou en son corps ou ses biens. « Nullement, reprit le bon homme : j'ay mené une vie fort saine, jusques à l'âge où vous me voyez, qui est septuagenaire; de bien je n'en ay que trop, je ne sçay que c'est de pauvreté, par la grace de Dieu. »

François l'interrogea de sa femme et de ses enfans, s'il en avoit quelque mecontentement. « Tous les contentemens qui se peuvent souhaitter, reprit-il; jamais ils ne me donnerent la moindre fascherie, et si j'avois peine à quitter ce monde, ce seroit à cause qu'il me faut separer d'eux. » François ne pouvant deviner d'où luy venoit donc ce degoust de la vie : « D'où vous procede donc, mon Frere, luy dit-il, ce desir de la mort? — Monseigneur, reprit-il, c'est que j'ay tousjours ouy dans les predications faire si grand cas de l'autre et des joyes de paradis, qu'il me semble que ce monde icy est un cachot et une vraye prison. »

Alors parlant de l'abondance de son cœur, et selon ses meditations passees sur un si agreable sujet, il luy dit tant de merveilles touchant la vision de Dieu dans le ciel; l'amour procedant de ceste vision; bref, tant de particularitez touchant les felicitez eternelles, que le bien-heureux Evesque en estoit ravy, et tout baigné de larmes de tendresse, voyant bien qu'il avoit esté enseigné de Dieu mesme là dessus, et que la chair et le sang ne luy avoit pas revelé ces choses, mais l'Esprit divin. Et en me racontant cela, il s'escrioit, *Beatus homo quem tu erudieris, Domine, et de lege tua docueris eum*[1] : et encore, *Confiteor tibi, Domine Deus, rex cœli et terræ, quia abscondisti hæc a sapientibus et prudentibus, et revelasti ea parvulis*[2] : et encore, *Gloriosa dicta sunt de te, civitas Dei*[3] : et de plus, *Lætatus sum in his quæ dicta sunt mihi*[4], etc.

---

[1] Psal. xciii, 12. — [2] Matth. xi, 25. — [3] Psal. lxxxvi, 3. — [4] Psal. cxxi, 1.

Descendans de ces hautes et celestes speculations, quand il vint à despeindre les bassesses des plus eminentes grandeurs, des plus somptueuses richesses, des plus exquises delices du monde, il en imprimoit un tel desgoust dans l'ame du bien-heureux François, qu'il disoit avec sainct Paul que tout n'estoit que fiente, ordure, dommage[1]; et il me le racontoit en s'escriant, *Filii hominum, usquequo gravi corde*[2]? etc. et encore, *Ego dixi in excessu meo : Omnis homo mendax*[3].

Ce que fit le Bien-heureux, ce fut d'acquiescer au sentiment de ce bon homme; mais pour le retirer des extremitez où il s'emportoit, il luy fit faire plusieurs actes de resignation et d'indifference de vivre ou de mourir, à l'imitation de sainct Paul et de sainct Martin, et les luy fit exprimer par ces termes du Psalmiste : *Que veux-je au ciel ou en la terre, sinon vous et vostre tres-saincte volonté, ô le Dieu de mon cœur, et la part de mon heritage eternel*[4]? De là à peu d'heures, apres avoir receu l'Onction derniere des mains du sainct Evesque, il expira doucement sans se plaindre d'aucune douleur, et demeura plus beau mort qu'il n'avoit esté durant sa vie.

O Dieu, que la mort des saincts est pieuse devant vos yeux! Ils semblent morts, mais ils sont vivans devant vous : ils reposent paisiblement et s'endorment en vostre sein. *Cum dederit dilectis suis somnum, ecce hæreditas Domini*[5]. O Dieu, faites que je meure de la mort des justes, et que ma fin soit semblable à la leur! que bien-heureux sont ceux qui meurent au Seigneur! ils se reposeront de leurs travaux, et gousteront le fruict de leurs œuvres, faites en grace et par le mouvement de la grace.

---

[1] Philipp. III, 8. — [2] Psal. IV, 3. — [3] Psal. CXV, 11. — [4] Psal. LXXII, 25, 26. — [5] Psal. CXXVI, 2, 3.

SECTION XLVII.

De la vacuité des desirs.

Il y a bien de la difference entre les desirs terrestres, et les celestes, autant qu'entre le temps et l'eternité. Quand Daniel est appellé par eloge *homme de desirs*[1], cela s'entend des celestes, et de ceux qui regardent la grace et la gloire. Quand David remercie Dieu de luy avoir accordé les desirs de son ame[2], il entend sa conversion et sa remise en grace, qu'il avoit demandee avec tant d'instance, et pour laquelle il avoit pleuré et souspiré si long-temps. Et quand il dit que tout son desir est devant Dieu[3], il donne assez à connoistre qu'il parle des celestes.

De ceste sorte de desirs on n'en sçauroit avoir assez : ce sont autant d'aisles qui nous eslevent à Dieu, ce sont ces aisles de colombe que le prophete demande pour voler dans le vray repos[4].

Mais des autres qui ne regardent que les biens passagers et caducques, et qui nous lient par le ventre à la terre, on n'en sçauroit avoir trop peu. Sainct Augustin les appelle la gluë des aisles spirituelles. Ce sont ces desirs là qu'il faut mortifier fortement, de quelque pretexte qu'ils se masquent : ce sont les renardeaux qui demolissent la vigne de nostre interieur.

C'est de ceste espece de desirs, mes Sœurs, dont nostre bien-heureux Pere estoit fort vuide; à raison dequoy il disoit ceste belle et notable sentence. « Je veux fort peu de choses, et ce que je veux je le veux fort peu : je n'ay presque point de desirs; mais, si j'estois à renaistre, je n'en aurois point du tout. »

Et, à dire le vray, la terre est bien peu de chose, ou, pour mieux parler, n'est rien, à qui aspire au ciel. Le

---

[1] Dan. ix, 23. — [2] Psal. xx 3. — [3] Psal. xxxvii, 10. — [4] Psal. liv, 7.

temps n'est qu'une ombre et un vent de passage, à qui tend à l'eternité : et qui vise à la cité de demeure eternelle, n'en trouve point icy bas de permanente.

Et mesme aux choses de la grace, quoy qu'il faille avoir pour Dieu un amour insatiable, et sans bornes et sans limites, parce que la mesure du divin amour doit estre sans mesure, si est-ce que nostre bien-heureux Pere nous apprend encor en son Theotime, que nostre indifference saincte se doit estendre jusques à nostre progres dans les vertus et les choses qui regardent le service de Dieu[1]. Tant il est vray que la passion du desir, quelque noble que soit son object, doit tousjours estre tenuë en bride : car c'est en fin une passion, laquelle comme un cheval fougueux, s'eschappe aussi tost qu'on luy lasche le poignet, et qui part de la main plus viste que l'on ne pense, et plus promptement que l'on ne voudroit.

SECTION XLVIII.

D'un bon richard.

A l'oposite de ce mauvais riche que nous venons de vous representer, mes Sœurs, permettez que je vous propose une tres-agreable histoire d'un bon richard, qui m'a esté racontee par nostre bien-heureux Pere et qui est arrivée à luy mesme.

Au voyage qu'il fit à Paris l'an 1619, entre autres rencontres qui luy arriverent en ce grand theatre, vint à luy un personnage fort accommodé de biens de fortune, mais qui estoit encore plus riche en pieté et en misericorde envers les pauvres, pratiquant à un haut degré ce mot du Psalmiste, *Divitiæ si affluant, nolite cor apponere*[2]; et cét autre, *Dispersit, dedit pauperibus; justitia ejus manet in sæculum sæculi; cornu ejus exaltabitur in gloria*[3].

---

[1] Liv. 9, chap. 6, 7, 9. — [2] Psal. LXI, 11. — [3] Psal. CXI, 9.

Ce bon personnage le vint consulter pour la consolation de sa conscience, et commença de ce ton. « Monsieur, je suis en grande crainte de ne faire pas mon salut; c'est pourquoy je vous suis venu trouver afin que vous me mettiez, s'il vous plaist en la bonne voye. » Le bien-heureux Evesque luy demanda d'où luy procedoit ceste crainte. Il respondit : « De ce que je suis trop riche, et vous sçavez que l'Escriture met à un tel degré de difficulté le salut du riche, qu'il semble estre dans l'impossible. »

François ne pouvant former sur ce discours autre conjecture, sinon que ce fust quelque richard que la conscience remordist sur la detention du bien d'autruy, l'interrogea là dessus pour sçavoir s'il possedoit quelque chose de mal acquis. « Nullement, dit-il : mes peres, qui estoient fort gens de bien, ne m'ont rien laissé de ceste nature, et ce que j'ay de plus, a esté amassé de mon espargne et de mon juste travail. Dieu me preserve d'avoir rien de l'autruy; ma conscience ne me reproche point de ce costé là.

— Quoy donc, luy dit le bien-heureux François, faites-vous quelque mauvais usage de ces richesses? — Je m'entretiens, respondit-il, selon ma qualité, qui est telle; mais je crains de ne donner pas assez aux pauvres, et vous sçavez que nous serons un jour jugez là dessus.

— Avez-vous des enfans, luy demanda François. — Ouy, respondit-il, mais ils sont tous bien pourveus, et se peuvent aisement passer de moy. — Vrayement, reprit François, je ne sçai pas d'où vous peuvent venir ces scrupules : vous estes le premier homme que j'aye rencontré au monde qui se plaigne de l'abondance de ses biens, la plus part n'en ont jamais assez. »

Il luy fut aisé de remettre ceste bonne ame en paix, trouvant en elle beaucoup de docilité à suivre ses avis. Et depuis, me parlant sur ce sujet, il me dit qu'il avoit appris que ce bon homme, qui avoit eu autre fois de grands emplois dans le monde, dont il s'estoit fort dignement acquitté, avoit laissé toutes ses charges pour ne vacquer qu'aux exercices de pieté et de misericorde, ne bougeant des eglises ou des hospitaux, ou des maisons des pauvres honteux, dont il soulageoit les necessiteux avec tant de largesse qu'il employoit plus de la moitié de son revenu à leur soulagement. Par son testament, outre quantité de legs pieux, il fit Jesus-Christ son premier heritier, donnant à l'hostel-Dieu une portion esgale à celle de ses enfans, et enfin a couronné une telle vie d'une tres-heureuse mort. Que bien-heureux sont les misericordieux! car ils obtiendront misericorde. Heureux celuy qui fait misericorde, car il se dispose à un jugement favorable, au jour de la retribution. L'hospitalité et la beneficence sont des hosties, dit sainct Paul, tres-agreables à Dieu[1].

SECTION XLIX.

La reformation de l'interieur.

Il avoit de coustume de dire, que la grace pour l'ordinaire, faisoit comme la nature, non comme l'art. L'art ne represente que l'exterieur, ainsi qu'il est manifeste en la peinture et en la sculpture : mais la nature commence ses ouvrages par l'interieur, et en l'animal elle forme les entrailles, premier que la peau; de la le mot, que le cœur est le premier vivant.

Quand il vouloit porter les ames de vie mondaine à la devote, il ne leur parloit point de l'exterieur, il ne parloit ny des cheveux, ny des habits, ny de semblables choses; il ne parloit qu'au cœur et du cœur, sçachant que ce donjon gagné le reste ne tiendroit plus à rien, et ne feroit aucune resistance. « Quand le feu est dans une maison, disoit-il, voyez comme l'on jette tous les meubles par les fenestres. Quand le vray amour de Dieu possede un cœur, tout ce qui

---

[1] Hebr. xiii, 16.

n'est point de Dieu nous semble fort peu de chose. *Si l'homme, dit le sacré Cantique, donne toute la substance de ses biens pour la dilection, il ne pensera avoir rien fait*[1]. Le soleil despouille l'homme plus aisement que la bize. »

Je vous veux confirmer tout cecy, mes Sœurs, par deux agreables traits de nostre bien-heureux Pere. Une dame de grande qualité s'estant rangée à la devotion, et sous la conduitte de ce sainct Prelat, plusieurs de ceux qui la voyoient plus assidue qu'à l'ordinaire au service divin, addonnee à l'oraison, au soulagement et service des pauvres, en la visite des malades et des hospitaux, en la frequentation des Sacremens, et autres exercices de pieté, et neantmoins aussi brave et parée qu'auparavant, commencerent à murmurer non seulement contre elle, mais encore contre son conducteur, et plusieurs se scandalisoient de ceste procedure. Quelques-uns allerent jusques à ces paroles de precipitation, d'appeller ceste dame hypocrite, sans considerer que leur iniquité se dementoit elle mesme et se fermoit la bouche, veu que l'hyppocrite, soit en habits soit en contenances exterieures, s'essaye de paroistre aux yeux d'autruy meilleur qu'il n'est; au lieu que celle-cy, quoy que beaucoup amendee en son interieur, n'en faisoit aucune monstre au dehors, demeurant dans les termes de son ancienne magnificence. Ce n'est pas qu'elle eust grande affection à ses ornemens, mais telle estant la volonté de son mary, qui ne vouloit pas qu'elle rabbatist un seul point de ses ornemens, elle imitoit Esther qui se paroit pour plaire aux yeux d'Assuere, bien qu'elle eust toute pompe en horreur.

Une fois quelque bonne personne vint avertir nostre bien-heureux Pere de plusieurs murmures qui se faisoient sur ce sujet, et particulierement de ce que ceste dame n'avoit pas seulement quitté ses pendans d'oreille pour toute sa devotion, et que l'on s'estonnoit de ce que luy, qui estoit bon confes-

[1] Cantic. VIII, 7.

seur, ne l'avoit pas avertie de laisser un ornement si vain et si superflu, et inutile. A quoy repartit François d'une maniere fort gracieuse : « Je vous asseure que je ne sçay pas seulement si elle a des oreilles; car elle ne se presente à la penitence que la teste couverte d'une coëffe ou d'une escharpe si grande que je ne sçay comme elle est faite. Et puis je croy que la saincte femme Rebecca, qui estoit bien aussi vertueuse qu'elle, ne perdit rien de sa saincteté pour porter les pendans d'oreilles qu'Eliezer luy presenta de la part d'Isaac. »

Ceste mesme dame s'estant avisee de faire mettre des diamans sur une croix d'or qu'elle mit sur son estomach, au lieu de quelques enseignes de pierreries qu'elle y portoit auparavant, on vint encor accuser cela de vanité au bien-heureux Evesque; lequel respondit, que ce que l'on reprenoit de vanité, estoit ce qui l'edifioit d'avantage. « Helas, dit-il, je voudrois que toutes les croix du monde fussent couvertes de diamans, et de toutes les pierres precieuses. N'est-ce pas faire servir au tabernacle les vaisseaux des Egyptiens? et se glorifier en la croix n'estoit-ce pas l'enseigne de pierreries du grand sainct Paul? A quel meilleur usage sçauroit-elle employer ses joyaux qu'à orner l'estendard de nostre redemption? » C'est de ceste façon que ce sainct Prelat tournoit en bien ce que des esprits foibles prenoient pour sujet de scandale : tant il est vray que toutes choses aident ensemble en bien à ceux qui sont bons, et sont nettes à ceux qui ont la pureté interieure.

SECTION L.

Beau mot de Taulere.

Il estimoit beaucoup cét excellent mot, que le bon Taulere avoit appris de ce sainct villageois que Dieu luy donna pour pedagogue en la vie spirituelle. Quand on luy demandoit où il avoit trouvé Dieu : « C'est là, disoit-il, où je me suis laissé moy-mesme : et ou je me suis trouvé moy-mesme, c'est là ou j'ay perdu Dieu. »

Cela revient à ces deux citez contraires, Babylone et Jerusalem ; l'amour de nous mesme proprietaire, et celuy de Dieu. L'amour propre a basty la premiere, qui s'estend jusques à la haine de Dieu ; et l'amour de Dieu la seconde, qui s'estend jusques à la haine de nous mesme.

Que si tout peché n'est autre chose qu'une aversion du Createur et une conversion mauvaise vers la creature, qui ne voit que la grace n'est autre chose qu'une aversion de la creature et un retour vers le Createur? Si donc nous nous arrestons à nos interests proprietairement, il n'y a point de doute que nous ne pouvons arriver à la derniere fin qui est Dieu ; ny arriver à ceste derniere fin sans nous destacher de la creature.

C'est à cela que visent ces enseignemens de l'Evangile, que *nul ne peut servir à deux maistres, à Dieu et à Mammone*[1] ; qu'*il n'y a point d'accord entre la lumiere et les tenebres, Christ et Belial*[2] : et celuy du prophete, *Jusques à quand clocherez-vous des deux costez*[3], *jurerez vous en Dieu et en Melcon*[4] ?

Et qu'est-il besoin de consulter apres cette decision sortie de l'Oracle de verité : « Qui perdra son ame, c'est à dire ses propres interests, en ce monde, les trouvera amplement et avec usure en l'autre ; et quiconque les voudra conserver, les perdra[5] ? » Mourir à soy mesme pour vivre à Jesus-Christ, c'est la vraye vie du chrestien : mais mourir à Jesus-Christ pour vivre à soy-mesme et à ses convoitises, c'est le chemin de l'eternelle mort. Si par l'esprit nous ne mortifions les œuvres de chair, nous mourrons : mais si nous mourons ensemble avec Jesus-Christ, nous vivrons ensemble avec luy.

---

[1] Matth. VI, 24. — [2] II Cor. VI, 14, 15. — [3] III Reg. XVIII, 21. — [4] Soph. I, 5. — [5] Matth. XVI, 25.

SECTION LI.

Des seicheresses en l'oraison.

Quand quelque sœur se plaignoit à nostre bien-heureux Pere de ses desolations interieures, et de ses ariditez en l'exercice de l'oraison, au lieu de la consoler il luy disoit : « Pour moi j'ay tousjours plus estimé les confitures seiches que les liquides, » et alleguoit ce mot de David : *In terra deserta, invia et inaquosa, sic in sancto apparui tibi, ut viderem virtutem tuam, et gloriam tuam*[1].

La manne, ce pain des Anges, cette viande celeste dont Israel fut nourry au desert, estoit un petit grain assez sec, et quand ce peuple le vouloit eschanger à de la chair, nourriture plus humide, *adhuc escæ eorum in ore ipsorum, et ira Dei ascendit super eos*[2].

Peu de filles se peuvent persuader cette verité, qui est neantmoins tres-asseurée, que l'union avec Dieu d'une ame juste et fidelle, est bien plus serree et pressée dans les derelictions et abandonnemens, que dans les devotions et consolations sensibles. D'autant que plus l'ame s'amuse à la consolation de Dieu, moins s'attache-t'elle au Dieu de consolation; tout de mesme que les abeilles qui font le plus de cire, sont celles qui font le moins de miel.

Qui peut imaginer de plus grands abandonnemens exterieurs et interieurs que ceux que souffroit le Sauveur en la croix, qui luy tirerent ceste fremissante parole de la bouche : *Mon Pere, mon Pere, pourquoi m'avez-vous abandonné*[3] ? Qui peut neantmoins douter qu'il ne fust lors tres-uny à la volonté de son Pere, union en laquelle consiste la fin de toute consommation, pour laquelle il s'escrie que *tout est consommé*[4] ? et en ceste consommation parfaitte il remet son

---

[1] Psal. lxii, 3. — [2] Psal. lxxvii, 30, 31. — [3] Matth. xxvii, 46. — [4] Joan. xix, 30.

ame entre les mains de son Pere ; c'est à dire, il acheve en expirant l'œuvre de nostre redemption, pour laquelle il avoit esté envoyé au monde.

O que bien-heureuse est l'ame qui est fidelle dans les seicheresses, abandonnemens, et desolations ! c'est là le creuset où le pur or de la dilection sacree est raffiné jusques au dernier carat. Heureux celuy qui endure ceste espreuve avec patience (vertu, dit sainct Jacques, dont l'operation est parfaitte[1]), parce qu'estant essayé de la sorte, il recevra la couronne de vie que Dieu a promise à ceux qu'il ayme, et qui l'ayment.

[1] Jacobi 1, 4.

L'ESPRIT

DU BIEN-HEUREUX

FRANÇOIS DE SALES,

EVESQUE DE GENEVE.

TOME DEUXIESME.

Minerve de Phidias, un tableau accomply, composé de mailles si justement rapportees, que leur liaison ne prejudiciera point à leur diversité, ni leur varieté à leur union.

C'est à toy, Lecteur, de seconder mes recherches par les tiennes, et de tesmoigner par ton aggreement, et par l'utilité que tu retireras d'une si profitable lecture, que je ne cours pas en vain, et ne combats point en l'air pour te fournir de si bons meubles, et de telles armes de lumiere pour cheminer honnestement au jour de la vertu, et combattre contre les malices spirituelles qui s'attacquent aux choses les plus sainctes et celestes.

L'ESPRIT

DU BIEN-HEUREUX

FRANÇOIS DE SALES.

PARTIE QUATRIESME.

SECTION I.

De la singularité.

Et ne vous imaginez pas, mes cheres Sœurs, que nostre bien-heureux Pere ne rejettast la singularité (telle que nous venons de vous la depeindre) que de vos communautez, ou des maisons, lesquelles, comme les vostres, meinent une vie en commun (car il n'est que trop evident, que la singularité est la peste et le poison des societez) : mais il ne vouloit pas aussi que ceste contagion se glissast parmy ceux qui font profession de devotion dans le siecle; d'autant, disoit-il, que ce deffaut rend leur pieté non seulement odieuse, mais ridicule.

Il vouloit qu'on se conformast, autant qu'il seroit possible, en l'exterieur, au train de vie commun à la vocation à laquelle chacun estoit appellé et engagé, sans affecter de se faire discerner par des singularitez remarquables ; alleguant pour cela l'exemple de Nostre Seigneur, qui aux jours de sa chair et de sa conservation en terre, a voulu en toutes choses se rendre semblable à ses freres, excepté le peché.

Ce bien-heureux Prelat pratiqua luy mesme fort exactement cette leçon, qu'il donnoit à tous ses devots, et la leur enseignoit non tant par sa parole que par son exemple. Certes en quatorze ans (je le dy à ma honte, pour le mauvais usage que j'en ai fait) que j'ay esté sous sa discipline, et que je m'estudiois à remarquer ses actions, et jusques à ses moindres gestes, aussi bien que ses paroles, et ses enseignemens, je vous avoüe que je n'ai jamais rien apperceu en luy, qui ressentist tant soit peu la singularité.

Il faut que je vous die icy (puisque nous sommes en particulier) une de mes ruzes ; appelez-la malice, si vous voulez. Quand il me venoit voir en ma residence, et y passer son octave ordinaire, à quoy il ne manquoit point tous les ans ; j'avois fait à dessein des trous en certains endroits des portes ou du plancher, pour le considerer quand il estoit tout seul retiré dans sa chambre, pour voir (voilà une estrange curiosité : il est vray qu'elle ne paroistra pas si estrange à des filles) de quelle façon il se comportoit en l'estude, en la priere, en la promenade, en la lecture, en la meditation, à s'asseoir, à marcher, à se chauffer, à se coucher, à se lever, à escrire ; bref, aux plus menues contenances et gestes, dont on se licentie souvent quand on est seul.

Neantmoins je ne l'ay jamais remarqué se dispenser de la plus exacte loy de la modestie ; tel seul qu'en compagnie, tel en compagnie que seul ; une egalité de maintien corporel semblable à celle de son cœur. Je n'ay jamais apperceu en luy aucun mouvement extraordinaire, ny des yeux, ny des mains, ny de la teste ; c'estoit le vray homme quarré de Platon, qui estoit tousjours sur sa droitte assiette.

J'ay quelquesfois pensé que c'estoit en luy un effet de cét excellent exercice de la presence de Dieu, qu'il recommandoit tant à toutes les ames qui se rangeoient à sa conduitte, qui le tenoit ainsi recueilly et circonspect, selon ce que David a chanté : *Je regardois tousjours le Seigneur comme present, et comme me tenant par la main droitte*[1]. *Me tenant par la droitte*, dit-il en un autre lieu, *me conduisant en sa volonté pour me recevoir en sa gloire*[2].

Estant seul il estoit aussi composé qu'en une grande assemblée. S'il faisoit quelque priere, vous eussiez dit qu'il estoit en la presence des Anges et de tous les bien-heureux : immobile neantmoins comme une colomne en cét exercice, et sans aucune contenance messeante.

J'ay mesme pris garde, le voyant seul, s'il ne croiseroit point les jambes, ou s'il ne mettroit point les genoux l'un sur l'autre, s'il n'appuyeroit point sa teste de son coude ; jamais : tousjours une gravité accompagnee d'une telle douceur, que ceste attrempance donnoit egal avantage à l'une qu'à l'autre, et emplissoit ceux qui le regardoient d'amour et de respect.

Il m'a souvent dit qu'il falloit que nostre conversation exterieure ressemblast à l'eau, dont la meilleure est la plus claire, la plus simple et celle qui a le moins de goust. Toutesfois quoy qu'il n'eust rien de singulier, je le trouvois si singulier à n'avoir point de singularité, que tout me sembloit singulier en luy.

Et comme ceux qui ne boivent que de l'eau, sçavent discerner entre les eaux celles qui sont les meilleures et les plus legeres, et y trouvent differences de gousts; aussi trouvois-je tant de singularité en sa privation de toute singularité, que je n'ay jamais connu d'homme moins singulier ny si singulier que luy. En cela semblable au soleil qui est le plus visible et le moins visible de tous les astres.

J'ay autresfois gousté le mot qu'un grand et devot personnage me disoit un jour de nostre bien-heureux-Pere à

---

[1] Psal. XV, 8. — [2] Psal. LXXII, 24.

Paris, que rien ne le faisoit tant souvenir de la conversation de Jesus-Christ entre les hommes que la presence et la contenance angelique de ce bien-heureux Prelat, duquel on pouvoit dire qu'il estoit non seulement revestu, mais tout remply de Jesus-Christ. On ne le trouvera point estrange, si l'on se souvient que l'ame juste, c'est à dire qui est en grace, est appellée conforme à l'image du Fils de Dieu [1], et ditte participante de la divine nature [2].

SECTION II.

De la chasteté du cœur.

Je ne sçaurois dignement vous representer à quel haut poinct d'estime le bien-heureux François mettoit la chasteté du cœur. Il disoit que celle du corps n'estoit que l'escorce, mais l'autre estoit la moëlle; qu'en celle du cœur estoit la racine de l'arbre de ceste vertu, et les branches et les fueilles en celle du corps. La corporelle est assez commune et populaire, mesmes parmy les infideles, et ceux qui sont addonnez à d'autres vices : mais celle du cœur est si rare, qu'il se trouve fort peu de gens qui puissent dire, Mon cœur est net.

Je ne di pas qu'il mit ceste netteté de cœur à n'avoir point de convoitises; car ce seroit loger ceste vertu dans l'insensibilité; et celuy qui n'est pas tenté, que sçait-il? La convoitise à laquelle on resiste, et dont l'on fait comme de ces petits Babyloniens que l'on escrase contre la pierre d'une ferme resolution, en disant avec ce grand poete,

> Sed Pater omnipotens adigat me fulmine ad umbras,
> Pallentes umbras Erebi, noctemque profundam,
> Ante, pudor, quàm te violem, aut tua jura resolvam [3] :

cette convoitise terrassee, est matiere de victoire; et ceste victoire, de triomphe. Mais il la logeoit dans la vacuité des affections illicites, ausquelles il faudroit plustost donner le

---

[1] Rom. VIII, 29. — [2] II Petr. I, 4. — [3] Virg. Æneid. IV, 25-27.

nom d'infections, puisqu'elles infectent la volonté, et empeschent la garde du cœur, duquel procede la source de la vie spirituelle.

Sainct Bernard tenoit pour une œuvre plus miraculeuse que de ressusciter les morts, de converser souvent et avec familiarité avec un sexe different du nostre, sans sentir les attaintes de ce feu volage, lequel estant tombé dans un esprit l'empesche de voir le soleil de la droitte raison. Il n'appartient qu'aux salamandres et aux pyralides d'estre parmy les feux sans s'y brusler. Les trois enfans de Babylone y furent preservez, mais par miracle. Et Moyse s'estonna comme d'une grande vision de voir des espines qui resistoient au feu.

Il se trouve assez de personnes, principalement du sexe le plus infirme, qui apportent des corps vierges et entiers à leur mariage; mais des cœurs de mesme, et qui n'ayent esté amusez, attaints, frelattez, et engagez en aucunes affections, il s'en trouve fort peu.

SECTION III.

Du mesme subjet.

Il y a une autre chasteté de cœur qui consiste proprement en la pureté d'intention, de laquelle s'entend la sixiesme des beatitudes qui appelle *Bien-heureux les nets de cœur, parce qu'ils verront Dieu*[1]. O que ceste chasteté et pureté est encore rare! C'est en celle que consiste la cresme et la fine fleur de la charité, et de ceste saincteté dont l'Apostre parle, *sans laquelle nul ne verra Dieu*[2].

Ouy certes : car non seulement la charité est plus grande que la foy ny l'esperance : mais sans elle ny la foy, ny l'aumosne, ny le martyre, ny vertu quelconque, quelque grande qu'elle paroisse, n'est qu'une debile vapeur aussi tost

---

[1] Matth. v, 8. — [2] Hebr. xII, 14.

abbatue qu'eslevée, et, pour parler apres sainct Paul, du tout rien [1]. A raison dequoy, le mesme Apostre nous advertit de faire toutes nos actions en charité [2]; et sur toutes choses, que nous nous efforcions d'avoir la charité, pour ce qu'elle est le lien de perfection [3], et la seule entre toutes les vertus qui nous unit parfaitement à Dieu.

Aussi la veue de Dieu est-elle attribuée à ceste beatitude, non seulement parce que sans ceste robe nuptiale de la charité, nul ne peut avoir entree aux nopces eternelles de l'Agneau; mais parce que, mesme dés ceste vie, dans l'estat de la grace, qui est une gloire ou beatitude commencée, nul sans la charité ne peut attaindre au but de la pure et parfaitte intention, qui regarde la fin derniere à l'aide de la charité.

Il est vray que la foy nous monstre Dieu comme par miroir et par enigme, mais pour le voir de cét œil simple qui rend tout le corps lumineux, il faut qu'elle soit vive et animee de la charité comme de sa forme. « La vraye chasteté et pureté de cœur consiste, disoit nostre bien-heureux Pere, mes Sœurs, à ne voir que Dieu en toutes choses et toutes choses qu'en Dieu. » C'est là un petit rayon du paradis, où Dieu est toutes choses en tous, et à tous. A celuy en qui, par qui, de qui, pour qui sont toutes choses, soit honneur et gloire par tous les siecles. Amen.

SECTION IV.

Ses sentimens touchant les dignités.

Il est certain que deux tres-grands pontifes, Clement VIII et Paul V, ont eu en fort grande estime le bien-heureux François. Je suis tesmoin du haut estat qu'en faisoit le dernier, auquel ayant parlé fort souvent, et entretenu fort long temps, il me tesmoignoit assez par des termes fort

---

[1] 1 Cor. XIII, 1-3. — [2] Id. XVI, 14. — [3] Coloss. III, 14.

avantageux combien il prisoit la vertu, la pieté et la capacité de ce sainct Prelat, et qu'il estoit bien informé des grands services qu'il avoit rendus à l'Eglise, et combien un tel Pasteur estoit convenable et necessaire à un tel diocese que celuy de Geneve.

Il est certain qu'il pensa plusieurs fois à le promouvoir au cardinalat. Nostre Bien-heureux mesme en fut adverty, et ne le dissimule pas, en quelques lettres qu'il en escrivit à ses confidens, dont quelques unes depuis ont esté publiées. Mais ceux qui cognoissent tant soit peu le manege de la cour de Rome, sçavent assez que comme il y a un certain obstacle national, que l'on appelle figurement le peché originel, qui s'oppose à la promotion au Papat, de plusieurs cardinaux d'insigne merite, il y a un mesme empeschement d'arriver au cardinalat, de beaucoup de prelats d'eminente vertu.

Chacun sçait que les princes d'Italie ne souffrent pas volontiers que ceux qui sont naiz dans les terres de leur obeissance soient eslevez à ceste dignité, pour ne donner le pas devant à ceux qui ont esté leurs propres sujets, tant y a qu'au lieu de les pousser dedans ceste piscine, ils les en retirent; et le Successeur de Sainct-Pierre, pour ne desplaire à ces testes souveraines et conserver la paix par tout, comme prince de paix, se sent obligé de laisser au bas bout, des particuliers dont la valeur meriteroit de passer aux plus eminentes dignitez de l'Eglise.

Les causes du retardement de la promotion de nostre Bien-heureux à ceste dignité, que l'on peut dire sans vanité et sans flatterie qu'il eust autant honoree comme il en eust retiré d'honneur, nous estans incognues, et laissant à part les conjectures que l'on en pourroit former; un jour que je luy parlois de cela en particulier, il me dit : « Mais en verité à quoy pensez-vous que me pust servir ceste qualité pour servir d'avantage à nostre Seigneur et à son Eglise? Rome qui seroit le lieu de ma residence, est-ce un poste plus avantageux pour cela que celuy-cy où Dieu m'a mis? Y aurois-je plus de travail, plus d'ennemis à combattre, plus d'ames à conduire, plus de sollicitude, plus d'exercices de pieté, plus de visites, plus de fonctions pastorales à faire?

— Vous entreriez, luy disois-je, dans la sollicitude de toutes les Eglises, et de la conduitte d'une Eglise particuliere, vous seriez admis en la part du soing de l'universelle, estant comme coassesseur du sainct Siege. — Vous voyez neantmoins, reprit-il, que les cardinaux qui se sont rendus plus signalez et qui esclattent encore d'avantage en pieté en nos jours, quand ils sont evesques et ont des dioceses, quittent la residence de Rome, qui n'est que de droit positif et ecclesiastique, pour se retirer en celle de leurs bergeries, qui est de droit divin, à raison du pastorat, qui oblige les pasteurs de veiller sur leurs troupeaux, et de paistre et conduire les ames qui leur sont commises. »

A ce propos il me racontoit une chose memorable du grand cardinal Bellarmin de tres-heureuse et saincte memoire. Il fut promeu à ceste dignité, sans son sceu et contre son gré, par Clement VIII. Soubs le pontificat de Paul V, qui luy succeda apres Leon XI, il fut pourveu contre son inclination à l'archevesché de Capoüe, le pape Paul le desirant ainsi. Il plia le col soubs ce joug, apres avoir fait ses remonstrances à sa Saincteté et les avoir sousmises à son ordonnance : le Pape sans y avoir esgard luy ayant commandé de prendre ceste charge pastorale.

Aussi tost qu'il fut sacré, il se prepara pour aller à sa residence. Le Pape qui se vouloit servir de luy à Rome, et qui le voyoit fort utilement employé en diverses congregations de cardinaux, le manda pour sçavoir s'il estoit resolu d'aller à Capoüe. Il respondit qu'il y estoit bien plus resolu à cela, qu'il ne l'avoit esté de se faire sacrer, mais que le commandement de sa Saincteté l'ayant obligé à se charger de ce fardeau, il estoit raisonnable qu'il le portast, et qu'il avoit pensé que sa Saincteté n'avoit point de besoin de luy à

Rome, puisqu'elle luy avoit donné la charge de ceste province.

Le Pape luy disant qu'il l'en dispenseroit : « Sainct Pere, reprit-il, ce n'est pas ce que j'ay toute ma vie enseigné aux escholes, où j'ay tenu que la residence des evesques estoit de droit divin, et par consequent indispensable. — Au moins, luy dit le Pape, donnez nous la moitié de l'annee. — Et durant ce semestre, reprit Bellarmin, de quelles mains sera redemandé le sang des oüailles qui se perdroient? — Au moins trois mois, dit le Pape. » Le Cardinal respondit comme des six. Et de fait il s'en alla à Capoüe, où il fit une residence continuelle de trois ans, où il composa, pour se deslasser des travaux de son office, ce beau et riche commentaire qu'il a fait sur les Pseaumes. Et jamais le Pape ne le peut tirer de là pour le faire revenir à Rome, qu'en luy permettant de resigner ceste Eglise entre les mains d'un prelat digne du choix d'un Bellarmin.

Voyla l'estime que ce grand homme, qui en ses jours a esté une colomne en la maison de Dieu, et qui nous a fourny de bouclier et d'espee contre les heresies, faisoit de la sollicitude d'une Eglise particuliere, et le point où il mettoit la residence des evesques. Sainct Charles Borromee, l'honneur des evesques et des cardinaux, en nos jours a monstré le mesme effect; et le mesme monstre encore à present son tres-digne successeur Frederic cardinal Borromee, l'un des plus sçavans et des plus pieux prelats qui soient en l'Eglise. En un mot nostre bien-heureux François n'estimoit les honneurs et dignitez tant de l'Eglise que du siecle, qu'autant qu'elles donnoient plus ou moins de moyen de servir Dieu et d'avancer sa gloire. C'estoit là la toise d'or dont il mesuroit la saincte cité de Jerusalem.

SECTION V.

De sa promotion à l'esvesché de Geneve.

Ceux qui nous ont escrit sa vie (et desquels je ne refoule pas volontiers les vestiges, parce que ces livres là estans tous les jours en vos mains, mes cheres Sœurs, vous les sçavez bien mieux que moy), parlent assez de sa promotion à l'evesché de Geneve; mais à mon avis, ils ne la regardent que superficiellement, et ne vont pas assez avant dans les racines.

Que nul ne s'ingere dans les charges et les honneurs, dit l'Apostre, *mais celuy-là seulement qui y est appelé de Dieu comme Aaron*[1]. Voila l'image de la vocation de nostre bien-heureux Pere: lequel s'estant donné à l'Eglise sans aucun dessein que d'y servir Dieu dans les fonctions du clergé, apres avoir passé par tous les degrez de chanoine, de curé, et de prevost; c'est à dire doyen de l'Eglise cathedrale; de predicateur, de confesseur, de missionnaire; Dieu, sans que le Bien-heureux y pensast, inspira son predecesseur, monseigneur de Granier, de jetter les yeux sur luy, comme sur un homme selon son cœur, pour le faire son successeur en ceste pesante charge de l'Eglise de Geneve.

Jamais le Bien-heureux ne luy en parla, ny fit parler, ny directement ny indirectement. Et quand il luy ouvrit son dessein, il ne s'amusa point à luy dire de belles paroles, ni à luy faire des refus acceptans, ni des complimens ordinaires qui n'ont aucune correspondance de la langue au cœur; il le laissa dire et faire, ou pour mieux dire, il regarda Dieu et se remit du tout à sa providence.

Dieu continua l'inspiration qu'il avoit commencee, et ayant donné le vouloir, il bailla aussi les moyens de l'accomplir; car ses œuvres sont parfaittes et sans repentance. Monsieur de Granier, sans que le Bien-heureux s'en meslast en

[1] Hebr. v, 4.

aucune façon, obtint l'aggrement de Son Altesse de Savoye, proposa François à sa Saincteté : laquelle, bien informée de sa probité et de sa capacité, qui sont les deux necessaires qualitez d'un bon ecclesiastique, consentit à ce choix, à condition que le demandé se presenteroit à Rome, pour estre examiné en plein consistoire. Ce qui obligea nostre bien-heureux François à faire ce voyage, qui est assez bien depeint par les escrivains de sa vie, avec son succès, et l'eloge que luy donna Clement par l'oracle de sa vive voix : *Boy de l'eau de ta cisterne, et partage tes eaux par les places*[1].

D'une si excellente vocation que pouvoit on attendre, sinon les fruicts qu'on a veu sortir? un bon arbre n'en peut porter de mauvais. Aussi a-t'il cheminé dignement en la vocation en laquelle il a esté appellé, et a esté comme la lumiere de l'aurore, qui ne cesse de s'avancer jusques au plein midy. *Je vous ay esleus*, disoit Jesus-Christ à ses Apostres, ce qui s'entend aussi et s'estend à leurs successeurs, *afin que vous alliez annoncer mon nom, et que vous portiez du fruict, et un fruit permanent*[2], *afin que vous operiez une viande qui demeure à la vie eternelle*[3]. O Dieu, que bien-heureux est celuy que vous eslisez, et que vous prenez de vostre propre main à vostre service, pour luy donner place en vostre tabernacle!

SECTION VI.

Il refuse l'archevesché de Paris.

En l'an 1619 estant venu à Paris avec messieurs les princes de Savoye, il y fit un sejour de huict mois, dans lequel on ne sçauroit exprimer les services qu'il rendit à la gloire de Dieu dans les ames. Tout ce grand theatre avoit les yeux tournez vers luy, comme l'ancien Caton attira tous ceux des Romains sur soy, un jour qu'il se monstra au theatre.

---

[1] Prov. v, 15, 16. — [2] Joan. xv, 16. — [3] Id. vi, 27.

Il n'y fut pas seulement consideré des brebis, mais aussi du pasteur, qui estoit lors monseigneur le cardinal de Rets, prelat incomparable en douceur, benignité, affabilité, humanité, liberalité, modestie, moderation, toutes qualitez charmantes. La suavité des mœurs et de la conversation de François, qui exhaloit une odeur de vie à la vie, apres laquelle chacun couroit, comme apres un parfum celeste, luy donna tellement dans les yeux, et par les yeux dans le cœur, qu'il conceut le desir de le faire son coadjuteur avec future succession.

Et ne pensant pas trouver de resistance à son dessein dans l'esprit de François, il y disposa celuy du roy (car alors il avoit grande part à ses conseils, et estoit fort employé dans le gouvernement de l'estat), ne restant plus qu'à faire passer le tout selon les formes en cour de Rome. Mais nostre François avec une merveilleuse addresse destourna ce coup, laissant ce grand cardinal avec plus d'admiration de sa vertu, que de satisfaction de sa condescendance.

Il allegua diverses excuses dont j'en pourrois rapporter icy quelques unes; mais vous les pouvez recueillir de ses epistres, mes Sœurs, où il les declare assez ouvertement et naifvement. Celles-cy me plaisent, qu'il ne croyoit pas devoir changer une femme pauvre à une riche, et que s'il quittoit sa femme ce ne seroit pas pour en prendre une autre, mais pour n'en avoir plus du tout, suivant ce conseil de l'Apostre : *Es tu libre? ne prends point de femme. En es tu deschargé? n'en cherche plus* [1]. Joint qu'ayant donné à son Eglise toutes ses affections, il n'en pouvoit plus concevoir pour une autre.

> Ista hæc prima meos, quæ me sibi junxit, amores
> Abstulit; illa habeat secum servetque sepulchro [2].

A n'en point mentir, c'est peu de chose que les honneurs et les dignitez, et neantmoins les mespriser et les refuser

---

[1] I Cor. vii, 27. — [2] Virgil. Æneid. iv, 28, 29.

n'est pas une petite chose. Il est aisé de les desdaigner quand on est esloigné, mais difficile de les combattre de près, et de les quitter quand on les possede, ou de les renvoyer quand ils se presentent. « La louange, disoit le grand Stoïque, est comme une maistresse, gracieuse quand elle vient, plus gracieuse quand elle frappe à la porte, tres-gracieuse quand elle l'enfonce; on tient à victoire d'en estre vaincu. » *Heureux celuy qui a esté trouvé sans tache, et n'a esperé aux thresors* (adjoustons, ny aux dignitez ny à la fumee des honneurs qui les environnent) : *qui est celui là? et nous le louerons; car il a fait des merveilles en sa vie* [1]. Mes Sœurs, je vous puis asseurer que celuy là c'est vostre pere et le mien, mon conservateur et vostre instituteur et fondateur le bien-heureux François de Sales.

SECTION VII.

Son desir de retraitte.

S'il fust revenu du voyage de Lyon où il mourut, son dessein estoit, comme nous l'avons appris de tesmoins dignes de foy, de se retirer en solitude, et apres avoir tant d'annees vacqué à l'office de Marthe, de donner le reste de ses jours à la fonction de Marie, et à ceste tres-bonne part de la vie contemplative qui ne sera jamais ostee, puisque c'est le grand et continuel exercice du ciel.

A ce sujet quelques annees avant son heureux decés, sans que personne s'en fust apperceu, et sous un pretexte fort specieux, il avoit fait bastir un hermitage en un lieu fort propre, devot, et agreable, sur le rivage du beau lac d'Annessi. Au talon d'une fort agreable montagne, qui est sur ce rivage, est un monastere de Benedictins appellé Talone, possible pour sa situation, parce qu'il est sur un talus, comme au talon de ceste coste. Il avoit par ses soins et par son

[1] Eccli. xxxi, 8, 9.

industrie introduit en ceste maison une reforme fort exemplaire; de sorte qu'il se plaisoit avec les saincts et vertueux habitans de ce sacré desert, comme avec ses freres et enfans tres-aimez.

Au haut d'une croupe voisine, sur un tertre egal et fort doux, environné de belles vignes et de bons plants, accompagné de fontaines bien claires, il y avoit une vieille chappelle dediée à Dieu soubs le nom d'un sainct fort renommé en ceste contrée, et qui avoit esté un des premiers conventuels de ce monastere, appelé sainct Germain. Ce lieu eslevé estoit exempt et des vapeurs et des humiditez qui incommodent ordinairement les vallées, et à un air fort pur et salutaire joignoit une des belles veuës, et l'aspect le plus diversifié qu'il estoit possible de desirer. Le bien-heureux François donna en secret au superieur de la reforme de ce monastere, qui estoit son intime amy, dequoy embellir ceste chappelle, et bastir aux environs cinq ou six cellules, fermees d'un agreable enclos.

Cettuy-cy disoit que cét hermitage serviroit à ses conventuels à faire quelquefois leurs solitudes et retraittes spirituelles, où separez des exercices du cloistre, ils vacqueroient à la contemplation et au recueillement interieur avec plus de repos et de loisir : et de fait il les y envoyoit quelquefois, le lieu y estant extremement propre, et ceste sorte de sequestration corporelle estant fort conforme à l'esprit de la regle de sainct Benoist qui recommande beaucoup la solitude, et qui est pratiqué à la lettre aux hermitages de Mont-Serrat.

C'estoit donc le dessein de nostre Bien-heureux de se retirer en ce sainct desert, apres avoir remis à monsieur de Chalcedoine son frere, qui estoit son coadjuteur et futur successeur, la pleine conduitte de son diocese. C'est là qu'il eust vraiment chanté avec David, *Voilà, je me suis esloigné en fuyant, et ay fait ma demeure en la solitude* [1] : et encor,

---

[1] Psal. LIV. 8.

J'ay fait ma transmigration en la montagne comme un passereau [1] : et de rechef, *J'ay esté fait comme le pelican de la solitude, comme le hybou dans les trous de la masure, et comme le passereau solitaire qui se cache sous le toict* [2].

Il disoit quelquesfois en particulier à ce bon prieur, à qui il avoit confié cét ouvrage et qui nous en a raconté l'histoire : « Monsieur le prieur, quand nous serons en nostre hermitage, nous y servirons Dieu avec le breviaire, le chappelet, la plume. Nous y jouyrons d'un sainct loisir pour y tracer à la gloire de Dieu et à l'instruction des ames, ce qu'il y a plus de trente ans que je roule dans mon esprit, et dont je me suis servy dans mes predications, et mes instructions et meditations particulieres. J'en ay quantité de memoires; mais j'espere outre cela que Dieu nous inspirera, et que les conceptions nous tomberont du ciel dru et menu, comme les floccons de neige qui blanchissent en hyver toutes nos montagnes. O qui me donnera des aisles de colombe pour voler en ce sacré repos, et pour respirer un peu soubs l'ombre de la croix? Là *Expectabo donec veniat immutatio mea* [3]. »

Mais las! Dieu luy preparoit bien un autre repos, qui estoit le fruict de tous ses travaux passez. Il luy fit la mesme grace qu'à Moyse, lequel apres avoir veu de loin la terre de promesse, mourut sur la montagne de Nebo dans le baiser du Seigneur. O que bien-heureux sont ceux qui meurent ainsi! car ils reposent de leurs labeurs, et leurs œuvres les suivent dans le salaire de la gloire.

SECTION VIII.

Du jeusne.

Quelque prelat, que je cognoy fort bien, l'estant allé visiter, il le receut selon son ordinaire, en sa maison, avec beaucoup

---

[1] Psal. x, 2. — [2] Psal. ci, 7, 8. — [3] Job xiv, 1.

d'humanité et d'hospitalité, et l'y retint quelques jours. Un vendredy au soir le Bien-heureux le vint trouver en sa chambre, luy demandant s'il luy plaisoit de venir à la table où le souper l'attendoit.

« Souper ! dit son hoste; il n'en est pas aujourd'huy le temps : encore semble-t'il que c'est le moins que l'on puisse faire de jeusner une fois la sepmaine. » Le Bien-heureux le laissant en sa liberté se retira, commandant qu'on luy portast sa collation à sa chambre, et luy s'en alla en la sale souper avec les aumosniers de ce prelat son hoste, et avec ceux de sa famille qui avoient accoustumé de manger à sa table.

Les aumosniers de ce prelat luy dirent qu'il estoit tellement exact et ponctuel en ses exercices de piété, soit de l'oraison, soit du jeusne et semblables, que par toutes les compagnies qui le venoient visiter il n'en rabatoit jamais un point; non qu'il ne se mit à table avec les autres aux jours qu'il jeusnoit, mais il n'y mangeoit que ce qui estoit des bornes de son jeusne.

Un jour que nous parlions de la saincte liberté d'esprit, à laquelle ce Bien-heureux avoit tant d'affection, comme estant une des grandes aides de la charité, il me recita ceste histoire, et me dit que la condescendance estoit fille de la charité, aussi bien que le jeusne est sœur germaine de l'obeissance; que si l'obeissance passoit le sacrifice, il ne faisoit aucune difficulté de preferer la condescendance et l'hospitalité au jeusne. De cela sont frequens les exemples des saincts. Mais l'Escriture, qui est au dessus de tout cela, nous asseure que par l'hospitalité quelques uns ont merité de recevoir les Anges : dont sainct Paul prend sujet d'exhorter les fidelles de n'oublier pas la beneficence et l'hospitalité, comme des hosties fort agreables à Dieu[1].

« Voyez-vous, me disoit-il, il ne faut pas estre si attaché

---

[1] Hebr. XIII, 2, 16.

aux exercices, mesmes les plus pieux, que l'on ne les puisse quelquefois interrompre : autrement sous pretexte de fermeté d'esprit et de fidelité, il s'y glisse un tres fin amour propre, qui fait que l'on quitte la fin pour le moyen ; car, au lieu de s'arrester à Dieu, on s'attache au moyen qui conduit à Dieu.

» Et au regard de ceste occurrence dont nous parlons, un jeusne de vendredy, ainsi interrompu, en eut caché plusieurs autres ; et ce n'est pas une moindre vertu de cacher de telles vertus, que ces vertus là mesme que l'on cache. Dieu est un Dieu caché qui aime à estre servy, prié, et adoré à cachettes, comme l'Evangile nous tesmoigne[1]. Vous sçavez ce qui arriva à cét inconsideré roi d'Israel, pour avoir monstré ses thresors aux ambassadeurs d'un prince barbare, qui les luy vint ravir avec une puissante armee[2].

Crede mihi, bene qui latuit, bene vixit.

» Quelqu'un qui l'eust veu souper un vendredy, n'eust jamais deviné qu'il eut eu ceste coustume de jeusner tous les vendredis. Il pouvoit remettre ceste partie au samedy, sinon à la semaine suivante : au fort il pouvoit obmettre ce jeusne, et faire tenir sa place à la vertu de condescendance ou d'eutrapelie. J'excepte pourtant le cas du vœu : car en cela il faut estre fidele jusques à la mort, et ne se soucier pas de ce que les hommes diront, pourveu que Dieu soit servy. *Qui hominibus placent confusi sunt, quoniam Deus sprevit eos*[3]. »

SECTION IX.

Du mesme subjet.

Un jour ce bien-heureux Prelat me demanda si je jeusnois facilement. « Tant, luy dis-je, que je n'ay presque jamais de faim : et quand je me mets à table, c'est presque

---

[1] Matth. vi, 6. — [2] IV Reg. xx, 12-18. — [3] Psal. lii, 6.

tousjours sans appetit; les premiers morceaux me l'ouvrent, tant le proverbe espagnol est veritable : *A comer y arançar, siempre commençar*. A manger et à se gratter il ne faut que commencer. » Alors il me dit : « Ne jeusnez donc gueres. — Pourquoy, luy dis-je, mon Pere? ceste espece de mortification est tant et tant recommandee en la parole de Dieu!

» C'est, reprit-il, pour ceux qui ont meilleur appetit que vous : faites quelqu'autre bonne œuvre, et mattez vostre corps par quelque autre exercice. — Je ne suis pas des plus robustes, luy dis-je, pour supporter de grandes austeritez corporelles. — La plus grande de toutes, reprit-il, est le jeusne; car c'est celle qui met la coignee à la racine de l'arbre; les autres ne font qu'effleurer, esgratigner, emonder.

Luxuriat raro non bene pasta caro.

Au contraire, quand elle est grasse elle regimbe aisement; l'iniquité sort ordinairement de la graisse. Ceux qui sont sobres de leur naturel ont un grand advantage pour l'estude et pour les choses spirituelles. *Equi eorum caro* : mais chevaux qui ont un frein et camorre puissant qui les range à leur devoir. »

Ce mesme Bienheureux n'aymoit en ses devots les jeusnes immoderez, comme il le tesmoigne en sa Philothee; et sa raison estoit fort gentille. « L'Esprit, disoit-il, ne peut supporter le corps quand il est trop gras, et le corps ne peut supporter l'esprit quand il est trop maigre. Il aymoit un traitement esgal; disant que Dieu vouloit estre honoré avec jugement : et adjoustoit que l'on peut tousjours diminuer les forces du corps facilement, et quand l'on veut; mais qu'on ne peut pas les reparer avec tant de facilité quand elles sont abbattuës. Il est aisé de blesser, non de guerir. L'esprit doit traitter le corps comme son enfant, le corrigeant sans l'assommer : mais comme un sujet rebelle, quand il se revolte, selon ce mot de l'Apostre, *Si je chastie mon corps et le redui en servitude*[1]; le traitter en cheval, quand il fait la beste; et, comme disoit le bon sainct François, le manier en frere l'asne. »

SECTION X.

Consultation sur une retraitte.

Comme je le consultois sur ma retraitte en une vie privee et solitaire, dont j'estois sollicité et pressé par mon inclination; desirant sonder de quel esprit j'y estois porté, il me respondit une fois par ces belles paroles de sainct Augustin : *Otium sanctum diligit charitas veritatis, et negotium justum suscipit veritas charitatis*[2]. La charité, c'est à dire, le sainct amour de la verité eternelle, nous sollicite à la retraitte pour pouvoir vacquer dans ce sainct loisir à la contemplation des choses divines : mais la verité de la charité, c'est à dire, quand nous avons dans le cœur une charité veritable, nous ne sommes pas moins poussez à entreprendre de justes travaux pour avancer la gloire de Dieu dans le service du prochain.

Bien qu'il estimast beaucoup plus la part de Marie, appellée tres-bonne en l'Evangile[3], que celle de Marthe, c'estoit pourtant son avis que celle de Marthe, entreprise pour le pur amour de Dieu, estoit plus conforme à la vie presente, et que celle de Marie avoit plus d'alliance et de convenance avec celle de la bien-heureuse eternité. Il exceptoit seulement quelques vocations extraordinaires et speciales, accompagnees d'attraits si puissants que l'on n'y pouvoit presque resister; et aussi ceux qui n'ayans pas les talens pour servir en l'office de Marthe, en avoient de propres à la vie purement contemplative : comme aussi ceux qui ayans usé toutes leurs forces corporelles au service de l'Eglise et des ames, se retiroient quelque temps avant que mourir en

---

[1] I Cor. ix, 27. — [2] De Civit. Dei, lib. 19, cap. 19. — [3] Luc. x, 42.

l'extremité de leur vie, pour se disposer au passage qui est ordonné à toute chair.

C'est pour cela que non seulement il me rebuttoit, mais me rabroüoit quelquefois, non pas certes asprement ny durement (car sa douceur incomparable n'estoit point capable de ces severitez), mais fortement et fermement quand je luy parlois de quitter ma charge, d'abandonner le timon en la main de quelque meilleur pilote : il appelloit cela tentation, et en fin me renvoyoit si loing que tant qu'il vescut je n'osay jamais en faire d'ouverture à personne.

Mais apres son bien-heureux trespas estant arrivé en haute mer, et ayant perdu de veuë ma belle estoille, ceste pensee me donna de si vehements assauts que je me resolus de prendre terre, et de me retirer dans une cale, d'où je voy comme dans un abry les orages et les tempestes qui agitent les vaisseaux des autres nautonniers, experimentant ce que dit ce pilote :

> Suave mari magno turbantibus æquora ventis,
> De terra magnum alterius spectare laborem [1].

Il usa d'une conduitte presque pareille sur ceste tres-vertueuse ame qui a servy de premier pere à l'edifice spirituel de la congregation de la Visitation qu'il a fondee : car il la tint plus de neuf ans dans le siecle, à l'education et elevation des enfans que Dieu luy avoit donnez, et à l'assistance spirituelle de ses pere et beau-pere, personnes aagés et de notable qualité, avant que luy permettre la retraitte dans la solitude du cloistre, et de faire comme un passereau solitaire sa transmigration dans les montagnes : tant il estoit exact à suivre, et faire suivre à ceux qu'il conduisoit, les sainctes lumieres de la foy, non les ardentes et fausses lueurs de leurs inclinations naturelles.

[1] Lucret. II, 1, 2.

SECTION XI.

Remarque sur l'humilité.

Apres les enseignemens que nostre bien-heureux Pere en donne en sa Philothee, que voulez-vous que je vous en die, mes cheres Sœurs, sinon une certaine distinction de ceste vertu, que j'ay autresfois recueillie de ses discours?

Il la distinguoit donc premierement en exterieure et interieure. Que si celle là n'est produitte, ou au moins n'est accompagnee de celle-cy, elle est tres-dangereuse, et procede du plus fin orgueil qui se puisse imaginer; puisqu'il trompe celuy-là mesme qui en est saisi, en luy persuadant, par ses actions exterieures, qu'il est vrayement humble; ce qui est souvent une vraye piperie. Car l'humilité qui n'est qu'exterieure, est une escorce, une mine, une apparence qui couvre pour l'ordinaire la tromperie et l'hypocrisie; et c'est contre ceste fausse et trompeuse humilité que Nostre Seigneur declame en tant de lieux en l'Evangile, et avec tant de vehemence. Cét attirail de grimaces, de contenances, et de postures affettees et estudiees n'est que fard, et un vray voile de malice, pour user des termes de l'apostre[1]. Mais pourtant, quand ceste modestie exterieure procede d'un bon principe interieur, et de ceste humilité de cœur et d'esprit qui est si recommandée en l'Escriture, elle est fort bonne et peut servir à l'edification du prochain, et à tesmoigner une bonne conversation. Il est vray qu'elle porte en soy une telle naïfveté et franchise, et va d'une maniere si noble et genereuse, qu'à ceux qui n'ont point tout à fait le jugement obtus, elle est aisee à distinguer de ceste deguisee et pharizaïque, qui va à l'orgueil et à la reputation par une fausse porte, et qui bande de toutes ses forces vers la gloire des hommes, quoy qu'elle y semble tourner le dos, à la façon des rameurs.

[1] I Petr. II, 16.

Il distinguoit derechef l'humilité interieure en celle de l'entendement, et en celle de la volonté; c'est à dire, en celle de cognoissance, et en celle d'affection. De celle-là il en est assez, peut estre que trop, car qui est celuy qui ne sçache que nous ne sommes rien? De là tant de beaux discours du neant, de mon neant, descendre en son neant et aneantissement, appuyez de tant de sainctes paroles de l'Escriture, *Ma substance est comme un neant devant Dieu*[1]; *Je suis reduit au neant, et je ne m'en apperçoy pas*[2]; *Si je n'ay la charité je ne suis rien*[3]; et semblables. Mais l'importance est de sçavoir, si ceste cognoissance meine dans l'affection de s'humilier, et de chercher ou de souffrir les humiliations : car dequoy sert de sçavoir la volonté du maistre et ne l'executer pas, sinon d'augmenter son supplice? Ce n'est pas que ce flambeau ne soit bon devant la volonté, laquelle estant de sa nature une faculté aveugle ne va qu'où l'entendement la conduit.

La vraye humilité donc, entant que vertu morale, et l'une des associées de la temperance, a son siege en la volonté : où de rechef elle a divers degrez, dont le premier est de l'aymer à cause de la raison et de l'honnesteté qui nous y convient ; le second, de la desirer, parce que qui bien ayme bien desire ; le troisieme, de la pratiquer soit en recherchant les occasions de nous humilier, soit en recevant de bon cœur celles qui nous arrivent de dehors.

Or nostre bien-heureux pere François, mes Sœurs, estimoit beaucoup plus ceste derniere pratique que la precedente : parce qu'il y a bien plus d'abjection à souffrir, aymer, embrasser, recevoir avec joye les humiliations qui nous viennent sans nostre choix, qu'en celles que nous elisons; parce que nostre eslection est d'ordinaire fort exposee aux attaintes du propre amour, si l'on n'a l'intention fort droitte et bien purifiée, et qu'où il y a moins du nostre il y a tousjours plus de la volonté de Dieu.

[1] Psal. xxxviii, 6. — [2] Psal. lxxii, 22. — [3] II Cor. xiii, 2.

Et quand on est arrivé à ce point de se plaire pour l'amour de Dieu dans les abjections, avilissemens, opprobres et mespris, et comme dit l'Apostre, de surabonder de joye, et d'estre remply de consolation dans les ravalemens [1], plus ceste espece d'humilité est profonde, plus est elle sublime; parce que l'eslevation de ceste vertu consiste en son abbaissement.

De là naist la vraye humilité effective, laquelle doit avoir sa racine dans l'affective; afin que son cachet soit non-seulement sur le bras, qui est la marque des effects et des œuvres, mais encore sur le cœur, qui est le siege des affections : et tels sont les vrais humbles d'esprit, ausquels le salut est promis. *Humiles spiritu salvabit* [2].

SECTION XII.

De la pauvreté d'esprit.

Ayant à vous parler des beatitudes evangeliques selon vostre desir, mes cheres Sœurs, la pratique desquelles estant au plus haut degré de la charité, c'est à dire, de la perfection chrestienne, et vous ayant tousjours esté fort recommandée par nostre bien-heureux Pere; il faut que je vous descouvre en ceste premiere, qui est la pauvreté d'esprit, quel estoit son sentiment.

Il disoit donc que par la pauvreté d'esprit il falloit concevoir trois excellentes qualitez : la premiere, la simplicité; la seconde, l'humilité; la troisieme, la vraye et chrestienne pauvreté, telle qu'elle est recommandee en l'Evangile.

Quant à la simplicité, vous en avez un discours entier dans ses entretiens spirituels, où il la depeint si naïvement que vous n'avez que faire d'autre pinceau pour la bien recognoistre. Je vous en diray seulement ce mot, que comme ceste vertu consiste en l'unité de regard vers Dieu, rappor-

---

[1] II Cor. vii, 4. — [2] Psal. xxxiii, 19.

tant à cét unique but la multiplicité des regards des choses qui ne sont point Dieu, afin de blesser le cœur de l'Espoux par cét œil unique et ce seul cheveu : elle est en cela une vraye pauvreté d'esprit, puisque la vraye pauvreté est une privation des choses superfluës, et un usage fort simple et estroit de celles qui sont necessaires.

Et comme le pauvre se tient pour le plus abject et le dernier de tous les hommes; aussi fait le vray humble, ne voyant rien sur la terre au dessous de soy, puis qu'il se tient pour un vray neant, et pour un faineant et serviteur inutile.

Au regard de la pauvreté, nostre bien-heureux Pere la distinguoit en trois classes : premierement, en affective et non effective; secondement, en effective, et non affective; troisiemement, en affective et effective. La premiere est excellente et peut estre exercee parmy les plus amples richesses : et telle a esté celle d'Abraham, de David, de sainct Louys et de tant d'autres grands saincts qui ont esté parmy de grandes opulences, demeurans neantmoins pauvres d'affection; c'est à dire, ayans la pauvreté en disposition d'esprit, s'il eust plû à Dieu la leur envoyer, et estans prests de la recevoir, avec benediction, loüange et action de graces. Job le monstra bien; lequel estant privé de tous ses grands moyens en la maniere que se void en l'histoire de sa vie, ne s'en esmeut point d'avantage que de dire : *Le Seigneur m'avoit donné beaucoup de biens, le Seigneur me les a ostez; son sainct nom en soit benit*[1]. C'est estre pauvre d'esprit cela, mesme dans la possession des richesses.

La seconde espece de pauvreté est doublement malheureuse, parce qu'elle est effective et dans les incommoditez exterieures; et encore dans des desplaisirs interieurs, parce qu'elle n'est pas dans l'affection. Tels sont ceux qui sont

[1] Job I, 21.

pauvres en effect, mais à regret, et qui ont une passion exterieure d'avoir des richesses, qui ne les tourmente pas moins que la disette à laquelle ils sont reduits. C'est de ceux-cy qu'il faut dire le revers de la beatitude dont nous parlons, et user des termes de nostre bien-heureux Pere dans sa Philothee : « Comme à ceux qui sont vrayement pauvres d'esprit est preparé le royaume des cieux; mal-heureux sont les riches d'esprit, car le royaume d'enfer est à eux [1]. » Je dy, est à eux dés ceste vie : car comme la paix de Dieu qui passe tout sentiment et toute intelligence, et qui est le fruit de la justice, c'est à dire, de la grace, met en nous, dés cette vie, le royaume des cieux; aussi la passion d'avarice, qui est une servitude d'idoles, y met le royaume d'enfer.

La troisieme espece de pauvreté, et effective et affective, est la vraye pauvreté et conseillee et recommandee en l'Evangile. Elle peut estre pratiquee en deux manieres : lors que Dieu nous met en estat de pauvreté soit par naissance soit par desastre, et que nous y acquiesçons de bon cœur, benissans Dieu de nous avoir mis par sa providence à la suitte de Jesus-Christ, de sa saincte Mere, et de ses Apostres, que nous sçavons avoir vescu dans la pauvreté. Alors nous pouvons passer pour pauvres volontaires, puis que nostre volonté se soumet à celle de Dieu, qui de sa propre main nous a mis dans ceste condition, et en a fait le choix pour nous dans sa providence.

Mais il y a une autre maniere de pratiquer cette pauvreté et affective et effective, laquelle procede de nostre eslection, lors que pour embrasser à la lettre, et aussi selon l'esprit, le conseil evangelique, couché au dix-neuviesme chapitre de sainct Matthieu, nous vendons tout ce que nous avons, et le distribuons aux pauvres, pour suivre Jesus-Christ; c'est à dire, pour marcher apres luy en l'estat de pauvreté, laquelle il a embrassee pour l'amour de nous, afin de nous enrichir de sa disette.

[1] Part. 3, chap. 14.

Or suivre Jesus-Christ, c'est aller apres son exemple, et marcher ainsi qu'il a cheminé. Et comment a-t'il cheminé? l'Escriture nous l'apprend : il a esté pauvre, et dans le travail dés sa jeunesse. Luy, sa saincte Mere et ses Apostres ayans tout quitté, ont vescu de leurs labeurs ou spirituels ou corporels, sans estre à charge à personne, comme sainct Paul parle [1], et ainsi que le tesmoigne toute l'histoire evangelique.

Voicy les propres termes de la Glose ordinaire, tirée de Bede le Venerable sur ce passage de sainct Luc : *Vendez ce que vous possedez, et le donnez en aumosne*[2]. « Ne craignez
» point, dit-il[3], que combattans, c'est à dire, travaillans pour
» le royaume de Dieu, les choses necessaires à la vie vous
» viennent à manquer; mais plustost vendez vos possessions
» pour en distribuer le prix en aumosnes. Ce qui se fait dignement et comme il faut, lors que celuy qui a quitté tous
» ses biens pour le Seigneur, travaille de ses mains, non
» seulement pour gaigner sa vie, mais encore pour donner
» l'aumosne. C'est dequoy se glorifie l'Apostre, quand il dit :
» *Je n'ay desiré ny l'or, ny l'argent, ny les biens d'aucun; car*
» *vous sçavez que mes mains m'ont fourny, et à ceux qui*
» *estoient avec moy, les choses necessaires : ce que je vous*
» *ay monstré, pour vous apprendre à soulager de cette façon*
» *les necessiteux*[4]. »

SECTION XIII.

De la suffisance spirituelle.

Nostre volonté est tellement encline vers le bien, qui est son cher et tres-aimable objet, qu'aussi tost qu'elle l'appercoit, à l'aide de l'entendement qui le luy monstre, elle s'y porte avec impetuosité, et à mesure que le bien est grand, elle s'y pousse avec une plus grande vehemence. Tout son

---

[1] II Thess. III, 8. — [2] Luc. XII, 33. — [3] Lib. 4, cap. 54 in Lucam. — [4] Act. xv, 33-35.

malheur procede de son guide; car si l'entendement trompé luy fait voir un faux bien soubs l'apparence d'un vray, elle, qui de sa nature est aveugle, suit son inclination, et s'y attache avec ardeur. De là viennent tous les desordres qui sont au monde. Car rien de crée n'estant capable d'assouvir nos affections, il n'y a que le bien infiny, qui est Dieu (lequel est plus grand que ses œuvres), qui soit suffisant de les arrester.

> Tout un monde ne peut combler
> Les desirs d'un seul Alexandre.

Il estoit un jour arrivé une grande disgrace, et comme une desroute generale de fortune, à une personne de consideration, qui faisoit profession de la vie devote. Ce malheur qui luy enleva de grands biens, donna une telle attainte de douleur et de tristesse à son esprit, qu'elle estoit comme inconsolable; et elle se transportoit quelquefois dans ses excez, à des paroles de precipitation contre Dieu, comme si sa providence eust dormy pour elle, et comme si en vain elle eust tasché de justifier son cœur, pour servir Dieu avec innocence et pureté de vie.

Le bien-heureux François prenant, par la compassion, part à ses desastres, et taschant de remettre son ame en une plus droitte assiette, y perdoit presque toutes ses industries, quand Dieu luy inspira une sentence qui merite d'estre escrite sur le cedre, et d'estre conservee à la memoire de la posterité. Apres avoir essayé de destourner ses yeux de la terre pour les ficher en Dieu, comme ceux du bon serviteur qui sont collez sur les mains de son maistre; en fin il luy demanda si Dieu ne luy estoit pas non seulement plus que toutes choses, mais toutes choses; et si, l'ayant aymé avec beaucoup de choses, elle n'estoit pas preste de l'aymer sans toutes choses. Cette ame, luy ayant respondu, que ce discours estoit plus speculatif que pratic, et plus aisé à dire qu'à reduire en effect : « Certes, reprit le Bien-heureux, Celuy est trop avare à qui Dieu ne suffit. »

Ce mot d'*avare* toucha si vivement ce cœur auparavant endurcy aux remonstrances, qu'il fit comme la gaule de Moyse qui tira les eaux du rocher. Aussi estoit-ce une personne qui dans l'abondance avoit toujours haï l'avarice, et usé fort liberalement de ses biens, partie en despenses mondaines, partie en œuvres de misericorde. Pour tesmoignage que ce n'est ny celuy qui plante, ny celuy qui arrose, mais Dieu seul qui fait misericorde, il arrive souvent que les paroles les moins premeditees des serviteurs de Dieu, sont celles à qui Dieu donne plus d'efficace pour toucher les cœurs. Celles-cy ont cet ascendant sur cette ame, laquelle en fin considerant que Dieu seul n'estoit pas moins aimable sans toutes choses qu'avec toutes choses, commença par là à s'accoiser, et peu à peu l'huille de la grace commença à multiplier en elle, à mesure qu'elle luy fit place, en se faisant vuide de ses propres interests.

Et, à dire le vray, qu'est-ce qui peut suffire à celuy à qui Dieu ne suffit pas? Tout ce qui n'est point Dieu ne sert de rien sans Dieu, et ne peut estre legitimement aymé qu'avec rapport à Dieu. Bien-heureux qui n'ayme que Dieu en toutes choses, et toutes choses qu'en Dieu; nulles choses sans Dieu et hors de Dieu, et Dieu sans toutes choses et hors de toutes choses: voila l'un necessaire et la tres-bonne part de Marie[1]. Verité infinie qui comprend en eminence la multiplicité de toutes les choses finies. O le Dieu de nostre cœur, que voulons nous au ciel et en la terre, sinon que vous soyez la part de nostre heritage pour jamais?

SECTION XIV.

De l'amour des pauvres.

« La pauvreté, disoit-il, est une qualité que je n'ay jamais veuë de bien prés. Dieu cognoissant ma foiblesse m'a

[1] Luc, x, 42.

esté si bon, qu'il m'a donné liberalement ce que Salomon, dans son opulence si magnifique, luy demandoit avec tant d'instance, qu'il ne luy donnast ny la pauvreté disetteuse et necessiteuse, ny les richesses superfluës et trop abondantes, parce que dans ces deux extremitez se cachent de grandes tentations[1].

» Il y en a qui sont pauvres dans leurs richesses, mais diversement. Les uns, parce qu'ils ne sont pas contens de ce qu'ils ont, et en convoittent d'avantage : et ils sont pauvres et disetteux de ce qu'ils convoittent, d'autant qu'ils ne l'ont pas; et pauvres d'opinion, parce qu'ils se tiennent tels.

» D'autres sont pauvres en leurs richesses, d'autant qu'ils n'en sçavent pas user, se desnians à eux-mesmes les choses necessaires. Ce qui a fait dire à un ancien, que l'avare n'est bon à personne, et tres-mauvais à luy mesme; et cét autre :

Quis dives? Qui nil cupit. Et quis pauper? Avarus.

» D'autres sont pauvres dans leurs richesses d'une maniere excellente, parce qu'ils en font aussi peu d'estat que s'ils n'en avoient point, pratiquans fermement ce mot du Psalmiste : *Si vous abondez en richesses, n'y appliquez point vostre cœur*[2].

» Il y en a d'autres qui sont riches en leur pauvreté, parce qu'ils sont aussi contens et plus dans la privation des biens que l'on appelle de fortune, que s'ils possedoient de grands tresors. *C'est un grand bien*, dit la saincte parole, *que la pieté avec la suffisance*[3].

» Mais il y a une certaine pauvreté excellente, qui se peut pratiquer dans les richesses; c'est l'amour des pauvres : car l'amour nous rend semblables aux choses que nous aymons, et infirmes avec les infirmes, nous devenans en quelque maniere pauvres avecque les pauvres, prenans par compassion part à leur pauvreté.

---

[1] Prov. xxx, 8, 9. — [2] Psal. lxi, 11. — [3] I Tim. vi, 6.

» Or ce n'est pas assez que cét amour soit affectif, si encor il n'est effectif : autrement il aura plus de lumiere que de chaleur, plus de cognoissance que de dilection. Ce n'est pas le tout d'aymer de parole et de langue, si cela n'est suivy de l'œuvre et de la verité, dit sainct Jean[1]. Où vous voyez qu'il conjoinct l'œuvre avec la verité, comme la parole avec la langue. Aymer quelqu'un n'est pas seulement luy vouloir et souhaitter du bien, mais luy en faire, quand on en a le pouvoir; autrement on tombe dans le reproche que fait sainct Jacques à ceux qui ne donnent aux pauvres que des paroles de consolation, sans les soulager effectivement quoy qu'ils en ayent la puissance[2]. »

Nostre bien-heureux Pere, mes Sœurs, avoit un si tres-tendre amour pour les pauvres, qu'en cela seulement il sembloit estre acceptateur des personnes; de ce qu'il les preferoit aux riches au soin de leur salut et spirituel et corporel, faisant comme les medecins qui courent aux plus malades.

Un jour j'attendois avec plusieurs autres à me confesser à luy, tandis qu'il escoutoit la confession d'une pauvre vieille femme aveugle qui alloit demandant son pain par les portes. Et comme je m'estonnois de la longueur de cét entretien : « Elle void, me dit-il, plus clair aux choses de Dieu, que plusieurs qui ont de bons yeux. »

Une autrefois j'estois en batteau avec luy sur le lac d'Annessi, et les batteliers qui ramoient l'appelloient mon Pere, et traittoient avec luy assez familierement : « Voyez vous, me disoit-il, ces bonnes gens? ils m'appellent leur Pere, et c'est la verité qu'ils m'ayment comme cela. O qu'ils me font bien plus de plaisir que ces faisans de compliments qui me traittent de Monseigneur! »

[1] I Joan. III, 18. — [2] Jacobi II, 15, 16.

SECTION XV.

Un traict de Seneque.

Je luy alleguois un jour ce trait de Seneque : « Celuy la est grand de courage qui se sert de plats de terre avec autant de contentement et de satisfaction que s'ils estoient d'argent ; mais celuy-là est plus grand, qui mange en des plats d'argent, et en tient aussi peu de conte que s'ils estoient de terre. »
« Ce Philosophe, me dit-il, a raison de parler ainsi : car le premier se repaist d'une imagination creuse, qui peut estre sujette à la vanité ; mais le second monstre bien qu'il est au dessus des richesses, puis qu'il ne s'en soucie non plus que de boüe.

» Mais, mon Dieu, que la philosophie humaine est ridicule, et bouffie d'ostentation ! Ce mesme philosophe qui parle si excellemment du mespris des richesses dans tous ses ouvrages, en avoit par dessus les yeux, et fut trouvé en sa mort riche de plusieurs millions : ne vous semble-t'il pas qu'en ceste condition il parloit de la pauvreté comme un clerc des armées ? Il fait bien meilleur oüir un sainct Paul parlant en maistre passé en ce sujet, et qui pratiquoit la pauvreté à un si haut point, qu'il aimoit mieux vivre du travail de ses mains que de celuy de l'Evangile, duquel il pouvoit tirer sa vie aussi bien que les autres Apostres. C'est luy qu'il faut entendre, et croire, quand il dit qu'il estime toutes choses comme fumier et ordure, à comparaison du service de Jesus Christ, reputant à dommage ce qu'auparavant il tenoit à profit et commodité[1]. »

Et comme je continuois à loüer ce philosophe Stoïque, dont la lecture m'estoit en delices en mes jeunes ans, estimant que ses maximes approchoient bien fort des evangeliques : « Ouy, me dit-il, quant à la lettre, nullement selon

[1] Philipp. III, 8.

l'esprit. — Pourquoy cela, dis-je? — Parce, repart-il, que l'esprit de l'Evangile ne vise qu'à nous despoüiller de nous mesme, pour nous revestir de Jesus-Christ et de la vertu d'en haut, à renoncer à nous mesme, pour dépendre entierement de la grace : au lieu que ce philosophe nous rappelle tousjours à nous mesme, ne veut point que son sage emprunte son contentement ny sa felicité hors de soy; ce qui est un orgueil manifeste, et une folie en grand volume. Le sage chrestien doit estre petit devant ses propres yeux, et si petit qu'il se tienne pour un rien : au lieu que ce Stoïque veut que le sage qu'il s'imagine, soit au dessus de toutes choses, et s'estime maistre de tout l'univers, et artisan de sa propre fortune; ce qui est une vanité insupportable. »

Luy parlant de certaines lettres, qui se lisent en quelques autheurs, de sainct Paul à Seneque, et de Seneque à sainct Paul, il me dit qu'il les tenoit pour fausses et supposees, et que sainct Paul estoit autant opposé à ce philosophe que le jour à la nuict : avis que j'ay depuis recognu fort veritable par l'attentive lecture des escrits de l'un et de l'autre.

SECTION XVI.

Judicieux refus.

Le Grand Henry IV, de glorieuse memoire, faisoit beaucoup d'estime de la vertu de nostre Bien-heureux, desirant l'attirer en son royaume et à son service, jugeant que c'estoit un personnage dont l'employ pourroit apporter du bien à sa couronne. Pour ce sujet attendant qu'il vacquast quelque evesché de plus grand revenu que celuy de Geneve, et sçachant que le bien qui luy restoit estoit de peu de valeur, il luy fit offrir une pension assez considerable.

Le bien-heureux François, qui ne vouloit ny quitter une Eglise qu'il cognoissoit que la providence du ciel avoit commise à son soin, pour en prendre une autre qui luy viendroit de la part de la prudence humaine, ny mesme donner de la jalousie au prince dans les estats duquel il avoit sa residence, s'il se rendoit pensionnaire d'un autre, trouva un expedient qui le parast en mesme temps de ces deux coups. Rendant tres humbles graces au Roy, de la pensée que sa Majesté daignoit avoir de son avancement, estimant à un extreme honneur de se voir logé dans le souvenir d'un si grand monarque; mais le suppliant de le laisser au poste où Dieu l'avoit mis en son Eglise, ne croyant pas qu'il fallust estimer les eveschez par les revenus, mais par le plus grand service que l'on y pouvoit rendre à Dieu, en quoy il pensoit que son diocese ne cedoit à aucun autre. Et quant à la pension, qu'il ne la refusoit pas, venant d'une main royale si digne d'estre reverée, mais qu'il supplioit sa Majesté d'aggreer qu'il la laissast en depost entre les mains du tresorier, jusques à ce qu'il en eust besoin pour le service de la religion catholique ou des pauvres, Dieu jusqu'alors luy ayant assez largement fourny les choses necessaires à la vie.

Le Grand Henry fit cas de l'addresse de son jugement, et loüant hautement sa prudence, « Voilà, dit-il, le plus agreable et mieux assaisonné refus qui m'ait jamais esté fait. Cét homme est hors de toute corruption, puisqu'il est si eslevé au dessus des presans. »

Que d'autres admirent icy la magnanimité au refus des dignitez et des biens; les unes ne sont que fumées, les autres que terre : pour moy je m'arreste à la prudence, qui sçeut si bien mesnager deux coups d'une pierre, et contenter un grand roy, sans mescontenter son prince qui n'estoit pas lors en si bonne intelligence avec le Grand Henry. *L'honneur du roy*, dit le Psalmiste, *ayme le jugement*[1]. Voicy ce mot executé à la lettre. Qui ne dira que Dieu a tenu ce Bien-heureux par la main droitte, et l'a conduit par de droittes voyes dans le grand chemin de sa volonté?

---

[1] Psal. xcviii, 4.

SECTION XVII.

De la vie commune.

Nous ne parlons pas icy de la vie qui se meine en commun, dans les sainctes communautez des Ordres conventuels approuvez par l'Eglise : nous parlons de la vie vulgaire et commune, c'est à dire ordinaire, qui se meine en la societé civile, dans les familles des seculiers; à comparaison de laquelle, celle des personnes cloistrées peut estre appellee singuliere et extraordinaire.

C'est ceste vie commune et populaire que Nostre Seigneur Jesus-Christ a choisie pour soy, et l'a comme transmise à ses Apostres, et à leurs successeurs, les pasteurs de la saincte Eglise, parce que ayans à estre le sel de la terre, et la lumiere du monde, ils avoient à se mesler parmy toutes les compagnies, et à se répandre par tout; à quoy eust repugné en quelque façon une vie singuliere, et distincte de la commune, ou au moins apporté diverses incommoditez.

Nous ne lisons point que Nostre Seigneur ny ses Apostres ayent eu d'autres vestemens que ceux qui estoient communs à leur condition, ny qu'ils ayent usé d'autres viandes que du vulgaire, leur excellente singularité consistant à n'avoir rien de singulier : en quoy ils faisoient ce que le Vaisseau d'élection a dit de soy, se rendans tout à tous pour les gaigner tous [1].

Nostre bien-heureux Pere, mes Sœurs, avoit en grande veneration l'une et l'autre vie; et commune, qui se meine dans les familles bien reglées du siecle; et extraordinaire, qui se practique dans les communautez cloistrées : lesquelles imitent en quelque façon, soit pour le vestement, soit pour la nourriture, celle que le grand Precurseur du Messie a menée tant d'annees dans le desert.

[1] I Cor. ix, 22.

Son habit estoit singulier, son jeusne presque perpetuel, et ses viandes ordinaires estoient particulieres, comme le sainct Evangile nous le marque. Ceste singularité de vie attira tellement sur luy les yeux de tous les Juifs, ravis en admiration sur une façon de vie si rare et si exemplaire, que les plus apparens de la Synagogue luy furent deleguez pour apprendre de luy s'il estoit le Messie, ce qu'il nia avec autant de verité que d'humilité.

Et quoy que Jesus-Christ fist parmy eux tous les jours quantité de miracles, et se fist oüir par des predications qui estoient autant d'oracles du ciel, ses paroles estans des paroles de vie et de vie eternelle; si est-ce qu'à cause de sa vie qui estoit commune, et n'avoit rien de singulier qui attirât les yeux du vulgaire, tant s'en faut qu'on pensast qu'il fust le Messie, qu'au contraire on l'accusoit comme sorcier, et disoit-on qu'il faisoit des merveilles au nom de Belzebuth : et comme seducteur, quand on voyoit le peuple se presser pour oüir ses predications, et le suivre jusques dans les deserts, abandonnans leurs maisons et le soin de leurs mesnages, tant sa parole avoit d'ascendant sur leurs esprits.

Surquoy nous remarquerons combien une vie extraordinaire et non commune fait de foles impressions dans les ames, et plus que les miracles mesmes, veu que nous ne lisons point que sainct Jean Baptiste ait fait de miracles, si vous ne prenez sa vie pour un miracle continuel.

Pourtant nostre Pere, mes Sœurs, prisoit beaucoup la vie commune, et vous voyez que tant pour le vestement que pour la nourriture, il l'a transmise dans vostre congregation dont il est l'instituteur; n'ayant point voulu que vous eussiez d'austeritez pour le vestir, coucher, manger et semblables, qui fussent extraordinaires, reglant vos viandes, vos jeusnes et vos habillements par les loix communes à tous ceux qui veulent vivre chrestiennement en l'Eglise de Dieu. En quoy vous estes imitatrices et sectatrices de Jesus-Christ, de sa saincte Mere, et des Apostres qui ont vescu de ceste sorte : remettant au jugement et à la discretion des superieurs de permettre et d'ordonner des mortifications extraordinaires, selon les besoins des particuliers à qui ces remedes se trouveroient necessaires.

Et certes j'ay quelquefois pensé, que comme ceux qui se droguent si souvent que leurs estomacs sont de vrayes boutiques de pharmacie, estouffent leur santé par le trop grand soin qu'ils ont de la conserver, en sorte que dans leurs vrayes maladies les remedes se trouvent inutiles, parce qu'ils se tournent en eux en nourriture, au lieu de les purger : aussi ceux qui font leur pain quotidien des austeritez corporelles, comme ce roy du Pont qui faisoit sa viande de ce qui eust fait mourir les autres, les changent tellement en leur nature, qu'aux grandes tentations ils n'y trouvent pas le secours qu'ils y rencontreroient, s'ils n'avoient point rendu ces remedes si familiers.

Ce n'est pas que nostre bien-heureux Pere ne fist estat des austeritez corporelles, mais il vouloit qu'on s'en servist avec un zele accompagné de science, conservant par elles la pureté du corps sans ruiner sa santé. En un mot, s'il preferoit la vie de Jesus-Christ à celle de sainct Jean Baptiste, qui est ce qui pourra reprendre son jugement, sans s'attacquer à celuy en qui habite la plenitude de la Divinité corporellement, et dans lequel sont cachez tous les thresors de la science et sagesse de Dieu ?

SECTION XVIII.

Manger ce qui est presenté.

Il faisoit grand estat de ceste maxime de l'Evangile, *Mangez ce qui sera mis devant vous*[1] : et tenoit pour une plus ferme et puissante mortification de pouvoir tourner son goust à toutes mains, que de choisir tousjours le pire, et

[1] Luc. x, 8.

les viandes plus grossieres. Il arrive assez souvent que les plus delicates, et celles que les friands prisent d'avantage, ne sont pas pourtant à nostre goust : y estendre donc la main, et s'en repaistre à contre-cœur, sans faire aucun signe d'aversion, n'est pas un effect sur soy si petit que l'on pense. Il n'incommode que celuy qui se surmonte en cela soy-mesme, et cela est si bien caché à ceux qui le voyent pratiquer, qu'ils croyent tout le contraire de ce qui leur apparoist.

Un homme se picquera du goust du vin, et pour cela preferera des viandes grossieres, salées et espicées, à d'autres incomparablement plus delicates, comme des perdrix ou des confitures : s'il se repaist de celles-cy qui luy sont à desgoust, pour n'irriter l'appetit qui le provocquera à boire, qui ne voit que ce qu'un autre prendra pour friandise, sera en luy une mortification ?

Au demeurant il tenoit pour une espece d'incivilité estant à table, non seulement de prendre ou de demander quelque viande esloignee, en laissant celle qui estoit plus voisine ; disant que c'estoit monstrer un esprit attentif aux plats et aux sauces, et noyé dans les viandes et les saupicquets. Que si cela se faisoit non tant par sensualité, que pour choisir les viandes les plus viles, cela sentoit l'affectation ; laquelle ne se separoit non plus de l'ostentation, que la fumée du feu, et avoit quelque chose du procedé de ceux qui se mettent au plus bas bout de la table pour passer au plus haut avec éclat et avantage. Tant en toutes choses il aymoit la saincte simplicité, sans retour et duplicité.

SECTION XIX.

Pratique agreable de la maxime precedente.

On avoit un jour servy devant luy à sa table, des œufs pochez à l'eau (il les aymoit de ceste façon, soit qu'il fust ainsi, soit qu'il le fist entendre par mortification, et pour en oster tout autre apprest; car il avoit accoustumé de dire apres sainct Bernard que l'on martyrise les pauvres œufs en cent manieres de condimens); comme il les eust mangez, avec fort peu d'attention au goust, ainsi que vous allez entendre, sçachant ce que dit l'Escriture que *la viande est faitte pour le ventre, et le ventre pour la viande, mais* que *Dieu destruira l'une et l'autre*[1], et encore que *le royaume de Dieu n'est ny viande ny breuvage*[2], il commença à tremper son pain dans l'eau qui restoit dans le plat, ainsi qu'il l'avoit trempé dans les œufs quand il y en avoit.

Ceux qui estoient à table avec luy commencerent à sousrire de cette inadvertance. S'estant enquis de la cause et en estant averty : « Certes, leur dit-il, vous avez grand tort de m'avoir descouvert une si aggreable tromperie; car je vous asseure que je n'ay gueres mangé de sauce avec plus de goust que celle-cy : il est vray que mon appetit y contribuoit un peu; tant le proverbe est veritable, qu'il n'est sauce que d'appetit. »

Luy mesme dans sa Philothée rapporte l'exemple de sainct Bernard qui but de l'huile au lieu de vin sans s'en appercevoir, tant il estoit peu attentif au goust des choses dont il se nourrissoit. Et releve ceste action comme un trait de temperance et de sobrieté fort heroïque, et plus remarquable, dit-il, que s'il eust avalé une potion d'absinthe ou quelqu'autre breuvage fort desaggreable avec effort et contention. Pour moy je trouve que la sauce à l'eau approche fort de cét acte de sainct Bernard. Et qu'à ceux qui, comme ces saincts personnages, ont toute leur conversation dans le ciel, et qui ne savourent que les choses d'en haut non celles de la terre, tout ce qui est icy bas est à contre-cœur, et fort insipide! « O que la terre me semble vile et abjecte, disoit le bien-heureux Ignace fondateur de la societé des Jesuites, quand je contemple le ciel ! »

[1] I Cor. vi, 13. — [2] Rom. xiv, 17.

« Ceux qui ont gousté l'esprit, dit sainct Gregoire, sont rebuttez des choses qui dependent du sang et de la matiere. » Apres avoir savouré la manne, Israel ne regretta plus les oignons et les marmites des Egyptiens; mais ceste manne ne se recueille et ne se gouste que quand la farine d'Egypte est consommée. Et ne se faut pas estonner si ceux qui ont accoustumé de se repaistre des grappes vertes des biens passagers de ce siecle, ont les dents agacées, et ne peuvent les planter sur le pain de l'eternité, ny opérer la viande qui ne perit point, mais qui se conserve pour la vie non tributaire de la mort.

SECTION XX.

Autre gracieuse rencontre sur des œufs et des bœufs.

Je fus appellé si jeune à l'episcopat, que je me vi capitaine presqu'au mesme temps que je m'enroollay en la milice ecclesiastique : de sorte que j'estois si neuf à ceste fonction que tout me faisoit ombre; l'ignorance (qui est un mal dont je ne suis pas encore bien guery) estant la grande mere des scrupules, comme la crainte servile est sa mere.

Sur le sujet des œufs dont je vous viens de parler, il me vient de souvenir d'une fort gracieuse rencontre, qui vous fera cognoistre la saincte liberté d'esprit de nostre bienheureux Pere, et comme il cheminoit au large, ainsi que parle David, dans la voye des commandemens divins [1].

Nos residences n'estoient esloignees que de huict lieües. Ceste proximité me donnoit le moyen d'avoir promptement de ses nouvelles, pour me resoudre sur toutes les difficultez qui m'arrivoient dans l'exercice de ma charge, en laquelle il estoit mon premier mobile, et moy comme un official forain, ou doyen rural qui ne faisoit qu'executer ses ordon-

[1] Psal. cxviii, 45.

nances. J'avois un petit lacquay qui ne servoit quasi qu'à ce voyage de Belley à Annessi, pour y porter mes lettres, et en rapporter ses responces, qui estoient pour moy des arrests, ou pour mieux dire des oracles; car, à dire le vray, Dieu parloit tout manifestement par la bouche et par la plume de ce sainct homme.

La raison d'estat, qui n'est pas tousjours trop raisonnable, ayant fait naistre quelque mes-intelligence entre la France et la Savoye, on arma de part et d'autre, et mon diocese se trouvant presque également partagé entre les deux estats, sauf que l'eglise cathedrale est assise du costé de la France. Il y eut des garnisons mises durant le quartier d'hyver en diverses villes du diocese; dont il y en a deux en France, et autant en l'estat de Savoye, et une qui partage la Savoye et la France appellée le Pont de Beauvoisin, qui est le plus grand passage de France en Italie.

Il arriva que quelques capitaines des troupes qui estoient dans ces garnisons, me vindrent trouver au commencement de Caresme, et me demanderent permission pour leurs soldats de manger des œufs et du fromage. Moy qui n'avois de coustume de donner ces permissions qu'à ceux qui estoient infirmes, et ayant appris d'eux mesmes que les soldats pour qui ils les demandoient estoient valides et robustes de corps, mais à la verité, fort debiles et infirmes de bource, estans fort mal payez de leurs soldes, et soldes si petites et si courtes que mesmes estans payez tout du long, elles n'eussent pû leur fournir que des repas fort legers, et, comme dit un prophete, *un pain estroit, et un breuvage bref*[1] : je n'estimay pas que la debilité de ce payement fust un motif suffisant pour user de dispense, principalement en un pays où le Caresme est si estroittement observé, que les paysans se scandalisent quand on leur permet de manger du beurre.

Je despesche donc au Bien-heureux pour avoir resolution

---

[1] Isai. xxx, 20.

là dessus; qui me respondit d'une façon tout à fait amiable, qu'il reveroit la foy et la pieté de ces bons centuriens qui m'avoient presenté ceste requeste, laquelle estoit tres-digne d'estre enterinée, veu qu'elle edifioit non pas la Synagogue, mais l'Eglise. Au reste, que je ne la devois pas seulement accorder, mais l'estendre, et au lieu d'œufs leur permettre de manger des bœufs, et au lieu de fromages, de manger les vaches mesmes, du laict desquelles on les faisoit.

« Vrayement, adjoustoit-il, vous avez bonne grace de me consulter sur ce que des soldats mangeront en Caresme, comme si la loy de la guerre et celle de la necessité n'estoient pas les deux plus violentes de toutes les loix, et par de là toute exception. N'est-ce pas encore beaucoup que ces bonnes gens se sousmettent à l'Eglise, et luy deferent à respect de demander son congé et sa benediction? certes ils font mentir celuy qui a chanté, que

Nulla fides pietasque viris qui castra sequuntur[1].

Dieu vueille qu'ils ne fassent rien de pis, que de manger des œufs ou des bœufs, des fromages ou des vaches; s'ils ne faisoient point de plus grands desordres, il n'y auroit pas tant de plaintes contre eux. »

SECTION XXI.

De cacher les mortifications exterieures.

Quand les cerfs mettent bas, et posent leur teste, ils sçavent cacher leur bois avec tant d'addresse qu'on ne le peut jamais trouver, soit qu'ils l'enfouissent dans la terre, ou le jettent au profond des eaux, ou le lancent dans les abysmes des precipices. Nostre Bien-heureux prisoit plus le secret de la mortification exterieure que la mortification

---

[1] Lucan. Pharsal. x, 407.

mesme; celle qui paroist au dehors estant sujette à estre emportée par le vent folet de la presomption. C'est contre de semblables ostentations que nostre Seigneur declame si souvent en l'Evangile. S'il veut que l'on s'enferme pour prier [1]; combien plus pour pratiquer des austeritez corporelles? autrement ce sera affliger le corps pour donner de la vanité à l'esprit, et desenfler l'un pour bouffir l'autre.

Le grand sainct Bernard, pere de tant de moines, qu'il conduisoit en la voye du ciel par le val d'Absynthe qui depuis fut appellé Clairvaux, estoit extremement rude à sa chair, et neantmoins fort doux et indulgent à ses freres. Il leur permettoit avec beaucoup de difficulté des austeritez extraordinaires, luy estant avis que les ordinaires qui estoient lors pratiquées en son Ordre, suffisoient pour matter les corps les plus robustes. Il estoit neantmoins assez mauvais praticien en soy, de ceste reigle de douceur qu'il exerçoit vers les autres, jusques là qu'en son âge plus avancé il se repentoit de ses mortifications excessives, comme les autres se repentent de leurs desbauches. Un jour quelqu'un de ses freres descouvrit une haire merveilleusement rude dont il se servoit, et de peur que cela ne passast en exemple, et que les plus delicats à son imitation ne destruisissent leur santé, il la mit en pieces à la veuë de plusieurs.

Nostre bien-heureux Pere durant sa vie sceut si accortement se servir de tous ces instrumens de mortification corporelle, et les cacher si secrettement, que jamais celuy qui le servoit à la chambre à le lever et le coucher ne s'en apperceut; sa seule mort ayant revelé ce mystere, et descouvert la cachette où il receloit de semblables outils dont il affligeoit son corps. Une particularité sur ce subjet vous fera juger du lyon par l'ongle. Un jour son homme de chambre trouva dans une aiguiere un reste d'eau roussastre et comme teinte de sang : ne pouvant deviner d'où cela venoit, car

---

[1] Matth. vi, 1-6.

c'estoit de l'eau qu'il luy avoit apportee pour laver ses mains ; il fit si bien le guet qu'il s'apperceut que là dedans il avoit lavé sa discipline, qui estoit teinte de sang, et puis en ayant jetté l'eau il en resta quelque peu au fond de l'aiguiere, qui donna lieu à la conjecture de l'espion.

SECTION XXII.

Prediction à un scrupuleux.

Me voyant trop severe et rigoureux à donner des permissions ou des dispenses, et que sans cesse je l'accablois de consultations sur ce sujet : « Vous me consultez assez pour autruy, me dit-il un jour, mais vous mesmes en pareils besoins que faites vous ? — Je m'y porte, luy dis-je, selon que ma conscience me dicte, y appellant quelquefois au secours l'avis de mon confesseur ordinaire. — Que ne faittes vous le mesme pour les autres ? — Mais ny moy, ny mon confesseur, repliquay-je, ne sommes pas l'Evesque de Geneve. — Or sus, me dit-il, souvenez vous qu'un jour viendra, que vous consulterez cét Evesque-là pour vous mesme, et que vous ne le croirez pas si aisément que vous faites aux consultations qu'il vous respond pour autruy. »

Comme je luy protestois de le rendre mauvais prophete, et que je le croirois encor plus facilement en ce qui me regarderoit, qu'en ce qui touchoit les autres : « Nostre bon sainct Pierre, reprit-il, en disoit bien autant à nostre Seigneur, vous sçavez pourtant comme il luy tint sa parole. Souvenez-vous encor que lors que vous commencerez à estre indulgent aux autres, vous deviendrez severe à vous mesme : car c'est l'ordinaire que ceux qui se pardonnent trop sont fort rigoureux à autruy. Et ce sera lors que l'Evesque de Geneve aura plus de consultations de vostre part, et qu'il sera la pauvre Cassandre ; elle dira vray, et on ne la croira pas. »

O certes, mon bien-heureux Pere, vous estiez vray pontife ceste année là, car vous prophetisiez. Et si la bien-seance, mes cheres Sœurs, me permettoit de vous raconter des exemples particuliers de ceste verité, vous en seriez estonnées, mais possible non assez edifiées ; et je doibs avoir plus de soin de vostre edification que de contenter vostre curiosité, quelque juste qu'elle peust estre.

SECTION XXIII.

Sur deux beaux vers.

Nous entrasmes un jour ensemble dans la cellule d'un Chartreux, personnage fort visité pour la beauté de son esprit qui estoit rare, et aussi pour sa pieté qui estoit si peu vulgaire, que depuis Dieu a tiré sa lampe de dessous le boisseau de la solitude, pour l'eslever, comme une belle lampe, sur un des chandeliers de l'Eglise Gallicane.

Il avoit escrit en lettres majuscules, autour de son estude, ces deux beaux vers d'un poëte ancien :

> Tu mihi curarum requies, tu nocte vel atra
> Lumen, et in solis tu mihi turba locis [1].

Nostre Bien-heureux les leut et relent plusieurs fois, et les trouva si beaux qu'il desira les graver en sa memoire, croyant qu'ils fussent de quelque poëte chrestien, comme Prudence ou autre. Mais ayant sceu qu'ils estoient d'un poëte payen, et qui les avoit escrits sur un sujet prophane, il dit que c'estoit dommage que des tenebres si espaisses que celles de la Gentilité eussent produit un si grand esclat de lumiere.

« Et bien, dit-il, ce bon pere a fait servir au tabernacle les vaisseaux des Egyptiens, et a fait le cuveau de l'acier des miroirs qui servoient à la vanité des femmes. C'est ainsi que tout est net à ceux qui sont nets. En cela bien differant de ceux qui abusent en sornettes des textes sacrez de la saincte

---

[1] Tibul. IV, Eleg. XIII, 11, 12.

parole, qui est un abus insupportable à des Chrestiens qui font estat de reverer ces oracles de salut. »

Là dessus nous nous mismes au deschiffrement de ce beau distique, et le prenans au sens auquel l'appliquoit celuy qui l'avoit mis en placcard, c'est à dire, à Dieu. Le Bien-heureux nous dit que Dieu estoit l'unique repos de ceux qui avoient quitté tous les soins du siecle pour escouter Dieu parlant à leur cœur en la solitude, et que sans ceste attention la solitude seroit un long martyre, et une source d'inquietudes plustost que le centre de la tranquilité. Au contraire que ceux qui avoient le tracas de Marthe sur les bras, ne laissoient pas de jouyr dans un profond repos de la tres-bonne part de Marie[1], pourveu qu'ils rapportassent tous leurs soings à Dieu. Cette unique pretension estant l'œil et le cheveu tout seul qui blesse le cœur du sainct Espoux[2].

Nous vismes là aupres un autre escriteau où estoit ce mot du Psalmiste : *Hæc requies mea in sæculum sæculi, hic habitabo quoniam elegi eam*[3]. « C'est en Dieu, dit le Bien-heureux, plustost qu'en une cellule qu'il faut faire eslection de domicile pour ne le changer jamais. O que bien-heureux sont ceux qui habitent en ceste maison-là, qui est non seulement au Seigneur, mais le Seigneur mesme! car ils le loüeront au siecle des siecles. »

Nous en vismes un autre qui portoit : *Unam petii à Domino, hanc requiram, ut inhabitem in domo Domini omnibus diebus vitæ meæ, ut videam voluptatem Domini et visitem templum ejus*[4]. « Ceste vraye demeure du Seigneur, dit le Bien-heureux, c'est sa saincte volonté; volonté signifiée par ce mot de volupté, c'est à dire, plaisir : or comme il n'y a point en Dieu de volupté que bonne, quelle difference faites vous entre bon plaisir et volonté de Dieu, puis que la volonté de Dieu ne se porte qu'à la bonté mesme? »

---

[1] Luc. x, 41, 42. — [2] Cantic. iv, 9. — [3] Psal. cxxxi, 14. — [4] Psal. xxvi, 4.

Nous revinsmes à la seconde piece du distique, *tu nocte vel atra lumen.* « O certes, dit-il, Jesus naissant en Bethlehem fit un beau jour au milieu de la nuict; et en son incarnation n'est-il pas venu esclairer ceux qui estoient assis en tenebres, et dans la region de l'ombre de mort? Certes il est nostre illumination et nostre salut; quand nous cheminerions au milieu de l'ombre de la mort, nous ne devons point craindre si nous l'avons à nos costez. Il est la lumiere du monde, il habite une lumiere inaccessible, lumiere que les tenebres ne peuvent accueillir. C'est luy qui seul peut illuminer nos tenebres. »

Et in solis tu mihi turba locis. Derniere clause de ces beaux vers. « Ouy certes, dit-il, la conversation de Dieu dans la solitude, vaut mieux que la foule qui presse la porte des grands du monde; lesquels ne peuvent maintenir leurs grandeurs que dans la foule des affaires, dans l'oppression des importunitez, et dans la perte de leur repos. Miserable grandeur qui s'acquiert et se conserve par tant de peines, et que l'on pert neantmoins avec tant de regret. »

C'estoit un de ses beaux mots : « Il se faut plaire avec soy-mesme, quand on est en la solitude; et avec le prochain comme avec soy-mesme, quand on est en sa compagnie; et par tout ne se plaire qu'en Dieu, qui a fait la solitude et la compagnie. Qui fait autrement s'ennuyera par tout : car la solitude sans Dieu est une mort, et la compagnie sans luy est plus dommageable que desirable : par tout il fait bon avec Dieu, nulle part sans luy, sans luy nous ne sçaurions rien faire qui vaille. »

SECTION XXIV.

Sçavoir abonder, et souffrir la disette.

Ce mot de sainct Paul, *sçavoir abonder et souffrir la disette*[1], luy estoit en singuliere recommandation, comme aussi

[1] Philipp. iv, 12.

toutes les autres maximes evangeliques; mais il avoit de coustume de les prendre d'un certain biais qui n'estoit pas commun.

Exemple en celle-cy. Il disoit que sçavoir abonder estoit bien plus difficile, que souffrir la disette. Ce qui d'abord semble chocquer le sens commun et l'experience : toutesfois il n'en est pas ainsi si l'on y regarde de prés et non superficiellement. Car, comme dit le Psalmiste, mille tombent à la gauche de l'adversité, et dix mille à la droitte de la prosperité[1], tant il est difficile dans l'abondance de marcher droit devant Dieu, et de se garder de tomber dans le desordre : ce qui faisoit souhaitter à Salomon que Dieu ne luy envoyast ny de trop pressantes necessitez, ny des facultez trop amples et superfluës[2]; sçachant que l'iniquité sort de la graisse, et que le cheval trop gras regimbe aisément, et se dépite contre l'esperon.

Sçavoir garder la moderation parmy les richesses, est comparé par un ancien au buisson ardant sans se consumer, et aux trois enfans qui sortirent de la fournaise de Babylone sans aucune brûlure. Il est rare de trouver des hommes qui ne se glorifient point en leurs richesses; à raison dequoy l'Apostre recommande principalement aux riches de se garder de l'escueil de la superbe[3].

Celuy qui sçait estre maistre de ses appetits au milieu de l'abondance, a atteint au but de ceste beatitude des pauvres d'esprit ausquels appartient le royaume du ciel; il a dompté les lyons comme Samson et David, et vrayement on peut dire de luy qu'il est digne de loüange pour avoir fait des merveilles en sa vie, et qu'il ne s'en est point trouvé de semblable à luy pour observer la loy du Seigneur. « L'humilité, dit sainct Gregoire, court un grand hazard parmy les honneurs; la chasteté, un grand risque parmy les delices, et la moderation est en grand danger parmy les richesses.

---

[1] Psal. xc, 7. — [2] Prov. xxx, 8. — [3] I Tim. vi, 17.

Sçavoir abonder et souffrir la necessité d'un cœur égal, est un signe evident que l'on ne recherche et regarde que Dieu dans la pauvreté, et dans la richesse, puis que les dures pointes de celle là ne descouragent point, ny n'enflent point les commoditez de celle-cy. Qui peut baiser avec egalité d'esprit l'une et l'autre main de Dieu, a rencontré le haut point de la vie spirituelle et de la perfection chrestienne, et il puisera infailliblement son salut du Seigneur.

SECTION XXV.

Simplicité du Bien-heureux.

Selon sa grande maxime, sur laquelle il y a un discours entier parmy ses Entretiens spirituels, *De ne rien demander ny refuser;* il avoit ceste coustume de ne refuser point les petits presents que les pauvres gens luy donnoient, mesme pour l'administration des sacrements de Penitence et d'Eucharistie.

C'estoit une chose pleine d'edification et de consolation de voir de quel œil et de quel cœur il recevoit, en ces occasions, une poignée de noix ou de chastagnes, ou des pommes, ou des œufs, ou de petits fromages, que les enfans ou les pauvres luy presentoient. D'autres luy donnoient des sols, des doubles ou des liards qu'il recevoit humblement, et avec des actions de grâce qui ne partoient pas du bord des lévres, mais du fond du cœur. Il recevoit mesme des trois, des quatre sols pour dire des Messes qu'on luy envoyoit de quelques villages, et les disoit avec grand soing.

Ce qu'on luy donnoit en argent il le distribuoit luy mesme aux pauvres qu'il rencontroit au sortir de l'Eglise ou par les ruës, mais ce qu'on luy donnoit qui estoit propre à manger, il l'emportoit dans son rochet ou dans ses pochettes, et le mettoit sur des tablettes de sa chambre, ou le bailloit à son despensier, à condition qu'on le luy servist à table, et ne vouloit qu'autre que luy en mangeast, disant quelquefois ce verset de David : *Labores manuum tuarum quia manducabis, beatus es, et bene tibi erit* [1].

Il faisoit grand estat de ces passages de sainct Paul, où il recommande le travail avec tant d'instance [2] : et ceux-cy, *L'homme est né pour travailler, comme l'oyseau pour voler* [3]; *Que celuy qui ne veut pas travailler ne mange point* [4] : et il adjoustoit de bonne grace, que si l'homme pouvoit vivre sans travailler, la femme enfanter sans douleur, ils auroient gaigné leur procés contre Dieu.

C'est à vous, mes Sœurs, à qui je dy ces simplicitez, parce que je sçay que vous en ferez un bon usage, et comme des humbles Cananees que vous recueillirez bien ces miettes. Les sages et prudens du monde, mais de ceste prudence de la chair que l'Apostre appelle mort [5], n'entendent pas cecy, et estiment folie ceste sagesse de la croix; mais Dieu la revele à ceux qui sont petits devant leurs propres yeux, et d'autant plus grands devant les siens. O simplicité d'esprit, que tu es aggreable à ce Dieu qui est esprit, et la simplicité mesme!

SECTION XXVI.

De la recreation.

Je trouve, mes Sœurs, que nostre bien-heureux Pere vous a esté fort liberal de recreation, vous en permettant deux heures par jour; une heure apres le disné, et une autre apres le soupé : je veux croire qu'il a eu esgard à vostre foiblesse, qu'il a estimé avoir besoin de ce temperament. Il vous a esté beaucoup plus indulgent qu'à luy mesme, qui n'en prenoit jamais de son mouvement, mais seulement par condescendance à autruy. Il n'a jamais eu de jardin dans les deux maisons qu'il a habitees durant le temps de son epis-

---

[1] Psal. cxxvii, 2. — [2] I Cor. iv, 12; I Thess. ii, 9; II Thess. iii, 8; Act. xx, 34. — [3] Job v, 7. — [4] II Thess. iii, 10. — [5] Rom. viii, 6.

copat, et jamais n'alloit se promener que quand il estoit obligé par compagnie, ou quand le medecin le luy ordonnoit pour sa santé, car il estoit fort ponctuel à ceste obeissance.

Sainct Charles Borromee estoit dans ceste mesme rigueur, ne pouvant souffrir qu'apres les repas les compagnies qu'il avoit receues et traittees s'amusassent avec luy à danser, et à passer le temps à des entretiens inutils; disant que cela estoit indigne d'un pasteur chargé d'un diocese si grand et si pesant que le sien, et qui avoit tant d'autres meilleures occupations à s'employer. Cela estoit aucunement supportable à ce sainct que l'on sçait avoir vescu dans un esprit d'extreme severité et aspreté; de sorte que l'on ne trouvoit pas estrange quand il couppoit court, avec d'assez froides excuses, pour aller autre part chercher, ou exercer ce grand zele des ames et de la maison du Seigneur dont il estoit devoré.

Mais le bien-heureux François avoit des deffaites plus suaves, le trait de son esprit estant dans une parfaitte douceur, principalement envers le prochain. Il ne fuyoit pas les entretiens d'apres la table, nulle conversation ne luy estoit ennuyeuse ny importune, il n'estoit severe qu'à soy mesme sans l'incommodité d'autruy.

Quand je le visitois, il avoit soin de me divertir apres le travail de la predication. Luy mesme me menoit promener en batteau sur ce beau lac qui lave les murailles d'Annessi, ou en des jardins assez beaux qui sont sur ces agreables rivages. Quand il me venoit visiter à Belley, il ne refusoit point de semblables divertissemens ausquels je l'invitois : mais jamais il ne les demandoit, ny ne s'y portoit de luy mesme.

Et quand on luy parloit de bastimens, de peintures, de musiques, de chasses, d'oiseaux, de plantes, de jardinages, de fleurs il ne blasmoit pas ceux qui s'y appliquoient, mais il eust souhaité que de toutes ces occupations ils se fussent servy comme d'autant de moyens et d'escaliers mystiques pour s'eslever à Dieu : et en enseignoit les industries par son exemple, tirant de toutes ces choses autant d'elevations d'esprit.

Si on luy monstroit de beaux vergers, remplis de plantes bien allignez : « Nous sommes, disoit-il, l'agriculture et le labourage de Dieu. » Si des bastimens dressez avec une juste symmetrie : « Nous sommes, disoit-il, l'edification de Dieu. » Si quelque Eglise magnifique et bien paree : « Nous sommes les temples vifs du Dieu vivant ; que nos ames ne sont elles aussi bien ornees de vertus ! » Si des fleurs : « Quand sera-ce que nos fleurs donneront des fruicts, et que ces fleurs mesmes seront des fruits d'honneur et d'honnesteté? »

Quand on parloit d'enter et de greffer : « Quand serons-nous entez et greffez en la bonne aline, disoit-il? quand rendrons-nous des fruicts francs et de bon goust, à ce celeste laboureur qui nous cultive avec tant de soing? » Quand on luy monstroit de rares et exquises peintures : « Il n'y a rien de beau, disoit-il, comme l'ame qui est à l'image et semblance de Dieu. »

Quand on le menoit dans un jardin : « Quand celuy de nostre ame sera-t'il semé de fleurs et de fruicts, dressé, nettoyé, poly ! quand sera-t'il clos et fermé à tout ce qui desplaist au jardinier celeste, à celuy qui apparut soubs ceste forme à Magdeleine ! » A la veue des fontaines : « Quand aurons nous dans nos cœurs des sources d'eaux vives rejallissantes à la vie eternelle! jusques à quand quitterons-nous la source de vie, pour nous creuser des cisternes mal enduites? ô quand puiserons-nous à souhait dans les fontaines du Sauveur ! quand benirons-nous le Seigneur Dieu des sources d'Israel ! »

A l'aspect d'une belle vallee : « Elles sont, disoit-il, agreables et fertiles, et les eaux y coulent. *Mittit fontes in convallibus*[1] : *valles abundabunt frumento; clamabunt, etenim hymnum dicent*[2]. C'est ainsi que les eaux de la grace celeste coulent dans les ames humbles, et laissent seches les testes des montagnes, c'est-à-dire les ames hautaines. »

Voyoit-il une montagne : « *Levavi oculos meos in mon-*

[1] Psal. CIII, 10. — [2] Psal. LXIV, 14.

*tes*¹. *Montes excelsi cervis*². *Mons domus Domini est in vertice montium*³. *Benedicite, montes et colles, Domino*⁴. » Si des arbres : « Tout arbre qui ne fait point de fruict, sera coupé et jeté au feu. Un bon arbre ne porte point de mauvais fruict⁵. » Si des rivieres : « Quand irons nous à Dieu comme ces eaux à la mer! » Si des lacs : « O Dieu, delivrez-nous *de lacu miseriæ et de luto fæcis*⁶. » Ainsi, mes Sœurs, il voyoit Dieu en toutes choses, et toutes choses en Dieu ; et que Dieu en toutes choses, et toutes choses qu'en Dieu : ou, pour mieux dire, il ne regardoit qu'une seule chose qui est Dieu..

SECTION XXVII.

Exemple sur le subjet qui precede.

Sur quelque petite incommodité qui luy estoit survenue par excez de travail, son medecin luy conseilla de prendre un peu d'air, et de se promener quelque espace de temps, durant quelques jours, afin de dissiper, par cét exercice, des mauvaises humeurs qu'il avoit amassees, et qui le rendoient pesant. Luy qui prenoit les conseils des medecins, comme des commandements de la part de celuy qui a dit, *Honore le medecin*, et aussi *la medecine que le Seigneur a creée*⁷, alla l'executer dedans un grand jardin d'une maison d'ascetes qu'il avoit receus en sa ville ; ayant contribué de son authorité pour les admettre, et ce qu'il avoit pû de ses moyens pour l'achapt de la place et pour aider aux bastimens.

Deux ou trois jours apres il y retourna, partie pour obeïr à l'ordonnance du medecin, partie pour une affaire qui concernoit le bien de ceste maison, et qu'il vouloit communiquer à celuy qui y commandoit. Celuy-cy, le jour estant beau, estima ne le pouvoir mieux entretenir que dans le jardin, sçachant mesme qu'il avoit besoin d'exercice.

---

¹ Psal. cxx, 1. — ² Psal. cm, 18. — ³ Isai. ii, 2. — ⁴ Psal. cxlviii, 9. — ⁵ Matth. vii, 19, 18. — ⁶ Psal. xxxix, 3. ⁷ Eccli. xxxviii, 1, 4, 12.

Ils y rencontrerent par avanture, dans une allée à l'estang, un bon ascete assez chagrin de ce qu'une ratte assiegeoit ses hyppocondres, et auquel il estoit malaisé de plaire, puis qu'il estoit pesant à luy-mesme. Ce pauvre melancolique fasché de se voir troublé de ses hautes, ou possible creuses speculations, commença à murmurer, et à dire : « C'est grand pitié, que ces evesques (comme s'il y en eust eu des escadrons devant luy) viennent tousjours importuner les pauvres ascetes ! ne sçauroient-ils demeurer chez eux ou faire leurs charges, ou achepter des jardins pour s'y promener ? ou, s'ils ont si grande envie de troter, que ne font-ils les visites de leurs dioceses ? »

Il dit cela si bien et si respectueusement que l'echo en vint jusques aux oreilles du Bien-heureux ; lequel, pour laisser en tranquilité ce sainct atrabilaire, et n'iriter pas d'avantage sa mauvaise humeur, coupa court, et apres avoir representé briefvement l'affaire qui l'amenoit, à celuy qui avoit l'intendance de ceste maison, il en sortit pour aller ailleurs prendre un air moins couvé et plus libre, laissant dans la liberté de ses belles pensées ce pelican du desert, ce passereau solitaire, et cét oyseau de la nuict dedans son domicile ; faisant peu de reflexion que trois fois la sepmaine le bon Prelat ne se sentoit pas importuné de leur rente petitoriale, et mesmes des remedes et soulagements extraordinaires qui se demandoient fort souvent pour temperer la bile cacochime de ce bon melancolique : pratiquant à la lettre ceste maxime evangelique, *Benefacite his qui oderunt vos*[1].

Certes nostre Prelat pouvoit bien dire, comme cét oyseau qui avoit de ses plumes fourny d'empennoirs à la fléche dont il fut blessé,

>Heu ! patior telis vulnera facta meis[2].

Et avec le Psalmiste : *Cum his qui oderunt pacem*[3], etc.

---

[1] Matth. v, 44. — [2] Ovid. Heroid. II, 48. — [3] Psal. cxix, 7.

SECTION XXVIII.

Du nom de nostre Bien-heureux.

Dieu en la gloire donnera un nom nouveau à chaque esleu, qui luy conviendra de telle sorte, qu'il ne pourra appartenir à aucun autre, et qui representera parfaittement le degré de beatitude auquel il sera establi pour jamais. Il est croyable qu'en l'estat de la grace, qui est celuy de la vie presente, sa providence veille sur les noms qui sont imposez aux fideles, afin de les rendre convenables à ceux qui les portent.

Nous avons quantité de tesmoignages de cecy dedans les cahiers de l'une et de l'autre alliance. Mais sans m'estendre là dessus, il me suffit, mes Sœurs, sur le sujet que je vous traitte, de vous dire que ce ne fut point sans une speciale intendance du ciel que le nom de sainct François fut imposé sur les fonds du Baptesme à nostre bien-heureux Pere.

Dieu, pour une marque de faveur envers David, promit de luy donner un nom pareil à celuy des grands de la terre [1]; et vous voyez mesme que le Pere eternel, pour recompenser les travaux et les abbaissemens de son fils Jesus-Christ qui s'estoit humilié et rendu obeissant jusques à la mort, et la mort de la croix, luy donne un nom qui est par dessus tout nom, auquel tout genou doit flechir, au ciel, en terre, et sous la terre [2].

Il a donc donné un nom à nostre Bien-heureux conforme à celuy de plusieurs saincts, qui reluisent comme des estoiles en de perpetuelles eternitez. Je laisse à dire qu'il nasquit en une chambre du chasteau de Sales (maintenant erigé en comté) qui estoit appellée la chambre de sainct François : que son parrain avoit le mesme nom; que la Providence, qui attaint à son but puissamment, y avoit disposé tout cela

---

[1] II Reg. vii, 9. — [2] Philipp. ii, 7-11.

avec suavité. Ce sont les saincts qui ont porté ce beau nom, et l'ont rendu illustre par leurs vies exemplaires, qui ont servy de modelle à nostre Bien-heureux, que je considere principalement.

Le premier est le grand sainct François d'Assise, qui fut plustost un ange qu'un homme, ou un ange humain, un homme angelique, un seraphin dans une chair humaine, une image vivante de Jesus-Christ crucifié, portant par tout la mortification de Jesus-Christ en son corps, et pouvant dire avec sainct Paul : *Je porte les enseignes de la passion de Jesus-Christ en ma chair* [1]. En combien de cœurs nostre bien-heureux Pere a-t-il gravé ceste belle image de Jesus-Christ crucifié, qu'il avoit si profondement empreinté dans le sien, de l'abondance duquel sa bouche parloit si souvent de l'amour de la croix, dont il a deffendu si dignement l'estendard par la plume contre les assauts des errans ennemis de la croix et amis de leur ventre !

Sainct François d'assise a esté si amoureux de la pauvreté, qu'il a vescu et est mort entre ses bras, et l'appelloit ordinairement sa chere maistresse. Il est certain que nostre Bienheureux a vescu, selon sa condition et sa qualité, en un si grand mespris des richesses, et dans une telle pratique de pauvreté, que, sans entrer dans les comparaisons, qui ont tousjours quelque chose d'odieux, je pense qu'elle n'en doit gueres à la pauvreté de ceux dont l'exquise prudence sçait fort bien distinguer le precieux du vil, les roses des espines, et reserver l'éclat de la pauvreté, sans ressentir les incommoditez de la disette.

Le deuxiesme sainct qui a porté le nom de François est celuy de Paule, dont l'humilité paroist au nom de Trespetit qu'il a donné à ceux de l'Ordre qu'il a institué, et de qui la sincerité luy acquit le surnom de Bonhomme, qui est demeuré à ses disciples long-temps apres son bien-heureux

---

[1] Galat. vi, 17.

trespas. Nostre bien-heureux Pere, mes Sœurs, ayant donné à vostre congregation, dont il est le fondateur, la douceur et l'humilité pour bazes principales, monstre bien qu'il a eu part au mesme esprit d'humiliation qui a animé le bien-heureux François de Paule; et sa bonté a esté si universellement recognuë de tous ceux qui ont conversé avec luy, que mesme les ennemis de nostre foy en donnent des jugemens favorables, et la publient hautement.

Le troisiesme François est le grand sainct François Xavier, nouveau apostre des Indes, qui a ressuscité au dernier siecle l'esprit apostolique. C'estoit un des miroirs de nostre bien-heureux Pere. De quels éloges ne couronnoit-il ce grand homme, toutes les fois que l'on en faisoit quelque mention devant luy? De combien d'yeux infideles a-t'il fait tomber les tayes! combien a-t'il amené d'ames au sein de l'Eglise! que n'a-t'il fait et d'œuvre et de parole, et de vie et d'exemple? quels travaux n'a-t'il embrassez et soufferts pour amplifier le royaume de Dieu? Il est de ceux qui reluisent en de perpetuelles eternitez pour avoir enseigné la justice à plusieurs. Si le theatre de nostre bien-heureux Pere a esté plus petit, il n'a pas esté des derniers en ceste moisson des ames. Chacun le recognoist pour l'apostre du pays de Chablais composé de quatre ou cinq villes et d'une infinité de villages. C'est là où, comme chef de la mission apostolique, il a cooperé avec ses missionnaires à la reduction de plus de soixante et dix mille ames [a] au giron de la saincte Eglise Romaine, d'où elles s'estoient separées il y avoit plus de soixante ans, par l'usurpation qui avoit esté faitte de ce territoire sur la serenissime maison de Savoye. C'est en toutes ces villes et bourgs que luy est arrivé le mesme qu'à sainct Gregoire le faiseur de miracles, qui, n'ayant trouvé en Neocesarée, où venant à la dignité episcopale, que dix-sept

---

[a] Le nombre des conversions opérées dans le Chablais étoit écrit en chiffres, d'une manière évidemment défectueuse, dans l'édition qui nous sert de copie. Nous le rétablissons tel qu'il se trouve dans les Vies de saint François de Sales.

chrestiens, il n'y laissa en mourant qu'autant d'infidelles. Ce que ce sainct n'a operé qu'en une seule ville, durant un pontificat assez long, a esté executé en cinq ou six ans en plusieurs par nostre bien-heureux Pere encore prevost, c'est à dire doyen, de l'Eglise cathedrale de Geneve. Je laisse à part une infinité d'autres conversions à la foy catholique, que Dieu a operées par son ministere en divers autres lieux de la France, en plusieurs personnes. Sans toucher aux conversions innombrables des pecheurs qu'il a rappellez à la vie de la grace par ses predications, par ses escrits, et par sa conversation toute pleine pour cela de sacrez charmes.

Le quatriesme François est le bien-heureux François Borgia auparavant duc de Gandie, depuis general de la société des Jesuites, qui estoit à nostre Bien-heureux en singuliere veneration, parce que dans les hautes dignitez qu'il avoit possedées estant au siecle à la cour de l'empereur Charles V, il avoit pratiqué une excellente devotion; et depuis, estant entré dans la celebre compagnie dont il eut le gouvernement, il se rendit l'exemplaire du troupeau qui luy estoit commis, par une vie fort saincte. On peut juger de la conformité d'esprit qui estoit entre ces deux bien-heureux par leurs ecrists, car ceux du bien-heureux François Borgia contiennent une spiritualité fort suave, et qui a beaucoup de rapport avec celle du bien-heureux François de Sales, dont le cœur, la langue et la plume ont esté detrempees dans le miel de la parfaitte douceur.

Et certes on peut dire qu'il a esté une excellente copie de ces quatre originaux qui l'ont precedé en temps; à laquelle si vous adjoustez les ornemens de la dignité episcopale qu'il a tres-dignement soustenuë, vous y trouverez quelques traits qui le distinguent des autres, et pour lesquels on peut chanter ce que l'Eglise entonne de chacque confesseur : *Non est inventus similis illi qui conservaret legem Excelsi; ideo jurejurando fecit illum Dominus crescere in plebem suam* [1].

[1] Eccli. xliv, 20, 22.

Nous lisons que le grand sainct Antoine, l'honneur des deserts et le pere des anacoretes, avoit ceste coustume d'imiter soigneusement les vertus ausquelles il voyoit quelques uns de ses freres exceller particulierement, composant de cette sorte en soy, par l'imitation des vertus de tant de saincts, le sainct de toutes les vertus. Nous pouvons dire le mesme de nostre bien-heureux Pere, qu'il ne s'est pas contenté (comme font plusieurs) d'admirer les rares qualitez de ces saincts dont il portoit le nom, mais qu'il a passé, autant qu'il a peu et que sa vocation le luy a permis, dans leur imitation, pour pouvoir justement dire, apres Tobie : « Nous sommes les enfans des saincts; si enfans, donc heritiers de leurs vertus; et ainsi, en suivant leurs traces, coheritiers de leur gloire [1]. » Et vous, mes Sœurs, qui estes filles, selon l'esprit, du bien-heureux François de Sales, qu'il a engendrees à Dieu par l'Evangile, qu'il a enfantees jusques à ce que Jesus Christ fust formé en vos cœurs; est-ce assez que vous disiez que vous avez un tel Abraham pour pere, si vous ne l'imitez en ses actions, si vous n'allez apres ses parfums, si vous ne marchez devant Dieu en perfection comme il a marché? C'est à son imitation qu'il nous appelle, ouy, et vous et moy, non à son admiration; car il n'est pas moins humble au ciel qu'il l'a esté en terre. Il nous dit de là haut, comme sainct Paul, *Soyez mes imitateurs comme je l'ay esté de Jesus-Christ* [2]. Il desire que ceste imitation de la correspondance à la grace celeste, à laquelle il a esté si fidelle, trouve en nous les fruits des sainctes œuvres, non les fueilles des loüanges. Ce sont les mesmes mots de sainct Augustin, avec lesquels et par lesquels, comme par un sceau d'or, il clost et ferme tout son traitté de l'Amour de Dieu.

---

[1] Tob. II, 18. — [2] I Cor. IV, 16.

SECTION XXIX.

De sa devotion au sainct Suaire de Nostre Seigneur.

Il avoit bien raison d'estre specialement devot au sainct Suaire de Nostre Seigneur Jesus-Christ, puis que ce fut par la benediction de ceste sacree relique que sa naissance fut heureuse et comme extraordinairement avancée.

La naissance des grands et signalez personnages a presque tousjours quelque chose de merveilleux; car Dieu prend plaisir de magnifier ses volontez en ses saincts qui sont en la terre. Nous pourrions appuyer cecy et le relever de quantité d'exemples tirez tant de l'Escriture sacree, que de l'histoire qui nous represente les gestes des saincts. Mais c'est dequoy vous estes assez instruictes, mes cheres Sœurs; je me contenteray seulement icy de faire devant vous quelque reflexion sur la naissance de nostre bien-heureux Pere, dont nous honorons aujourd'huy pieusement la memoire.

Il nasquit dans l'an de grace 1567, le vingt et uniesme jour du mois d'aoust. Sa mere (qui estoit une saincte femme) n'estant qu'à la quinziesme année de son âge, et d'une complexion debile et delicate, lors qu'elle estoit enceinte de luy, il avint que par le commandement de Son Altesse de Savoye on apporta la relique du sainct Suaire de Nostre Seigneur, lors en la saincte chappelle de Chambery, à Annessi, à la requeste de la tres-illustre princesse Anne d'Est fille des serenissimes Hermere duc de Ferrare, et de madame Renée de France, laquelle avoit espousé en secondes nopces Jacques de Savoye duc de Nemours et prince de Genevois. Les tres-illustres cardinaux, Charles cardinal de Lorraine, et Louys cardinal de Guise, se trouverent en la mesme ville où fut desployée fort solemnellement ceste venerable relique, et exposée en spectacle à une infinité de peuple qui y accourut de toutes parts.

Parmy un grand nombre de noblesse vindrent aussi les pere et mere de nostre Bien-heureux, tant pour la devotion du sainct Suaire, que pour faire la reverence à monseigneur le duc de Nemours et à Madame sa femme, leurs terres tant de Sales que d'autres se trouvant situées dans l'estenduë de la principauté de Genevois.

La pieté que la mere de nostre Bien-heureux avoit succé avec le laict, la rendit beaucoup plus attentive à la devotion, qu'à la pompe du monde, et à faire la cour au ciel qu'à la terre; l'estat mesme de grossesse où elle se trouvoit, en un âge et en une complexion si tendres, aidans encore à cela. Elle se sentit esmeuë à la veuë de ceste sacrée relique, d'offrir à Dieu et de dedier à son service le fruict qui estoit dans ses entrailles; offrande que la suitte du temps tesmoigne assez que Dieu receut en odeur et suavité. De sorte que l'on peut dire de nostre Bien-heureux, cela mesme que le grand sainct Augustin dit de soy, qu'il avoit gousté le sel de la sagesse celeste dés le ventre de sa mere. Ainsi Anne mere de Samuel offrit à Dieu le fruict dont il avoit plû à sa bonté la rendre mere, et il devint un grand prophete et serviteur de Dieu. Le mesme raconte-t-on de saincte Aloth mere de sainct Bernard, offrant au service de Dieu tous ses enfans aussi tost qu'elle se sentoit enceinte; et tous aussi se dedierent à Dieu en la maniere qui se lit en la vie de sainct Bernard.

Nous pouvons pieusement nous persuader que Dieu par le spectacle de ceste saincte relique imprima dans la mere et dans l'enfant quelque particuliere influence de grace, comme il avint au grand Precurseur du Messie au jour de la visitation de saincte Elisabeth. Mystere que nostre Bien-heureux a tousjours eu en singulier respect, et qu'il a donné pour titre à vostre congregation, mes tres-cheres Sœurs. Il m'a quelquefois dit qu'il devoit bien porter une grande devotion au sainct Suaire, puisqu'il estimoit que par la veneration de ceste saincte relique, sa mere estoit accouchée de luy plus heureusement que l'on n'esperoit. Il l'a monstré plusieurs fois à Turin par l'ordre et en la presence de Son Altesse de Savoye, à la maison duquel ceste relique appartient; et comme elle est tres-catholique et pieuse, elle en fait son plus grand tresor. Mais il m'a dit ne l'avoir jamais ny veuë ny monstrée, que ce ne fust avec une grande effusion de larmes, et avec des tendresses et des sentiments particuliers qui luy duroient plusieurs jours. J'estime que sa modestie le retenoit de m'en dire davantage.

Il y a encore un autre Suaire, à Bezançon (car nostre Seigneur fut ensevely dans deux Suaires, l'Escriture mesme l'insinuant par ce mot de *linteamina*[1]), qui est la metropole de la province de l'evesché de Belley. Un jour, comme nostre Bien-heureux y passoit, on le monstra en sa consideration, et le pria-t-on de precher sur ce sujet. Il porta à la chaire la mesme abondance de larmes qu'il avoit euë en contemplant ceste saincte relique, et parla avec tant de vehemence et d'ardeur qu'il pensa fendre tous les cœurs, et fondre tous les yeux de ceux qui l'entendirent.

J'avouë que ces reliques sont admirables en leurs impressions, et qu'il faut n'avoir ny foy ny cœur pour n'en estre touché. J'ay veu l'une et l'autre plusieurs fois, et souvent j'ay monstré celle de Turin par la permission et le commandement de Son Altesse, qui la fait déployer en de grandes occasions extraordinaires, outre l'ordinaire qui s'en fait en la place publique le jour de la feste, et quelquesfois j'ay eu ordre de prescher en la monstrant; mais c'a tousjours esté avec des sentiments si vifs, que souvent ma parole estoit estouffée par mes sanglots, et ma voix noyée dans mes larmes. Si que j'eusse peu dire à l'auditoire ce que David disoit à Dieu : *Auribus percipe lacrymas meas*[2]. Dans son diocese nostre Bien-heureux avoit grand soin de faire celebrer la feste du sainct Suaire, et il preschoit ordinairement ce jour-là avec un extreme attendrissement.

[1] Luc. xxiv, 12. — [2] Psal. xxxviii, 13.

SECTION XXX.

De sa devotion à la saincte Vierge.

Les astrologues qui se meslent de la judiciaire font grand estat de l'astre qui monte sur l'horison à l'instant que quelqu'un vient au monde et sort des flancs maternels; ils l'appellent l'ascendant, et c'est comme le point vertical de leurs horoscopes. Ces gens certes ont bien de la peine à establir leurs resveries, et à fonder leur folie sur la raison. Nous ferions mieux de tirer de cette vanité une observation veritable, et de dire que ce n'est pas un petit aiguillon de pieté à une ame bien faitte, d'observer quelle estoille brilloit dans le ciel de l'Eglise militante au jour de nostre nativité, afin de prendre cét astre pour la conduitte de nostre spirituelle navigation. Vous entendez bien, mes cheres Sœurs, que je parle des festes qui se celebrent en l'Eglise, et dont nostre martyrologe est remply : vous ne sçauriez croire combien ceste animadversion a servy à plusieurs pour les avancer dans le bien.

O quel ascendant exquis a eu nostre bien-heureux Pere, estant né soubs le signe et la protection de la Vierge, en un des jours de l'octave de son Assomption, le 21 d'aoust 1567! Aussi a t'il tousjours eu une tres-speciale devotion envers ceste Mere de la belle dilection, de la cognoissance fidele, de la crainte chaste, et de la saincte esperance. Dés ses plus tendres ans sa vie vous apprend qu'il s'adonna à l'honorer et par de particuliers suffrages et en donnant son nom aux confrairies et congregations dressees sous son nom dans l'Eglise : et ne se faut pas estonner si estant né soubs ce signe si favorable de la Vierge, il eut tousjours un si grand amour de la pureté; et si soubs la protection et l'assistance de ceste Reine des Vierges, il se consacra à Dieu dans la saincte virginité et continence.

Vous sçavez que ce fut au jour que l'on celebre en l'Eglise la feste de sa Conception immaculee qu'il receut la consecration episcopale; et dans ceste ceremonie sacree, ceste onction interieure qui est rapportee bien au long dans l'histoire de sa vie. La dedicace de son Theotime à ceste Reine de la souveraine charité, à ce vaisseau d'incomparable election, monstre assez de quelle tendresse son cœur estoit saisi quand il avoit recours à elle. Je l'ay oüy plusieurs fois prescher sur les grandeurs de ceste divine Mere, mais j'avoue qu'il n'appartenoit qu'à son extreme douceur de parler de ceste Mere des benedictions de douceur; une fois j'en fû tellement ravi que je pouvois dire : *Factum est cor meum tanquam cera liquescens in medio ventris mei.*

En fin, mes Sœurs, il ne recommandoit rien tant à tous ses enfants spirituels que ceste devotion à la saincte Vierge. vous en devez bien rendre tesmoignages plus que toutes ses autres filles spirituelles, puis qu'il vous a renduës filles de saincte Marie soubs le titre de la Visitation, pour vous distinguer de tant d'autres congregations consacrées à l'honneur et au service de Dieu sous le titre de Notre Dame.

SECTION XXXI.

Suitte du subjet precedent.

Mais en quoy principalement, demande une de nos sœurs, consiste cela, d'estre devote à Nostre Dame? Je suis fort aise qu'elle me fasse ceste ouverture, et me donne occasion de desduire ce que je supposois qu'elle sceust : et certes j'ay de la peine à ne le supposer pas, car qu'est-ce que d'estre fille de saincte Marie, sinon faire profession ouverte et publique d'estre devote à Nostre Dame? Mais je veux me persuader que c'est quelqu'une de nos novices ou pretendantes qui parle par sa bouche, comme autrefois Joab à David par l'entremise de la Thecuite.

Elle sçaura donc ceste jeune petite sœur, que la devotion est un acte de la vertu de religion; ou, si c'est une vertu speciale (comme il est fort probable), elle est annexee et subordonnee à la vertu de religion. Or, qu'est-ce que religion, sinon une vertu excellente qui nous fait rendre à Dieu l'honneur, le culte et l'adoration supreme et de latrie, que nous luy devons comme au createur de toutes choses et au premier principe de tous les estres creez? Et qu'est ce que devotion religieuse, ou religion devotieuse, sinon une bonne habitude ou disposition, qui fait que nous nous portons avec promptitude et allegresse aux choses qui regardent ce culte et honneur que nous devons à Dieu?

Qu'est-ce donc qu'estre devot à la saincte Vierge, sinon l'honorer en Dieu, et honorer Dieu en elle, en sorte que Dieu soit la derniere fin et visee de ce culte et de cet honneur; autrement nous transfercrions à la saincte Vierge une adoration de latrie qui n'est deüe qu'à Dieu seul, privativement à toute autre creature quelle qu'elle puisse estre. Veu que l'humanité mesme de Jesus-Christ prise et consideree separement de sa divinité, ne doit estre honoree que de l'honneur d'hyperdulie, non de celuy de latrie, cettuy-cy ne luy estant deferé qu'à cause de son union personnelle avec le Verbe divin. Estre donc devote à la Vierge, ma chere Sœur, c'est honorer la saincte Vierge en Dieu, c'est à dire avec rapport à Dieu en derniere fin; et honorer Dieu en elle, c'est honorer en elle les graces de Dieu : c'est la tenir et l'appeler bien-heureuse avec toutes les generations, selon la volonté de Dieu manifestee en sa parole; c'est l'appeller benitte entre toutes les femmes, à cause du fruict de son ventre, qui est Jesus-Christ Dieu beny par tous les siecles.

Car vous n'ignorez pas ceste distinction d'honneur, en dulie, hyperdulie, latrie. Celuy de dulie estant l'honneur que nous rendons aux saincts avec rapport, relation et subordination à Dieu qui les a faits saincts et qui est le sainct des saincts. Celuy d'hyperdulie est deferé à la saincte Vierge, extremement eslevee au dessus de tous les Anges et de tous les saincts; honneur neantmoins subalterne, subordonné et relatif à celuy de Dieu par la grace duquel elle est ce qu'elle est, et autant inferieur à celuy de latrie souverain et incommunicable, que la creature est inferieure au Createur, c'est à dire d'une distance infinie; et qui dit infiniment, dit tout ce qu'il faut dire en ce subjet.

Voila donc ce que c'est, ma chere Sœur, qu'estre devote à la saincte Vierge : c'est luy rendre l'honneur d'hyperdulie avec rapport à Dieu en fin derniere; car c'est ainsi qu'elle doit et veut estre honnoree, estant beaucoup plus amoureuse de l'honneur et de la gloire de Dieu que de la sienne propre. Car qui l'honnoreroit autrement, mettant en elle la fin derniere, comme si elle estoit deesse, commettroit un horrible desordre, plus capable d'attirer son indignation et son aversion, que de provocquer sa clemence à interceder pour nous vers la bonté du Pere des misericordes. Ce seroit tomber dans l'erreur des Colliridiens condamnée il y a longtemps par l'Eglise.

Et afin que vous sçachiez que c'est icy une doctrine de verité, avancée par nostre bien-heureux Pere, oyez ce qu'il dit en quelque lieu de son traitté de l'Amour divin[1]. « Qui
» veut plaire à Dieu et à Nostre Dame fait bien, fait tres-
» bien : mais qui voudroit plaire à Nostre Dame, également
» ou plus qu'à Dieu, il commettroit un desreglement insup-
» portable; et on luy pourroit dire ce qui fut dit à Caïn :
» *Si vous avez bien offert, mais avez mal partagé, cessez,*
» *vous avez peché*[2]. »

---

[1] Liv. II, chap. 13. — [2] Gen. IV, 7.

SECTION XXXII.

Flammes symboliques.

Dieu ayant destiné les Apostres pour porter par tout l'univers ce feu sacré du divin amour que Jesus-Christ estoit venu apporter en terre, pour en enflammer tous les cœurs ; au jour de la Pentecoste, lors qu'ils furent revestus de la vertu d'enhaut, le sainct Esprit descendit sur eux en forme de langues et de langues de feu, afin qu'ils annonçassent avec ardeur et ferveur le sainct Evangile, et ceste parole embrasée que le prophete aymoit avec tant de passion. C'est pour ce sujet que l'Eglise chante en ceste solemnité sacrée de la descente du sainct Esprit :

> Ignis vibrante lumine
> Linguæ figuram detulit ;
> Linguis ut essent proflui,
> Et charitate fervidi [1].

Et pour marque, mes cheres Sœurs, que nostre bien-heureux Pere, homme vrayement apostolique, estoit tout à fait consacré au divin amour, vous n'ignorez pas ce qui est raconté en sa vie, et attesté par des personnes sans reproches, de ce globe de feu celeste qui tomba une fois sur son oratoire, comme il y estoit en prieres, et qui l'environna tout de flammesches gracieuses qui l'esclairerent sans le brusler, et qui le rendirent, comme le buisson de Moyse, ardant et lumineux sans le reduire en cendre.

Nous lisons une mesme faveur faitte à ceste grande et seraphique servante de Jesus-Christ, saincte Catherine de Sienne, à laquelle il avint de plus, comme aux trois enfans qui sortirent moites de rosée du milieu des feux que vomissoit la fournaise de Babylone où on les avoit jettez. O mes Sœurs, qui nous donnera une estincelle de ces sainctes

[1] Breviar. Rom. ad Laud. Pentecost.

flammes pour allumer tous nos desirs, et les transporter à Dieu sur le chariot d'Elie! fussions nous des pyralides sacrees dans les feux et les flammes du divin amour!

SECTION XXXIII.

Autres flammes sainctes.

Vous sçavez encor, mes bonnes Sœurs, ce qui avint une autre fois à nostre bien-heureux Pere. Comme il se promenoit en sa chambre pensant à quelque predication qu'il avoit à faire, et sentant son cœur s'enflammer en sa meditation, il vid d'une veuë non intellectuelle ny imaginaire, mais sensible, deux colomnes de feu partir de dessus son lict et se mettre à ses deux costez, se promenans avec luy dans sa chambre; dequoy son entendement ne fut pas moins éclairé que ses yeux, ceste apparition si extraordinaire le laissant dans une merveilleuse cognoissance des beautez et des clairtez des mysteres de nostre saincte foy.

Et certes il faut avancer qu'il a eu le don d'entendement, qui est un de ceux du sainct Esprit, à un degré si sublime, qu'il disoit quelquefois, qu'il pensoit n'avoir plus de foy, tant il voyoit manifestement et avec evidence les veritez chrestiennes.

> Quod non tangis, quod non vides
> Animosa firmat fides
> Præter rerum ordinem [1].

De combien d'yeux ce bien-heureux Prelat a-t'il fait tomber les écailles, tant en la foy qu'aux mœurs, par la clairté de ses enseignements! tant il est vray qu'en la bouche d'un fidelle interprete, la loy de Dieu est claire, convertissant les ames, un tesmoignage asseuré, qui donne la sagesse aux plus petits; ce precepte est clair, et qui illumine les yeux les plus offusquez.

---

[1] Prosa de SS. Sacramento.

Cependant, mes Sœurs, n'estes vous pas heureuses d'estre comme de petites et vrayes Israëlites, simples et sans fraude, filles de cét autre Moyse si lumineux, qui marche devant vous en la voye de Dieu comme une colomne de flammes? Allons, mes Sœurs, allons apres ses traces si claires; car la route du juste est comme une aube resplendissante qui s'avance et se dilate sans cesse, jusques à ce qu'elle ait amené le jour à son plein midy. Tandis que ceste lumiere si exemplaire nous luit, marchons en sa splendeur, comme enfans de lumiere : allons apres les vestiges d'un Pere tant lumineux et resplendissant; et rejettant les œuvres de tenebres, revestons nous d'armes éclattantes, pour faire un progrez honneste et genereux au beau jour de l'eternité, beau jour qui n'aura jamais de nuict.

SECTION XXXIV.

Vicariat pour refuser.

Au dernier voyage qu'il fit à Paris, où il demeura environ huict mois, il fut tellement desiré de tous costez, que presque tous les jours il falloit qu'il prechast; ce qui luy causa, pour tant d'efforts, une maladie qui passa assez promptement, mais qui fut fort dangereuse.

Quelques uns de ceux qui l'aymoient et qui desiroient sa conversation, poussez par la prudence de la chair que sainct Paul appelle mort [1], et nostre Bien-heureux la nommoit une vraye folie, ne se contenterent pas de l'advertir qu'il entreprenoit trop sur ses forces, et que cela pourroit ruiner sa santé; à quoy il respondoit, que ceux qui estoient par office la lumiere du monde, devoient, comme les flambeaux, se consumer en éclairant les autres : mais ils luy disoient que cela rendoit la parole de Dieu moins precieuse en luy, le monde n'estimant que ce qui luy est plus rarement distri-

---

[1] Rom. viii, 6.

bué. Quelqu'un allegua sur ce propos, que chacun couroit voir la comette, et que nul ne sortoit plus matin du lict pour voir lever le soleil, qui estoit pourtant un bien plus digne luminaire.

« Certes, repliqua le bon Prelat, il me faudroit donc pour cela establir un vicaire pour refuser : car la parole mesme que j'anonce, m'apprenant que nous sommes debiteurs à tous, et que nous nous debvons non seulement prester, mais donner à tous ceux qui nous demandent, et que la vraye charité n'a pas esgard à ses interests, mais à ceux de Dieu et du prochain, comme faudroit-il faire pour éconduire et renvoyer tous ceux qui me demandent? Outre l'incivilité, il m'est advis que ce seroit un grand manquement de dilection fraternelle. Il s'en faut bien que nous ne soyons encore de la classe de ces deux grands sainets, dont l'un vouloit, pour ses freres, estre effacé du livre de vie [1]; l'autre, anatheme [2], ce qui revient à mesme chose. »

Cecy, mes Sœurs, estoit fondé sur sa grande maxime de ne rien demander, ny refuser : et possible pour obeyr aussi à l'oracle de la vive voix du tres-sainct pontife Clement VIII; lequel apres son interrogatoire fait à Rome en plein consistoire de cardinaux, archevesques et evesques, fut si satisfait de ses responses, qu'il luy dit ces paroles des Proverbes de Salomon : *Beuvez de l'eau de vostre cisterne, et de la source de vostre puits; que vos fontaines se respandent au dehors, et que vos eaux se distribuent dans les grandes places* [3]. Certes il executa cecy avec tant de ponctualité tout le reste de sa vie, que je puis asseurer ne luy avoir rien demandé de juste qu'il ne m'ait accordé, ou qu'il ne m'ait donné un refus plus juste que ma demande, et plus juste par mon propre jugement : et j'asseure encore que ces refus estoient assaisonnez de tant de bonne grace et de justice, qu'ils estoient incomparablement plus agreables que les concessions de plusieurs,

---

[1] Exod. xxxii, 32. — [2] Rom. ix, 3. — [3] Prov. v, 15, 16.

qui donnent d'une façon si triste et discourtoise, qu'ils ruinent leur propre faveur. Et je n'ay point entendu qu'il ait jamais refusé à personne aucun service raisonnable.

SECTION XXXV.

Vision considerable.

Tous les chrestiens doivent estre non seulement devots, mais totalement devoüez à la tres-saincte Trinité. C'est le plus auguste et le fondamental de tous nos mysteres : c'est celuy auquel nous sommes consacrez par nostre introduction en la saincte Eglise, car nous sommes baptizez au nom du Pere, du Fils, et du sainct Esprit.

Mais vous, mes Sœurs, avez quelques particulieres obligations d'estre devotes à ce grand et ineffable mystere. Premierement, pour ceste vision admirable qu'eut nostre bien-heureux Pere, vostre fondateur, au jour de sa consecration episcopale. Vision sublime et intellectuelle, par laquelle Dieu luy fit voir fort clairement et intelligiblement, que les trois adorables personnes de la tres-saincte Trinité operoient en son ame des graces particulieres pour l'aider en son pastorat, à mesme temps que les trois evesques qui le consacroient respandoient sur luy des benedictions, et faisoient les sainctes ceremonies qui rendent ceste action si celebre et si solemnelle : de sorte qu'il se regarda tousjours comme une chose consacrée à la tres-saincte Trinité, et comme un vaisseau d'honneur et de sanctification.

Secondement, il donna commencement et ouverture à vostre institut au jour que l'Eglise dedie à la memoire et à l'adoration de cét incomprehensible mystere, l'an 1610, qui escheut ceste année là en la feste de sainct Claude, qu'il vous donna pour intercesseur special envers la tres-saincte Trinité.

Troisiemement, vostre congregation commença par le

nombre de trois, pour honorer la saincte Trinité par ce nombre, et accomplir ce qui est escrit en l'Evangile, que quand deux ou trois seront assemblez au nom, c'est à dire pour la gloire de Dieu, il sera au milieu d'eux [1], et les animera et gouvernera par son esprit, qui est esprit d'amour, d'union et de concorde, et qui fait garder unité d'esprit par le lien de paix; et qui les rend uns par dilection, comme le Pere, le Fils et le sainct Esprit ne sont qu'un en nature, essence et substance. C'est ceste paix de Dieu, qui passe tout sentiment et toute intelligence, en laquelle et vos maisons particulieres et tous les monasteres de vostre congregation se sont entretenus jusques à present, mes cheres Sœurs. Malheur à quiconque dissipera ceste belle haye, car ceste personne sera morduë du serpent. Vueille la tres-saincte Trinité destourner ceste misere, et vous regarder et garder tousjours comme filles adoptives du Pere, sœurs adoptives du Fils et espouses du sainct Esprit. Amen.

SECTION XXXVI.

Prediction notable.

Dieu a de coustume d'imprimer sur le front de ceux qu'il se choisit pour des services extraordinaires, quelque rayon de son visage, et de le manifester à aucuns de ses serviteurs. Entre lesquels il est constant qu'a tenu un rang signalé en saincteté et en justice le reverendissime Claude de Granier predecesseur immediat de nostre bien-heureux Pere en l'evesché de Geneve. Il estoit né de noble famille de l'evesché de Belley; il avoit fait profession de la reigle de sainct Benoist au prioré de Valoire au diocese de Geneve dont il fut prieur, et depuis successeur en l'evesché de Geneve à monseigneur Ange Justinian de l'illustre famille des Justinians de Gennes, personnage d'eminente science et d'insigne probité. Mon-

---

[1] Matth. xviii, 20.

seigneur de Granier estoit d'une pieté singuliere, doux au possible, vigilant en sa charge, homme de grande oraison et mortification. Nostre Bien-heureux, qui la cognu plus qu'homme du monde, reduit son eloge fort judicieusement dans ce verset du Psalmiste : *Propter veritatem, et mansuetudinem, et justitiam mirabiliter deduxit eum dextera Excelsi* [1].

Nostre bien-heureux Pere estant né son diocesain l'alloit voir quelquefois par honneur, comme son pasteur, et aussi pour recevoir sa benediction. En sa jeunesse ses parens n'avoient aucun dessein de le dedier à l'Eglise, car il estoit l'aisné de leur famille. Comme ce jeune gentil-homme estoit de belle presence et d'une modestie à ravir, un jour monseigneur de Granier le considerant avec attention, saisi d'un mouvement du ciel tant extraordinaire, dit à ceux qui estoient autour de luy : « Voyez-vous ce jeune cavalier? il sera un jour d'Eglise, et un grand ornement de l'Eglise; j'espere qu'il sera mon successeur. L'histoire de la vie de de nostre bien-heureux Pere, que vous sçavez trop mieux, mes cheres Sœurs, a découvert la verité de ceste prophetie.

Cela me fait souvenir de ce qui avint au jeune Samuel, lors qu'il estoit aupres de Hely au service du temple, et que ce Grand Prestre recognut que le Seigneur le destinoit pour estre un grand phophete en Israël. Tant il est vray que Dieu attaint à la fin qu'il se propose, avec une force meslée de tant de suavité, que l'on ne sçait ce que l'on doit admirer d'avantage, ou la douceur de ceste puissance, ou le pouvoir de ceste douceur. O Dieu, tout nostre sort est en vos mains, c'est à elles de filer nos destinées.

[1] Psal. XLIV, 5.

SECTION XXXVII.

Triomphe de chasteté.

« Entre les combats des Chrestiens, dit sainct Jerosme, les plus rudes sont ceux de la chasteté; ce sont aussi les plus frequents, et ceux où la victoire est la plus rare. » Vous voyez le grand estat que fait l'histoire sacree de la pudicité de Joseph, laissant son manteau dans les mains de son impudique maistresse : la haute estime où elle range celle de Susanne, qui aima mieux perdre l'honneur et la vie que sa chasteté.

Vous sçavez ce qui advint à sainct Bernard qui cria aux voleurs contre ceste hostesse deshonneste qui l'aborda la nuict, pour luy voler ce qu'il conservoit avec tant de soins et d'austeritez. Le mesme sainct, qui sçavoit combien ces tentations estoient dangereuses, comparoit au miracle des trois enfans de la fournaise, la conversation ordinaire avec les femmes, exempte des attaintes des flammes impures.

Chacun scait comme le Vaisseau d'election se plaint de l'aiguillon de la chair, qu'il appelle le soufflet de sathan, et avec quelle instance il prie Dieu d'en estre delivré [1]. Il est vray que la vertu se perfectionne dans l'infirmité et que celuy qui n'est pas tenté, ne sçait rien, et ne cognoit la vraye vertu qu'en idée : à raison dequoy celuy-là est appellé heureux qui resiste à la tentation, parce que apres ceste espreuve il est recompensé de la couronne de vie, de la couronne de justice, que Dieu donne à ceux qui ont combatu un bon combat, et conservé leur fidelité [2].

Vous ne pouvez ignorer, mes Sœurs, les divers pieges que sathan, par des ames ensevelies dans le sang et la matiere, a suscitez en ce sujet à nostre Bien-heureux, tant en sa plus verte jeunesse, qu'en son aage plus meur et plus attrempé. Je ne

---

[1] II Cor. xii, 7, 8. — [2] Jacobi i, 12.

veux point en faire de description, de peur que vous en raffraischissant la memoire, cela ne laissast dans vos esprits quelque impression contraire au dessein que j'ay, qui est de laisser en vous une saincte estime de ceste precieuse pierre, de cette illustre vertu de pureté. Souvenez-vous seulement comme il cracha au visage de ceste infame qui le poursuivoit estant encor escolier à Padoüe : ce qui me fait souvenir de ce que disent les naturalistes que la salive de l'homme sobre et à jeun est mortelle au serpent. Il eschappa les surprises d'une autre aussi impudente, disant qu'il estoit marié; et quoy qu'il fut prestre, il ne disoit rien de contraire à la verité, sçachant qu'il avoit espousé Jesus-Christ par le vœu de la saincte continence.

Mais estant evesque il gourmanda puissamment une insolente qui se servant, par une profanation horrible, du tribunal sacré de la Penitence, pour lui descouvrir ses puantes ardeurs, fut si osee que de luy dire des injures, payant ses sainctes remonstrances avec des outrages; et ceste mal-heureuse l'appellant punais : « Helas, luy dit-il, c'est vous qui estes, comme un Lazare pourry, en odeur de mort à la mort, devant Dieu et ses Anges; je prie Dieu qu'il vous remette en une meilleure voye. » Il laissa de ceste sorte ce tison d'enfer, qui quelque temps apres vint à resipiscence, et il le receut avec consolation en Dieu, comme un tison retiré du feu; lequel reblanchi dans l'eau d'hyssope, de l'amertume d'un sainct repentir, n'eut plus ny noirceur ny fumee. O Dieu, vos misericordes ne se peuvent nombrer.

SECTION XXXVIII.

Tentation dangereuse.

Nous n'avons pas seulement à luitter en ce monde contre la chair et le sang, ou contre les puissances des tenebres, dit sainct Paul, *mais encore contre les malices spirituelles qui* sont *ès choses celestes*¹. Le demon du midy transformé en ange de lumiere, n'est pas moins redoutable que la negociation qui marche parmy les tenebres².

Entre les tentations qui épreuvent nostre foy, celle qui vient du costé de la predestination est des plus perilleuses ; car c'est un abysme où toute la sagesse humaine est devoree. C'est un occean,

> Où maint esprit prenant la raison pour son ourse,
> Fait un triste naufrage au milieu de sa course.

Parceque tu estois agreable à Dieu, fut-il dit à Tobie, *il a esté necessaire que la tentation t'espreuvast*³. Et le Sauveur du monde n'est-il pas dit avoir esté, *sans peché, tenté en toutes choses, affin qu'il peust compatir à nos infirmitez*⁴?

Dieu, mes tres-cheres Sœurs, destinant nostre bien-heureux Pere à la charge et conduitte des ames, a permis qu'il fut rudement tenté de ce costé-là, afin qu'il apprist, par sa propre experience, à estre infirme avec les infirmes, et à dire avec celle dont parle ce poëte :

> Non ignara mali miseris succurrere disco⁵.

Comme il estoit encor escolier, mais dans les plus hautes estudes, le mauvais esprit, par permission divine, jetta dans son imagination qu'il estoit du nombre des reprouvez. Ceste fausse persuasion prit une telle racine en son ame, qu'il en perdit le repas et le repos, il dessechoit à veue d'œil, et entroit en langueur. Son precepteur et conducteur, qui le voyoit deschoir notablement de sa santé, avec un teint pasle, jaune, olivastre, et privé de toute joye, s'enquit assez souvent du sujet de sa melancolie : mais le demon, qui l'avoit remply de ceste fausse illusion, estoit de ceux que l'on appelle muets, à raison du silence qu'ils font garder à ceux qu'ils affligent. Cependant

> Strangulat inclusus dolor, atque exæstuat intus,
> Cogitur et vires multiplicare suas⁶.

---

¹ Ephes. vi, 12. — ² Psal. xc, 6. — ³ Tob. xii, 13. — ⁴ Hebr. iv, 15. — ⁵ Virg. Æneid. i, 630. — ⁶ Ovid. Trist. v, 1, 63, 64.

Il se vid au mesme temps frustré de toute la suavité du divin amour, mais non pas de la fidelité, avec laquelle, comme avec un bouclier impenetrable, il taschoit de repousser, quoy que sans s'en appercevoir, les traits enflammez de l'adversaire de son salut. Les douceurs et le calme de la devotion qu'il avoit gousté avec tant de suavité avant cét orage, luy revenoient en la memoire; comme à Job le souvenir de sa prosperité, lors qu'il lavoit ses pieds dans le beurre, et que la pierre luy couloit des ruisseaux d'huylle, redoubloit son desplaisir dans son adversité[1]. « O qui me donnera, disoit-il, d'estre comme aux jours passez, dans l'aimable ignorance d'un si grand mal-heur! Doncques c'estoit en vain que la bien-heureuse esperance m'allaittoit de l'attente d'estre enyvré de l'abondance de la maison de Dieu, et noyé dans les torrens de ses voluptez. O aimables tabernacles de la maison de Dieu, doncques nous ne passerons jamais dans ces admirables demeures du palais du Seigneur. »

Il passa un mois entier dans ces angoisses, pressures et amertumes de cœur, qu'il pouvoit comparer aux douleurs de la mort et aux perils de l'enfer. Il travailloit tous les jours en son gemissement, et toutes les nuicts il arrousoit son lict de larmes. Mais en fin estant par inspiration divine entré dans une eglise[2], pour invocquer la grace de Dieu sur sa misere, et s'estant mis à genoux devant une image de la saincte Vierge, il implora l'assistance des prieres de ceste Mere de misericorde avec tant de ferveur, qu'elle luy impetra de Dieu la restitution de la joye de son salutaire et la confirmation de son esprit principal; faisant en sorte, par son intercession, que Dieu dit au fonds de son ame : « Je suis ton salut; homme de peu de foy, dequoy doutes-tu? tu es à moy, je te sauveray; aye confiance, c'est moy qui ay vaincu le monde. »

---

[1] Job xxix.

[2] Saint-Étienne-des-Grés.

Cecy luy arriva apres qu'il eut recité avec larmes, pressé d'une douleur interieure de cœur, une fort devote oraison que quelques-uns attribuent à sainct Augustin, et qui estoit en singuliere recommandation à nostre bien-heureux Pere, prenant le soin de l'enseigner avec beaucoup de zele à tous ses devots. Elle dit ainsi :

Memorare, ô piissima virgo Maria, non esse auditum à sæculo quemquam, ad tua currentem præsidia, tua implorantem auxilia, tua petentem suffragia, esse derelictum. Ego tali animatus confidentia, ad te, virgo virginum mater, curro, ad te venio, coram te gemens peccator assisto. Noli, Mater Verbi, verba mea despicere, sed audi propitia, et exaudi. Amen.

Ceste priere veut dire en nostre langue :

« Souvenez-vous, ô tres-pieuse vierge Marie, qu'on n'a
» jamais ouy dire, qu'aucun ait esté delaissé, de tous ceux
» qui ont eu recours à vostre protection, imploré vostre aide,
» et demandé vos suffrages. En cette confiance, ô Vierge
» mere des vierges, j'accours et viens à vous, et gemissant
» soubs mes pechez je me presente à vous. O Mere du Verbe,
» ne mesprisez pas mes prieres, mais escoutez les favorable,
» et faittes que Dieu m'exauce, et me pardonne mes fautes
» par vostre intercession. Ainsi soit-il. »

Je me souviens que c'est de sa bouche, mes Sœurs, que j'ay premierement appris et recueilly ceste priere, laquelle j'escrivis à l'entree de mon breviaire, pour la graver en ma memoire, et m'en servir en mes besoins : je sçay aussi qu'elle vous est fort recommandée, et que vous en faittes un fort pieux usage.

Il ne l'eut pas plûtost achevé qu'il ressentit l'effect du secours de la Mere de grace et de misericorde, et le pouvoir de son assistance envers Dieu : car en un instant, ce dragon qui l'avoit remply de ses funestes illusions disparut, et il demeura remply d'une telle joye et consolation, que la lumiere surabonda où les tenebres avoient abondé : de sorte qu'il pouvoit bien chanter avec le Psalmiste, *Secundum multitudinem dolorum meorum in corde meo, consolationes tuæ lætificaverunt animam meam* [1] : et encore, *Declinate à me, maligni, et scrutabor mandata Dei mei* : et encore, *Narraverunt mihi iniqui fabulationes, sed non ut lex tua* [2] : et encore, *Anima mea illi vivet* [3] ; *non moriar, sed vivam et narrabo opera Domini* [4]. *Misericordias Domini in æternum cantabo* [5].

Ce combat et ceste victoire, ceste captivité et ceste delivrance, ceste melancolie et ceste joye, cét orage et ce calme, le rendirent depuis si adroit et si avisé au maniement des armes spirituelles, qu'il estoit comme un arsenal pour les autres, fournissant de deffenses et d'industries à tous ceux qui luy manifestoient leurs tentations, estant pour eux comme cette tour de David de laquelle pendoient mille boucliers, et toute sorte d'armures [6]. Sur tout il conseilloit aux grandes tentations d'avoir recours à la puissante intercession de la Mere de Dieu, laquelle est terrible comme une armee rangée en belle ordonnance [7], et comme le camp de Dieu, et une tour de force, contre la face de nos ennemis [8] ; veu mesme que c'est sa semence, c'est à dire le fruict beny de son ventre, qui escrase la teste du serpent homicide dés le commencement.

SECTION XXXIX.

Histoire conforme à la precedente.

Vous voulez bien, mes Sœurs, que je vous raconte, tandis que je suis sur ce subjet des tentations, un événement singulier qui a quelque conformité avec celuy de nostre bien-heureux Pere : je l'ay leu dans de fort bons autheurs, qui l'avoient,

---

[1] Psal. xciii, 19. — [2] Psal. cxviii, 115, 85. — [3] Psal. xxi, 31. — [4] Psal. cxvii, 17. — [5] Psal. lxxxviii, 2. — [6] Cantic. iv, 4. — [7] Id. vi, 3, 9. — [8] Psal. lx, 4.

comme je pense, recueilly, de la vie des Peres du desert.

Deux fort bons et vertueux anacoretes s'estans associez en un mesme hermitage, pour s'assister l'un l'autre en la solitude, et avoir en leur mutuelle conversation l'emolument d'une saincte societé, et eviter ceste menace, *Malheur à celuy qui est seul*[1], et qui n'a aucun qui l'avertisse de son devoir, et qui l'aide : comme ils menoient une vie vrayement angelique dans une grande unité d'esprit, compagne du bien de paix ; le diable, ennemy et jaloux de leur bonheur, s'avisa d'une ruze pour traverser leur joye. Il apparut à l'un des deux, transformé en ange de lumiere, et luy dit qu'il le plaignoit de s'estre mis en societé avec un compagnon qui estoit du nombre des reprouvez, et predestiné à la mort eternelle; qu'il l'avertissoit de prendre garde à soy, de peur que ceste association ne le pervertist et qu'il ne devint compagnon de malheur eternel preparé à son confrere.

Ce pauvre abusé ayant pris cét avis comme la revelation d'un bon ange, entra dans une extreme angoisse de se voir si mal associé, et, comme dit Job, *compagnon des dragons et des austruches*[2]. D'autre costé, considerant les insignes vertus qui reluisoient en son confrere, et qui luy estoient une odeur de vie à la vie, il ne pouvoit comprendre de quelle sorte Dieu, qui est riche en misericorde sur tous ceux qui l'invoquent, permettroit que tout ce bien se perdit et fust inutile pour son salut. Aussi d'autre part considerant les cheutes horribles des plus grands personnages, d'un Lucifer tombé du ciel, d'un Adam descheu de l'estat de sa justice originelle, d'un Salomon, d'un Origene, d'un Tertulian, d'un Judas, et de tant d'autres, il recognoissoit que les jugemens de Dieu sont de grands abysmes, que ces torrens sont si creux qu'ils ne se peuvent guayer, veu mesme que la grace finale ou de perseverance, c'est-à-dire, de mourir en Dieu, ne tombe point soubs le merite.

[1] Eccle. IV, 9, 10. — [2] Job XXX, 29.

Ces pensees, ausquelles il laissa prendre de trop profondes racines dans son esprit, le plongerent dans une si profonde melancolie qu'elle ne pouvoit plus estre dissimulée.

<small>Difficile est eterum mentem non prodere vultu.</small>

Son confrere s'en apperceut; lequel pensant luy apporter du soulagement, en luy en demandant la cause, en augmentoit d'avantage le sujet. En fin apres l'en avoir souvent prié, supplié, en temps, hors de temps, opportunément, importunément, nostre melancolique fut contraint de rompre le silence, et de luy dire avec un grand souspir, que son interrogateur estoit luy mesme la cause de sa tristesse.

L'autre se jettant soudain à ses pieds, et le suppliant avec larmes de l'avertir de ses deffauts, protestant de s'en amender et d'en faire telle satisfaction et penitence qu'il luy voudroit enjoindre, l'autre repliqua, que tous ces remedes seroient inutiles pour son salut, puis qu'il avoit eu revelation qu'il estoit du nombre des reprouvez, et que pour ce sujet il avoit resolu de se separer de luy, de peur de se perdre en sa compagnie.

L'autre, plus éclairé dans les voyes de Dieu, cognut aussi par grace divine que ceste revelation imaginaire estoit une vraye tromperie de l'esprit maling, pour rompre leur heureuse societé. C'est pourquoy, sans chocquer directement la pensee de son confrere, il luy dit, que veritablement il ne voyoit rien en soy qui ne fust digne de l'enfer, et qui meritast le paradis; mais pourtant qu'il ne laisserait pas de servir et d'aimer Dieu en ceste vie autant qu'il pourroit pour l'amour de luy-mesme, sans esgard des punitions ny des recompenses eternelles : Dieu estant un objet si aymable et si estimable de luy mesme, que quand il n'auroit ny enfer pour punir, ny paradis pour recompenser, il n'en seroit ny moins aymable ny moins estimable; de sorte que s'il ne le loüoit et benissoit en l'eternité, il feroit tous ses efforts pour le loüer et le benir dans le temps, s'abandonnant tout à fait à sa providence en ceste vie et en l'autre.

Ceste grande pureté d'intention estonna l'autre, qui ne se pouvoit figurer qu'un reprouvé pùst avoir de si parfaits sentimens. Aussi ce pretendu reprouvé pria Dieu avec tant d'instance qu'il fist tomber les écailles des yeux de son compagnon, et qu'il esclairast ses tenebres, qu'il fut quelque temps apres par un vray ange de lumiere desabusé de son erreur, et remis dans la bonne opinion qu'il avoit euë auparavant du salut de son confrere.

Nous avons appris, mes Sœurs, que nostre bien-heureux Pere, dans ceste tentation qui luy donna un si rude assault touchant sa predestination, ne pouvant sortir de ce labyrinthe, où sa sagesse humaine n'estoit pas seulement embarrassée mais devorée et engloutie, fit la mesme resolution de ce sainct anacorete, aymant mieux tout perdre que de manquer d'amour et de fidelité envers Dieu. Aussi Dieu luy fut fidele et ne permit pas que la tentation surpassast ses forces, et se rendist maistresse, mais luy faisant tirer un grand profit de ceste tribulation : car depuis il apperceut de fort loing tous les pieges que l'ennemy de son salut luy tendoit en sa voye, et en vain tendoit-il des filets a cét oyseau de haut essor et qui les appercevoit d'un fort long espace.

Certes les abandonnemens de Dieu envers les ames justes, sont semblables à ceux d'une douce mere qui laisse marcher son petit enfant tout seul afin de l'affermir sur ses jambes, mais elle luy ouvre les bras pour le recevoir aussi-tost qu'il chancelle. *Justus cum ceciderit, non collidetur, quia Dominus supponit manum suam*[1].

[1] Psal. xxxvi, 24.

PARTIE CINQUIESME.

SECTION I.

De la modestie.

La modestie et l'honnesteté sont deux vertus qui ont autant d'affinité et de connexité, que l'impudicité et l'impudence sont deux vices presque inseparables. Nostre bien-heureux Pere, mes Sœurs, dont les fleurs estoient des fruits d'honneur et d'honnesteté, avoit une telle jalousie de Dieu pour la pureté, qu'il ne pouvoit souffrir la moindre action, ny le plus petit geste mesme inconsideré qui en pust ternir le lustre et l'esclat. Il l'appelloit ordinairement la belle et blanche vertu de l'ame et du corps, la profession de laquelle, par une espece d'excellence, s'appelle honneur. Et comme le teint des beautez plus exquises et delicates, s'offence du moindre hasle, ou d'un petit vent; aussi le moindre déportement volage et leger plûtost que malicieux et deliberé apporte du dechet à la pureté.

Il donnoit de cela deux comparaisons excellentes. La premiere : « Pour douce, claire, et polie que soit la glace d'un miroir, il ne faut que la moindre haleine pour la rendre si terne et si grasse qu'elle ne sera plus capable de former aucune representation. Pour illustre que soit la reputation d'une personne pudique, selon ce qui est escrit, *O que la generation chaste a un bel eclat*[1] ! si est-ce qu'il ne faut qu'un geste, qu'une œillade inconsideré et hagarde, pour donner

[1] Sap. iv, 1.

sujet à une langue mesdisante, de souffler dessus une sifflade de serpent, et de luy faire le mesme affront que les nuages font au soleil, en desrobant son lustre aux yeux du monde. »

La seconde : « Voyez-vous, disoit-il, ce beau lys? c'est le symbole de la pureté; il conserve sa blancheur et sa douceur parmy la noirceur et la rudesse des espines. Tant qu'il demeure sur son tige, et qu'on ne le manie point, sa senteur est fort suave, et sa forme luisante est fort aggreable à l'œil; mais aussi-tost qu'il est arraché, l'odeur en est si forte qu'elle donne dans la teste; et aussi tost qu'il est patiné, il n'est plus satiné, il perd toute sa candeur et sa polisseure.

Ceste pensée qui procedoit de sa pieté a esté autrefois exprimée par un ancien poëte en termes fort delicats.

> Ut flos in septis secretus nascitur hortis,
> Ignotus pecori, nullo contusus aratro,
> Quem mulcent auræ, firmat sol, educat imber;
> Multi illum pueri, multæ optavere puellæ :
> Sic virgo dum intacta manet, tum chara suis est;
> Cum castum amisit polluto corpore florem,
> Nec pueris jucunda manet, nec chara puellis [1].

Aussi voyez-vous que dans sa Philothee, donnant des regles pour la conservation de la chasteté, il baille pour bouclier, et comme pour avant-mur, une exacte et scrupuleuse modestie; ne voulant pas que l'on se laisse toucher ny au visage ny aux mains, non pas mesme par jeu; ces actions indiscrettes, quoy qu'elles ne violent pas l'honnesteté, luy apportent neantmoins tousjours quelque espece de tare et de flestrisseure.

SECTION II.

Mespris du corps.

Le corps estant le sepulchre vivant de l'âme, a tousjours esté en mespris aux vrais spirituels, comme une prison am-

[1] Catul. LXII, 39-47.

bulatoire. Sainct Paul gemissant sous la loy des membres, disoit : *Moy chetif, hé, qui me delivrera du corps de ceste mort*[1]? Et David souspiroit sur la prolongation de son mortel pelerinage[2].

Je sçay que naturellement personne n'a en haine sa propre chair; aussi est-ce dans un principe surnaturel qu'il la faut chercher, selon ce qui est escrit : *Quiconque ne hait ses plus proches, et mesme sa propre vie, ne peut estre disciple de Jesus-Christ*[3], ny serviteur idoine du nouveau Testament[4]; *car le corps sujet à corruption appesantit l'ame et la ravale à de bas sentimens*[5].

Il est vray que les martyres ont exercé ce mespris en un haut degré, sacrifiant volontairement leurs corps et leurs vies à la gloire de Dieu, et pour luy rendre tesmoignage de leur fidelité. Mais il faut avoüer que le sainct amour fit trouver un nouveau secret à nostre bien-heureux Pere, mes Sœurs, pour consacrer son corps à Dieu, sinon par sa mort, l'occasion du martyre ne se presentant pas, au moins apres sa mort. Vous le sçavez, sans que je le vous discoure plus au long, parce que vous estes abondamment instruites de l'histoire de sa vie, ce fut lors que se trouvant malade à l'extremité durant ses estudes à Padoüe et abandonné des medecins, il pria son precepteur de livrer son corps apres sa mort aux chirurgiens pour exercer leur anatomie, « Afin, disoit-il, qu'ayant esté si inutile au prochain durant ma vie, je luy puisse rendre quelque petit service apres ma mort. » Mais Dieu qui est riche en misericorde sur tous ceux qui l'invoquent, se contenta, comme au sacrifice d'Isaac, de la volonté de son serviteur, et conserva la vie à ce corps qu'il avoit si genereusement mesprisé.

Un historien de marque raconte une histoire bien differente des filles Milesiennes. Elles furent touchées d'une si

---

[1] Rom. vii, 24. — [2] Psal. cxix, 5. — [3] Luc. xiv, 26. — [4] II Cor. iii, 6. — [5] Sap. ix, 15.

funeste manie qu'elles couroient à la mort comme desesperees, et se deffaisoient de leurs propres mains en differentes manieres, soit par le licol, soit par le fer, soit par le precipice, soit par le poison. Rien ne pouvant s'opposer à ceste fureur, et les larmes et remonstrances de leurs parents se trouvant trop foibles pour en arrester le cours; le magistrat ordonna que celles qui commettroient ceste felonnie seroient penduës toutes nuës, et exposees ainsi en spectacle d'horreur aux yeux de tous les passans. Ceste ignominie fut un fer chaud qui arresta ceste grangrene, et qui guerit leurs esprits blessez d'une si mortelle frenaisie.

Nostre Bien-heureux, qui regardoit plus haut que ces pauvres payennes, et qui estoit animé d'une pure charité, dans l'abandon de son corps mort aux rasoirs des anatomistes, ne fut point retenu par des considerations humaines; tant il est vray que la saincte dilection est plus forte que la mort, et que toutes les eaux de la mer ne peuvent esteindre le feu du divin amour quand il est puissamment allumé dans un cœur.

SECTION III.

Consideration sur le subjet precedent.

Il arrive assez ordinairement que ceux que Dieu destine à une grande et sublime perfection en donnent des tesmoignages signalez dés leur jeunesse. Ce sont comme des étincelles qui precedent une grande flamme. Les latins appellent cela *igniculos*.

Sainct Martin encore cathecumene faisant part à un pauvre de la moitié de son manteau, fit cognoistre par ceste action remarquable, qu'il arriveroit à une vertu fort exemplaire. Le zele excessif qui porta vers le martyre la bienheureuse Terese en son âge voisin de l'enfance, fut un i de cet amour seraphique dont son cœur fut touché a de sa vie.

Et certes, mes Sœurs, si vous y prenez bien garde, ce ne fut pas une mediocre marque de la notable saincteté que nostre bien-heureux Pere a fait paroistre au courant de ses jours, que ce desir que son corps fust livré apres sa mort aux chirurgiens pour y exercer l'apprentissage de l'anatomie. S'il eut ce courage en son adolescence, vous pouvez penser, quand il fut pasteur et en l'estat apostolique, s'il eust volontiers exposé son corps aux fatigues (ce qu'il a fait) et à la mort, si l'occasion s'en fust offerte, pour le salut des ames qui luy estoient commises.

Possible demanderez vous qui le porta à ce desir si extraordinaire. Certes la cause n'en est pas moins considerable que l'effect peu commun. Il avoit remarqué qu'à Padoüe, où la faculté de medecine est fort celebre, il arrivoit de grandes querelles sur le subjet des corps que l'on demandoit à la justice pour estre anatomisez. Les parents de ceux qui estoient donnez s'opposans à cela, surquoy il arrivoit quelquefois des batteries et des meurtres. Les choses en arrivoient quelquefois jusques à ce point, que les jeunes chirurgiens et escoliers en medecine alloient de nuict dans les cimetieres et eglises deterrer des corps nouvellement ensevelis; dont il arrivoit de grands scandales. Tant pour éviter tous ces desordres, que pour s'humilier, nostre bien-heureux François offrit volontairement son corps apres sa mort : action de merveilleuse charité, et mespris de soy-mesme.

Depuis s'il a excellé en ces deux vertus de l'amour du prochain et de l'humilité, ne vous en estonnez pas; car Dieu respand tousjours dans le sein de ceux qui se donnent à luy joyeusement et franchement, une affluence de graces à mesure pleine, comblee, et respanchante de toutes parts. Ce que l'homme semera, il le moissonnera : si chichement, il recueillera peu; s'il seme des benedictions, il les moissonnera largement.

SECTION IV.

D'une bague perdue.

L'an 1619, madame Chrestienne de France, sœur du Roy, espousa à Paris le serenissime prince de Piedmont, aisné et heretier de la maison de Savoye. Monseigneur le cardinal de Savoye et monseigneur le prince de Carignan, ses freres, l'accompagnerent pour assister à ses nopces et honorer une si celebre alliance. Monseigneur le cardinal de Savoye desira estre accompagné de quelques prelats des estats de Son Altesse son pere, entre lesquels fut choisi le bien-heureux Evesque de Geneve, dont le merite estoit en une haute estime.

On ne sçauroit exprimer les fruicts qu'il apporta dans Paris, tant par ses predications, que par l'exemple de sa saincte vie. La cour mesme, où de si grands exemples esbloüyssent plus qu'ils n'edifient, en fut touchee : et Madame mesme toute jeune qu'elle fust l'eut en telle odeur, qu'elle le desira pour grand aumosnier, sans qu'il y pensast en aucune maniere, ayant naturellement une trop grande aversion à la vie de la cour, et une fort pressante attache au devoir de sa residence, qui sont deux choses de difficile accord.

Il fut convié de si bonne grace, et pressé si puissamment d'accepter cette charge, qu'il fut contraint d'y acquiescer, à la charge qu'elle ne prejudiciast en rien à ses offices pastoraux, ny à sa residence; l'obligation de laquelle (il me l'a dit plusieurs fois) il tenoit estre de droit divin, selon ce qui est escrit : *Attendite vobis et universo gregi*[1], etc. La bienseance de cét office nouveau l'obligea d'accompagner Madame jusques en Piedmont, où apres avoir demeuré quelques jours, il demanda son congé pour retourner en son diocese, laissant

---

[1] Act. xx, 28.

en sa place monseigneur de Chalcedoine son frere et coadjuteur en l'evesché.

Ce congé qui ne luy pouvoit estre denié, luy fut concedé avec regret de toute la cour, qui avoit les yeux tournez sur luy, comme sur un vray homme de Dieu. Madame luy fit quelques presents dignes du courage d'une si grande princesse, et entre autres luy donna une bague d'un diamant de grand prix. Comme il cheminoit à cheval parmy ces grandes montagnes des Alpes, tirant une fois son gand, ceste bague s'eschappa de son doigt et se perdit par le chemin. Arrivé à l'hostellerie il la trouva adirée, et sans s'en esmouvoir en aucune façon, il benit Dieu de ceste perte pour deux raisons, disoit-il. La premiere, pour n'avoir aucun sujet de se complaire ou attacher d'affection à un si precieux joyau. La seconde, parce que la providence en feroit peut estre la fortune de quelque pauvre personne qui le trouveroit, qui en pourroit estre à son aise le reste de ses jours; en quoy il seroit mieux employé qu'à luy. Neantmoins il en arriva autrement qu' ne pensoit : car ayant esté recueillie par un pauvre qui n'en sçavoit pas la valeur, et qui la monstra en un village où ceste perte avoit esté divulguée, elle fut recognue, et luy fut rapportée lors qu'il n'y pensoit plus; et il fit user d'une notable liberalité envers celuy qui la luy rapporta, et celuy qui l'avoit trouvée.

Jugez par là, mes Sœurs, combien le cœur de ce bienheureux estoit peu lié aux choses que les hommes prisent tant, sçachant qu'il avoit une meilleure et plus solide substance qui l'attendoit dedans le ciel. Certes il est aisé de mespriser des richesses que l'on ne possede point; mais il est mal-aisé de ne s'engager point d'affection à celles que l'on possede legitimement. A raison dequoy le Psalmiste disoit : *Si vous abondez en biens de fortune, ny applicquez point vostre cœur*[1]. Nostre bien-heureux Pere en sa Philothee

---

[1] Psal. LXI, 11.

compare ceux qui se desaisissent de leurs facultez sans difficulté, au poil des mains de Jacob qui se levoit sans peine; et ceux qui ont du regret à s'en deffaire, au poil de celles d'Esau que l'on n'eust pû arracher sans douleur.

SECTION V.

Industrie sincere.

Un jour je luy avois servy à table de quelque viande delicate, et voyant qu'il la mettoit tout doucement en un coing de son assiette, pour en manger une plus grossiere : « Je vous y surprends, luy dis-je; et où est le precepte de Philothee, ou pour mieux dire evangelique, *Mangez ce qui vous sera presenté* [1] ? » Il me respondit fort gracieusement : « Vous ne sçavez pas que j'ay un estomach rustique et de paysant; si je ne mange quelque chose de dur et de rude, je n'en suis pas rassassié, ces delicatesses ne font que couler et ne me substantent pas. — Mon pere, luy dis-je, ce sont là de vos deffaites; c'est avec de semblables voiles de soye que vous cachez l'austerité du vivre.

— Certes, me replique-t'il, je n'y entends aucune finesse, et je vous parle avec naïveté et sincerité. Neantmoins, pour parler encor plus franchement, et sans aucun reply, ny duplicité, je ne vous nie pas que mon appetit ne trouve plus de goust aux viandes delicates, qu'aux grossieres. Je ne voudrois pas chercher le salé, l'espicé, et le haut goust, pour en trouver le vin meilleur; nous autres Savoyards le goustons assez sans cela : mais comme l'on est à table pour se nourrir, plus que pour satisfaire à la friandise, je prends ce que je cognoy qui me nourrit mieux, et qui m'est plus convenable; car vous sçavez bien qu'il faut manger pour vivre, non pas vivre pour manger, c'est à dire, pour distinguer les morceaux, et avoir l'esprit attentif aux plats, et à la

---

[1] Luc. x, 8.

difference et diversité des mets. Neantmoins pour faire honneur à vostre bonne chere, si vous avez patience je vous donneray contentement ; car apres que j'auray jetté les fondemens du repas par ces viandes plus materielles et nutritives, je ne laisseray de les couvrir de l'ardoise des morceaux plus delicats que vous prenez la peine de me servir. »

Que de vertus, mes Sœurs, prennent part à ceste action, en apparence si commune ! la sincerité, la verité, la candeur, la simplicité, la temperance, la sobrieté, la condescendance, la bienveillance, la douceur, la benignité, la prudence, l'egalité, l'attrempence. Les ames de grace et qui agissent par le motif de la grace, qui est un motif divin, ne produisent rien de petit : car les œuvres de Dieu sont parfaittes, principalement celles de la grace; aussi ont elles la gloire pour leur couronne. *Soit que vous beuviez, soit que vous mangiez,* dit l'Apostre, *faittes le tout pour la gloire de Dieu* [1].

SECTION VI.

Sa moderation.

Il avoit de coustume de dire, qu'aux choses qui regardent la nature celuy-là n'auroit jamais de suffisance, à qui ce qui suffit n'estoit pas suffisant. Ce qui revient à ce mot de Seneque : « Si vous vous contentez de ce qui convient à la nature, vous ne serez jamais pauvre; si vous ne vous limitez à cela, vous ne serez jamais riche. » Et à cét autre du mesme : « Ce qui est assez, est tousjours prest; on ne se travaille que pour des choses superfluës. »

Il faut, mes cheres Sœurs, que je vous fasse voir la moderation de l'esprit de nostre bien-heureux Pere dans l'usage des biens necessaires à la vie. Il me disoit que quittant sa charge pour se retirer en solitude et passer le reste de ses jours à contempler et à escrire, il estimoit cinq cens escus

[1] I Cor. x, 31.

de rente pour de grandes richesses ; et de fait il ne se vouloit pas reserver davantage tant de son patrimoine que de son evesché ; et il adjoustoit ce beau mot de saint Paul : « Ayant la nourriture et le vestement simple, c'est dequoy contenter un ecclesiastique [1]. *Quod amplius est, a malo est* [2].

Voicy sa raison. « L'Eglise, qui est le royaume de Jesus-Christ, est establie sur des fondemens directement opposez à ceux du monde, duquel le Sauveur a dit que son royaume n'estoit pas [3]. Or surquoy est fondé le monde ? Escoutez saint Jean : *Tout ce qui est au monde n'est que convoitise de la chair ou des yeux, et superbe de vie* [4] ; c'est à dire volupté, avarice, vanité. L'Eglise donc sera fondee sur la mortification de la chair, la pauvreté et l'humilité. Les plaisirs et les honneurs suivent les richesses, et la pauvreté met la coignée à la racine de la volupté et de l'orgueil. On se peut glorifier, dit David, en la multitude des richesses [5] ; et saint Paul exhorte les riches du siecle à eviter l'orgueil [6]. L'humilité et la mortification font une perilleuse demeure avec les richesses. » C'est pour cela qu'il ne vouloit simplement que le necessaire, de peur que la superfluité ne le portast à quelque excez.

Et quand je luy disois, que de ce plus on en pourroit faire des aumônes, selon ce qui est escrit, *Quod superest da pauperibus* [7] : il me respondoit que nous sçavions assez ce qu'il faut faire, mais que nous ne sçavons pas ce que nous ferions, et que c'est tousjours quelque sorte de presomption, d'estimer pouvoir manier des charbons avec les mains sans se brusler, veu que l'ange, chez le prophete, les prend avec des pincettes ; ce qui me remet en memoire ce trait du grand Stoique : *Quantum possumus à lubrico recedamus, etiam in sicco parum firmiter stamus* [8].

---

[1] I Tim. vi, 8. — [2] Matth. v, 37. — [3] Joan. xviii, 36. — [4] I Joan. ii, 16. — [5] Psal. xlviii, 7. — [6] I Tim. vi, 17. — [7] Luc. xi, 40. — [8] Senec. Epist. 88.

SECTION VII.

Prédication veritable.

Selon l'ancien proverbe, *Faber fabro invidet;* et selon le mot du Stoique, *Raro non arietant, in eodem spatio ambulantes.* Joint que l'œuvre de Dieu, aussi bien que Jesus-Christ, est un vray signe et but de contradiction. Aussi tost que vostre congregation, mes cheres Sœurs, commença à paroistre au monde, et à faire comme la Philothee, une nouvelle estoille dans le ciel de l'Eglise; aussi tost elle fut exposee au murmure et au controolle des langues : et comme il n'y a point de pire cheville que celle qui se fait du mesme bois dont est composee la mortaise, vous n'ignorez pas de quel costé vous vint la plus forte persecution. On l'excuse sur ce que les Anges eurent bien du debat touchant le corps de Moyse; et qu'entre les Apostres, qui estoient si saincts et confirmez en grace, il y a eu des contentions : mais pourtant sainct Paul nous avertit que la vraye charité n'est point jalouse, ny riotteuse, beaucoup moins envieuse [1], n'y ayant point de vice plus directement opposé à la charité du prochain que celuy de l'envie. *A ma volonté*, disoit le grand Moyse, extremement esloigné de ce vice, *que tous prophetizassent* [2], et sainct Paul souhaittoit que tous fussent comme luy [3].

Tant y a que comme les abeilles qui font le miel sont de toutes les mouches celles qui picquent le plus serré, aussi arrive-t'il souvent que ceux dont on attend le plus de douceur, sont ceux qui nous traittent plus aigrement, tout au rebours de l'enigme de Samson. C'est de semblables gens dont se plaint le Psalmiste, *qui parlent en un cœur et en un cœur* [4], *qui ne discourent que de paix à leur prochain, et au*

---

[1] I Cor. xiii, 4, 6. — [2] Num. xi, 29. — [3] I Cor. vii, 7. — [4] Psal. xi, 4.

dedans de leurs esprits ne luy machinent que guerre [1] ; esprits non seulement traversez en eux mesmes, mais traversans les autres, pesans à eux et insupportables à autruy.

Vous que le fait touche, mes Sœurs, sçavez assez ce que je veux dire ; et si vous ne le sçavez, vous l'apprendrez suffisamment de plusieurs des Epistres de nostre bien-heureux Pere, ausquelles il console plusieurs de vos anciennes meres, superieures, et sœurs, durant ces bourrasques, par lesquelles Dieu a voulu affermir vostre congregation, à la façon des grands arbres qui jettent leurs racines d'autant plus profondes en la terre, qu'ils sont plus agitez et battus des vents et des orages.

On tascha donc, par un zele amer, et non selon la science des saincts, et de salut, de faire avorter vostre institut en sa naissance. Que ne fit on pour empescher vostre introduction et establissement en diverses villes ? Mais en vain s'oppose-t'on à l'œuvre de Dieu, il la sçait conduire à sa fin avec non moins de puissance et de force, que d'industrie, de suavité et d'addresse ; joint que la grande reputation de la saincteté de nostre bien-heureux Pere vostre instituteur, sans parler devant vous de la bonne odeur de vostre observance, avoit plus d'attraits pour vous faire desirer, que vos contrarians n'avoient d'artifices, pour ne dire de malices, pour vous dénier et vous descrier pour vous faire rejeter.

Apres avoir donc employé avec peu de succés divers ressorts de la prudence humaine, revelez par la chair et le sang, mais opposez à l'esprit de Dieu ; en fin quelques esprits folets (c'est le plus doux nom que je leur puisse donner) se mirent sur la raillerie, se mocquans du peu d'austeritez exterieures et corporelles qui sont en vostre institut, disans que vous aviez trouvé un secret pour aller en paradis par un chemin semé de roses sans espines, et pour y entrer par une autre porte que celle de la croix, et avec une

---

[1] Psal. xxvii, 3.

autre clef que celle que le fils de David avoit portée sur son espaule.

Et parce que la gausserie n'est jamais si penetrante que quand elle est jointe à l'impieté, ils appelloient vostre congregation non de la Visitation de saincte Marie, qui est son titre, mais la confrairie de la descente de la croix ; disans que vous aviez descendu nostre Seigneur de la croix, en fuyant les souffrances et de porter la mortification de Jesus-Christ en vos corps. Sans considerer que vostre institut a esté dressé expres pour recevoir des filles et vefves infirmes et de foible complexion, lesquelles, ayant vocation pour le cloistre, se trouvent trop debiles pour porter les macerations exterieures qui sont dans les autres Ordres qui font profession de l'austerité corporelle. Si que ce seroit chercher des espines sur des figuiers, et des raisins sur des ronces, que de confondre ainsi les desseins des instituts comme s'ils estoient tous jettez en mesme moule.

Me trouvant en une grande ville où ceste raillerie sacrilegue formoit une estrange batterie contre vous, et empeschoit beaucoup de filles et femmes devotes d'embrasser vostre maniere de vie, je me senti obligé de fendre ce nœud par quelque coin, ou de le trancher d'un revers. Ayant donc fait cognoistre la fin de vostre institut, que je viens de rapporter, qui est d'accueillir sous ses ailes des esprits fermes, logez en des nerfs debiles ; pour faire rempart de la terre mesme de la bresche, et renverser la douleur sur la teste des autheurs de ceste rare allegorie, je dy un jour en public, parlant en la presence et au visage de quelques uns possible venus, *ut caperent in sermone*, mais pris au conseil qu'ils avoient pourpensé : « Que la confrairie de ceux qui destacherent nostre Seigneur de la croix et assisterent à sa descente, estoit la plus saincte et la plus venerable assemblee qui fut pour lors au monde, et comme l'elite et la fleur du plus fidele Christia-

---

[1] Matth. XXII, 13.

nisme. La saincte Vierge y estoit la premiere, et en suite sainct Jean, la Madeleine, saincte Marthe, saincte Marie Cleophé, la saincte Veronique, saincte Jeanne, Nicodeme, Joseph d'Arimathie. N'est-ce pas un grand bonheur d'estre uni à une si saincte assemblée? Demeurez donc ainsi, mes Sœurs, et vous serez bien heureuses, si vous y perseverez jusques à la fin.

» Mais pour Dieu, qu'il ne vous arrive jamais, de donner vos noms à la confrairie de ceux qui mirent en croix nostre cher Redempteur, car vous auriez pour compagnons infortunez, un Anne et un Caïphe, un Herode et un Pilate, une cohorte de bourreaux, les Scribes et les Pharisiens instigateurs et pires que tous ceux-là ; et, pour comble d'horreur, tous les demons des enfers qui pousserent à ceste cruauté toutes ces ames malicieuses. Jugez, mes Sœurs, quelle est la plus desirable de ces deux confrairies, et de laquelle se disent estre ceux qui vous reprochent que vous soyez de la premiere. »

Ce revers de medaille eust remply de confusion et d'ignominie les visages et les fronts de ces rieurs, s'ils eussent esté capables de rougir, mais pourtant il ne tomba pas à terre, et fut recueilly par des esprits non interessez qui en firent depuis espee et boucliers pour vous deffendre en diverses compagnies. C'est ainsi que l'iniquité qui ment à elle mesme, se ferme la bouche de sa propre main ; et que ceux qui disent ce qu'ils ne doivent pas, entendent souvent ce qu'ils ne voudroient pas. Il n'y a rien de plus juste que de voir un tonneau de moust sali de sa propre bave.

L'argutie de ceste replique vint jusque aux oreilles de nostre bien-heureux Pere, et luy fut rapportée par quelqu'un de ceux qui estoient presens. La premiere fois qu'il me vid, il en estima la subtilité : « Mais prenez garde, me dit-il, que ces crucifians ne vous mettent par leurs discours au rang des crucifiez : ils ont le don des langues ; si c'est celuy du cœnacle ou de la tour de Babel j'en laisse à decider. Il fait dangereux tomber sous les decoupeurs et scarificateurs de semblables rasoirs. *Exardent sicut apes, et sicut ignis in spinis*[1]. C'est une inondation de chameaux et de dromadaires. Il fait perilleux se frotter à ces orties : c'est *irritare crabrones, et contrectare carbones.* »

Je n'ay depuis que trop experimenté la verité de ceste prophetie : vous qui n'en ignorez pas l'evenement, estes assez instruites combien ces rasoirs sont tranchans. Je ne diray de toute ceste funeste histoire que ce mot du grand Toscan :

Historia miserabile, mà vera.

Et avec le Psalmiste : *O Domine, libera animam meam à labiis iniquis et à lingua dolosa*[2], etc. et encore, *Redime me à calumniis hominum* : et aussi, *Fac mecum signum in bonum, ut non calumnientur me superbi*[3].

SECTION VIII.

De la charité de la science, et de la science de la charité.

Il y a bien de la difference entre la charité de la science et la science de la charité. Quiconque a la charité, a aussi les dons du sainct Esprit entre lesquels est celuy de la science ; mais de la science des saincts, de la science qui fait les saincts, de la science de salut, de la science qui edifie, non de celle qui enfle, de la science qui rend ses possesseurs enseignez de Dieu : *Erunt omnes docibiles Dei*[4]. Car c'est Dieu seul qui enseigne à ses favoris ceste science, d'autant qu'il est le Dieu des sciences.

Mais qui a la science de la charité, n'a pas pour cela la charité, parce que ceste grace gratuitement donnée, qui s'appelle le don de science[5], comme celle de prophetie et les autres sont compatibles avec le peché à mort, et ainsi peuvent

---

[1] Psal. cxvii, 12. — [2] Psal. cxix, 2. — [3] Psal. cxviii, 134, 122. — [4] Joan. vi, 45. [5] I Cor. xii, 8.

estre sans la charité. Par exemple, ces grandes et seraphiques sainctes Catherines, de Sienne, et de Gennes, et saincte Terese ont eu sans doute la charité de la science : et Occan, l'un des plus subtils theologiens de son temps, a eu la science de la charité en speculation, mais s'il a eu la charité veritable il n'en paroist pas par ses deportemens, et les scandales qu'il a apportez à l'Eglise donnent une violente conjecture du contraire, quoy qu'il ne falle pas appuyer là dessus, ny mal juger de sa grace finale.

Le grand Apostre flechit ses genoux au Pere de Jesus-Christ nostre Seigneur, duquel procede toute paternité au ciel et en la terre, afin que ses chers Ephesiens puissent estre enracinez et fondez en la charité, et par ce moyen comprendre qu'elle est la longueur, largeur, hauteur et profondeur, et sçavoir aussi la sureminente charité de la science de Jesus-Christ, auquel sont cachez tous les tresors de la science et sagesse du Pere, et estre remplis de toute plenitude[1]. Où vous voyez, mes Sœurs, que l'Apostre souhaitte aux fideles la charité de la science, non la science de la charité sans la charité ; de laquelle il dit autre part : *Si j'ay toute la science des mysteres de la foy, jusques à parler le langage des plus sçavans hommes et mesme des Anges, si je n'ay la charité, je ne suis rien qu'un airain sonnant, et une cloche qui tinte*[2].

Travaillons donc, mes Sœurs, apres la charité, sçachans qu'en elle sont tous les magazins de la science necessaire à nostre salut. Sans elle, qui adjouste la science adjouste du labeur, et suit la vanité, comme celuy qui poursuit une ombre, laquelle suit ceux qui la fuyent et fuit ceux qui la suivent. Je vous puis asseurer que tel a esté le sentiment de nostre bien-heureux Pere non seulement pour me l'avoir tesmoigné plusieurs fois de vive voix, mais encor il le monstre assez evidemment dans tous ses escrits, destrempez dans

---

[1] Ephes. III, 14-19. — [2] I Cor. XIII, 1.

tant d'amour et de dilection de Dieu et du prochain, qu'il semble que la charité mesme l'eust choisi pour estre son organe. *Certes tous ceux-là sont vains,* dit la parole sacrée, *qui n'ont pas la science de Dieu*[1]. Et quelle est ceste vraye science de Dieu et de ses voyes, sinon celle de son sainct amour, vraye eschelle de Jacob par laquelle nous allons à Dieu, et descendons vers le prochain pour l'amour de Dieu? « Apprenons soigneusement icy bas ceste divine science, dit sainct Gregoire, qui nous demeurera eternellement dans le Ciel où Dieu sera toutes choses à tous et en tous. » Amen.

SECTION IX.

Marque de la grace habitante.

L'une des grandes détresses et perplexitez que puisse souffrir une ame amoureuse de Dieu, est d'ignorer si vrayement elle l'ayme, et si elle est en sa grâce : car nul ne sçait, de certitude de foy (si ce n'est par une speciale revelation), s'il est digne d'amour ou de haine. Le Docteur Angelique en donne quelques marques[2]. La premiere, n'avoir point de remords de peché capital. On demande, Mais qui est celuy qui n'en ait point commis, et n'en doive avoir du remords? On respond que cela s'entend de ne sçavoir en son ame aucun peché mortel dont on n'ait fait son devoir de se purger par le Sacrement de reconciliation. Et quoy qu'il ne faille pas estre sans crainte du peché mesme qui est remis, par ceste crainte nous n'entendons pas le remords; car ceste crainte peut estre sans ce remords, par lequel nous entendons un reproche interieur de quelque peché non expié par la penitence.

La seconde marque donnée par le Docteur Angelique, est lors qu'on se delecte en Dieu, et que l'on prend plaisir aux choses qui luy aggreent et qui regardent son service; par ce

[1] Sap. xiii, 1. — [2] 1a 2æ, quæst. 112, art. 5.

que celuy-là sans doute plaist à Dieu à qui Dieu plaist, et plaist en sorte qu'il s'efforce de luy complaire, selon ce que dit le Seigneur mesme : *J'ayme ceux qui m'ayment*[1], *et ceux qui me delaissent seront abandonnez*[2].

La troisiesme marque monstrée par le mesme sainct, est lors qu'à comparaison du Createur nous ne faisons aucune estime des creatures, ce que l'Evangile exprime soubs le nom de haine. *Qui ne haït son pere, sa mere, et sa propre ame pour me suivre,* dit Jesus-Christ, *n'est pas digne d'estre mon disciple*[3]. Et certes, puisque le peché n'est autre chose que l'aversion du Createur et une conversion vers la creature, par quelle meilleure voye pouvons nous juger de nostre retour en la grace du Createur, que par le desgoust que nous avons de la creature, en preferant la manne du desert aux oignons et aux chairs de l'Egypte?

Toutesfois, mes Sœurs, il faut que je vous avoüe, que ces marques, quoy que fort excellentes, n'accoisent point tant mon esprit, comme en font deux que nostre bien-heureux Pere avoit de coustume de donner à ceux qui estoient en ceste angoisse interieure, et qui cherchoient du repos à leurs ames dans quelque certitude morale bien puissante, d'estre en l'estat de grace, en laquelle *il est bon*, dit le Sage, *de mettre l'establissement de son cœur*[4].

La premiere, et, à dire le vray, la plus certaine, est de visiter avec les lampes d'un exact examen la Jerusalem de nostre interieur, et de voir si dans son fonds reside ceste ferme et invariable resolution de n'offenser jamais Dieu mortellement, d'une volonté deliberee; car c'est en ce point que consiste nostre grande union à la volonté de Dieu qui ne respire pour nous que grace et sanctification.

La seconde, si nous avons un ferme et constant desir d'aymer Dieu. Quand il disoit constant et ferme, il entendoit un desir efficace, non ces volontez imparfaittes, que l'on

---

[1] Prov. viii, 17. — [2] Jerem. xvii, 13. — [3] Luc. xiv, 26. — [4] Hebr. xiii, 9.

appelle en l'escole velleitez, qui sont comme ces debiles vapeurs qui s'eslevent les matins sur les lieux marescageux, vapeurs aussi-tost dissipées ou rabattuës qu'attirées. Ces desirs de desirer, non plus que ces vouloirs de vouloir, ne sont pas proprement des desirs ny des vouloirs, mais des fantosmes de desir, et des avortons de la volonté, pareils aux efforts d'une femme qui veut accoucher et qui n'en ayant pas la force, meurt dans des convulsions, et des tranchees estranges.

Quand il parloit de desirs il entendoit ces affections raisonnables qui sont de vrayes productions de la volonté, et disoit assez ordinairement et de fort bonne grace, que qui desiroit de bien aymer, aymoit à bien desirer. Et la raison sur laquelle il se fondoit pour monstrer que qui desire d'aymer Dieu l'ayme, et que ce desir est un violent indice que l'on a l'amour de Dieu et par consequent sa grace; c'est que l'amour et le desir sont deux affections qui naissent de la volonté raisonnable, et deux passions qui sortent de l'appetit sensitif : mais l'amour est l'aisnee, suivie du desir, en la mesme maniere que Jacob tenoit Esau par le pied quand ces jumeaux vindrent au monde.

L'amour estant la premiere de toutes les affections de l'appetit raisonnable, est en ceste qualité selon la maxime des philosophes, la regle de toutes les autres, et les tire apres soy, comme premier mobile des spheres qui luy sont inferieures. Le desir donc suit l'amour, parce que l'amour estant une inclination vers le bien, le desir est le mouvement qui nous y porte. Qui a donc le desir d'aymer Dieu et l'a veritablement, a premierement cét amour, parce qu'il faut aymer avant que desirer, et aymer à desirer, avant que l'on desire d'aymer.

Le malade qui a perdu l'appetit et qui desireroit l'avoir ne l'a pas pour cela, d'autant que le sens n'obeit pas tousjours à l'appetit raisonnable; mais les affections de l'amour et le desir estans deux surjeons d'une mesme volonté, celuy qui veut desirer veut aussi aymer; et ce qui est de plus considerable, c'est qu'il ne peut desirer d'aymer, qu'auparavant il n'ayme à desirer, d'autant qu'entre les affections de la volonté l'amour precede tousjours le desir, comme l'aube devance l'aurore, et l'aurore le lever du soleil.

Qui desire donc d'aymer Dieu n'a pas seulement un commencement de cét amour, mais a l'amour mesme; puisque le desir est enfant de l'amour, comme l'un et l'autre sont enfans de la volonté : autrement si ce desir precedoit l'amour, il ressembleroit à ceste plante que l'on appelle le fils devant le pere, d'autant qu'elle donne son fruict devant sa fleur.

Ceste doctrine de nostre Bien-heureux, mes tres cheres Sœurs, est de grande consolation pour les ames abbatues sous ceste desagreable langueur, qui procede de la perplexité naissante de l'incertitude si elles ayment Dieu.

L'apostre sainct Pierre, parlant des Anges qui sont en la gloire, dit, qu'ils desirent voir le sainct Esprit[1]. Mais ne le voient-ils pas, puisque l'essence de la gloire consiste en la vision de Dieu, un en essence et trine en personnes? mais pourtant ny leur veuë ny leur amour, qui est au dernier point de sa perfection, n'empesche pas l'effet de leur desir; d'autant que plus ils voyent et possedent ce qu'ils desirent, plus ils desirent de le voir et de le posseder, l'agreable pointe du desir demeurant sans aucune peine ny inquietude dans la satieté de leur jouissance, tout ainsi que l'abeille detrempe son innocent aiguillon dans la douceur de son miel. Or, d'où procede ce desir, sinon de leur amour qui est en son apogée, l'amour produisant ce desir reciproquement comme une espece de reflux conservant leur amour ?

Ce que nous voyons en la gloire qui est une grace achevée, pourquoy ne le dirons-nous pas de la grace qui est une gloire anticipée, jugeant de nostre amour envers Dieu par nostre

---

[1] I Petr. I, 12.

desir? Et n'est-ce point pour ce sujet que ce prophete, qui estoit un grand amant de la Divinité, est appellé *homme de desirs*[1]? *O Seigneur, disoit un autre selon le cœur de Dieu, devant vous est tout mon desir, et mon gemissement ne vous est pas caché*[2] : et encore, *Vous m'avez donné le desir de mon ame, et ne m'avez point frustré de la volonté de mes lèvres*[3] : et derechef, *Mon ame a desiré de desirer vos justifications en tout temps*[4] : et en un autre Pseaume[5],

Les cerfs long-temps pourchassez,
Fuyans pantois et lassez,
Si fort les eaux ne desirent,
Que nos cœurs d'ennuis pressez,
Seigneur, apres toy souspirent.
Nos ames en languissant,
D'un desir tousjours pressant,
Disent : Helas, quand sera-ce,
O Seigneur Dieu tout-puissant,
Que nos yeux verront ta face?

SECTION X.

Il ne cognoissoit point la monnoye.

Ce mot apostolique estoit par luy pratiqué à la lettre : *Que ceux qui usent de ce monde soient comme n'en usant point, car la figure de ce monde passe*[6]. Il ne touchoit la terre que comme l'oyseau de Paradis, par le filet de la simple necessité : il bornoit ses soins (si encor il en avoit pour cela) au vestir et à la sobre nourriture; ce qui estoit de plus luy sembloit un empechement.

Je me suis quelquefois estonné, comme la providence avoit mis si peu de biens temporels entre les mains d'un homme qui en eust fait un si sainct usage pour la gloire de Dieu et le soulagement des miserables : mais possible avoit

[1] Dan. x, 11. — [2] Psal. xxxvii, 10. — [3] Psal. xx, 3. — [4] Psal. cxviii, 20. — [5] Psal. xli. — [6] I Cor. vii, 31.

il prié Dieu de ne luy donner que ce qui luy estoit necessaire, de peur que ceste glus des richesses passageres, pour parler avec sainct Augustin, n'empastast et n'empetrast ses aisles spirituelles. Car il faut avoüer qu'il y a une certaine viscosité dans ceste espece de biens, qui est fort contraire aux eslans de l'esprit, et que celuy qui est attaché à la terre a une rare conversation dans le ciel.

Aussi, peu devant son bien-heureux trespas, comme quelqu'un, pour le reveiller de sa letargie, estimast que le souvenir de la mort le picqueroit plus vivement que tous les tourmens qu'on luy faisoit pour l'empescher de sommeiller, comme il luy disoit qu'il se souvint de ce mot du Psalmiste, *Illumina oculos meos, ne unquam obdormiam in morte*[1] : « Cela s'entend, repliqua-t'il, du sommeil de la mort du peché : mais *cum dederit dilectis suis somnum, ecce hæreditas Domini*[2]. Bien-heureux sont ceux qui s'endorment au Seigneur. *In pace in idipsum dormiam et requiescam*[3]. » L'autre luy criant, *O mors, quam amara memoria tua!* pour le tirer de son assoupissement; il ouvrit ses yeux desja plongez dans la mort, et acheva : « Ouy, *homini pacem habenti in divitiis suis*[4]. » Comme s'il eust dit que, n'ayant aucune attache aux biens de la terre, il estoit en paix dans ceste amertume tres-amere du dernier passage; son cœur estant au ciel, où il s'estoit amassé un tresor composé de plusieurs tresors.

Et certes, mes Sœurs, ce bien-heureux homme avoit si peu d'attention aux biens fresles et caducques qui passent comme l'ombre, qu'il n'avoit presque aucune cognoissance de l'or, ny de l'argent, et ne sçavoit point distinguer les pieces de monnoye, ne sachant ny leur prix ny leur valeur. Quand il voyoit marchander quelque chose, il croyoit qu'il falloit bailler aussi-tost au vendeur ce qu'il demandoit, estimant qu'il n'eust pas voulu blesser sa conscience en deman-

---

[1] Psal. xii, 4. — [2] Psal. cxxvi, 3. — [3] Psal. iv, 9. — [4] Eccli. xli, 1.

dant plus que le juste prix. Sur tout il commandoit à ses gens de ne marchander gueres aux hostelleries, et s'imaginant que tous les hosteliers fussent comme des saincts, qui font une perpetuelle hospitalité, et qui perdent volontairement leur repas pour le donner à leurs hostes.

Si l'Escriture appelle bien-heureux et sans tache celuy qui n'a point esté apres l'or, et qui a desdaigné les tresors, comme ayant fait des merveilles en sa vie[1]; ceste merveille a esté fort familiere à nostre bien-heureux Pere, qui a estimé les richesses comme du fumier, sçachant qu'une meilleure et plus solide substance l'attendoit dans le ciel.

SECTION XI.

Qu'il estoit pelerin en son pays.

Bien que Dieu l'eust rendu prophete en son pays; car il estoit natif du diocese mesme dont la providence luy donna la charge; si est-ce qu'il y vescut comme pelerin, pouvant dire avec le Psalmiste : *Je suis pelerin sur la terre, comme ont esté tous mes peres*[2]. Ce que je ne dis point en consideration de ce pelerinage mortel duquel l'Apostre a dit, *Quotquot vivimus peregrinamur à Domino*[3]; et en consideration duquel il est escrit, que *nous n'avons point icy de cité de demeure, mais que nous cherchons la future*[4], en laquelle nous nous reposerons au siecle des siecles : mais je le dy parce qu'estant chassé de son siege episcopal de Geneve, comme avoient esté quatre de ses predecesseurs, et refugié à Annessi, lieu de son pelerinage, jusques à ce que le Seigneur changeast sa captivité, comme un torrent qui se desseiche par l'ardeur du midy, il y vivoit en une eglise et en une maison empruntées, attendant la redemption d'Israel, et le retour de la servitude de Syon.

[1] Eccli. xxxi, 8, 9. — [2] Psal. xxxviii, 13. — [3] II Cor. v, 6. — [4] Hebr. xiii, 14.

L'esprit de Dieu neantmoins luy suggeroit de si douces consolations, quand il se voyoit en une maison de loüage et que sa teste estoit à couvert sous un toit qui n'estoit pas à luy, que les douceurs goustées par les autres dans leurs propres heritages, et en des maisons qu'ils ont basties de leurs deniers, de leurs soins, de leur invention et conduitte, et comme de leurs mains, n'ont rien de comparable à celles que ressentoit nostre devot pelerin durant son exil. Car considerant que le Fils de l'homme, le grand Sauveur, ayant quitté la maison de son Pere, qui est le ciel, pour venir icy bas mesnager nostre salut par sa pauvreté et ses souffrances, vivoit en terre comme pelerin et estranger, n'ayant pas où reposer sa teste, quoy que les renards eussent leurs tasnieres, et les oysillons leurs nids, quoy qu'il fust le grand Pasteur, le Prince des pasteurs, et l'Evesque de nos ames : il prenoit un singulier contentement de se voir en quelque petite maniere conforme à cét exemplaire de la montagne, qui nous a donné l'exemple afin que nous suivissions ses traces.

Il est vray que les terres de sa maison paternelle, et mesme celles qui luy estoient escheuës par succession comme estant l'aisné de sa famille, n'estoient pas esloignées du sejour de son ordinaire residence; toutesfois il les voyoit et y alloit si rarement qu'il les possedoit comme ne les possedant point, laissant leur jouyssance à ses freres, à qui elles sont arrivées par sa succession.

Les mathematiciens disent que le rond parfait ne touche le plain parfait qu'en un point : cela se peut dire de ce Prelat; lequel, *totus teres atque rotundus,* ne touchoit à la terre qu'imperceptiblement, et autant qu'il estoit besoin pour satisfaire à la simple necessité de la vie, à quoy il estoit obligé par la volonté de Dieu. *Celuy qui touche la poix,* dit le sacré texte, *en a les mains soüillées*[1] : il n'avoit garde de soüiller les siennes de la poix des choses temporelles, car il ne la

---

[1] Eccli. xiii, 1.

touchoit que par les mains d'autruy. Selon ce mot de sainct Bernard qu'il m'a inculqué tant de fois, les bons evesques manient les choses spirituelles par leurs propres mains et ne s'en rapportent point à leurs vicaires et officiers ; car ils ont peur faisans leurs charges par autruy d'estre condamnez en personne. Mais les temporelles, ils les traittent volontiers par leurs receveurs, parce qu'il n'y a pas si grand danger d'estre condamné par procureur[1].

SECTION XII.

Obeyssance exacte.

Une fois le serenissime duc de Savoye ayant des guerres sur les bras, et pressé de necessités publiques et urgentes, obtint un bref du Pape pour faire quelque levée de deniers sur les biens de l'Eglise dans ses estats. Il l'envoya aux evesques pour faire par leurs dioceses les départemens de cette contribution proportionnément aux revenus des benefices.

Nostre Bien-heureux fit assembler les beneficiers de son diocese, et les voyant peu disposez à satisfaire à ce qui estoit enjoint par sa Saincteté, les uns et les autres alleguans diverses excuses, comme ces conviez au banquet evangelique, lesquelles luy sembloient trop legeres pour contrebalancer des besoins si pressans qu'estoient lors ceux du duc, il entra en zele tant pour la maison de Dieu que pour celle de son prince, et leur dit en l'excés de sa ferveur : « Quoy ! Messieurs, est-ce à nous à alleguer des raisons quand les deux souverains concourent en un mesme commandement? est-ce à nous de penetrer leurs conseils, et à leur demander, Pourquoy faittes vous ainsi ? Nous rendons bien ceste defference non seulement aux arrests des cours souveraines, mais aux

---

[1] De Considerat. lib. 4, cap. 6.

sentences des moindres juges establis de Dieu pour decider les differens qui naissent dans les affaires, de ne nous enquerir point des motifs de leurs jugements; et quand ils disent, Pour cause, cela nous suffit et nous arreste : et icy où deux oracles parlent, qui n'ont à rendre compte qu'à Dieu de ce qu'ils ordonnent, nous nous mettons dans la recherche de leurs sentiments, comme si nous leur voulions servir d'inquisiteurs! Pour moy, je vous declare que, *non sedebo in consilio vanitatis, et cum iniqua gerentibus non introibo*[1]; au contraire, *quis consurget mihi adversus malignantes? aut quis stabit mecum adversus operantes iniquitatem*[2]?

» Vrayement nous sommes bien esloignez de la perfection de ces Chrestiens, mesme laïques, desquels sainct Paul disoit, *Fratres, libenter suffertis insipientes, cum sitis ipsi sapientes : sustinetis enim, si quis vos in servitutem redigit, si quis devorat, si quis accipit, si quis extollitur, si quis in faciem vos cædit*[3] : et en un autre lieu, *Rapinam bonorum vestrorum cum gaudio suscepistis, cognoscentes vos habere meliorem et manentem substantiam*[4]. Vous voyez qu'il parle de l'injuste ravissement de tous leurs biens, fait par des tyrans et des brigands ; et vous autres ne vous relascherez pas de quelque petite portion des vostres, pour soulager le pere de la patrie, nostre bon prince, au zele duquel nous devons le restablissement de la religion catholique dans les trois bailliages du pays de Chablais, et qui n'a point de plus grands ennemis que les adversaires de nostre creance?

» Nostre Ordre n'est-il pas le premier des trois qui composent tous les estats des princes chrestiens? est-il rien de plus juste que de contribuer de nos biens aussi bien que nos prieres à la deffense des autels, de nos vies, et de nostre repos, tandis que le peuple prodigue sa substance pour cela, et la noblesse son sang? Souvenez-vous des guerres passées, et

---

[1] Psal. xxv, 4. — [2] Psal. xcııı, 16. — [3] II Cor. xı, 19, 20. — [4] Hebr. x, 34.

apprehendez que vostre ingratitude et desobeyssance ne vous replonge en de pareils desordres. *Rememoramini pristinos dies, in quibus illuminati, magnum certamen sustinuistis passionum : in altero quidem, opprobriis et tribulationibus spectaculum facti; in altero autem, socii taliter conversantium effecti. Nam et vinctis compassi estis*[1], etc. »

A ceste parole il adjousta son exemple, et fit luy mesme sa taxe si excessive selon la partie de son revenu, qu'il n'y en eut aucun non seulement qui osast se plaindre, mais qui n'eust honte d'avoir contredit. C'est ainsi qu'il obeissoit et qu'il apprenoit aux autres à obeyr, puissant en parole et en œuvre, et disant comme Gedeon à ses soldats, *Ce que vous me verrez faire faittes-le*[2].

SECTION XIII.

Des vertus parfaittes.

Il faisoit fort peu d'estat des vertus, si elles n'estoient animées par la charité : en quoy il convenoit avec le sentiment de l'Apostre, qui appelle un rien les plus signalées, si la charité leur manque; comme la foy qui opere les miracles, l'aumosne generale de tous ses biens, et mesme le martyre du feu[3]. La charité est tellement *le lien de perfection*, selon le mesme sainct Paul[4], que sans elle nul ne peut avoir toutes les vertus, ny mesme la perfection d'aucune particuliere vertu, parce que c'est elle qui, les conduisant à la fin derniere, leur donne le dernier trait de leur perfection; et sans elle toute vertu n'est pas seulement imparfaitte, mais le Docteur Angelique leur denie mesme le nom de vraye vertu[5]. Les vertus sans la vraye charité sont comme des estoiles en eclypse : privees de la lumiere de leur Soleil,

---

[1] Hebr. x, 32-34. — [2] Judic. vii, 17. — [3] I Cor. xiii, 1-3. — [4] Coloss. iii, 14. — [5] 2ᵃ 2ᵃᵉ, quæst. 23, art. 7.

elles sont mortes, informes, inutiles à salut, et plustost des ombres de vertus, que des vertus solides.

Prenant donc la perfection surnaturelle et chrestienne pour la charité, puis que c'est en ceste vertu qu'elle consiste essentiellement, on peut dire que nulle vertu n'est parfaitte ny perfectionnée que par la charité, et qu'elle n'a de perfection chrestienne qu'autant qu'elle a de charité : celle-cy estant et la baze, et la substance, et la mesure de toute la perfection chrestienne.

Il est vray que ce mot de perfection est equivoque, et se prend quelquefois pour la perfection naturelle de chaque chose, comme pour la surnaturelle et de grace qui est en la charité, et mesme pour celle de gloire qui est en la beatitude celeste. La perfection naturelle est ou corporelle ou spirituelle : ainsi les cieux et la terre sont appellez parfaits en l'Escriture, et les œuvres que Dieu crea au commencement du monde portent le nom de parfaittes. On dit un parfait arbre, fruit, animal : cela mesme va jusques aux productions artificielles ; car on dit une parfaitte maison, musique, peinture ; un livre parfait, un discours parfait, c'est à dire, formé selon tous les preceptes de l'art. On dit un parfait esprit qui use de ses facultez de memoire, entendement et volonté sans aucun empeschement : bref, une chose soit corporelle soit spirituelle qui a tout ce qui est convenable à sa nature est appellée parfaitte, c'est à dire achevée, accomplie, et à qui rien ne manque au regard de la nature.

Mais la vraye perfection chrestienne en ceste vie est surnaturelle, et consiste proprement en la grace, qui est la mesme chose que la charité. Quand on demande donc si la continence, par exemple, est plus parfaitte que le jeusne ; si l'on ne veut tomber en mes-intelligence et de là en des absurditez, il faut distinguer la perfection naturelle de la surnaturelle, et dire que naturellement la continence est plus parfaitte que le jeusne, c'est à dire selon la perfection naturelle, qu'il faudroit plustost appeller excellence que perfection, parce que l'on sçait qu'encore que toutes les vertus soient également vertus, c'est à dire portent également le nom de vertu, elles ne sont pourtant pas égales vertus, parce qu'il y en a de plus grandes, illustres, et excellentes que les autres. Mais pourtant sans la charité elles n'ont aucune perfection surnaturelle et chrestienne : de sorte que si la continence est sans la charité, et le jeusne joint à la charité, la continence sera imparfaitte, et le jeusne parfait; et si le jeusne se pratique avec plus de charité, par exemple, en quatre degrez, et la continence en deux, la continence sera tousjours plus parfaitte de perfection naturelle, mais moins parfaitte de perfection surnaturelle. Si ces deux vertus se pratiquent en égale charité, elles seront tousjours inegales au regard de la perfection naturelle; car la charité n'oste pas à la continence la preéminence naturelle qu'elle a sur le jeusne : mais elles seront égales au regard de la perfection surnaturelle qu'elles tireront d'une égale charité.

Il est vray que les autres vertus s'entreprestent, et s'entrecommuniquent les unes aux autres leurs excellences et perfections naturelles : car l'obeyssance peut commander l'oraison, la chasteté le jeusne, et ainsi des autres; et de ceste sorte celuy qui prie par obeyssance a la perfection naturelle de ces deux vertus de l'obeyssance et de la priere, et celuy qui jeusne pour conserver la chasteté a la perfection naturelle du jeusne et de la chasteté jointes ensemble. Mais si la priere et l'obeyssance, le jeusne et la chasteté, n'ont point la charité, il n'y aura en tout cela aucune perfection chrestienne et surnaturelle : car du meslange de la priere et de l'obeyssance, et du jeusne et de la chasteté, ne peut reüssir aucune perfection digne du chrestien, puis que la perfection estant ce à qui rien ne manque, le principal manque à toutes les vertus quand elles sont despourveuës de la charité, sans laquelle elles ne peuvent attaindre à la fin derniere, qui est de glorifier Dieu et de rendre l'homme heureux.

Mettez en une personne toutes les vertus, si la charité luy

manque, tout cét assemblage sera imparfait, et ne luy servira de rien pour la vie eternelle. Ce sera comme un tas de beaux materiaux sans ordre et sans structure, et comme un corps fourny de tous ses organes, mais privé de son ame, mort, et qui n'attend que la pourriture et les vers du sepulcre.

Il importe donc à merveilles, quand on parle de perfection, de distinguer soigneusement la naturelle de la surnaturelle, l'acquise de l'infuse, l'humaine de la divine ou divinement respanduë dans les cœurs par la grace justifiante; pour ne donner à l'homme l'honneur qui n'appartient qu'à Dieu, et à la nature ce qui n'est deub qu'à la grace.

Plusieurs s'imaginent que la charité tire quelque perfection des autres vertus, et se trompent; car elle est si hautement eslevée au dessus de toutes les autres, que c'est elle qui les perfectionne toutes, sans tirer d'elles sa perfection. Il est constant que qui a la charité, a toutes les vertus, et qu'elle est ceste justice chrestienne, ceste saincteté, ceste sagesse avec laquelle et par laquelle nous arrivent toutes sortes de biens.

Mais si par imagination d'une chose impossible, on pouvoit mettre un homme qui n'eust que la charité seule sans aucune autre vertu; comme il ne seroit pas impossible qu'un homme eust toutes les autres vertus, sans avoir la charité, ce que l'on peut recueillir de la doctrine de l'Apostre [1]: celuy qui auroit la charité seule, se pourroit dire posseder la perfection; et celuy qui auroit toutes les autres sans elle, ne pourroit jamais estre qu'imparfait, et incapable d'entrer aux nopces celestes, comme manquant de la robe nuptiale.

La chasteté est certes une excellente vertu, et la virginité est sa plus noble espece, vous voyez neantmoins que les vierges imprudentes sont rebuttées de l'entrée du festin,

---

[1] 1 Cor. xiii, 1-3.

faute de l'huile de la charité[1]. Que si elle est accompagnée de la charité, il se faut bien garder de penser que la charité tire son prix et sa valeur de la chasteté ou continence; parce que celuy qui a la charité, n'est pas parfait pour estre vierge ou continent, mais le vierge ou continent est parfait parce qu'il a la charité; d'autant que la charité ne tire pas sa perfection de la chasteté ou continence, mais c'est la continence qui tire sa perfection de la charité : la raison est que la seule charité, entre toutes les vertus, touche la fin derniere et par elle toutes les autres, et nulle sans elle n'y peut attaindre. Il ne s'ensuit pas pour estre chaste que l'on ait la charité, mais nul n'a la charité sans estre chaste; parce que la charité se perd par l'acte du vice capital contraire à quelque vertu que ce soit, mais la chasteté ne se perd que par l'action du peché qui luy est contraire.

Voyez donc, mes Sœurs, si nostre bien-heureux Pere avoit raison de faire peu d'estime des vertus privées de la charité, et de priser beaucoup les plus petites animées et pourveuës d'une grande et eminente charité? Son mot ordinaire estoit celuy-cy de David : *Omnis* (notez *omnis*) *gloria filiæ regis ab intus.* Toute la gloire de la fille du roy, c'est à dire, de l'ame en grace, appellée la royne de la droitte de Dieu, est au dedans, c'est à dire, en la grace ou charité infuse, marquée par les franges d'or, et ornée de tous les paremens des autres vertus : *In fimbriis aureis circumdata varietate*[2].

La doctrine que je vous ay avancée en cét entretien, mes tres cheres Sœurs, est toute puisée de l'esprit de nostre bien-heureux Pere : si vous la voulez voir en sa source, vous n'avez qu'à consulter le chapitre neuviesme du livre unziesme de son Theotime, et par la confrontation de mon discours avec son escrit vous verrez si je me suis escarté de ses sentimens, ou si je m'y suis conformé.

[1] Matth. xxv, 1-12. — [2] Psal. xliv, 14, 15.

SECTION XIV.

Sur le mesme subjet.

Me permettez vous, mes cheres Sœurs, de vous dire, en suitte de ce que je vous viens de proposer de la doctrine de nostre bien-heureux Pere, qu'il importeroit extremement, lors que l'on parle des vertus ou des bonnes œuvres, de ne confondre pas ces termes de perfection et d'excellence? Car bien que tout ce qui est parfait soit excellent, il ne s'ensuit pas pour cela que tout ce qui est excellent soit parfait; car ce mot d'excellent se peut dire par comparaison, d'une chose qui excelle sur une autre, c'est à dire qui la surpasse en nature et dignité, comme on dira qu'une plante est plus excellente qu'une pierre, parce que outre l'estre qu'elle a commun avec la pierre, elle a la vie vegetative que la pierre n'a pas. Ainsi un animal est plus excellent qu'une plante, d'autant que la vie sensitive surmonte en dignité la vegetative.

Je sçay aussi qu'il y a divers degrez de perfection tant naturelle que surnaturelle, et que la charité a ses degrez aussi bien que les autres vertus : mais de vouloir mesurer la perfection surnaturelle de la charité par la naturelle des autres vertus, et dire qu'il y a plus de perfection surnaturelle et de charité en la continence, par exemple, qu'au jeusne, parce qu'il y en a plus de naturelle, et aggrandir ou racourcir la perfection de la charité selon qu'elle se trouve en une vertu morale plus grande ou plus petite; c'est contrarier à la saincte doctrine, et rendre la grace servante de la nature, contre ce qu'enseigne le Docteur Angelique, que la charité ne se respand pas dans l'ame selon la capacité des vaisseaux naturels des vertus humaines et acquises[1]. Il n'en est pas de l'huille de la grace comme de celle du prophete, qui se

---

[1] 2ª 2ᵉ, quæst. 24, art. 3.

multiplioit selon la multitude et quantité des vaisseaux. Tel dans une petite vertu dilatera plus la charité, qu'un autre dans l'exercice d'une plus grande : et si l'on peut donner tous ses biens aux pauvres et souffrir le martyre du feu sans charité, on peut faire ces choses avec une petite charité; et si l'on peut jeusner avec charité, on peut aussi jeusner avec une grande charité. Que s'il y a plus de charité et d'amour de Dieu dans le jeusne que dans le martyre, qui peut nier que le jeusne en ce cas n'ait plus de perfection surnaturelle, s'il a plus de charité que le martyre, quoy que jamais le jeusne ne puisse avoir tant de perfection naturelle que le martyre?

Nostre bien-heureux Pere, mes Sœurs, esclaircit ceste verité par une fort propre similitude. « La lumiere du soleil, » pour égale qu'elle soit sur la violette et sur la rose, n'ega- » lera jamais pourtant la beauté de celle-là, à la beauté de » celle-cy, ny la grace d'une marguerite à celle du lys : mais » pourtant, si la lumiere du soleil estoit fort claire sur la » violette, et fort obscurcie par les broüillards sur la rose, » alors sans doute elle rendroit plus aggreable aux yeux la » violette, que la rose. Ainsi, mon Theotime, si avec une » egale charité l'un souffre la mort du martyre, et l'autre la » faim du jeusne, qui ne void que le prix de ce jeusne ne » sera pas pour cela egal à celuy du martyre? Non, Theo- » time, car qui oseroit dire que le martyre en soy-mesme » ne soit pas plus excellent que le jeusne? Que s'il est plus » excellent, la charité survenante ne luy ostant pas l'excel- » lence qu'il a, ains la perfectionnant, luy laissera par con- » sequent les advantages qu'il avoit naturellement sur le » jeusne. Certes nul homme de bon sens n'egalera la chas- » teté nuptiale à la virginité, ny le bon usage des richesses » à l'entiere abnegation d'icelles. Et qui oseroit aussi dire, » que la charité survenante à ces vertus leur ostast leurs » proprietez et privileges, puisqu'elle n'est pas une vertu » détruisante et appauvrissante; ains bonifiante, vivifiante,

» et enrichissante tout ce qu'elle treuve de bon és ames
» qu'elle gouverne? Ains tant s'en faut que l'amour celeste
» oste aux vertus les preeminences et dignitez qu'elles ont
» naturellement, qu'au contraire ayant ceste proprieté de
» perfectionner les perfections qu'elle rencontre, à mesure
» qu'elle treuve des plus grandes perfections, elles les per-
» fectionne plus grandement : comme le sucre és confitures,
» assaisonne tellement les fruicts de sa douceur, que les
» adoucissant tous, il les laisse neantmoins inegaux en goust
» et suavité, selon qu'ils sont inegalement savoureux de leur
» nature; et jamais il ne rend les pesches et les noix ny si
» douces ny si aggreables que les abricots et les mirabolans.

» Il est vray toutefois, que si la dilection est ardente,
» puissante et excellente en un cœur, elle enrichira et per-
» fectionnera aussi davantage toutes les œuvres des vertus
» qui en procederont. On peut souffrir la mort et le feu pour
» Dieu sans avoir la charité, ainsi que sainct Paul presup-
» pose, et que je declare ailleurs : à plus forte raison on la
» peut souffrir avec une petite charité. Or je dis, Theotime,
» qu'il se peut bien faire qu'une petite vertu ait plus de va-
» leur en une ame où l'amour sacré regne ardemment, que
» le martyre mesme en une ame où l'amour est alangoury,
» foible et lent. Ainsi les menuës vertus de Nostre-Dame, de
» sainct Jean, des autres grands saincts, estoient de plus
» grand prix devant Dieu, que les plus relevees de plusieurs
» saincts inferieurs; comme beaucoup des petits eslans
» amoureux des Seraphins, sont plus enflammez que les plus
» relevez des Anges du dernier ordre; ainsi que le chant des
» rossignols apprentifs est plus harmonieux incomparable-
» ment que celuy des chardonnerets les mieux appris [1]. »

J'ay bien voulu vous lire toute ceste longue piece de son
traitté de l'Amour de Dieu, afin que vous appreissiez de ses
paroles mesmes comme il sçait judicieusement distinguer

---

[1] Traité de l'Amour de Dieu, liv. II, chap. 6.

l'excellence naturelle des vertus, de la perfection surnaturelle qui leur provient du meslange de la charité en elles : et suivant cét enseignement que vous avisassiez à peser desormais les vertus chrestiennes et infuses au poids non prophane et naturel, mais à celuy du sanctuaire et de la grace; de peur que l'on ne vous fasse ce reproche d'avoir un poids et un poids, une balance et une balance, et d'estre du nombre de ces enfants des hommes que le Psalmiste appelle *menteurs en leurs balances, et deceus par leur vanité*[1]. Ce qui arrive lors que par une erreur assez commune et populaire nous mesurons la charité à l'aune des autres vertus, au lieu de mesurer les autres vertus par la charité qui est ceste toise d'or dont il est parlé en l'Apocalypse, avec laquelle on arpente la saincte cité de Jerusalem[2].

L'on eviteroit, à mon avis, cét achopement, si en ne donnant le tiltre de perfection qu'à la charité, qui est seule le lien de perfection, qui seule met les autres vertus dans la perfection, les faisant arriver au but et au blanc de la fin derniere, on reservoit ce mot d'excellence pour les autres vertus. Ainsi il seroit et vray et propre de dire que la continence est plus excellente naturellement que le jeusne; mais de dire qu'elle est plus parfaitte, sans exprimer si l'on parle de la perfection naturelle ou surnaturelle, c'est s'exposer à des confusions, qui pourroient choquer la verité de la creance catholique. Car si la continence est depourveuë de charité, et le jeusne en est animé, qui ne voit que lors elle sera moins parfaitte que le jeusne? Que si le jeusne est animé de quatre degrez de charité, et la continence de deux seulement, qui ne voit que selon la perfection surnaturelle et vrayement chrestienne, la continence sera la moins parfaitte, quoy que tousjours elle surpasse le jeusne selon son excellence naturelle, veu que *non est digna ponderatio continentis animæ*? Ce que je dy resulte comme vous voyez de la doctrine de

---

[1] Psal. LXI, 10. — [2] Apoc. XXI, 15, 16. — [3] Eccli. XXVI, 20.

nostre bien-heureux Pere dont je vous ay produit une piece fort notable.

SECTION XV.

De l'excellence du vœu.

Maintenant il me faut respondre à la question qui a esté faitte par une de nos Sœurs, sçavoir, si l'action de vertu faitte par vœu, pour exemple, de jeusne, n'est pas meilleure et plus parfaitte, que celle qui est faitte sans vœu.

Par ce que nous venons de dire touchant les vertus parfaittes ou imparfaittes, il sera aisé de trouver le dissolvant de ceste difficulté, à laquelle je responderay conformement à l'esprit et à la doctrine de nostre bien-heureux Pere. Il faut donc distinguer ces mots de meilleure et plus parfaitte, selon la distinction de bonté et perfection naturelle et surnaturelle : selon quoy il faut dire que selon la bonté et perfection naturelle il n'y a point de doute que le jeusne fait par vœu est meilleur, plus excellent et plus parfait que celuy qui est fait sans vœu, selon les puissantes raisons du Docteur Angelique [1]. Premierement, parce que le vœu estant un acte de la vertu de religion tres-noble entre les morales, et beaucoup plus excellent de sa nature que celuy du jeusne, ceste bonté de la vertu de religion adjoustee à celle du jeusne augmente plus qu'au double la valeur et la perfection naturelle du jeusne. Secondement, parce que celuy qui jeusne par vœu donne non seulement le fruit du jeusne, mais l'arbre et le fonds qui est la volonté determinee et obligee par le vœu. Troisiemement, parce que le vœu adjoustant une obligation estroitte à l'acte du jeusne, lie d'avantage la volonté, et la rend naturellement plus resoluë, plus constante et plus ferme dans l'execution; comme un cheval qui marche d'un pas plus asseuré quand il s'appuye sur son

---

[1] 2ᵃ 2ᵃᵉ, quæst. 88, art. 6; quæst. 189, art. 2, et 3ᵃ, quæst. 28, art. 4.

mords, que quand il a secoüé sa bride. J'adjouste pour quatriesme raison qu'un bien adjousté à un autre l'augmente necessairement, et un grand flambeau joint à un moindre aggrandit la lumiere. Ainsi l'acte de vœu qui est de latrie releve et rehausse de beaucoup celuy du jeusne, et est comme ces bazes d'or qui soustiennent ces colomnes de marbre dont il est parlé au Cantique [1].

Mais si nous jettons l'œil sur la bonté ou perfection surnaturelle, qui est essentiellement dans la grace ou la charité, il faudra un peu suspendre son jugement, et ne mesurer pas aussi tost la grandeur ou petitesse de la charité par la mesure ou le nombre des vases naturels, qui sont le vœu et le jeusne; puisque le mesme prince de l'escole nous apprend que ce n'est pas selon la capacité de ces vaisseaux naturels que Dieu respand sa grâce dans les ames, mais selon le bon plaisir de sa volonté [2]. Son esprit souffle où il veut [3]; il fait misericorde à qui et selon qu'il luy plaist [4] : ce n'est ny celuy qui plante ny celuy qui arrose, mais Dieu seul qui donne l'accroissement [5] : ce n'est ny celuy qui court, ny celuy qui veut, mais Dieu qui fait grace [6] selon qu'il l'a resolu dans son conseil secret où nul n'est son conseiller, et duquel nul ne cognoist le sens et la raison.

Que si nul ne sçait s'il est digne d'amour ou de haine [7], comme sçaura-t'on si l'on a plus ou moins de grace ou de charité, faisant telle action de jeusne par vœu ou sans vœu? Je ne dy pas que la conjecture ne soit forte, et que l'on ne puisse dire qu'il y a grande apparence que celuy qui fait une telle action avec vœu, est pressé d'une charité plus vehemente que celuy qui l'a fait sans vœu : mais de dire absolument et simplement, parlant de la perfection surnaturelle (prise precisement pour charité), Il y a plus de perfection de grace ou de charité à jeusner avec vœu que sans vœu,

---

[1] Cantic. v, 15. — [2] S. Thom. 2ª 2æ, quæst. 24, art. 3. — [3] Joan. III, 8. — [4] Rom. IX, 15. — [5] I Cor. III, 7. — [6] Rom. IX, 15. — [7] Eccle. IX, 1.

c'est mettre la main au plat avec Jesus-Christ, et penetrer dans un secret que Dieu s'est reservé en qualité de cordiagnoste, et sondeur des cœurs et des reins.

Ce que l'homme peut faire icy sans user de temerité en son jugement, c'est de juger selon la face et l'exterieur ; et tout ainsi que l'Escriture nous apprend que l'on peut monstrer sa foy par les œuvres, beaucoup plus se peut descouvrir par elles la charité, vertu, comme plus excellente, aussi plus agissante que la foy, ny qu'aucune autre vertu : sans oublier pourtant ce precepte de Nostre Seigneur, *Ne jugez point selon la face et l'exterieur, mais prononcez un jugement qui soit juste*[1]. Le meilleur est de le laisser à Dieu sans juger le serviteur d'autruy, puisqu'il tombe ou est debout pour son maistre, et selon ce qui est escrit, *Que celuy qui jeusne ne mesprise pas celuy qui mange, ny le mangeur le jeusneur*[2], parce que Dieu rendra à chacun sa loüange selon son œuvre; que celuy qui jeusne par vœu ne mesprise pas celuy qui jeusne sans vœu, et que celuy qui jeusne sans vœu ne ravale pas le vœu de celuy qui jeusne. D'autant que l'action de l'un et de l'autre ne sera jugée ny salariée selon le jeusne et le vœu, qui sont des vaisseaux naturels, mais selon la grace et la charité qui aura animé et accompagné ces actions.

La grace non la nature est la mesure de la gloire. Qui aura jeusné avec vœu ou sans vœu avec plus ou moins de grace, aura plus ou moins de gloire. En somme, qui aymera d'avantage sera le plus salarié. Et pour respondre en deux mots à la question proposée : il y a plus de bonté et de perfection naturelle au jeusne fait par vœu qu'à celuy qui est fait sans vœu, et aussi plus ou moins de perfection surnaturelle selon qu'il est fait avec plus ou moins de grace et de charité; d'autant que la perfection naturelle se mesure à l'aune de la nature, et la surnaturelle à celle de la grace.

---

[1] I Joan. vii, 24. — [2] Rom. xiv, 3, 4.

SECTION XVI.

Suitte.

J'allois finir icy, mais voila une autre sœur, qui n'a pas laissé tomber à terre ce que j'ay avancé, sçavoir que je deciderois ceste question qui m'estoit próposee par la doctrine de nostre bien-heureux Pere. « En quel lieu, dit-elle, a-t'il donné cét enseignement? » Vous le recueillerez, ma chere Sœur, du chapitre seiziesme de la troisiesme partie de Philothee : donnez moi le livre et je vous liray ses propres paroles.

« Vostre pauvreté, Philothee, a deux grands privileges,
» par le moyen desquels elle vous peut beaucoup faire meri-
» ter. Le premier est, qu'elle ne vous est point arrivee par
» vostre choix, mais par la seule volonté de Dieu, qui vous
» a faitte pauvre, sans qu'il y ait eu aucune concurrence de
» volonté propre. Or ce que nous recevons purement de la
» volonté de Dieu, luy est toujours aggreable, pourveu que
» nous le recevions de bon cœur et pour l'amour de la
» saincte volonté : où il y a moins du nostre, il y a plus de
» Dieu ; la simple et pure acceptation de la volonté de Dieu,
» rend une souffrance extrememement pure.

» Le second privilege de ceste pauvreté, c'est qu'elle est
» une pauvreté vrayement pauvre. Une pauvreté loüee, ca-
» ressee, estimee, secouruë et assistee, tient de la richesse,
» elle n'est pour le moins pas du tout pauvre : mais une
» pauvretée mesprisee, rejettee, reprochee, et abandonnee,
» elle est vrayement pauvre. Or tel est pour l'ordinaire la
» pauvreté des seculiers : car parce qu'ils ne sont pas pauvres
» par leur eslection, mais par necessité, on n'en tient pas
» grand conte. Et en ce qu'on n'en tient pas grand conte,
» leur pauvreté est plus pauvre que celle de Religion ; bien
» que ceste-cy d'ailleurs ait une excellence fort grande, et

» trop plus recommandable, à raison du vœu et de l'inten-
» tion pour laquelle elle a esté choisie. »

Voyez-vous, ma Sœur, comme il sçait conserver l'excellence naturelle du vœu, et aussi l'excellence naturelle de la pauvreté qui nous arrive sans nostre choix de la propre main de Dieu? Et quant à la distinction de bonté et perfection naturelle et surnaturelle, vous la pouvez recueillir de la grande piece du Theotime dont nous vous avons cy-devant fait lecture. Cette distinction est juste et necessaire : juste, par ce qu'elle rend à la nature et à la grace ce qui leur appartient; et necessaire parce que sans ce filé d'Ariadne on s'esgare en des labyrinthes inexplicables, et en de merveilleux embarrassemens, en confondant l'une des perfections avec l'autre, quoy qu'aussi differentes que le ciel de la terre, le temps de l'eternité. Et quand on crie dans ces principes, il ne faut pas s'estonner si on donne en de grandes absurditez, selon ce que disoit le Psalmiste : *Erraverunt ab utero, locuti sunt falsa*[1]; *vana locuti sunt unusquisque ad proximum suum; labia dolosa, in corde et corde locuti sunt*[2].

SECTION XVII.

Autre demande sur le subjet qui precede.

Il y a encor icy des sœurs qui ne sont pas bien tuees, je veux dire qui ne sont pas entierement satisfaittes de ma replique, et qui sont de la confrairie de Rebecca; car elles se rebecquent en me demandant ce que je responds à ces quatre préeminences ou avantages naturels de l'œuvre faite avec vœu sur celle qui est faite sans vœu.

Outre que ceux de ma condition sont obligez par la saincte parole, et doivent tousjours estre prests de rendre raison de leur foy, et de leur doctrine; je me sens plus particuliere-

---

[1] Psal. LVII, 4. — [2] Psal. XI, 3.

ment debiteur à toutes mes Sœurs, puisqu'il est question des enseignemens de nostre commun pere le bien-heureux François de Sales.

Je respond donc à la premiere prerogative naturelle, que la multiplication des vertus naturelles morales en une mesme action, comme de jeusner par vœu, ce qui enferme deux vertus, de religion et d'abstinence, ne multiplie pas pour cela la grace surnaturelle ou charité : car il peut arriver qu'un homme jeusnera sans vœu qui jeusnera avec plus de charité, posé le cas, en quatre degrez, qu'un autre avec vœu, qui n'aura que deux degrez de grace ou de charité.

Je m'expliqueray mieux par ceste similitude. Vous avez deux seaux, et dans chacun un pot de vin ou d'huille; je n'ay qu'un seau où j'ay deux pots de vin ou d'huille; j'ay autant d'huille ou de vin que vous, quoy que je n'aye pas tant de seaux. Que si dans mon seul seau j'ay quatre pots de vin ou d'huille, et vous n'en avez que deux pots dans les deux vostres; qui ne voit que j'ay plus de liqueur que vous, quoy que je n'aye pas tant de vases?

Venez, ma Sœur, voila ce que je veux dire. Vous jeusnez avec vœu, vous avez deux vases, celuy de l'abstinence et celuy de religion; et moy je jeusne sans vœu, je n'ay qu'un vase, qui est celuy d'abstinence : si je jeusne en deux degrez de grace ou charité, et que vous n'en ayez pas davantage; j'ay autant de grace dans mon unique vaisseau que vous dans les deux vostres. Vous avez plus de perfection naturelle en la pratique de ces deux vertus d'abstinence et de religion, que moy qui n'en exerce qu'une; mais j'ay autant de perfection de grace et surnaturelle que vous, puisque je pratique le jeusne en pareil degré de charité.

Si vous me dittes qu'il y a apparence que vous avez plus de charité que moy, puisque vous adjoustez le vœu au jeusne, et non pas moy, je vous accorderay ceste apparence conjecturale, et vous diray que si elle est accompagnée de son effect, vous conclurez pour moy : d'autant que multipliant la charité, et supposant que vous agissez avec plus de charité que moy, nous sommes d'accord que vous avez plus de perfection en cela, et naturelle (ce qui est sans contredit et manifeste), et encore surnaturelle, supposant ce que vous supposez. Mais, ma Sœur, faittes moy paroistre que vous avez la charité par une demonstration claire et evidente, et puis nous examinerons si ceste charité est grande ou petite : car n'est-ce pas disputer de la chappe à l'evesque, de vouloir contester si on a une plus grande ou moindre charité, si l'on ne sçait point de certitude infaillible si l'on a la charité. Ceste doctrine, ma Sœur, creuse de profonds fondements d'humilité pour y bastir les murailles de la spirituelle Jerusalem de nostre interieur, opposee à la Babylone de l'interest et de l'amour propre.

A la deuxiesme preeminence, que c'est donner non seulement les fruits, mais l'arbre et le fonds, que de jeusner par vœu, je responds que cela est vray parlant naturellement et selon la perfection naturelle : mais selon la perfection surnaturelle de la grace, c'est la seule charité qui donne les fruits et le fonds, parce que c'est elle seule qui nous fait aymer Dieu de toute nostre ame, de tout nostre cœur, etc. et non pas ny le jeusne ny le vœu, l'un et l'autre se pouvant faire en estat de peché mortel, avec lequel la vraye charité est incompatible. Un heretique peut jeusner et mesme par vœu, diriez vous pourtant que son action fust plus parfaitte de perfection surnaturelle, que le jeusne d'un catholique fait sans vœu, mais en foy vive, c'est à dire, animé de charité ? Le mesme se peut dire d'un catholique qui est en peché mortel et qui jeusne avec vœu, et de celuy qui est en grace et jeusne sans vœu. Qui est-ce des deux qui donne le fruit et le fonds, ou de celuy qui jeusne avec vœu, mais sans charité, ou de celuy qui jeusne sans vœu, mais avec charité ? Je n'en veux point d'autre juge que vostre conscience.

A la troisiesme prerogative, que l'action qui se fait par vœu se fait par une volonté plus ferme et plus determinée au bien, que celle qui se fait sans vœu : oüy certes, respons-je, au bien naturel ; mais de determiner la volonté au bien surnaturel et infiny, qui est Dieu mesme, cela n'est pas dans l'estenduë du jeusne, ny du vœu, qui ne sont que des vertus naturelles, morales, acquises, humaines de leur estre, et par consequent qui ne peuvent attaindre la derniere fin, si ce n'est par l'entremise et à la faveur de la charité qui les anime et accompagne.

Or il appartient à la grace ou charité d'establir nostre volonté, et de l'appliquer au vray bien infiny et surnaturel, qui est Dieu, ce que l'on appelle fin derniere (car le bien et la fin sont une mesme chose selon les philosophes et les theologiens), selon qu'il est escrit, *Optimum est gratia stabilire cor, non escis*[1] : car il n'appartient qu'à la grace ou charité d'operer ceste viande qui ne perit point, mais qui demeure à la vie eternelle[2]. Aussi quand l'Apostre parle d'un vray affermissement dans le vray bien, il dit : *In charitate radicati et fundati*[3].

A la quatriesme preeminence, qui augmente un bien par l'adjonction d'un autre, je repars que cela est tres-vray en la perfection naturelle, parce que la religion adjoustee à l'abstinence releve beaucoup plus l'esclat du jeusne, que l'abstinence mesme dont le jeusne est l'acte. Mais que la nature du jeusne ou du vœu perfectionne la grace, c'est ce que nostre bien-heureux Pere nie en termes fort clairs dans son Theotime, dont je vous vay faire la lecture.

« La perfection de l'amour divin est si souveraine, qu'elle
» perfectionne toutes les vertus, et ne peut estre perfec-
» tionnee par icelles, non pas mesme par l'obeyssance, qui
» est celle, laquelle peut respandre le plus de perfection sur
» les autres. Car encor bien que l'amour soit commandé, et
» qu'en aymant nous pratiquons l'obeyssance, si est-ce
» neantmoins que l'amour ne retire pas sa perfection de

---

[1] Hebr. xiii, 9. — [2] Joan. vi, 27. — [3] Ephes. iii, 17.

» l'obeyssance, ains de la bonté de celuy qu'il anime; d'au-
» tant que l'amour n'est pas excellence, parce qu'il est
» obeyssant, mais parce qu'il ayme un bien excellent. Certes
» en aymant, nous obeyssons, comme en obeyssant nous
» aymons : mais si ceste obeyssance est si excellemment ai-
» mable, c'est parce qu'elle tend à l'excellence de l'amour;
» et sa perfection depend, non pas de ce qu'en aymant nous
» obeyssons, mais de ce qu'en obeyssant nous aymons. De
» sorte que tout ainsi que Dieu est egalement la derniere fin
» de tout ce qui est bon, comme il en est la premiere source;
» de mesme l'amour, qui est l'origine de toute bonne affec-
» tion, en est pareillement la derniere fin et perfection. »

Et bien, ma Sœur, la question est-elle satisfaitte? ne tient-elle pas à gloire de rendre les armes à la belle espee de nostre bien-heureux Pere, qui me vient de servir de couteau d'Alexandre pour trancher d'un revers tous ces nœuds gordiens?

. . . . Pallas te hoc vulnere, Pallas
Immolat [1].

SECTION XVIII.

Nouvelle instance.

Il est vray, mes Sœurs, qu'elle est un peu mortifiée d'estonnement, mais non pas tout à fait morte, ny vaincuë : c'est pourquoy je luy veux aider à reprendre ses esprits, et ses armes de pareille trempe, c'est à dire, spirituelles, pour luy arracher toute ceste espine de la pensée; et proposer pour elle ceste question qui passe un peu l'ordinaire capacité d'une fille. Ce n'est pas que vous ne m'en ayez quelquefois fait d'aussi bonnes; mais de semblables à celle-cy, je ne m'en souvien pas.

Mais, dira-t'on, puisque par l'arrivée de la charité dans une ame, toutes les vertus acquises, morales, humaines, et

---

[1] Virgil. Æneid. xii, 949, 950.

naturelles, sont renduës infuses, divines, et surnaturelles; n'y a-t'il pas plus de valeur à produire deux actes surnaturels animez d'une mesme charité qu'à n'en exercer qu'un? et ainsi jeusner avec vœu, sera plus excellent que de jeusner sans vœu, non seulement de perfection naturelle (ce qui est concedé), mais encore de surnaturelle.

A cela je respond, que multipliant la charité nous serons aisément d'accord de la multiplication de la valeur des œuvres, et de l'aggrandissement de la perfection. Par exemple, si j'ay deux degrez de grace et je jeusne en deux degrez et fay vœu en deux autres, voila une operation de quatre degrez de charité, et par consequent la perfection surnaturelle du jeusne doublée par autant de charité ou de perfection jointe au vœu. Mais si de deux degrez de grace je n'en mets qu'un dans le jeusne, et un autre dans le vœu; qui ne void que celuy qui met deux degrez de grace dans le jeusne seul, a autant de perfection surnaturelle que celuy qui jeusne avec vœu, quoy qu'il n'en ait pas tant de naturelle?

Celuy qui jeusne deux fois, et à chaque fois en deux degrez de grace, ne fait pas plus d'amas de grace, que celuy qui ne jeusne qu'une fois, mais en quatre degrez de grace. En sorte que la grace soit non seulement la baze, mais encore la mesure du prix et de la valeur d'une bonne œuvre, et non pas sa nature, sinon entant qu'elle est eslevée, et, pour dire ainsi, surnaturalisée par la grace. Car en ce cas ce n'est plus la nature de l'œuvre qui est considerée, mais ce qu'elle a de surnaturel par la grace, qui est mis à la balance pour estre pesé au poids du sanctuaire.

Ainsi, ma Sœur l'enquerante et moy trouverons tous deux nostre compte, en ce que multipliant la grace dans ces deux vaisseaux, du jeusne et du vœu, non plus simplement naturels, mais surnaturalisez par la charité, la valeur se multipliera, et la perfection sera augmentée.

Il pourra neantmoins arriver que telle personne jeusnera sans vœu, avec telle ferveur et telle pureté d'intention qu'elle recevra dans ce seul vaisseau du jeusne surnaturalisé par la charité six degrez de grace, et qu'une autre jeusnera avec vœu, si laschement et avec tant de tiedeur, et une intention si meslée de son interest, qu'elle ne recevra dans ces vaisseaux, quoy que surnaturalisez par la charité, que trois degrez de grace; car il n'arrive pas tousjours que nous produisions toutes nos actions selon toute la force et l'estenduë de nos habitudes. On dit d'un orateur, d'un poëte, d'un peintre et de semblables ouvriers, qu'ils se sont telle fois surpassez eux mesme, comme voulans exprimer que d'autres fois ils n'agissoient pas selon toute leur suffisance. Et Appelles, pour tesmoigner qu'il n'avoit pas appliqué toute son attention ny tous les secrets de son art en ses tableaux, avoit de coustume de mettre au bas, Appelles faisoit; comme disant qu'il ne les avoit pas achevez et qu'il n'y avoit pas mis la derniere main.

A ceste plainte assez ordinaire, Dequoy servira donc de voüer, si l'on peut faire les mesmes actions sans vœu, par d'autres moyens, avec autant de perfection et de charité; il faut repartir avec sainct Paul, *La charité est patiente et benigne, elle est sans envie et sans insolence, sans enfleure et sans ambition; elle ne cherche point ses avantages, elle n'est point depiteuse, ny ne pense à aucun mal*[1] : et avec Moyse, *A ma volonté que tous soient prophetes*[2] : et encor avec sainct Paul, *Je souhaitte que tous soient comme moy*[3]. Pourveu que Dieu soit servy[4], qu'importe par qui et comment? Il faut estre jaloux d'une jalousie de Dieu, c'est à dire, qui revienne à la gloire de Dieu non à celle des hommes, des meilleures graces. *Comme pouvez vous croire*, disoit le Sauveur aux Pharisiens, *vous qui cherchez la gloire l'un de l'autre*[5]? Quiconque cherche sa propre gloire, cherche le neant, car ceste gloire n'est rien. *Je ne suis pas venu pour chercher ma gloire*, disoit Jesus-Christ, *mais pour chercher la*

---

[1] I Cor. xiii, 4, 5. — [2] Num. xi, 29. — [3] I Cor. vii, 7. — [4] Philipp. i, 18. — [5] Joan. v, 44.

gloire de celuy qui m'a envoyé [1]. Que celuy qui se glorifie se glorifie au Seigneur ; car celuy qui se recommande soymesme n'est pas recommandable, mais celuy que le Seigneur estime [2]. Or il n'estime que ceux qui l'ayment, et les estime d'autant plus que grand est leur amour vers luy, et cét amour est d'autant plus estimable qu'il est plus pur, et d'autant plus pur qu'il est des-interessé.

Que s'il falloit mesurer le prix des bonnes œuvres par le vœu, et non point par la grace et l'amour de Dieu, il s'ensuivroit que nulle œuvre ne seroit parfaitte et accomplie sans cela, et qu'à chaque denier que l'on donneroit en ausmosne, il faudroit adjouster le vœu de le donner, et ainsi des actes de priere et des autres vertus, ce qui seroit une pratique merveilleuse.

Rendons donc l'honneur à qui il est deub, et recognoissons l'excellence naturelle du vœu, comme d'un acte de religion, vertu tres-noble entre les morales : et encore son excellence surnaturelle quand il est animé de charité. Ainsi nous rendrons à Cesar ce qui est à Cesar, c'est à dire, à la nature ce qui est de son prix naturel ; et à Dieu ce qui est à Dieu, c'est à dire, à la grace sa valeur surnaturelle. Et disons avec nostre bien-heureux Pere, que le salut est monstré à la foy et promis à l'esperance, mais n'est donné qu'à la charité, sans laquelle, dit sainct Paul, toutes les vertus ne profitent de rien. Et concluons avec le Docteur Angelique, que la mesure du prix de la gloire essentielle se tire de la grace ou charité ; et celle du prix accidentel, de la dignité, difficulté, et qualité de l'œuvre. Et quel est ce loyer accidentel ? Sainct Thomas dit que c'est une cretaine joye qui provient d'un bien creé. Du reste j'en laisse decider à messieurs nos maistres.

---

[1] Joan. vii, 18. — [2] II Cor. x, 17, 18.

SECTION XIX.

De la ponctualité.

Je ne m'estonne pas, mes Sœurs, si nostre bien-heureux Pere vous inculque si souvent dans vos constitutions et directoire que vous soyez ponctuelles en l'observance : vous alleguant ces mots sacrez, que *celuy qui neglige sa voye sera tué* [1], que *celuy qui dissipe la haye sera mordu par le serpent* [2]; et que *celuy qui meprise les petites choses tombera et descherra peu à peu de la route de justice* [3]. C'estoit une de ses maximes ordinaires que la grande fidelité envers Dieu se faisoit paroistre aux petites choses, et la petite fidelité aux grandes occasions. Qui est mesnager et espargnant sur les liards, combien le sera-t'il plus sur les escus et les pistoles? Ce n'est pas pour cela qu'il aimast les esprits scrupuleux à qui tout donne la peine, et qui ont ombrage de toutes choses. Non certes, car il n'y a rien qu'il eust en plus singuliere recommandation, que la saincte liberté d'esprit. Mais c'est qu'il desiroit que l'on aimast Dieu d'un amour vigilant et attentif, qui fust exact, ponctuel, et fidele aux moindres choses; et semblable à ceste baguette du prophete qui veilloit sur une marmitte boüillante, pour en oster toute la crasse et l'escume [4].

Et ce qu'il vous enseignoit de parole, soyez certaines qu'il le pratiquoit en effect; car c'estoit l'homme le plus ponctuel que je vy jamais, quoy que sans angoisse et empressement : car il avoit tellement dressé ses pas dans les sentiers de justice, que ses vestiges ne s'en écartoient jamais. Non seulement aux offices divins de l'autel et du chœur il observoit ric à ric les moindres ceremonies; mais encor quand il recitoit ses Heures en particulier, il n'eust pas manqué à la moindre inclination et genuflexion. Dans les complimens de

[1] Prov. xix, 16. — [2] Eccle. x, 8. — [3] Eccli. xix, 1. — [4] Jerem. i, 11, 13.

la civilité commune il ne failloit à un seul point, et cela sans incommodité ny importunité de personne. Il souffroit avec une patience gracieuse ceux qui estoient plus longs à leurs ceremonies que la vieille loy, et sans faire des reparties il attendoit qu'ils eussent dit tout leur roolle et fait toutes leurs reverences, pour faire ce qui estoit de son devoir et de la bien-seance. De cela il n'en eust pas rabbattu un seul point, sinon lors qu'il prenoit des dispenses avec tant d'addresse, d'honnesteté et de bonne grace, que ce qu'il n'achevoit pas, valloit mieux que ce qu'il eust fait entierement. Je l'ay veu s'excuser quelquesfois de si belle maniere de conduire des personnes qui estoient assez sur le quant à moy, qu'elles s'en alloient plus contentes que s'il les eust conduittes jusques à la ruë.

Je ne pense pas que jamais horloge ait esté si juste que ses actions estoient regléees; et la saincte presence de Dieu estoit tousjours le nort et la belle estoile de la boussole de son interieur. Un jour je me plaignois à luy du trop grand honneur qu'il me defferoit. « Et pour combien, me dit-il, contez vous Jesus-Christ que j'honore en vostre personne? — Si vous le prenez de ce biais, luy repliquay-je, quand vous me parleriez à genoux je ne m'en estonnerois plus. »

Sur tout il me recommandoit de bien estudier le ceremonial des evesques, et de mettre mes jambes dans ces entraves. « Quand vous y serez un peu accoustumé, ce vous sera une alleure ordinaire et tres-douce. Ce volume en le maschant semble amer, mais quand il est avalé, il est plus suave que le rayon de miel. C'est aux pasteurs, disoit-il, qui sont le sel de la terre et la lumiere du monde, de se monstrer à tous exemplaires en bonnes œuvres. » Il avoit assez souvent ce beau mot de sainct Paul en la bouche : *Que tout se passe honnestement et avec un bon ordre parmy vous* [1], comme il est bien-seant à des saincts.

[1] I Cor. xiv, 40.

SECTION XX.

Du zele des ames.

Bien que ceux de Geneve luy retinssent presque tout le revenu de sa mense episcopale, et celuy de son chapitre, je ne luy entendy jamais faire aucune plainte de ceste detention; tant il estoit peu non pas attaché ou affectionné, mais attentif aux choses de la terre. Il avoit de coustume de dire qu'il estoit du bien d'Eglise comme de la barbe, plus on la raze et plus forte et espaisse elle revient. Lors que les Apostres n'avoient rien ils possedoient tout, et quand les ecclesiastiques veulent trop posseder, trop se reduit à rien.

Il ne souspiroit qu'apres la conversion de ces ames rebelles à la lumiere de la verité, qui ne luit que dans la vraye Eglise. Car il est bien vray que l'ame est plus que la viande, et le corps plus que le vestement. Il disoit quelquefois en souspirant, *Da mihi animas, cœtera tolle tibi* [1]; parlant de sa Geneve qu'il appelloit tousjours sa pauvre ou sa chere (termes de compassion et d'amour), nonobstant sa rebellion. Et je ne doute point qu'en son cœur il ne dist comme David gemissant sur la mort d'Absalom : *Mon fils Absalom, Absalom mon fils, qui me donnera que je meure pour toy* [2]?

« Plust à Dieu, m'a-t'il dit quelquefois, que ces messieurs eussent encor ce peu de revenu qu'ils m'ont laissé de reste, et que nous eussions seulement autant d'accés en ceste deplorable ville, que les Catholiques en ont à la Rochelle; une petite chappelle pour celebrer le divin service et y faire les fonctions de nostre religion! vous verriez dans peu de temps tous ces prevaricateurs revenir à leur cœur, et nous nous resjoüyrions sur le retour à l'Eglise romaine, de ces pauvres Sunamites oublieuses de leur devoir [3]. Il nourrissoit tous-

---

[1] Gen. xiv, 21. — [2] II Reg. xviii, 33. — [3] Cantic. vi, 12.

jours ceste chere esperance dedans son sein. On ne chantoit jamais au chœur le pseaume *Super flumina Babylonis*, qu'il ne se souvint tousjours de ceste pauvre ville, le siege des evesques ses predecesseurs; non qu'il souhaittast y estre en leur pompe et en leur abondance, estimant l'opprobre de la croix plus que toutes les richesses de l'Egypte, mais touché d'une douleur interieure de cœur sur la perte de tant d'ames, qui demeurent dans leur aveuglement, soubs l'apparence d'une fausse liberté politique. Quand il disoit son office en particulier et qu'il recitoit ce mesme pseaume avec son chappelain, nous avons appris que les larmes luy couloient des yeux, sans doute sur le sentiment que nous venons de dire.

Il disoit que Henry VIII, roy d'Angleterre, qui au commencement de son regne avoit esté si zelé à la foy catholique, et qui avoit si dignement escrit contre les erreurs de Luther qu'il en avoit acquis le glorieux titre de deffendeur de la foy, ayant par son intemperance causé un si grand schisme en son royaume, avoit desiré sur la fin de sa vie rentrer dans le sein de la mesme Eglise qu'il avoit miserablement abandonné, et que donnant les mains à ce bon œuvre, l'impossibilité de restituer le bien des ecclesiastiques qu'il avoit distribué à ses millords, avoit empesché ce bonheur. Et là-dessus nostre Bien-heureux exclamoit : « Faut il qu'une poignée de terre et de poussiere ravisse tant d'ames au ciel? Helas, la portion de tout chrestien et principalement de l'ecclesiastique, c'est de garder la loy de Dieu : le Seigneur est la part de son heritage et de son calice; il leur eust abondamment restitué ceste succession par des moyens puissants mais suaves. Celuy qui jette sa pensée au Seigneur en tire sa nourriture, le juste n'est jamais delaissé ny reduit à chercher son pain : il ne faut que lever les yeux et l'espoir en luy, et il donne la viande en temps opportun; c'est luy qui donne la pasture à toute chair. Joint qu'il est plus aisé de souffrir la disette avec patience, que de conserver la vertu dans l'abondance : tous ne peuvent pas dire avec l'Apostre, *Je sçay abonder et je sçay endurer la necessité*[1]. Mille tombent à la gauche de l'adversité, mais dix mille à la droitte de la prosperité : car l'iniquité sort de la graisse, et le peché de Pentapolis proceda de l'affluence du pain, c'est à dire de son opulence. C'est un grand tresor que la frugalité pieuse. »

SECTION XXI.

Son indifference dans les maladies.

Je n'ay jamais veu nostre bien-heureux Pere malade qu'une fois, et je fu peu de temps aupres de luy, mais ceux qui l'ont veu malade plus souvent et plus long-temps, nous ont raconté des merveilles de sa patience, de sa douceur, de son indifference en ses souffrances.

Pour moy, mes Sœurs, il faut que je vous avoüe que tout ce que j'avois leu dans cét excellent traitté du Purgatoire que nous avons de saincte Catherine de Gennes, me revint en memoire quand je le vy couché dans un lict, souffrant avec une patience meslée de tant d'amour et de douceur, que si Salomon estimoit plus heureux les morts que les vivans, j'estime bien plus heureux que les sains ceux qui sont malades de ceste sorte.

Saincte Catherine de Gennes represente une ame qui est en purgatoire, si parfaittement unie à Dieu par charité, qu'il n'est pas en son pouvoir de former la moindre plainte, ny d'avoir un seul petit desir qui ne soit en tout conforme au divin vouloir. Si que elles veulent estre là tout autant qu'il plaira à Dieu, d'une volonté si contente et si constante, que pour rien qui soit elles ne voudroient estre autre part si Dieu ne le vouloit ainsi.

Nostre bien-heureux Pere souffroit de la sorte, et sans regretter en aucune façon les services qu'il eust pu rendre à

---

[1] Philipp. iv, 12.

Dieu et au prochain dans la santé. Il vouloit souffrir parce que tel estoit le bon plaisir de Dieu, qui avoit les clefs de sa vie et de sa mort, de sa santé et de sa maladie, et tout son sort en ses mains. « Il sçait bien ce qu'il me faut, disoit-il, et mieux que moy, laissons-le faire; c'est le Seigneur, qu'il fasse ce qui est aggreable devant ses yeux. O Dieu, vostre volonté soit faitte et non la mienne : ouy, Pere celeste, je le veux puisqu'il a esté trouvé bon devant vous. Oüi, Seigneur, je le veux, et que vostre loy, c'est à dire, vostre volonté, soit à tousjours gravée au milieu de mon cœur. »

Si on luy demandoit s'il prendroit bien cecy ou cela, une medecine, un boüillon, s'il vouloit estre saigné, scarifié, et choses semblables; il ne respondoit autre chose, sinon : « Faittes au malade ce qu'il vous plaira; Dieu m'a mis en la disposition des medecins. » Comme s'il eust dit avec David : *Ecce in flagella paratus sum, et dolor meus in conspectu meo semper*[1]. On ne vid jamais rien de plus simple ny de plus obeyssant; car il honoroit Dieu dans les medecins et les medecines; car il sçavoit que Dieu avoit fait la medecine, et qu'il commandoit d'honorer le medecin[2], honneur qui emporte obeyssance.

Il disoit tout simplement son mal sans l'aggrandir par des plaintes excessives, et sans le diminuer par une contrainte dissimulée ou violentée : il estimoit le premier une lascheté; le second, une duplicité et feintise. Quoy que la partie inferieure et sensible fust soubs le pressoir de vehementes douleurs, on lisoit tousjours neantmoins en son visage, et principalement en ses yeux, des rayons de la serenité de la partie superieure et raisonnable, qui brilloient au travers des nuages de l'affection du corps; de sorte que plus il estoit infirme de corps plus il estoit fort d'esprit, pouvant dire avec l'Apostre : *Gloriabor in infirmitatibus meis, ut inhabitet in me virtus Christi*[3]. Et quelle est ceste chere vertu de Jesus-

---

[1] Psal. xxxvii, 18. — [2] Eccli. xxxviii, 1-12. — [3] II Cor. xii, 9.

Christ, sinon la patience, de laquelle il dit ailleurs : *Que le Seigneur addresse nos cœurs et nos corps en la charité de Dieu, et en la patience de Jesus-Christ*[1] ?

SECTION XXII.

Tendresse amiable.

De celuy qui mange, la viande sort quelquefois ; *et la douceur, du milieu de la force,* selon l'enigme de Samson[2]. Ainsi le miel se tire de la pierre, et l'huile du caillou : des sapins et des cedres, qui sont des arbres si durs et si fermes, sort la stacte et la gomme, qui sont des liqueurs fort utiles, par forme de transpiration. Ainsi les plus grandes et plus vigoureuses ames ont quelquefois des tendresses extraordinaires, qui procedent de la vehemence et de l'excés de leur perfection, c'est à dire, de leur charité. Le Sauveur de nos ames, qui n'a point eu son semblable entre les forts, a pleuré quelquefois de tendresse et de compassion, tantost sur Jerusalem, tantost sur le Lazare son amy que la mort avoit couché dans le cercueil.

Je vous veux raconter icy, mes tres-cheres Sœurs, une tendresse fort particuliere de nostre bien-heureux Pere qui m'a autrefois fort touché. Il avoit eu pour precepteur dés sa jeunesse un bon ecclesiastique appellé monsieur d'Age, qu'il avoit fait chanoine de son Eglise, et qu'il entretint en sa maison jusques à la mort, ayant un soin extreme que rien ne luy manquast en santé et en maladie. En fin estant tombé sous l'effort de la derniere, qui le mit au cercueil et dans la voye de toute chair, nostre bien-heureux Pere l'assista jusques au dernier sanglot avec des solicitudes et des assiduitez nompareilles, et dignes de l'amour qu'il portoit à ce bon homme qu'il appelloit son pere selon l'esprit, et son ange gardien visible. Estant expiré en Dieu d'un trespas fort doux

---

[1] II Thess. III, 5. — [2] Judic. XIV, 14.

et fort paisible, le Bienheureux luy fit faire de fort honorables obseques en la cathedrale, où luy mesme celebra, et offrit pour luy, et fit offrir par tout son diocese quantité de sacrifices pour le remede et repos de ceste ame qui luy estoit chere en la maniere que Dieu sçavoit.

La premiere messe qu'il dit pour ce cher deffunct en particulier (à ce que m'a raconté un de ses aumosniers qui l'y assistoit), fut entrecoupée de plusieurs souspirs qui tesmoignoient assez le sentiment de son ame, et combien il estoit touché de ceste separation. Mais quand il fut arrivé au *Pater noster*, qui se dit apres la consecration, il fallut qu'il s'arrestast apres la prolation de trois ou quatre paroles pour lascher la bonde à ses larmes, et fut assez long temps sans pouvoir faire autre chose que pleurer. A la fin, ayant fait quelque tréve avec ses yeux, il acheva sa messe noyé dans une profonde tristesse. L'aumosnier qui le confessoit ordinairement craignant que la melancolie ne fist quelque prejudice à sa santé, l'accompagna à sa chambre, où se voyant seul avec luy, et luy voulant dire quelques paroles de consolation : « Helas, luy dit-il, Monsieur N. ceste ame est bien où elle est ; ô qu'elle ne voudroit pas estre icy ! elle est entre les bras et dans le sein de la misericorde et clemence de Dieu, où elle repose comme un autre sainct Jean sur la poictrine amiable de Jesus-Christ. Mais voulez vous sçavoir ce qui m'a arraché tant de pleurs quand je suis venu à dire le *Pater noster* ? Helas, c'est qu'il m'est souvenu que c'estoit ce bon homme qui m'avoit appris le premier à dire mon *Pater*. »

Se peut-il imaginer, mes Sœurs, une tendresse plus simple, et, s'il faut ainsi dire, plus enfantine que celle-cy ? O certes il avoit atteint à ce point de l'Evangile qui nous veut reduits à la simplicité des enfants pour avoir accés au royaume du ciel[1]. Quand il est escrit que Saül estoit un enfant d'un an quand il commença à regner[2], ce n'est pas à dire

---

[1] Matth. xviii, 3. — [2] I Reg. xiii, 1.

qu'il n'eust que cét âge-là ; car il estoit si grand qu'il passoit les autres hommes de toute la teste en sa taille : mais cela veut dire qu'il estoit dans une grande simplicité. Certes on peut dire du bien-heureux François qu'il estoit enfant en malice, c'est à dire, qu'il n'avoit non plus de malice qu'un enfant : aussi Dieu l'appella-t-il à soy au jour des enfants Innocens, pour tesmoigner qu'il en accroistoit le nombre par son innocence enfantine. Vous sçavez qu'il disoit de la prudence : « Je ne sçay que m'a fait ceste vertu-là, mais j'ay de la peine à l'aimer, toute vertu et toute excellente qu'elle soit. » Car quant à la prudence humaine, d'autant qu'elle donne beaucoup de tourmens aux esprits où elle regne, leur faisant sentir les tranchées et les convulsions de Rebecca enceinte de ces jumeaux antipathiques, les deschirant par plusieurs contradictions,

... Animum nunc huc, nunc dirigit illuc,
In partesque rapit varias, perque omnia versat [1].

SECTION XXIII.

Du sainct Suaire de Nostre Seigneur.

Pour vous monstrer que j'ay estudié ce sainct Personnage durant quatorze ans que j'ay esté sous sa conduitte et discipline, et que je l'ay fueilleté comme un livre où il y a des images meslées parmy l'escriture ; il faut que je vous die que son image favorite estoit celle du sainct Suaire de nostre Seigneur, tel qu'il est à Turin. Il l'avoit en diverses manieres, en broderie, en peinture à l'huille, en taille douce, en enlumineure, en miniature, en demy-relief, en graveure. Il la mettoit à sa chambre, à sa chappelle, à son oratoire, à son estude, en sa sale, en sa galerie, en ses Heures, par tout.

[1] Virgil. Æneid. IV, 285, 286.

Une fois je luy demanday pourquoy cela. Il me respondit : « C'est le grand tresor de la serenissime maison de Savoye, c'est le bouclier de ce pays, c'est nostre grande relique : au reste, le portrait miraculeux des souffrances de Jesus-Christ tracé de son propre sang. Et puis certes j'ay une raison particuliere d'estre devot à ceste saincte relique, parce que ma mere me dedia à Nostre Seigneur, lors que j'estois dans ses entrailles, devant ce sainct estendard de salut.

» On dit que ceux qui portent des enseignes à la guerre font gloire de s'envelopper dans leurs drapeaux et de s'y faire tuer plutost que de les rendre. O quel bon-heur si nous pouvions nous ensevelir ainsi par amour avec Jesus-Christ, auquel nous sommes ensevelis par nostre Baptesme [1] ! *Si complantati facti sumus similitudini mortis ejus, simul et resurrectionis erimus* [2]. Que nous serions heureux si l'on pouvoit dire de nous, ce que l'Apostre des fideles de son temps : *Vous estes morts, et vostre vie est cachée et ensevelie en Jesus-Christ, en Dieu; et quand Jesus-Christ, qui est nostre vie, apparoistra, alors nous serons eslevez avec luy en gloire* [3]. »

SECTION XXIV.

Feux sacrez.

Pour tesmoignage que nostre bien-heureux Pere estoit entierement consacré à ce feu celeste du divin amour, que le Sauveur estoit venu apporter en terre pour en embraser tous les cœurs; vous sçavez, mes Sœurs, ces deux apparitions dont il fut favorisé et qui sont couchées en sa Vie. La premiere, de ce globe de feu qui tomba sur son oratoire, comme il y estoit en prieres, et qui le couvrit de mille estincelles innocentes, qui le remplirent d'une lumiere sans bruslure. La deuxiesme, de ces deux colomnes de feu qui se mirent à

---

[1] Rom. vi, 4. — [2] Ibid. 5. — [3] Coloss. iii, 3, 4.

ses deux costez, comme il meditoit en se promenant doucement en sa chambre. Ces faveurs du ciel, qui ont quelque rapport à ces langues de feu qui apparurent sur les Apostres en la descente du sainct Esprit,

> Linguis ut essent proflui,
> Et charitate fervidi [1],

firent un tel effect en l'ame de nostre bien-heureux François qu'il n'estoit jamais mieux en son élement que quand il avoit à parler ou escrire du divin amour. Dans ses entretiens et publics et privez il avoit tousjours quelque chose de rare à dire sur ce sujet, et luy estoit tousjours un cantique nouveau.

« Vive Dieu, disoit-il une fois, il me semble que tout n'est rien, à comparaison de ce vivant et regnant amour. S'il manquoit au paradis, le paradis seroit un enfer; et s'il pouvoit estre parmy les feux de l'enfer, ses flammes seroient desirables; et parce qu'il regne dedans le purgatoire, il m'est avis que ce sont des flammes d'amour. Le sainct amour est plus fort que la mort, il est aspre au combat comme l'enfer, ses lampes sont toutes de feu et de flammes, toutes les eaux de la mer ne sçauroient esteindre le feu de la vraye et non feinte charité. O Jesus mon Sauveur, que vostre mort est amiable, puis qu'elle est le souverain effect de vostre amour! O Jesus, ou faittes nous mourir, ou nous faittes aymer ce sainct amour plus que mille vies. »

Il a quelquefois paru tantost lumineux comme un Moyse, tantost embrasé comme un Elie, à des personnes, à qui Dieu donnoit des yeux pour appercevoir ces graces en luy. Nous en avons oüi quelques depositions de gens irreprochables; ce qui soit dit à la gloire du Pere des lumieres, de qui procede tout don parfait et tout bon present.

---

[1] Brev. rom. in Offic. Pentec.

SECTION XXV.

Histoire notable.

Vous sçavez, mes Sœurs, qu'entre les saincts ausquels nostre bien-heureux Pere avoit une speciale devotion, sainct Louys roy de France tenoit un notable rang. Il me l'a souvent recommandé, et aussi de lire soigneusement sa vie, principalement celle qui est escritte par ce bon chevalier qui avoit l'honneur d'estre de ses domestiques, le sire de Joinville, comme estant tracée avec beaucoup de candeur et de naïveté.

Or dans ceste vie il fait mention d'une histoire qui m'a tousjours esté en veneration singuliere, depuis la recommandation merveilleuse que m'en fit une fois nostre bien-heureux Pere, m'asseurant qu'en ce narré estoit contenu et le sommaire et le sommet de toute la perfection chrestienne. Sa beauté et son excellence l'ont renduë fort commune; car je ne voy point de livre de devotion qui ne la cite en quelque coin : et à dire le vray elle comprend en abbregé tout ce qui se peut dire touchant la plus haute perfection du christianisme. Et parce que je desire à mon premier loisir exercer ma plume sur ce sujet et luy donner un ouvrage entier, je me contenteray icy de la vous marquer en peu de paroles, sçachant que vous en estes desja informées, et que dés le premier mot, vous cognoistrez dequoy il est question.

C'est de cette femme (de laquelle est dommage que le nom, qui est sans doute au livre de Vie, n'est aussi enregistré dans l'histoire, car ç'a esté une grande saincte), laquelle se presenta au frere Yves le Breton de l'Ordre de sainct Dominique, que le roy estant en la Terre-Saincte envoya comme ambassadeur au caliphe de Syrie. Elle estoit en un merveilleux equipage, tenant un flambeau allumé d'une main, et de l'autre une cruche pleine d'eau, avec dessein de brusler le paradis avec l'un, et d'esteindre le feu d'enfer avec l'autre ; afin que Dieu desormais fust servy par une charité saincte et non feinte, c'est à dire, par un amour vrayement desinteressé et pour l'amour de luy mesme, non par esprit servil et mercenaire, c'est à dire, par la crainte des peines ou l'espoir des recompenses.

Le bon dominicain eust bien raison, quand elle luy eut declaré son embleme, de dire qu'il n'avoit jusqu'alors rencontré personne qui luy eust fait une si utile leçon, ny qui l'eust appris à aller à Dieu par des voyes si justes, si droittes et si courtes. Certes on pouvoit dire de ceste saincte et forte femme ce que le Sage dit du juste, que *Dieu le conduit par de droits chemins, luy monstrant son royaume, luy donnant la vraye science des saincts et qui fait les saincts, honorant ses travaux et les rendant parfaits et accomplis*[1].

Nostre bien-heureux Pere me disoit qu'il eust desiré que l'on inculquast ceste histoire à tous propos, que l'on en fist des images en taille douce pour les distribuer par tout, afin que par cét exemple si illustre et si noble on apprist à aymer et servir Dieu en vraye charité, sans autre interest que la divine gloire; car la vraye charité ne cherche point ses propres avantages, mais le seul honneur du divin Bien-aymé.

Me souvenant de ce conseil de nostre Bien-heureux, je ne me suis point lassé de repeter ceste memorable histoire en divers lieux, et de l'assaisonner de tous les ornemens et preceptes moraux dont je me pouvois aviser, pour la rendre aggreable, et faire gouster par elle aux plus grossiers le but de la perfection, où tous les chrestiens sont appellez, qui est la pureté du divin amour, desnué de la crasse de tout interest propre, pour dire avec David : *Quid mihi est in cœlo, et à te quid volui super terram*[2] ?

Mesmes un jour je fû consolé, quand tomba sous ma main

---

[1] Sap. x, 10. — [2] Psal. lxxii, 25.

un de ces excellens petits traittez de pieté qu'a mis au jour en assez bon nombre Jeremie Drexelius jesuite, predicateur celebre du serenissime electeur de Bavieres. Il est intitulé, *De la droitte intention*; et tout au commencement du livre il a fait faire une image de ceste femme, tenant d'une main un rechault plein de brazier ardant dont elle brusle le paradis, et en l'autre un vase plein d'eau dont elle esteint le feu d'enfer, avec ce mot, *Servir Dieu pour Dieu*. Je monstray ce livre et ceste taille en quelques monasteres de dames Benedictines où j'avois expliqué assez amplement ceste histoire en quelques conferences, ce qui fit venir le desir aux abbesses de faire contretirer des tableaux sur ceste image de papier avec la mesme inscription, et de les mettre en leurs parloirs.

De bonnes gens, qui avoient du zele, mais non pas peut estre accompagné de toute la science et moderation qui eust esté à desirer, ayans veu un de ces portraits, sans autre enqueste, allerent aussi-tost publier par tout que je preschois l'atheisme, non plus à cachettes, mais à camp ouvert et à masque levé; et que mesme j'en estois arrivé à tel degré de hardiesse, que d'en faire faire des tableaux, pour me mocquer de toute religion, nier qu'il y eust ny paradis ny enfer, ny Dieu ny diable, et que l'immortalité de l'ame estoit une fable, avec semblables commentaires de rhetorique charitable.

Jugez, mes Sœurs, jusques où va le zele quand la science ne luy sert pas de bride, et quand le vent de la precipitation souffle dedans ses voiles. Car s'il leur eust plû s'informer plus particulierement de ceste histoire si vulgaire, qui fut neantmoins pour eux comme un enigme de Samson, possible que leur prudence n'eust pas permis à leur jugement de se porter à des paroles de si grande precipitation.

Je veux croire neantmoins que leur intention a esté bonne, et que la juste affection qu'ils ont à la conservation de la pieté, leur a fait juger du sac par l'etiquette, sans en consulter les pieces; et quoy que l'effect n'en soit pas trop bon, la cause pourtant en peut estre loüable. Aussi plusieurs estant mieux informez, ont appellé de Philippe à Philippe mesme, et recognu qu'il en est de la hastiveté comme de cét animal domestique qui produit ses petits aveugles, mais leur esclarcit les yeux à force de les lecher. Cependant une calomnie quoy que ditte à la volée, ne laisse pas de faire tousjours quelque impression, au desavantage du calomnié; et quoy que la playe guerisse, la cicatrice y demeure. A cela je n'ay qu'à m'environner du bouclier de la verité, contre ces fleches qui volent de jour, ceste negociation de tenebres, et les assauts du demon du midy déguisé en ange de lumiere, et à souffrir ceste lapidation pour la verité : priant Dieu qu'il me delivre de la calomnie des hommes, de leur mespris et de leur opprobre, de la gorge des lyons et de la corne des lycornes [1]. *Nec tradas me calumniantibus me* [2].

O Seigneur, pardonnez leur, car ils ne sçavent ny ce qu'ils disent ny ce qu'ils font : rendez-leur la veuë, faittes qu'ils voyent; restablissez-les en la joye de vostre salutaire, et les fortifiez de vostre esprit principal. C'est pour eux, mes Sœurs, que je vous convie de prier avec moy, selon cét enseignement du Sauveur : *Priez pour ceux qui vous persecutent et vous calomnient. Vous serez heureux quand on mesdira de vous injustement ; resjouyssez-vous-en, car vostre salaire sera grand au ciel* [3].

Certes, mes Sœurs, quand je repense aux violents assauts qui furent donnez à la benitte Philothée de nostre bien-heureux Pere, pour l'estouffer en son berceau, et à quelles extremitez se porterent ceux qui declamerent contre ce sainct ouvrage-là, quand il apporta au monde de nouvelles lumieres de devotion ; je trouve que celuy dont je vous parle (quoy qu'un tourbillon assez brusque pour une si foible barque que la mienne) n'est qu'une fort legere attainte. Et

---

[1] Psal. xxi, 22. — [2] Psal. cxviii, 121. — [3] Matth. v, 44, 11, 12.

pour vous monstrer que ce ne fut pas de main morte et languissante que Philothée fut attaquée, vous vous souviendrez combien doucement s'en plaint nostre bien-heureux Pere dans la preface de son Theotime, et en termes si pleins de dilection, que ce sont autant de charbons ardans qu'il renvoye au visage de ses censeurs.

SECTION XXVI.

De l'estat de perfection.

Sur ce que vous me demandez, Monsieur, de quelle opinion estoit le bien-heureux François de Sales touchant la doctrine de l'estat de perfection, telle qu'on la traitte en l'escole; je vous respons premierement, qu'il ne tenoit pas ceste doctrine estre de la foy, mais seulement une opinion d'escole, si problematique, qu'il estoit permis à chacun en ce sujet d'abonder en son sens, sans pouvoir estre taxé d'erreur.

Il y a bien d'autres questions plus importantes, comme celle de la Conception de la sainte Vierge et *de auxiliis*, que la sainte Eglise laisse en la liberté des sentimens des particuliers sans les decider : et qui voudroit examiner les differens des Thomistes et Scotistes, qui passent le nombre de huict cents, comme a remarqué le cardinal Sarnan, auroit beau former des accusations d'erreur sur ces contredits de la cité de l'escole.

Secondement, je vous dy qu'il estoit Gersoniste en ceste question de l'estat de perfection que l'on appelle exterieure (car quant à l'interieure et essentielle perfection chrestienne, il n'y en a point d'autre estat que celuy de charité et de grace, selon mesme la doctrine de sainct Thomas[1]), et qu'il n'y rangeoit pas seulement les evesques et les gens de clois-

---

[1] 2ª 2ᵃᵉ, quæst. 184, art. 3.

tre, quoy que differens en ceste perfection exterieure aussi bien qu'en rangs, mais aussi les chanoines, les curez et les prestres du clergé. Voicy quelques unes de ses raisons, dont il me peut souvenir maintenant que j'ay la main à la plume.

1. Comme les chanoines, curez et prestres ne font qu'un mesme corps dans un diocese, dont l'evesque est le chef, ce chef ne peut estre en l'estat de perfection, que ses membres inseparables de luy n'y soient aussi, et doivent participer à l'influence du chef.

2. Les archidiacres, doyens, appellez ruraux ou de chrestienté, les archiprestres et autres surveillans sont appellez dans le droit les yeux de l'evesque : si donc l'evesque est en estat de perfection, peut-on en oster ceux-là sans luy arracher les yeux de la teste? le Fils de Dieu mesme disant à son Pere, *Volo, Pater, ut ubi ego sum, illic sit et minister meus*[1].

3. Les chanoines sont perpetuellement obligez d'assister l'evesque en toutes ses fonctions episcopales et pastorales, et luy donner conseil au gouvernement de son diocese, et sont appellez à ce sujet le senat de l'evesque, et le presbitere, par le commun avis duquel, dit sainct Hierosme, les Eglises autrefois estoient gouvernées. Et encor à present aux choses de grande importance les evesques ne peuvent agir validement que par le conseil et le consentement de leurs chapitres. Ayans donc telle part au pastorat episcopal et diocesain, pourquoy les esloigneroit-on de l'estat de perfection, au moins en la maniere qu'y sont les cloistriers?

4. Les curez y sont aussi comme pasteurs et prelats moindres, ainsi que Gerson, et sainct Thomas mesme avec sainct Bonaventure les appellent : d'autant que comme vicaires des evesques, et vrais pasteurs, et pasteurs immediats de leurs parroissiens, et chargez de leurs ames, ils entrent

---

[1] Joan. xii, 26, et xvii, 24.

en part de la sollicitude pastorale et episcopale, et prennent aussi part à l'estat de perfection, estans vrais membres d'un mesme corps dont l'evesque est le chef.

5. Les prestres aussi subordonnez aux curez et aux evesques, soit en qualité de grands-vicaires des evesques ou de vicaires des curez, ou d'habituez dans les dioceses ou parroisses, entrent en la mesme participation d'estat, comme le moindre membre d'un corps entre dans les qualitez que le chef possede.

6. Les cardinaux non evesques, mais seulement prestres ou diacres, à cause que leur sacré college compose un mesme corps avec le souverain Pontife, duquel ils sont les conseillers, les membres, les assesseurs et les freres, et qu'en ceste qualité ils ont part à la sollicitude de toutes les Eglises et au gouvernement de l'Eglise universelle, ne sont pas seulement en l'estat de perfection, mais ont part encor à la qualité de successeurs des Apostres, comme joints immediatement au sainct Siege apostolique, auquel appartient le regime de l'Eglise universelle.

7. Au regard des trois vœux ausquels on met l'estat de perfection parmy les conventuels, tous les prestres en ont deux annexez au sacrement de l'Ordre, celuy de continence à celuy d'obeyssance. Quant à celuy de desappropriation, ils ne le font pas, non plus que les evesques, d'autant qu'ils ne sont pas liez à des communautez, desquelles le bien ne se pourroit conserver si les particuliers estoient proprietaires. Joint que selon sainct Thomas la desappropriation n'est pas de l'essence de l'estat de perfection [1], quoy que ce soit un instrument fort propre pour tendre à la perfection; autrement le Pape, les cardinaux et les evesques n'y seroient pas, non plus que les chanoines, les curés et les prestres du clergé.

---

[1] 2ᵃ 2ᵃᵉ, quæst. 184, art. 1, 2, 3, 7; quæst. 186, art. 1, 6; quæst. 188, art. 7, 8.

8. Que si à l'estat de perfection exterieure est requise une obligation perpetuelle de servir Dieu, accompagné de quelque solemnité, on ne peut nier, sans offenser la dignité des Sacremens, que la solemnité du sacrement de l'Ordre, lequel imprime un caractere indelebile et en ce monde et en l'autre, ne soit aussi considerable que celle de la profession conventuelle; sans faire tort pourtant à la dignité de celle-cy, laquelle est fort venerable et auctorisée par l'Eglise; mais l'autre est de droit divin, puis que Jesus-Christ est l'autheur et l'instituteur des Sacremens.

9. Quant aux chanoines tant des cathedrales que des collegiates, quoy qu'ils ne vivent pas en commun, ils vivent neantmoins d'une mense commune, parce qu'ils possedent en nom collectif et par indivis les biens de leurs chapitres, ainsi que les conventuels; avec ceste seule difference qu'ils sont proprietaires de l'ususfruit de leurs prebendes et usufruittiers, et ceux qui vivent en commun et à une mesme table dans les cloistres n'en sont qu'usagers, possedans neantmoins proprietairement la masse de leurs biens et revenus en nom collectif et par indivis.

10. Les chanoines claustraux et conventuels vivans sous la reigle de sainct Augustin, et qui sont comme autant de seminaires de curez, estans pourveus de cures, dont ils gouvernent le bien en leur particulier et sont vrais beneficiers, ne cessent pas pour cela d'estre en estat de perfection; et pourquoy n'y seroient pas les curez du clergé appellez seculiers, qui possedent leurs benefices et pastorats de la mesme sorte, les uns et les autres estans usufruittiers?

11. Les beneficiers du clergé, outre les deux vœux de continence et d'obeyssance attachez inseparablement au sacerdoce, ne sont pas proprietaires du fonds de leurs benefices, dont ils ne sçauroient legitimement aliener un morceau de terre, n'estans qu'usufruittiers en particulier, d'autant qu'ils ne sont joints à aucune communauté; et les conventuels ne sont qu'usagers en leur particulier, et usufruittiers

en nom collectif. Ceste difference si petite est elle capable d'empescher que ceux-là, comme ceux-cy, ne soient en estat de perfection? il faudroit sur ce pied en oster les evesques.

12. L'obligation perpetuelle ne peut pas non plus constituer cét estat, puis que l'on void tous les jours des cardinaux quitter le cardinalat, des evesques l'espiscopat, aussi bien que des chanoines, archidiacres, et curés quitter leurs charges et benefices, et mesme plusieurs conventuels estre par le sainct Siege dispensez de leurs vœux.

13. Des compagnies qui n'ont que des vœux simples, desquels les superieurs dispensent tous les jours, ne mettent elles pas pourtant ceux qui s'y enroollent, et qui y font ces vœux si facilement dispensables, en l'estat de perfection conventuelle, et n'y sont-ils pas tant qu'ils en demeurent membres? pourquoy donc n'y seront les chanoines, archidiacres, curez, tant qu'ils perseverent en leurs charges? pour quitter leurs offices et dignités, ils ne laissent pas pourtant le sacerdoce, dont le caractere ne se peut effacer, et qui les oblige à une perpetuelle continence et obeyssance.

14. Si l'on demande pourquoy l'on obtient plus facilement la dispense de quitter les eveschez, les canonicats et les cures, que le cloistre : outre que l'on passe du droit au fait, et que ce n'est à nous de nous enquerir pourquoy le sainct Siege fait ainsi ; encore pourroit-on dire que c'est par ce que l'evesque déchargé demeure avec le caractere episcopal, dans l'estat ecclesiastique, et dans la subjection du sainct Siege, et le chanoine, archidiacre, ou curé deschargez demeurent dans le sacerdoce, et par consequent dans l'estat du clergé, en continence, et en obeyssance aux Ordinaires des lieux où ils font leur retraitte et residence. Que si pareille dispense estoit donnée avec autant de facilité aux conventuels, les Ordres seroient bien tost dissipez et desertez.

15. Le bien-heureux François de Sales loüoit extremement un mot qui estoit familier en la bouche du grand sainct

Charles Borromée cardinal et archevesque de Milan, sçavoir, qu'en l'estat où estoit à present l'Eglise de Dieu, elle avoit plus besoin de bons pasteurs que de cloistriers : et adjoustoit le bien-heureux François, qu'il seroit à souhaitter que la porte fust aussi facilement ouverte aux cloistriers pour arriver aux cures, que pour parvenir aux eveschez; d'autant que l'on verroit en peu de temps les cures de la campagne remplies d'excellens hommes qui vivent à couvert dedans l'ombre des cloistres, preferans Marie à Marthe, et la douceur de la solitude, au tracas de la solicitude attaché aux charges pastorales.

16. Il estendoit encor bien plus loing la perpetuelle obligation de servir Dieu en laquelle les scholastics mettent l'estat de perfection[1]; car voicy comme il parle en son traitté de l'Amour de Dieu :

« Le motif de la divine charité respand une influence de
» perfection particuliere sur les actions vertueuses de ceux
» qui se sont specialement dediez à Dieu pour le servir à jamais. Tels sont les evesques et prestres, qui par une consecration sacramentelle, et par un caractere spirituel qui
» ne peut estre effacé, se voüent, comme serfs stigmatisez et
» marquez, au perpetuel service de Dieu. Tels les Religieux,
» qui par leurs vœux, ou solemnels, ou simples, sont immolez à Dieu en qualité d'hosties vivantes et raisonnables.
» Tels tous ceux qui se rangent aux congregations pieuses,
» dediées à jamais à la gloire divine. Tels tous ceux encor
» qui à dessein se procurent des profondes et puissantes resolutions de suivre la volonté de Dieu, faisant pour cela
» des retraittes de quelques jours, afin d'exciter leurs ames
» par divers exercices spirituels, à l'entiere reformation de
» leur vie : methode saincte, familiere aux anciens Chrestiens, mais depuis presque tout à fait delaissée, jusques à
» ce que le grand serviteur de Dieu, Ignace de Loyola, la
» remit en usage du temps de nos peres[2]. »

[1] S. Thom. 2ª 2æ, quæst. 184, art. 4, 5, 6, 8. — [2] Liv. XII, chap. 8.

17. Et certes il est deplorable de voir avec combien de chaleur, ceux qui font profession d'une profonde humilité entre les Chrestiens, et d'estre comme le rebut et la ballieure du monde, veulent rejetter et exclure de cét estat les chanoines, archidiacres, curez, vicaires et autres prestres du clergé, inseparablement unis et attachez aux evesques comme à leurs chefs. Si ce zele est amer ou selon la science, j'en laisse à decider à qui il appartient. Les autres ne leur debattent point cette qualité : au contraire ils les previennent en tout honneur, les aymans et respectans avec une charité vrayement fraternelle. S'ils sont Hebreux et Israëlites, pourquoy les autres ne le seront-ils pas? Quelle raison de mettre la sacrée prestrise, le sacerdoce royal, en un estat inferieur à celuy que l'on ne denie pas à ceux que l'on appelle freres laïques, et à des sœurs que l'on appelle converses? De quel esprit peut sortir ce mespris et ce ravalement d'un caractere que les Anges honorent, et que Jesus-Christ, Prestre eternellement, n'a pas dedaigné? est-ce de celuy de charité? Voicy comme l'Apostre le depeint : *La charité est patiente et benigne, non envieuse, ny insolente, ny enflée, ny ambitieuse, ny jalouse, ny desireuse de ses avantages, ny depiteuse, ny chagrine; elle endure tout, elle souffre tout*[1]. « Oüi, elle endure, dit-il ailleurs, qu'on s'esleve contre elle, qu'on luy oste les biens et l'honneur, qu'on la devore, qu'on la soufflette[2]. » Elle souhaitte avec Moyse que tous soient prophetes[3].

18. A la verité, si les chanoines, archidiacres, curez, prestres du clergé, ostoient de l'estat de perfection ceux qui les en veulent arracher, ils se pourroient deffendre, et se plaindre comme si on les touchoit en la prunelle de l'œil; mais de s'emmaigrir de la graisse d'autruy, s'estimer deshonoré de l'honneur que l'on rend à un autre, et se relever par le ravalement de son prochain, c'est estre guidé d'un

---

[1] I Cor. xiii, 4-7. — [2] II Cor. xi, 20. — [3] Num. xi, 29.

esprit que l'on n'oseroit nommer sans esmouvoir les abeilles, et s'exposer à leurs aiguillons.

19. S'il vous plaist de sçavoir quel est le sentiment du du bien-heureux François de Sales sur ce subjet, mais encor de l'Eglise universelle, je vous prie de consulter le concile romain tenu sous Silvestre pape, et vous y trouverez ce Canon : *Porro pontifici presbyter, presbytero diaconus, diacono subdiaconus, subdiacono acolythus, acolytho exorcista, exorcistæ ostiarius, ostiario abbas, abbati monachus in omni loco repræsentent obsequium.* Que le prestre soit sujet et sousmis à l'evesque, au prestre le diacre, au diacre le sousdiacre, au sousdiacre l'acolythe, à l'acolythe l'exorciste, à l'exorciste le lecteur, au lecteur le portier, au portier l'abbé, à l'abbé le moine. Jugez par cét ordre, Monsieur, du rang que les uns et les autres doivent avoir en l'estat de perfection.

Je n'ignore pas, monsieur, les distinctions que forment quelques-uns entre ordre, dignité, office, estat; mais comme ils parlent d'eux-mesmes, sans aucune authorité ny appuy de l'Escriture, des conciles, des Peres anciens, cela se peut renvoyer avec la mesme facilité et liberté qu'il s'avance, puis que ce n'est point icy une matiere de foy, mais purement problematique, de laquelle j'auray moyen de vous entretenir plus amplement une autre fois.

SECTION XXVII.

Des domestiques.

Selon son advis les maistres commettoient pour l'ordinaire des grands deffauts envers les domestiques, et donnoient le subjet au proverbe, Autant de serviteurs, autant d'ennemis ; parce que la plus part reçoivent de leurs maistres des traittemens si rudes et si inhumains, que, contre la mansuetude de l'esprit du Christianisme, qui est un esprit de filiale et de saincte liberté, les Chrestiens traittent leurs serviteurs, qui ne sont que mercenaires, pirement que les infideles ne font leurs esclaves. Cependant l'Apostre crie tout haut que *celuy qui n'a pas le soin qu'il est obligé d'avoir de ses domestiques, est infidele, et pire qu'un payen et un renegat*[1]. Les payens ou infideles qui ont des esclaves les traittent avec soin, de peur qu'ils ne perdent leur prix par leur mort, ou qu'il ne diminue s'ils tombent malades. Mais les Chrestiens, qui n'ont que des serviteurs à gages, ne se soucient ny de leur vie, ny de leur mort, ny de leur santé; plusieurs arrivans à ce degré de barbarie et de cruauté, de les mettre à la porte, ou de les envoyer en un hospital, quand ils deviennent malades à leur service : peché, possible, qui ne crie pas moins vers le ciel que celuy de la retention de leur salaire.

On traitte ordinairement avec eux en esprit de telle rigueur et severité qu'il semble qu'on les tienne pour des esclaves, encore qu'il leur soit libre de se retirer quand il leur plaist; on les tanse, on les bat, on les injurie, on les outrage pour la moindre faute. D'où il ne faut pas s'estonner s'ils servent avec si peu d'amour : car la crainte peut bien estre sans l'amour, principallement celle qui n'apprehende que la peine; mais le vray amour n'est jamais sans une respectueuse crainte, laquelle procede de l'apprehension que l'on a non seulement d'offenser, mais mesmes de deplaire à ce que l'on aime.

Il est vray qu'il ne faut pas dissimuler leurs fautes quand elles sont notables, ny leur espargner la correction, accompagnee de dilection et de jugement; ceste correction estant un des tesmoignages de la sincere charité que l'on a pour le prochain; mais aussi comme la parfaitte justice distributive veut que l'on chastie le mal, elle requiert aussi que l'on recognoisse le bien, autrement elle est manchotte et estropiée de son bras droit qui est celuy de la recompense. Or il y a

---

[1] I Tim. v, 8.

un salaire promis qui est deub par equité et qui met dans un grand peché ceux qui le retiennent : mais il y en a un autre qui couste fort peu, et quoy qu'il ne soit que de bienseance et de courtoisie, qui sert d'un vif aiguillon aux serviteurs pour les retenir ou pour les pousser en leur devoir; c'est de leur tesmoigner quelquefois ou par signes, ou par des paroles douces et amiables, que l'on aggree leur service, que l'on a grande confiance en eux, et qu'on les tient comme de seconds enfans, ou comme de pauvres amis de qui l'on veut soulager la necessité, ou procurer l'avancement. Certes, comme un coup de vent dans les voiles d'une galere la fait plus avancer en mer, que cent coups de rame de tous les forçats qui sont à sa chiorme; aussi faut-il avouer qu'une parole d'amitié et un tesmoignage de bien-veillance, tirera plus de service d'un domestique que cent commandemens austeres, menaçans et rigoureux.

Jamais nostre bien-heureux Pere ne dit une parole de menace, ny fascheuse, à pas un de ses domestiques; et quand ils faisoient des fautes, il assaisonnoit ses corrections avec tant de suavité, qu'il y avoit tousjours beaucoup plus d'huille que de vinaigre : aussi se corrigeoient-ils aussi tost par amour, sans apprehender la gaule de fer, qu'ils sçavoient bien n'estre pas en la main de leur bon maistre. Au contraire ils pouvoient bien usurper ce mot du Psalmiste : *La mansuetude estant survenue, nous voyla corrigez*[1]. La verge de sa reprehension estoit et de direction et de dilection, et ainsi plus consolatoire que desolante. *Virga tua et baculus tuus, ipsa me consolata sunt*[2].

Un jour un de ses domestiques qui estoit et en estat, et en puissance, et en desir de se marier, avoit trouvé un honneste party dans la ville; mais parce qu'il luy faschoit de quitter un si bon maistre, son amitié pour celuy cy, combattant dedans son cœur contre l'amour qu'il avoit pour sa

[1] Psal. xcix, 10. — [2] Psal. xxii, 4.

maistresse, luy faisoit cacher et dissimuler sa flamme le plus qu'il pouvoit. En fin ne pouvant plus retenir ce feu dans son sein,

Quis enim celaverit ignem,
Lumine qui semper proditur ipse suo [1] ?

il se desroboit durant la nuict à des heures induës jusques à passer au travers d'une riviere, pour aller deviser, quoy qu'avec toute honnesteté, avec celle qu'il recherchoit pour l'espouser. Le Bien-heureux, averty de ceste equippee, le tirant à part, luy remonstra avec tant d'amour le tort qu'il se faisoit de luy avoir caché sa legitime affection, n'y ayant personne qui le voulust d'avantage aider que luy à le pourvoir, et à le loger selon son désir. Ce pauvre garçon fut si ravy d'une telle bonté, que son amour fut sur le point de ceder à son amitié, et de quitter sa maistresse pour demeurer tousjours avec son maistre ; si le Bien-heureux, qui le voyoit appellé à l'estat du mariage, ne luy eust conseillé de terminer ceste juste recherche par ce Sacrement honorable en tous ceux qui le contractent legitimement. Il l'y aida de tout son pouvoir, l'assita de ses moyens et de sa faveur ; et ce qui eust traisné encore long-temps, et rencontré des difficultez et des obstacles, fut facilité par l'entremise du Bien-heureux, à la douceur et addresse duquel toutes choses estoient possibles.

Une fois l'entretenant sur ce subjet, de la bonne maniere de traitter avec les domestiques, et luy alleguant ce mot si vulgaire, que la familiarité engendre le mespris, et le mespris la haine : « Oüy, me dit-il, la familiarité indecente, grossiere et reprehensible ; jamais la civile, cordiale, honneste et vertueuse : car comme elle procede d'amour, l'amour engendre son semblable ; et l'amour veritable n'est jamais sans estime, et par consequent sans respect de la chose aimee, veu que l'amour n'est fondé que sur l'estime que nous fai-

---

[1] Ovid. Heroid. xvi, 7, 8.

sons de la chose aimee. Vous sçavez le mot de cet ancien tyran : *Oderint, dum metuant*[1]. Il faut prendre en ce sujet le revers de la medaille et dire : *Qu'ils me mesprisent, pourveu qu'ils m'aiment*. Car si ce mespris produit l'amour, l'amour par apres suffocquera ce mespris et mettra peu à peu le respect en sa place; car il n'y a rien que l'on revere d'avantage, ny que l'on craigne tant d'offenser, que ce que l'on aime en verité et en sincerité de cœur. »

Il me racontoit à ce propos une histoire qu'il touche comme en passant en sa Philothee. Elle est du bien-heureux Elzear comte d'Arian en Provence, lequel estoit si doux à ses domestiques qu'ils le tenoient comme un idiot, jusques à commettre devant luy des incivilitez et des insolences, sçachans que sa charité enduroit tout et souffroit tout. Sa femme, la bien-heureuse Delphine, qui avoit un peu plus de sentiment que luy de tous ces manquemens de respect, se plaignoit à luy de l'irreverence de ses domestiques, qui se rioient de luy sur son visage. « Pourquoy, luy repliqua-t'il, me fascherois-je de ces joyeusetez, privautez et naïvetez, estant asseuré qu'ils ne me haissent pas ? Encore ne m'ont-ils pas encore souffleté, ny craché au visage, ny fait de pareilles indignitez que Jesus-Christ nostre Seigneur en souffrit tant des valets des pontifes, que des satellites qui le fouetterent, tourmenterent, et crucifierent en sa passion. Est-il seant que, faisant gloire d'estre serviteur de Jesus-Christ crucifié, je vueille estre mieux traitté que mon maistre? un membre a-t'il bonne grace de se plaindre par delicatesse, sous un chef qui n'a point d'autre couronne que d'espines? Tout ce que vous dittes ne sont que des jeux, aupres des opprobres de Jesus-Christ. Ces mespris, s'ils en ont, me font une belle leçon pour apprendre à me mespriser moy-mesme : comme pratiquerons-nous l'humilité, sinon en ces occasions ? »

[1] Sueton. Galig. cap. 30, et Senec. de Clementia, I, 12.

« Mais, disois-je, il faudra donc laisser tout à l'abandon, et mettre la bride sur le col à des domestiques, et servir à leur indiscretion de facquin de quintaine ? — Je vous ay, me dit-il, proposé cet exemple plus pour l'admirer que pour l'imiter ; mais seulement afin que vous voyez de quels moyens et de quelles addresses se sert le sainct amour dans les cœurs qu'il possede, pour leur faire trouver le repos dans cela mesme qui trouble ceux qui sont moins devots. La charité, qui est la maistresse du chœur au concert des vertus, sçait bien faire tenir la partie à la discretion, à la prudence, à la justice, à la moderation, à la magnanimité, aussi bien qu'à l'humilité, à l'abjection, à la patience, à la souffrance, à la douceur. Ce que je puis dire en ce subjet des domestiques, est qu'apres tout ce sont nos prochains et des humbles freres, que la charité nous oblige d'aymer comme nous mesmes : or sus, aimons les donc bien comme nous mesmes ces chers prochains qui nous sont si proches et si voisins, qui vivent avec nous sous mesme toit et de nostre substance, et traittons les comme nous mesme, ou comme nous voudrions estre traittez si nous estions en leur place et de leur condition ; et voilà la meilleure façon de converser des domestiques. »

SECTION XXVIII.

De la condescendance.

Vous me demandez, ma chere Sœur, ce que c'est proprement que condescendance. Il faut que je vous en fasse voir un portrait excellent, tiré de la main d'un tres-sçavant peintre qui est l'apostre sainct Paul : voicy les couleurs dont il le compose au chapitre neuviesme de la premiere à ceux de Corinthe. *Combien que je fusse en liberté à l'endroit de tous, je me suis asservy à tous, affin de gaigner plus de gens. Et me suis fait aux Juifs comme Juif, afin de gaigner les Juifs : à ceux qui sont soubs la loy, comme si j'estois soubs la loy, afin de gaigner ceux qui sont soubs la loy : a ceux qui sont sans loy, comme si j'estois sans loy (combien que je ne sois pas sans loy quant à Dieu, mais je suis en la loy de Christ), afin de gaigner ceux qui sont sans loy. Je me suis fait comme foible aux foibles, afin de gaigner les foibles. Je me suis fait toutes choses à tous, afin de les sauver tous*[1]. Voyla un des riches tableaux de ceste vertu que l'on puisse trouver; aussi a t'il esté façonné par un sainct qui a fait son apprentissage au troisiesme ciel.

La condescendance, ma Sœur, c'est s'accommoder à toutes personnes selon la loy de Dieu et de la droitte raison : c'est estre une boule de cire molle, susceptible de toutes bonnes formes et impressions : c'est ne chercher point ses interests mais ceux d'autruy en Dieu, ou celuy de Dieu en autruy : c'est une saincte matiere premiere capable de toutes formes. C'est, en un mot, la grande et chere fille de la charité non feinte ; charité qui est une vertu universelle, embrassant et mettant en jeu et en bataille toutes les autres, sans autre pretension que de plaire à Dieu. Toute autre condescendance que celle qui est animee de charité, n'est point une vraye ny chrestienne condescendance : car celle qui condescendroit aux vices d'autruy, seroit plustost une connivence et un peché de participation qu'une veritable vertu.

Ce grand Apostre, qui sçavoit si bien condescendre aux infirmitez des infirmes et compatir à leurs foiblesses, sçavoit aussi relever son courage quand il falloit combattre pour la verité et pour la vertu. Oyez, je vous prie, comme il parle avec magnanimité aux mesmes Corinthiens. *Au reste, moy Paul vous prie par la douceur et clemence de Christ ; moy, dis-je, qui en presence suis petit entre vous, mais absent suis hardy envers vous : je vous prie, dis-je, qu'estant present il ne me faille point user de hardiesse, par cette asseurance de laquelle je delibere d'estre hardy envers aucuns qui nous estiment*

---

[1] I Cor. ix, 19-22.

comme si nous cheminions en la chair. Certes en cheminant en la chair, nous ne bataillons point selon la chair. Car les armures de nostre guerre ne sont point charnelles, mais puissantes de par Dieu, à la destruction des forteresses : destruisans les conseils, et toute hautesse qui s'esleve contre la cognoissance de Dieu; et amenans comme prisonniere toute intelligence à l'obeissance de Christ, et ayans la vengeance appareillee contre toute desobeissance, apres que vostre obeissance sera accomplie[1].

Mais, ma Sœur, possible que ce tableau est de couleurs trop vives et trop esclattant pour vos yeux; car il est composé de lumieres et de rayons celestes et apostoliques. Si vous en voulez un plus proportionné à vostre veuë, prenez celuy de nostre bien-heureux Pere. Vous sçavez que la condescendance aux humeurs d'autruy, et le doux, mais juste support du prochain estoient ses cheres et particulieres vertus, qu'il recommandoit sans cesse non seulement aux filles de la Visitation, mais à tous ses chers enfans selon l'esprit.

Il m'a dit souventesfois, « O! que c'est bien plustost fait de s'accommoder à autruy que de vouloir plier chacun à nos humeurs et à nos opinions! L'esprit humain est un vray poulpe qui prend aisement toutes les couleurs qui se presentent à luy, l'importance est qu'il ne fasse pas comme le camaleon qui est susceptible de toutes, excepté de la blanche : car la condescendance qui n'est accompagnee de candeur et de pureté est une dangereuse et evitable condescendance.

Il est bon de compatir aux pecheurs, mais avec intention de les tirer du bourbier où ils sont couchez, non pas pour les y laisser laschement pourrir et mourir. C'est une perverse misericorde de voir le prochain dans le malheur du peché, et de n'oser luy tendre la main secourable par une douce, mais franche remonstrance. Il faut condescendre en tout, mais jusques à l'autel, c'est à dire jusques au point que

[1] II Cor. x, 1-6.

Dieu ne soit pas offensé; voylà les bornes de la vraye condescendance. Je ne di pas qu'il falle à tous propos reprendre le pecheur; la prudence charitable veut que l'on attende le temps auquel il soit capable de recevoir les remedes convenables à son mal, et que Dieu *det auditui ejus gaudium et lætitiam, et exultent ossa humiliata*[1]. Le zele turbulent, despourveu de moderation et de science, ruine plus qu'il n'edifie. Il y en a qui ne font rien de bien pour vouloir trop bien faire, et qui gastent tout ce qu'ils veulent raccommoder. Il se faut haster tout bellement, selon l'ancien proverbe; et suivant le conseil de l'oracle divin, ne cheminer pas en sa ferveur[2] : qui marche precipitamment est sujet à tomber. Il faut du jugement, et en la reprehension comme en la condescendance, *honor regis judicium diligit*[3]. »

Je n'ay rien veu de plus condescendant ny de plus patient que nostre bien-heureux Pere : mais apres qu'il avoit pris son temps et ses mesures, il donnoit ses coups fort à propos, et jugeoit fort bien les justices imaginaires, et les veritables injustices. Rien de si doux pour endurer, rien de si souple, de si addroit, et de si courageux pour corriger avec misericorde. Ses coups de languette estoient des traits de lancette qui crevoient les abcez imperceptiblement et en faisoient sortir le pus : apres le trait de stylet, le cataplasme estoit tout prest. O Dieu, *corripiet me justus et increpabit me in misericordia : oleum autem peccatoris non impinguet caput meum*[4]. Croyez-moy, ma bonne Sœur, je ne parle point en cecy par ouir dire, mais par mes propres experiences : benites, certes, et heureuses experiences.

SECTION XXIX.

Victoire de la colere.

Il confessoit ingenuëment et avec sa candeur et simplicité

---

[1] Psal. L, 10.   [2] I Petr. IV, 12. — [3] Psal. XCVIII, 4. — [4] Psal. CXL, 5.

ordinaire que les deux passions qui luy avoient donné le plus de peine à dompter, c'estoient celle de l'amour et de la colere. Pour la premiere il l'avoit surmontee par addresse; mais la seconde à vive force, et comme il avoit accoustumé de dire, en prenant son cœur à deux mains.

L'addresse dont il s'estoit servy pour venir à bout de la premiere, avoit esté la diversion en luy donnant le change : car l'ame ne pouvant estre sans quelque sorte d'amour, tout le secret est de ne luy en permettre que de bon, de pur, de sainct, de chaste, de bonne renommee[1]. Nostre volonté est telle qu'est son amour : si nous aimons la terre, dit sainct Augustin, nous sommes terrestres; si le ciel, celestes; et des dieux par participation, si nous aimons Dieu. *Ils sont abominables comme les choses qu'ils ont aimees*[2], dit un prophete parlant des idolatres. Tous les escrits de nostre bien-heureux Pere, principalement ses Espitres, ne respirent qu'amour, mais un sainct amour : car ses termes sont si chastes, quoy que fort tendres, qu'ils portent leur justification en eux-mesmes. *Eloquia casta justificata in semetipsa*, quoy que *dulciora super mel et favum*[3]. Et c'est principalement au Theotime qu'il deploye les maistresses voiles de la cognoissance qu'il avoit en cet art des arts, qui consiste à aimer Dieu pour l'amour de luy mesme, et toutes choses uniquement en Dieu et pour Dieu.

Quant à la passion de colere, à laquelle il estoit enclin par son temperament naturel, il l'a combattue de droit front, et avec tant de force et de courage, ou pour mieux dire avec tant d'effort et de constance, qu'il est visiblement apparu apres sa mort, lors qu'à l'ouverture de son corps on ne trouva que des pierrettes dans la poche du fiel; ayant par les violences sainctes dont on ravit le ciel, tellement gourmandé ceste vehemente et impetueuse passion qu'il l'avoit reduite en pierre, comme s'il eust fixé le mercure. Les me-

---

[1] Philipp. iv, 8. — [2] Osee ix, 10. — [3] Psal. xviii, 10, 11.

decins ne purent rendre d'autre cause de ceste petrification, qu'ils jugerent estre si rare et si singuliere qu'ils ne se souvenoient point d'en avoir rencontré de semblable en aucune anatomie. O pierrettes de la pannetiere de David, combien avez-vous terrassé de geans, c'est à dire d'assauts impetueux de la colere! ô pierres qui avez autrefois coulé les eaux, l'huille et le miel! Non seulement j'ai veu de ces pierres-là, mais j'en ay eu en ma puissance, et je les ay données à de bonnes ames qui les gardent non seulement comme d'autres reliques de nostre bien-heureux Pere, mais comme des marguerittes precieuses, et des marques du grand pouvoir de la grace sur la nature, laquelle change quelquefois la pierre en miel, et quelque fois aussi le fiel en pierre.

PARTIE SIXIESME.

SECTION I.

De l'interieur et de l'exterieur.

L'homme estant composé de deux pieces fort differentes, l'une corporelle, l'autre spirituelle; l'une corruptible, l'autre incorruptible; l'une materielle, l'autre exempte de la matiere; l'une mortelle, l'autre immortelle; l'une visible, l'autre invisible; en fin, l'une exterieure, et l'autre interieure; du bon accord de ces deux parties resulte l'harmonie de sa perfection.

C'est pour cela, mes Sœurs, que nostre bien-heureux Pere vous recommandoit avec tant de soin que vous marchassiez en de droittes voyes sur ces deux pieds, et que vous les eussiez chaussez en la preparation de l'Evangile de paix, afin que vostre espoux dist de vous ce qu'il dit de son amante sacree au cantique : *Que tes pas sont beaux en tes chaussures, ô la fille du prince*[1]! *ô que les pieds sont beaux de ceux qui evangelisent la paix, qui annoncent le bien*[2]! Quand nous sommes revestus des armes de lumiere, et que nous en faisons les œuvres, alors nous marchons honnestement à la splendeur du jour au train de la vraye vertu. Et quoy que la principale gloire de la fille du Roy des roys, c'est à dire de l'ame en grace, soit au dedans, si est-ce que les franges d'or qui sont en sa robe, c'est à dire, son exterieur ne laisse pas de reluire en une aggreable varieté[3].

[1] Cantic. VII, 1. — [2] Isai. LII, 7. — [3] Psal. XLIV, 14, 15.

Nostre bien-heureux Pere estimoit que c'estoit une grande trahison devant Dieu et devant les hommes que de desguiser son interieur par une contenance exterieure qui n'y respond pas. Il appeloit ces personnes-là, doubles, masquees, contrefaittes et dangereuses; et la parole de Dieu leur donne de merveilleuses maledictions : *Malheur à celuy qui a le cœur double, et à ces levres trompeuses*[1], *qui parlent en un cœur et en un cœur*[2]. *Celuy qui a l'esprit de duplicité est inconstant en toutes ses voyes*[3]. C'est un cameleon qui reçoit toutes couleurs excepté la blanche de la sincerité et de la verité.

Il vouloit que l'exterieur bien reglé procedast d'un interieur encore mieux ordonné, afin que la cause fust tousjours plus excellente que son effet : car c'est de la racine que doit sortir toute la beauté des fleurs et des fueilles, et toute la bonté des fruits d'un arbre. *Si radix sancta, et rami*[4].

Il vouloit que l'interieur fist naistre l'exterieur, et par apres que l'exterieur nourrist, revestist et conservast l'interieur; se servant, pour exprimer cela, d'une similitude fort propre, du feu, lequel forme la cendre, et puis la cendre sert d'entretien et de nourriture au feu.

Certes sans les fueilles outre que l'arbre seroit aussi desagreable qu'une teste sans cheveux : ce qui a fait dire à ce poëte,

Turpe pecus mutilum, turpis sine frondibus arbor,
Et sine flore frutex, et sine crine caput [5] :

sans les fueilles encor à peine le fruict viendroit-il à maturité, parce qu'elles temperent de leur ombre les rayons trop cuisans du soleil. Il en est ainsi de l'exterieur; il apporte un grand ornement à l'interieur, et mesme une grande utilité à la conservation du cœur. Ainsi la grace perfectionne la nature, et la nature bien cultivée apporte la mesme decence à la grace, qu'une enchasseure bien faitte à une pierre precieuse.

[1] Eccli. II, 14. — [2] Psal. XI, 3. — [3] Jacobi I, 8. — [4] Rom. XI, 16. — [5] Ovid. De arte amandi, III, 249, 250.

Encore que la part de Marie qui est l'interieur soit tres-bonne, celle de Marthe l'empressée en l'exterieur, ne laisse pas d'avoir sa particuliere bonté; et quand ces deux sœurs sont de bonne intelligence au service de Jesus-Christ, tout est en paix dans le mesnage et l'œconomie de l'ame devotieuse.

Apprenez donc, mes Sœurs, de la leçon de nostre bien-heureux Pere, qui est pour vous et pour moy le chariot d'Israël et son conducteur, à bien faire aller cét attelage de l'interieur et de l'exterieur par une justesse judicieuse en evitant toute duplicité, afin que l'Espoux de nos ames les regarde comme les chariots et la cavalerie de Pharaon rangez en belle ordonnance. Et comme de la bonté du visage on juge de la santé et disposition du dedans du corps, aussi que nos actions exterieures ayant tant de correspondance avec le bon reglement de nostre exterieur, que la modestie et edification des unes fasse cognoistre la saincteté interne d'où elles procedent, comme l'on cognoist l'arbre par le fruict. *A fructibus eorum cognoscetis eos*[1].

SECTION II.

La salamandre chrestienne.

Comme il ne respiroit que l'amour de Dieu, pratiquant à la lettre ce mot de l'Apostre, *Que toutes vos actions se fassent en charité*[2]; et cét autre, *Sur toutes choses ayez la charité qui est le lien de perfection*[3]; il avoit de coustume de dire que l'element et l'aliment du vray chrestien c'estoit la charité, comme le feu l'estoit à la salamandre. Et quelquefois, quand il me demandoit en quelle posture estoit mon cœur touchant ce sainct amour, il me disoit, « Hé bien sommes nous tousjours des salamandres? » ou bien, « Sommes nous toujours logez à la salamandre? »

[1] Matth. vii, 16. — [2] I Cor. xvi, 14. — [3] Coloss. iii, 14.

Une fois en preschant à Bellay il dit là dessus une similitude qui me plût fort, et monstra que comme la Salamandre, qui se plaist et se plaist dans les brasiers à cause de sa froideur si extreme que le feu ne peut agir sur elle pour la consumer, oüi bien pour l'eschauffer, est un animal qui naist dedans les eaux en des contrées glaciales : « Le chrestien est comme cela, disoit-il, car il naist dans la region de dissimilitude et dans un grand esloignement de Dieu ; d'autant qu'il est conceu en iniquité, et enfanté en peché, et le salut est loin des pecheurs, estant plutost damné que né : *Damnatus ante quam natus,* dit sainct Bernard. Il naist dans les tenebres du peché de l'origine et dans la region d'ombre de mort. Mais estant rené dans les eaux du Baptesme, au milieu desquelles il reçoit l'habitude de la charité, et par consequent le feu du sainct amour de Dieu, il n'a plus de vie de grace et d'esprit que tant qu'il demeure en ce divin amour : car celuy qui n'aime point de ceste sorte est en la mort, comme par ceste dilection il est rappellé de la mort à la vie. » Surquoy il me souvient que je dressay ce petit quadrain, pour graver plus facilement en ma memoire cesté sainte pensée.

> En l'eau je pren naissance,
> Au feu mon entretien.
> Voila la ressemblance
> Du fidele chrestien.

Il adjousta ceste autre que vous aurez encor, mes Sœurs, pour emplir la mesure de ceste conference. « La charité, disoit-il, est comme un feu et un feu devorant : celle que nous avons en ceste vie est sujette à s'esteindre par les tentations violentes qui nous poussent, ou, pour mieux dire, qui nous precipitent dans le peché à mort ; mais celle de l'autre vie est une charité constante, uniforme, tousjours esgale, et qui ne deffaut jamais. En quoy l'une et l'autre est semblable au feu, lequel en terre a besoin de matiere pour se nourrir et entretenir, autrement il s'amortit ; mais le feu qui est en sa sphere se nourrit de sa propre chaleur et n'a que faire d'autre aliment que de demeurer en son centre. C'est pourquoy il importe extremement icy bas de nourrir nostre charité avec le bois des bonnes œuvres; car la charité est une habitude si encline à son acte, qu'elle presse sans cesse d'agir celuy en qui elle est respanduë par le sainct Esprit. Ce que l'Apostre exprime fort proprement par ce mot : *Charitas Christi urget nos*[1]. Et sainct Gregoire adjouste que la preuve de la vraye et non feinte dilection c'est l'exhibition de l'œuvre: car si la foy se manifeste par les bonnes œuvres, combien plus la charité, laquelle est la racine, le fondement, l'ame, la vie et la forme de toute œuvre bonne et parfaitte? »

SECTION III.

De l'observance.

Je ne sçay pas quelle plus grande satisfaction peut attendre de moy ceste bonne sœur, que celle qu'elle peut tirer des escrits de nostre bien-heureux Pere sur le subjet de la question qu'elle propose en ceste conference. Que peut-elle esperer du disciple, si le maistre ne la resout pas? Il me semble que nostre Bien-heureux determine fort nettement ce qu'elle met en jeu, dedans le premier de ses Entretiens et mesme au chapitre quarante-neuviesme de vos constitutions, mes Sœurs. Neantmoins, puisque, selon l'Apostre, je suis redevable à toutes[2], et obligé par ma condition, selon sainct Pierre, de donner satisfaction à quiconque m'interroge touchant ma creance[3], et ceste question estant de telle importance qu'elle ne peut estre assez souvent rameinée et rebattue; je ne plaindray point le temps que nous employerons à son esclaircissement.

La demande est donc : « Quel est le point du mespris des regles et constitutions où il y a du peché? et de quelle sorte

---

[1] II Cor. v, 14. — [2] Rom. i, 14. — [3] I Petr. iii, 15.

de peché est ce mespris?» Ceste enqueste est double : car elle propose premierement, quelle sorte de mespris est peché; et secondement, de quelle espece est ceste faute.

Avant que respondre à l'une et à l'autre distinctement, il est besoin de sçavoir qu'il y a quatre regles principales soubs lesquelles vivent presque tous les Ordres cenobitiques ou conventuels qui sont approuvez par l'Eglise catholique. La premiere, celle de sainct Basile. La seconde, celle de sainct Augustin. La troisiesme, celle de sainct Benoist. La quatriesme, celle de sainct François. Je ne di pas qu'il n'y en ait d'autres qui ont la mesme approbation de l'Eglise : comme celle d'Albert patriarche de Jerusalem, soubs laquelle vivent les freres du mont Carmel; les constitutions des Chartreux; la regle de sainct François de Paule, observee par les Minimes; la regle des sœurs de l'Annonciade, fondees par la bienheureuse princesse Jeanne de France; les constitutions des Jesuites, et quelques autres. C'est pourquoy j'ay usé de ce mot *presque,* et appelé ces quatre regles principales, comme l'on appelle les quatre vertus cardinales, ausquelles toutes les autres morales se rapportent ou peuvent se rapporter.

Il est encore à remarquer qu'il y a difference entre regles et constitutions, parce que celles-cy ne sont qu'accessoires à celles-là, et ne sont que comme des moyens ou addresses pour bien observer les regles. Et c'est par ces varietez de constitutions, plutost que par les regles, que les Ordres se diversifient; puis que de plus de quatre-vingts Ordres qui vivent et militent soubs la regle de sainct Augustin, il n'y a que leurs diverses constitutions qui fassent leurs differences.

En troisiesme lieu il faut noter que de ces quatre regles principales il n'y en a que trois observées en l'Eglise d'Occident, celle de sainct Basile n'estant gardée qu'en l'Eglise Orientale par les cœnobites que l'on appelle vulgairement calohiers : si ce n'est paravanture à Rome ou en quelqu'autre ville d'Italie, qui servent de seminaires pour les missions du Levant.

Quatriesmement vous remarquerez ce qu'a mesme avancé nostre bien-heureux Pere, au chapitre que j'ay cité de vos constitutions, « Que c'est l'opinion des docteurs, et la vraye » verité, que ny la regle de sainct Augustin, ny certes la » pluspart des regles des autres ordres n'obligent nullement » à peché d'elles mesmes. » Ce sont ses propres mots. Et ce qu'il se sert de ce terme de *la pluspart*, est, comme je pense, pour ne toucher à la regle des Mineurs, de laquelle aussi je ne pretends parler en ce lieu ny peu ny point, ny pres ny loin, ny directement ny indirectement, la laissant pour telle qu'elle est, et avec telles obligations qu'on luy voudra attribuer.

Vous vivez, mes Sœurs, soubs celle de sainct Augustin, laquelle il est constant n'obliger à aucun peché ny mortel, ny veniel ; ce que l'on peut dire aussi de celle de sainct Benoist, selon tous ses interpretes. Et quant à vos constitutions, voicy ce qu'en dit nostre bien-heureux Pere, tout à l'entrée de son premier Entretien spirituel. « Ces constitutions n'o- » bligent aucunement d'elles mesmes à aucun peché, ny » mortel ny veniel, ains seulement sont données pour la di- » rection et conduitte des personnes de la congregation. »

Si vous dittes que ces constitutions sont approuvées par le sainct Siege, il ne s'ensuit pas pour cela qu'elles obligent soubs peine de peché, puis que ceste obligation n'est point enoncée dans la bulle de leur approbation. Veu mesme que la regle approuvée, non seulement par le sainct Siege, mais par plusieurs Conciles generaux, representans l'Eglise universelle, ne porte point ceste obligation.

Il est donc certain, comme a remarqué nostre bienheureux Pere en vos constitutions, que ny vostre regle ny vos constitutions n'obligent point d'elles mesmes à aucune sorte de peché ny mortel ny veniel : je dy d'elles mesmes, quoy que à raison de quelques circonstances leur violement pûst aller dans le peché. Or il remarque sept de ces circonstances dans vos constitutions, lesquelles vous devez sçavoir, et avoir fait dessus de frequentes reflexions. Il adjouste neantmoins que « tels pechez ne sont pas souvent mortels, joint que ce » n'est pas l'infraction de la regle ny des constitutions qui » en ces cas cause le peché, mais seulement les circonstan- » ces. » Si que il demeure tousjours arresté et constant que ny la regle ny les constitutions *d'elles mesmes* (notez), n'obligent nullement soubs peine de peché.

Entre ces circonstanses il met le desdain et mespris de la regle : et pareille question luy estant faitte que celle qui m'est maintenant proposée, il respond assez clairement et nettement, au premier de ses Entretiens, de quelle taille est ce mespris qui donne jusque dans le peché; et pour en laisser des marques asseurées, il baille celles-cy. Lisons les, puisque nous avons en main le livre de ses Entretiens. Voicy ses mots.

« Mais afin que l'on puisse aucunement discerner quand » une personne viole les regles, ou l'obeyssance, par mes- » pris, en voicy quelques signes. 1. Quand estant corrigee, » elle se mocque et n'a aucun repentir. 2. Quand elle per- » severe, sans tesmoigner aucune envie ny volonté de » s'amender. 3. Quand elle couteste que la regle ou com- » mandement n'est pas à propos. 4. Quand elle tasche de » tirer les autres au mesme violement, et leur oster la » crainte d'iceluy, leur disant que ce n'est rien, qu'il n'y a » point de danger. »

Neantmoins, parce qu'il craignoit extremement de blesser la saincte liberté de l'esprit de laquelle il estoit si partial deffenseur, et de mettre des lacqs et des pieges aux consciences infirmes, il adjouste aussi tost un correctif, ou, pour mieux dire, un lenitif par ces paroles suivantes.

« Ces signes pourtant ne sont point si certains, que quel- » quefois ils n'arrivent pour d'autres causes, que pour celle » du mespris : car il peut arriver qu'une personne se moc- » que de celuy qui le reprend, pour le peu d'estime qu'il » fait de luy, et qu'elle persevere par infirmité, et qu'elle

» conteste par despit et colere, et qu'elle desbauche les au-
» tres pour avoir des compagnes et excuser son mal. Neant-
» moins il est aisé à juger par les circonstances, quand tout
» cela se fait par mespris : car en fin l'effronterie et mani-
» feste libertinage suit ordinairement le mespris, et ceux
» qui l'ont au cœur, en fin le poussent jusques à la bouche,
» et ils disent, comme David le remarque, *Qui est nostre*
» *maistre?* »

Par lesquelles vous voyez qu'il met plustost le peché dans l'impudence et l'insolence (car la charité n'est point insolente[1]), le libertinage, et les paroles scandaleuses et temeraires, que dans le violement de la regle et des constitutions pris precisement.

S'il m'est permis d'adjouster mon sentiment à celuy de nostre commun Pere et Maistre en Nostre Seigneur (et je m'apperçoi que c'est ce que vous attendez de moy, mes Sœurs), je vous diray que ce mot de mespris est composé de ces deux, *moins* et *priser*, comme qui diroit moins priser une chose qu'elle ne vaut, ce qui se fait principalement par le desdain et le ravalement des personnes ou des choses qui meritent d'estre estimees. Or qui ne voit que c'est pecher contre la justice et distributive et commutative d'estimer une personne ou une chose moins qu'elle ne vaut? et plus ceste mes-estime est insigne, plus grande est la faute. Et qui ne sçait aussi que tout peché est une pensee, parolle, ou œuvre, qui chocque la justice? car *je ne cognoy point le peché que par la loy*, dit l'Apostre[2].

L'injustice est donc toute manifeste au mespris des regles et constitutions, puisque ce desdain rejallit non seulement sur les autheurs et escrivains des unes et des autres qui sont de saincts personnages, mais encore contre le premier et principal lesgislateur, qui est Dieu, qui les leur a dictees (comme il est fort probable) par son sainct Esprit; non pas

[1] I Cor. xiii, 4. — [2] Rom. vii, 7.

certes comme l'escriture sacree des livres saincts et canoniques, mais comme des enseignemens de pieté qui doivent estre en veneration à ceux qui se sont enroollez sous leur observance et conduitte. Il y a grande apparence que cela contriste le sainct Esprit, et fait contumelie à l'esprit de grace, puisque c'est mespriser les ouvrages qu'il a inspirez à ses serviteurs.

Que si c'est un peché de mespriser le moindre et le plus chetif de nos prochains, le Sauveur mesme nous disant, *Prenez garde de ne mespriser pas le plus petit d'entre les enfans*[1], quand ce ne seroit que pour le respect de son bon ange : que doit-on dire de ceux ou de celles qui mesprisent et les saincts legislateurs qui ont tracé les regles et les constitutions, et leurs loix qui leur ont esté dictees et inspirees d'en haut du Pere des lumieres ?

Il est vray que les conseils, mesme les evangeliques, n'obligent personne à leur observance, mais il est laissé en la liberté d'un chacun de prendre et de pratiquer celuy qu'il peut ou qui luy plaist; et en cela le conseil est different du precepte en ce que cestuy-cy oblige tout le monde, et celuy-là est remis à la volonté de ceux qui le veulent suivre, comme il est aisé de recueillir des propres termes de l'Escriture. Mais pourtant, quoy que tous ne soient pas obligez à la suitte des conseils, tous sont tenus de les honorer, respecter, estimer; autrement ce seroit en mespriser le conseiller qui est Dieu mesme, fort, puissant et jaloux, et qui a dit qu'il rendra contemptibles ceux qui le mespriseront[2]. Il dit le mesme de ceux qui le representent en la conduitte de son Eglise, *Qui vous escoute m'escoute, et qui vous mesprise me mesprise*[3]; et à un de ses serviteurs contre lequel Israël murmuroit, *Ils ne t'ont pas mesprisé, mais moy*[4]. Adjoustez que comme recevoir le prophete et l'ouir au nom de celuy qui l'envoye, et au nom duquel il parle, c'est at-

---

[1] Matth. xviii, 10. — [2] Malach. ii, 9. — [3] Luc. x, 16. — [4] I Reg. viii, 7.

tirer sur soy la benediction de Dieu; aussi le mespriser est le moyen d'en recevoir la malediction. *Mal-heur à celuy qui mesprise*, dit le sainct Esprit, *car il sera mesprisé*[1]! plus grand mal-heur à ceux qui, comme enfans de Belial, rompent et secoüent leur joug et disent, *Nous ne servirons point*[2]; ou qui disent, comme ces Juifs disoient du Fils de Dieu, *Nous ne voulons pas qu'il regne sur nous*[3].

Et vous remarquerez, mes Sœurs, qu'il y a comme quatre sortes de pechez, de pensee, parole, œuvre, et omission, aussi quatre sortes de mespris. Entre lesquels celuy de l'œuvre est sans doute le plus grief, comme il est le plus remarquable et dommageable. Il peut arriver que quelqu'un ne mesprisera pas en pensee, ny en parole la regle ny les constitutions soubs lesquelles il a donné son nom et promis de passer sa vie en leur observance : mais si par une extreme negligence appellée crasse il obmet de les garder, ou si de propos deliberé il les viole, quelque protestation qu'il fasse de bouche de les avoir en estime, qui ne void que son action trahit sa pensee, et que les levres trompeuses parlent en un cœur et en un cœur? Certes il fait quelque chose de semblable à ceux qui souffletoient Jesus-Christ en sa passion et luy disoient, *Bon jour, roy des Juifs*[4] : prisans en paroles ce qu'ils mesprisent en effect; aymans de discours et de langue leurs regles, non d'œuvre et en verité, puisqu'ils font aussi peu de conte de les violer que de boire un verre d'eau.

Mais est-ce mespriser une regle et des constitutions, me dira t-on, que de les estimer autant qu'elles valent? est-ce offenser la verité ou blesser leur authorité, de dire et de le croire, ce que nostre bien-heureux Pere dit estre la vraye verité, sçavoir qu'elles n'obligent nullement à peché ny mortel ny veniel? et si ce n'est pas peché de le dire et de le croire, pourquoy sera-ce peché de les violer, si leur infrac-

---

[1] Isai. xxxiii, 1. — [2] Jerem. ii, 20. — [3] Luc. xix, 14; Joan. xix, 15. — [4] Ibid. 3.

tion n'oblige point à peché? Je respond avec nostre Bienheureux que ce n'est peché ny de le dire, ny de le croire, ny mesme d'enfraindre ces reglemens là, puisque d'eux mesmes ils n'obligent point à peché leurs transgresseurs : mais il est mal-aisé pourtant que ces transgresseurs, quand ils les violent non par infirmité ou inadvertance (car en ces cas il n'y a point de peché), mais de propos deliberé et volontairement, ne tombent dans ces circonstances que nostre bien-heureux Pere a marquees, lesquelles sont tousjours accompagnees de quelque malice coulpable.

Reste maintenant de sçavoir de quelle sorte de peché se rend coulpable celuy qui les transgresse deliberement, ou par une negligence si grossiere qu'elle equipolle la malice. Et c'est icy la plus difficile question, pour l'esclaircissement de laquelle on auroit besoin de ce rayon de miel et de ce coin de beurre du prophete, qui fait eslire le bien et rejetter le mal [1] : car *qui cognoist les pechez*, dit le Psalmiste [2], et qui en a un vray discernement? N'est-ce point en ce sujet que ce mot sacré a lieu : *Ne jugez point avant le temps, et jusques à ce que le Seigneur vienne; lequel manifestera tous les conseils des cœurs et la cachette des tenebres* [3]? Nous voyons combien tous les jours nos docteurs qui traittent cette espece de theologie que l'on appelle morale, sont differens en opinions touchant la difference des pechez; les uns estans severes, les autres indulgens, ceux là trouvans du peché où ceux-cy n'en voyent point. Et le prophete mesme qui estoit selon le cœur de Dieu, ne le prioit-il pas de luy faire cognoistre ses voyes [4], et de le nettoyer de ses fautes occultes [5] et qu'il ne pouvoit appercevoir?

Si c'est la loy qui fait cognoistre le peché, comme voulez-vous que nous discernions entre le peché mortel, ou veniel, par des regles et des constitutions qui n'obligent à l'un ny à

---

[1] Isai. vii, 15. — [2] Psal. xviii, 13. — [3] I Cor. iv, 5. — [4] Psal. cxlii, 8. — [5] Psal. xviii, 13.

l'autre? ne semble-t'il pas que ce soit chercher des nœuds en un jonc, et des poissons en l'air? Si mespris est moins priser qu'il ne faut quelque chose, est ce moins priser qu'il ne faut ces regles et constitutions que de dire qu'elles n'obligent à peché ny mortel ny veniel, puisque dire le contraire seroit et faux, et dire plus qu'il ne faut? Si l'Escriture prononce mal-heur à quiconque appellera la lumiere tenebres, et le bien mal [1], que dira-t'on de ceux qui mettront le peché, qui est un enfant et une œuvre de tenebres, où il n'est pas? Ne sera-ce point mettre une pierre d'achoppement devant les pieds de l'aveugle? faudra-t'il que pour la science subtile de faiseurs de nouveaux pechez perisse un frere de debile et infirme conscience pour qui Jesus-Christ est mort [2]?

Il est vray que celuy qui dissipe la haye sera mordu par le serpent [3], et que les constitutions sont comme les hayes qui conservent la vigne de la regle; mais si ny regle ny constitutions n'obligent à peché ny mortel ny veniel, pourquoy voulez-vous que celuy qui percera les uns et les autres soit mordu par le serpent du peché? Il n'y a pas moins de danger à mettre le peché où il n'est pas, qu'à l'oster où il est. Au second cas vous bandez les yeux à un homme, afin qu'il ne voye pas le precipice où il chemine et le danger où il est : au premier, vous faittes faire beaucoup de pechez à tel qui n'en feroit point s'il sçavoit que ses transgressions ne sont pas peché; car tout ce qui est contre la foy, c'est à dire contre la conscience, est peché [4].

Mais le mespris de ceste regle est peché : ouy, mais qui me donnera la regle de ce mespris? Tout ce que l'on donne pour marque n'est que conjecture, puisqu'en fin l'on conclut qu'en tous ces cas il n'y a pas tousjours du peché. Il est vray que le scandale, l'irreverence, la mocquerie, l'obstination, le mauvais exemple, le monopole, la licence, le desregle-

---

[1] Isai. v, 20. — [2] I Cor. viii, 11. — [3] Eccle. x, 8. — [4] Rom. xiv, 23.

ment, le desordre sont des pechez ; mais selon la gravité ou legereté de leur matiere ils sont mortels ou veniels. Mais ne voyez-vous pas aussi, qu'en tout autre subjet que de l'observance des regles et constitutions, ces excés sont offenses de leur nature? non de la nature des regles et constitutions, dont l'infraction sans ces circonstances n'est pas matiere de peché.

Quelle espece donc voulez-vous que je vous marque d'un genre qui n'est point? Ce mespris est-il mortel ou veniel? Comme vous le diray-je, si ceste loy n'oblige à peche mortel ny veniel? Est-ce la mespriser de dire d'elle ce qui est vray, sçavoir qu'elle n'oblige à peché mortel ny veniel? J'estimerois l'autre proposition bien plus coupable, et sujette, comme à erreur, aussi à reprehension, de dire qu'elle obligeast à peché mortel ou veniel : car comme celuy-là s'esloigne autant du but qui tire au delà, que celuy qui donne au deça ; aussi erre autant en ceste matiere celuy qui dit plus, que celuy qui dit moins.

Le plus seur est de ne rien deffinir en un sujet si glissant et si chatouilleux, de peur d'ouvrir la porte à la licence d'un costé en amoindrissant l'obligation, et de donner aussi occasion à beaucoup de pechez en l'aggrandissant. L'Angelique sainct Thomas, dit que l'estat conventuel, qui est une si bonne et si saincte voye pour se sauver, seroit tres-dangereux et tres-perilleux pour le salut, si les regles et constitutions obligeoient sous peine de peché[1]. Vous voyez comme il panche, ainsi que nostre bien-heureux Pere, vers la saincte liberté de l'esprit; veu qu'il est escrit, *Où est l'esprit de Dieu, là est la liberté*[2]. Vous voyez avec combien de circonspection sainct Paul insinue le conseil de continence, protestant qu'il n'en a point de commandemens de la part du Seigneur[3], et qu'il laisse toute entiere apres ses persuasions la liberté de l'election. Vous me permettrez de me con-

[1] 2ª 2ᵉ, quæst. 186, art. 9. — [2] II Cor. III, 17. — [3] I Cor. VII, 25.

duire de mesme sorte en ce subjet, et de vous dire que je me tiens pour ce regard à l'avis de nostre bien-heureux Pere, ne loüant ny ne blasmant en cecy les opinions lasches ny les rigoureuses. Je suis bien aise d'y demeurer ambidextre comme Aod, et amphibie. Et de peur de me mesprendre au jugement de ce mespris, et quelle sorte d'offense il peut estre, je vous diray ce que les vierges sages dirent aux imprudentes : *Allez aux vendeurs d'huille, et vous en pourvoyez*[1]. Pour moy, retirant mon espingle de ce jeu, je vous prie de faire decider ceste difficulté par un autre plus intelligent que moy, et moins suspect et decredité en ces matieres.

SECTION IV.

Autre question sur le subjet qui precede.

Pour l'amour de Dieu, mes cheres Sœurs, parlons de quelque autre chose et de plus grande edification que de ces subjets chatoüilleux qui ont plus d'espines que de roses. Ils sont du nombre de ces questions vaines et inutiles que le grand Apostre conseille d'eviter[2]. Neantmoins, pour ne contrister ny rebutter personne, tranchons encore ce nœud. « De quoy, dit-on, servira t'il d'embrasser des regles et des constitutions, s'il n'y a aucune obligation de les observer, soubs peine de peché ny mortel ny veniel? »

Voyez-vous, nous ressemblons quelquefois à ces jaloux, qui cherchent avec empressement ce qu'ils voudroient ne pas trouver; ou bien à ces oyseaux enfermez en des cages, qui cherchent toute leur vie un passage qu'ils ne peuvent rencontrer. Ceste question est un langage de l'esprit servil (pour ne dire vil) ou mercenaire, non du filial; de l'esprit de crainte ou d'esperance interessees, non de l'esprit de charité qui ne cherche point son propre interest. Je tireray ma

---

[1] Matth. xxv, 9. — [2] II Tim. ii, 23.

response à cette demande des propres termes de nostre bienheureux Pere au premier de ses Entretiens où il dit ainsi :

« Il faut croire qu'à mesure que le divin amour fera
» progrés és ames des filles de la congregation, il les rendra
» tousjours plus exactes et soigneuses à l'observation de
» leurs constitutions, quoy qu'elles d'elles mesmes n'obli-
» gent point sous peine de peché mortel ny veniel : car si
» elles obligeoient sous peine de la mort, combien estroitte-
» ment les observeroit-on? Or l'amour est fort comme la
» mort : doncques les attraits de l'amour sont aussi puis-
» sans à faire executer une resolution, comme les menaces
» de la mort. *Le zele,* dit le sacré Cantique, *est dur, et*
» *ferme comme l'enfer*[1] : les ames doncques qui ont le zele
» feront autant, et plus en vertu d'iceluy qu'elles ne fe-
» roient pour la crainte de l'enfer; si bien que les filles de
» la congregation, pour la suave violence de l'amour, ob-
» serveront autant exactement leurs regles, Dieu aydant,
» que si elles estoient obligees sous peine de damnation
» eternelle. »

Ce sont les mulets, animaux bigearres, que l'on conduit avec des mords à pas d'asne, et de rudes cavessons : les chevaux genereux et dociles se meinent avec un filet ou cordon de soye. *La loy,* dit l'Apostre, *n'est point faitte pour le juste*[2], car il previent le commandement par sa docilité; ses yeux sont collez par amour vers Dieu, comme celuy d'un fidele serviteur sur les mains de son maistre pour obeyr au moindre signe. L'esprit du christianisme est un esprit d'amour et de parfaitte liberté des enfans de Dieu; non d'esclavage, mais d'adoption, qui leur fait crier, Abba, Pere[3]. Qui ne voudra obeyr qu'à coups de baston se retire de ceste escole. En la galere du sainct amour il n'y a point de forçats; tous les rameurs y sont volontaires. « Qui seroit le Pere qui
» ne trouvast mauvais que son fils le voulust voirement

---

[1] Cantic. VIII, 0. — [2] I Tim. I, 9. — [3] Rom. VIII, 15.

» servir, mais non jamais avec amour et par amour? » Ce sont les propres mots de nostre Bien-heureux en son Theotime[1]. Ne plaise pas à Dieu que nos sœurs cheminent jamais par un chemin si bas, si rude, si grossier, si peu genereux, et si peu correspondant au pur amour auquel elles sont destinees par leur vocation.

SECTION V.

De l'intention.

Cette demande, mes Sœurs, m'est bien plus agreable, et comme je pense, sera bien plus utile que la precedente : sçavoir, « s'il faut tousjours que l'intention precede une bonne action, ou si apres l'avoir faitte sans une droitte intention, on peut redresser son intention. »

Pour eclaircir nettement ceste difficulté, vous remarquerez que tout agent agit pour quelque fin, soit qu'il la cognoisse ou ne la cognoisse pas, soit qu'il la voye ou non. Il nous arrive assez souvent de dire avec Jacob, *Vraiment le Seigneur est en ce lieu, et je ne le sçavois pas*[2], c'est à dire, je ne m'en appercevois pas, d'autant que nostre attention n'est pas tousjours bandee vers nostre intention : car d'agir sans intention, peut bien estre une action d'homme, mais non pas humaine, c'est à dire raisonnable.

Aucuns divisent l'intention en intention bonne, mauvaise, indifferente, nulle. La question n'est pas de la seconde espece, car c'est la mauvaise, et sa malice est telle qu'elle est capable de rendre vicieuse une action qui de sa nature seroit bonne. D'où vient que nostre Seigneur reprend avec tant de zele les jeusnes, les longues oraisons, et les aumosnes des Scribes et des Pharisiens[3]; non que le jeusne, l'oraison et l'aumosne ne soient de bonnes choses

---

[1] Liv. 2, chap. 19. — [2] Gen. xxviii, 16. — [3] Matth. vi.

de leur nature, mais parce qu'ils les alteroient et corrompoient par leurs intentions sinistres et malignes.

On demande donc si ayant fait une bonne œuvre sans aucune intention, c'est à dire avec la quatriesme espece que nous avons appellee nulle, nous pouvons apres l'action faitte luy appliquer une bonne intention, tout ainsi que Dieu souffla l'esprit de vie dans le corps d'Adam, apres que de sa main maistresse il l'eut formé du limon de la terre; et comme tous les jours il respand les ames dans les corps quand ils sont organizez dans les flancs des meres.

Je respond qu'il est mal aisé de concevoir qu'une creature raisonnable fasse aucune œuvre bonne de sa nature sans aucune intention, car cela donne dans la stupidité; l'animal mesme irraisonnable n'agissant pas sans se proposer quelque fin, quoy qu'il ne l'entende pas : le cheval ou le bœuf quoy que sans entendement ne vont pas à l'herbage que pour s'y repaistre. Mais possible que celle qui fait ceste demande veut sçavoir si celuy qui ne s'apperçoit ou ne se souvient pas de l'intention qu'il a eue en faisant une bonne œuvre, peut, ceste œuvre estant faitte, l'applicquer à Dieu par une droitte et pure intention. Par exemple, quelqu'un a donné l'aumosne sans aucune reflexion sur ce qu'il fait, quoy qu'il soit mal-aisé de la faire sans aucun motif qui la pousse à se produire. Et possible que ce qui l'a porté à faire ceste aumosne à esté la seule pitié de la misere du pauvre, et l'honnesteté de la raison humaine, object et fin d'une bonté qui n'est que morale. Sçavoir donc si apres l'avoir faitte par ce motif humain et naturel seulement, on peut, estant en estat de grace, le relever, apres que l'action est faitte, par le motif surnaturel de la charité qui regarde l'amour de Dieu et sa gloire en fin derniere, et attaignant à ce dernier but, rendre l'action meritoire de la vie eternelle.

A cela je n'ay qu'à respondre par les propres termes de nostre bien-heureux Pere en son premier Entretien où il parle ainsi : « Si quelquefois, dit-il, l'action exterieure pre-

» vient l'affection intericure, à cause de l'accoustumance,
» qu'au moins l'affection la suive de pres. Si avant que m'in-
» cliner corporellement à mon superieur, je n'ay pas fait
» l'inclination interieure, par une humble eslection de luy
» estre soubmis, qu'au moins cestè eslection accompagne ou
» suive de pres l'inclination exterieure. »

Et certes je ne voy pas pourquoy nous ne puissions, par une application suivante, ou redresser ou relever une moindre ou indifferente intention, puisque par la penitence qui suit la faute, nous pouvons rentrer en grace avec Dieu, et laver nostre offense dans nostre repentir. Si l'esprit de componction et de contrition a tant de pouvoir que d'abolir le mal, et de faire surabonder la grace où les deffauts ont abondé; pourquoy l'esprit de grace ne pourra-t'il changer le bien en mieux, et relever vers le ciel une action qui rampoit contre terre par une intention trop basse? n'est-ce point en partie en cela que consiste le renouvellement de la jeunesse de l'aigle dont le Psalmiste parle [1]? Si l'on redresse un bois tortu en le mettant dedans le feu, pourquoy ne pourra t'on pas reddresser une intention moins droitte par le feu du sainct amour? Si la chienne qui produit ses petits aveugles leur redonne la veuë à force de leur lecher les yeux, pourquoy ne pourra pas une pure intention en purifier une moins pure, et cét œil interieur qui rend nostre corps lumineux estre eclairé par le soleil des vertus, la saincte charité? Quand Esaü et Jacob vindrent au monde, cettuy-cy tenoit l'autre par le pied; ainsi leurs naissances furent comme liees l'une à l'autre, et chacun sçait qu'au progrés de leur vie le premier nay fut assujetty au puisné. Le mesme peut arriver ce me semble au sujet que nous traittons; et les moindres intentions peuvent estre non seulement redressees, mais ennoblies et relevees par le motif du divin amour, soit qu'il les precede, les accompagne ou les suive.

[1] Psal. cii, 5.

SECTION VI.

De la vie active et de la contemplative.

Est-il possible, demande-t'on, que les sœurs qui sont appliquées par leur condition aux fonctions de la vie active, qui sont si difficiles et laborieuses, n'ayent pas plus de merite devant Dieu, que celles qui ne sont destinées qu'au chœur et à la vie contemplative, qui est si douce et si aisée?

Je respond, que si par le merite on entend l'excellence de l'une et de l'autre vie, il est clair, parlant simplement, que la vie contemplative est plus noble et plus excellente que l'active, par le jugement mesme de Nostre Seigneur donné entre Marthe et Marie, celle-cy ayant choisi la meilleure part[1]. Nostre felicité et nostre perfection consistant en nostre union avec Dieu, il est certain que la contemplation nous y unit plus immediatement que l'action, quoy que d'ailleurs l'action ait de grands avantages, dans les presentes et souvent pressantes necessitez de ceste vie, sur la contemplation, celle-cy estant comme Rachel, plus belle, mais moins fertile que Lia[2].

Mais si par le merite on entend ce qui respond au loyer eternel, alors il faudra prendre la principale, mesme au regard du salaire essentiel de la beatitude, de la charité, et dire que celles qui agiront ou contempleront avecque plus de charité auront plus de merite, et par consequent une plus copieuse recompense dans les cieux[3]. Que si la difficulté de l'œuvre contribue quelque chose au merite, ce n'est qu'au regard de quelque salaire accidentel, comme tiennent aucuns docteurs.

Nostre bien-heureux Pere decidera rondement ceste question par ces mots tirez de son premier Entretien. « Que Mar-

---

[1] Luc., x, 42. — [2] S. Thom. 2ᵃ 2ᵃᵉ, quæst. 182. — [3] Id. 1ᵃ, quæst. 93, art. 4, et 2ᵃ 2ᵃᵉ, quæst. 182, art. 2.

» the soit active, mais qu'elle ne controolle point Magdelai-
» ne ; Magdelaine contemple, mais qu'elle ne mesprise point
» Marthe : car nostre Seigneur prendra la cause de celle qui
» sera censuree. » Ceste belle sentence revient à celle-cy de
sainct Paul : *Que celuy qui mange ne mesprise point celuy
qui ne mange point : et celuy qui ne mange point, qu'il ne
juge point celuy qui mange; car Dieu l'a receu à soy. Qui es
tu, toy qui condamnes le serviteur d'autruy? il se tient ferme
ou tresbuche à son Seigneur. Qui mange, il mange au Seigneur; car il rend graces à Dieu : et qui ne mange, il ne
mange point au Seigneur, et en rend graces à Dieu*[1].

Au reste, mes Sœurs, je vous advertis, que vous ne me-
suriez jamais les choses de la grace à l'aulne de la nature, ny
celles de nature par la mesure de la grace : car autant que le
ciel est esloigné de la terre, autant sont esloignees les voyes
surnaturelles de Dieu, des nostres, qui ne sont que naturelles. Il ne falloit point autrefois peser les choses profanes au
poids du sanctuaire, ny les sacrees au poids prophane : à
faute de n'observer cecy plusieurs donnent inconsiderement
contre la regle par laquelle l'Eglise a condamné l'erreur de
Pelagius, qui attribuoit aux forces de la nature ce qui n'appartient qu'à l'efficace de la grace.

SECTION VII.

De la vocation.

On confond ordinairement ces deux termes de vocation,
et de vacation, quoy qu'ils signifient des choses differentes :
car vacquer, d'où vient le mot de vacation, et appeller, d'où
vient celuy de vocation, ne sont pas choses semblables. Cependant, parce que l'on suppose que celuy qui est en une
vacation y a esté appellé de Dieu, on prend souvent la voca-

[1] Rom. xiv, 3, 4, 6.

tion pour la vacation, et la vacation pour la vocation; quoy qu'en verité il y ait plusieurs vocations sans vacation, et plusieurs vacations que l'on embrasse sans vocation, sans pour cela courir risque du salut.

Il est vray que la vocation à la grace est de necessité de salut à celuy qui est tombé dans l'abysme du peché à mort, et celuy qui n'y correspond pas, mais qui la repousse indignement, outrageant, comme parle sainct Paul, l'esprit de grace[1], porte les lettres de sa condemnation dans son sein, et son jugement sort de son propre fait, comme l'iniquité sort de sa graisse.

Mais la vocation à quelque vacation, comme elle n'est que de conseil et non de precepte, elle n'oblige point soubs peine de péché, et le choix est laissé en la liberté d'un chacun. Ceux qui jettent des lacqs aux pieds des consciences infirmes et timorees, et qui leur changent les inspirations et conseils en commandemens, mettent des pierres d'achoppement devant les aveugles, et precipitent les esprits debiles en de grands troubles.

Il faut bien esprouver les esprits, c'est à dire les inspirations, pour sçavoir d'où elles viennent; mais aussi ne faut-il pas croire à tout esprit, on flotteroit sans cesse sur une mer d'inquietudes. Nostre bien-heureux Pere, mes Sœurs, qui avoit un esprit de paix, de bonace et de calme, donnoit sur ce sujet une excellente doctrine. Il ne vouloit pas (comme certes il ne le faut pas aussi) que l'on mist le salut ny en la vocation ny en la vacation, c'est à dire, en la vocation à quelque vacation. Car bien que l'on ne se puisse pas sauver sans correspondre à la vocation à la grace, qui est nostre estoille polaire en la navigation de ceste vie, qui nous addresse au port de salut, si est-ce que l'on se peut sauver sans correspondre à la vocation à quelque vacation. Ceux-là me semblent fort hardis, pour ne dire tem... qui disent

---

[1] Hebr. x, 29.

quelquefois avec une asseurance merveilleuse, comme s'ils cognoissoient le secret du Seigneur et estoient ses conseillers : Vous vous damnerez si vous ne vous rangez à telle condition.

L'Esprit de Dieu souffle où il luy plaist, et sa grace n'est pas tousjours attachee à certains moyens ny à certaines vacations. Je dy mesme que la perfection (prenant precisement la perfection chrestienne essentielle pour la charité) n'est point affectee à quelque vacation particuliere. Et quoy qu'il y ait des vacations plus excellentes, quant à l'exterieur, les unes que les autres, si est-ce que tel peut estre plus parfait, c'est à dire avoir plus de grace et de charité, en une vacation moins excellente, que tel dans une plus excellente condition ou maniere de vie.

Gardez-vous bien donc, mes Sœurs, de vous glorifier à cause de vostre vocation ny de vostre vacation, qui certes est saincte et excellente, comme si vous en estiez plus parfaittes de la perfection essentielle du christianisme qui est en la charité; et vous souvenez que l'on peut estre en vostre estat sans avoir la perfection, et avoir la perfection sans estre en vostre estat. Que celuy qui se glorifie, se glorifie au Seigneur, c'est à dire en sa grace; car celuy qui se recommande soy-mesme à cause de sa vacation ou de quelques autres qualitez naturelles, n'en est pas plus recommandable, mais celuy que Dieu recommande : or il n'estime ny ne recommande le plus que ceux qui sont le plus avant en sa grace et en sa dilection.

Ayez tousjours en memoire ce sainct enseignement de nostre bien-heureux Pere, au chapitre troisiesme de la premiere partie de sa Philothee, où il dit ainsi : « C'est une er-
» reur, ains une heresie, de vouloir bannir la vie devote de
» la compagnie des soldats, de la boutique des artisans, de
» la cour des princes, du mesnage des gens mariez. Il est
» vray, Philothee, que la devotion purement contemplative,
» monastique et religieuse, ne peut estre exercee en ces va-
» cations-là : mais aussi outre ces trois sortes de devotion, il

» y en a plusieurs autres propres à perfectionner ceux qui
» vivent és estats seculiers. Abraham, Isaac et Jacob, David,
» Job, Tobie, Sara, Rebecca et Judith, en font foy par
» l'ancien Testament. Et quant au nouveau, sainct Joseph,
» Lydia et sainct Crespin furent parfaitement devots en leurs
» boutiques : Saincte Anne, saincte Marthe, saincte Moni-
» que, Aquilla, Priscilla, en leurs mesnages : Cornelius,
» sainct Sebastien, sainct Maurice, parmy les armes : Cons-
» tantin, Helene, sainct Louys, le bien-heureux Amé, sainct
» Edouard, en leurs saincts throsnes. Il est mesme arrivé
» que plusieurs ont perdu la perfection en solitude, qui est
» neantmoins si desirable pour la perfection, et l'ont con-
» servee parmy la multitude, qui semble si peu favorable à
» la perfection. Loth, dit sainct Gregoire, qui fut si chaste
» en la ville se souilla en la solitude. Où que nous soyons,
» nous pouvons et devons aspirer à la vie parfaicte. »

SECTION VIII.

Suitte du subjet qui precede.

Au reste, quoy qu'il y ait des vocations à quelque vacation qui ne soient pas suivies, estant une chose qui n'est que trop commune, que la resistance aux inspirations, et qu'il y ait aussi assez de vacations non precedees de vocation celeste : pour l'ordinaire neantmoins les vacations sont devancees de quelque espece de vocation au moins confusement, parce que la providence dispose toutes choses avec tant de suavité, qu'elle ne laisse pas de produire son effect encore que nous en ignorions la cause.

Soit donc que nous cognoissions ou ne cognoissions pas nostre vocation, si est-ce que nous ne devons pas laisser de cherir tendrement et de cultiver soigneusement nostre vacation : car si un seul cheveu ne tombe point de nostre teste sans un soin particulier de la providence du Pere celeste, nous devons penser que sa paternelle solicitude n'aura pas manqué à nous ranger à la condition en laquelle nous sommes attachez, et qu'en nous y comportant fidellement nous sommes executeurs de sa volonté. Principalement aux vacations votives, comme est la vostre, mes cheres Sœurs, et la mienne aussi, car nous ne pouvons legitimement douter que Dieu n'ait une intendance speciale, et un regard particulier sur ceux qui comme des hosties vivantes se sont consacrez et dediez à la louange de la gloire de sa grace par un service raisonnable.

C'est pour cela que nostre bien-heureux Pere vous conseille d'aymer d'un amour tendre et cordial vostre congregation, parce qu'à dire le vray, outre la grace de Dieu, qui est le haut faiste de la felicité de ceste vie, c'est encore une espece de beatitude de se plaire en la condition à laquelle on est cloüé et lié par les nœuds des saincts vœux; autrement on ne peut mener icy bas qu'une vie miserable et languissante, et c'est plustost trainer sa croix que la porter ou supporter. Celuy qui n'est pas content de sa condition ne trouvera jamais de satisfaction en quoy qu'il rencontre en ce monde : il est semblable à un malade qui ne prend goust à aucune viande, à cause de l'alteration de son interieur; et qui a beau changer de lit, ayant la fiebvre dans les os il ne perdra pas pour cela ses lassitudes et ses inquietudes.

Neantmoins il vous faut aymer vostre condition en sorte que vous abattiez ce sourcil pharisaïque par lequel on mesprise les autres vacations, et qui fait dire comme celuy-cy : *Je ne suis pas comme les autres* [1]. Mais de cela je ne sçaurois vous donner de meilleure leçon que celle-là mesme de nostre bien-heureux Pere, duquel je m'en vay vous lire les propres termes, puisque nous avons icy le livre de ses Entretiens spirituels : c'est tout à la fin du premier où il parle ainsi.

« Les filles de la Visitation parleront tousjours tres-hum-
» blement de leur petite congregation, et prefereront toutes

---

[1] Luc. xviii, 11.

» les autres à icelle (quant à l'honneur et estime), et neant-
» moins la prefereront aussi à toute autre, quant à l'amour,
» tesmoignant volontiers, quand il se presentera l'occasion,
» combien agreablement elles vivent en ceste vocation.
» Ainsi les femmes doivent preferer leurs maris à tout au-
» tre, non en honneur, mais en affection : ainsi chacun
» prefere son pays aux autres en amour, non en estime, et
» chaque nocher cherit plus le vaisseau dans lequel il vogue,
» que les autres, quoy que plus riches et mieux fournis.
» Avoüons franchement que les autres congregations sont
» meilleures, plus riches et plus excellentes : mais non pas
» pourtant plus aymables ny desirables pour nous; puis que
» nostre Seigneur a voulu que ce fust nostre patrie, et nos-
» tre barque, et que nostre cœur fut marié à cét institut,
» suivant le dire de celuy auquel, quand on demanda qui
» estoit le plus agreable séjour, et le meilleur aliment pour
» l'enfant, Le sein, dit-il, et le laict de sa mere : car bien
» qu'il y ait de plus beaux seins et de meilleur laict, si est-
» ce que pour luy, il n'y en a point de plus propre ny de
» plus aymable. »

Surquoy vous me permettrez de faire ceste petite observation : que quand il vous dit que vous preferiez les autres instituts au vostre, quant à l'honneur et l'estime, mais non quant à l'amour, il a fait comme l'architriclin de l'Evangile, qui garda le bon vin pour la fin : car qui dit amour et amour de preference, c'est à dire de dilection, qui signifie un amour d'election et de choix, et par consequent d'estime et de preference, pour vostre regard, certes il dit toutes choses. C'est ainsi que l'espouse du Cantique exprime l'incomparable affection qu'elle a pour son amant, l'appellant *esleu entre les milliers*[1].

Je penserois donc qu'il veut dire (et cecy satisfera à la question qui me vient d'estre faitte), que si on vous demande

---

[1] Cantic. v, 10.

quel rang vous donnez à vostre congregation entre les autres, vous la metticz tousjours au dernier, selon le conseil de l'Evangile qui nous recommande de choisir la plus basse place¹; et mesme que vous les preferiez à la vostre, au regard de celles qui y sont appellees : mais pour vostre regard, qui estes appellees à celle-cy, et qui avez toute occasion de vous le persuader, vostre vocation ayant este fondee, examinee et essayee durant plus d'un an, par toutes les espreuves imaginables, vous devez la preferer à toutes les autres, et l'aymer d'une dilection d'election, et d'election de preference telle qu'il l'a descrit en son Theotime², et la cherir plus que toutes les autres, puisque c'est la voye en laquelle Dieu vous a mises pour vous acheminer à vostre salut éternel.

SECTION IX.

De l'empressement.

Il recommandoit sur toutes choses à ses devots qu'ils l'evitassent, et l'appeloit pour cela l'ennemi capital en la vraye devotion. La vraye et vivante devotion n'est autre chose qu'une allegresse et promptitude charitable, qui nous porte avecque ferveur aux choses qui regardent le service de Dieu. Et l'empressement est une ferveur aveugle, indiscrette, qui choppe pour aller trop viste, qui n'avance pas pour vouloir trop tost avancer, et qui estreint mal d'autant qu'elle embrasse trop.

« Il vaut mieux, disoit-il, faire peu et bien, qu'entreprendre plusieurs bonnes choses et les laisser imparfaittes : autrement c'est tomber dans le blasme de ce bastisseur evangelique, qui commença son edifice et ne le peut achever pour avoir mal mesuré sa puissance³. Il y en a qui ne pensent jamais bien faire s'ils ne font beaucoup, comme ces pharisiens qui mettoient la perfection de la priere en la lon-

---

¹ Luc. xiv, 10. — ² Liv. 1, chap. 13. — ³ Luc. xiv, 28, 29.

gueur; et cependant nostre Seigneur les reprend de cela, et de ce qu'ils devoroient les maisons des vefves avec leurs longues oraisons[1]. »

Le sentiment de nostre bien-heureux Pere, mes Sœurs, estoit bien different : voicy comme il l'exprime en quelqu'un de ses Entretiens. « Ce n'est pas par la multiplicité des » choses que nous faisons, que nous acquerons la perfection : » mais c'est par la perfection et pureté d'intention avec la- » quelle nous les faisons[2]. »

Vous me permettrez de vous advertir que le collecteur ou la collectrice de ce passage a fait deux fautes, qu'il faut que je leve, pour ce que je sçay que nostre bien-heureux Pere ne parloit pas si peu correctement. La premiere est en ce mot, *acquerons la perfection.* Car la charité en laquelle consiste l'essentielle perfection du christianisme, n'est pas une vertu acquise, mais infuse; et quand elle est respanduë gratuitement en nos cœurs par le sainct Esprit qui nous est donné[3], alors, par bonnes œuvres faittes en grace et par le motif de la grace nous pouvons y faire progrez, et meriter que Dieu l'augmente en nous : mais de dire que nous puissions acquerir la perfection, c'est à dire la premiere grace justifiante, c'est une erreur; et appeller le progrés en la perfection acquisition, c'est une façon de parler assez impropre, quoy qu'elle puisse estre soufferte selon ceste benigne interpretation. La seconde faute est en ces mots, *C'est par la perfection et pureté d'intention.* Car c'est une battalogie de dire que l'on acquiert la perfection par la perfection : ou bien pour faire un bon sens il faut lire, *c'est par la perfection de la pureté d'intention,* ostant la disjonctive *et,* qui distingue la perfection de la pureté d'intention, comme si c'estoient des choses diverses. J'estimerois donc qu'il faudroit ainsi lire ce passage, pour en tirer un bon sens, et en faire un enseignement accomply. « Ce n'est point » par la multiplicité des choses que nous faisons, que nous

[1] Luc. xx, 47. — [2] Entret. 13. — [3] Rom. v, 5.

» avançons en la perfection : mais c'est par la ferveur et
» pureté d'intention avec laquelle nous les faisons. » Ce que
je dy, non pas pour corriger nostre bien-heureux Pere, mais
le copiste de ces Entretiens, ou la faute des imprimeurs.

En ceste façon nous tirons de ce lieu divers documens.
1. Que nostre progrez en la perfection ne depend pas tant
de la multiplicité de nos actions, que de la ferveur du sainct
amour avec laquelle nous les operons, et de la pureté de
nostre intention qui consiste à n'avoir que l'interest de Dieu
pour unique visee. 2. Qu'une bonne action faitte avec grande
ferveur, vaut mieux et est plus agreable à Dieu, que plusieurs
de mesme espece faites avec tiedeur et lascheté; celuy là
estant maudit en la saincte parole, qui fait l'œuvre de Dieu
negligemment[1], et le tiede estant vomy de la bouche de
Dieu[2]. 3. Que la pureté d'intention esleve bien haut le merite d'une bonne œuvre; parce que la fin donnant le prix à
l'action, plus la fin est pure et excellente, plus l'action est
exquise : or quelle plus digne fin pouvons nous avoir en nos
œuvres que celle de la gloire de Dieu, qui est la fin de toute
consommation, et la consommation de toute fin? Escoutons
là dessus ce qu'en determine nostre bien-heureux Pere au
mesme Entretien.

« Assujettissons-nous volontiers à l'exacte et punctuelle
» observance de nos regles, et cela en simplicité de cœur,
» sans vouloir doubler les exercices, ce qui seroit aller contre
» l'intention de l'instituteur, et la fin pour laquelle la con-
» gregation a esté erigee. Accommodons-nous donc volon-
» tiers avec les infirmes, qui y peuvent estre receuës, et je
» vous asseure que nous n'arriverons pas plus tard pour
» cela à la perfection : ains au contraire ce sera cela mesme
» qui nous y conduira plustost, parce que n'ayant pas beau-
» coup à faire nous nous applicquerons à ce faire avec la
» plus grande perfection qu'il nous sera possible. Et c'est en

---

[1] Jerem. xlviii, 10. — [2] Apoc. iii, 16.

» quoy nos œuvres sont plus agreables à Dieu : d'autant qu'il
» n'a pas esgard à la multiplicité des choses que nous faisons
» pour son amour (comme nous avons tantost dit), ains seu-
» lement à la ferveur de la charité avec laquelle nous les
» faisons. Je trouve, si je ne me trompe, que si nous nous
» determinons à vouloir parfaittement observer nos regles,
» nous aurons assez de besongne sans nous charger d'avan-
» tage, d'autant que tout ce qui concerne la perfection de
» nostre estat y est compris. »

Dans les conversations particulieres, et les devis familiers, il vouloit que l'on parlast peu et bon; c'estoit son cher mot. Ainsi dans les actions il desiroit que l'on n'en entreprit pas tant, mais que l'on en fist peu avec beaucoup de perfection, selon l'avis de ce sage ancien, « Hastez-vous tout bellement; » et cét autre, « Assez tost si assez bien. » En fin pour vostre pleine satisfaction sur ce sujet il faut que je vous lise une excellente piece de son Theotime.

« C'est faire excellemment les actions petites (dit-il), que
» de les faire avec beaucoup de pureté d'intention, et une
» forte volonté de plaire à Dieu : et lors elles nous sanctifient
» grandement. Il y a des personnes qui mangent beaucoup
» et sont tousjours maigres, extenuées et alangouries, parce
» qu'elles n'ont pas la force digestive bonne : il y en a
» d'autres qui mangent peu, et sont tousjours en bon point
» et vigoureuses, parce qu'elles ont l'estomach bon. Ainsi y
» a-t-il des ames qui font beaucoup de bonnes œuvres, et
» croissent fort peu en charité, parce qu'elles les font, ou
» froidement et laschement, ou par instinct et inclination de
» nature, plus que par inspiration de Dieu, ou ferveur ce-
» leste : et au contraire il y en a qui font peu de besoigne,
» mais avec une volonté et intention si saincte, qu'elles font
» un progrez extreme en dilection; elles ont peu de talent,
» mais elles le mesnagent si fidellement, que le Seigneur les
» en recompense largement[1]. »

[1] Liv. 12, chap. 7.

SECTION X.

Sentiment de grande humilité.

Je suis bien aise, mes Sœurs, d'avoir rencontré dans les Entretiens de nostre bien-heureux Pere ce qu'il m'a dit plusieurs fois parlant de vostre congregation. « Je ne sçay, me disoit-il, pourquoy chacun me dit l'instituteur et le fondateur de la congregation de ces filles de la Visitation, je suis bien homme de moyens pour faire des fondations, et d'esprit pour establir un Ordre nouveau! comme s'il n'y avoit pas desja, plus que suffisamment, des instituts monastiques. Vous le diray-je ingenument? j'ay donc fait ce que je voulois deffaire, et deffait ce que je voulois faire.

— Qu'entendez-vous par là? luy disois-je. — C'est, repartoit-il, que je n'avois dessein que d'establir une seule maison à Annessy, où il y eust une congregation simple de filles et de femmes vefves, sans vœux et sans closture, dont l'exercice fust de vacquer à la visite et au soulagement des pauvres malades abandonnez et destituez de secours, et à d'autres œuvres de pieté et de misericorde tant spirituelles que corporelles. Et maintenant c'est un Ordre formé vivant soubs la regle de sainct Augustin avec les vœux conventuels et la closture perpetuelle; chose incompatible avec le premier dessein, dans lequel elles ont vescu quelques années : de sorte que le nom de Visitation, qui leur est demeuré, est plûtôt une visitation passive qu'active, et elles sont plustost visitées que visitantes. Ainsi je seray plustost leur parrain que leur instituteur, puis que mon institution a esté comme destituée.

» Vous n'ignorez pas que monseigneur l'archevesque de Lyon (c'estoit messire Denys Simon depuis cardinal de Marquemont) est le principal autheur, apres Dieu, qu'elles se sont rangées dans l'institut conventuel soubs la regle de sainct Augustin avec les vœux monastiques, et la closture : ce seroit donc luy qu'il faudroit appeller leur fondateur. Que si j'ay dressé leurs constitutions conformes à ceste regle, ce n'a esté que par commission et ordonnance du sainct Siege apostolique, qui me commanda d'eriger en monastere formé avec les vœux et la closture, la maison de la congregation d'Annessy, sur la forme de laquelle les autres se sont dressez et establis depuis en divers lieux. »

Voyez, mes Sœurs, comme ce sainct homme estoit peu attaché à ses inventions et aux desirs de son cœur, et sa facilité à sousmettre son opinion et son jugement à celuy d'autruy en chose de telle importance. Certes tous les instituteurs des Ordres ont tousjours regardé ces ouvrages, que le sainct Esprit faisoit par eux, d'un amour fort tendre et delicat; et qui les touchoit, touchoit la prunelle de leurs yeux. Cettuicy, qui est vostre vray fondateur et instituteur, se contente de s'en dire le parrain, comme s'il ne vous avoit donné que le nom, et non l'esprit principal dont Dieu vous a affermies et unies ensemble pour porter son joug suave en unité d'esprit et au lien de paix.

Cela me fait souvenir du grand sainct Ignace de Loyola, fondateur de la compagnie des Jesuites; lequel donna le nom de Jesus pour enseigne à sa société, de peur qu'avec le temps on n'appellast ses sectateurs Ignaciens, comme l'on appelle Benedictins, Augustins, Dominicains, Franciscains, ceux qui vivent soubs les regles de ces grands serviteurs de Dieu. Et vous savez combien nostre bien-heureux Pere estimoit l'action du sainct personnage Jean Avila, grand predicateur d'Andalusie; lequel ayant dressé une congregation de prestres seculiers pour le service de Dieu et de l'Eglise, quitta son entreprise, quand il vid sur pied la compagnie des Jesuites, estimant que cela suffisoit pour lors, et que son dessein n'estoit pas necessaire. Et le grand sainct Ignace mesme, quoy qu'il eust fort à cœur le progrés de son institut, et qu'il avoüast que rien ne seroit plus capable de le toucher sensiblement, que d'en voir la dissipation, prevoyant les grands services qu'une telle institution apporteroit à l'Eglise; si est-ce qu'il se promettoit, cela arrivant, qu'il en seroit resolu et consolé apres une heure d'oraison. Ce sont là de fortes ames bien eslevées au dessus d'elles mesmes, et peu attachées à leur propre sens.

Vous n'ignorez pas aussi, mes Sœurs, ce que dit nostre bien-heureux Pere lors que vostre institut fut comme sur le point d'estre dissipé en sa naissance, par l'extreme maladie de ceste tres-vertueuse et saincte ame qui a servy de premiere pierre à vostre edifice spirituel. « Et bien, dit-il, Dieu se contentera du sacrifice de nostre bonne volonté, comme il aggrea celuy d'Abraham. Le Seigneur nous avoit donné de grandes esperances, le Seigneur nous les oste, son sainct nom soit beny.

> Tousjours ma bouche sera pleine
> Du bruit de sa gloire hautaine;
> Et tant que mon ame vivra,
> Ma langue la retentira. »

Pour un tesmoignage authentique du veritable et humble sentiment que je vous vien de desployer, oyez ses propres paroles au treiziesme de ses Entretiens.

« Quant à la fin (dit-il) de vostre institut, il ne la faut pas
» chercher en l'intention des trois premieres sœurs qui com-
» mencerent, non plus que celle des Jesuites, au premier
» dessein qu'eut sainct Ignace; car il ne pensoit à rien moins
» qu'à faire ce qu'il a fait par apres : comme de mesme,
» sainct François, sainct Dominique, et les autres, qui ont
» commencé des religions. Mais Dieu, à qui seul appartient
» de faire ces assemblées de pieté, les a fait reüssir en la
» façon que nous voyons qu'elles sont. Car il ne faut jamais
» croire que ce soient les hommes, qui par leur invention
» ayent commencé ceste façon de vie si parfaitte, comme est
» celle de la religion : c'est Dieu, par l'inspiration duquel
» ont este composées les regles, qui sont les moyens pro-

» pres pour parvenir à ceste fin generale à tous les reli-
» gieux, de s'unir à Dieu, et au prochain pour l'amour de
» Dieu. »

SECTION XI.

De la perfection de l'estat.

Il disoit que l'occupation la plus serieuse de la vie du vray et fidelle chrestien, estoit de chercher sans cesse la perfection de son estat; c'est à dire, de se perfectionner de plus en plus en l'estat ou condition en laquelle il se trouvoit, sans s'amuser à pointiller sur cét estat de perfection, duquel on se bat à la perche dans les escoles. Or la perfection de l'estat ou vacation d'un chacun est de bien rapporter les moyens à la fin, et de se servir de ceux qui sont propres à nostre vacation pour faire progrés en la charité, en laquelle seule consiste la vraye et essentielle perfection du christianisme, et sans laquelle rien ne sert ny ne peut estre appellé parfait. Car si cela est vrayement parfait à qui rien ne manque pour attaindre à la fin derniere, qui est la gloire de Dieu, et si nulle vertu n'y peut arriver que par la charité; qui ne voit qu'aucune sans celle-cy ne peut porter le nom de vertu parfaitte, ny par consequent nous faire toucher au but de la vraye et chrestienne perfection de nostre estat?

Sur toutes choses donc, comme dit le grand Apostre, *ayons la charité : car c'est là le lien de perfection*[1], qui non seulement nous lie et unit à Dieu, en quoy consiste nostre unique perfection; mais elle reunit ensemble toutes les vertus, et les rapporte à leur vray centre, qui est Dieu, en les referant à sa gloire. Visons par elle à la perfection de nostre estat, nous servant en charité, et par le motif de la charité, des instrumens propres à nostre condition, et ainsi nous aurons la couronne de vie que Dieu a promise à ceux qui

---

[1] Coloss. III, 14.

l'ayment : sans nous mettre beaucoup en peine si nous sommes en cét estat de perfection tant magnifié, lequel avec toute la gloire, et la pompe de ses eloges et ornements, peut estre despourveu de la vraye perfection de la charité. Mais la perfection de l'estat n'est jamais sans la charité, qui est la perfection mesme, et laquelle seule nous peut perfectionner en quelque estat et vacation que nous soyons : et dire le contraire et le soustenir opiniastrement ne seroit pas une simple erreur, mais aussi une heresie selon le sentiment de nostre bien-heureux Pere en sa Philothée [1].

SECTION XII.

De l'imitation.

Dieu disoit à Moyse, *Fay moy un tabernacle suivant l'exemplaire que je t'en ay fait voir en la montagne* [2], et il le fit de la mesme sorte. Cét ancien qui appelloit l'imitation la maistresse des arts avoit raison; car à force de faire des copies on se rend à la fin capable de former des originaux. « Le chemin des preceptes est long, dit le grand Stoïque, mais court et efficace par les exemples. » En la poësie, en l'eloquence, en toutes les disciplines on se propose tousjours les plus excellents maistres à imiter ; et Seneque, parlant du vray moyen pour faire progrés en la philosophie, dit qu'il se faut nourrir et revestir des maximes de quelques esprits qui y soient emineus.

Le mesme certes et encor en plus forts termes se doit dire tant de la doctrine que de la vie spirituelle. Il est bon de prendre pour l'une et pour l'autre certains patrons et exemplaires signalez, sur lesquels nous puissions former nos esprits et nos actions, et suivre leurs traces avec fidelité au chemin de la perfection qu'ils nous enseignent soit par leurs escrits soit par leurs gestes.

[1] Part. I, chap. 3. — [2] Exod. xxv, 40.

Nostre bien-heureux Pere conseilloit cela, mes Sœurs, et pour ce sujet entre les livres de pieté il recommandoit principalement le Combat spirituel, qu'il appelloit son cher livre, et le disoit estre tout practicable : et quant aux vies des saincts, il conseilloit que l'on leust souvent celles de ceux qui avoient esté de nostre vacation ou qui y avoient plus de ressemblance, afin que l'on taschast à se conformer à leurs actions.

Mais, mes Sœurs, il faut avoüer que Dieu a mis principalement aux instituteurs des ordres et congregations, non seulement les premices de l'esprit de ces instituts là, mais une si grande abondance de graces, que leurs vertus héroiques sont autant d'exemplaires accomplis dont leurs suivans ont à tirer en eux des copies, lesquelles seront d'autant plus excellentes qu'elles approcheront de plus prés de ces originaux. Ils servent à leurs sectateurs comme de ces baguettes de peuplier dont Jacob se servoit pour donner à ses agneaux telle couleur, en leur toison, qu'il desiroit.

Vous et moy, mes Sœurs, avons un excellent patron en nostre commun pere le bien-heureux François de Sales, qui par ses escrits et par sa vie nous a enseigné d'œuvre et de parole la voye du ciel, où il fait à present un astre nouveau. Il faut à ce propos que je vous console et recrée d'une gentille repartie qu'il me fit une fois, sur ce que je luy disois que j'avois tellement les yeux fichez sur luy, et que j'estudiois avec tant d'attention tous ses deportemens, qu'il avisast bien quand il estoit devant moy de faire aucune action moins considerée : « Car je vous asseure, luy disoi-je, que je l'imiteroy aussi-tost et la prendroy pour une esquise vertu.

— C'est grand pitié, me dit-il[1], que l'amitié, aussi bien que l'amour, ait un bandeau sur les yeux, et nous empesche de discerner entre les deffauts et les perfections d'une personne aymée. Quelle pitié! il faudra donc que je vive auprés de vous comme en une terre d'ennemis, et que vos yeux et vos oreilles me soient aussi suspectes que des espions!

« Or sus pourtant vous me faittes plaisir de me parler de la sorte, car un homme averty en vaut deux ; c'est me dire : Fils de l'homme, pren garde à toy, et sois tousjours en une bonne desmarche, puisque Dieu et les hommes te veillent. Nos ennemis nous esclairent et observent pour nous reprendre, et nous nuire en nous blasmant : nos amis devroient avoir une mesme attention sur nous, mais avec un dessein tout autre; sçavoir, pour nous avertir de nos manquemens, et nous en relever amiablement. *Le juste*, dit le Psalmiste, *me corrigera et reprendra en misericorde, mais je rejetteray bien loin de ma teste l'huille du pecheur*[1]; c'est à dire, la flatterie, qui loüe le mauvais aux desirs de son ame, et qui benit l'inique[2]. Vous le diray-je, pourveu que vous ne m'en preniez pas à partie? vous m'estes plus cruel que tout cela ; car non seulement vous me deniez la main favorable pour me relever de mes deffauts par de salutaires et charitables advertissémens, mais encore il semble que vous me vouliez rendre complice de vos fautes par ceste injuste imitation.

» Pour moy, Dieu m'a donné d'autres sentimens pour vous ; car j'ay pour ce qui vous regarde une telle jalousie de Dieu, et je desire avec tant d'ardeur vous voir marcher droit en ses voyes, que le moindre deffaut en vous m'est insupportable, vos mousches me sont des elephans; et tant s'en faut que je les voulusse imiter, que je vous proteste que je me fay une extreme violence quand je les dissimule quelque temps, attendant pour vous en avertir une rencontre qui me semble propre et opportune. »

Mes Sœurs, que dittes vous de ceste jalousie cordiale et sincere, qui ne peut souffrir le moindre manquement en une personne que l'on souhaitte saincte de corps et d'esprit, et toute dediée au service de la divine gloire? Je croy que cét exemple doit bien animer vos ames à l'imitation de nostre bien-heureux Pere, et non pas à l'injustice de la mienne.

---

[1] Psal. cxl, 5. — [2] Psal. x, 3.

Faittes vostre profit de mon deffaut, mes Sœurs, et que mon imperfection vous chasse vers la perfection de celuy qui nous pouvoit dire avec l'Apostre, si son humilité le luy eust permis : » *Soyez mes imitateurs comme je le suis de Jesus Christ*[1] : vous sçavez que je ne me suis point feint ny espargné à vous donner de bons conseils, et tels que je les ay jugez les plus avantageux à la gloire de Dieu. »

SECTION XIII.

Touche de la vraye devotion.

Son advis estoit que la pierre de touche de la veritable devotion estoit la conformité des exercices de pieté avec la vacation d'un chacun, comparant ordinairement la devotion à la liqueur qui prend la forme du vase où elle est mise. Il employe tout le chapitre troisiesme de la premiere partie de sa Philothée à la preuve de ceste verité qu'il estimoit fort importante, et devoir estre souvent et soigneusement inculquée.

« La devotion, dit-il en ce lieu-là, doit estre differemment
» exercée par le gentilhomme, par l'artisan, par le valet,
» par le prince, par la vefve, par la fille, par la mariée : et
» non seulement cela, mais il faut accommoder la pratique
» de la devotion aux forces, aux affaires, et aux devoirs de
» chasque particulier. Je vous prie, Philothée, seroit-il à
» propos que l'evesque voulut estre solitaire comme les
» Chartreux? Et si les mariés ne vouloient rien amasser, non
» plus que les Capucins; si l'artisan estoit tout le jour à l'e-
» glise, comme le religieux; et le religieux tousjours exposé
» à toutes sortes de rencontres pour le service du prochain,
» comme l'evesque : ceste devotion ne seroit-elle pas ridicule,
» dereglée et insupportable? Cette faute neantmoins arrive
» bien souvent, et le monde qui ne discerne pas, ou ne veut
» pas discerner entre la devotion et l'indiscretion de ceux qui

[1] I Cor. IV, 16.

» pensent estre devots, murmure et blasme la devotion, la-
» quelle ne peut mais de ces desordres. »

Et à dire le vray, comme sainct Augustin nous asseure que tous les déreglemens du monde arrivent de ce que l'on veut joüir des choses dont il ne faut qu'user, et l'on ne fait qu'user de la seule chose dont il faut joüir qui est la fin derniere; aussi tous les troubles et toutes les extravagances qui arrivent en la devotion, proviennent de ce que les devots seculiers se veulent addonner aux exercices qui ne sont propres qu'aux personnes sequestrées du siecle, les particuliers imiter quelques pratiques de ceux qui vivent dans les communautez : et au rebours les congregations se relaschent et se detraquent de leur observance, quand ceux ou celles qui y sont engagez s'imaginent qu'ils ne laisseront pas de faire leur salut, encore qu'ils suivent le train de la conversation seculiere.

« Dieu commanda, dit nostre bien-heureux Pere, au
» mesme endroit, en la creation aux plantes de porter
» leurs fruits chacune selon son genre; ainsi commande-t-il
» aux Chrestiens, qui sont ces plantes vivantes de son Eglise,
» qu'ils produisent des fruits de devotion un chacun selon
» sa qualité et vocation. »

Quand le seculier veut vivre en conventuel et le conventuel en seculier, il arrive de grands embarras en la pieté. Que chacun orne sa Sparte, c'est à dire, cultive selon Dieu la condition qui luy escheuë. *Numquid colligent de spinis uvas, aut de tribulis ficus*[1]? dit le Sauveur. Que chaque soldat se tienne en son poste et le deffende, il ne respondra pas de celuy d'un autre : *Stet super custodiam suam*. En fin voicy la grande maxime de nostre bien-heureux Pere qu'il couche ainsi au chapitre cité.

« La devotion ne gaste rien quand elle est vraye, ains elle
» perfectionne tout; et lors qu'elle se rend contraire à la

---

[1] Matth. vii, 16.

» legitime vocation de quelqu'un, elle est sans doute fausse.
» L'abeille, dit Aristote, tire son miel des fleurs, sans les in-
» teresser, les laissant entieres et fraisches, comme elle les a
» trouvées : mais la vraye devotion fait encore mieux, car
» non seulement elle ne gaste nulle sorte de vocation ny
» d'affaires, ains au contraire elle les orne et embellit. Toutes
» sortes de pierreries jettées dedans le miel, en deviennent
» plus esclattantes, chacune selon sa couleur ; et chacun de-
» vient plus aggreable en sa vocation, la conjoignant à la
» devotion : le soin de la famille en est rendu paisible, l'a-
» mour du mary et de la femme plus sincere, le service du
» prince plus fidele, et toutes sortes d'occupations plus
» suaves et amiables. »

SECTION XIV.

De la ponctualité.

Il aymoit bien fort la ponctualité, et la recommandoit souvent à nos Sœurs. C'est ce que depuis en leur langage elles ont appellé exactitude, qui est une attention exacte à bien faire ce qu'elles font, soit petit soit grand, il n'importe : car comme celuy qui mesprise les petites observances des-cherra peu à peu, dit la saincte parole [1], aussi celuy qui est fidele sur peu sera estably sur beaucoup, dit le mesme divin oracle [2].

Cette ponctualité est une certaine justesse d'esprit, contraire à l'inegalité de ceux qui vont tousjours dans les extremitez du trop ou du trop peu, et ainsi n'arrivent jamais au but de la perfection; car aussi peu attaint au blanc celuy qui donne au delà qu'au deçà, au dessus qu'au dessous ou à costé. Souvenez-vous, mes Sœurs, que vous vous estes volontairement sousmises à l'observance de certaines regles, dont le nom mesme vous oblige à estre reglées en toutes vos

---

[1] Eccli. xix, 1. — [2] Matth. xxv, 21, 23.

actions : et comme celuy qui escrit sur un papier reglé, ou qui compose en musique, ajuste autant qu'il peut ses lettres ou ses nottes aux regles; aussi faut-il que toutes vos œuvres soient compassées à ce niveau, et ainsi vous serez vrayement ponctuelles. *J'ay pensé à mes voyes*, disoit le Psalmiste, *et j'ay tourné mes pieds et ajusté mes pas dans les tesmoignages*, c'est à dire dans les preceptes *du Seigneur*[1].

Il y a des esprits zelez, mais d'un zele qui n'est pas selon la science, qui pensent ou ne rien faire, ou ne faire jamais assez s'ils ne font plus que les autres, et s'imaginent que cela procede d'un grand courage et d'une extraordinaire ferveur de l'amour divin, et se trompent, suivans l'ardant de leur propre jugement, plustost que le flambeau du juste jugement de ceux qui ayment Dieu, et qu'il conduit par de droittes voyes, en leur monstrant son royaume, en leur donnant la science des saincts, et en rendant leurs travaux honorables et accomplis. O que meilleure est l'obeyssance exacte, que les sacrifices qui procedent de la propre volonté ! Le soldat qui quitte son rang, quoy qu'il face un acte de valeur, et qu'il tuë son ennemy, est puny par les loix de la discipline militaire, d'autant qu'il a rompu l'ordre de la milice, ce qui est de pernicieux exemple, et de dangereuse consequence : et l'Apostre commande que l'on se soustraye, c'est à dire que l'on se separe et escarte de tout frere qui chemine en desordre, et non selon ce qui est prescrit, de peur de prendre part à la contagion de son inquietude [2].

Le conventuel qui se tient dans la juste observance de ses regles et constitutions est comme un cheval bien dressé, qui ne passe jamais d'un pas la justesse de son manege, et ne sort point de sa carriere ny de ses voltes; et c'est ainsi que le Psalmiste desiroit estre pour ne se separer point de Dieu : *Ut jumentum factus sum apud te, et ego semper tecum*[3]. La brebis qui s'escarte du troupeau s'expose à la gueule des

---

[1] Psal. cxviii, 59. — [2] II Thess. iii, 6. — [3] Psal. lxxii, 23.

loups; et puis on a beau crier, *Erravi sicut ovis quæ periit; quære servum tuum, quia mandata tua non sum oblitus* [1]. Les regles et les constitutions sont les deux colomnes d'Hercule d'une bonne fille de la Visitation, ausquelles il faut donner l'ancienne devise, *Non plus outre;* non la nouvelle de Charles V, *Plus outre,* parce que

> Sunt certi denique fines,
> Quos ultra citraque nequit consistere rectum [2].
> Semper et hos fines transiliisse nocet.

C'est icy que l'on peut usurper ce mot du sacré texte, *Quod amplius est, à malo est* [3] : le plus est nuisible s'il n'est assaisonné d'une profonde sousmission et obeyssance. Et afin que vous ayez plus de creance à ce que j'avance icy, je seray bien aise de vous le confirmer, mes Sœurs, par la doctrine de nostre bien-heureux Pere. Baillez-moy le livre de ses Entretiens. Voicy donc comme il parle au treiziesme : car j'ayme mieux vous lire ses propres termes, que d'en enerver l'energie par une plus ample deduction et paraphrase. Il est vray que nous prendrons la liberté de les vous expliquer de clause en clause, ou pour mieux dire de pause en pause.

« Je trouve que c'est un tres-grand acte de perfection
» de se conformer en toutes choses à la communauté, et de
» ne s'en départir jamais par nostre propre choix. Car outre
» que c'est un tres-bon moyen pour nous unir avec le pro-
» chain, c'est encore cacher à nous mesmes nostre propre
» perfection. »

Il faut que je vous esclaircisse ceste verité par un rare exemple, que j'ay appris de trois tesmoins oculaires. Un docte et pieux Jesuite, qui a eu la conduitte de ma conscience plus de six ans, estoit encore jeune escolier de la Compagnie au college romain, auquel il avoit pour compagnon d'estude aussi de la Compagnie le bien-heureux Louys de Gonzague, prince de naissance de la maison de Mantouë, et heritier de

---

[1] Psal. cxviii, 176. — [2] Horat. lib. 1, Satir. 1, 107. — [3] Matth. v, 37.

la principauté souveraine de Castillon, qu'il quitta à son cadet pour embrasser l'institut de la societé des Jesuites. Toute la perfection et saincteté de ce grand serviteur de Dieu consistoit à se tenir avec tant de justesse dans l'observance ponctuelle des regles qu'il avoit embrassées, que, comme il n'eust voulu en obmettre un iota, il n'eust pas voulu aussi aller au de-là d'un seul point, ny demander la moindre permission de faire quelque mortification ou pratique de vertu extraordinaire; se tenant pour ce regard comme une matiere premiere susceptible de toutes sortes de formes en la main de ses superieurs, qui en faisoient tout ce qu'ils vouloient, sans aucune repugnance ny contradiction de sa part. Ce Jesuite, qui estoit son compagnon en l'estude de theologie, m'a raconté qu'encor qu'il fust en grande reputation de pieté parmy eux, et que ses propres conducteurs le regardassent comme un ange en forme humaine, et que luy et ses autres collegues espiassent ses actions de jour et de nuict, pour voir s'ils n'y remarqueroient point quelque singularité, jamais ils n'y avoient peu rien trouver de particulier; toute la gloire de ce fils de prince estant au dedans, comme un tresor caché, et qui n'estoit cognu que de Dieu, luy mesme s'estimant le plus chetif et le plus imparfait de toute la Compagnie. Il n'y avoit aucune fonction et observance où il fist en l'exterieur autrement que les autres, se conformant avec tant de ponctualité au train commun, qu'encore que son interieur fust tout extraordinaire, au dehors il ne paroissoit rien que d'ordinaire. Si que l'on peut dire que sa grande et chere pratique a esté la ponctualité charitable, ou la charité ponctuelle, l'observance exacte ayant esté le moyen qui l'a eslevé à ce haut degré de perfection que nous remarquons en sa vie escritte par le pere Virgile Cepary, qui avoit esté son confesseur quelque temps, qui m'a depuis confirmé de vive voix ce que j'avois desja appris de l'autre Jesuite : et ce qui a ratifié le tout a esté le grand bien-heureux cardinal Bellarmin, dont la sainte memoire est en benediction, lequel ayant esté son superieur et son directeur assez long-temps, m'a encore de sa propre bouche asseuré cela mesme, et qui avoit une telle devotion à ce bien-heureux qu'il a desiré estre ensevely à ses pieds.

Cét exemple est fort remarquable, mes Sœurs, et fort confirmatif de l'opinion de nostre bien-heureux Pere, lequel poursuit au mesme lieu à vous dire : « Il y a une certaine
» simplicité de cœur, en laquelle consiste la perfection de
» toutes les perfections : et c'est ceste simplicité, qui fait
» que nostre ame ne regarde qu'à Dieu, et qu'elle se tient
» toute ramassée et resserrée en elle mesme, pour s'appli-
» quer, avec toute la fidelité qui luy est possible, à l'obser-
» vance de ses regles, sans s'espancher à desirer ny vouloir
» entreprendre de faire plus que cela. »

Que le monde entend peu ce que c'est que simplicité! pour luy c'est niaiserie, sottise, folie ; comme la croix l'estoit aux Payens, qui neantmoins est la vertu et la sagesse de Dieu pour les esleus. Que di-je, le monde, mes Sœurs ? ô combien y a-t'il de personnes qui font profession de spiritualité, qui ne sçavent pas quelle est la vraye simplicité de cœur dont parle icy nostre Bien-heureux ! Il y en a qui s'imaginent que la simplicité est une vertu opposée à la duplicité, feintise et tromperie de ceux qui sont appellez doubles de cœur [1], parlans en un cœur et en un cœur [2], qui traittent de paix avec leur prochain, tandis qu'en leur cœur ils luy machinent du mal [3]. Ce n'est pas pourtant principalement en cela que consiste la vraye simplicité chrestienne ; mais en ce regard unique, en cét unique cheveu, dont l'espouse, au Cantique, blesse le cœur de son espoux [4], c'est à dire au seul egard à la divine gloire en toutes ses œuvres, afin qu'elle luy puisse dire : Tout ce que j'ay est à vous ; comme vous estes tout mien, aussi sui-je toute vostre. Ce qui arrive lors qu'une ame ne vise en toutes ses voyes qu'à l'avancement de Dieu

---

[1] Eccli. ii, 14. — [2] Psal. xi, 3. — [3] Psal. xxvii, 3. — [4] Cantic. iv, 9.

en toutes choses ; car alors Dieu luy est toutes choses, comme au ciel il est toutes choses à tous et en tous les bienheureux.

Nostre Pere va plus outre, mes Sœurs ; car il ramasse tous vos desirs en un, comme des fleches dans un carquois, qui est de mettre toute vostre affection et de l'applicquer parfaittement à l'exacte observation de vostre regle et de vos constitutions, tout ce qui est necessaire à la perfection que Dieu demande de vous en vostre vocation y estant enfermé. Il veut que vous vous teniez renfermées dans ce retranchement, comme dans une tour de force contre la face de vos ennemis, sans que vous vous amusiez à faire des sorties ny des saillies d'esprit, outre ce qui vous est ordonné : voulant que vous practiquiez en ce subjet ce sainct oracle, de n'estre point trop sages, mais sages à sobrieté[1], si vous voulez estre de la confrairie des vierges prudentes.

Tant que la tortue se tient à couvert dessous sa coquille, qui luy sert de maison et de forteresse, rien ne la peut escraser, elle est en seureté ; aussitost qu'elle s'estend au dehors, le moindre rencontre la blesse. Tant que des personnes de vostre condition se tiennent à l'abry de leur observance ponctuelle, comme sous un bouclier de verité, sans en decliner ny à droitte pour vouloir faire plus, ny à gauche pour vouloir faire moins, elles sont à couvert sous l'ombre des aisselles et des aisles de Dieu : mais aussi-tost qu'elles s'en escartent sous les specieux et rayonnans pretextes du demon du midy, elles donnent bien tost dans des escueils qui leur font cognoistre qu'elles ont pris des faux phares pour de veritables.

Quand les fleuves desbordent et s'espanchent hors de leurs courans, cela porte beaucoup de dommages aux plaines qui les avoisinent : et quand on passe les termes et les bornes que nos peres nous ont mis, il ne peut arriver que

[1] Rom. xij, 3.

du degast en nostre heritage. Aux années abondantes en fleurs les abeilles ne font pas le plus de miel, parce qu'elles s'amusent tant à voltiger sur les unes et sur les autres qu'elles oublient à travailler à leurs rayons.

> Car ces voltigeantes avettes,
> Transportées de leur plaisir,
> Ne sçavent de tant de fleurettes,
> Quelle laisser, quelle choisir.

Une ame qui se laisse aller aux desirs de son cœur, et qui se delecte à cheminer apres ses inventions, ou se fourvoye de son but, ou y arrive fort tard; s'amusant comme une Atalante apres les pommes d'or des apparences, quittant souvent le corps pour l'ombre, ainsi que le chien de la fable. Pour l'ordinaire le chasseur qui poursuit deux liévres à la fois n'en prend pas un. La perfection n'est pas à entreprendre beaucoup, mais à bien poursuivre sa pointe. Aux Chrestiens, dit sainct Jerosme, on n'a pas tant d'esgard aux commencemens qu'à la fin. Et c'est pour cela que nostre bien-heureux Pere, en son Theotime, nous conseille si soigneusement le retranchement des autres desirs, comme d'autant de pompes superflues, si nous voulons voir croistre en nous le fruict de la vigne de la charité[1].

Nostre bien-heureux Pere adjouste au mesme entretien treiziesme, que la sœur qui est entierement occupée à l'exacte observance de sa regle et de ses constitutions, « Elle
» ne veut point faire des choses excellentes et extraordi-
» naires, qui la pourroient faire estimer dés creatures; et
» par ainsi elle se tient fort basse en elle mesme, et n'a pas
» des grandes satisfactions : car elle ne fait rien de sa pro-
» pre volonté, ny rien de plus que les autres, et ainsi toute
» sa saincteté est cachée à ses yeux; Dieu seul la void, qui
» se delecte en sa simplicité, par laquelle elle ravit son
» cœur et s'unit à luy. »

---

[1] Liv. 2, chap. 2, 3.

Cecy revient à peu pres à ce que disoit le Roy prophete : *Seigneur, mon cœur ne s'est point eslevé, ny mes yeux rehaussez ; je n'ay point voulu marcher en choses grandes, ny presumé de faire des merveilles au dessus de ma portee : mes sentiments ont tous esté dans l'humilité*[1]. Que l'ame est heureuse qui est dans ceste pauvreté d'esprit! certes le royaume des cieux, qui est joie et paix au sainct Esprit, est desja dedans elle. Elle est cachée dans la cachette du visage de Dieu, à l'abry de la contradiction des langues, et du trouble des hommes[2].

Il n'y a point de peste semblable en une communauté, à la singularité et particularité; car de la particularité on passe aussi-tost à la partialité, et la partialité est l'eau de depart et le dissolvant de toute societé. La mesme malediction prononcée contre ceux qui font des sectes et des conventicules à part en l'Eglise, divisant la robe sans cousture de Jesus-Christ, attend aussi ceux qui par leurs zeles indiscrets introduisent des partialitez dans les communautez. Qui dissipe la haye sera mordu par le serpent : qui met la division met la desolation. Dieu vous preserve, mes Sœurs, de ces boüillons de ferveurs immoderées qui gastent tout en pensant bien faire; car souvent

Decipimur specie recti[3].

Il n'y a point de plus fine tromperie que celle qui est masquée de quelque specieux pretexte de bien. C'est pourquoy nostre Pere adjouste : « Elle tranche court à toutes les » inventions de son amour propre, lequel prend une sou» veraine delectation à faire des entreprises de choses grandes » et excellentes, et qui nous font sur-estimer au dessus des » autres. Telles ames jouyssent par tout d'une grande paix » et tranquillité d'esprit. »

Il est vray, mes Sœurs, les humbles vallées jouyssent d'un calme profond, et d'un repos presque semblable à

[1] Psal. cxxx, 1, 2. — [2] Ibid. 21. — [3] Horat. de Art. poet. 25.

celuy des cimetieres, tandis que les faistes des sourcilleuses montagnes sont battus des orages et des tempestes.

> Sæpius ventis agitatur ingens
> Quercus, et celsæ graviore casu
> Decidunt turres, feriuntque summos
> Fulmina montes [1].

Une grande paix, dit le Psalmiste, *accompagne ceux qui ayment la volonté de Dieu; il ne leur arrive ny scandale ny trouble* [2]. Il ne faut pas s'estonner si la solicitude de Marthe luy donna de l'inquietude et de l'embarras, elle vouloit trop entreprendre : Marie qui n'avoit qu'une chose à faire avoit choisi la meilleure part, et qui ne luy fut point ostée. On peut dire des esprits remuans, inquietes, tracassans, peu attentifs à ce qu'ils ont à faire : *Contritio et infœlicitas in viis eorum, viam pacis non cognoverunt* [3].

« Jamais il ne faut penser ny croire, adjouste nostre Bien-
» heureux, que pour ne faire rien de plus que les autres
» et suivre la communauté, nous ayons moins de merite. O
» non ! car la perfection ne consiste point és austeritez :
» encore que ce soyent des bons moyens d'y parvenir, et
» qu'elles soyent bonnes en elles mesmes, neantmoins pour
» nous, elles ne le sont pas parce qu'elles ne sont pas
» conformes à nos regles, ny à l'esprit d'icelles, estant une
» plus grande perfection de se tenir dans leur simple obser-
» vance, et suivre la communauté, que vouloir aller au delà.
» Celle qui se tiendra dans ces limites, je vous asseure qu'elle
» fera un grand chemin en peu de temps, et rapportera beau-
» coup de fruict à ses sœurs, par son exemple. »

O que c'est un grand broüillon que l'amour propre ! qu'il remuë de pierres pour demolir ! Il contrefait le factotum, et à la fin il se trouve un faineant. Ses toiles sont d'araignée qui s'esventre pour faire un fresle tissu, que le moindre vent deschire : *Telas araneæ texuerunt* [4].

---

[1] Horat. lib. 2, Od. vii, 9-12. — [2] Psal. cxviii, 165. — [3] Psal. xiii, 3. — [4] Isai. lix, 5.

Tantost il nous fait mesurer le merite d'une bonne œuvre à l'aune de la difficulté, sans faire aucune mention de la grace qui l'anime, quoy que le salaire essentiel de ce merite soit tout entier à la grace et à la charité [1]; l'accidentel seulement, qui est peu de fait comparé à l'autre, ayant rapport à ceste difficulté. Tantost il nous fait regarder le merite entant qu'il nous est avantageux, non entant que par luy nous glorifions d'avantage Dieu, et magnifions sa gloire exterieure. Tantost il nous fait mettre la fin derniere dans les prochaines, sans considerer que ce ne sont que des moyens pour arriver plus aisément à la derniere, comme autant de roües qui facilitent le port des grands fardeaux. Tantost il inspire les austeritez et mortifications corporelles aux Ordres qui ne les ont pas entreprises par leur institut, et qui gardent leurs forces corporelles pour servir Dieu plus puissamment en d'autres occasions, comme disoit ce divin chantre, *Fortitudinem meam ad te custodiam* [2]. Tantost il persuade à ceux qui s'y sont engagez par leur profession à s'en relascher, comme estant des moyens utiles à la verité, mais non necessaires pour arriver à la perfection.

En fin pourveu qu'il broüille tout, qu'il renverse tout, qu'il gaste tout, et qu'il demolisse la vigne, ou en renardeau, ou en sanglier farouche, par subtilité, ou par force, il ne s'en soucie pas : son but estant de rallentir l'amour de Dieu, et de refroidir la charité, s'il ne la peut tout à fait esteindre; et pour y arriver, de destruire les hayes et les fossez des regles et des constitutions, qui l'environnent pour la conserver. C'est à quoy doit veiller la ponctualité, comme une sentinelle et une ronde fidelle, qui veille tantost sur la tour ou le donjon de l'observance, tantost sur les rampars des statuts et reglemens, conservant soigneusement les dehors pour tenir en seureté le dedans de la place. *Omni custodia serva cor*

---

[1] S. Thom. 1ª, quæst. 95, art. 4; 2ª 2æ, quæst. 182, art. 2, quæst. 27, art. 8, et 3ª, quæst. 48, art. 1. — [2] Psal. LVIII, 10.

tuum; ab ipso enim vita procedit[1]. *Super te, Hierusalem, constitui custodes*[2], etc.

Je finis ce long entretien par ce mot. Une sœur demandoit un jour à nostre bien-heureux Pere ce qu'il falloit faire pour bien conserver l'esprit de la Visitation et empescher qu'il ne se dissipast; et il respondit que l'unique moyen estoit de le tenir enfermé et enclos dans l'observance des regles et constitutions. Certes il en est de l'esprit des congregations comme de ces eaux alambicquées et quintessenciées à qui on donne le nom d'esprit; si on ne les tient en des vaisseaux bien clos et bouchez, elles s'esvaporent, et se dissipent en l'air. Et c'est possible à ceste occasion que l'espoux appelle son amante sacrée, un jardin clos, une fontaine cachetée[3], et qu'elle souhaitte que son bien-aimé soit comme un cachet sur son cœur et sur son bras[4].

SECTION XV.

De la communication.

Quoy, ceste conference ne finira donc pas encor? estes vous si fameliques des instructions spirituelles! O que bienheureux sont ceux qui ont ceste faim et soif de justice, c'est à dire, d'apprendre les voyes de justice et de s'en informer! car ils seront rassasiez de ce pain que les petits demandent chez le prophete, et ne trouvoient personne qui le leur rompist et distribuast[5].

D'où vient donc, demande une Sœur, que nostre bienheureux Pere, au lieu mesme d'où vous avez tiré ceste derniere resolution, conseille que l'on communique franchement au dehors, c'est à dire aux personnes seculieres, nos regles et constitutions, si vous voulez que l'esprit de nostre congregation y soit enfermé et enclos, et qu'on se garde si soigneusement de le dissiper en l'eventant?

[1] Prov. iv, 23. — [2] Isai. lxii, 6. — [3] Cantic. iv, 12. — [4] Id. viii, 6. — [5] Thren. iv, 4.

Certes ceste bonne sœur a pris de la main gauche ce qu'avec nostre bien-heureux Pere je vous presentois de la droitte. Car j'ay dit apres luy, que pour conserver l'esprit de vostre institut, et empescher qu'il ne se dissipast, vous deviez l'enfermer et l'enclore dans la ponctuelle et exacte observance de vos regles et constitutions ; sans permettre à vos desirs de faire des essors inutiles dans les regles et constitutions des autres instituts pour les vouloir suivre. Car par ce meslange d'esprits differens, quoy que tous bons en leurs especes, vous mettriez en desordre tout vostre train de vie, qui est si sainctement et si judicieusement reglé. Mais il ne s'ensuit pas qu'il se dissipast en le communiquant au dehors à des ames pieuses, et qui desirent tirer des instructions de vos bons reglements et de vostre exemple, et prendre quelque participation à vostre esprit, qui est celuy de douceur et d'humilité.

Vous imagineriez-vous bien, mes Sœurs, que ceste leçon du Sauveur, Soyez doux et humbles de cœur[1], ne fust que pour les filles de la Visitation, et non pour tous les Chrestiens, de quelque condition et vacation qu'ils soient? Sçavez vous bien que cinq cens ans devant qu'il y eust une congregation de la Visitation au monde, c'estoit desja l'esprit special d'un grand Ordre qui a espandu ses pampres d'un bout du monde à l'autre? C'est celuy de Cisteaux, que l'on appelle communement des Bernardins, parce que sainct Bernard en a esté la plus eclattante lumiere. Je dy que c'est l'esprit de cét Ordre là, parce qu'estant une reforme de l'Ordre de Clugni ou de sainct Benoist, nul n'ignore que l'esprit special de la regle de sainct Benoist ne soit celuy d'humilité. Elle ne reserve autre chose, et c'est sur les douze degrez de ceste vertu, que ce grand legislateur des moines d'Occident y a marquez, que tous ceux qui depuis en ont voulu traitter se sont fondez. Quant à l'esprit de douceur, c'est assez de

[1] Matth. xi, 29.

nommer sainct Bernard pour dire que ses enfans y doivent estre eslevez, et alaittez des mammelles de la Mere de douceur et de misericorde, comme a esté leur bien-heureux patron.

Quand donc nostre bien-heureux Pere veut que vous renfermiez vos esprits et vos desirs dans l'enceinte et l'enclos de l'observance de vos regles et constitutions, et par apres qu'il vous invite à les communiquer librement au dehors, à ceux qui desireront prendre part à vostre esprit, il ne dit rien de contradictoire ; au contraire, plus vous en serez exactes observatrices, plus serez vous capables d'en donner de bonnes et utiles communications. L'amour de Dieu et de nostre propre avancement en Dieu et pour Dieu, n'empesche pas la dilection du prochain; au contraire c'est ce qui l'aiguise et la raffine, puis que l'amour que nous portons à Dieu, et à nous-mesmes en Dieu, se manifeste par celuy de nos freres que nous devons aymer en Dieu comme nous mesmes.

Celuy qui n'ayme pas son frere qu'il void, comme aymera-t-il Dieu qu'il ne void pas, dit sainct Jean? et encore, *Celuy-là ment au sainct Esprit, qui se dit aymer Dieu et n'ayme pas son frere*[1], et il ne l'ayme pas s'il luy ferme les entrailles de la misericorde. Et ceste misericorde ne s'entend pas seulement de la corporelle, mais encore de la spirituelle : car si celle-là nous fait luy communicquer nos biens temporels, pour le soulagement de ses necessitez corporelles ; celle-cy nous presse de luy faire part de nos biens spirituels, et des cognoissances que nous avons, dont les instructions le peuvent acheminer au salut eternel. C'est ainsi que l'entendoit le plus sage d'entre les hommes, lequel ayant receu la sagesse d'enhaut, et par elle une infinité de lumieres excellentes, disoit : *L'ayant apprise sans fiction, je la communicque sans envie, et je ne cache point son honnesteté ; car c'est un tresor infiny aux hommes, duquel ceux qui ont usé sont faits par-*

---

[1] Joan. iv, 20.

ticipans de l'amitié de Dieu, et loüez à cause des dons de discipline¹. *Ce n'est pas le tout*, dit le mesme, *de boire de l'eau de sa cisterne, il faut encore couler ses sources au dehors, et partager ses eaux par les places publicques*². Il ne faut pas cacher un tresor, ny enfoüir un talent; il faut se servir de l'un, et faire profiter l'autre.

Ce seroit mal entendre la cause de vostre institut, de ne sçavoir qu'il a esté dressé afin que vous fussiez en spectacle d'edification et de bonne odeur, au monde, aux Anges, et aux hommes; afin que vostre lumiere eclatast devant vos prochains, qu'ils fussent tesmoins de vos bonnes actions, pour en glorifier avec vous le Pere celeste. Vous estes obligées par la condition de vostre vie et de vostre profession d'estre, selon vostre capacité, la lumiere du monde et le sel de la terre; et d'edifier les murailles de la mystique Jerusalem, la saincte Eglise, par vostre bon exemple. Vous ne sçauriez croire combien toutes vos maisons ont apporté d'avancement aux bonnes mœurs et au service de Dieu, par tous les lieux où la providence a voulu qu'il y en eust d'establies. Les exemples esmeuvent bien autrement, et sont de bien plus grande efficace que ny les sermons ny les paroles; leurs impressions sont bien plus vives. Ce que l'Apostre dit des premiers Chrestiens, qu'ils estoient la bonne odeur de Jesus-Christ, et odeur de vie à la vie ³, se peut dire de vous : c'est pourquoy vous devez penser et estre attentives, selon l'avis de l'Apostre, à tout ce qui est vray, chaste, juste, sainct, de bonne renommée, vertueux, et principalement à la gloire de toute bonne discipline et observance ⁴. « C'est peu de chose, dit sainct Bernard, de luire seulement, peu de chose de brusler seulement, mais la perfection consiste à *luire* et à brusler tout ensemble⁵; » c'est à dire, à pratiquer des vertus heroïques et exemplaires. Et afin que tout ce que

---

¹ Sap. vii, 13, 14. — ² Prov. v, 15, 16. — ³ II Cor. ii, 15, 16. — ⁴ Philipp. iv, 8. — ⁵ Serm. in Nativit. S. Joan. Bapt. n. 3.

je vous vien de dire prenne le sceau de sa confirmation de la doctrine de nostre bien-heureux Pere, lisons là; c'est en l'Entretien seiziesme qu'elle est couchée en ces mots :

« Mais vous dittes qu'il y en a qui sont tellement jalouses
» de cét esprit, qu'elles ne se voudroient point communiquer
» hors de la maison. Il y a de la superfluité en ceste jalousie,
» laquelle il faut retrancher : car à quel propos, je vous
» prie, vouloir celer au prochain ce qui luy peut profiter?
» Je ne suis pas de ceste opinion : car je voudrois que tout
» le bien qui est en la Visitation fust recogneu et sceu d'un
» chacun, et pour cela j'ay tousjours esté de cest advis, qu'il
» seroit bon de faire imprimer les regles et constitutions,
» afin que plusieurs les voyant en puissent tirer quelque
» utilité. Pleust à Dieu, mes cheres Sœurs, qu'il se trouvast
» beaucoup de gens qui les voulussent pratiquer! l'on ver-
» roit bien tost des grands changemens en eux, qui reüssi-
» roient à la gloire de Dieu, et au salut de leurs ames. Soyez
» grandement soigneuses de conserver l'esprit de la Visita-
» tion; mais non pas en sorte que ce soing empesche de le
» communiquer charitablement et avec simplicité au pro-
» chain, à chacun selon leur capacité : et ne craignez pas
» qu'il se dissipe par ceste communication; car la charité
» ne gaste jamais rien, ains elle perfectionne toute chose. »

Aussi bien, mes tres-cheres Sœurs, le temps qui met les choses les plus cachées en evidence, et qui fait prescher sur les toits ce qui a esté enfermé dans les cabinets, fera-t-il un jour ce bon office au public; et la facilité du roulement de la presse, rendra un jour vos regles et vos constitutions aussi communes, que celles des autres Ordres. Car qui ne sçait que pour une fort petite piece d'argent on se peut meubler de toutes les regles de sainct Augustin, de sainct Benoist, de sainct François, et de toutes les autres, quelque soin que l'on ait eu de les resserrer dans les cloistres, et de ne les communicquer qu'à ceux qui se vouloient ranger soubs leur observance?

Puis que ce sont des armes de lumiere, pourquoy les ensevelir dans les tenebres, et envier aux seculiers ce qui les peut rendre meilleurs par la lecture, et qui peut faire naistre le desir à plusieurs de se ranger soubs de si justes loix, et de donner leurs noms aux estendards d'une si saincte milice? Il en est de cela comme de la lumiere d'un flambeau qui ne se diminue pas pour estre communiquée à mille autres; au contraire il en est comme de ces rivieres qui s'estendent en largeur plus leur cours est long. Le bien est de sa nature diffusif et communicatif : puisque ces regles sont bonnes et comme telles approuvées par l'Eglise, pourquoy restreindre l'espanchement de ce parfum, et en murmurer comme celuy qui se faschoit, comme d'une perte, de celuy que la Magdelaine avoit versé sur les pieds du Sauveur? Si les cerfs cachent leur bois quand ils mettent bas, et les civettes leurs parfums, comme portans envie à l'utilité que les hommes en pourroient retirer, il faut excuser cela en des animaux; mais en des personnes non animales mais spirituelles, ces prudences humaines en des choses qui regardent l'avancement de la gloire de Dieu ne sont pas excusables. Est-ce aymer son prochain comme soy-mesme que de luy cacher ce qui luy peut estre aussi utile qu'à nous, sans qu'il nous en arrive aucun dommage?

On craint, dira-t-on, qu'ils n'en abusent, au lieu d'en faire un bon usage, et que cela ne les rende plus coulpables; tous ne sont pas capables de ces lectures. Et qui estes vous pour juger ainsi de vos freres chrestiens quoy que seculiers? n'y a-t'il point icy quelque poil du sourcil de celuy qui disoit, *Je ne suis pas comme les autres hommes*[1]? Le serviteur tombe ou est debout pour son maistre; pourquoy jugez vous le serviteur d'autruy? que sçavez vous s'ils ne s'amenderont point par ceste saincte lecture? Il y a vingt-quatre heures au jour, à chacune suffit sa malice. Perira donc pour vostre

---

[1] Luc. xviii, 11.

science ce frere pour qui Jesus-Christ est mort? N'y a-t'il point icy quelque morceau de la dureté de ce riche gourmand qui refusoit au Lazare les miettes qui tomboient de sa table, et de qui les chiens plus pitoyables lechoient les ulceres? Quoy! estimeriez vous donc plus vos regles et constitutions, que l'Escriture sacrée, ny que les predications qui annoncent à tous indifferemment la parole de Dieu, ny que les sacremens, à la frequentation desquels tous les Chrestiens sont exhortez, principalement le Sacrement des sacremens, le soleil des sacremens, la tres-saincte Eucharistie, pain supersubstantiel que l'Eglise desire estre quotidien par son frequent et ordinaire usage? Je dy cecy, mes Sœurs, pour vous exciter à la liberalité d'une chose dont la communication vous rendra plus riches. Rompez donc ce pain spirituel de l'instruction, et de la manifestation de l'esprit de vostre institut, enclos en vos reglemens, à ceux qui en auront faim, et vous verrez que vostre lumiere se levera comme l'aube du matin, et que vostre justice eclatera comme le midy. Certes la promesse de Dieu est expresse, de faire reluire comme des astres en l'eternité ceux qui enseigneront aux autres les voyes de justice[1].

SECTION XVI.

De la lecture.

Le vray moyen pour faire un bon usage et un grand profit de la lecture, est de ne lire qu'un livre à la fois, et encore de le lire par ordre, c'est à dire, d'un bout à l'autre, sans s'y prendre deça et delà au hazard : car il arrivera en ceste derniere façon, que l'on tombera plusieurs fois sur une mesme page, et cela nous en fera haïr la lecture, en nous imaginant qu'il n'a qu'une chanson.

Ce n'est pas seulement l'utile qui nous doit porter à ceste suitte et continuité de lecture, du commencement jusques à

---

[1] Dan. xii, 3.

la fin, mais encore le delectable ; car par ce progrés, nous faisons comme les voyageurs qui se delassent en allant, par la descouverte de nouveaux objets, et de diverses prospectives : nous allons tousjours en de nouvelles pensées, arrivant rarement qu'un escrivain, si ce n'est par inadvertence ou par necessité, repete une mesme chose ; encore, s'il l'inculque, il avise à la dire d'une maniere nouvelle, et de la desguiser par une autre sauce, de peur d'ennuyer son lecteur.

Ceux qui n'ont point de lecture arrestée, mais qui sautent d'un livre à autre, se desgoustent bien tost de tous, et se rebutent de cét exercice, qui est la plus aggreable pasture de l'esprit, et l'un des plus doux charmes de la vie ; principalement aux personnes qui, comme vous, mes Sœurs, font profession de la vie devote et spirituelle : car j'ay de coustume d'appeller la lecture, apres nostre bien-heureux Pere, l'huille de la lampe de l'oraison, et ceste lampe est celle des vierges prudentes.

Celles qui ont un esprit vif et remuant, et qui veulent parcourir promptement plusieurs livres, ressemblent plustost aux bourdons qu'aux abeilles. Ceux-là voltigent indifferemment sur toutes sortes de fleurs, mais ne font point de miel : celles cy, pour faire leurs rayons, s'attachent à certaines fleurs et ne les quittent point qu'elles n'en ayent tiré l'esprit et comme l'essence ; et avec cela elles font leur mesnagerie, et composent ce doux ouvrage pour lequel elles travaillent sans se rebutter ny se lasser. Que s'il arrive quelquefois que pour la multitude des fleurs d'un printemps, elles s'amusent à bourdonner dessus, et à les flairer plustost qu'à les succer, il paroist au peu de miel qu'elles produisent, que le plaisir de ceste varieté a apporté du desordre à leur œconomie.

> Comme en cueillant une guirlande
> On est d'autant plus travaillé
> Que le parterre est emaillé
> D'une diversité plus grande :

> Tant de fleurs de tant de costez,
> Faisant paroistre en leurs beautez
> L'artifice de la nature,
> Que les yeux troublés de plaisir
> Ne sçavent en cette peinture
> Ny que laisser ny que choisir :

Il en prend ainsi à un esprit curieux; au milieu de plusieurs livres, il ne sçait auquel s'appliquer, et il demeure souvent comme un Tantale alteré au milieu des eaux, pouvant dire avec ce poëte :

> Ma pauvreté provient de l'abondance.

Les medecins disent que pour la conservation de la santé il est bon de ne manger à chaque repas que d'une viande, ceste varieté de mets que l'on presente aux festins l'alterant beaucoup, faisant comme un pot pourry de l'estomac, et au lieu de bonne nourriture y engendrant de la pourriture. Je croy que les medecins spirituels peuvent dire le mesme de la pasture spirituelle qui se tire de la lecture, et que la multiplicité des livres est plus nuisible que profitable.

On me demande si, outre le livre qui se distribue à chacune des sœurs pour l'occupation de la lecture qui est ordonnée dans la regle et les constitutions, on ne peut pas encore avoir dans sa cellule quelqu'autre livre de divertissement pour delasser son esprit par quelque varieté. Ce mot de divertissement, à cause de son ambiguité, m'est un peu suspect, c'est pourquoy je desirerois sçavoir ce que l'on entend par cette parole. Car pour des livres de divertissement frivoles, je croy qu'il n'en entre point dans ces maisons icy. Que si ces livres sont serieux, pieux, et graves, tels que doivent estre tous ceux qui tombent en vos mains, ce sera plustost un livre d'attention que de divertissement.

Ho! j'entends bien, on veut dire que ce livre servira à divertir l'esprit lassé par la lecture du livre ordinaire, et qui se lit par regle d'un bout à l'autre, et de la lecture duquel on rend quelque espece de conte dedans les assemblées, en-

disant ce que l'on en a retenu. A ce que je voy, ce livre sera de la mesme nature que celuy que l'on lit comme à tasche et à prix fait, mais on le lira à sa volonté, et en la maniere que l'on voudra, sautillant d'une page en une autre pour se des-ennuyer. O certes, voila un vray livre de divertissement, puisqu'il vous divertit d'une meilleure et plus reglée lecture, pour vous porter sur les aisles des vents de vostre bon plaisir, à une des-ordonnée et des-reglée qui n'aura ny pied, ny teste, ny forme, ny figure; en sorte que le premier sera le livre de l'abeille, et cestuy-cy le livre du bourdon, et possible d'un faux bourdon qui n'aura aucun concert de musique.

Voila certes un petit friand morceau pour l'amour propre, lequel, apres tout, se fasche de rester affamé, et de n'avoir pas sa lippée. Il me semble que je considere Agar, laquelle n'avoit pas le courage de voir mourir de faim l'enfant Ismael. Pourtant je ne voudrois pas estre si rigoureux de blasmer ou d'interdire ceste innocente diversion; seulement j'avertiray qu'on prenne garde qu'elle ne passe en amusement dangereux, et que ceste lecture libre, des-ordonnée et extraordinaire, soubs pretexte de deslasser et des-ennuyer l'esprit, ne l'attedie et chagrine davantage, et en fin vous degouste de l'exercice de la lecture.

Voicy ce que je pense, et que je vous dy, mes cheres Sœurs, en simplicité de cœur, et en cela je sçay que je ne m'escarte point de l'esprit de nostre bien-heureux Pere. Un livre de lecture c'est assez, deux c'est beaucoup, trois c'est trop. Vous avez un enseignement de luy, environ le milieu de son Entretien seiziesme, touchant les livres qui vous sont distribuez pour la lecture, auquel je n'ay rien à adjouster, mais je prie Dieu qu'il vous en donne une fidele pratique.

SECTION XVII.

Erreur populaire.

C'est un erreur assez commun parmy les personnes mesmes spirituelles, de s'imaginer avoir les vertus dont elles ne cognoissent pas en elles les actions des vices contraires. On ne sçauroit croire combien de gens s'endorment ayans les coudes appuyez sur ce faux oreiller. Cependant il y a encore un grand chaos, c'est à dire une longue distance et un vaste espace, entre les actions et l'habitude d'une vertu, et les actions et l'habitude du vice qui luy est opposé : pour avoir quitté le terme d'où l'on sort, on n'a pas encor atteint celuy où l'on tend, et le vaisseau qui part du port de Cadis n'est pas encore arrivé aux Indes.

Magnum pelagi stat littus arandum [1].

Il est vray que la vertu est une habitude, et que ceste habitude se forme en nous (parlant des vertus acquises) par des actes souvent reïterez : et puis cette habitude nous encline à l'acte auquel consiste sa perfection, autrement c'est une qualité qui demeure oisive en une ame si elle n'est mise en usage. Or cesser de faire mal diminuë bien l'habitude vicieuse, mais pour acquerir ou augmenter la vertueuse cela ne suffit pas, si on ne frequente les actes de vertu : quoy que die ce poëte,

Virtus est vitium fugere; et sapientia prima,
Stultitia caruisse [2] :

fuïr le vice est bien quelque acheminement à la vertu, comme l'aube est la pointe du jour naissant, et comme la crainte de Dieu est appellée commencement de sagesse, quoy que l'une ne soit ny vray jour, ny l'autre une sagesse accomplie.

Qu'une personne soit douce, n'ayant personne qui l'irrite,

---

[1] Virgil. Æneid. ii, 780. — [2] Horat. lib. 1 Epist. i, 41, 42.

qui l'offense, qui la contredise, ce n'est pas une grande merveille ; mais plustost ce seroit une chose estrange et hors de raison si elle estoit aigre et fascheuse parmy les complaisances, les soumissions, et les defferences de ceux qui l'environnent. Les animaux les plus cruels et les plus farouches s'apprivoisent auprés de ceux qui leur font du bien et qui ne les agacent pas ; et tient-on pour une rage que le tigre devienne plus furieux quand il oit la musique. Les petites abeilles qui sont de si redoutables lancieres à ceux qui les irritent et qui troublent leur œconomie, jusques à laisser la vie avecque l'aiguillon dans la picqueure, ne font aucun mal à ceux qui conversent ordinairement autour de leurs ruches sans leur apporter aucun trouble. Il n'y a rien de plus doux que l'huille et le miel, rien de plus ardant ny de plus chaud que ces deux liqueurs quand elles boüillent. Entre les animaux le mouton a une extreme mansuetude, cependant quand il est heurté par un autre, ils s'entrechocquent les testes avec tant d'impetuosité que souvent ils se mettent tout en sang, et souvent ils meurent sur la place. Le chat animal domestique tient ses griffes resserrées dans le coton de ses pattes tant qu'on le flatte, mais il les fait bien sentir aussi-tost qu'on le fasche. Il y a des naturels de personnes qui paroissent fort doux et bien attrempez tandis que toutes choses leur rient ; mais touchez ces montagnes, aussi-tost elles fumeront, ce sont des charbons ardans cachez soubs la cendre. *Ignes suppositi cineri doloso*[1]. La pierre de touche qui discerne la vraye de la fausse debonnaireté, c'est l'offense à la contradiction. Ce n'est grande chose, disoit sainct Gregoire, d'estre bon avec les bons ; mais de l'estre parmy les meschans, de faire du bien à ceux qui nous persecutent, et de parler doucement, modestement, moderement à ceux qui deschirent nostre reputation, c'est avoir l'ame semblable au faiste du mont Olympe, qui n'est point sujet aux orages de l'air. Le

[1] Horat. lib. 2 Od. 1, 7, 8.

vray constant est celuy qui, comme ces rochers du milieu de
la mer, est immobile au milieu des vagues :

Mediis tranquillus in undis.

Ceux qui parlent si bien de la vertu de douceur ou de
patience, et qui sautent aux nuées aux moindres estreintes
des outrages ou de la douleur, qui en forment des plaintes
par tout,

Atque deos atque astra vocant crudelia[1],

monstrent bien qu'ils n'ont ces vertus que sur le bord des
levres, mais que la racine n'en est pas dans le cœur. Ce n'est
pas assez d'aymer la vertu de langue et de parole, il la faut
cherir en effect et en verité.

Il n'en est pas d'elle comme des perles : on dit que celles
qui se forment au bruit des tonnerres sont creuses, vuides,
et fragiles comme si elles estoient de verre ; au contraire, que
celles là sont solides et fermes qui se forment de la rosée du
ciel durant le calme et la bonnace. La vertu la plus forte est
celle qui croist comme un lys, dans les espines des difficultez.
Marcessit, disoit le grand Stoïque, *sine adversario virtus*[2].
Elle fait comme la palme qui se roidit et se renforce contre
son faix.

Je veux confirmer toutes ces veritez, mes Sœurs, par
un enseignement notable de nostre bien-heureux Pere,
couché en l'un de ses Entretiens (c'est au seiziesme) où il
dit ainsi :

« Car la vertu de force, et la force de la vertu ne s'ac-
» quiert jamais au temps de la paix, et tandis que nous ne
» sommes pas exercez par la tentation de son contraire.
» Ceux qui sont fort doux tandis qu'ils n'ont point de con-
» tradiction, et qui n'ont point acquis ceste vertu l'espée au
» poing, ils sont voirement fort exemplaires, et de grande
» edification : mais si vous venez à la preuve, vous les ver-

---

[1] Virgil. Eclog. v, 23. — [2] Senec. De providentia, cap. 4.

» rez incontinent remuer, et tesmoigner que leur douceur
» n'estoit pas une vertu forte et solide, ains imaginaire plus-
» tost que veritable. Il y a bien difference entre avoir la
» cessation d'un vice, et avoir la vertu qui luy est contraire.
» Plusieurs semblent estre fort vertueux, qui n'ont pour-
» tant point de vertu, parce qu'ils ne l'ont pas acquise en
» travaillant. Bien souvent il arrive que nos passions
» dorment et demeurent assoupies, et si pendant ce temps-là
» nous ne faisons provision de forces, pour les combattre et
» leur resister, quand elles viendront à se reveiller, nous
» serons vaincus au combat. Il faut tousjours demeurer
» humbles, et ne pas croire que nous ayons les vertus, en-
» core que nous ne fassions pas (au moins que nous coguois-
» sions) des fautes qui leur sont contraires. »

SECTION XVIII.

De sa bonté.

On disoit un jour en une compagnie que nostre bien-heureux Pere estoit si bon que mesme il estoit bon aux plus meschans, et que pour l'avoir plus favorable c'estoit une bonne invention que de l'offenser ou de luy faire quelque tort; d'autant que son affection s'enflammoit par les injures, comme l'eau des forgerons allume leur brasier, ou comme l'eau des massons eschauffe leur chaux.

Il s'y rencontra un de ses chanoines appellé monsieur N**, docteur en theologie et personnage d'un esprit excellent et aggreable, qui dit de fort bonne grace : « Si bon, si bon, il pourroit bien estre si bon qu'il seroit trop bon, et que ceste bonté gasteroit tout. » On luy demanda s'il pouvoit estre trop bon et s'il y avoit de l'exces en la bonté, puis qu'elle cessoit d'estre bonté quand l'exces y estoit. « C'est ce que je veux dire, repartit-il, parce que toutes sortes d'esprits ne se meinent pas par la douceur, le nombre est bien plus grand de ceux qui se conduisent par la crainte, *in chamo et fræno*[1]. La verge et le baston ne laissent pas quelquefois de consoler, et le reproche mesme fait avec misericorde corrige plus, que le support et la patience. J'avoüe que l'huile est meilleure en la salade que le vinaigre, mais sans vinaigre aussi qu'est-ce? C'est un œuf sans sel; et à propos de sel, je ne sçay comme nostre Evesque en porte le nom (*sal es*), veu qu'il en a si peu la pointe et l'acrimonie. Il est vray que ses plus frequentes comparaisons sont d'abeilles et de miel, mais il devroit penser que l'abeille destrempe et deffend son miel avec son aiguillon. Il est un vray roy, roy des abeilles, qui n'a point de picquant; il se devroit souvenir de l'extremité de sa crosse qui est pointuë, plustost que de la sommité qui est recourbée, qui n'est bonne qu'à accrocher la brebis par le pied, comme fait le berger avec le crochet de sa houlette, non à la poindre pour la presser d'entrer en son devoir. Cét homme est tout de succre, et ses paroles et ses actions plus douces que le rayon de miel; mais il devoit penser que les cannes de succre sont environnées de pointes comme les roseaux sauvages. J'ayme les hommes comme le vin et les epigrammes; il faut qu'ils ayent de la vigueur et de la pointe.

> Infanti melimela dato fatuasque mariscas,
> Nam mihi, quæ novit pungere, Chia sapit [2]. »

Voyez vous, ce bon personnage parloit selon l'excés de son zele pour nostre bien-heureux Pere, qu'il aymoit avec des passions vehementes, et ce propos sortoit de l'abondance de son cœur, sans considerer qu'il vouloit chausser son superieur à son point, et le conformer à son humeur, plustost que se conformer à la sienne. Il se faschoit de ce que le Bien-heureux ne se faschoit pas, et il s'offensoit du pardon des offenses qu'il eust punies s'il eust eu l'authorité en main.

---

[1] Psal. xxxi, 9. — [2] Martial. Epigr. vii, 25.

Cela me fait souvenir de ceux qui allerent dire à Moyse que quelques uns prophetisoient en Israel, croyants allumer sa jalousie, comme s'ils eussent entrepris sur sa fonction, et son ministere; ausquels il respondit froidement, *A ma volonté, que tous fussent prophetes*[1], et les renvoya ainsi avec leur courte honte.

SECTION XIX.

De la satisfaction.

Icy me vient en memoire ce que me proposoit un jour une bonne sœur en une conference. « Mais, disoit-elle, vous nous exhortez sans cesse à faire toutes nos actions pour Dieu, sans avoir autre visée que sa gloire, sans aucun esgard à nostre particulier interest. Cela seroit bon si nous n'avions point à satisfaire pour le reste des peines temporelles deuës à nos pechez. Certes, si vous voulez vous charger de satisfaire pour les miens, je vous promets bien de n'agir plus qu'en la maniere que vous nous proposez, qui est pour la seule gloire de Dieu.

> Rien pour nous, tout pour Dieu;
> En tout temps en tout lieu. »

A une si gracieuse proposition, si simple, si candide, si ingenuë, si sincere, que falloit-il, sinon une response pareille? Je luy dy donc : « Mais, ma tres-chere Sœur, vous imaginez vous bien pouvoir satisfaire par quelques mortifications, ou autres œuvres penales ou pieuses, au reste de la peine temporelle deuë à vos pechez, desja remis, quant à la coulpe et à la peine eternelle, par la premiere grace justifiante, qui nous est communiquée par la contrition, ou par le sacrement de Penitence, qui nous rend d'attrits contrits : pensez vous, dis-je, y pouvoir satisfaire si vous ne rapportez

[1] Num. xi, 29.

toutes ces œuvres à leur fin derniere qui est la gloire de Dieu ?

» Vrayement, ma Sœur, vous estes bien loin de vostre compte, si quand vous faittes de bonnes actions, vous n'avez point d'autre derniere fin, ny d'autre but, que de satisfaire pour ceste peine de vos pechez, entant que la delivrance de ceste peine vous est utile et avantageuse, non entant que Dieu est glorifié par ces œuvres-là, et par la remission de ceste peine. A ce que je voy, vous procedez en vos actions d'un biais qui a bon besoin d'estre redressé, et vous cheminez par une voye qui ne vous conduira pas au but que vous pretendez. Car ne voyez vous pas qu'agissant de la sorte vous ne faites rien pour Dieu, c'est à dire, pour son amour, qui n'a autre fin que son interest, c'est à dire sa gloire? mais vous rapportez tout à vostre profit, à vostre interest, à l'amour de vous mesme. Or en quel lieu de la saincte parole Dieu a-t'il promis de vous recompenser eternellement du bien que vous ferez pour vous mesme et non pas pour luy, pour vostre interest et non pour sa gloire? Ne voyez vous pas que vous vous payez par vos propres mains, qu'en agissant vous recevez vostre salaire de vous mesme, et que vous satisfaittes plutost à vous mesme qu'à Dieu ?

» *Quiconque*, dit Nostre Seigneur, *reçoit le prophete au nom du prophete,* c'est à dire, pour l'amour et l'egard du prophete, *recevra le salaire du prophete*[1] : mais qui le reçoit au nom de celuy qui l'envoye, c'est à dire, pour l'amour de Dieu, recevra sa recompense de Dieu qui l'envoye. Si donc, ma Sœur, vous faittes le bien que vous operez, pour la seule satisfaction de la peine deuë à vos pechés en fin derniere, c'est à dire, sans aucun rapport à Dieu, c'est vous mesmes que vous satisfaittes et non pas Dieu, et ainsi vous deffaittes vostre propre ouvrage, et ourdissez une vraye toile de Penelope, qui rompoit la nuit ce qu'elle tramoit le jour ; et l'on

---

[1] Matth. x, 40.

peut dire de vous ce que dit le prophete de vos semblables, *Ils filent une toile d'araignée*[1], qui se rompt au moindre vent. Et, comme le ver à soye, vous vous embarrassez et enfermez en vostre propre travail, et au lieu d'une maison et des tabernacles eternels vous vous bastissez une prison.

» Je vous avise donc, ma Sœur, que la nuit de l'ignorance est passée pour vous, que le jour de la cognoissance vous éclairera par ceste instruction, si vous rejettez ces œuvres de tenebres et d'oubly procedantes de l'amour de vous mesme et terminées dans vos propres interests, pour vous revestir des armes de lumiere, et vous avancer au jour de la gloire de Dieu, durant lequel vous marcherez honnestement. Et je vous ouvriray les yeux avec un collyre excellent, qui sera un enseignement de nostre bien-heureux Pere, qui fera tomber les écailles qui couvroient vos prunelles, et vous fera dire comme à Jacob : *Vrayement le Seigneur estoit icy et je ne le sçavois pas*[2]. Voicy comme il parle au dix-huitiesme de ses Entretiens.

« Et si une personne ne faisoit pas attention de faire quel-
» que chose pour la satisfaction de ses pechez, la seule atten-
» tion qu'elle auroit de faire tout ce qu'elle fait, pour le pur
» amour de Dieu, suffiroit pour y satisfaire; puis que c'est
» une chose asseurée, que qui pourroit faire un acte excellent
» de charité, ou un acte d'une parfaitte contrition, satisfe-
» roit pleinement pour tous ses pechez. »

» Voyez vous, ma Sœur, comme parle ce grand serviteur de Dieu; et comme il vous apprend que tout ainsi que nul œuvre ne peut estre meritoire s'il ne touche la fin derniere, c'est à dire, s'il n'est rapporté à Dieu et à sa gloire, aussi ne peut-il estre satisfactoire s'il n'attaint au mesme but? Ceux qui n'agissent que pour eux mesme et pour leurs interests, n'operent qu'une viande qui perit et qui passe avec le temps : mais ceux qui dedient toutes leurs œuvres à la gloire du Roy

---

[1] Isai. LIX, 5. — Gen. XXVIII, 16.

des roys, ils operent une viande imperissable, et qui demeure en l'eternité. Apprenez donc desormais, si vous voulez bien satisfaire pour la peine temporelle deuë à vos pechez, desja remis quant à la coulpe et la peine eternelle par les merites de Jesus-Christ, de rapporter toutes vos bonnes actions à la divine gloire; et plus purement vous les rapporterez à ceste derniere et sur-eminente fin, plus seront elles non seulement satisfactoires, mais encore meritoires, consolatoires, impetratoires. »

SECTION XX.

Du merite.

On me demande, si tous ceux qui sont de la confrairie de N*** ne participent pas aux merites de tout l'Ordre qui en a la direction. Mes Sœurs, voicy un langage fort vulgaire et fort erroné, et qui a grand besoin de correctif. Pour oster donc de vos esprits cét erreur populaire, et vous apprendre à parler comme il faut en ce subjet (car je sçay que vos sentiments sont vrayement catholiques), vous sçaurez que toute bonne œuvre peut avoir quatre qualités : car elle peut estre 1° meritoire; 2° satisfactoire; 3° consolatoire; 4° impetratoire.

Pour avoir les deux premieres qualités il faut qu'elle soit faitte en grace, c'est à dire, par le motif de la charité, ou au moins en charité. Mais elle peut avoir les deux dernieres, quoy qu'imparfaittes, sans la charité : car combien y a-t-il de pecheurs qui sentent de la consolation en faisant des œuvres moralement bonnes, et qui en priant impetrent des graces et des faveurs de la misericorde de Dieu! Quoy que, pour l'ordinaire, Dieu n'exauce pas les pecheurs, ses yeux s'arrestans plus volontiers sur les justes, et ses oreilles estans plus attentives à leurs prieres.

Entre les deux premieres qualités de la bonne œuvre il y a ceste difference, que la premiere demeure toute entiere en celuy et à celuy qui l'a fait, et ne peut estre communiquée : cela est reservé au seul merite de Jesus-Christ nostre Seigneur, lequel ne se termine point en luy seul, mais nous peut estre, et nous est en effect communiqué. Ny les saincts du ciel, ny ceux qui sont en la terre ne nous peuvent communiquer un seul bien de leurs merites : non ceux là, car ils en sont recompensés en la gloire par delà leur condignité, comme on parle en theologie; non ceux-cy, car ils ne sont pas encore arrivés au but, et quelque saincteté qu'ils ayent, ils en peuvent decheoir par le peché, et ont tous besoin de la grace et misericorde de Dieu pour se tenir debout et ne tomber pas.

Mais c'est la seconde qualité qui est communicable, parce que nous pouvons participer aux necessitez les uns des autres, et ainsi satisfaire les uns pour les autres; les richesses spirituelles n'estans pas moins communicables que les temporelles, et l'abondance des uns pouvant suppleer à la disette des autres. Et c'est en ce sens, mes cheres Sœurs, que donnant son nom à la confrairie de N*** on peut estre participant des bonnes œuvres qui se pratiquent en tout l'Ordre qui gouverne, entant qu'elles sont satisfactoires, non pas entant que meritoires; d'autant qu'elles sont communicables en ceste premiere qualité, nullement en ceste derniere.

D'où vous apprendrez desormais à corriger vostre *Magnificat*, et à ne dire plus, Vous participerez aux merites, vous aurez communication des merites; mais à dire, L'on entre, en se rangeant à telle ou telle confrairie, en la société et participation des œuvres satisfactoires qui se font en tel ou tel Ordre : et ainsi vous parlerez correctement et catholiquement.

Et bien que ce que je vous dy soit la doctrine de l'escole de theologie, et purement catholique, j'ay pensé neantmoins que vous la revereriez d'avantage en la bouche de nostre bien-heureux Pere qu'en la mienne, à cause du grand ascendant que son authorité a sur nos jugemens. Voicy donc ce qu'il dit sur ce subjet au dix-huitiesme de ses Entretiens.

« Et ne faut pas que nous pensions que communiant, ou
» priant pour les autres, nous y perdions quelque chose,
» sinon que nous offrissions à Dieu ceste communion ou
» priere pour la satisfaction de leurs pechés; car alors nous
» ne satisferions pas pour les nostres : mais pourtant le me-
» rite de la communion et de la priere nous demeureroit. Car
» nous ne sçaurions meriter la grace les uns pour les autres,
» il n'y a que nostre Seigneur qui l'ait peu faire : nous pou-
» vons bien impetrer des graces pour les autres; mais leur
» meriter, nous ne le pouvons pas faire. »

Vous voyez comme presque mot à mot nostre bien-heureux
Pere vous confirme ce que je vous ay avancé : mais pourtant
de ses paroles il me reste un scrupule, qui pourroit bien
estre en quelqu'un de vos esprits, et je ne sçay pas bien de
quelle sorte je le secoueray. Vous avez entendu qu'il a dit,
« que quand nous offrons à Dieu quelque communion, ou
priere (ce qui se peut aussi entendre, et estendre à toute
autre bonne œuvre faitte par le motif de la charité, ou au
moins en estat de grace) pour la satisfaction des pechez de
nostre prochain, alors nous ne satisfaisons pas pour les
nostres. »

Surquoy il seroit bon de sçavoir, si pour participer aux
satisfactions de ceux d'un tel Ordre en se mettant en telle
confrairie, il est besoin que ceux qui font profession de cét
Ordre offrent toutes leurs bonnes œuvres, entant que satisfactoires, pour la satisfaction des peines temporelles deuës
aux pechés de ceux qui s'enroollent dans la confrairie dont
leur Ordre a la conduitte; car en ce cas ils ne satisferoient
pas pour les mesmes peines deuës à leurs propres pechés, ce
qui sembleroit chocquer l'ordre de la charité qui doit commencer par nous mesme, puis que nous sommes à nous mesme
nostre premier prochain, et nous ne sommes pas obligés
d'aymer nostre prochain plus que nous mesmes : ou bien
s'ils n'entendent communiquer aux seculiers qui se rangent

à leur confrairie quelque partie de leurs satisfactions, et quelle partie : ou en fin s'ils n'ont intention de les rendre participans que de leurs satisfactions sur-abondantes et surerogations, c'est à dire, celles qui leur restent apres avoir satisfait pour la peine temporelle deuë à leurs propres pechés ; qui est à mon avis la plus vraysemblable intention, puisque chacun doit boire de l'eau de sa cisterne, avant que la communiquer au dehors, et la partager par les places.

Cecy estant, ce seroit à vous, mes Sœurs, de vous enquerir de ces bons, pieux et liberaux communicateurs, s'ils sont asseurés d'avoir des satisfactions sur-abondantes et supererogatives de reste, et comme Job, si leurs peines surpassent leurs coulpes [1] ; car là dessus vous pourriez prendre vos mesures auparavant que de vous rendre *de numero participantium*. Car quant à la question de droit, il n'y a point de doute que les bonnes œuvres entant que satisfactoires ne se puissent communiquer au prochain : mais icy il est question du fait ; or, *ad quæstionem facti non respondet jurisconsultus.*

SECTION XXI.

De la vocation.

Parce que c'est une des choses qui vous donne le plus de peine en vostre condition, mes Sœurs, quand on vous assemble pour donner vos voix sur la reception de quelque novice à la profession, ou pour conclure à son renvoy ; nostre bien-heureux Pere n'a pas manqué de vous donner d'amples instructions là dessus dedans cét Entretien si beau qu'il a fait *Des voix*, et qui est en nombre et en rang le dix-septiesme. Nonobstant tous ses enseignemens je voy pourtant que vos enquestes ne cessent point, comme si je pouvois adjouster quelques traits de pinceau au portrait accomply d'un si sçavant maistre. Je sçay bien que ce n'est pas la curiosité qui

---

[1] Job vi, 2, 3.

vous porte à cela, mais plustost le desir de rendre en ceste action vos devoirs à Dieu et à vostre conscience, pour ne faire rien qui puisse prejudicier à sa gloire et au salut des sœurs desquelles il faut juger.

Je vous diray donc quelques pensées là dessus conformes à ce que j'en ay autrefois appris de nostre bien-heureux Pere. Premierement, il se faut garder de confondre ces termes de vocation et de vacation, qui sont fort differens ; car ceste confusion porte en des labyrinthes de mes-intelligences, dont il est malaisé par apres de se desvelopper. La vacation c'est une condition de vie à laquelle on vacque, c'est à dire on s'employe, et la vocation c'est un appel. Quand on appelle un serviteur ou une servante pour luy commander quelque chose, il y a bien de la difference entre cét appel et son travail, quoy que ce travail ne soit qu'en suitte de cét appel et de ce commandement qui leur est fait.

Or il y a des vocations de deux sortes : la premiere, à la foy ou à la grace ; la seconde, à quelque vacation ou maniere de vie. La premiere sorte de vocation est necessaire de necessité de salut, et qui la neglige ou manque de l'accueillir joüe à se perdre eternellement. Il n'en est pas ainsi de la vocation de la seconde sorte.

Exemple. Quelqu'un est dans l'infidelité du Paganisme, ou dans l'incredulité de l'heresie : s'il est appellé au Christianisme, ou à l'Eglise catholique ; s'il ne correspond à ceste vocation, son salut est desesperé, car hors de la vraye Eglise il n'y a point de salut. Si quelqu'un est dans la vraye Eglise, et a la vraye foy, mais morte, c'est à dire sans charité, estant dans le peché mortel ; s'il ne preste l'oreille à la vocation de la grace prevenante, qui l'inspire de se retourner à Dieu par le Sacrement de reconciliation, ou par la contrition de cœur, il se perd en repoussant ceste vocation.

Mais si la vocation ne regarde que quelque vacation, ou condition exterieure, quoy qu'il ne la faille pas negliger, mais escouter avec respect ce qu'il plaira à Dieu de dire à nostre cœur, si n'est elle pas de necessité de salut, n'estant tout au plus qu'un conseil interieur, lequel peut n'estre pas suivy sans offense, puis qu'il despend de nostre choix de l'embrasser ou non, en cela le conseil mesme evangelique estant distingué du precepte[1]. Plusieurs ont eu des vocations à certains genres de vie, ausquelles ils n'ont pas correspondu, qui ne seront pas reprouvez pour cela; et il y a un nombre infiny de personnes qui ont choisy d'elles mesmes et par leurs inclinations naturelles des vacations, sans avoir aucunement pensé à la vocation de Dieu, qui ne laissent de faire leur salut, s'exerçans fidellement en ces manieres de vie qu'elles ont choisies, et vivans pieusement, justement et sobrement dans le siecle, attendant la bien-heureuse esperance de l'immortalité.

Nostre bien-heureux Pere, mes Sœurs, dit que ce ne seroit pas seulement une erreur, mais une heresie de soustenir obstinement que l'on ne pût faire son salut en toutes sortes de legitimes vacations, puis qu'en toutes on est capable de recevoir la grace, par laquelle on chemine devant Dieu en saincteté et en justice durant le cours de la vie. Dire le contraire ce seroit precipiter dans le desespoir du salut, non des milliers seulement, mais des millions de personnes engagées en des vacations, non seulement sans vocation, mais mesmes contre leur gré.

Que si l'on dit que Dieu a des secrets ressorts en sa providence, cachez à ceux qui sont en quelques vacations, ausquelles ils ne laissent pas d'avoir vocation, encore qu'ils ne l'apperçoivent pas; on respondra que c'est parler à credit de choses occultes et incognues : icy nous traittons des vocations qui sont considerées et apperceuës, et qui sont proposées à nostre choix; et comme elles nous sont presentées par forme de conseil non de precepte, nous disons que ceux qui ne les suivent pas ne font pas plus de faute, que ceux qui manquent à embrasser les conseils.

[1] I Cor. vii.

Et ne faut pas contre cecy faire bouclier de l'Escriture; car on n'y trouvera point que la vocation, en aucun lieu, s'y prenne que pour l'appel à la foy, ou à la charité, c'est à dire à la grace. Aux Romains, les dons et la vocation de Dieu sont les presens du sainct Esprit par lesquels nous sommes appellez à la foy et à la grace¹. Aux Corinthiens, l'Apostre exhorte les Chrestiens à considerer leur vocation au Christianisme, et d'y conformer leur vie². Aux Ephesiens, il parle de l'esperance de la vocation à la grace et à la gloire³. Il en est de mesme des autres textes⁴.

Ce qui confirme d'autant plus en ceste creance que la seule vocation à la foy et à la grace est de necessité de salut, parce que sans la foy il est impossible de plaire à Dieu, et mesme ceste foy est morte sans la charité. Non pas la vocation à la vacation, puisque l'on peut avecque la grace (qui n'est attachée ny aux moyens, ny aux conditions) faire son salut en toutes sortes de vacations, comme le monstre amplement nostre bien-heureux Pere au chapitre troisiesme de la premiere partie de sa Philothée.

SECTION XXII.

Suitte du subjet precedent.

Mais on me demande quelles conditions j'estime necessaires à une fille qui doit estre receuë à la profession, et sans lesquelles on ne peut en conscience luy donner sa voix pour sa reception. A n'en mentir point, je vous renvoyerois volontiers à l'Entretien dix-septiesme de nostre bien-heureux Pere que je vous ay marqué, parce que ce n'est point sans quelque espece de violence que je mets ma faux dans ceste moisson.

Neantmoins, de peur de vous contrister, je consens de vous

---

¹ Rom. 1, 29. — ² I Cor. 1, 26. — ³ Ephes. 1, 1, 18, et IV, 1, 4. — ⁴ Philipp. III, 14; II Thess. 1, 11; II Tim. 1, 9; Hebr. III, 1; I Petr. 1, 10.

manifester tout simplement ma pensée, laissant à vostre liberté et discretion d'en faire tel usage qu'il vous plaira. Certes si j'avois quelque voix en tels chapitres, je prendrois garde à trois choses : la premiere, à l'intention de celle qui s'offre à faire profession ; la seconde, si elle a provision d'humilité ; la troisiesme, à sa docilité. Il faut que je vous explique en peu de mots mes sentimens sur chacune.

Au regard de la premiere, il faut sonder quel est le motif qui la porte à une action si solemnelle, c'est à dire, s'il est humain ou divin, moral ou infus. Et c'est autour de ceste observation, que doit fort veiller, non seulement la maistresse des novices, durant l'année que l'on appelle la probation, mais encore toutes les sœurs, et mesme faire quelquefois des enquestes en particulier à la novice sur ce subjet, luy demandant comme sainct Bernard faisoit à soy mesme : *Bernarde, ad quid venisti?* Pourquoy estes vous venuë icy? quel motif vous y a amenée? Si c'est quelque respect humain, quelque propre interest, quelque motif naturel, on taschera de le redresser et relever, et de le porter et le rapporter à Dieu et à son pur amour, qui n'a point d'autre visée que sa gloire.

Cecy est de merveilleuse importance, mes Sœurs; car si le fondement n'est bon, que deviendra l'edifice? s'il est basty sur le sable, il ira par terre au premier orage. Si la racine n'est bonne, que deviendront les branches? quelles seront les fleurs, quels les fruits? Si nous ne sommes fondez et enracinez en la charité, comme pourrons nous estre le bastiment de Dieu, le labourage de Dieu? Sur toutes choses il faut avoir la charité, car c'est le lien de perfection ; et sur quelle meilleure baze peut on establir l'estat de perfection, que sur la charité qui est la perfection mesme? Si nous sommes obligez de faire toutes choses en charité, combien plus ceste solemnelle action de la profession la plus grande et la plus importante que vous puissiez faire en toute vostre vie? Que si l'œuvre se mesure par la fin (ainsi que nostre bien-heureux Pere vous l'enseigne en tant d'endroits), combien estes vous tenuës de donner la plus excellente de toutes les fins, qui est la derniere et souveraine, du divin amour, à l'action la plus signalée que vous puissiez faire, qui est celle de vostre profession!

Avisez donc bien si la sœur qui doit estre admise à une action si solemnelle, et qui n'oblige pas moins la congregation vers elle, qu'elle vers la congregation : car comme elle se donne à vous, vous aussi la recevez, et il se fait entre vous et elle un don mutuel et une obligation reciproque : pensez, dis-je, et pressez pour sçavoir si elle a l'intention droitte et pure, telle qu'elle est convenable à une personne qui pretend à la gloire du tiltre d'espouse de Jesus-Christ ; asseurées que si son œil est simple de ce costé là, tout son corps sera lumineux, et que parmy vous elle reluira comme une claire lampe sans noirceur ny fumée. Si elle n'estoit pas si pure ny si droitte, exhortez la en esprit de douceur et de dilection à la purifier et redresser : que si elle ne vouloit apres en avoir esté avertie et instruitte, ce seroit une mauvaise marque pour l'admettre à un si grand bien. Oyez, je vous prie, comme nostre bienheureux Pere parle de ceste purification d'intention dedans son Theotime.

« Purifions donc, Theotime, tant que nous pourrons,
» toutes nos intentions, et puisque nous pouvons respandre
» sur toutes les actions des vertus le motif sacré du divin
» amour, pourquoy ne le ferons-nous pas ; rejettans, és
» occurences, toutes sortes des motifs vicieux, comme la
» vaine gloire et l'interest propre ; et considerans tous les
» bons motifs que nous pouvons avoir d'entreprendre l'ac-
» tion qui se presente alors, afin de choisir celuy du sainct
» amour, qui est le plus excellent de tous, pour en arrou-
» ser et detremper tous les autres [1] ? »

Celuy qui bastit sur ce fondement de la pureté d'intention

---

[1] Liv. 2, chap. 14.

et du pur amour de Dieu, il fait un edifice d'or, d'argent et de pierres precieuses; sinon, il ne fait qu'un bastiment de bouë, de foin, et de chaume [1].

La seconde qualité à laquelle je voudrois avoir l'œil seroit à l'humilité; car apres la charité, c'est le fondement de toutes les autres vertus : je dy fondement en la maniere que les Apostres sont appellez les fondements de l'Eglise, fondez neantmoins sur la pierre angulaire qui est Jesus-Christ, appellé pour ce subjet, par sainct Augustin, le fondement des fondements, sur lequel quiconque ne bastit, fait plustost une ruine qu'un edifice. Aussi quiconque ne fonde les vertus sur la charité mesme, fait plustost un monceau de pierre qu'un bastiment bien reglé, et selon la simmetrie de la justice chrestienne.

Mais la charité supposée, sans laquelle l'Apostre dit que toutes les vertus, mesme les plus eclattantes, comme la foy, qui fait les miracles, l'aumosne de tous ses biens, et le martyre mesme fust il du feu, ne sont rien [2]; je pense que c'est principalement à l'humilité qu'il faut avoir esgard, comme à une vertu toute chrestienne, au moins qui a esté beaucoup plus connue depuis le Christianisme qu'elle n'avoit esté auparavant, et tant recommandée en l'Evangile, où il n'est parlé que d'aneantissement, de pauvreté d'esprit, d'abjection et de renoncement de soy-mesme. Joint, mes Sœurs, qu'elle fait avec la douceur l'esprit special de vostre institut, qui a pour ses deux colomnes, fondées sur les bazes d'or de la charité, l'humilité et la douceur, et pour leçon premiere, et principalement ce beau mot de nostre Seigneur : *Apprenez de moy que je suis doux et humble de cœur* [3].

Or la vraye humilité de cœur, propre à faire une pierre vive qui soit propre au bastiment d'une devotieuse communauté, est celle qui fait que la personne qui s'y veut ranger par la profession qui l'en rendra membre insepa-

[1] I Cor. III, 12. — [2] Id. XIII, 1-3. — [3] Matth. XI, 29.

rable, s'estime la moindre et la derniere de toute la societé, et tres indigne d'y estre aggregée. Par ce moyen elle ne se plaindra jamais d'y estre employée aux plus vils offices, et d'estre esloignée des fonctions plus eclattantes, s'estimant plus heureuse d'estre abjecte en la maison de Dieu, que d'habiter avec lustre dans les tabernacles des pecheurs. Une personne qui se tient, mais tout de bon, pour le rebut et la balieure du monde, et digne du mespris d'un chacun, n'aura garde d'avoir le cœur eslevé, ny de cheminer en choses hautes, ny merveilleuses au dessus de sa portée; un esprit de ceste taille est un vray meuble de congregation.

Mais à ces esprits hautains, qui ne veulent marcher que sur les aisles des vents, tousjours sages en choses sublimes, sans s'accommoder aux plus petits, qui veulent estre l'huile par tout, qui ne veulent sousmettre ny leurs jugements ny leurs volontez, orgueilleux, ombrageux, mutins, seditieux, tendres sur eux-mesmes, presomptueux, il leur faut dire, comme il fut dit aux vierges imprudentes : Allez, on ne vous cognoist point, vous n'avez point de part avec nous[1]. Ces esprits fiers et turbulens ne sont que des trouble-paix, bourdons qui font assez de bruit, mangent assez de miel, mais ne font aucun fruit, traversans au contraire tout le labeur et l'œconomie des abeilles.

La troisiesme condition que je desirerois fort peser, c'est la docilité. C'est une qualité inseparable de la douceur (qui est, comme vous sçavez, mes Sœurs, un des arcs-boutans de vostre institut) : quoy qu'elle ne soit pas tout à fait la mesme chose, neantmoins elles ont beaucoup de traits de ressemblance. J'entends donc par ceste docilité une trempe d'esprit souple, douce, traittable, pliable, maniable, mais sans duplicité, ny feintise : car il y a une certaine docilité accorte et fine, qui plie à la verité plustost que de rompre, mais c'est pour arriver à ses fins particulieres par de fins artifices,

[1] Matth. xxv, 12.

qui sont plustost des soupplesses que des simplesses, et des finesses industrieuses que de sinceres ingenuitez.

Une ame qui a une vraye et non artiste docilité est une boule de cire en la main des superieurs : on en fait tout ce que l'on veut ; son cœur est un morceau de cire molle au milieu de sa poictrine, où l'on imprime aisement le sceau de l'espoux, et mesme sur son bras qui sont ses actions, aussi bien que sur ses pensées. C'est là ce cœur docile que Salomon demandoit à Dieu, pour cheminer droit devant sa face, et rendre justice à chacun[1].

La douceur ou mansuetude est une vertu qui nous fait supporter tous les deffauts et les mauvaises humeurs du prochain, et endurer toutes sortes de mauvais traittemens et d'outrages, d'un cœur amiable, et d'un front serain et tranquille. Mais la docilité fait que nous nous laissons mener et manier à toutes mains, disant à Dieu : Me voilà, Seigneur, envoyez moy où il vous plaira ; je feray tout ce que vous me commanderez, j'iray où vous ordonnerez. Je suis à vous, faittes de moy comme de chose vostre. *Vous estes bon, et par vostre bonté enseignez moy à faire vos justifications*[2], c'est à dire vos volontez. » O Seigneur, dit le mesme Roy prophete, je suis fait sous vostre main, comme un cheval bien dressé, qui tourne et va comme il plaist à son escuyer ; et de ceste sorte je suis tousjours avec vous, mon ame vous adhere et vostre droitte me reçoit[3]. Vous me gouvernez et rien ne me manque, vous m'entretenez en des lieux de pasturages abondans, mais me nourrissez sur les eaux de refection, en convertissant mon ame[4], laquelle vous engraissez de la graisse de froment.

Nostre Seigneur disoit à sainct Pierre : *Quand tu estois jeune, tu te ceignois toi-mesme, et tu allois où il te plaisoit ; mais quand tu seras vieil, un autre te ceindra et te meinera*

---

[1] III Reg. III, 9. — [2] Psal. CXVIII, 68. — [3] Psal. LXXII, 23, 24. — [4] Psal. XXII, 1-3.

contre ton gré, où tu ne pense pas[1]. Il en prend ainsi à ceux qui de la liberté qu'ils possedoient dans le siecle, faisans ce qui estoit selon leur sens, se jettent en des congregations votives, soubs l'exercice d'une perpetuelle obeissance : car c'est à eux de se laisser ceindre et conduire au gré de ceux qui ont charge de leurs ames, et qui sont les guides du chariot d'Israël; et c'est en cela que consiste pour eux ceste saincte enfance à laquelle l'Evangile veut que se reduisent ceux qui pretendent entrer en l'heritage du ciel[2].

Lors, dit sainct Gregoire, que quelqu'un a donné à Dieu tout ce qu'il a, toute sa vie et tout son jugement, on le peut appeler un holocauste du Seigneur[3]. C'est la docilité qui fait cela, laquelle peut estre appellée la fleur et la couronne de ceste obeissance que l'Escriture prefere aux sacrifices[4].

Une fille qui a ceste qualité est une matiere fort propre à recevoir la forme de la saincte profession, et ce seroit un grand manquement de ne luy donner pas sa voix : comme d'autre part ce seroit une insigne faute d'y admettre celle qui a la qualité contraire, et pareille à ces roues mal graissees qui ne font que du bruit, dures, opiniastres, testues, amoureuses d'elles mesmes et de leurs opinions, peu sociables et condescendantes, mal gracieuses, incapables de correction et de discipline, en un mot indociles; il en faut dire ce mot de sainct Paul, Evitez-les, escartez-les, car elles sont condamnees par leur propre jugement[5].

Et quand je vous dy, mes Sœurs, que je voudrois principalement prendre garde si elles ont ces trois qualitez, je ne dy pas qu'il faille negliger les autres conditions; mais je dy que les deffauts en sont bien plus supportables que ceux-cy, et ne peuvent pas apporter de si notables prejudices à vos communautés. Mais s'il manque une seule de ces trois pieces, je consentirois difficilement à donner ma voix à la recep-

---

[1] Joan. xxi, 18. — [2] Matth. xviii, 3. — [3] Homil. 20 in Ezech. — [4] I Reg. xv, 22. — [5] Tit. iii, 10, 11.

tion : car tout ainsi que la penitence est imparfaitte à qui deffaut l'une de ses parties que l'on appelle integrantes, c'est à dire qui composent son integrité, sçavoir, la contrition, confession, satisfaction ; de mesmes si la bonne intention, l'humilité, ou la docilité manquent à une novice, je tien qu'il est dangereux de l'admettre à la profession, et que c'est mettre dedans la vigne un sanglier farouche qui la demolira, ou un renardeau qui la ravagera.

Mais si elle a ces trois conditions, ce seroit un grand peché de ne la recevoir pas selon son attente à vostre maniere de vie. En laquelle, *suivant verité avec charité, vous croissez en tout en celuy qui est le chef, à sçavoir Jesus-Christ, duquel tout le corps bien ajusté et serré ensemble par toutes les jointures de l'allignement, prend accroissement du corps, selon la vigueur qui est icy la mesure de chaque partie, par l'edification de soy-mesme en charité*[1]. Ce sont les propres mots de sainct Paul aux Ephesiens, avec lesquels je finis cette conference.

[1] Ephes. iv, 15, 16.

FIN DU PREMIER VOLUME.

TABLE

DES MATIÈRES CONTENUES DANS LE PREMIER VOLUME.

PARTIE PREMIERE.

		Pages.
Approbations.		v
Préface des Éditeurs.		xiii
Notice sur la vie et les écrits de J.-P. Camus.		xxi
Catalogue des ouvrages de J.-P. Camus.		cxiii
I.	De la verité charitable.	1
II.	A quoy se cognoist la verité qui procede de la charité.	3
III.	Autre marque de la verité assaisonnée de dilection.	4
IV.	Une autre marque sur le mesme sujet.	5
V.	De la charité, et de la chasteté.	7
VI.	Force de la douceur.	9
VII.	Patience notable.	11
VIII.	Excuse gracieuse.	13
IX.	De la reprehension.	14
X.	Bien-heureuse faute.	15
XI.	Des penitens hypocrites.	17
XII.	Gracieux encouragement.	19
XIII.	Des paroles d'humilité.	21
XIV.	De la défiance de soy-mesme.	22
XV.	De l'obeïssance des superieurs.	24
XVI.	Du mespris de la terre.	26
XVII.	Du mesme subject.	28
XVIII.	Defference merveilleuse.	31
XIX.	Douceur charmante.	33
XX.	Du temps de la preparation pour aller au sainct autel.	34
XXI.	D'un martyr devenu confesseur.	38
XXII.	D'un confesseur et martyr.	41
XXIII.	De l'imitation.	43
XXIV.	De la charité de la chasteté, et de la chasteté de la charité.	46

		Pages.
XXV.	Circonspection fort avisée.	50
XXVI.	Si les Apostres alloient en carosse.	52
XXVII.	Patience à l'espreuve.	55
XXVIII.	Confiance en Dieu.	57
XXIX.	De la perfection.	60
XXX.	Il poursuit le sujet qui precede.	62
XXXI.	Aymer, qu'est-ce ?	64
XXXII.	De l'amour des ennemis.	66
XXXIII.	Du concours aux benefices.	68
XXXIV.	De la memoire et du jugement.	71

PARTIE DEUXIESME.

I.	De l'humilité et de la chasteté.	73
II.	La verité au vin.	76
III.	De la longue vie.	77
IV.	Du service des malades.	79
V.	Dire peu de choses aux malades.	80
VI.	Et aux patiens que l'on conduit au supplice.	82
VII.	Confiance grande en Dieu.	84
VIII.	De la solitude.	86
IX.	Bien faire, et laisser dire.	88
X.	Son jugement de quelque predication.	91
XI.	Autre jugement.	94
XII.	Horreur de la loüange.	96
XIII.	Notable sentiment d'humilité.	98
XIV.	Des escrivains hastifs.	99
XV.	Du souvenir des trepassez.	101
XVI.	Sur le sujet precedent.	103
XVII.	Du maniement de l'Escriture saincte.	104
XVIII.	Du zele.	106
XIX.	Avis à un predicateur.	107
XX.	Resignation à la volonté de Dieu.	109
XXI.	L'amour de la pauvreté.	111
XXII.	Du mesme subjet.	113
XXIII.	Encores.	114
XXIV.	De l'oraison de quietude.	116
XXV.	Des importunitez.	117
XXVI.	Des tentations.	119
XXVII.	Advis à un pasteur.	121
XXVIII.	Circonspection en la conversation.	123
XXIX.	Autre pour des lettres.	125
XXX.	Des paroles d'humilité.	127

		Pages.
XXXI.	De la disposition à la mort.	130
XXXII.	Sa tendresse.	131
XXXIII.	Rencontre pareille.	133
XXXIV.	Autre compassion.	135
XXXV.	De la politique.	138
XXXVI.	Mortification merveilleuse.	140
XXXVII.	De la briefveté en la predication.	145
XXXVIII.	De la briefveté de l'auditoire.	147

PARTIE TROISIESME.

I.	Du jugement de nous-mesme et d'autruy.	150
II.	De la grace et du franc arbitre.	151
III.	But de la predication.	152
IV.	Des predicateurs.	154
V.	De quelque prelat.	155
VI.	Donation de bonne grace.	156
VII.	Autre semblable rencontre.	158
VIII.	Plainte arrestée.	Ibid.
IX.	Des frequentes predications.	159
X.	Du grand ou petit nombre des sauvez.	162
XI.	De l'obscurité de quelque escrivain.	163
XII.	Du livre du Combat spirituel.	164
XIII.	Argutie de bonne grace.	166
XIV.	Scandale mal fondé.	Ibid.
XV.	Remarque sur le Theotime.	168
XVI.	Des disputes en matiere de religion.	169
XVII.	Suitte du mesme subjet.	172
XVIII.	Plainte injuste.	173
XIX.	De la reformation d'un monastere.	174
XX.	Il poursuit.	176
XXI.	Des petites vertus.	179
XXII.	Il deffend un predicateur.	182
XXIII.	Puissance de la douceur.	183
XXIV.	De la crainte de la chasteté, et de la chasteté de la crainte.	184
XXV.	Craindre Dieu par amour.	186
XXVI.	Ses sentimens sur les pecheurs.	187
XXVII.	Autre sentiment.	189
XXVIII.	Sur le subjet qui precede.	191
XXIX.	De la deffiance de soy-mesme, et de la confiance en Dieu.	194
XXX.	De l'egalité du sainct amour.	196
XXXI.	D'une heureuse mort.	197

		Pages.
XXXII.	Estime de simplicité.	201
XXXIII.	Autre remarque sur la ponctualité.	203
XXXIV.	Difficulté sur le subjet precedent.	208
XXXV.	Des superieurs.	210
XXXVI.	Espreuve de la vocation claustrale.	212
XXXVII.	De la beatitude celeste.	216
XXXVIII.	Des scrupules.	217
XXXIX.	Des habits, et des habitudes.	219
XL.	Il ramene à penitence un criminel qui desesperoit de son salut.	221
XLI.	De la sousmission de nostre volonté à celle de Dieu. Parole de grande consolation.	223
XLII.	Rien ne nous arrive que par la volonté de Dieu.	225
XLIII.	Des bons superieurs.	226
XLIV.	Proprieté et propreté.	228
XLV.	Honneur à la vertu.	232
XLVI.	Desir du ciel.	235
XLVII.	De la vacuité des desirs.	239
XLVIII.	D'un bon richard.	240
XLIX.	La reformation de l'interieur.	242
L.	Beau mot de Taulere.	244
LI.	Des seicheresses en l'oraison.	246

PARTIE QUATRIESME.

I.	De la singularité.	253
II.	De la chasteté du cœur.	256
III.	Du mesme subjet.	257
IV.	Ses sentimens touchant les dignitez.	258
V.	De sa promotion à l'evesché de Geneve.	262
VI.	Il refuse l'archevesché de Paris.	263
VII.	Son desir de retraitte.	265
VIII.	Du jeusne.	267
IX.	Du mesme subjet.	269
X.	Consultation sur une retraitte.	271
XI.	Remarque sur l'humilité.	273
XII.	De la pauvreté d'esprit.	275
XIII.	De la suffisance spirituelle.	278
XIV.	De l'amour des pauvres.	280
XV.	Un traict de Seneque.	283
XVI.	Judicieux refus.	284
XVII.	De la vie commune.	286
XVIII.	Manger ce qui est presenté.	288

		Pages.
XIX.	Pratique agreable de la maxime precedente.	289
XX.	Autre gracieuse rencontre sur des œufs et des bœufs.	291
XXI.	De cacher les mortifications exterieures.	293
XXII.	Prediction à un scrupuleux.	295
XXIII.	Sur deux beaux vers.	296
XXIV.	Sçavoir abonder, et souffrir la disette.	298
XXV.	Simplicité du Bien-heureux.	300
XXVI.	De la recreation.	301
XXVII.	Exemple sur le subjet qui precede.	304
XXVIII.	Du nom de nostre Bien-heureux.	306
XXIX.	De sa devotion au sainct Suaire de Nostre Seigneur.	311
XXX.	De sa dévotion à la saincte Vierge.	314
XXXI.	Suitte du subjet precedent.	315
XXXII.	Flammes symboliques.	318
XXXIII.	Autres flammes sainctes.	319
XXXIV.	Vicariat pour refuser.	320
XXXV.	Vision considerable.	322
XXXVI.	Prediction notable.	323
XXXVII.	Triomphe de chasteté.	325
XXXVIII.	Tentation dangereuse.	326
XXXIX.	Histoire conforme à la precedente.	330

PARTIE CINQUIESME.

I.	De la modestie.	334
II.	Mespris du corps.	335
III.	Consideration sur le subjet precedent.	337
IV.	D'une bague perdue.	339
V.	Industrie sincere.	341
VI.	Sa moderation.	342
VII.	Predication veritable.	344
VIII.	De la charité de la science, et de la science de la charité.	348
IX.	Marque de la grace habitante.	350
X.	Il ne cognoissoit point la monnoye.	354
XI.	Qu'il estoit pelerin en son pays.	356
XII.	Obeyssance exacte.	358
XIII.	Des vertus parfaittes.	360
XIV.	Sur le mesme subjet.	365
XV.	De l'excellence du vœu.	369
XVI.	Suitte.	382
XVII.	Autre demande sur le subjet qui precede.	373
XVIII.	Nouvelle instance.	377
XIX.	De la ponctualité.	381

		Pages.
XX.	Du zele des ames.	383
XXI.	Son indifference dans les maladies.	385
XXII.	Tendresse amiable.	387
XXIII.	Du sainct Suaire de Nostre Seigneur.	389
XXIV.	Feux sacrez.	390
XXV.	Histoire notable.	292
XXVI.	De l'estat de perfection.	396
XXVII.	Des domestiques.	403
XXVIII.	De la condescendance.	408
XXIX.	Victoire de la colere.	411

PARTIE SIXIESME.

I.	De l'interieur et de l'exterieur.	414
II.	La salamandre chrestienne.	416
III.	De l'observance.	418
IV.	Autre question sur le subjet qui precede.	428
V.	De l'intention.	430
VI.	De la vie active et de la contemplative.	433
VII.	De la vocation.	434
VIII.	Suitte du subjet qui precede.	437
IX.	De l'empressement.	440
X.	Sentiment de grande humilité.	444
XI.	De la perfection de l'estat.	447
XII.	De l'imitation.	448
XIII.	Touche de la vraye devotion.	454
XIV.	De la ponctualité.	458
XV.	De la communication.	463
XVI.	De la lecture.	469
XVII.	Erreur populaire.	473
XVIII.	De sa bonté.	476
XIX.	De la satisfaction.	478
XX.	Du merite.	481
XXI.	De la vocation.	484
XXII.	Suitte du subjet precedent.	487

FIN DE LA TABLE DU PREMIER VOLUME.

www.ingramcontent.com/pod-product-compliance
Lightning Source LLC
Chambersburg PA
CBHW050128240426
43673CB00043B/1595